Alain Lempereur,
Aurélien Colson,
Andreas Winheller

Zug um Zug verhandeln

Alain Lempereur,
Aurélien Colson,
Andreas Winheller

Zug um Zug verhandeln

Messbar bessere Ergebnisse erzielen

Unter Mitarbeit von Michele Pekar

Frankfurter
Allgemeine
Buch

Bibliografische Information
der Deutschen Nationalbibliothek
Die Deutsche Nationalbibliothek verzeichnet diese
Publikation in der Deutschen Nationalbibliografie;
detaillierte bibliografische Daten sind im Internet
über http://dnb.d-nb.de abrufbar.

Frankfurter
Allgemeine
Buch

Frankfurter Allgemeine Buch
Pariser Straße 1
60486 Frankfurt am Main
buch@fazbuch.de

Umschlaggestaltung: Nina Hegemann
Layout und Satz: schreiberVIS, Seeheim
Druck: UAB BALTO print, Vilnius
Printed in the EU

Frankfurt am Main 2025
ISBN 978-3-96251-217-0

Frankfurter Allgemeine Buch hat sich zu einer nach haltigen Buchproduktion verpflichtet und erwirbt gemeinsam mit den Lieferanten Emissionsminderungs-zertifikate zur Kompensation des CO_2-Ausstoßes.

Druckprodukt mit finanziellem
Klimabeitrag
ClimatePartner.com/18507-2509-1001

Inhaltsverzeichnis

Übersicht der Expertentipps

Vorwort

Liebe Leserin, lieber Leser,
das Buch, das Sie gerade in den Händen halten, ist Teil eines einzigartigen Projektes internationaler Zusammenarbeit von Verhandlungsexperten aller Kontinente. Und es ist gleichzeitig ein originär deutsches Verhandlungsbuch. Wie passt das zusammen?

Alain Lempereur, Mitglied des Executive Committee des weltweit führenden Verhandlungsinstituts Program on Negotiation an der Harvard Universität, und Aurélien Colson, nun Direktor des führenden Verhandlungsinstituts in Europa, hatten vor 20 Jahren einen Verhandlungsratgeber in französischer Sprache herausgegeben, der den aktuellen Stand der Wissenschaft für Praktiker in Politik und Wirtschaft zusammenfassen sollte (Méthode de négociation, Dunod, 2004). Denn, wie die Forschung zeigt, verhandeln in Europa noch viel zu viele Fach- und Führungskräfte eher schlecht als recht. Das führt zu unnötigen Konflikten und kostet viel Geld.

Ich kannte die englische Version dieses Buches (The First Move. A Negotiator's Companion, Wiley, 2010) und schätzte es sehr. Die Struktur macht es für Praktiker leicht, konkrete Ideen zu entwickeln, wie man gerade schwierige Verhandlungen besser gestalten kann. Und es legt den Schwerpunkt auf das richtige Timing. Verhandeln ist ein kommunikatives Schachspiel. In diesem Spiel ist es entscheidend, den richtigen Zug zur richtigen Zeit zu machen.

Besonders gut gefallen hat mir an dem Buch, dass es nicht wie so viele andere Bücher so tut, als wäre die Verhandlungswissenschaft in den USA erfunden worden und wir Europäer müssten jetzt von den Amerikanern lernen, wie Verhandeln funktioniert. Gerade Alain Lempereur hat Pionierarbeit geleistet, unsere europäischen Wurzeln der Verhandlungslehre zu erforschen. Und dadurch wissen wir heute, dass Persönlichkeiten wie Richelieu, Callières, Pecquet, Bonnot de Mably und Talleyrand Grundlagen gelegt haben für vieles, was heute professionelles Verhandeln ausmacht, und was von der amerikanischen Verhandlungswissenschaft aufgegriffen und wiederentdeckt wurde. Professionelles Verhandeln ist eine europäische Tradition. Und das erste Verhandlungslehrbuch hat Callières geschrieben – ein Europäer.

Das Buch „The First Move" ist heute in 15 Sprachen erhältlich, unter anderem in Chinesisch, Farsi und Schwedisch. Das Besondere ist, dass Alain und Aurélien das Buch nicht einfach übersetzen lassen wollen. Stattdessen suchen sie sich einen führenden Verhandlungsexperten aus dem jeweiligen Land, der auf Basis ihrer Grundstruktur eine eigene Version des Buches schreibt, die nicht nur sprachlich und mit Beispielen an die jeweilige Kultur angepasst ist, sondern auch inhaltliche Erweiterungen des jeweiligen nationalen Autors enthält sowie dessen Erfahrung und spezielle Expertise in den Verhandlungsansatz mit einbindet. Von daher ist es ein echtes internationales

Projekt, dessen Fundament bisher 15 unterschiedliche Bücher realisiert hat und damit auch beweist, dass der hier vorgestellte Verhandlungsansatz tatsächlich weltweit kulturübergreifend anwendbar ist.

Ich habe mich sehr gefreut, als mich Alain Lempereur, den ich 2005 auf der von ihm an der ESSEC Business School zusammen mit Harvard PON veranstalteten Verhandlungskonferenz kennengelernt hatte, im Herbst 2023 fragte, ob ich die deutsche Version dieses Buches schreiben möchte. Und natürlich habe ich gerne zugesagt. Wenn das Buch schon in Georgisch, Griechisch und Koreanisch verfügbar ist, dann wird es höchste Zeit, es auch im deutschen Sprachraum verfügbar zu machen, der die Verhandlungswissenschaft noch allzu oft stiefmütterlich behandelt.

Dieser Ratgeber richtet sich an alle Praktiker, die messbar besser verhandeln wollen – und liefert dazu ein Konzept, das sich in der Praxis bewährt hat und gleichzeitig auf dem neuesten wissenschaftlichen Stand ist. „Theorien kennt man, mit Theorien prahlt man nicht", habe ich im Studium bei meinem Professor Fritz Ossenbühl gelernt – und genau das ist das Prinzip dieses Buches. Es vermittelt so viel Theorie wie notwendig für die erfolgreiche Verhandlungsführung in der Praxis und belegt gleichzeitig die praktischen Ratschläge wissenschaftlich fundiert mit Endnoten, die dem Interessierten den Weg in die weltweite Verhandlungsliteratur weisen.

Eine Besonderheit in dieser deutschen Version sind die Tipps von 30 Praktikern. Von führenden Verhandlungswissenschaftlern über Spitzenpolitiker, vom Manager bis zum Sternekoch reichen die Perspektiven, die diesem Buch zusätzliche Würze verleihen. Wir danken ganz herzlich allen diesen geschätzten Freunden und Kollegen, die dieses Buchprojekt mit ihren Expertentipps unterstützen.

Alain, Aurélien und ich verdanken unheimlich viel unseren Mentoren und Freunden in den USA, allen voran Jeanne Brett, Max Bazerman, Jared Curhan, Dan Druckman, Roger Fisher, Steve Goldberg, Sheila Heen, David Lax, Robert Mnookin, Jim Sebenius, Guhan Subramanian, Larry Susskind, Leigh Thompson, William Ury, Mike Wheeler, William Zartman und allen Kollegen des Program on Negotiation in Harvard.

Ich selbst habe in dieses Buch zusätzlich die Kenntnisse über Crisis Negotiations eingebracht, die ich bei George Kohlrieser und meinem Freund, FBI Verhandlungslegende Gary Noesner, lernen durfte. Ergänzt habe ich außerdem Aspekte aus der neurowissenschaftlichen Perspektive, die ich in meinem Studium beim unvergessenen Gerhard Roth mitbekommen habe, und zur Emotionsregulation, die ich bei Dirk W. Eilert, Lorenz Wohanka und Tom Andreas erworben habe. So hat dieses Buch jetzt neue Unterkapitel über die Themen Teamverhandeln, Verhandlungsmacht und Erfolgsfaktoren distributiven Verhandelns erhalten, die in der Originalversion noch nicht enthalten waren.

Es gibt Verhandlerinnen und Verhandler, es gibt Managerinnen und Manager. Und weil dies die Realität ist, finden sich auch in diesem Buch alle Funktionen sowohl in männlicher als auch in weiblicher Bezeichnung wieder. Wenn ausnahmsweise einmal eine geschlechtsspezifische Bedeutung gemeint sein sollte, ist das ausdrücklich vermerkt. Ansonsten stellt die frauengerechte Formulierung dieses Buches für uns eine Anerkenntnis der Tatsache dar, dass Frauen wertvolle Perspektiven in die Verhandlungen einbringen und daher gemischtgeschlechtliche Verhandlungsteams üblicherweise die bessere Verhandlungsperformance in schwierigen Verhandlungen erzielen.

Ein ganz besonders herzlicher Dank aller drei Autoren gilt Michele Pekar, die die englische Version des Buches „The First Move“ editiert hat, auf der auch dieses Buch gründet.

Danken möchten wir auch dem Programmleiter von Frankfurter Allgemeine Buch Dr. Jens Seeling, unserer Lektorin Christine Bergmann und dem gesamten Buchteam für das Vertrauen und die reibungslose kollegiale Zusammenarbeit.

Ein besonderer persönlicher Dank geht an mein Team bei Verhandlungsperformance Consulting, Dominik Hoffmann, Denis Kittl, Oliver Paulick, Julia Schier und Christian Wermke, mit dem ich seit 20 Jahren lernen und wachsen darf. Viele der Konzepte sind in unserer kollegialen Diskussion geschärft worden. Oliver Paulick hat außerdem die Erstellung des Manuskriptes durch Feedback und intensive Korrekturarbeit in einer großartigen Weise unterstützt.

Bevor wir Sie nun ins Buch entlassen, auf eine spannende Reise zu noch mehr Leichtigkeit und Verhandlungsperformance in Ihren zukünftigen Verhandlungen, möchten wir drei Autoren noch unseren Familien danken, unseren Frauen und Kindern. Es ist uns eine Herzensangelegenheit, Euch an dieser Stelle wissen zu lassen, wie sehr wir Euch für Eure Großzügigkeit dankbar sind, dass wir unseren Traum mit Eurer Unterstützung leben dürfen – auch wenn das bedeutet, allzu oft nicht zu Hause zu sein, wenn Ihr uns gerne dort hättet.

Mainz, im Juli 2025
Andreas Winheller

Einführung

Eine neue Methode ausprobieren, *bevor* man auf alte Reflexe zurückgreift

Wie Sie noch effektiver in Ihren Verhandlungen vorgehen können

Dieser Verhandlungsratgeber fußt auf drei grundlegenden Überzeugungen. Erstens sind Verhandlungen ein integraler Bestandteil unseres privaten und beruflichen Lebens. Zweitens ist Verhandlungsgeschick Grundvoraussetzung von konstruktiven Beziehungen in unseren Familien, Unternehmen und unserer Gesellschaft insgesamt. Und schließlich gilt: Gute Verhandler werden nicht geboren, sondern „gemacht" – Verhandeln kann jeder lernen.

Überall wird verhandelt

Für nahezu alles im Leben müssen Sie verhandeln. Diese Aussage gilt umso mehr, wenn wir nicht nur auf formelle Verhandlungen schauen, sondern auch auf die alltäglichen Verhandlungssituationen. Unser Ratgeber gilt für beide Bereiche gleichermaßen.

- Formelle Verhandlungen sind solche, bei denen sich alle Akteure bewusst sind, dass sie gerade verhandeln. Lieferverträge, Diplomatie, Budgets, M&A, Immobiliengeschäfte, Recruitment und Gehaltsverhandlungen sind nur einige Beispiele für die vielen Dimensionen formeller Verhandlungen.
- Doch im Alltag gibt es noch viel mehr Verhandlungssituationen. Immer dann, wenn Sie kommunizieren, um von einer anderen Person ein „Ja" zu bekommen, weil Sie dieses „Ja" brauchen, ist das eine Verhandlung. In solchen Situationen merken die Beteiligten oft gar nicht, dass sie gerade verhandeln. Wenn Sie darüber sprechen, welcher Vorschlag umgesetzt wird, wer im Team den Brückentag Urlaub nehmen darf, wie Sie mit der Familie das Wochenende gestalten, dann entscheidet Ihre Verhandlungskompetenz über die Qualität Ihrer Beziehungen und die Befriedigung Ihrer Bedürfnisse.

Ob formell oder implizit, jede Verhandlung findet auf verschiedenen Ebenen statt. Auch wenn viele es nicht wahrhaben wollen: Jeder verhandelt zuerst einmal mit sich selbst – denn wir alle tragen widersprüchliche Motive in uns, die wir klären müssen, um handlungsfähig zu werden. Diese inneren Verhandlungen sind Ausdruck unserer Individualität – in einer Welt voller Möglichkeiten.

Zusätzlich verhandelt jeder von uns auch noch mit Familie und Freunden. Für bestimmte Entscheidungen mögen im Voraus festgelegte Regeln hilfreich sein. Ein junges Paar könnte z. B. vereinbaren, dass Weihnachten immer abwechselnd bei den jeweiligen Familien gefeiert wird. Die meisten solcher Situationen werden jedoch von Fall zu Fall entschieden. Wohin in den Urlaub? Was machen wir heute Abend? Wer diese alltäglichen Aushandlungen nicht konstruktiv gestalten kann, belastet schnell seine Beziehung.

Im Berufsleben und in der Politik zeigt sich die Bedeutung von Verhandlungen besonders deutlich.

- In Unternehmen gibt es formelle Prozesse, wie ein Interessenausgleich zwischen den Arbeitnehmern und dem Management und wie die Entscheidungsfindung zwischen Stakeholdern durch Verhandlungen gelingen kann.
- Neben diesen formellen Verhandlungen gibt es ständig kleinere Verhandlungssituationen, z. B. zu Beförderungen, Gehalt, Aufgabenverteilung und der persönlichen Entwicklung.
- Verhandlungen bilden das Herzstück vieler Berufe: Einkäufer versuchen den besten Deal von ihren Zulieferern zu bekommen. Projektmanagerinnen verhandeln um die Aufteilung von Aufgaben und Budgets. Sportagenten verhandeln Verträge mit Spielern, Teams und Sponsoren. Beraterinnen versuchen, Mitarbeitern Informationen zu entlocken, die für ein Restrukturierungskonzept hilfreich sind. Diese Liste könnten wir endlos fortführen.
- In der Politik sind Verhandlungen allgegenwärtig, egal ob auf kommunaler, Landes- oder Bundesebene. Politik in einer Koalition bedeutet permanente Aushandlung. Schlechte Aushandlungsprozesse können Regierungen zum Scheitern bringen – wie 2024 die Ampelregierung unter Bundeskanzler Olaf Scholz, was vorzeitige Neuwahlen und einen Machtwechsel bedeutet hat.

Diese vielfältigen Verhandlungssituationen finden auf unterschiedlichen Stufen von Komplexität statt: von der einfachen Verhandlung zwischen zwei Personen über Verhandlungen innerhalb einer Gruppe, zwischen Gruppen oder zwischen Organisationen oder Staaten. Dabei ist es hilfreich, zwei Verhandlungsanlässe zu unterscheiden: In Vertragsverhandlungen suchen die Verhandlungsparteien eine gemeinsame Übereinkunft (Deal-Making). In Konflikt- oder Krisenverhandlungen versuchen die Parteien sich im Rahmen einer Konfliktlösung auf bestimmte verbindliche Schritte zur Auflösung der Spannungen und Bereinigung der Beziehungsstörungen zu einigen.

- Schlecht geführte Vertragsverhandlungen können zu Konflikten führen. Stellen wir uns vor, dass zwei Unternehmen ein Joint Venture verhandeln, dabei aber wichtige Konfliktquellen übersehen und keine Vorsorge treffen. Dies kann dazu führen, dass in der täglichen Arbeit heftige Konflikte entstehen, die die gesamte Zusammenarbeit bedrohen.
- Umgekehrt ergibt sich, wenn in einem Konflikt erst einmal die Beziehungsstörungen aufgelöst werden konnten, die Notwendigkeit, gute Sachlösungen auszuhandeln, um den Konflikt dauerhaft zu befrieden.

Gut verhandeln zu können, ist eine entscheidende Kompetenz in der heutigen Zeit

Unsere Gesellschaft hat sich verändert. Wo früher hierarchische Strukturen dominierten, in denen die meisten Transaktionen durch Vorgaben von oben bestimmt waren, gibt es heute immer mehr Bereiche, in denen die Beteiligten den Anspruch haben, dass die Normen und Entscheidungen miteinander auf Augenhöhe ausgehandelt werden. Beispiele für diesen Wertewandel sind die Diskussionen um die Erwartungen der „Generation Z" an die Arbeitswelt oder Partizipation und bürgernahe Verwaltung.

In dieser Zeit wird es immer wichtiger, mit anderen Ziele erreichen zu können, als sich gegen andere durchsetzen zu können. Es ist wichtig, „Gegner" in Partner verwandeln zu können. Und „Coopetition", also kooperatives Verhalten im Wettbewerb, ist eine der zentralen strategischen Kompetenzen des 21. Jahrhunderts.[1] In all diesen Situationen sind Verhandlungsfertigkeiten der Schlüssel zu Ihrem Erfolg – sowohl innerhalb als auch außerhalb von Organisationen. Denn traditionelle Rollen haben sich weiterentwickelt.

- Erfolgreiche Managerinnen sind heute sowohl Führerin als auch Teamspielerin. Sie sind sich der Herausforderungen ihrer Organisationen bewusst, beziehen ihr Team in den Entscheidungsfindungsprozess mit ein und unterhalten konstruktive, von Kooperation geprägte Arbeitsbeziehungen zu den Arbeitnehmervertretungen. Sie nutzen Integrität und Fairness, um langfristige partnerschaftliche Beziehungen zu Kunden und Lieferanten aufzubauen. Sie fühlen sich auch den Interessen ihrer Stakeholder verpflichtet und beziehen deren Anregungen in einem offenen Dialog in die eigene Arbeit angemessen ein. Kurz gesagt: Sie versuchen, die Interessen aller Akteure zu respektieren und soweit möglich einzubeziehen, von denen der Erfolg und die eigene Reputation abhängt.
- Wir bewundern Politiker, die aufrichtig zu ihren Werten stehen und gleichzeitig das Ohr „nah bei den Leuten" (Kurt Beck) haben, um zu hören, was die Bürger bewegt

und welche Probleme zu lösen sind. Solche Politiker wissen, wie man Interessengegensätze durch gute Verhandlungen so auflöst, dass die wichtigen Interessen aller Beteiligten möglichst gut gewahrt bleiben und die Betroffenen den Prozess als fair erleben. Neben den ständigen Verhandlungen mit verschiedenen Akteuren verhandeln sie gleichzeitig immer virtuell mit der öffentlichen Meinung, um Verständnis und gesellschaftlichen Konsens wo immer möglich zu erreichen.

- Auch die moderne Anwältin ist eine professionelle Verhandlerin. Sie ist zuallererst Beraterin und Unterstützerin ihrer Mandanten, um eine möglichst gute Lösung für die an sie herangetragenen Konflikte zu finden. Dabei schiebt sie die Verantwortung für eine Lösung nicht auf den Richter ab, sondern ist sich bewusst, dass die Konfliktregelung durch ein Urteil nur die Ultima Ratio sein sollte, wenn Verhandlungs- und Vermittlungsverfahren gescheitert sind. Wenn sie Verträge erarbeitet, ist für sie die entscheidende Perspektive, ob diese Verträge bei der Implementierung die Interessen der Mandanten möglichst gut gewährleisten und Konflikten vorbeugen. Sie sieht ihre Aufgabe in der Deeskalation von Konflikten und der vorrangigen Lösung durch gutes Verhandeln.
- Auch die Rolle der Eltern hat sich in unserer Zeit gewandelt. Auch wenn das Gesetz Eltern das Recht gibt, ihren minderjährigen Kindern Anweisungen zur Lebensführung zu geben, sind sie sich bewusst, dass eine positive Entwicklung der Kinder voraussetzt, die jeweiligen Bedürfnisse soweit möglich auf Augenhöhe miteinander auszuhandeln.[2] Wer jemals versucht hat, seiner Teenietochter den Besuch im Museum per „Basta"-Ansage ohne Diskussion aufzuzwingen, der wird deutlich erfahren haben, wie wenig interessengerecht für alle Beteiligten ein solches Vorgehen ist.

Jenseits dieser veränderten Rollen ist in unserer Gesellschaft die Erwartung an eine neue Form von Führung entstanden. Führung beruht jetzt viel mehr als früher nicht mehr nur auf Fachkompetenzen, sondern auf Sozialkompetenzen. Es spricht sich immer mehr herum, dass Soft Skills keine Kür, kein Nice-to-have, sondern tatsächlich das entscheidende Fundament für den Erfolg von Führungskräften darstellen. Jenseits der fachlichen Kompetenzen müssen Führungskräfte heute wissen, wie sie langfristige Partnerschaften entwickeln und Motivation und Kooperation in ihren Teams fördern. Dies gelingt ihnen auf Dauer nur, wenn sie sowohl die notwendigen Techniken erlernen, als auch eine entsprechende professionelle Haltung entwickeln. In diesem Buch geht es daher um beides: Wie Sie einen anderen Fokus auf die Voraussetzungen für Ihren Erfolg mit sich selbst und anderen erlangen, und wie Sie diese Ziele souverän mit den Menschen in Ihrem Umfeld umsetzen können.

- Die Techniken, die wir Ihnen in diesem Buch vorstellen wollen, bilden eine neue Methode zur professionellen Problemlösung. Diese Methode ist sowohl wirksam, wenn Sie in der Sache Einigungen mit anderen erreichen wollen (z. B. einen Vertrag verhandeln) als auch zur konstruktiven Lösung von Konflikten. Im Laufe dieses Prozesses erforschen die Verhandlungsparteien detailliert die jeweiligen Motive und Bedürfnisse und suchen systematisch nach einer Lösung, die die jeweiligen Bedürfnisse bestmöglich befriedigt. Sie ziehen faire Standards heran, um auch die schwierigsten Interessenkonflikte aufzulösen. Sie beteiligen alle Akteure angemessen, deren Interessen betroffen sind. Sie achten darauf, dass notwendige Informationen effizient ausgetauscht werden und die Verhandlungsmandate aller Partnerinnen beachtet werden. Sie setzen konsequent die Techniken des Aktiven Zuhörens ein, insbesondere gegenüber den Akteuren, die vorher als Feinde betrachtet wurden. Und sie schließen erst dann eine formale Einigung ab, wenn sie sich ausreichend Zeit genommen haben, verschiedene mögliche Szenarien zu analysieren und systematisch gemeinsam Wertschöpfung zu schaffen.

- Eine neue Art von Führung umfasst viele Qualitäten: eine konstruktive Grundhaltung, Kooperation, einen integrativen Ansatz, Vorstellungskraft und Kreativität, professionelle Hartnäckigkeit, die Flexibilität im Vorgehen mit Klarheit und Hartnäckigkeit bei der Verfolgung eigener Ziele verbindet, Menschlichkeit und die Bereitschaft zu dienen, emotionale Intelligenz, Empathie und Durchsetzungskraft, Selbstkontrolle und Selbstmitgefühl, eine geduldige Suche nach Legitimität, Partizipation und Transparenz in einem Entscheidungsfindungsprozess, der darauf abzielt, größtmöglichen Konsens, Verbindlichkeit und Commitment zu erreichen.
- Doch dieser Ansatz kann und will noch mehr erreichen. Es geht darum, eine ausgeglichenere Gesellschaft anzustreben, die notwendige gesellschaftliche Veränderungen durch ausgehandelte Evolution anstatt durch aufgezwungene Revolutionen erreicht. Auch wenn es angesichts der derzeitigen Spaltungen, Eskalationen und Radikalisierung in den westlichen Demokratien wie eine ferne Utopie erscheinen mag, sind wir zutiefst überzeugt, dass unsere Zukunft darin liegen muss, ein erwachseneres und vernünftigeres Konzept von Gesellschaft zu entwickeln. Eine Gesellschaft, in der breiter Diskurs und konstruktiver Dialog zur Problemlösung möglich ist, zwischen Regierung und Bürgern, Regierung und Wirtschaft, Regierung und Zivilgesellschaft, innerhalb der Bürgerschaft und zwischen Managerinnen und ihren Mitarbeitern im Unternehmen. Professionelles Verhandeln ist also auch der Weg zu einer partizipativeren und friedfertigeren Gesellschaft. Als Roger Fisher und William Ury 1981 mit dem Weltbestseller „Das Harvard-Konzept"[3] das bis heute einflussreichste Buch zum kooperativen Verhandeln vorstellten, sahen sie das Buch zuallererst als einen Beitrag zum Weltfrieden. Und auch wenn wir in diesem Buch jetzt stärker auf die Optimierung geschäftlicher Verträge in Einkauf und Vertrieb, M&A-Verhandlungen, Verhandlungen mit Betriebsräten, Verhandlungen als Projektleitung und anderes schauen, sind für uns die globalen und politischen Auswir-

kungen einer professionelleren Verhandlungsführung mehr als nur eine erwünschte Nebenwirkung.

Eine gute Anführerin in Politik und Gesellschaft muss deshalb heute auch eine gute Verhandlerin sein. Nur dann wird sie neue Deals erfolgreich abschließen, innovative Projekte auf den Weg bringen und Konflikte erfolgreich managen und lösen können. Nur so wird sie die Ressourcen der Organisation mehren, Kosten senken, Profitabilität steigern und gleichzeitig eine konstruktive Arbeitsatmosphäre mit internen und externen Partnern aufbauen können. Diese „gute Verhandler-Führungskraft“ ist heute unverzichtbar für Organisationen und umso mehr für die Entwicklung unserer Gesellschaft insgesamt. Aber diese „gute Verhandler-Führungskraft“ fällt nicht einfach vom Himmel.

Wir alle werden nicht als gute Verhandler geboren – aber wir alle können welche werden

Verhandeln ist ein Handwerk. Verhandeln ist weder ein angeborenes Talent noch eine Theorie, die man einfach auswendig lernen kann. Verhandlungsperformance entsteht durch die geübte Anwendung wirksamer Werkzeuge in der Praxis. Diese Werkzeuge kommen von verschiedenen wissenschaftlichen Disziplinen (z. B. Neurowissenschaften, Psychologie, Managementforschung, Spieltheorie, Gruppendynamik, Geschichts- und Politikwissenschaften, Philosophie) und haben ihre Wirksamkeit im Praxistest bewiesen.

Verhandlungsperformance im 21. Jahrhundert entsteht weder alleine durch theoretische Wissenschaft im Elfenbeinturm noch durch intuitives Ausprobieren in der Verhandlungspraxis. Das hat sie mit jedem anderen Handwerk gemein. Wer nie gelernt hat, ein Messer richtig zu halten und mit der richtigen Technik Gemüse zu schneiden, wird es auch nach jahrzehntelanger Übung nicht wirklich zu einer Meisterschaft im Kochen bringen. Gleichzeitig können Sie ein Lehrbuch über Kochen auswendig lernen und hinterher trotzdem noch nicht souverän Zwiebeln schneiden können.

Wer das Handwerk des Verhandelns wirklich beherrschen und eine hohe Verhandlungsperformance erreichen will, muss reflektierte Praxiserfahrung mit der Kenntnis der wirksamsten Verhandlungsmethoden verbinden. Diese Methoden müssen erlernt, verstanden und in der Praxis trainiert werden.

Bis heute hält sich hartnäckig gerade bei Führungskräften der Mythos, dass man Verhandlungsperformance alleine durch Erfahrung mit der Zeit erwirbt. Dieser Irrglaube wurde durch eine Studie[4] von Uta Herbst (Potsdam) für alle Zeit widerlegt: Erfahrene Praktiker aus der deutschen Wirtschaft waren zwar untrainierten Studierenden in einer Performance-Studie deutlich überlegen. Wenn die Studierenden allerdings in einem kurzen Training in die elementaren Konzepte des professionellen

Verhandelns eingeführt worden waren, konnten sie die Praktiker mit ihrer teils jahrzehntelangen Erfahrung bereits outperformen. Längst ist erwiesen, dass Verhandeln ein Handwerk ist, das jeder lernen muss, der es wirklich beherrschen will.

In diesem Buch teilen wir mit Ihnen unsere Erfahrungen als Verhandlungsforscher, Verhandlungstrainer und Verhandler. Wir haben in den letzten Jahrzehnten Zehntausende von Fach- und Führungskräften aus verschiedenen Bereichen von Wirtschaft und Politik in unseren Verhandlungstrainings dabei unterstützt, sich zu wahren Verhandlungsmeistern weiterzuentwickeln, die auch in sehr schwierigen Ausgangslagen zuverlässig eine gute Verhandlungsperformance erreichen. In diesen Trainings haben wir gelernt, welche Werkzeuge und welche Theorien in der Praxis unserer Teilnehmer wirklich hilfreich sind. In diesem Buch präsentieren wir Ihnen unseren Werkzeugkoffer der effektivsten Verhandlungsmethoden der Welt. Wir verbinden dabei pragmatisch unsere eigene Forschung mit allen anderen wirksamen Verhandlungskonzepten der Welt. Verhandeln ist für uns keine Religion, sondern ein Handwerk. Das bedeutet, dass jedes wirksame Werkzeug den Werkzeugkoffer bereichert – ganz egal, wer es erfunden hat.

In vielen Verhandlungsbüchern entsteht der Eindruck, dass professionelles Verhandeln seit den 1970er-Jahren in den USA entwickelt wurde. Richtig ist, dass die moderne Verhandlungsforschung, die ganz wesentlich durch das Program on Negotiation an der Harvard Law School in Schwung gebracht wurde, unser Verständnis von Verhandlungen wesentlich verändert hat. Richtig ist aber auch, dass wir in Europa eine lange eigene Traditionslinie seit der Antike bis zum heutigen Tage mit Experten haben, die ganz wesentliche Beiträge geleistet haben. Die moderne Verhandlungsforschung steht auf Schultern von Riesen – und diese Riesen kommen größtenteils aus Europa. Uns ist es daher wichtig, Ihnen in diesem Buch auch die europäischen Wurzeln aufzuzeigen, die unser heutiges Verständnis von Verhandlungsführung prägen. Denn wir dürfen durchaus stolz darauf sein, dass das erste Verhandlungslehrbuch der Welt in Europa erschienen ist: „De la manière de négocier avec les souverains“ im Jahr 1716 vom französischen Diplomaten François de Callières veröffentlicht.

Dieses Buch will Ihnen ein „Negotiator's Companion“ sein, ein zuverlässiger und vertrauenswürdiger Begleiter in den durchschnittlich 25 Verhandlungen, die Sie jeden Tag in allen Ihren Lebensbereichen zu führen haben. Es ist daher für jeden gedacht, ganz unabhängig vom beruflichen Hintergrund, denn gutes Verhandeln ist für uns alle wichtig. Wir beschränken uns daher nicht auf einzelne Typen von Verhandlungen – soziale, geschäftliche, juristische, politische –, sondern bieten Ihnen generelle Leitlinien für alle Ihre Verhandlungen. Zwischen den verschiedenen Typen von Verhandlungen sind die Gemeinsamkeiten viel größer als spezifische Details. Ob es eine geschäftliche Verhandlung zwischen zwei Unternehmen ist, eine Verhandlung zwischen einer Stadtverwaltung und der Bürgerschaft über den Bau einer neuen Straße oder die Verhandlungen über eine Scheidungsvereinbarung zwischen Ehemann und Ehefrau, die Systematik der Vorbereitungsschritte ist dieselbe (Kapitel 2), das zentrale Spannungsverhältnis zwischen Wertschöpfung und Verteilung ist allgegenwärtig (Kapitel 4) und die Kommunikationsprobleme, die typischerweise entstehen, sind sehr ähnlich (Kapitel 5).

So generell wie unsere Verhandlungsmethode ist, so praxisbezogen ist sie gleichzeitig. Unser Buch schlägt Ihnen konkrete Lösungen für die typischen Probleme vor. Wir präsentieren Ihnen zahlreiche Beispiele, die den Gebrauch der Werkzeuge in der Praxis illustrieren. Weil unser Ansatz praxisbezogen ist, wirft er immer wieder auch sehr komplexe Fragen auf, z. B. zur Qualität unserer Beziehungen sowie zu unseren Einstellungen und Verhaltensweisen in Bezug auf Risiko oder Zeit. Denn Verhandlungen sind oft komplex. Und in komplexen Situationen gibt es keine einfachen Patentrezepte. Wer etwas anderes behauptet, hat die Komplexität der Möglichkeiten entweder selbst nicht verstanden oder er verschweigt sie aus Bequemlichkeit seinen Lesern. Wir werden Ihnen die Komplexität nahebringen und Ihnen die notwendigen Fragen stellen, auch wenn sie manchmal unbequem und anstrengend sein mögen. Nur so entwickeln Sie eine für sich selbst und Ihre Verhandlungskontexte, Stile und Herausforderungen maximal effektive maßgeschneiderte Strategie.

Unser Buch ist keine abstrakte Verhandlungstheorie, sondern eine Reihe von Konzepten und Werkzeugen, die aus den führenden Verhandlungsansätzen der Welt abgeleitet sind, damit unsere Leserinnen für sich selbst ihre eigene persönliche Verhandlungsmethode entwickeln können. Und dabei gilt: „Entscheidend ist auf'm Platz" – unser Maßstab ist Ihre Verhandlungsperformance in Ihrer täglichen Verhandlungspraxis.

Ein Ratgeber, der Ihnen hilft, zu entscheiden, was Sie zuerst in einer Verhandlung tun sollten – und was danach kommt

Eine Verhandlung ist ein strategisches Informationsmanagementspiel, oder anders ausgedrückt: Schach mit Kommunikationswerkzeugen. Deshalb hängt Ihr Erfolg davon ab, ob Sie den richtigen Zug zur richtigen Zeit machen. Wichtige strategische Züge können in ihrer Wirkung verpuffen, wenn Sie vorher nicht die Voraussetzungen für ihre Wirkung gelegt haben. Das richtige Werkzeug zum richtigen Zeitpunkt in der richtigen Weise einzusetzen, das ist Ihre Aufgabe als professioneller Verhandler. Dies ist in der Verhandlungspraxis nicht immer einfach, weil Sie Ihre Intuition oft zu einem bestimmten Verhalten drängt, obwohl Sie essenzielle Voraussetzungen noch nicht geschaffen haben, von denen Ihr Erfolg abhängt.

Kapitel 1 erläutert, warum es wichtig ist, Ihren intuitiven Verhandlungsstil infrage zu stellen, bevor Sie in die Verhandlung einsteigen. Wir werden Ihnen zehn Fallstricke des intuitiven Verhandelns darstellen, um Sie zu überzeugen, dass es ein teurer Fehler ist, in einer Verhandlung zu früh zu werten oder zu handeln. Der Rest des Buches wird Ihnen zeigen, welche alternativen Möglichkeiten Ihnen zur Verfügung stehen, um die zehn Fallstricke in Ihren Verhandlungen zu neutralisieren. Professionelles Verhandeln bedeutet, zukünftig aus dem Driver Seat heraus bewusst und geplant seine Züge zu machen und instinktives Reagieren zu vermeiden.

In Kapitel 2 werden wir Ihnen zeigen, wie wichtig es ist, sich gut auf die Verhandlung vorzubereiten, bevor Sie in die Verhandlung einsteigen, und Ihnen Werkzeuge an die Hand geben, mit denen Sie Ihre effektive Vorbereitung organisieren können. Sie werden in diesem Kapitel die zehn Trümpfe der Verhandlungsplanung kennenlernen und in einige zentrale Konzepte eingeführt werden, die wir im Rahmen des Buches immer wieder anwenden werden.

Das Herz unserer Verhandlungsmethode vermitteln wir Ihnen in Kapitel 3, das Ihnen aufzeigen wird, wie wichtig es ist, das Wesentliche zu tun, bevor Sie das Offensichtliche tun. Dafür müssen die notwendigen Voraussetzungen geschaffen werden: die Menschen an die erste Stelle stellen, d. h. eine tragfähige Beziehung aufbauen und einen tauglichen Verhandlungsprozess organisieren. Diese drei Dimensionen – Personen, Prozess und Probleme – in richtiger Reihenfolge zu adressieren, ist eine entscheidende Erfolgsvoraussetzung in jeder Verhandlung.

Ein instinktiver Reflex in Verhandlungen besteht darin, zu versuchen, sich selbst ein möglichst großes Stück vom Kuchen zu schnappen und der Gegenseite nur Krümel übrig zu lassen. Doch entscheidend ist: Machen Sie den Verhandlungskuchen gemeinsam mit Ihrem Partner zunächst einmal so groß wie möglich – und teilen Sie ihn danach erst auf. Wir zeigen Ihnen in Kapitel 4, wie das durch einen gemeinsamen Austausch von Informationen gelingen kann, wenn Sie die Tendenz zum „Basarverhandeln“ effektiv vermeiden. Die Sozialpsychologie hat erforscht, dass sehr viele Menschen glauben, dass es in Verhandlungen nur um Verteilungskampf geht, dass alles, was gut für die Gegenseite ist, automatisch schlecht für einen selbst sein muss. Die Verhandlungsökonomie zeigt, dass das ein Irrglaube ist und es tatsächlich in den meisten Verhandlungen großes Potenzial für Wertschöpfung zum gemeinsamen Nutzen gibt.

In Kapitel 5 geht es um die zwei entscheidenden Gesprächstechniken, die für eine klare und effiziente Kommunikation in der Verhandlung wichtig sind: Zuhören und Sprechen. Wir zeigen Ihnen auch, warum die Reihenfolge (erst zuhören, bevor Sie selbst sprechen) so bedeutsam ist.

Um gemeinsame Wertschöpfung zu betreiben, braucht es ökonomisches Wissen und eine rationale Intelligenz, die allerdings von einer Beziehungsintelligenz flankiert werden muss, wenn Sie schwierige Verhandlungen erfolgreich bewältigen wollen. Das bedeutet, Sie müssen Emotionen verstehen und effektiv steuern können, bevor Sie die Sachprobleme der Verhandlung lösen können. Kapitel 6 untersucht einige

Verhaltensweisen, die in Verhandlungen weithin als „schwierig“ und „aggressiv“ angesehen werden, und zeigt Ihnen, wie sie auch in solchen Situationen konstruktiv reagieren und die Situation ins Positive verändern können.

Kapitel 7 analysiert vier Kontexte, in denen eine Verhandlung noch deutlich komplexer werden kann: Verhandlungen, in denen Repräsentantinnen für ihre Auftraggeberinnen verhandeln, Teamverhandlungen, Mehrparteienverhandlungen und multikulturelle Verhandlungen. In solchen Situationen ist es noch wichtiger als sonst, dass Sie Ihre eigene Vorgehensweise maßgeschneidert auf den Kontext anpassen, bevor Sie in irgendeiner Weise selbst handeln.

Der letzte Teil des Buchs, Kapitel 8, beschäftigt sich logischerweise mit dem letzten Schritt in einer Verhandlung: Sichern Sie Ergebnisse, bevor Sie abschließen. Dieser letzte Schritt setzt alle in Kapitel 1 bis 7 aufgezeigten vorherigen Schritte voraus. Wir werden Ihnen zeigen, wie wichtig es ist, alle Details mit Blick auf die Implementierung sorgfältig zu klären und echte Einigungen inklusive aller relevanten Aspekte statt Formelkompromisse zu erzielen.

Wir wünschen Ihnen viel Vergnügen beim Lesen dieses Buches, damit Sie zukünftig noch mehr Freude und Erfolg in Ihren Verhandlungen haben werden!

Kapitel 1

Stellen Sie sich infrage, *bevor* Sie verhandeln

Wie Sie Ihren Autopiloten bei Verhandlungen gezielt ausschalten

Es widerspricht jedem gesunden Menschenverstand, ein Auto zu fahren, ohne zuvor Fahrstunden genommen zu haben oder ein ausgefeiltes Menü zu kochen, ohne jemals einen Kochkurs besucht oder ein Kochbuch aufgeschlagen zu haben. Und wir kämen sicher auch nicht auf die Idee, eine Reise in ein fernes Land zu unternehmen, ohne vorher mal in einen Reiseführer geschaut oder mit jemandem gesprochen zu haben, der schon einmal dort war. Aber beim Verhandeln ist es anders. Eine große Anzahl der Fach- und Führungskräfte verhandelt nach wie vor über wichtige Fragen, ohne jemals ein Verhandlungstraining gemacht, einen guten Ratgeber gelesen oder einen Experten gefragt zu haben.[1] Dabei ist professionelles Verhandeln anspruchsvoller als Autofahren oder Kochen – und schlechtes Verhandeln kann weit größeren Schaden anrichten als eine missratene Urlaubsreise. Kein besonders schlaues Konzept also. Wir leben in einer Welt, in der regelmäßig Konflikte entstehen; zu versuchen, diese Konflikte zu lösen, ohne wirklich zu verstehen, wie sie entstehen und wie sie konstruktiv aufgelöst werden können, ist nicht gerade erfolgsversprechend.

Es gibt ein entscheidendes Problem, wenn Sie Verhandeln lernen wollen. Wenn Sie Klavierspielen lernen, haben Sie dazu noch kein Kompetenznetzwerk in Ihrem Gehirn aufgebaut. Unter richtiger Anleitung können Sie ein solches Netzwerk Schritt für Schritt effektiv entwickeln und in Ihrem Gehirn verfestigen. Doch wir alle haben bereits ein starkes Netzwerk für das Verhandeln in unserem Gehirn, das sich schon seit unserem ersten Lebensjahr Stück für Stück entwickelt hat. Auch wenn Sie noch nie an einem Verhandlungstraining teilgenommen oder ein Buch zum Thema Verhandeln gelesen haben, haben Sie in vielen Situationen gelernt, Ihre Interessen im Gespräch mit anderen zu vertreten. Diese jahrzehntelangen Erfahrungen haben dazu geführt, dass sich bei Ihnen viele Überzeugungen und unbewusste Verhaltensroutinen tief im Gehirn verankert haben. Die meisten Menschen verhandeln, ohne konkret darüber nachzudenken, wie genau sie sich dabei verhalten wollen. Sie konzentrieren sich auf die Sache und ihre Ziele und der „Autopilot" in ihrem Gehirn bestimmt instinktiv ihr Verhalten. Dass sie sich auch anders verhalten könnten, ist solchen intuitiven Verhandlern oft gar nicht bewusst.

Dieser Autopilot funktioniert in manchen Situationen gut. Gleichzeitig gibt es auch viele Verhandlungssituationen, in denen instinktives Verhalten zu katastrophalen Ergebnissen führt. Das Handwerk des Verhandelns zu erlernen, bedeutet deshalb auch, den eigenen Autopiloten zu verstehen und herauszufinden, in welchen Situationen wir auf unsere unbewussten Verhaltensimpulse vertrauen können und wann wir den Autopiloten ausschalten und unser Verhalten bewusst steuern sollten. Dabei sollten Sie bedenken: Das neuronale Netzwerk in Ihrem Gehirn lässt sich nicht einfach löschen und durch neue Handlungsweisen ersetzen. Neue Werkzeuge und Strategien müssen so integriert werden, dass sie zu Ihnen passen und Ihr persönlicher Werkzeugkoffer im Gehirn Schritt für Schritt optimiert wird.

Wir haben in jahrzehntelanger Forschung und in der Beobachtung unserer Teilnehmer in Verhandlungstrainings herausgefunden, welche instinktiven Verhaltensweisen besonders schädlich wirken. Wir werden Ihnen in diesem Kapitel zehn solche Fallstricke vorstellen, die dazu führen, dass Sie Ihre Verhandlungsbeziehungen belasten, Konflikte eskalieren, Transaktionskosten verschwenden, Verhandlungen zum Stillstand bringen, Wertschöpfungschancen vernichten und Ihre Reputation so gefährden, dass Sie Ihre Erfolgschancen für zukünftige Verhandlungen ruinieren. Ein rein intuitiver Zugang zum Verhandeln führt fast zwangsläufig zu einer oder mehrerer dieser negativen Konsequenzen. Wer als Verhandlungsmeister das Handwerk souverän beherrschen möchte, muss sein instinktives Verhalten des eigenen „Verhandlungs-Autopiloten" bewusst reflektieren, überprüfen und dort, wo es notwendig ist, durch effektivere Strategien und Werkzeuge ersetzen. Schon Kurt Tucholsky wusste: „Lass Dir von keinem Fachmann imponieren, der Dir sagt, ich mache das seit 20 Jahren so. Man kann eine Sache auch 20 Jahre falsch machen." Kaum irgendwo trifft diese Erkenntnis so sehr zu wie beim Handwerk des Verhandelns.

Der Weg zur Meisterschaft in Ihren Verhandlungen erfordert daher zwingend, dass Sie sich selbst, Ihre Überzeugungen und Ihre Verhaltensroutinen infrage stellen. Selbsterkenntnis auf der Grundlage von ehrlicher Reflexion und Infragestellung unserer Routinen ermöglicht es uns, ein besseres Verständnis unserer Fertigkeiten zu bekommen, unsere Selbstkontrolle in herausfordernden Situationen zu optimieren und uns kontinuierlich weiterzuentwickeln und zu wachsen. Wie Descartes in seinem Werk „Discourse de la Methode" schrieb, ist das Zweifeln, d. h. das Infragestellen, essenziell, „um alle schädlichen Meinungen […] aus meinem Geist mit der Wurzel auszureißen".[2] Dies ist der Ausgangspunkt, von dem aus Sie Ihre persönliche Methode für professionelles Verhandeln entwickeln werden.

Es ist dieser konstruktive Zweifel, den wir in diesem Kapitel kultivieren wollen. Dazu gilt es, die Beschränkungen Ihres Autopiloten zu identifizieren und geeignete Schritte zu ergreifen, die Probleme abzustellen. Solange Sie Ihren Autopiloten nicht gut kennen, verlieren Sie nicht nur massiv an Verhandlungsperformance – Sie sind auch besonders anfällig für Manipulationen durch Verhandlungsprofis, die Ihre unbewussten Schwächen erkennen und gezielt ausnutzen. George Kohlrieser spricht davon, dass Sie in einem solchen Moment vom Verhandlungspartner als „Geisel am Verhandlungstisch" genommen werden und Ihre Fähigkeit verlieren, Ihre Interessen gezielt vom Driver Seat aus zu verfolgen.

Wir werden Ihnen die gefährlichen zehn Fallstricke instinktiven Verhandelns vorstellen, die Probleme und alternative professionelle Verhaltensoptionen zunächst nur skizzieren, ehe wir diese in den folgenden Kapiteln Schritt für Schritt ausführlich mit Ihnen durchgehen.

Instinktfalle #1
Nicht-Lernen aus Verhandlungen

Dies ist die erste Performancefalle des intuitiven Verhandelns, die alle weiteren verstärkt. Wer das Handwerk des professionellen Verhandelns nie gelernt hat, neigt meist zu einer „Augen zu und durch"-Haltung. Wir haken dann Verhandlungen kurz nach dem Ende mental ab und wenden uns direkt der nächsten Verhandlung zu. Dies gilt umso mehr, wenn uns das Ergebnis nicht zufriedenstellt oder die Verhandlungen unproduktiv verlaufen sind. Das ist menschlich. Es macht schließlich keinen Spaß, intensiv über eigenen Misserfolgen zu brüten. Selbst erfolgreiche Verhandlungen haken wir schnell ab, um uns neuen Aufgaben zuzuwenden. Wir fragen uns nicht systematisch, „Was genau habe ich getan, dass zu diesem guten Verlauf geführt hat?", „Welche Formulierungen haben Türen geöffnet?". Dem liegt die Fehlannahme zugrunde, dass wir die Meisterschaft im Verhandeln allein durch Praxiserfahrung gewinnen würden. Nicht Erfahrung macht uns gut, sondern Erfahrungswissen – und das entsteht nur aus Erfahrung, wenn die Erfahrung anhand von tauglichen Kriterien reflektiert und die richtige Technik gekannt wird. Wenn wir unsere Praxiserfahrung nicht in der Nachschau reflektieren, übersehen wir unsere Erfolgsfaktoren und werden dieselben Fehler immer wiederholen. Schon so ein einfaches Beispiel wie das Zwiebelschneiden zeigt die Bedeutung guter Technik für die Optimierung. Wir alle schneiden Zwiebeln, doch viele schneiden ein Leben lang nur langsam und schneiden sich gelegentlich. Wenn Sie einmal gelernt haben, mit welcher Technik und welchem Werkzeug Sie Zwiebeln handwerklich optimal schneiden, können Sie zukünftig aus Ihrer Erfahrung lernen und immer schneller werden und sich nie mehr schneiden.

Expertentipp: Gutes Handwerk macht den Unterschied

von Philipp Stein, Sternekoch, „Steins Traube", Mainz

Wenn Sie Zwiebeln schnell und sicher schneiden wollen, macht die richtige Technik und das richtige Werkzeug den Unterschied. Ein scharfes großes Kochmesser ist nicht nur deswegen unabdingbar, weil es dadurch schneller von der Hand geht, sondern auch, weil hierdurch die Gefahr abzurutschen und somit das Verletzungsrisiko deutlich reduziert wird.

Schneiden Sie die Spitze der Zwiebel ab. Halbieren Sie die Zwiebel von der Spitze zur Wurzel und schälen Sie die Zwiebel. Legen Sie die angeschnittene Seite auf das Schneidebrett und schneiden Sie die Zwiebel längs in Streifen, aber nur bis kurz vor die Wurzel, damit sie besser zusammenhält. Schneiden Sie die Zwiebel anschließend ein paarmal waagrecht bis kurz vor die Wurzel ein, je nachdem, wie groß die Zwiebelwürfel sein sollen. Schneiden Sie dann einfach scheibenweise quer die Würfel runter. Achten Sie dabei darauf, dass die vorderen Fingerglieder der freien Hand nach hinten eingeklappt sind. So können Sie das Messer an den Fingerknöcheln schnell auf und ab gleiten lassen, ohne dass Sie sich schneiden. Entfernen Sie schließlich die Wurzel vom Strunk und schneiden Sie diesen genauso. Fertig!

Verhandeln ist ein viel komplexerer Prozess als Zwiebelschneiden, bei dem noch dazu viele Ursache-Wirkungs-Prinzipien nicht intuitiv erkennbar sind und deshalb erst erlernt werden müssen. Für professionelle Verhandler ist es daher wichtig, die eigene Performance nach der Verhandlung zu analysieren und die eigene Technik zu optimieren.

Weltklasseathleten haben das verstanden. Nach jedem Wettkampf schauen sie sich die Videoaufzeichnung kritisch an, analysieren in Zeitlupe, wo es Verbesserungspotenzial gibt. Sie nehmen sogar manche Trainings auf, um diese Analyse schon machen zu können, bevor es im Wettkampf um Medaillen geht. So gewinnen sie zwei Arten von Informationen: Sie kennen ihre Stärken, auf die sie sich im nächsten Wettkampf verlassen können, wenn es eng wird. Außerdem lernen sie ihre Schwächen kennen, um diese gezielt im nächsten Training bearbeiten zu können. Das gleiche Konzept von analytisch reflektierter Praxis nutzen Kampfpiloten, wenn sie in ihrem „Debrief" ihre letzte Mission analysieren, um sich auf die nächste vorzubereiten und dabei ihre Performance im Laufe der Zeit kontinuierlich zu steigern. Wir Verhandler sollten uns durch solche Verhaltensweisen, angetrieben von dem Wunsch nach ständiger Optimierung und Suche nach Exzellenz, inspirieren lassen. Es ist sicher nicht professionell, sich immer wieder von der gleichen Frage oder der gleichen Taktik aus dem Konzept bringen zu lassen. Wir erleben zu oft in unseren Trainings Teilnehmer, die genau wissen, welche Sätze sie überfordern (z. B. „Ich habe auch andere Angebote vorliegen."), ohne dafür aber bislang eine taugliche Reaktion entwickelt zu haben. Aus professioneller Sicht sind Fehler in einer Verhandlung unvermeidbar, denn es ist ein sehr komplexer Prozess. Es ist aber vermeidbar – und diesen Anspruch sollten wir an uns stellen –, immer wieder in dieselbe Fallgrube zu geraten.

Eine systematische Nachbereitung nach jeder Verhandlung ist daher ein unverzichtbarer Baustein auf dem Weg zur Meisterschaft im Verhandeln. Warum nehmen Sie sich nicht nach der Verhandlung kurz Zeit, um über die folgenden Fragen nachzudenken:

- Was habe ich in dieser Verhandlung generell übers Verhandeln gelernt?
- Was habe ich gelernt über mich als Verhandlerin?
- Was sollte ich unbedingt beibehalten und warum?
  (Alternativ: Was sind meine Stärken, auf die ich mich verlassen kann?)
- Was möchte ich das nächste Mal anders tun? Wozu und wie genau?
- Welche Situationen waren für mich besonders herausfordernd, und wie will ich sie anders lösen?
- Was sind meine persönlichen Ziele für meine Entwicklung in der nächsten Verhandlung?

Es ist sehr empfehlenswert, dass Sie Ihre Antworten auf diese Fragen wie in einem Logbuch schriftlich festhalten und nach jeder Verhandlung fortschreiben. So sind Sie optimal gerüstet, um sich auf die nächste Verhandlung vorzubereiten, der wieder eine systematische Nachbereitung folgen wird. Verhandlungsperformance entsteht dadurch, dass Sie den Kreislauf von professioneller Vorbereitung, bewusster Durchführung und systematischer Nachbereitung immer wieder durchlaufen. Während Vorbereitung der wichtigste Faktor für Ihre Verhandlungsperformance in der kommenden Verhandlung ist, ist die Nachbereitung Ihre Investition in Ihre Performance in allen zukünftigen Verhandlungen in Ihrem Leben.

Abbildung 1.1

Mit einem solchen Verhandlungs-Logbuch können Sie Ihre zukünftigen Verhandlungen besser einordnen und werden immer mehr Stärken bewusst in Ihren Werkzeugkoffer legen können – und Ihre Schwächen Schritt für Schritt reduzieren. Professionelles Verhandeln ist kein Ziel, das Sie erreicht haben können, wie ein Examen oder den Führerschein, es ist eine Haltung zu lebenslangem Lernen und ständiger Optimierung. Für diesen Lernzyklus können Sie zum Beispiel folgende Impulse als Unterstützung nutzen:

- Beobachten Sie sorgfältig andere in ihrem Verhalten in Verhandlungen, wenn Sie einmal die Chance haben, dabei anwesend zu sein. Sie können sehr davon profitieren, das Verhalten anderer zu studieren. Nehmen Sie dazu eine analytische Perspektive ein, die von der Neugier einer Forscherin geprägt ist, Neues zu entdecken. Nehmen Sie sowohl ein Mindset positiver Kritik ein – welche außergewöhnlichen Formulierungen oder Taktiken fallen Ihnen auf (best-practice-Lernen) – als auch einmal ein Mindset negativer Kritik – was möchten Sie auf gar keinen Fall übernehmen und warum (worst-practice-Lernen)?
- Analysieren Sie gründlich Verhandlungen, die Sie in den Medien sehen, einschließlich Szenen in Filmen. Spulen Sie ruhig ein paar Mal zurück, um auch hier Stärken erkennen und für Ihre eigene Verhandlungspraxis mitnehmen zu können, als auch zu überlegen, was Sie an welcher Stelle selbst anders machen würden, um ein noch besseres Ergebnis zu erzielen.
- Lesen Sie Bücher und Artikel über das Thema Verhandeln wiederum aus der Perspektive, wie Sie Ihre eigene Verhandlungsmethode mit diesem Wissen weiter optimieren können. Hier ist es besonders hilfreich, verschiedene Perspektiven zu studieren. Verhandeln ist ein Handwerk und seit Jahrhunderten entsteht Meisterschaft im Handwerk auf Wanderschaft. Indem ein Geselle durch die Welt zieht, von vielen verschiedenen Meistern ihre persönlichen Perspektiven und Erfolgstechniken lernt, reproduziert er nicht nur das Wissen einer einzelnen Schule, sondern integriert mehr und mehr das Wissen der Meister auf seine ganz eigene Weise und beherrscht das Handwerk an sich.
- Nutzen Sie auch die Chance, gute Verhandlungstrainings zu besuchen, um wertvolles Feedback zu Ihrer eigenen Verhandlungsmethode und Ideen für deren Optimierung zu gewinnen. Wenn jeder Spitzensportler und jeder Profimusiker intensiv trainiert und fachliches Feedback im Training nutzt, sollten wir daraus als Verhandler lernen. Leigh Thompson von der Kellogg School of Management bringt die Ergebnisse ihrer Studien zum Verhandlungslernen treffend auf den Punkt: „Erfahrung ohne Feedback ist sehr ineffektiv, um Fertigkeiten gut zu entwickeln."
- Nehmen Sie professionelle und persönliche Situationen im Alltag als Verhandlungschancen war und nutzen Sie diese als Gelegenheit, ganz bewusst die Werkzeuge an-

zuwenden, die wir Ihnen in diesem Buch vorstellen werden. Es geht uns darum, auf respektvolle Weise gute faire Lösungen bei Interessenkonflikten zu erzielen – das dürfen Sie sehr gerne auch zu Hause mit Ihrem Partner ausprobieren.

Ein ständiger Wechsel zwischen Praxiserfahrung und Analyse ermöglicht es Ihnen, als Verhandlerin einen persönlichen Verhandlungsstil zu etablieren, bei dem Sie unproduktive Verhaltensreflexe loswerden und durch andere, effektivere Methoden ersetzen.

Instinktfalle #2
Positionsdenken

Positionsdenken kann so zusammengefasst werden: „Stimmen Sie meinem Vorschlag zu", „Es gibt nur eine mögliche Lösung: meine" oder „Das ist nicht verhandelbar". Der instinktive Verhandler bleibt so lange wie möglich bei seiner Position, in der Hoffnung, dass der Verhandlungspartner irgendwann erschöpft nachgibt. Das Ergebnis solcher Verhandlungen ist selten das, was die Parteien gesucht haben, und fast nie ein Ergebnis, das die Bedürfnisse der Parteien ausreichend befriedigt. Meistens tritt einer der folgenden Fälle ein oder eine Kombination davon:

- Die Parteien stellen fest, dass die Kosten immer weiter steigen bis zu einem Punkt, wo die Verhandlungen zum Stillstand kommen.
- Die Parteien stellen immer mehr Ressourcen zur Verteidigung ihrer Position auf Kosten anderer Projekte bereit.
- Die Beziehung zwischen den Verhandlungsparteien verschlechtert sich zunehmend.
- Die Verhandlungspartnerin verlässt den Verhandlungstisch.
- Eine Verhandlungspartei gibt nach und beschließt gleichzeitig, zukünftig keine Geschäfte mehr mit diesem Verhandlungspartner zu machen.
- Eine Verhandlungspartei gibt nach und hat das Gefühl, „das Gesicht verloren" zu haben, und verlässt die Verhandlung mit der festen Absicht, die andere Seite dafür in der Zukunft bezahlen zu lassen, z. B. durch Schlechterfüllung bei der Implementierung der Vereinbarung.

Im besten Fall macht Positionsdenken die Verhandlung zu einem harten Verteilungskampf, wo jede Partei eine extreme Position als Ausgangspunkt wählt, diese so lange wie möglich verteidigt, Zugeständnisse verweigert und sich dann nur in sehr kleinen Schritten bewegt, weil jedes Nachgeben als reputationsschädlich gesehen wird. Die Effizienz einer solchen Verhandlung geht gegen null.

Die Falle des Positionsdenkens kann vermieden werden, indem die Verhandlung auf die Interessen hinter den Positionen der Parteien fokussiert wird,[3] oder noch besser, auf die unterschwelligen Motivationen der Verhandler. In Kapitel 2 werden wir Ihnen diese Idee detailliert darstellen. Lassen Sie uns aber an dieser Stelle die Unterschiede zwischen Positionsdenken und professionellem Verhandeln, das auf die Beweggründe der Akteure ausgerichtet ist, mit der folgenden Geschichte verdeutlichen:

Der Strauch in Madagaskar – Eines Tages erhielt die Regierung von Madagaskar Besuch von einem Vertreter eines Schweizer Pharmakonzerns. Dieser Abgesandte informierte die Regierung, dass seine Firma plant, ein neues Medikament aus einem seltenen Strauch zu produzieren, der nur in Madagaskar wächst. Das Schweizer Unternehmen bot der Regierung an, in erheblichem Umfang zu investieren und neue Arbeitsplätze zu schaffen, wenn ihr im Gegenzug der exklusive Zugang zu dem Land eingeräumt würde, auf dem der Strauch wächst. Die madagassische Regierung hielt dies für eine hervorragende Gelegenheit, da der Strauch ansonsten von keinerlei Nutzen war. Während der laufenden Verhandlungen bat auch eine amerikanische Kosmetikfirma um einen Gesprächstermin mit der Regierung. Diese Firma plante, eine neue Kosmetiklinie auf den Markt zu bringen – aus diesem Strauch. Die amerikanische Firma wollte ebenfalls exklusiven Zugang zu dem Strauch. Die Regierung sah sich nun in einem Dilemma, weil sie nur einem Konzern exklusiven Zugang zusagen konnte, und gleichzeitig den anderen nicht verärgern wollte. Deshalb forderte sie die beiden Repräsentanten auf, sich zusammenzusetzen und eine Einigung auszuhandeln. Verhaftet in glühendem Positionsdenken blieben beide Konzerne bei ihrer Forderung nach exklusivem Zugang. Als Lösung schlugen die Vertreter daher vor, die exklusiven Zugangsrechte im Rahmen einer Auktion zu vergeben. Damit ist die Verhandlung an einem für die Verhandler teuren Endpunkt angekommen und ein ökonomisch nachteiliges Ergebnis ist sehr wahrscheinlich.

Ganz anders wäre die Verhandlung gelaufen, wenn die Interessen und Motive der Unternehmen zur Sprache gekommen wären. Wäre die Frage nach der konkreten Nutzung des Strauchs diskutiert worden, hätten die Verhandler herausgefunden, dass die Moleküle für das Medikament nur in der Wurzel und die Moleküle für die Kosmetik nur in den Blättern des Strauchs zu finden sind. Der Reflex des Positionsdenkens hat die Verhandler davon abgehalten, die wahren Beweggründe zu verstehen und so festzustellen, dass beide Interessen gleichzeitig befriedigt hätten werden können, indem die Sträucher entsprechend zwischen den Unternehmen aufgeteilt worden wären. So hätten beide Unternehmen ihre Produkte auf den Markt bringen und gleichzeitig die Regierung mehr Erlös erzielen können, als wenn sie nur mit einem Unternehmen kooperiert hätte.

Instinktfalle #3
Wettbewerbsdenken

Das Positionsdenken verbindet sich oft mit dem Wettbewerbsdenken: „Ich muss meine Position durchsetzen, und um das zu erreichen, muss ich die Gegenseite dominieren." In diesem Szenario besteht a priori ein Misstrauen gegenüber dem anderen. Tatsächlich sieht dieser Verhandlungsansatz alle Interaktionen als Nullsummenspiel. Eine Verhandlung ist demnach purer Verteilungskampf und alles, was gut für den anderen ist, muss schlecht für mich sein. Inspiriert von militärischem Denken wird jede Verhandlung als Kampf gesehen, in der es einen Gewinner und einen Verlierer geben muss. Der andere wird als Feind gesehen, und deshalb erscheinen alle Taktiken gerechtfertigt, die es ermöglichen, selbst zu gewinnen. Kooperation ist nach dieser Auffassung ein Zeichen von Schwäche oder sogar Verrat an den eigenen Idealen.

Wenn das für Sie etwas extrem klingt, ist es umso wichtiger, sich bewusst zu machen, dass viele instinktive Verhandler diese Auffassung teilen. „Verhandeln ist ein Boxkampf" glauben immer noch viel zu viele geschäftliche Verhandler und es gibt Bücher und Seminare, die diese Auffassung bestärken. Anstatt einen Weg zur partnerschaftlichen Problemlösung zu bahnen, sähen diese Verhandlungskonzepte ein vergiftetes Klima, das zu Blockaden, Spannungen und eskalierenden Konflikten führt. Die sich daraus ergebende Wertschöpfung ist massiv vermindert oder fällt ganz aus. Wenn Einigungen getroffen werden, geschieht dies unter enormem Druck und hinterlässt mindestens eine der Parteien mit dem Gefühl, zu viel aufgegeben zu haben und sich „das Verlorene das nächste Mal zurückholen" zu müssen.

Die Falle des Wettbewerbsdenkens kann durch eine „vorwiegend kooperative" Strategie überwunden werden, wie wir in den Kapiteln 3 bis 6 genauer verdeutlichen werden. Der Aufbau einer vertrauensvollen Beziehung, die Berücksichtigung der Beweggründe beider Seiten, die Priorität des Zuhörens vor der eigenen Argumentation, der ausbalancierte Austausch von Informationen in abgesicherter Weise und langfristige Vereinbarungen zum beiderseitigen Nutzen sind Schlüsselelemente einer solchen „vorwiegend kooperativen" Strategie.

Wieso ist unser Ansatz „vorwiegend kooperativ" und nicht einfach nur „kooperativ"? Während instinktive Verhandler Verhandlungen oft durch eine egoistische Wettbewerbsperspektive betrachten, hat die Verhandlungswelt eine „samtene Revolution" durch unsere Kollegen in Harvard, Roger Fisher und William Ury, erlebt, die einen „kooperativen Ansatz" vertreten. Fisher und Ury ermutigten dazu, den Willenskampf in einen balancierten Ansatz zu verwandeln, der friedfertige Beziehungen zwischen den Verhandlungspartnern schaffen und, darauf basierend, rationale Lösungen auf der Grundlage von objektiven Kriterien anstreben will. Das Endergebnis ist eine allseits zufriedenstellende Vereinbarung, für die der Ausdruck „Win-win-Lösung" steht.

Diese Theorie, die üblicherweise als „principled negotiation“ (auf Deutsch: „sachbezogene Verhandlungsführung“) bezeichnet wird, bildete einen Wendepunkt in der Art und Weise, wie Verhandlungen wahrgenommen und geführt wurden. Aber wie jede andere Theorie auch hat sie ihre Beschränkungen.[4] Es wäre sicherlich falsch, den „Principled negotiation“-Ansatz, der in Deutschland auch als „Harvard-Konzept“ bekannt geworden ist (der deutsche Titel des englischen Buches „Getting to Yes“), einfach als „idealistisch“ zu klassifizieren, denn viele dieser Prinzipien sind durchaus relevant und praxistauglich, insbesondere diejenigen, die sich auf die Vorbereitungsphase der Verhandlung beziehen. Wahrscheinlich ist der Ansatz in seiner unbedingten Kooperationsbereitschaft zu optimistisch. Dies führt immer wieder dazu, dass Verhandler, die auf der Grundlage der reinen Lehre des Buches „Das Harvard-Konzept“ verhandeln, in der Praxis frustriert werden, wenn sie auf Verhandlungsboxkämpferinnen stoßen, die diese Prinzipien für sich nicht akzeptieren und die Kooperationsbereitschaft als Schwäche ansehen und auszubeuten versuchen. Dabei haben Fisher und Ury dieses Problem durchaus gesehen und dafür mit ihrem Konzept des „Verhandlungs-Jiu-Jitsu“ Lösungen entwickelt. Insbesondere in der Trainingspraxis werden diese Aspekte der Abgrenzung gegenüber den idealistischen Prinzipien aber regelmäßig vernachlässigt, sodass solche Verhandler in der Praxis oft leichte Beute von Ausbeuterinnen werden.

Unser eigener Ansatz baut auf den Ideen von Fisher und Ury auf, integriert daneben aber auch Schwerpunkte aus der Businessliteratur, die sich mit den Gefahren der Win-win-Theorie beschäftigt. So ist beispielsweise aus ökonomischer Sicht in jeder Verhandlung, unabhängig davon, wie sehr wir „Win-win-Verhandeln“ betreiben, immer auch die Verteilungsfrage zu lösen, in der sich die Parteien tatsächlich in einem Interessenkonflikt befinden. Oder anders formuliert: Egal wie groß Sie den Verhandlungskuchen durch Wertschöpfung backen, am Ende muss dieser Kuchen noch aufgeteilt werden und da schenkt Ihnen niemand etwas, wenn Sie nicht selbst darauf achten, sich ein ausreichend großes Stück für sich selbst zu sichern. Dieses Spannungsverhältnis, von unseren Harvard-Kollegen David Lax und James Sebenius als „Verhandlungsdilemma“ beschrieben,[5] ist die verhandlungsökonomische Grundlage jeder effektiven Verhandlungsstrategie. Deshalb ist unser Ansatz „vorwiegend kooperativ“: Er setzt auf die Chancen des kooperativen und wertschöpfenden Verhandelns, verschweigt aber keineswegs die Schwierigkeiten, die sich aus der Verteilungsdimension ergeben, sondern schlägt konkrete Techniken und Taktiken vor, um auch diese Dimension bewusst und geplant effektiv zu gestalten. Professionelles Verhandeln in der Realität ist eine doppelte Aufgabe: effektive Wertschöpfung und souveräne Aneignung des Wertes – und nur wer beide Dimensionen souverän beherrscht, erzielt für sich auf Dauer eine gute Verhandlungsperformance. Und wir akzeptieren die Realität, dass eine Verhandlung nicht immer zu einer Gleichverteilung beim Ergebnis führen muss, dass nicht immer eine absolute Zufriedenheit aller Verhandlungspartner erreicht werden kann, dass bestimmte Spannungen während der Verhandlung normal sind und professionell gemanagt werden müssen. Vor allen Dingen erkennen wir, dass jede kooperative Strategie „robust“ sein muss, d. h. über wirksame Strategien verfügen muss, sich gegen die Ausbeutung durch egoistische Kampfstrategien effektiv zu wehren.

Instinktfalle #4
Der nachgiebige Ansatz

Wenn die von Fisher und Ury und dem „Harvard-Konzept“ ausgelöste Revolution die Theorie und Praxis des Verhandelns erschüttert hat, dann nicht nur deshalb, weil sie den Mythos entzaubert hat, dass die beste Verhandlerin eine harte wettbewerbsorientierte Boxkämpferin ist. Sondern deshalb, weil sie gleichzeitig den Wert von Kompromissen infrage gestellt haben. Auch wenn der „Win-lose“-Ansatz, der sich oft genug zu einem „Lose-lose“-Ansatz verwandelt, nicht wünschenswert ist, hat der übliche „Geben und Nehmen“-Stil eben auch erhebliche Schwächen. Dessen größter Nachteil ist die Annahme, dass beide Seiten gegenüber der anderen nachgiebig sein sollen, um sich in der Mitte treffen zu können, damit ein Kompromiss möglich und ein Konflikt vermieden wird. Ein solches Verhalten führt dazu, dass in erheblichem Maße Wertschöpfungschancen nicht genutzt werden.

Die Falle der Nachgiebigkeit kann vermieden werden, indem man sich auf gemeinsame Problemlösungen fokussiert. Der Problemlösungsansatz geht über eine simple Auffassung von Verhandlungen hinaus, nach der Nutzen in einer Verhandlung nur auf Kosten der Gegenseite gewonnen werden kann – und umgekehrt (mythical fixed pie perception). Er nutzt die Erkenntnis der Verhandlungsökonomie, dass Nutzen in Verhandlungen in erheblichem Maße auch durch Wertschöpfung zum beiderseitigen Nutzen geschaffen werden kann. Dieser Ansatz ist weder nachgiebig („Ich gebe der Gegenseite nach“), noch wettbewerbsorientiert („Ich kriege möglichst viel auf Kosten der Gegenseite“) noch kompromissorientiert („Wir beide geben nach und treffen uns in der Mitte“). Am wenigsten ist er konfliktvermeidend oder auf einen Lose-lose-Fall ausgerichtet („Niemand kriegt etwas“). **(Abbildung 1.3)**

Es ist wichtig zu verstehen, dass Sie dieses ökonomisch optimale Ergebnis im „Nordosten“ des Nutzendiagramms nicht zufällig finden. Je komplexer die Verhandlung ist, desto schwieriger ist es, diese ökonomische Optimierung durch Wertschöpfung erfolgreich zu erreichen. Doch mit gutem Handwerk können Sie das zuverlässig erreichen. Dies wird umso leichter, je besser Sie die Techniken beherrschen, je günstiger die Rahmenbedingungen sind und je gutwilliger Ihre Verhandlungspartnerin mitwirkt. Aber grundsätzlich ist es möglich, von einem Positionskampf oder Kompromiss

Abbildung 1.2 Verhandlung nach dem Wettbewerbsansatz

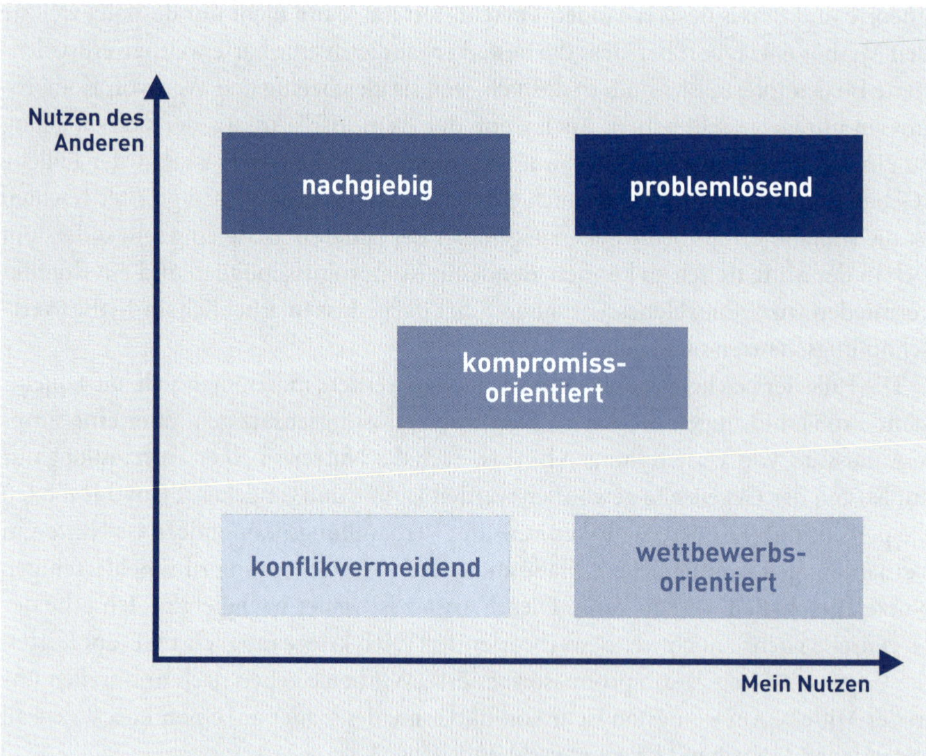

Abbildung 1.3 Verhandlung nach dem Problemlösungsansatz

nach Nordosten zu kommen, wie Lax und Sebenius das 1986 in ihrem Grundwerk der Verhandlungsökonomie metaphorisch bezeichnet haben. Dazu brauchen Sie ein gutes Verständnis der Motivation aller Parteien und Wertschöpfung durch kreativen Nutzen zur Integration der Interessenkonflikte. Ein Beispiel aus dem Buch „Das Harvard-Konzept“[6] verdeutlicht das Prinzip.

Der Friedensvertrag von Camp David – 1978 trafen sich die Regierungschefs von Israel und Ägypten in Camp David, um unter der Vermittlung von US-Präsident Jimmy Carter und unterstützt von Roger Fisher und seinem Team über einen Frieden zu verhandeln. Jede Seite beanspruchte die Souveränität über den Sinai: Israel aus Sicherheitsgründen, Ägypten aus historischen Gründen und Nationalstolz. Jeder Kompromiss hätte erfordert, die Grenzen neu zu ziehen und dies war für beide Seiten nicht akzeptabel. Am Ende einigte man sich auf einen Vertrag, nach dem Ägypten volle Souveränität über den Sinai bekommt, solange sich Ägypten verpflichtet, auf dem Sinai große demilitarisierte Zonen einzurichten, um Israels Sicherheitsinteressen Rechnung zu tragen.

Die Grundlage für diese für beide Seiten interessengerechte Lösung, die in dieser konfliktreichen Region der Welt seit Jahrzehnten einen stabilen Frieden zwischen Israel und Ägypten gewährleistet, war die Fokussierung auf das „Wozu?“. Wozu wollen die Verhandlungsparteien die Souveränität haben? Und tatsächlich war am Ende die gefundene Lösung – volle Souveränität für Ägypten und gleichzeitig volle Sicherheit für Israel – viel besser als ein halbgarer Kompromiss in der Mitte. Der nachgiebige Ansatz resultiert oft in wenig zufriedenstellenden halbgaren Kompromissen, so als ob Sie ein Menü bekommen, wo der Champagner-Cocktail und der Kaffee zum Dessert als Kompromiss in derselben Durchschnittstemperatur serviert werden. Der Vertrag von Camp David hat sowohl das Positionsdenken als auch die Nachgiebigkeit überwunden. Während die Verhandlungen über die Positionen (Sinai behalten vs. Sinai zurückbekommen) und die Zugeständnisse scheiterten, war die Verhandlungsrunde erfolgreich, die sich auf die Beweggründe der beiden Seiten fokussierte (Souveränität vs. Sicherheit). Kompromisse sind oft die erstbeste Lösung in einer Verhandlung, aber fast nie die beste, denn ökonomisch gute Lösungen müssen geschmiedet werden im Feuer der hartnäckigen Verfolgung eigener Interessen bei gleichzeitiger Akzeptanz der legitimen Interessen des Verhandlungspartners und der Entwicklung kreativer Optionen auf Grundlage der Beweggründe der Parteien – nicht der Forderungen.

Instinktfalle #5
Personen und Probleme vermischen

Jede Verhandlung benötigt mindestens zwei Menschen, die eine Beziehung aufbauen oder vertiefen, um ein Problem zu diskutieren – eine Reihe von Sachfragen. Viele Verhandler vermischen instinktiv die Beziehung und das Sachproblem. Dies belastet die Verhandlung und lenkt sie davon ab, eine gute Lösung in beiden Bereichen zu finden:

- Einerseits kann sich eine Verhandlerin dadurch verleiten lassen, große Konzessionen in den Sachfragen um der Beziehung willen zu machen. Nehmen Sie zum Beispiel eine Teamleiterin, die ihre guten Beziehungen mit den Teammitgliedern dadurch schützen will, dass sie die Arbeitsverteilung nicht auf der Grundlage von objektiven Kriterien vornimmt (Wer ist dafür besonders qualifiziert? Wer hat dafür angesichts seiner Arbeitsbelastung im Moment Zeit?), sondern sich an den Meinungen und Wünschen der anderen orientiert (Wer möchte was (nicht) tun?) Dies bringt sie immer mehr in einen nachgiebigen Modus und sie wird durch Druck auf der Beziehungsebene erpressbar: „Komm, tu das für mich, wir kennen uns schon so lange", „Das kannst Du mir nicht antun", „Komm, wir sind doch Freunde, sag mir nicht, dass Du das nicht für mich tun kannst". Studien zeigen, dass wir mit Freunden und Verwandten meist ökonomisch schlechte Lösungen vereinbaren, weil uns das Beziehungsinteresse zu großer Nachgiebigkeit in der Sache verleitet. Der erstbeste Kompromiss wird zur Einigung, sodass wir die besten Lösungen gar nicht finden.

- Andererseits opfern Verhandler oft die Beziehung zugunsten des Sachergebnisses. Ein instinktiver Verhandler, der Angst hat, nicht genug Konzessionen zum eigenen Nutzen vom anderen zu bekommen, fühlt sich oft versucht, den anderen persönlich unter Druck zu setzen – und das schädigt massiv die Arbeitsbeziehung. „Es ist egal, wenn die See einmal stürmisch wird, ich schaue nur auf das Sachergebnis", diese Haltung ist schon sachlich falsch, denn wie wir Ihnen in den folgenden Kapiteln zeigen werden, können Sie kein gutes Sachergebnis mit einer belasteten Beziehung erreichen. Deshalb sehen es Verhandlungsmeisterinnen immer als ihre erste und wichtigste Aufgabe an, eine respektvolle und möglichst vertrauensvolle Verhandlungsbeziehung zum Verhandlungspartner als Voraussetzung für ein gutes Sachergebnis aufzubauen. Außerdem ist diese Haltung ein gutes Beispiel der Kurzsichtigkeitsfalle, die wir Ihnen als nächstes vorstellen werden.

Manchmal verbinden sich diese beiden problematischen Haltungen auch zu einer Vorgehensweise, die gleichermaßen weit verbreitet und schädlich in Verhandlungen ist: Die „samtige Hand in einem eisernen Handschuh". Der instinktive Verhandler ist oft zu Beginn aggressiv und hart gegenüber dem Verhandlungspartner, weil er glaubt, dass das der beste Weg ist, in der Sache zu gewinnen. Dann merkt er allerdings an der Reaktion der Verhandlungspartnerin, welche massiven Schäden dies hervorruft, und dass der Erfolg der Verhandlung immer unwahrscheinlicher wird. Aus Angst vor dem Scheitern der Verhandlung wird er dann plötzlich nachgiebig in der Sache, um mit dieser Wiedergutmachung die Beziehung und die Verhandlung noch zu retten.

Wenn eine Verhandlung geführt wird, um einen Konflikt zu lösen, ist die Vermischung von Sach- und Beziehungsebene noch häufiger anzutreffen. Der instinktive Verhandler vergisst, dass er den Sachkonflikt gemeinsam mit der anderen Person lösen will, stattdessen hält er zunehmend die Person selbst für das Problem – und attackiert sie persönlich. Er hält z. B. die Einkäuferin selbst für eine nicht integre Person, weil diese ihm in der Sache unangenehme Forderungen ihres Unternehmens zur außerordentlichen Kostensenkung überbringt. In Kapitel 6 werden wir Ihnen eine Reihe von Techniken zeigen, mit der Sie die emotionalen Spannungen in solchen Situationen konstruktiv steuern können.

Die Falle, Sachprobleme und Personen zu vermischen, kann dadurch vermieden werden, dass Sie darauf achten, in Ihren Verhandlungen weich mit den Menschen umzugehen, während Sie gleichzeitig hartnäckig Ihre Interessen bei den Sachproblemen vertreten. Dieses Prinzip „weich zum Menschen, hart in der Sache" ist als eines der Grundprinzipien des „Harvard-Konzepts" bekannt geworden,[7] tatsächlich ist es aber schon viel älter. Der fünfte Generalsuperior der Jesuiten, Claudius Aquaviva, hatte es 1600 bereits als Prinzip der Jesuiten in der Gegenreformation aufgestellt: Fortiter in re, suaviter in modo.[8]

Instinktfalle #6
Kurzsichtigkeit

Diese Falle bezieht sich auf die instinktive Verhandlerin, die nur auf kurzfristige Profite schaut und darüber langfristige größere Chancen verspielt. Als Verhandler sollten wir immer unsere Reputation im Auge behalten und davon ausgehen, dass unser heutiges Handeln insbesondere im digitalen Zeitalter Konsequenzen für die Zukunft haben kann, wie folgende wahre Geschichte zeigt:

Die Diplomaten-Wohnung – Ein junger kanadischer Diplomat wurde nach Paris auf seinen ersten Dienstposten geschickt. Er mietete eine Wohnung von einem französischen Diplomaten, der gerade auf eine Auslandsmission geschickt worden war. Nachdem er zwei Monatsmieten Kaution hinterlegt hatte, konnte er in die Wohnung einziehen. Nach drei Jahren wurde der Diplomat zurück nach Kanada gerufen. Da er die Wohnung gut behandelt hatte, beschloss er, für die letzten zwei Monate einfach keine Miete mehr zu überweisen. Schließlich hatte er diesen Betrag ja bereits als Kaution hinterlegt und wollte das Geld lieber nutzen, um für seine neue Wohnung in Kanada wieder eine Kaution hinterlegen zu können. So etwas mögen Vermieter gar nicht. Auf entsprechende Mahnungen des Vermieters zahlte er aber schließlich doch noch die zwei Monate an Miete nach. Natürlich dauerte es dann vier Monate, bis seine Kaution zurückgezahlt wurde.

25 Jahre später wurde unser Diplomat zum Botschafter Kanadas in Israel ernannt. Nach der Ankunft in Tel Aviv machte er die Runde zu Antrittsbesuchen bei den anderen Botschaftern. Als er in der französischen Botschaft ankam, kam ihm der Botschafter merkwürdig bekannt vor. Tatsächlich war der französische Botschafter sein früherer Vermieter aus Paris ...

Die Falle, zu sehr auf kurzfristige Profite zu schauen, kann dadurch vermieden werden, dass man sich bei der Verhandlung immer bewusst ist, dass sie möglicherweise Einfluss auf zukünftige Verhandlungen haben könnte. Natürlich macht es einen strategischen Unterschied, wie sicher und wie bedeutend zukünftige Verhandlungsbeziehungen sind. Insoweit ist die Verhandlung mit einem wichtigen Zulieferer eine andere strategische Situation als der Kauf eines Gebrauchtwagens von einer Privatperson oder der Kauf einer Muschelkette am Strand im Urlaub. Aber gerade in unserer heutigen digitalen Welt, sollten Sie in jedem Fall darauf achten, dass Ihre Reputation als Verhandler nicht beschädigt wird. Denn es kann immer sein, dass Sie die andere Verhandlerin einmal wiedersehen oder jemanden, der sie kennt. Diese bloße Möglichkeit ist ausreichend, um Vorsicht walten zu lassen und auf unfaire Taktiken zu verzichten, die Ihre Integrität beschädigen könnten. „Denk an die Zukunft", erinnert uns der französische Dichter Louis Aragon. „Das Problem mit der Zukunft ist, dass wir verurteilt sind, sie zu leben", so Woody Allen. Callières, erfahrenster Diplomat des französischen Königs Ludwig XIV. und einer der ersten großen Verhandlungsforscher, schreibt:

„... ein Verhandler muss bedenken, dass er mehr als eine Angelegenheit in seinem Leben zu erledigen hat. Es ist deshalb in seinem besten Interesse, eine gute Reputation zu etablieren, die er als wertvollen Schatz betrachten sollte, weil diese Reputation den Schlüssel für seine zukünftigen Erfolge darstellt."[9]

Expertentipp: Höflichkeit zahlt sich aus[10]

von Karl-Theodor zu Guttenberg, Unternehmer und Publizist, Bundesminister a. D.

Donnerstagabend. Ein Empfang.

Ein wildfremder Mann kommt auf mich zu.

„Hi."

„Ich freue mich auch, Sie kennenzulernen", ich stelle mich namentlich vor. „Sie heißen Hi?"

„Sehr witzig", er macht keine Anstalten, mir seine Identität zu verraten.

„Muss ich Sie kennen?"

„Jeder kennt mich hier."

„Aha."

Der selbstbewusste Herr hat ein Anliegen. Ich höre ihm trotz des holprigen Starts interessiert zu. Es handelt sich offenbar um einen aufstrebenden Tech-Unternehmer.

Plötzlich sagt er unvermittelt: „Ciao."

Ein schlaffer Händedruck, die Augen sind an mir vorbei gerichtet. Er dreht sich um, steuert auf den nächsten Gast zu.

Auch der Abschied ist ihm gründlich misslungen. Er wird sich nun andere Mitstreiter suchen müssen.

Später steckt mir jemand, die hohe Bewertung seiner Firma verhalte sich zu den Gewinnmargen wie sein Auftreten zur Kinderstube.

Es ist immer wieder bemerkenswert, wie häufig die Wirkkraft des ersten und letzten Eindrucks einer zwischenmenschlichen Gleichgültigkeit zum Opfer fällt.

Offenbar glauben einige Zeitgenossen, mit der Entritualisierung bewährter Umgangsformen den Anschein von Effizienz zu erwecken. Oder Überlegenheit. Gelegentlich lässt sich dies bei Menschen beobachten, die einen gewissen Bekanntheitsgrad haben. Als ob man sich beschenkt fühlen dürfte, die Gnade ihrer Aufmerksamkeit zu erfahren.

Eine Gesellschaft, die sich nicht einmal mehr Höflichkeitsformeln gestattet und in der das Interesse am Gegenüber sich alleine an Kosten-Nutzen-Erwägungen ausrichtet, wird nicht zwingend konfliktärmer.

Instinktfalle #7
„Nur die eine Lösung“

Für den unwahrscheinlichen Fall, dass eine instinktive Verhandlerin tatsächlich alle bisherigen Fallstricke vermeiden kann, ist es nichtsdestotrotz zu erwarten, dass sie überzeugt ist, es gebe nur eine mögliche Lösung für das Problem und zwar ihre. Der Versuch, den Verhandlungspartner zu überzeugen, diese „richtige Lösung“ zu akzeptieren, ist in der Regel erfolglos, denn der andere wird voraussichtlich eine andere Lösung haben, die er als die alleine seligmachende ansieht.

Tatsächlich gibt es aber eine Vielzahl von möglichen Lösungen, die die Interessen der Parteien befriedigen. Wenn Sie einen Ansatz für die Verhandlung wählen, der es möglich macht, die Vielzahl von Lösungsoptionen zu entdecken und der Schwierigkeiten mehr als Chancen statt als Hindernisse begreift, können Sie mit dem Verhandlungspartner viel leichter eine gute Lösung finden. Dafür ist es wichtig, offen und flexibel zu bleiben und Vertrauen aufzubauen. Der beste Weg dazu ist, auf kreative Weise so viele Optionen wie möglich durch Brainstorming zu entwickeln. Paradoxerweise ist es so, je mehr Lösungsoptionen entwickelt wurden, umso einfacher wird es, sich darauf zu verständigen, welche davon die Beste ist.

Die „Nur die eine Lösung“-Falle kann vermieden werden, indem Sie miteinander die Regel etablieren, dass Sie erst im gemeinsamen Brainstorming so viele Lösungsoptionen wie möglich entwickeln wollen, bevor Sie überhaupt darüber sprechen, welche Optionen geeignet sind. Während wir in einer Verhandlung Positionsdenken vermeiden und die Beweggründe der Parteien fokussieren, sollten wir unbedingt flexibel bleiben, wie genau wir die Bedürfnisse befriedigen wollen. Das Schlimmste, was eine Verhandlerin tun kann, ist, davon auszugehen, dass die einzige gute Lösung entweder die eigene Lösungsidee ist, die man mit in die Verhandlung gebracht hat, oder die erste, die als Idee in der Verhandlung auf den Tisch kam. Denken Sie immer daran, dass die Aufgabe eines Verhandlers nicht darin besteht, irgendeine Einigung zu finden, sondern vielmehr die beste Option von allen möglichen Lösungen zu finden und zum Abschluss zu bringen.

Instinktfalle #8
Willkürliche Lösungen

Ein häufiger Begleiter der „Nur eine Lösung"-Falle ist ein weiterer Reflex instinktiver Verhandler, nämlich überzeugt zu sein, dass sie im Recht sind und dass es deswegen gar nicht nötig ist, dafür Argumente zu bringen. Dies ist umso schädlicher, wenn die Verhandlerin in einer überlegenen Machtposition ist. Wenn sie zum Beispiel Vorgesetzte ist, könnte sie versucht sein, einfach ihren Willen durchzusetzen, um eine schnelle Lösung zu erreichen. Mit einem solchen Verhalten riskiert sie aber, ihre Macht zu missbrauchen und sich vorwerfen lassen zu müssen, willkürliche Entscheidungen zu treffen. Denn je größer ihre Macht ist, desto größer ist auch ihre Verantwortung, ihr Handeln rational und legitim zu gestalten.

Manchmal, auch bei Verhandlungen auf Augenhöhe, verzichten instinktive Verhandler auf Argumente zur Rationalität und Legitimität ihrer Vorschläge, weil sie einfach davon ausgehen, dass sie der anderen Seite schon bekannt sind. Dies ist eine falsche Sicht auf die Realität. Tatsächlich sind Menschen und ihre Wahrnehmung so unterschiedlich, dass Sie niemals davon ausgehen sollten, dass der andere etwas denkt oder weiß, wenn Sie es nicht zuvor ausdrücklich überprüft haben. Die eigenen Hypothesen ungeprüft für Wahrheiten zu halten, ist eine der größten Verhandlungsfallen und teuersten Fehler, die Sie in einer Verhandlung machen können.

Das Gefühl von Willkür kann vermieden werden, wenn Sie Lösungsoptionen erst einmal rechtfertigen, bevor Sie sie als Forderung aufstellen. Geben Sie Ihrem Verhandlungspartner gute Gründe, nennen Sie Fairnessargumente und allgemein anerkannte Kriterien, bevor Sie eine Forderung stellen. Wenn Sie eine Forderung mit rechtfertigenden Argumenten a priori als fair „verankern", ist das deutlich effektiver, als wenn Sie im Nachhinein versuchen, sich gegen Vorwürfe von Unfairness zu rechtfertigen. Schließlich ist es ein natürlicher Reflex, dass jemand anderes, wenn eine Forderung erst einmal auf dem Tisch liegt, eher defensiv und misstrauisch auf weitere Erklärungen reagiert, die die Forderung verteidigen sollen. Je mehr Verhandlerinnen klar über ihre Gründe, Kriterien und Fairnessstandards sprechen, desto mehr wird sich das Gespräch auf Entscheidungsprinzipien fokussieren und nicht in einem Willenskampf enden – und desto sicherer geht hinterher niemand mit dem Gefühl vom Verhandlungstisch, „Verlierer" zu sein.

Instinktfalle #9
Selbstüberschätzung

Die Erfahrung zeigt, dass ein Verhandler oft versucht ist, die Kompetenz und Rationalität seines Verhandlungspartners zu unterschätzen und seine eigene zu überschätzen. Spinoza betont eine intuitive Tendenz, zu sagen, dass die Lösung gut ist, weil wir sie wollen, anstatt die gute Lösung zu wollen. Wir stellen unseren guten Willen und unsere eigene Rationalität in den Vordergrund, während wir dem anderen dasselbe absprechen. Diese instinktive Voreingenommenheit ist ein fruchtbarer Boden für Misstrauen und in Verhandlungen leider an der Tagesordnung. Einige Beispiele sind:

- Ich gebe mir alle Mühe, er tut nichts.
- Ich würde ja zustimmen, aber mir sind die Hände gebunden. Sie hingegen könnte „Ja" sagen, aber will es einfach nicht.
- Ich habe gute Absichten. Ihre sind hingegen sehr fragwürdig.
- Wenn er meinen Vorschlag nicht annimmt, liegt das daran, dass er ihn nicht versteht. Wenn ich seinen Vorschlag nicht annehme, liegt das daran, dass er schlecht oder unfair ist.
- Wenn ich wütend bin, liegt das daran, dass sie zu weit gegangen ist. Wenn sie wütend ist, liegt das an mangelnder Selbstkontrolle.

Dieser Mechanismus asymmetrischer Wahrnehmungen führt zu einer ungesunden Dissonanz bei der Bewertung des Verhandlungsverhaltens. Ein und dasselbe Verhalten wird radikal anders wahrgenommen, je nachdem, wer so handelt, wie **Tabelle 1.1** zeigt.

„L'enfer c'est les autres – Die Hölle sind die Anderen", wie Sartre diese Haltung zusammenfasst. Aus Gewohnheit geht die von ihren eigenen guten Absichten überzeugte Verhandlerin wie selbstverständlich davon aus, dass sie bei Verhandlungen vom anderen das Schlimmste erwarten muss. Verhandlungen ähneln hier dem Autofahren: Bei einem Unfall ist es verlockend, den anderen zu beschuldigen und gleichzeitig gute Gründe für die eigene Unschuld zu finden.

Diese unausgewogene Sichtweise bringt die Verhandlung in gefährliches Fahrwasser. In solchen Situationen lässt sich die instinktive Verhandlerin oft zu egoistischen und betrügerischen Verhaltensweisen verleiten, die auf folgenden nicht hinterfragten Annahmen beruhen:

- „Die andere Partei wird meine Täuschung nicht bemerken."
- „Selbst wenn sie es bemerkt, wird sie es hinnehmen."
- „Auf keinen Fall wird sie Vergeltung üben."
- „Am Ende wird sie vergessen, was passiert ist. Da bleibt nichts hängen."

Tabelle 1.1 Selbstüberschätzung und Unterschätzung der anderen

Selbstüberschätzung	Unterschätzung des anderen
Ich bin standhaft. *Ich muss mich selbst gegen die Taktiken der Gegenseite schützen.*	Sie ist starrköpfig. *Sie übertreibt immer mit ihren Forderungen.*
Ich bin präzise. *Ich sorge für die notwendige Klarheit im Detail.*	Sie ist eine Haarspalterin. *Sie verkompliziert die Dinge, um mich zu stören und zu übervorteilen.*
Ich habe eine gute Intuition. *Ich kann meinem Bauchgefühl vertrauen.*	Sie ist völlig ahnungslos. *Sie macht instinktiv viele Fehler.*
Ich bin klar und offen. *Ich teile offen und ehrlich Informationen.*	Sie hält Informationen zurück. *Sie verheimlicht mir absichtlich einige wichtige Informationen.*
Ich bin fair. *Ich will meinen fairen Anteil, mehr nicht.*	Sie will mehr, als ihr zusteht. *Sie will auf meine Kosten extra Profit machen.*
Ich habe ein ganz schlechtes Gefühl. *Ich glaube, sie täuscht mich.*	Sie ist ein Jammerlappen. *Ständig beschwert sie sich.*
Ich bin vorsichtig. *Ich möchte sicherstellen, dass wir zu einem guten Abschluss kommen.*	Sie ist übermäßig formalistisch. *Sie benutzt Verzögerungstaktiken.*
Ich bin clever. *Ich nutze geschickt Taktiken zu meinem Vorteil.*	Sie ist eine Manipulatorin. *Sie versucht ständig, mir eine Falle zu stellen.*
Ich bin versöhnlich. *Ich zeige mich flexibel und gebe auch mal nach.*	Sie ist eine Heuchlerin. *Sie macht Scheinkonzession und hat viel zu viel „Luft in ihrem Angebot" gehabt.*
Ich bin pragmatisch. *Wenn die Dinge sich verändern, passe ich mich an die neue Situation an.*	Sie ist unzuverlässig. *Sie steht nicht zu ihrem Wort und nimmt ständig Zusagen zurück.*

Das Problem ist, dass der andere Verhandler selten so dumm ist, wie wir glauben. Niemand möchte sich manipulieren lassen.

Die Falle der Selbstüberschätzung und der Unterschätzung der Verhandlungspartnerin kann vermieden werden, wenn wir uns selbst und unser Verhalten kritisch hinterfragen, wenn wir Zweifel zugunsten der Verhandlungspartnerin auslegen und wenn wir unsere Gesprächsführungskompetenzen optimieren – insbesondere im professionellen Zuhören. Kapitel 5 erklärt, wie Sie diese asymmetrische Wahrnehmung überwinden können. In Kapitel 6 zeigen wir Ihnen verschiedene Techniken, wie Sie mit emotionalen Spannungen umgehen können, die diesen destruktiven Verhaltensweisen zugrunde liegen.

Instinktfalle #10
Negomanie

Der Satz „Alles ist verhandelbar“, der die Verhandlung als einzig sinnvolle Methode der Entscheidungsfindung darstellt, offenbart eine häufig anzutreffende Fehleinschätzung von instinktiven Verhandlerinnen. Es ist ganz entscheidend, dass Sie klar wissen, was verhandelbar ist – und was nicht. „Negomanie“ nennen wir die Haltung, über alles verhandlungsbereit zu sein, selbst wenn andere Wege der Entscheidungsfindung sachdienlicher wären. Sie dient oft als Vorwand, um unangenehme Entscheidungen aufzuschieben beziehungsweise nicht eigenverantwortlich treffen zu müssen.

Die Negomaniefalle können Sie dadurch vermeiden, dass Sie zunächst sorgfältig prüfen, ob eine Verhandlung im konkreten Fall wirklich die beste Vorgehensweise ist oder ob ein anderer Weg, zum Beispiel eine gerichtliche Klage oder eine formelle Weisung als Vorgesetzte, erfolgversprechender ist. Dazu folgende Beispiele für eine Verhandlungseignung:

- Es gibt kein Gesetz oder keinen eindeutigen Präzedenzfall, aus dem sich eine erforderliche Handlung klar und eindeutig ableiten lässt. Daher ist eine Verhandlung in einem solchen Fall sehr sinnvoll. Man verhandelt allerdings nicht über die Ergebnisse einer demokratischen Wahl oder die Einhaltung eines bestehenden Gesetzes.
- Die verschiedenen Akteure sind voneinander abhängig und eine einseitige Entscheidung ist weder empfehlenswert noch möglich. Dann ist eine Verhandlung die beste Vorgehensweise, um zu einer gemeinsamen Entscheidung zu kommen.
- Es besteht keine besondere Eilbedürftigkeit, die eine Verhandlungslösung ausschließt. Bei einem Waldbrand müssen die Feuerwehrleute sofort handeln. In solchen Situationen sind Verhandlungen nicht angezeigt, sondern es braucht klare Entscheidungen und Anweisungen von den verantwortlichen Führungskräften. Wenn es allerdings um die Frage geht, wie sich Waldbrände zukünftig verhindern lassen, könnte eine Verhandlung zwischen den beteiligten Akteuren (Feuerwehr, Försterinnen, Bewohner, Landwirte, Verwaltung) der beste Weg zu einer guten Lösung sein.
- Die Rollen und Verantwortungsstruktur der beteiligten Akteure sprechen dafür, dass eine Verhandlung eine effiziente Lösung darstellt. Es liegt auf der Hand, dass bestimmte geschäftliche Entscheidungen von der CEO getroffen werden, ohne sich vorher umfassend mit allen möglichen Mitarbeitern abzustimmen. Dies ist eine notwendige Voraussetzung für Effizienz. Es gibt eine Zeit für Verhandlungen (Diskussionen über Strategie, Visionen, Ressourcen etc.) und es gibt eine Zeit, die Entscheidung zu treffen und umzusetzen.
- Für die Befriedigung Ihrer Bedürfnisse ist das freiwillige Commitment der Betroffenen wichtig (Motivation), weshalb Sie sich dafür entscheiden, eine Frage auszuhan-

deln, obwohl Sie das rechtlich gar nicht müssten. Das Gesetz gibt uns beispielsweise als Eltern das Recht, unserer Teenietochter gerichtlich durchsetzbare Weisungen für ihre Lebensführung zu erteilen. Trotzdem entscheiden wir uns sehr oft dafür, von diesem Recht keinen Gebrauch zu machen. Denn ein Wochenendausflug zu den Großeltern, den man dadurch erzwungen hat, dass man den „Flugzeugträger vor der Küste hat auffahren lassen", wird ziemlich sicher für keinen der Beteiligten eine befriedigende Erfahrung.

Zu diesen verschiedenen strategischen Kriterien sollten wir noch bestimmte ethische Erwägungen hinzufügen. So hat sich zum Beispiel während des Zweiten Weltkrieges Winston Churchill, und später die Alliierten insgesamt, bewusst entschieden, nicht mit Hitler zu verhandeln. Der Krieg war erklärt und sollte fortgeführt werden bis zur bedingungslosen Kapitulation des Naziregimes. Jenseits dieses extremen Falls sollten die eigenen normativen Urteile, wie z. B. „niemals mit Geiselnehmern oder Terroristen verhandeln", allerdings sehr gründlich hinterfragt werden, da sie in der Praxis oft nicht haltbar sind. Denn natürlich müssen wir mit Geiselnehmern oder Terroristen verhandeln, wenn Menschenleben auf dem Spiel stehen, und sei es nur deshalb, um Zeit für die Planung und Vorbereitung einer bewaffneten Kommandoaktion zu gewinnen. Nicht umsonst haben mittlerweile fast alle Polizeibehörden weltweit spezialisierte Einheiten für Krisenverhandlungen (Crisis Negotiation Units) aufgestellt.

Zuletzt möchten wir noch einmal betonen, wie wichtig es ist, nie zu vergessen, dass Verhandeln nur ein Weg von Entscheidungsfindung und Konfliktregelung neben anderen Möglichkeiten ist. Deshalb ist es falsch, automatisch ohne strategische Reflexion in den Verhandlungsmodus zu springen. Überlegen Sie zuerst, ob eine Verhandlung im konkreten Fall überhaupt das erfolgversprechendste Verfahren zur Befriedigung Ihrer Bedürfnisse ist.

Wir schließen dieses Kapitel mit der Empfehlung: Stellen Sie Ihre eigenen Verhaltensweisen immer wieder infrage – denn genau das ist der Schlüssel zu professioneller Verhandlungsführung. In den folgenden Kapiteln werden wir Ihnen konkret zeigen, wie Sie diese Fallen vermeiden und eine effiziente Verhandlungsmethode für sich entwickeln können.

Kapitel 2

Bereiten Sie sich vor, *bevor* Sie das Spielfeld betreten

Wie Sie den Prozess, Personen und Probleme in Ihre Strategie einplanen können

Keine Fußballmannschaft tritt ohne Training zum Spiel an. Doch in politischen und geschäftlichen Verhandlungen erleben wir oft das Gegenteil: mangelhafte Vorbereitung. Das ist einer der teuersten Fehler, den Sie beim Verhandeln machen können.

Warum ist Vorbereitung beim Verhandeln so wichtig? Weil die Qualität der Vorbereitung den späteren Erfolg (oder Misserfolg) in der Verhandlung so sehr vorbestimmt, dass Roger Fisher die drei wichtigsten Erfolgsfaktoren in Verhandlungen wie folgt definiert hat: „Vorbereiten, Vorbereiten, Vorbereiten". Wenn es eine Regel gibt, bei der sich alle Verhandlungsexperten egal aus welcher Schule weltweit einig sind, dann ist es diese: Gute Vorbereitung ist der Schlüssel.

Bereiten Sie sich vor, um nicht unangenehm überrascht zu werden. Professionelle Verhandlerinnen haben sich vor der Verhandlung bereits überlegt, welche der Fragen, die die Gegenseite ihnen stellen könnte, für sie am unangenehmsten sind – und wie sie sie am besten beantworten könnten. Sie testen vorab ihre besten Argumente: welche sind besonders klar und gut verständlich, welche rechtfertigen die eigenen Vorschläge am besten, welche klingen am überzeugendsten? Zu dieser strategischen Vorbereitung sollte auch noch eine logistische Vorplanung kommen: In aufwendigen Verhandlungsprozessen bleibt während der Verhandlungsphase meist keine Zeit für andere wichtige Dinge. Erledigen Sie daher möglichst viel vorher, um sich für diese Phase zu entlasten und sich voll auf die Verhandlung konzentrieren zu können. Das gilt insbesondere für solche Tätigkeiten, die für den Verhandlungsprozess selbst nützlich sein können wie Forschung und Analyse, die Arbeit an alternativen Lösungsoptionen, Beratung durch unabhängige Dritte.

Planen Sie voraus, ohne den Prozess zu behindern. Verhandlungsvorbereitung darf nicht so weit gehen, dass sie die Verhandlung ins Positionsdenken drängt. In der Vorbereitung geht es nicht darum, dass Sie ein Drehbuch für die Verhandlung entwickeln, das Sie dann am Verhandlungstisch umsetzen. Solche mentalen Modelle von Vorbereitung sind sehr gefährlich. Vom amerikanischen Präsidenten und früheren General Dwight D. Eisenhower ist folgendes Zitat überliefert: „Plans are useless, Planning is everything". Er wollte damit seinen jungen Offizieren verdeutlichen, dass Gefechte viel zu komplex sind, als dass sie wirklich vollständig vorher geplant werden können. Wer in einer schwierigen Lage krampfhaft am zuvor gefassten Plan festhält, anstatt günstige Gelegenheiten zu nutzen oder flexibel alternative Lösungen zu suchen, wenn der gedachte Weg nicht funktioniert, der wird verlieren. Die Planung dient nicht dazu, genau zu wissen, wie das Gefecht ablaufen wird, sondern das Gelände zu kennen, Optionen zu durchdenken, Rahmenbedingungen zu verstehen, um dann in der konkreten Situation eine bestmögliche Entscheidung mit einer „aufgeladenen Expertenintuition" treffen zu können.[1] Verhandlungen sind genauso komplex und unvorhersehbar, von daher ist dieses mentale Modell von Planung auch für Verhandlungen optimal geeignet. Unser Harvard-Kollege Michael Wheeler vergleicht diese Situation mit Jazzmusik, wo eine qualitativ gute Improvisation beim Auftritt eine gründliche Abstimmung im Vorfeld erfordert.

Im Rahmen der Vorbereitung werden Arbeitshypothesen entwickelt, keine endgültigen Wahrheiten. Es geht nicht darum, eine Position zu entwickeln, die um jeden Preis in der Verhandlung durchgedrückt werden soll. Es geht darum, sich selbst in die Lage zu versetzen, in der Unsicherheit der konkreten Situation mit allen auftretenden unvorhersehbaren Ereignissen möglichst souverän umgehen zu können und unangenehme Überraschungen soweit möglich zu vermeiden. Eine gute Vorbereitung schafft eine Basis, die dann in der Verhandlung anhand der neu gewonnenen Informationen kontinuierlich weiterentwickelt und verfeinert werden muss. Die Vorbereitung darf einem Verhandler nicht die Illusion von Sicherheit vermitteln: Auch die beste Vorbereitung und Vorausplanung entspricht nie der tatsächlichen Realität und muss daher immer wieder infrage gestellt werden.

Selbstverständlich, vorbereiten – aber wie? Studien zeigen, dass sich Verhandlungsmeister, die eine hohe Verhandlungsperformance erreichen, ganz anders vorbereiten als Amateure. Während Amateure sich größtenteils mit dem Problem und möglichen Lösungen beschäftigen und dann noch über ein paar Taktiken zum Einstieg nachdenken, beschäftigen sich Meister viel mehr mit strategischen Fragen, wie der geschickten Nutzung von Rahmenbedingungen und einer effektiven Verhandlungsstruktur. In diesem Kapitel stellen wir Ihnen eine Methode für die systematische Vorbereitung auf Verhandlungen vor, die sich in der Praxis als sehr wirksam und zuverlässig erwiesen hat. Sie ist inspiriert von Ideen von Fisher und Ertel[2] und hat die folgenden Vorteile:

- Sie ist nützlich, unabhängig vom Kontext und Thema der anstehenden Verhandlung (Einkauf/Vertrieb, Management eines sozialen Konfliktes, Mitbestimmung im Betrieb usw.).

- Sie funktioniert unabhängig vom Grad der Komplexität der Verhandlung (von einer Verhandlung zwischen zwei Personen um einen einzelnen Gegenstand bis zu internationalen Konferenzen, um komplexe Verträge auszuhandeln).
- Sie produziert ein hilfreiches Ergebnis unabhängig von der Zeit, die für die Vorbereitung zur Verfügung steht (von einer Stunde bis zu mehreren Monaten, abhängig von der Bedeutung der Verhandlung).
- Sie kann alleine angewendet werden oder zu zweit (wenn z. B. ein Repräsentant und ihre Vorgesetzte die Verhandlung vorbesprechen), in einer Gruppe (Delegation), oder es kann sogar der andere Verhandler einbezogen werden.
- Wenn der andere Verhandler dieselbe Methode zur Vorbereitung auf die Verhandlung nutzt, kann dies die Effizienz der Verhandlung deutlich erhöhen und den Verhandlungsprozess strukturieren und unterstützen. Verhandlungsprofis verhandeln lieber mit anderen Profis statt mit Amateuren, weil so sehr viel sicherer ökonomisch vorteilhafte Lösungen erreicht werden können.

Kurz gesagt, diese Methode der Vorbereitung berücksichtigt die drei zentralen Dimensionen jeder Verhandlung:

- Wer verhandelt? Das ist die Dimension der Personen: Um verhandeln zu können, braucht es (mindestens) zwei Akteure. Personen sind nie nur in einer professionellen Rolle an einer Verhandlung beteiligt, sondern immer auch als Menschen. Beziehung und Emotionen sind deshalb in jeder Verhandlung von größter Bedeutung.
- Was ist zu verhandeln? Das ist die Problemdimension: der eigentliche Verhandlungsgegenstand, Themen (issues) und Sachinhalt.

Expertentipp: Prozesse definieren für Vorbereitung

von René Bowitz, Werner & Mertz GmbH, Geschäftsführer

Verhandlungsvorbereitung ist keine Privatangelegenheit, die jeder Mitarbeiter so machen kann, wie er will. Gute Vorbereitung zahlt sich aus. Deshalb sollten es Führungskräfte niemals den Mitarbeitern überlassen, ob sie sich auf eine geschäftliche Verhandlung vorbereiten wollen oder welche Fragen sie sich dabei stellen wollen.

Privat kann jeder machen, was er will. Aber solange wir mit Geld des Unternehmens verhandeln, sind wir verpflichtet, damit möglichst gut umzugehen. Wir haben daher bei Werner & Mertz zusammen mit Andreas Winheller ein Negotiation Management System entwickelt, das klare Prozesse für die Vorbereitung definiert.

Je nach Bedeutung der Verhandlung gibt es unterschiedlich intensive Templates mit Fragen zur Vorbereitung, die Verpflichtung zur Peer Review oder Teamvorbereitung und eine klare Dokumentation. Denn Vorbereitung ist die Voraussetzung für Verhandlungsperformance und Verhandlungsperformance ist für uns nicht verhandelbar.

- Wie wird verhandelt? Die Prozessdimension: die konkrete Organisation der Verhandlung, Struktur und Spielregeln, um konstruktiv voranzukommen.

Innerhalb dieser drei Dimensionen gibt es zehn Trümpfe für die Vorbereitung (Tabelle 2.1), die wir Ihnen in den folgenden Abschnitten vorstellen werden. Den Nutzen dieser zehn Trümpfe im Rahmen einer Vorbereitung werden wir Ihnen am Beispiel einer Fallstudie[3] vorstellen, der Verhandlung zwischen den fiktiven Unternehmen ESN und CGA. Wenn Sie in der Vorbereitung diese Trümpfe richtig bearbeitet haben, gehen Sie in die Verhandlungen nicht mit leeren Händen, sondern mit zehn mächtigen Trumpfkarten – ein Turbo für Ihre Verhandlungsperformance.

Tabelle 2.1 Die zehn Trümpfe für die Vorbereitung einer Verhandlung

Die Personen	1. 2. 3.	zwischenmenschliche Beziehungen vertikale Beziehungen: Mandate Stakeholderanalyse
Das Problem	4. 5. 6. 7.	Beweggründe Lösungen am Verhandlungstisch Fairnesskriterien Lösungen abseits vom Verhandlungstisch
Der Prozess	8. 9. 10.	Organisation Kommunikation Logistik

Fallstudie: Der Konflikt zwischen ESN und CGA – Das Versicherungsunternehmen CGA beschloss, seine IT-Abteilung im Rahmen eines Restrukturierungsplans auszugliedern, um Fixkosten zu sparen. Aufgrund heftiger Proteste von Mitarbeitern und Gewerkschaften wurde ein zweiter, veränderter Plan beschlossen: Der Leiter der IT-Abteilung erklärte sich bereit, sein eigenes Unternehmen für IT-Dienstleistungen zu gründen, das dann die meisten CGA-Mitarbeiter der IT-Abteilung übernehmen würde. Das neue Unternehmen, ESN, sollte dann die IT-Dienstleistungen für CGA bereitstellen. Im Rahmen der Transaktion wurde darüber ein Vertrag mit einer Laufzeit von zwei Jahren geschlossen, der die Finanzierung von ESN für diese Zeit sicherstellt. ESN arbeitete in dieser Zeit ausschließlich mit Bestellungen von CGA, versäumte es aber, neue Kunden zu gewinnen. Im dritten Jahr nutzte CGA die Dienstleistungen von ESN weiterhin, beschwerte sich aber zunehmend über die Preise von ESN, die CGA für ungewöhnlich hoch hielt. CGA drohte nun mit dem Ende der Zusammenarbeit und begann, Angebote von Wettbewerbern für diese Dienstleistungen einzuholen. Andererseits ging es ESN finanziell nicht besonders gut, und wenn sie keine Bestellungen von CGA mehr bekämen, müsste das Unternehmen einen Insolvenzantrag stellen. Damit wären 68 Jobs gefährdet. Innerhalb der beiden Unternehmen war daher die Stimmung angespannt. Die führende Gewerkschaft setzte das Management bei CGA aus Solidarität mit den früheren Beschäftigten der IT-Abteilung unter Druck, weiterhin mit ESN zusammenzuarbeiten. Eine Vertreterin von CGA und der Geschäftsführer von ESN (der frühere IT-Abteilungsleiter) beschlossen, sich zu treffen, um in Verhandlungen einen Weg zur Lösung der Krise zu finden.

Die Dimension der „Personen“: die drei Beziehungstrümpfe

Persönliche Beziehungen zwischen den Verhandlerinnen am Tisch

Verhandeln heißt: Wir brauchen einander. Keine Seite kann die andere ignorieren. In einer Verhandlung finden wir uns in einer Situation wieder, in der wir voneinander abhängig sind und das Thema nicht klären können, ohne zusammenzuarbeiten. Positiv formuliert: Wir brauchen uns gegenseitig für eine gemeinsame Problemlösung. Soziale Kompetenzen sind daher entscheidend, wenn in einer Verhandlung alles glatt laufen soll.

Sie sollten deshalb vor der Verhandlung über die Art der zwischenmenschlichen Beziehungen der Verhandler reflektieren. Notwendig ist ein gründliches Assessment der Qualität der Beziehung und die Entwicklung von Möglichkeiten, die Beziehung zu verbessern und das Bonding (persönliches Vertrauen und Verbundenheit) zu stärken. Hier sind ein paar Fragen, mit denen Sie diese Reflexion starten können:

- **Welche gemeinsamen Erfahrungen verbinden uns?** Welche Beziehung zu der anderen Verhandlerin bringen wir mit in die Verhandlung? Haben wir bereits Erfahrungen miteinander gemacht? Wenn ja, welche positiven Momente (die ich in Erinnerung rufen kann) hatten wir in unserer Beziehungsgeschichte? Welche negativen Momente fallen mir ein (deren Wiederholung ich diesmal unbedingt vermeiden möchte bzw. die ich in der Verhandlung möglichst auflösen möchte, zum Beispiel indem ich diese Probleme zu Beginn anspreche, gute Absicht zeige und mich ggf. für Probleme der Vergangenheit noch einmal proaktiv entschuldige). War unsere Beziehung von Augenhöhe geprägt oder hat eine der beiden Seiten für sich einen höheren Status beansprucht?
- **Welche unausgesprochenen Spielregeln oder Verhaltensmuster haben sich etabliert?** Unser Gehirn versucht sich die Arbeit dadurch zu vereinfachen, dass es unbewusste Verhaltensroutinen (wie Drehbücher im Kopf) für wiederkehrende Interaktionen unabhängig vom konkreten Tagesproblem abspeichert, die automatisch durchlaufen werden. Diese sollte ich mir bewusst machen, um mich falls nötig durch aktive Selbststeuerung anders – für mich vorteilhafter – zu verhalten.
- **Was weiß ich über die andere Person (Netzwerk, Reputation, Onlineprofile)?** Wenn es keine Vorerfahrung miteinander gibt: Was kann ich über die andere Per-

son wissen? Wer in meiner Organisation hatte schon einmal Kontakt zum anderen Verhandler? Wer in meinem Netzwerk hatte schon einmal Kontakt? Welche Reputation hat sie in der Branche? Was kann ich über sie auf ihren Social-Media-Profilen erfahren? Und was denkt sie wohl über mich? Welche Erwartungshaltung habe ich an sie – und welche könnte sie an mich haben?
- **Wie kann ich die Verhandlungsatmosphäre konkret verbessern?** Oder wie kann ich den Aufbau einer neuen Verhandlungsbeziehung von Anfang an positiv unterstützen?

Das Ziel ist, eine vertrauensvolle Arbeitsbeziehung aufzubauen und während der Verhandlung aufrechtzuerhalten und möglichst zu vertiefen. Zentral ist dabei der Grad an Bonding bzw. Rapport, also ein persönliches Vertrauensverhältnis zwischen den Menschen, die miteinander verhandeln. Es ist nicht erforderlich – ja oft sogar problematisch –, eine freundschaftliche Beziehung zwischen den Verhandlern als Vorbedingung einer guten Verhandlung zu sehen. Je größer der Grad an Bonding ist, desto einfacher haben Sie es in der Verhandlung, weil Sie den anderen effektiver konstruktiv beeinflussen können und die Kommunikation störungsfrei ablaufen kann. Wenn in einer Situation das Vertrauen (noch) nicht gegeben ist, können Sie trotzdem erfolgreich verhandeln, wenn Sie auf die anderen Trumpfkarten setzen, die wir gleich noch besprechen werden. Dies ist herausfordernder, aber möglich. Und in manchen Situationen ist das Vertrauen durch schlechte Vorerfahrungen, die Sie vielleicht auch einfach nur „geerbt" haben, erst einmal erschüttert.

Zurück zur CGA-/ESN-Fallstudie: In diesem Fall gibt es eine bestehende Beziehung. Beide Verhandler kennen sich bereits. Sie hatten gute erfolgreiche Zeiten als Arbeitskollegen damals bei CGA vor der Ausgliederung. Aber diese gute Beziehung hat in den letzten Monaten gelitten. Die Vertreterin von CGA hat das Gefühl, dass ihre Schreiben in Bezug auf die zu hohen Preise von ESN einfach ignoriert wurden; sie verdächtigt im Übrigen den CEO von ESN, die Gewerkschaft aufgehetzt zu haben, um CGA zum eigenen Vorteil unter Druck zu setzen. Auf der anderen Seite sieht der Geschäftsführer von ESN das Verhalten von CGA als Betrug und Bruch der getroffenen Vereinbarungen. Beide Seiten sollten daher nach dieser Analyse von Verhandlungsbeginn an sehr sensibel auf die Beziehungsstörungen reagieren, Missverständnisse aufklären, Kenntnis der jeweiligen Perspektive des anderen demonstrieren und versuchen, die Verhandlung auf Grundlage der früheren guten Arbeitsbeziehung zu führen.

Die vertikale Beziehung: die Frage des Mandats

Es gibt viele Situationen, insbesondere im professionellen Bereich, in denen die Verhandlerin nicht für sich selbst verhandelt, sondern im Auftrag für jemand anderen. Eine Verhandlerin ist oft eine Agentin oder Repräsentantin für einen Auftraggeber (principal). So verhandelt zum Beispiel eine Anwältin (agent) im Auftrag ihres Mandanten (principal) über einen Vergleich in einem Rechtsstreit; ein Diplomat im Auftrag seiner Regierung einen bilateralen Vertrag; der CEO eines Konzerns im Auftrag seines Aufsichtsrates die Übernahme eines Wettbewerbers; eine Verhandlungsdelegation im Auftrag der Tarifkommission über einen Tarifvertrag.

In jedem dieser Fälle gibt der Auftraggeber in einer mehr oder weniger formellen Weise ein Verhandlungsmandat vor. Im Idealfall ist dieses Mandat die Summe aller Instruktionen, die der Repräsentant befolgen soll. Diese Instruktionen können sowohl die Ziele betreffen, die erreicht werden sollen, als auch die Methoden, die angewendet oder vermieden werden sollen. Die Ziele, die der Auftraggeber im Rahmen seines Mandats setzt, können mit den persönlichen Motiven des Repräsentanten übereinstimmen, aber das ist keineswegs immer der Fall. Daher werden wir das Spannungsverhältnis zwischen Auftraggeber und Repräsentanten (principal agent tension) in Kapitel 7 noch ausführlich analysieren. Im Rahmen der Vorbereitung einer Verhandlung ist es vor allem wichtig, zu analysieren, welche Mandate die Verhandlungsparteien von ihren Auftraggebern mitbekommen haben und welchen Einfluss das auf die Strategie hat.

So sollte beispielsweise explizit geklärt werden, ob die Repräsentantin selbst Abschlussvollmacht besitzt oder lediglich sondieren soll, weil sich der Auftraggeber die letzte Entscheidung selbst vorbehalten hat. Wird dies zu Beginn jeder Verhandlung explizit geklärt, vermeiden Sie eine in der Praxis häufige Taktik, mit der Sie unfair übervorteilt werden: Ihr Verhandlungspartner erweckt den Eindruck, Vollmacht zu haben, ohne dies explizit zu sagen. Am Ende machen Sie Konzessionen, um eine Einigung zu erreichen. In diesem Moment erklärt Ihnen Ihr Verhandlungspartner, dass diese Einigung noch nicht gültig sei, weil „seine Chefin sich vorbehalten hat, da nochmal drauf zu schauen – aber das ist eine reine Formsache.“ Am nächsten Tag erhalten Sie einen Anruf, dass die Chefin „völlig unerwartet“ leider die Einigung so nicht freigeben kann, wenn nicht noch … (und dann folgt noch mal eine Nachforderung, mit der Sie nicht mehr gerechnet hatten). Mit dieser unfairen Taktik werden Sie dazu verleitet, der Gegenseite mehr zu geben, als Sie wollen. Wenn Sie die Frage der Vollmacht am Anfang eindeutig klären, entwaffnen Sie diese Taktik. Denn wenn Ihr Verhandlungspartner Ihnen gegenüber erklärt, bevollmächtigt zu sein, dann ist das für Sie im Business normalerweise (Juristen nennen das „Anscheinsvollmacht“) genau so gut wie eine echte Vollmacht und jede Einigung rechtlich verbindlich. Strategisch ist natürlich klar: Wenn Ihr Verhandlungspartner selbst keine Vollmacht zum Abschluss hat, müssen Sie sich immer noch ein letztes substanzielles Zugeständnis für die Nachverhandlung mit dem Auftraggeber vorbehalten. Dieser „letzte Pfeil im Köcher“ wird nicht schon in der Verhandlung genutzt. Wenn Sie in die Analyse einsteigen, können Sie im Vorhinein oft schon erkennen, ob es sich bei der Ratifizierung um eine reine Formsache handelt, oder ob Sie mit einer echten Nachverhandlung rechnen müssen.

So kann beispielsweise eine Betriebsratsvorsitzende in einem Konzern selbst keine verbindlichen Einigungen mit dem Management treffen. Wenn Sie aber im Betriebsrat eine klare Mehrheit einer DGB-Gewerkschaft haben und die Vorsitzende fest im Sattel sitzt, können Sie nahezu sicher davon ausgehen, dass eine Absprache mit ihr auch vom Betriebsratsgremium gebilligt wird. Haben Sie hingegen keine starken Gewerkschaftsfraktionen in Ihrem Betriebsrat, sondern Einzelkämpfer, die sich eher als Vertreter ihrer Abteilungen verstehen, oder haben Sie eine Vorsitzende, deren Autorität gerade unter Beschuss ist, müssen Sie damit rechnen, dass Sie Ihre im Gespräch gefundene Einigung noch einmal nachbessern müssen. Sie können in jeder dieser Situationen erfolgreich verhandeln – Sie sollten allerdings nicht davon überrascht werden.

Zurück zur CGA-/ESN-Fallstudie: Die Vertreterin von CGA verhandelt im Auftrag ihrer CEO. Die Auftraggeberin hat ihr aufgetragen, einen Machtkampf und eine Eskalation des Konfliktes zu vermeiden und ihr nach der Verhandlung zu berichten, um über das weitere Vorgehen entscheiden zu können. Auf der anderen Seite verhandelt der Geschäftsführer von ESN im eigenen Namen, aber er vertritt auch die anderen Gesellschafter von ESN, die größtenteils zum Management von ESN gehören. Vor ihnen muss er das Verhandlungsergebnis rechtfertigen.

Die Stakeholderanalyse: eine Landkarte des Einflusses

Wenn verschiedene Akteure am Verhandlungstisch auftreten, sprechen wir von einer Mehrparteienverhandlung. Diese besonders komplexe Art von Verhandlungen besprechen wir in Kapitel 7. Aber auch wenn nur zwei Personen am Tisch sitzen – im Hintergrund wirken oft viele weitere mit, die selbst von der Verhandlung betroffen sind, und von denen einige vor, während und nach der Verhandlung Einfluss auf den Verhandlungsprozess ausüben können. Diese Stakeholder sollten Sie frühzeitig analysieren. Ein typisches Beispiel sind „Buying Center“ in der Industrie. Hier sind die eigentlichen Entscheider in der Verhandlung so gut wie nie beteiligt. Wer in einem solchen Fall seine Verhandlungsführung nur auf die Repräsentantinnen ausrichtet und nicht auf die tatsächlichen Entscheiderinnen, wird selten erfolgreich sein.

Die Stakeholderstruktur kann in komplexen Verhandlungen erst einmal sehr unübersichtlich sein. Deshalb ist es empfehlenswert, diese Struktur in einer Einfluss-Landkarte zu visualisieren, damit unser Gehirn diese Komplexität bei der Entwicklung der Strategie besser bewältigen kann. Zeichnen Sie alle Stakeholder auf und vermerken Sie die Art der mehr oder weniger stabilen Beziehungen:

- Unterordnungsbeziehung: Diese Art von hierarchischer Beziehung besteht meistens in einer formellen vertikalen Beziehung, der Einfluss auf die Verhandlung besteht in der Regel über das Verhandlungsmandat.
- Einflussbeziehung: Im Business ist es üblich, Informationen, einen Gefallen oder sogar eine Abstimmung auch von jemandem zu erwarten, mit dem keine formelle hierarchische Beziehung besteht. In solchen Fällen beruht der eigene Einfluss auf der Fähigkeit zu überzeugen, da Macht und formelle Autorität nicht zur Verfügung stehen.
- Feindselige Beziehung: Eine solche Beziehung liegt vor, wenn Menschen miteinander unbewältigte Konflikte haben. In diesem Fall besteht das große Risiko, dass die Betreffenden aus der Verhandlung rausgehalten werden, weil weder eine hierarchische Möglichkeit zur Einflussnahme besteht noch die Grundlage für einen konstruktiven Einfluss gegeben zu sein scheint. Dies motiviert die Betroffenen, ihre eigenen Möglichkeiten zu nutzen, um die Verhandlungen zu sabotieren.
- Unklare Beziehung: Diese Situation ist gegeben, wenn Beteiligte sich gegenseitig unbekannt sind. Je nachdem, wie sie im Laufe der Verhandlung definiert wird, kann sie sich zu einem der hier dargestellten Szenarien weiterentwickeln.

Wichtig ist, dass Sie sich bei der Analyse der Stakeholder nicht zu sehr auf formale Verantwortlichkeiten und Organigramme verlassen, sondern die vielfältigen Ebenen berücksichtigen, auf denen menschlicher Einfluss beruht. Natürlich ist die Frage wichtig, wem gegenüber jemand verantwortlich ist. Und natürlich sollten Sie diesen Decision Maker nicht vernachlässigen. Natürlich ist es bedeutend, wer für die Einhaltung von Compliance verantwortlich ist – und deshalb die Verhandlung behindern kann. Ein noch stärkerer faktischer Einfluss kann sich aber aus familiären oder freundschaftlichen Beziehungen ergeben. Vergessen Sie daher bei Ihrer Analyse nicht diejenigen, mit denen sich die formellen Entscheiderinnen abstimmen, um Sicherheit zu gewinnen.

Beispiel unerwarteter Gegenwind: Ein gutes Beispiel für die Bedeutung einer gründlichen Stakeholderanalyse ist ein gescheitertes Beratungsprojekt vor vielen Jahren. Der CEO eines Unternehmens hatte den Auftrag erteilt, eine Strategie zu entwickeln, mit der die feindseligen Beziehungen zum eigenen Betriebsrat in eine konstruktive Arbeitsbeziehung transformiert werden können. Im Vorgespräch fragte der Berater, wer alles einen Einfluss auf die aktuelle Situation und die Umsetzung der zu erarbeitenden Strategie hätte. Im Ergebnis wurde als Vorbedingung für den Auftrag definiert, dass die Strategie in einem Workshop zusammen mit dem gesamten Vorstand erarbeitet werden muss. So geschah es. Nach detaillierter Analyse der verschiedenen Optionen wurde in intensiver offener Diskussion eine Strategie im Konsens entwickelt. Alle Vorstandsmitglieder waren überzeugt und vom Ergebnis begeistert. Während des Aufbruchs sagte der CEO noch beiläufig, er werde dann die Vorsitzende der Familienstiftung über den neuen Weg informieren. Der Berater bot an, dieses Gespräch gemeinsam zu führen, was aber abgelehnt wurde („Nicht nötig, die Information ist reine Formsache"). Stunden später erhielt er einen Anruf der Vorstandsassistentin, dass der Vorstand nach dem Gespräch mit der Stiftungsvorsitzenden von der Strategie Abstand genommen habe und man sich geeinigt habe, an der bisherigen Strategie festzuhalten und übrigens auch kein Gespräch mit dem Berater mehr gewünscht sei. Hier zeigt sich, dass es Situationen geben kann, in denen selbst der komplette Vorstand eines Unternehmens keine relevante Entscheidungsbefugnis hat. Und in der Folge musste das Unternehmen weitere Jahre zermürbende und teure Konflikte zwischen Management und Betriebsrat erleiden.

Man muss nicht jeden teuren Fehler selbst machen. Lernen Sie gerne von dieser Erfahrung, die wir Ihnen gerade berichtet haben, und schenken Sie ab sofort „informellen Abstimmungsbeziehungen" die Aufmerksamkeit, die sie verdienen – auch wenn die Betroffenen selbst ihre Bedeutung herunterspielen. Nicht wenige Topmanager, die sich im Büro als Alphatier inszenieren, würden nie eine wichtige Entscheidung gegen den Rat ihrer Ehefrau treffen. Der deutsche Fußball-Erfolgstrainer Otto Rehhagel stand ganz öffentlich dazu, dass er vor wichtigen Verpflichtungen die Spieler zu sich nach Hause zum Essen einlud, und wenn seine Frau Beate anschließend ein schlechtes Gefühl hatte, wurde die Transaktion abgeblasen.

Zurück zur CGA-/ESN-Fallstudie: Am Verhandlungstisch selbst gibt es nur zwei Personen: die Vertreterin von CGA und den Geschäftsführer von ESN. Aber die Stakeholderanalyse zeigt, dass tatsächlich sehr viele Akteure im Hintergrund beteiligt sind; solche, deren Bedürfnisse vom Verlauf der Verhandlung betroffen sind, und solche, die auf die ein oder andere Art Einfluss auf die Situation nehmen können.

Innerhalb von CGA sind mehrere betriebliche Führungskräfte für die Qualität der IT-Dienstleistungen verantwortlich; diese haben Nachrichten an die Verhandlerin geschickt. Die wichtigste Gewerkschaft hat aus Solidarität mit den früheren Beschäftigten der ausgelagerten IT-Abteilung heftigen Widerstand gegen den Abbruch der Geschäftsbeziehungen mit ESN angedeutet. CGA will wiederum gegenüber AGA, einer anderen Versicherungsgesellschaft, mit der sie gerade über einen Merger verhandelt, zeigen, dass sie erfolgreich Kosteneinsparungen realisieren kann. CGA ist sich im Übrigen bewusst, dass es ihrem geschäftlichen Image bei den Kunden sehr schaden würde, wenn man als verantwortlich für eine Insolvenz von ESN wahrgenommen würde.

Innerhalb von ESN fühlen sich die Beschäftigten und ihre Familien durch die drohende Insolvenz existenziell gefährdet und sind hochgradig alarmiert. Aus der Ferne beobachten die Wettbewerber von ESN gespannt das Geschehen und würden es sehr begrüßen, wenn CGA die Geschäftsbeziehung mit ESN beenden würde.

Zuletzt gibt es noch weitere Akteure. Die Behörden sind in Sorge über die drohende Arbeitslosigkeit und wollen Massenentlassungen unbedingt verhindern und die Rechte der Arbeitnehmer schützen. Die Presse ist auf die Situation aufmerksam geworden und recherchiert, um an Informationen für eine gute Story zu kommen.

Die Gesamtheit dieser unterschiedlichen Stakeholder sollte jetzt wie vor jeder anderen wichtigen Verhandlung grafisch dargestellt werden (siehe dazu das Beispiel in Abbildung 2.1)

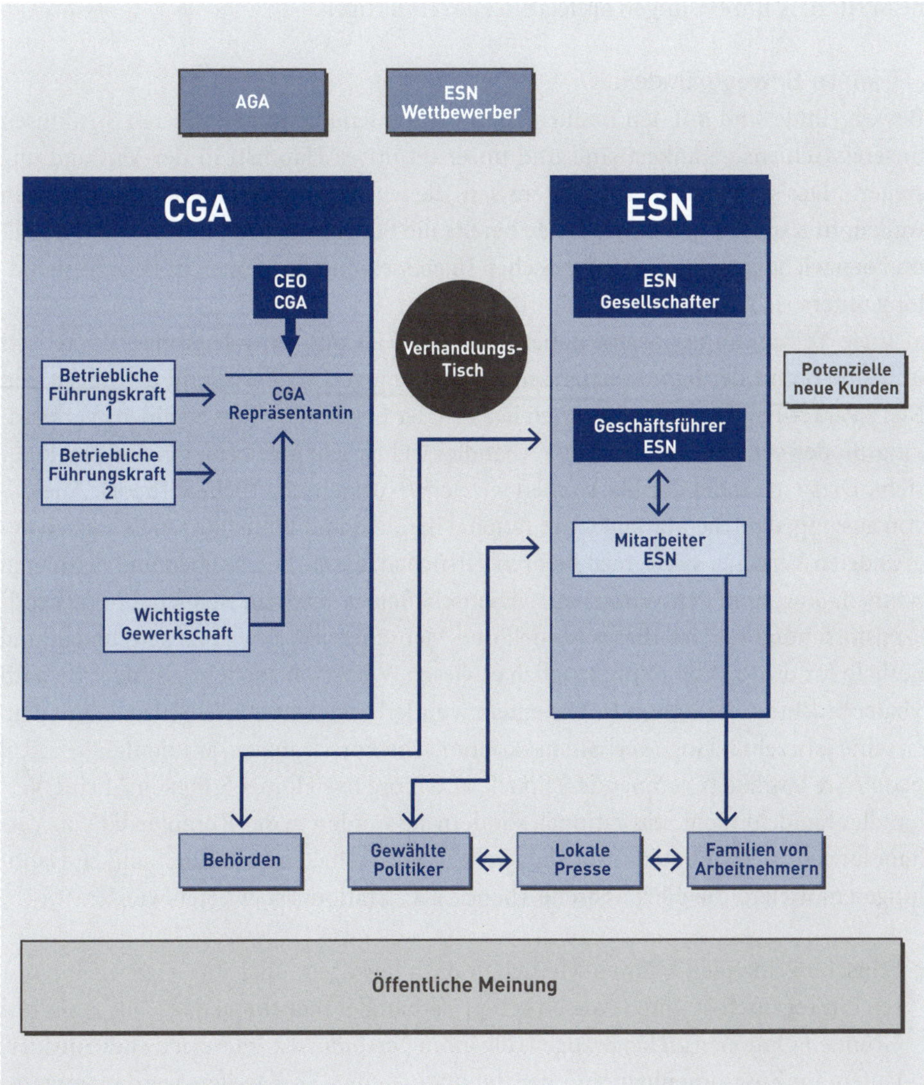

Abbildung 2.1 Karte der Stakeholder

Die Dimension des „Problems“: die vier Problemtrümpfe

Um die Züge Ihrer Verhandlungspartnerin am besten vorherzusehen und Ihre eigenen Züge in der Verhandlung optimal planen zu können, sollten Sie die vier Trumpfkarten der Problemdimension gründlich vorbereiten, um sie zu gegebener Zeit ausspielen zu können: die Beweggründe der Akteure, mögliche Lösungsoptionen am Verhandlungstisch, Optionen abseits vom Verhandlungstisch und schließlich Fairnesskriterien, um Lösungen als legitim zu rechtfertigen.

Tiefere Beweggründe

Beweggründe sind mit den Bedürfnissen verbunden, die in den tieferen Strukturen unseres Gehirns verankert sind und unser intuitives Handeln in der Verhandlung steuern. Das sind zum Beispiel Interessen, die wir mit der Verhandlung befriedigen wollen. In Kapitel 1 haben wir Ihnen bereits die Bedeutung der Interessen dargestellt und den wichtigen Unterschied zwischen Interessen und Positionen in einer Verhandlung unterstrichen.

Viele Verhandlungsansätze haben Interessen als das zentrale Konzept etabliert[4] und sind damit der bahnbrechenden Entdeckung von Callières und den Ideen von Mary Parker Follett gefolgt. Dadurch hat sich der Fokus allerdings zu einem Verhandlungsmodell verschoben, das den Verhandler viel zu sehr als streng rationalen Akteur sieht. Dies entspricht der klassischen wirtschaftswissenschaftlichen Theorie, die davon ausging, dass die Marktakteure rational handeln und ihren Nutzen in logisch begründeten Verhaltensweisen zu mehren versuchen, die sie beschreiben und definieren können. Sowohl in den Wirtschaftswissenschaften als auch im Bereich der Verhandlungsforschung hat sich dieses Modell und Menschenbild als viel zu vereinfacht und deshalb für die Realität wenig tauglich erwiesen. Wirtschaftsnobelpreisträger Richard Thaler brachte diese Erkenntnis in einem wunderbaren Satz zum Ausdruck, mit dem er seine jahrzehntelange verhaltensökonomische Forschung zusammenfasste: „Real people are less like (Commander) Spock, and more like Homer Simpson.“ Echte Verhandler handeln nicht rein rational, sondern sie werden in der Komplexität von Verhandlungen auf mindestens drei Ebenen in ihrem Verhalten beeinflusst und zu Handlungen motiviert, die die klassische Theorie als „irrational“ bewerten würde:

- Ethische Prinzipien können Menschen dazu bewegen, über ihre eigenen Interessen hinwegzusehen. Ihr Gewissen bringt Verhandler manchmal dazu, aus ethischen Gründen Optionen zu bevorzugen, die ihren persönlichen Interessen eher zuwiderlaufen. Im Zusammenhang mit der Reputation eines Verhandlers werden wir ethische Themen an verschiedenen Stellen dieses Buches diskutieren.

- Emotionen können Menschen dazu bringen, unvernünftig zu handeln. In bestimmten hoch emotionalisierten Situationen reagieren wir rein instinktiv – und können dabei sogar unsere eigenen Interessen vollständig aus den Augen verlieren, dies schauen wir uns in Kapitel 6 genauer an. So wirkt zum Beispiel Ärger in einer Verhandlung oft schädlich („Mag sein, ist mir egal“), gleiches gilt noch mehr für Rache („Dafür werden sie bezahlen“), Neid („Mir steht das auch zu“) und Herrschsucht („Du wirst tun, was ich will“).
- Kognitive Fallen und Wahrnehmungsstörungen: Diese Phänomene werden wir in den Kapiteln 5 bis 7 darstellen. Es sind Wirkprinzipien unseres Gehirns, die dazu führen, dass wir auch ohne den Einfluss von Emotionen in unserer Analyse der Beweggründe unseres Verhandlungspartners negativ beeinflusst sind. Wir neigen dazu, die andere Seite und ihre Angebote abzuwerten, im Zweifel negative Absichten zu unterstellen und deshalb akzeptable Vorschläge aus Prinzip abzulehnen.

Callières glaubte, dass „die meisten Menschen mehr aufgrund ihrer Launen, als aufgrund ihrer Vernunft handeln.“[5] Unsere Beobachtung bestätigt das sehr oft. Auch wenn Emotionen zu Beginn einer Verhandlung kaum vorhanden waren, entwickeln sie sich im Laufe des Prozesses und verstärken sich in mehreren Wellen, sodass sie manchmal die rationalen Interessen völlig überlagern, die zu Beginn identifiziert worden waren. Dies führt zu unbefriedigenden Einigungen, wenn überhaupt. In einem Unternehmen wurde ein sozialer Konflikt durch konkrete Forderungen nach einem gerechteren Einstellungs- und Bewertungssystem ausgelöst. Als die Emotionen eskalierten, entwickelte sich der Konflikt zu einem gnadenlosen Kampf zwischen CEO und Betriebsrat. Im Laufe des Konflikts veränderten sich die Ziele des Betriebsrats: Es ging nicht mehr um ein gerechteres System, alle Vorschläge des CEO wurden empört zurückgewiesen. Es ging um den Kopf des CEO, den der Betriebsrat forderte. Und tatsächlich wurde der CEO schließlich vom Aufsichtsrat abberufen. Damit war allerdings auch das eigentliche Thema „verbrannt“, hier konnten über Jahre keine Fortschritte in der Sache erreicht werden.

Um diese Aspekte im Rahmen der Vorbereitung ausreichend zu bedenken, können Sie beispielsweise über folgende Fragen nachdenken:

- Was sind meine Beweggründe in dieser Verhandlung (meine Interessen, aber auch meine Emotionen und ethische Prinzipien), was ist mir wirklich wichtig?
- Was sind vermutlich die Beweggründe der anderen Partei? Wie kann ich noch bessere Hypothesen über die Beweggründe der anderen Partei gewinnen, indem ich mich in die Perspektive der anderen Seite hineindenke, ohne meine eigenen Werte hineinzuprojizieren? Diese kognitive Fähigkeit nennt man „Perspective Taking Ability“ (PTA); sie ist trainierbar und weist eine sehr hohe Korrelation mit Verhand-

lungsperformance auf. Diesen mentalen Modus meinte Henry Ford, als er sagte: „Wenn es ein Geheimnis des Erfolges gibt, ist es, den Standpunkt des Anderen zu verstehen und die Welt durch seine Augen zu sehen."

- Was sind wohl die Beweggründe weiterer Akteure, die nicht an der Verhandlung beteiligt sind, aber von ihrem Ergebnis betroffen sein werden?
- Welche dieser Beweggründe sind Positionen, die ich noch gründlicher analysieren sollte, um die tieferliegenden Beweggründe zu verstehen?

Nachdem Sie alle Beweggründe identifiziert haben, ist es nützlich, sie innerhalb der folgenden vier Kategorien einzuordnen, sortiert nach ansteigender Schwierigkeit. Wir erläutern das am Beispiel der Verhandlung zwischen zwei Unternehmen (einem Reifenhersteller und einem Automobilhersteller), die beide den Bau einer Fabrik in einem Entwicklungsland erwägen:

- Beweggründe, die alle Parteien teilen und die zwischen ihnen kompatibel sind: Beide Unternehmen möchten in einen Wachstumsmarkt einsteigen, die Kosten und Risiken für den Einstieg minimieren und ihre Produkte dort vermarkten. Die große Anzahl an gemeinsam geteilten kompatiblen Beweggründen bringt sie dazu, ein Joint Venture zu planen, wo sie einen gemeinsamen Standort für die Produktion der Reifen und Autos suchen, die administrativen Hindernisse gemeinsam bewältigen und sich Personal für zentrale Funktionen wie Personalmanagement und Einkauf teilen.
- Beweggründe, die sich unterscheiden, aber kompatibel sind: Mit Blick auf ihre Kernkompetenzen ist es im Interesse des ersten Unternehmens, Reifen zu produzieren und des zweiten, fertige Automobile herzustellen. Das erste Unternehmen kann keine Reifen verkaufen, wenn kein Automobilhersteller vorhanden ist, der seine Autos damit ausrüsten möchte. Genauso kann das zweite Unternehmen keine Automobile bauen, wenn keine Reifen verfügbar sind. Hier besteht eine gegenseitige Abhängigkeit der Interessen. Sie sind unterschiedlich, aber sie ergänzen sich gegenseitig.
- Beweggründe, die ähnlich sind, aber im Wettbewerb stehen oder sogar inkompatibel sind: Beide Unternehmen haben ein Interesse, ihren Return on Investment zu optimieren und maximalen Profit aus ihren Verkäufen zu erzielen. Wenn auch die Maximierung des Profits ein gemeinsames Interesse ist, so entsteht durch die unterschiedlichen Auszahlungen an beide Partner ein konkurrierendes Interesse. Der Prozentsatz muss festgelegt werden, zu dem die Gewinne an die beiden Mutterkonzerne ausgeschüttet werden; sind es 90 % für den Automobilhersteller und 10 % für den Zulieferer? Oder 80 % und 20 %? Die Verteilungsfragen, die mit dieser Art von Interessen verbunden sind, und die daraus entstehenden ökonomischen Spannungsverhältnisse untersuchen wir in Kapitel 4.
- Beweggründe, die sich widersprechen oder sich gegenseitig ausschließen: Der Zulie-

ferer könnte die Reifen auch an einen Wettbewerber des Automobilherstellers verkaufen wollen und damit die Exklusivität des Joint Ventures infrage stellen.

Zum professionellen Handwerk des Verhandelns gehört, diese unterschiedlichen Beweggründe zu erforschen, um optimale Kombinationen von gemeinsamen und konkurrierenden Interessen zu finden. Auch wenn zwei Verhandlerinnen sich um dieselbe Sache streiten, kann eine Einigung möglich sein, wenn sie die Sache aus unterschiedlichen Beweggründen wollen (siehe Kapitel 1, Der Strauch in Madagaskar). Ein Verhandler muss diese Beweggründe zunächst einmal erkennen und dann versuchen, verhandlungsfähige Lösungen dafür zu finden. Es ist daher zum Abschluss der Analyse der Beweggründe in der Vorbereitung wichtig, über folgende Fragen nachzudenken:

- Wie priorisieren wir unsere Beweggründe? Natürlich ist man versucht, wenn uns der Verhandlungspartner fragt, „Was ist für Sie wichtig?“, zu antworten: „Alles“. Aber das wäre ja nicht die ganze Wahrheit. Natürlich haben wir eine lange Wunschliste für die Verhandlung, aber tief in uns – und das gilt genauso für den Verhandlungspartner – gibt es einige Beweggründe, die für uns viel wichtiger sind als andere. Viele Verhandler gehen in eine Verhandlung mit einem „Wünsch Dir was“-Modus, ohne eine klare Priorität für ihre Wünsche zu haben, nach der sie entscheiden, auf was sie am ehesten verzichten können. In der Realität des Verhandelns treffen Sie selten auf den Weihnachtsmann. Eine Einigung setzt daher in der Regel voraus, dass auch Sie auf manche Ihrer Wünsche verzichten. Es wäre schlecht, wenn Sie diese Entscheidung ohne gründliche Vorbereitung spontan in der Verhandlung treffen würden. Bereiten Sie sich daher gründlich vor und legen fest, welche der Beweggründe essenziell (also gar nicht verhandelbar) sind, welche eine hohe Priorität für Sie haben und welche nachrangigen Dinge für Sie auch noch schön, aber auch verzichtbar wären, wenn Sie dafür wertvollere Zugeständnisse bei Topprioritäten erreichen oder bei Ihrer Verhandlungspartnerin besonders wichtige Interessen befriedigen können und damit den Weg zur Einigung frei machen.
- In welcher Reihenfolge sollten wir unsere Beweggründe in die Verhandlung einführen? Wenn wir es alleine bestimmen könnten, was wäre die optimale Reihenfolge? Die Reihenfolge der vier Kategorien zunehmender Schwierigkeit, die wir Ihnen bereits vorgestellt haben, hat sich in vielen Verhandlungen als effektive Richtschnur erwiesen. Fangen Sie mit einfachen Themen an, wo sie ein gemeinsames Fundament bauen können, und heben Sie sich die Hochkonfliktthemen erst einmal auf, bis Sie eine tragfähige Arbeitsbeziehung entwickelt und beide Partner so viel in die Verhandlung investiert haben, dass man sich nicht mehr einfach bei der ersten Schwierigkeit zurückziehen will (Verstrickung).

Expertentipp: Preisschilder kleben

von Matthias Böffgen, THESEN AG, Managing Partner

Kleben Sie „Preisschilder" auf einzelne Optionen – und machen Sie sie nicht zu Statussymbolen.

Gerade im Einkauf werden manche Themen nicht aus wirtschaftlicher Notwendigkeit verfolgt, sondern als Statussymbol gepflegt oder zum Selbstzweck verklärt. Eine lange Zahlungsfrist gilt z. B. oft als Beweis für eine gute Verhandlungsleistung. Das ist ein Missverständnis. Erstens geht es um Prioritätensetzung. Und die Prioritäten Ihrer Interessen ergeben sich nicht aus „Geschäftspolitik" oder „Industriestandards", sondern aus ökonomischen Erwägungen. „Was kostet mich das?" ist die entscheidende Frage, die sich zu viele Verhandler nicht stellen. Und zweitens kann man mit Unterstützung des eigenen Controllings eindeutig ermitteln, welcher ökonomische Wert („das Preisschild") hinter einem Interesse liegt.

Dann verändert sich die Verhandlung: Alles ist verhandelbar, wenn die Gegenseite den Preis zahlen will. Denn natürlich ist es für die meisten Unternehmen vorteilhaft, z. B. 30 statt 60 Tage Zahlungsfrist zu akzeptieren, wenn dafür dann der Preis noch einmal um 2 % sinken kann. Vertrieb und Einkauf sollten ihren jeweiligen internen Kapitalkostensatz kennen – bevor das erste Angebot auf dem Tisch liegt. Denn wo Verhandlungspartner denselben Optionen unterschiedliche „Preisschilder" geben, entsteht Raum für zusätzliche Wertschöpfung. Ihr Geschäftszweck (und Verhandlungsziel) ist, ökonomisch vorteilhafte Deals zu verhandeln – nicht lange Zahlungsfristen.

Zurück zur CGA-/ESN-Fallstudie: Aus der Perspektive von CGA geht es nicht einfach nur darum, zu entscheiden, ob man die Geschäftsbeziehung mit ESN weiterführen oder beenden will. Ein solcher Ansatz würde sicher zu einem Positionskampf führen. Zu den hauptsächlichen Beweggründen von CGA gehören: die betrieblichen IT-Kosten zu senken, qualitativ gute IT-Dienstleistungen einzukaufen, Zugang zu effizienten und vertrauenswürdigen Subunternehmern zu bekommen, das Betriebsklima zu verbessern, den Merger mit AGA erfolgreich voranzubringen, ein gutes Image in der Öffentlichkeit zu behalten, Konflikte mit örtlichen Politikern und Behörden zu vermeiden.

Aus der Sicht von ESN besteht das zentrale Interesse darin, das Überleben des Unternehmens zu sichern, Jobs zu sichern, Serviceleistungen zu verbessern und Kosten zu senken, Anerkennung von CGA für die bereits getätigten Anstrengungen zu erhalten und die Marktpräsenz auszubauen.

Zusätzlich sind, wie bereits besprochen, noch viele andere Akteure in die Verhandlung involviert, die jeweils nochmal vielfältige eigene Beweggründe haben.

Lösungen am Verhandlungstisch

Im Rahmen der Vorbereitung auf die Verhandlung denken Sie auch über Lösungsoptionen nach, die idealerweise fünf Bedingungen erfüllen:

1. Die Optionen lösen die Fragestellungen konkret, um die es in der Verhandlung geht.
2. Sie zielen darauf ab, die ermittelten Beweggründe zu befriedigen, darunter idealerweise alle von Ihren wichtigen und so viel wie möglich von denen der Gegenseite.
3. Sie können mit der anderen Partei am Verhandlungstisch besprochen werden.
4. Unabhängig davon scheinen sie für Sie interessengerechter als Ihre beste Lösung abseits vom Verhandlungstisch.
5. Sie führen zu einer Einigung, die beide Parteien unterstützen können.

Diese Lösungen können im Laufe der Gespräche vorgeschlagen werden, aber es ist sehr wichtig, sie der Gegenseite nicht aufzuzwingen. Sie müssen verhandelbare Lösungsmöglichkeiten bleiben. Nicht zu Positionen werden, die die Diskussion ersticken. Denn die ermittelten Beweggründe sind fast immer durch viele verschiedene Optionen zu befriedigen, die am Verhandlungstisch ausgehandelt werden können. Ein gutes Verhandlungsergebnis entsteht Zug um Zug, wenn die Parteien ihre jeweils vorbereiteten Lösungsideen miteinander prüfen und so zusammenführen, dass sie die jeweiligen Beweggründe immer besser integrieren. So kann schließlich ein Lösungspaket gefunden werden, das die Beweggründe aller Akteure mehr befriedigt als jede andere Lösung, die einer der Beteiligten abseits vom Verhandlungstisch realisieren könnte.

Einige Lösungen sind sehr offensichtlich und brauchen keine große Vorbereitung. Aber meist sind Lösungen, die für alle Beteiligten akzeptabel sind, nicht offensichtlich und nicht leicht zu finden: Wären sie leicht zu finden, würden entstehende Konflikte immer schnell gelöst werden, und lange Krisensitzungen, um ein für alle tragbares Ergebnis zu finden, wären nicht erforderlich. Deshalb ist Kreativität eine zentrale Kompetenz für jeden effektiven Verhandler. Oft wird die Kreativität in der Verhandlung selbst durch Stress und Zeitdruck behindert. Umso wichtiger ist es, bereits in der Vorbereitung ausreichend Zeit für die Erarbeitung möglichst vieler Lösungsoptionen zu reservieren, auch wenn während der Verhandlung noch weitere Optionen entstehen werden. Dabei können folgende Fragen hilfreich sein, während sie Ihre Aufmerksamkeit immer auf die Beweggründe richten:

- Welche Lösungsoptionen kann ich einbringen? Welche Optionen sind für mich am vorteilhaftesten? Welche sind weniger wünschenswert, aber noch vertretbar? Welche möchte ich nicht, könnte sie aber zur Not gerade eben noch akzeptieren?

- Welche Lösungsoptionen möchte (so meine Hypothese) die andere Seite einbringen? Welche dieser Optionen sind für die andere Seite – soweit ich es erkennen kann – wohl am vorteilhaftesten? Welche am wenigsten wünschenswert? Welche kaum akzeptabel?
- Welche unter den von mir bevorzugten Lösungsvorschlägen kann ich ehrlicherweise als vernünftig und fair bezeichnen? Und welche unter den Vorschlägen der Gegenseite? Welche Lösungen könnten für beide Seiten akzeptabel sein? Welche davon sind für mich am vorteilhaftesten? Und welche sind sehr vorteilhaft für die Gegenseite, ohne mich selbst zu belasten?
- Welche Lösungsoptionen würde wohl ein neutraler Dritter als Vorschlag für eine faire Einigung unterbreiten? Was sind die Kriterien, mit denen ein neutraler Dritter eine Lösung für unser Problem als vernünftig beurteilen würde?
- Wenn ich eine Reihenfolge in die verschiedenen Lösungsoptionen bringen müsste, was wäre Szenario A (mein erster Anker), Szenario B etc.?

Wenn Sie über alle diese Fragen gründlich nachdenken, haben Sie die Möglichkeit, die Welt auch aus den Augen der Gegenseite zu sehen. Insbesondere der zweite Teil der Fragen ist sehr geeignet, um Ihnen zu helfen, die Beweggründe und Perspektive der Gegenseite zu verstehen (Empathie), ohne dabei aber Ihre eigenen Beweggründe aus den Augen zu verlieren (Selbstbehauptung). Sie helfen Ihnen, eine gute Hypothese über einen möglichen Einigungsraum (ZOPA = Zone of possible agreement) zu entwickeln. Es ist gut, sich für die Verhandlung ambitionierte Ziele zu setzen, denn nur ambitionierte Ziele führen zu einer vorteilhaften Einigung. Es wäre aber falsch, sich in der Vorbereitung nur auf die eigenen Lieblingslösungen zu konzentrieren, wichtige Interessen der Gegenseite zu ignorieren und die eigenen Favoriten dann in der Verhandlung durchboxen zu wollen. Ein solches „Einbetonieren“ führt üblicherweise zu einem Stillstand und Eskalation und damit zu einem hohen Risiko, dass die Verhandlung scheitert und auch die eigenen Interessen beschädigt werden.

Eine Lösungsoption ist besonders interessant, wenn sie integrativ ist, das heißt gleichzeitig einen (oder mehrere) meiner eigenen Beweggründe und gleichzeitig auch einen oder mehrere Interessen der Gegenseite befriedigt. Solche integrativen Lösungen sind für beide Seiten attraktiv, weil bei beiden eine Bedürfnisbefriedigung stattfindet und nicht nur Verzicht im Vordergrund steht. Es gibt aber auch distributive Lösungen, bei denen sich eine Seite auf Kosten der Gegenseite befriedigt. Diese grundsätzliche Unterscheidung zwischen integrativen und distributiven Lösungen ist hilfreich, um das Grundkonzept für gute Lösungen zu verstehen. In der Praxis sind allerdings viele Lösungsoptionen nicht „entweder … oder“, sondern weisen sowohl integrative Aspekte auf (Wertschöpfung zum beiderseitigen Nutzen) als auch distributive (eine Seite erhält deutlich mehr Gewinn). In unserem Joint-Venture-Beispiel ist es eindeutig eine integrative Lösung, wenn Produktionskonzept A 40 Millionen Gewinn einbringt, während Konzept B nur 20 Millionen erwirtschaftet; beide Parteien werden sich eindeutig auf das Konzept A einigen. Damit entsteht allerdings gleichzeitig noch eine distributive Frage: Wie werden die Gewinne untereinander aufgeteilt? Wenn der Gewinn bei Konzept A 50:50 aufgeteilt wird, erhält jedes Unternehmen 20 Millionen Gewinn – deutlich mehr, als wenn sie 75 % von den 20 Millionen bei Konzept B bekommen hätten. In der Praxis enden aber viel zu viele Verhandlungen mit dem größeren Stück für den einen Verhandler von einem kleinen Kuchen – und damit am Ende mit einem ökonomisch schlechteren Ergebnis. In Kapitel 4 werden wir genauer erläutern, woran das liegt, und wie Sie so etwas in Ihren eigenen Verhandlungen zukünftig durch gutes Handwerk vermeiden können.

Die Kunst besteht darin, die jeweiligen Beweggründe miteinander in eine optimale ökonomische Kombination zu bringen und dabei unterschiedliche Präferenzen der Parteien zu nutzen. Stellen Sie sich zum Beispiel zwei Verhandlungsthemen vor, bei denen die Parteien gegensätzliche Interessen haben. Die eine Seite möchte z. B. eine schnelle Lieferung und eine längere Garantiezeit erreichen, die andere Seite eine längere Lieferzeit und eine kurze Garantie. Beide Seiten könnten sich jetzt in der Mitte treffen und in beiden Themen mittlere Lösungen vereinbaren. Wenn allerdings Präferenzunterschiede bestehen, wäre das eine ökonomisch sehr schlechte Lösung. Die Frage ist also: „Was ist mir wichtiger – und wieviel wichtiger ist mir das?“ Dann kann es sein, dass wir lieber eine Lösung vereinbaren mit einer längeren Lieferzeit (die ich nicht will) und dafür einer längeren Garantiezeit (die mir viel wichtiger ist). Dieser Tausch (Trade-off) zwischen Optionen, die unterschiedlich gewichtet werden, ist eine entscheidende Quelle für wertschöpfende Lösungen in Verhandlungen. Die folgenden Fragen können dabei hilfreich sein:

- Was ist für mich am wichtigsten – aber für die Gegenseite weniger wichtig als für mich?
- Was ist für mich nicht so wichtig – aber für die Gegenseite viel wertvoller?
- Welche Tauschverhältnisse (Trade-offs) kann ich auf dieser Grundlage anbieten? Wo kann ich mit für mich relativ günstigen Zugeständnissen einen deutlich größeren Nutzen bei der Gegenseite stiften? Wie kann die Gegenseite mit relativ geringem Aufwand bei mir einen großen Nutzen stiften?

Diese Perspektive ist für die Verhandlung besonders wichtig, weil sie unsere Aufmerksamkeit darauf lenkt, dass der Nutzen (Wert) für die Gegenseite viel wichtiger ist als unser eigener Aufwand. Je mehr Nutzen wir für die Gegenseite auf deren Seite der Waage legen, desto mehr Nutzen können wir in für uns wichtigen Themenbereichen für uns reklamieren – und die gesamte Transaktion bleibt für den Verhandlungspartner immer noch attraktiv. In der Praxis machen viele den Fehler, nur den eigenen Aufwand zu betrachten und darüber den Nutzen der Gegenseite aus den Augen zu verlieren. Wenn Sie zum Beispiel als Berater oder Rechtsanwältin aufgrund Ihrer Ausbildungen und langjährigen Erfahrung ein Konzept erarbeitet haben, mit dessen Hilfe ein Mandant einen sicheren Gewinn von 500.000 € erzielen kann, dann wäre die Frage „Wieviel ist eine Stunde Arbeitszeit wert?" für Sie sehr ungünstig. Hier erreichen Sie ein deutlich besseres Ergebnis, wenn Sie die Frage stellen „Was ist mein fairer Anteil an den 500.000 € Gewinn, den Sie ohne mich nicht machen würden?" Mit einem solchen sogenannten Value Pricing-Ansatz können Sie in vielen Situationen sehr attraktive Vergütungen für Ihre Expertise erzielen.

Um kreative Lösungsoptionen zu finden, ist es einerseits nützlich, die Unterstützung von KI-Modellen durch entsprechende Prompts zu nutzen, da Sie bereits mit dem heutigen Stand der Technik Ihre Analyse deutlich optimieren können. Andererseits ist es – insbesondere wenn Sie sich in einer Gruppe gemeinsam vorbereiten – sehr empfehlenswert, eine Brainstorming-Phase zur Entwicklung von kreativen Lösungsoptionen durchzuführen:

Expertentipp: Künstliche Intelligenz zur Vorbereitung nutzen

von Prof. Jared Curhan, MIT Sloan School of Management, Harvard PON Executive Committee

Nutzen Sie KI-Tools wie ChatGPT, um Ihre Verhandlungsvorbereitung zu optimieren.

Die Vorbereitung ist einer der wichtigsten Erfolgsfaktoren für Ihre Verhandlungsperformance. Heutzutage sind KI-Modelle bereits so gut, dass sie uns bei der Vorbereitung wertvolle Impulse geben können wie strategische Analysen, Perspektivwechsel und die Entwicklung kreativer Lösungsideen.

Nutzen Sie ein Modell wie ChatGPT, um Ihre Vorbereitungsfragen auch als Prompt einzugeben und über die Ergebnisse mit dem Modell zu diskutieren. Vertrauen Sie nicht blind auf Empfehlungen der KI, aber nutzen Sie diese als zusätzliche Quelle für Erkenntnis.

Außerdem können Sie mit guten Verhandlungsbots vorab trainieren, welche Eröffnungsstatements besonders gut funktionieren. Und wie Sie schwierige Situationen durch gute Ansätze und Formulierungen auflösen können.

Acht Ratschläge für effektives Brainstorming

1. Alle Mitglieder der Gruppe sollen sich beteiligen.
2. Keine Schere im Kopf. Spinnen ist erlaubt. Erläutern Sie, dass alle Lösungen erwünscht sind, auch scheinbar unsinnige Lösungen. Gerade solche scheinbar „verrückten" Lösungen, die laut ausgesprochen werden, erweitern den kreati-

ven Raum und führen dazu, dass im weiteren Verlauf Optionen aufkommen, die praktikabel sind, aber eine Weiterentwicklung ehemals „verrückter Lösungen“ waren.

3. Keine Bewertung. Alle Optionen werden innerhalb des Brainstormings nicht kommentiert. Keine Kritik! Kein Lob!
4. Die Ideen sollen sich aus der gesamten Gruppe ergeben und nicht nur von einigen wenigen kommen. Die besten Brainstorming-Lösungen entstehen aus Synergien im Gruppenprozess.
5. Eine Idee zu nennen, bedeutet nicht, dass man sie selbst gut finden muss oder dass sie einem im Anschluss zugerechnet wird. Wer in einem Brainstorming ausspricht, man könne ja nackt auf dem Tisch Polka tanzen, muss das nicht automatisch am Ende des Brainstormings tun.
6. Wenn nach den ersten Lösungsideen eine Pause entsteht (das „Gähnen“), dann sollte diese Pause unbedingt ausgehalten werden, weil nach einer gewissen Zeit eine zweite Welle von Lösungen kommt, die sich im Gehirn kreativ aus Kombinationen der vorher genannten Ideen in der ersten Welle entwickeln. Gerade diese Lösungen haben meist die beste Qualität.
7. Erst nach dem Abschluss des Brainstormings werden die Ideen auf ihre Tauglichkeit überprüft und ggf. verworfen.
8. Es sollte eine Moderatorin für das Brainstorming ernannt werden, deren Aufgabe es ist, auf die Einhaltung der ersten sieben Regeln zu achten.

Die Brainstorming-Methode kann auch nützlich sein, um verschiedene mögliche Szenarien für den Verhandlungsprozess zu entwickeln, dabei sollten allerdings zwei Bedingungen erfüllt sein:

- Sie sollten realistisch sein: In einem Brainstorming entwickeln Sie eine Vielzahl verrückter Optionen – und in einem guten Brainstorming ist die Mehrzahl dieser Optionen absolut ungeeignet (sonst hatten Sie viel zu sehr eine Zensur-Schere im Kopf bei der Lösungsfindung). Diese Optionen müssen Sie nach dem Brainstorming erst einmal streichen. Sind die Optionen legal? Sind sie technisch überhaupt machbar? Haben Sie die Ressourcen für deren Umsetzung (Finanzen, Material, Personen), haben Sie genug Zeit, um sie umzusetzen?

Die „Osterruhe“ – Am 22. März 2021 beschloss die Ministerpräsidentenkonferenz mit Bundeskanzlerin Angela Merkel in einer Nachtsitzung eine „Osterruhe“. Von Gründonnerstag bis Ostermontag sollten wegen hoher Corona-Fallzahlen kurzfristig persönliche Kontakte weiter eingeschränkt und der Handel geschlossen werden, dafür sollten zwei zusätzliche Tage zu Feiertagen erklärt werden. Diese Option war mitten in der Nacht neu als Idee aufgekommen, nachdem man sich bei anderen Vorschlägen zur Beschränkung von Kontakten nicht einigen konnte. Am 24. März erklärte die Bundeskanzlerin dann öffentlich, die Osterruhe werde nicht umgesetzt, die Umsetzung sei in der Kürze der Zeit nicht möglich. Die Verhandlerinnen hatten schlicht die juristische und logistische Komplexität unterschätzt. Merke: Kreative Lösungen sind gut. Brainstorming auch. Aber Lösungen zu vereinbaren, die niemand geprüft und durchgerechnet hat, ist eine schlechte Idee – gerade in einer Nachtsitzung.

- Sie sollten im Rahmen Ihres Mandats bleiben: Wenn Sie im Auftrag für andere verhandeln, kann Ihr Mandat bestimmte Lösungen vorgeben oder bestimmte Optionen ausschließen. Es ist wichtig, dass Sie sich dieser Beschränkung immer bewusst bleiben und innerhalb Ihres Mandats verhandeln. Wenn Sie in der Vorbereitung oder in der Verhandlung selbst feststellen, dass entweder eine Einigung innerhalb des vorgegebenen Mandats nicht möglich scheint, oder dass bestimmte aufgekommene Optionen eine sehr attraktive Lösung versprechen, wenn man das Mandat erweitern würde, sollten Sie die Verhandlung aussetzen, Ihrer Auftraggeberin Bericht erstatten und über eine Erweiterung des Mandats verhandeln.

Zurück zur CGA-/ESN-Fallstudie: CGA und ESN werden über verschiedene Umfänge von Geschäftsvolumen sprechen, über Preise und über die Zeitdauer, in der die „geschützte Beziehung" aufgrund der besonderen Vergangenheit beider Unternehmen fortgeführt wird. Es ist die Aufgabe von ESN, Wege zu finden, seine Preise zu reduzieren und dann Marktkonditionen anzupassen. CGA kann möglicherweise mit seinem großen geschäftlichen Netzwerk dabei helfen, dass ESN neue Kunden gewinnen kann. Da CGA gerade neue Arbeitskräfte sucht, könnte sie dabei „Ehemaligen" von ESN Vorzug einräumen und ihnen die Rückkehr zu CGA ermöglichen. Das könnte einerseits die Betriebskosten von ESN senken und andererseits gegenüber der Gewerkschaft und der Öffentlichkeit ein Zeichen setzen, dass man weiterhin „solidarisch" mit seinen ehemaligen Beschäftigten der IT-Abteilung umgeht.

Wenn alle möglichen Lösungsoptionen für die Verhandlung auf dem Tisch liegen, ist es ratsam, über zwei weitere Fragen nachzudenken, um den Wert verschiedener Lösungen einzuschätzen: zunächst einmal über alle denkbaren Lösungsoptionen abseits vom Verhandlungstisch, denn rational betrachtet ist eine Einigung in einer Verhandlung nur dann akzeptabel, wenn sie mehr Nutzen bringt als die beste verfügbare Option außerhalb der Verhandlung. Außerdem über Kriterien, mit denen Sie und die Gegenseite für sich die Akzeptanz einer Einigung rechtfertigen können. Wir wollen in einer Verhandlung nicht einfach im Willenskampf verlieren und Druck nachgeben, sondern haben das Bedürfnis, dass wir für unsere Einigung gute Gründe erkennen können, die sie als „nicht unfair“ und „vertretbar“ erscheinen lässt. Dies sind allgemein anerkannte Kriterien wie Fairnessargumente, Präzedenzfälle und andere Argumente, die auch „neutrale Dritte“ akzeptieren würden.[6]

Lösungen abseits vom Verhandlungstisch

Zu den Fallen des instinktiven Verhandelns, die wir Ihnen im 1. Kapitel vorgestellt hatten, gehört die Negomanie, also die falsche Annahme, dass die Verhandlung die einzige Möglichkeit wäre, eigene Bedürfnisse zu befriedigen. In gleicher Weise glauben Verhandlerinnen manchmal, eine Einigung in dieser konkreten Verhandlung wäre „alternativlos“. „Wir brauchen eine Einigung um jeden Preis.“ Doch diese Sicht ist ein teurer Fehler – und vor allem nicht ernst gemeint. Würden Sie dem Verhandlungspartner 90 % der Aktien Ihrer Firma überschreiben, wenn das die einzige Möglichkeit wäre, eine Einigung zu erzielen? 70 %? 50 %? Diese Frage zeigt, dass eine Einigung in der Verhandlung eben doch nicht alternativlos ist, dass es tatsächlich andere Wege gibt, Ihre Bedürfnisse zu befriedigen – auch wenn die im Einzelfall nicht besonders attraktiv erscheinen.

Es gibt Wege, wie Sie abseits vom Verhandlungstisch und unabhängig vom Einfluss Ihres Verhandlungspartners Ihre Interessen verfolgen können – und genau diese Alternativen schützen Sie davor, in der Verhandlung mit dem Rücken an der Wand jeder Forderung der Gegenseite nachgeben zu müssen. Je besser Ihre Alternativen, desto stärker Ihre Verhandlungsposition. Diese Alternativen nennen wir „Lösungen abseits vom Verhandlungstisch“. Manchmal sind diese Optionen nicht besonders gut, zum Beispiel wenn Sie mit einem Monopolisten verhandeln – dann lohnt es sich besonders, eine Lösung in der Verhandlung zu suchen. In jedem Fall müssen Sie Ihre Optionen genau kennen, denn nur dann haben Sie einen realistischen Maßstab, um zu entscheiden, wie gut eine Lösung ist, die Sie in der Verhandlung erzielen können. Verhandeln ist kein Selbstzweck, sondern ein Mittel zur Bedürfnisbefriedigung. Können Sie ihre Bedürfnisse außerhalb der Verhandlung besser befriedigen, dann sollten Sie das tun.

Lösungen abseits vom Verhandlungstisch variieren je nach Kontext und Verhandlungsthema. Zu den häufigsten Optionen gehören:

- Die Entscheidung, mit einem anderen Verhandlungspartner zu verhandeln und mit ihm abzuschließen. Wenn Sie zum Beispiel einen bestimmten Neuwagen kaufen wollen und den Eindruck haben, dass Sie ihn bei der Händlerin in der Nachbarstadt noch 5 % günstiger bekommen können, werden Sie die Verhandlung beenden und zur anderen Händlerin fahren.
- Wechsel zur Rechtsstrategie: Im Rechtsstaat finden Verhandlungen nicht im rechtsfreien Raum statt. Die eigenen Interessen können oft auch durch rechtliche Verfahren verfolgt werden. Deshalb ist oft eine Klage vor Gericht oder Schiedsgericht eine

alternative Lösung abseits vom Verhandlungstisch. Wenn Sie sich mit Ihrem Lieferanten nicht über die Reklamation gütlich einigen können, kann Ihr Anwalt für Sie eine Klage einreichen.

- Anrufen eines neutralen Dritten: Sie beziehen einen neutralen Dritten in den Streitfall mit ein, um eine faire Lösung vorzuschlagen. Wenn sich zwei Professoren nicht über die Verwendung einer Spende einigen können, können sie den Dekan bitten, den Streitfall für sie zu schlichten.
- Wechsel zur Machtstrategie: Anstatt eine Verhandlungslösung zu suchen, setzen Sie Ihre Interessen mit Machtmitteln ohne Zustimmung des anderen durch. Die konkreten Mittel sind je nach Kontext unterschiedlich. Stellen Sie sich zum Beispiel vor, dass Sie sich mit Ihrer Teenietochter nicht einigen können, wann sie von einer Party zurück zu Hause sein soll. Daraufhin schließen Sie die Tür zu ihrem Zimmer ab, damit sie gar nicht gehen kann (Machtmittel). Der Einsatz von Machtmitteln führt allerdings oft zu Vergeltungsakten und Eskalation (Ihre Tochter dreht beispielsweise Ballermann-Songs auf volle Lautstärke auf, sodass sich selbst Ihre Nachbarn beschweren und Sie das Zimmer aufschließen müssen). Besondere Formen von Machtstrategien sind:
  - Blockademaßnahmen: zum Beispiel der Abbruch von Tarifverhandlungen zum Zwecke eines unbefristeten Streiks.
  - Fakten schaffen (Fait accompli): Sie können sich mit Ihrem Nachbarn nicht einigen, wie Sie mit dem Zweig umgehen, der in Ihren Garten hineinragt. Daraufhin schneiden Sie ihn in der Nacht einfach ab.
  - In der internationalen Politik: Wirtschaftssanktionen, Blockade finanzieller Ressourcen und schließlich Krieg sind jeweils Lösungen abseits vom Verhandlungstisch.

Verhandlerinnen haben üblicherweise mehrere Lösungsoptionen abseits vom Verhandlungstisch. Wenn Sie diese Optionen im Rahmen der Vorbereitung analysiert haben, dann sollten Sie feststellen, welche dieser Optionen für Sie die beste Lösung abseits vom Verhandlungstisch darstellt, da diese Option für Sie den Referenzpunkt für die Verhandlung darstellt:

- Sie ist meine Rückfall-Option (Plan B): Ich muss keine Angst vor dem Scheitern der Verhandlung haben, weil ich auch danach noch eine andere Möglichkeit habe, meine Bedürfnisse zu befriedigen.
- Sie ist mein Referenzpunkt, an dem ich in der letzten Sekunde der Verhandlung das Angebot der Gegenseite messe: Ich werde keiner Einigung in der Verhandlung

Expertentipp: Die Risiken von Prozessen systematisch kalkulieren

von Prof. Dr. Jörg Risse, Wirtschaftsmediator und Rechtsanwalt, Partner Baker McKenzie Rechtsanwaltsgesellschaft mbH

Konfliktparteien stehen oft vor der Entscheidung, entweder einen Vergleichsvorschlag zu akzeptieren oder Klage zu erheben. Die meisten Verhandler treffen diese Entscheidung aus dem Bauch heraus. Bestenfalls folgen sie der vagen Einschätzung des Anwalts: „Die Aussichten sind nicht schlecht, wir haben die besseren Argumente“. Solche intuitiven Risikoabschätzungen sind indes wenig verlässlich und führen oft zu teuren Fehlern.

Eine bessere Entscheidungsgrundlage bietet die Prozessrisikoanalyse.[7] Diese in den USA verbreitete juristisch-ökonomische Methode berechnet den Erwartungswert einer Klageforderung. Dazu ermittelt sie die Chancen und Risiken eines Gerichtsprozesses und unterlegt diese mit Eintrittswahrscheinlichkeiten. In logischen Arbeitsschritten wird beziffert, was die Klageforderung mit allen Chancen und Risiken heute wert ist. Ein Verhandler erhält so eine bezifferte BATNA (= gerichtliches Einklagen der Forderung), um sich auf dieser Basis für oder gegen einen Vergleichsvorschlag zu entscheiden.

zustimmen, wenn ich eine Option abseits vom Verhandlungstisch habe, die meine Bedürfnisse besser befriedigt. Umgekehrt sollte ich auch eine Einigung in der Verhandlung akzeptieren, die deutlich unter meinen Erwartungen liegt, wenn meine beste Option abseits vom Tisch noch schlechter ist. Aus diesem Grund zahlen wir Monopolisten in der Regel höhere Preise.

- Sie zeigt mir meine Machtposition in der Verhandlung: Je besser meine beste Lösung abseits vom Verhandlungstisch ist, desto besser ist meine Ausgangsposition, um für mich eine sehr befriedigende Einigung in der Verhandlung erzielen zu können. Die alternativen Optionen sind nicht die einzige Quelle von Verhandlungsmacht, aber ein sehr starker Anker. Investieren Sie daher Aufwand, um im Rahmen der Vorbereitung einer Verhandlung eine gute Alternative zu finden – und verbessern Sie diese Alternative so weit wie möglich. Und achten Sie darauf, dass Sie sich diese Alternative während der Verhandlung „warmhalten“.

Die Finanzierungsrunde: Ein Fintech-Unternehmen bereitete sich auf die nächste Finanzierungsrunde vor. Dazu sondierte man den Markt und diskutierte verschiedene Optionen. Anfänglich gab es zwei attraktive Möglichkeiten, dann entschied man sich aber für einen der Investoren und sprach die nächsten Monate nur noch mit diesem. Man verstand sich auf Anhieb gut, der Investor zeigte sich begeistert vom Unternehmen und den Gründern. Man einigte sich auch schnell auf die wesentlichen Rahmenbedingungen, allerdings verzögerte sich der Vertragsabschluss immer wieder aufgrund von Detailfragen, nicht verfügbaren Ansprechpartnern und Ähnlichem. So rückte der Zeitpunkt immer näher, an dem die Liquidität aufgebraucht sein würde und ohne neue Finanzierung ein Insolvenzantrag erforderlich wäre. Kurz vor diesem Moment unterbreitet der Investor dann mit fadenscheinigen Argumenten ein wirtschaftlich deutlich schlechteres Angebot und stellt die Gründer vor die Entscheidung: „Überleben oder Insolvenz". Da man die Gespräche mit dem anderen Investor abgebrochen hatte, war eine alternative Finanzierung so kurzfristig nicht mehr möglich. So blieb keine Wahl, als der Erpressung nachzugeben und eine ungerechtfertigt niedrige Bewertung zu akzeptieren. Dieses Szenario erlebt man immer wieder bei Start-up-Unternehmen, die nicht gut beraten und im Handwerk des Verhandelns nicht gut trainiert sind. Denken Sie immer daran: Ihre beste Lösungsoption abseits vom Verhandlungstisch ist Ihre Anti-Ausbeutungsversicherung für die Verhandlung – es lohnt sich auch bei knappen Ressourcen, genug in das „Warmhalten" der Option zu investieren, sodass man jederzeit auf sie zurückkommen kann.

Diese beste Lösungsoption abseits vom Verhandlungstisch ist aus dem „Harvard-Konzept" auch als „BATNA" (Best Alternative to a Negotiated Agreement[8]) bekannt. Dieser Begriff ist missverständlich, denn erstens ist jede Einigung (Agreement) immer ausgehandelt (negotiated) – sonst ist es keine Einigung. Und zweitens kann die BATNA auch in einer anderen Einigung (mit einem anderen Verhandlungspartner) bestehen. Wir vermeiden daher in diesem Buch nach Möglichkeit den Begriff BATNA – aber das Konzept selbst ist ein unverzichtbarer Bestandteil jeder guten Vorbereitung.

Von Autoren wie Chris Voss oder Matthias Schranner wird das BATNA-Konzept abgelehnt. Sie behaupten, dass durch die Analyse dieser oft schlechten Option die eigene Verhandlungsposition geschwächt und man unnötig auf Kompromisse eingeschworen würde. Dies ist bei handwerklich richtiger Anwendung des Konzeptes allerdings nachweislich nicht der Fall.[9] Entscheidend ist vor allen Dingen, dass Sie die BATNA niemals mit einer Zielsetzung verwechseln. Sie ist kein wünschenswertes Ergebnis, sondern das eine für Sie gerade noch so akzeptable Ergebnis, dass Sie zähneknirschend akzeptieren werden, wenn es Ihnen nicht gelingt, Ihre Ziele in der Verhandlung zu erreichen, die Sie sich selbstverständlich ambitioniert setzen sollten. Ihre beste Lösungsoption am Verhandlungstisch analysieren Sie in der Vorbereitung und Sie sollten sie dann bis zur letzten Sekunde der Verhandlung so gut es geht „vergessen" – und hoffen, dass Sie sie niemals brauchen werden. Und es gibt noch ein ganz einfaches Argument für die BATNA-Analyse: Wenn Sie Ihren Plan B nicht kennen, dann können Sie noch gar nicht wissen, ob Ihr „Plan A" wirklich Ihr „Plan A" ist – oder einfach nur die erstbeste Option, die Ihnen gerade in den Kopf gekommen ist.

Um Ihre beste Lösungsoption abseits vom Verhandlungstisch zu bestimmen, fragen Sie sich im Rahmen der Vorbereitung auf die Verhandlung:

- Was kann ich konkret unabhängig vom Einfluss meines Verhandlungspartners tun, um meine Beweggründe auf andere Weise zu befriedigen, wenn wir uns in der Verhandlung nicht einigen können? Welche Optionen liegen alleine in meiner Macht?
- Was wären die Konsequenzen jeder dieser alternativen Lösungsoptionen abseits vom Verhandlungstisch, wenn ich auf sie angewiesen wäre? Wie gut befriedigen sie meine Beweggründe?
- Welche dieser alternativen Optionen ist die Beste, befriedigt also am meisten meine Beweggründe?
- Wie kann ich diese beste meiner alternativen Optionen noch verbessern? Risiken und Aufwand reduzieren? Die Befriedigung meiner Beweggründe durch diese Option noch verbessern?
- Was vermute ich auf Grundlage der mir vorliegenden Informationen, welche Optionen die Gegenseite abseits vom Verhandlungstisch hat, die sie unabhängig von meinem Einfluss umsetzen könnte? Welche Konsequenzen hätten diese Optionen, inwieweit befriedigen sie die von mir angenommenen Beweggründe der Gegenseite? Was ist vermutlich die beste Lösungsoption abseits vom Verhandlungstisch für die Gegenseite?

Zurück zur CGA-/ESN-Fallstudie: Für ESN gibt es diese Optionen abseits vom Verhandlungstisch: andere Kunden suchen, Staatshilfen beantragen, um die Beschäftigung zu sichern, ein striktes Kosteneinsparungsprogramm (mit Entlassungen) umsetzen, eine Pressekampagne oder einen Streik gegen CGA anzetteln. Langfristig geht es um die Liquidation des Unternehmens.

Für CGA wäre die beste Lösungsoption abseits vom Verhandlungstisch, einen Vertrag mit einem der Wettbewerber von ESN abzuschließen. Dies könnte allerdings eine Eskalation mit der Gewerkschaft und der Politik zur Folge haben und die Reputation von CGA massiv schädigen.

Insgesamt sind die alternativen Lösungsoptionen abseits vom Verhandlungstisch für beide Seiten zwar vorhanden, aber eher nicht wünschenswert. Damit ist klar, dass beide Seiten ein starkes Interesse an einer Einigung in der Verhandlung haben.

Fairnesskriterien

Fairnesskriterien sind ein Maßstab, mit dem die Verhandlungsparteien (aber auch unbeteiligte Dritte) beurteilen können, ob eine Einigung in einer Verhandlung als gerechtfertigt angesehen werden kann oder für „unfair“ gehalten wird. Verschiedene Verhandlungstheorien sprechen von objektiven Kriterien, Kriterien für Legitimität, Gründe, Standards, Argumente. Die Idee dahinter bleibt dieselbe: Wir wollen in einer Verhandlung nicht einfach dem Willen eines anderen nachgeben, und wir haben ein Grundbedürfnis, dass man mit uns fair umgeht. Wenn wir das Gefühl haben, dass ein bestimmter Vorschlag unabhängig vom Willen und der Machtposition der Verhandlerinnen auch nach allgemeinen Standards eine vernünftige Lösung darstellt, dann sind wir eher bereit, diese zu akzeptieren, als wenn der einzige Grund „weil ich das so will" lautet.

Wenn eine Einigung durch überlegene Macht erpresst als unfair empfunden wird, belastet das erheblich die Arbeitsbeziehung, gefährdet die erfolgreiche Umsetzung und die Reputation des Verhandlers. Von daher gilt vor allen Dingen, wenn Sie mit dem anderen strategische Beziehungsinteressen verbinden: Schließe nur Abkommen, die die Gegenseite nicht als unfair wahrnimmt. Dies sollten Sie nicht dem Zufall überlassen, sondern im Rahmen der Vorbereitung gründlich durchdenken, wie Sie eine für Sie besonders vorteilhafte Lösung argumentativ als „fair" darstellen können.

Viele instinktive Verhandler halten Fairness für ein objektives Konzept, quasi „Fairness-Mathematik". Erst einmal wissen wir vieles nicht, viele Variablen der Gleichung sind unbekannt. Aber wenn alle Informationen transparent wären, könnte „das faire Ergebnis" in einer Verhandlung objektiv bestimmt werden. Diese Annahme ist falsch – und für die Verhandlung sehr schädlich. Falsch ist sie, weil es praktisch immer verschiedene Präzedenzfälle, verschiedene Gewichtungen von Fairnesskriterien und verschiedene Standards gibt, die unterschiedliche Lösungen rechtfertigen. Es gibt eine gewisse Lösungsmenge, die als fair angesehen werden kann, und es ist sehr subjektiv, welche dieser Lösungen Menschen für überzeugender halten. Schädlich ist diese Auffassung, weil die Suche nach „der fairen Lösung" dazu verführt, dass man jeden anderen Lösungsvorschlag, der der eigenen ideal-fairen Lösungsidee nicht entspricht, automatisch als „unfair" bewertet. Es wird ausgeblendet, dass verschiedene Sichtweisen gleichermaßen legitim sein können. Viel konfliktfreier werden Sie verhandeln, wenn Sie nach „einer fairen Lösung" suchen, und sich dabei bewusst machen, dass es eine Reihe möglicher Lösungen gibt, die zu rechtfertigen sind, und dass es Ihre Aufgabe ist, eine davon zu finden, die Sie und ihr Verhandlungspartner gemeinsam als „nicht unfair" akzeptieren können.

Zurück zur CGA-/ESN-Fallstudie: Die Verhandlung findet zunächst einmal in einem rechtlichen Rahmen statt: Arbeitsrecht, Wettbewerbsrecht, Vertragsrecht. Wie sind die Vereinbarungen zwischen den beiden Unternehmen bei der Ausgliederung auszulegen? Ein wichtiger Referenzpunkt ist der Marktpreis für IT-Dienstleistungen. Möglich wäre auch, dass sich die Unternehmen darauf einigen, einen neutralen Experten als Schlichter für die Frage zu berufen, was ein angemessener Preis für die angebotenen Dienstleistungen in diesem besonderen Fall wäre.

Abhängig vom Kontext und dem Inhalt der Verhandlungen sind unterschiedliche Kriterien einschlägig. Wir zählen hier einige Werkzeuge auf, mit denen Sie eine für Sie nützliche Fairnessargumentation entwickeln können:

- Prinzipien, Gründe und Kalkulationen, die von allen Parteien einhellig anerkannt werden: Wenn zum Beispiel ein Tagessatz für einen Berater von 3000 Euro akzeptiert ist und für ein Projekt zehn Arbeitstage veranschlagt sind, ergibt sich aus einer einfachen finanziellen Kalkulation ein Angebotspreis von 30.000 Euro. Dieser wird viel überzeugender wirken, wenn nicht einfach nur der Preis, sondern die dahinterstehende Kalkulation im Rahmen des Angebots erläutert wird.
- Benchmarks, Messungen, Evidenz, Indize: Wenn jemand den Preis für einen Quadratmeter Eichenholzparkett kennt, kann er den angemessenen Preis für jede beliebige Größe ohne Schwierigkeiten kalkulieren.
- Ökonomische Indikatoren, Marktpreise, Vergleichsportale: Für Mietwohnungen ist der örtliche Mietspiegel eine wichtige Grundlage, für den Verkauf gebrauchter Autos die „Schwacke Liste“.
- Gesetze (Verordnungen, Statuten, Policys, Vorschriften): In einem Rechtsstaat sind rechtliche Argumente auch für die Vorbereitung einer Verhandlung wichtig. Selbst wenn sie in der Verhandlung nur mit äußerster Vorsicht eingesetzt werden sollten (weil sie von einer interessengerechten Problemlösung ablenken und die Beziehung belasten können), sind sie oft für die Bestimmung der besten Lösung abseits des Verhandlungstisches wichtig. Es ergibt selten Sinn, jemandem in der Verhandlung etwas zu verweigern, was er von einem Richter ohne große Probleme bekommen könnte.
- Professionelle Standards: In vielen Branchen sind bestimmte Regelungen in Verträgen üblich. Man darf natürlich davon abweichen, das ist dann aber besonders zu begründen.
- Standardverträge, Musterklauseln: In vielen Bereichen gibt es Musterverträge, die von Verbänden oder Behörden bereitgestellt werden (z. B. Musterarbeitsverträge bei der IHK).
- Präzedenzfälle: Wenn ein Unternehmen bereits im letzten Jahr ein Produkt bei einem Lieferanten gekauft hat, sind die damals vereinbarten Konditionen ein Ausgangspunkt für den neu zu verhandelnden Vertrag, von dem aus dann je nach Situation Aufschläge oder Abschläge für Produktivitätsgewinne und Inflation ergänzt werden.
- Wert der besten Lösungsoption abseits vom Verhandlungstisch: Wenn zum Beispiel der erste Kaufinteressent einen bestimmten Preis für Ihr Haus geboten hat, dann wirkt dieser Preis nicht nur als Referenz, die weitere Interessenten übertreffen müssen, um das Haus kaufen zu können, sondern er bietet auch eine einigermaßen „objektive“ Orientierung, welchen Wert andere Marktteilnehmer dem Haus beimessen.

Geben Sie sich in der Vorbereitung nicht zu schnell zufrieden, sondern erarbeiten Sie eine ganze Reihe von Fairnessargumenten, die Sie dann in der Verhandlung nutzen können, um eine für Sie günstige Perspektive auf angemessene Lösungen zu verankern (siehe Kapitel 4).

Die Dimensionen des „Prozesses“: die drei Trumpfkarten, um die Besprechung zu steuern

Zu oft scheitern Verhandlungen, weil die Verhandlungsführerin glaubt, dass die Sache klar und die eigenen Vorschläge gut begründet sind, und deshalb zu wenig Sorgfalt auf die Vorgehensweise im Gespräch legt. Dabei ist es ganz entscheidend, in welchen Schritten man die Themen bearbeitet, wie die Kommunikation gestaltet wird und welche Entscheidungen in Bezug auf die Logistik (z. B. Ort und Zeit) getroffen werden. Wenn Sie diese Themen im Rahmen Ihrer Vorbereitung gründlich durchdenken, gewinnen Sie drei weitere Trumpfkarten für die erfolgreiche Durchsetzung Ihrer Beweggründe in der Verhandlung.

Organisation

Eine der zentralen Fragen des Buches ist, welche entscheidende Rolle die Zeit und das richtige Timing für Verhandlungen spielt. Die Gespräche sollten so gestaltet werden, dass man vorwärtskommt, dass Fortschritte sichtbar werden. Dabei unterscheiden wir zwischen den grundlegenden Schritten in der Startphase der Verhandlung und denen, die später in Kapitel 3 vorgestellt werden. Jetzt wollen wir uns aber erst einmal auf die entscheidende Rolle einer Agenda für die Verhandlung konzentrieren. Diese Agenda darf niemals dem Zufall überlassen werden. Sie erfordert eine gründliche „Vorverhandlung“. Dabei gibt es zwei Ansätze:

- In der Crescendo-Strategie werden die Themen mit ansteigender Schwierigkeit behandelt. Sie starten mit den einfachen Themen, bei denen keine großen Konflikte bestehen und die für die Parteien keine entscheidende Bedeutung haben. Wenn Sie hier Fortschritte machen, merken die Verhandlerinnen, dass eine Einigung (mindestens zum Teil) möglich scheint und dass man mit der anderen Seite konstruktiv zusammenarbeiten kann. So wird die Arbeitsbeziehung verbessert und Vertrauenskapital aufgebaut, das dann dabei hilft, auch die schwierigen Themen zum Schluss konstruktiv zu klären.
- Die Decrescendo-Strategie begegnet den Nachteilen der ersten Methode. Eine der Parteien könnte sich weigern, die eigenen Topprioritäten erst ans Ende der Agenda zu stellen. Sie könnte vermuten, dass das ein Trick ist, um auf Zeit zu spielen und „um den heißen Brei herum zu reden“. In einem solchen Fall kann man auch in umgekehrter Weise vorgehen. Sie beginnen mit dem heikelsten Thema in der Hoffnung, dass wenn dieses Thema aufgelöst ist, der Rest der Verhandlung sich auch noch leicht lösen lässt und keiner der Beteiligten die erreichte Einigung wegen nachrangiger Fragen nochmal riskieren möchte. Dieser Ansatz ist durchaus riskant, aber manchmal ist er der einzige, auf den Sie sich mit der Verhandlungspartnerin einigen können.

Abhängig vom Kontext der Verhandlung sind weitere Fragen zum Zeitmanagement zu klären. So können sich die Parteien gemeinsam eine Deadline für eine Einigung oder ein Zeitlimit für die Verhandlungssitzung setzen – also miteinander aushandeln –, um die zu investierenden Transaktionskosten zu begrenzen und die Parteien irgendwann in einen Modus erhöhter Kompromissbereitschaft zu zwingen. Denn wenn die Uhr in einer Tarifverhandlung oder einer anderen größeren Mehrparteienverhandlung tickt und die „crunch time“ kurz vor Ende des „Spiels“ anbricht, in der die Parteien nur noch die Wahl zwischen Einigung und Abbruch haben, entsteht oft ein Fenster für letzte Zugeständnisse, um „die Sache gut zu Ende zu bringen“.

Zurück zur CGA-/ESN-Fallstudie: ESN und CGA haben beide ein großes Interesse, ihren Streit schnell beizulegen. Nachdem sie die verfügbaren zeitlichen Ressourcen überprüft haben, wird jeder der Verhandlerinnen damit beginnen, die Themen zu nennen, die man ansprechen möchte. Anschließend werden sie die Themen in eine logische Reihenfolge sortieren, entweder sachlich begründet oder in ansteigender Schwierigkeit. Eine solche Agenda wird einen Zeitraum benennen, in dem die Parteien zu Beginn Fakten präsentieren können, gefolgt von einer „Frage und Antwort“-Runde, um Missverständnisse zu klären. Verhandlungspausen in den angesetzten Verhandlungsrunden geben den Verhandlerinnen die Chance, systematisch Rücksprache mit ihren Auftraggebern zu halten, neue Informationen zu erhalten und ggf. das eigene Mandat anzupassen.

Kommunikation

Kommunikation ist das Fundament einer Verhandlung. Es ist nicht möglich zu verhandeln, ohne Informationen auszutauschen – das ist Kommunikation. Das gesamte Kapitel 5 ist dieser Frage gewidmet. Es geht darum, sowohl Empathie als auch Selbstbehauptung ausreichend Raum zu geben. Gute Kommunikation verbindet Zuhören und Sprechen. Wenn Sie eine Verhandlung planen, sollten Sie daher gründlich darüber nachdenken, wie Sie die Kommunikation mit der Gegenseite optimal gestalten können.

Zuhören, um Informationen zu gewinnen

Welche Informationen brauche ich? Versuchen Sie, so viele strategische Informationen wie möglich bereits vor der Verhandlung durch intensive Recherche zu bekommen. Nutzen Sie dazu auch Ihr gesamtes Netzwerk. Es gibt aber auch Informationen, die Sie nur von der Gegenseite erhalten können: Diese Informationen können Ihre Hypothesen bestätigen oder widerlegen, die Sie über Beweggründe und Lösungsoptionen abseits des Verhandlungstisches entwickelt haben.

Welche Fragen sollte ich stellen, um diese Informationen von der Gegenseite zu bekommen? In welcher Reihenfolge? Einige Verhandlerinnen bereiten sich eine Frageliste für die Verhandlung vor. Dies hat drei Vorteile: Sie vergessen keine wichtigen

Fragen im Eifer des Gefechts; Sie kontrollieren weitestgehend die Reihenfolge, in der die Fragen gestellt werden; Sie können vor allem heikle Fragen mit einer psychologisch optimierten Formulierung (sogenanntes Framing) stellen und verringern damit das Risiko, jemandem auf die Füße zu treten, und verbessern Ihre Chancen, eine gute Antwort zu bekommen.

Sprechen, um Informationen zu vermitteln

Die Vorbereitungsphase sollten Sie nutzen, um den Prozess der Informationsvermittlung strategisch zu durchdenken, den Sie in drei Fragen zusammenfassen können: Wem? Was? Wann? Wer ist der richtige Adressat für die Information in der anderen Organisation? Wollen Sie die Information dem gesamten Verhandlungsteam oder einer einzelnen Ansprechpartnerin zukommen lassen, bei der Sie eine geeignete Beziehungsqualität sehen, um diese Informationen konstruktiv zu verarbeiten? Was können Sie an Informationen vermitteln (öffentliche, private, strategische, vertrauliche Informationen)? Und wann können Sie diese Informationen vermitteln (sofort, erst später, wenn eine Vertrauensbeziehung gegenseitig etabliert wurde – oder niemals)? Die folgenden Fragen können Ihnen helfen, sich für das strategische Kommunikationsmanagementspiel, das jede Verhandlung ist, optimal aufzustellen:

- Welche Informationen habe ich, die meine Gesprächspartnerin interessieren?
- Was weiß ich darüber, wie meine Gesprächspartnerin mit anvertrauten Informationen umgeht – insbesondere vertraulichen Informationen? Wie sehr vertraue ich ihr und ihrer Diskretion?
- Welche der Informationen, die die Gegenseite interessieren, sollte ich ihr so schnell wie möglich geben, weil das auch für mich nützlich ist? Zum Beispiel, weil es der Gegenseite hilft, unsere Beweggründe zu verstehen und vergangene Handlungen zu rechtfertigen. Wenn Informationen sehr früh gegeben werden, dann stärkt das die Glaubwürdigkeit und setzt eine Dynamik in Gang, bei der auch die Gegenseite schnell Vertrauen fasst, ihrerseits Informationen preiszugeben.
- Welche strategischen Informationen sollte ich offenlegen – unter welchen Bedingungen? Bei manchen Informationen kann es nützlich sein, sie zum geeigneten Zeitpunkt in der Verhandlung offenzulegen, allerdings nicht einseitig und bedingungslos, sondern nur Zug um Zug mit strategischen Informationen der Gegenseite, sofern diese sich als vertrauenswürdig und interessiert an einer kooperativen Verhandlung gezeigt hat.
- Welche vertraulichen Informationen oder Informationen, die von der Gegenseite ausgenutzt werden könnten, um mich zu schlechten Einigungen zu zwingen, darf ich gar nicht kommunizieren? Warum? Was werde ich antworten, wenn die Gegenseite danach fragt?

Die Verhandler sollten die besten Formulierungen für Antworten bzw. die Vermittlung wichtiger Informationen im Rahmen der Vorbereitung erarbeiten und schriftlich festhalten. Grundsätzlich gilt eine Regel von Werner Zimmer-Winkelmann: „**Vorbereitung ist schriftlich – oder es ist keine Vorbereitung**“. Es ist qualitativ etwas ganz anderes, etwas schriftlich festzuhalten und deshalb gezwungen zu sein, es gedanklich exakt zu erklären, als einfach mal über etwas nachzudenken oder im Team unsystematisch herumzuquatschen. Gute Antworten auf die unbequemsten Fragen, die Ihnen Ihr Verhandlungspartner stellen kann, fallen Ihnen sicherlich nicht spontan unter Druck in der Verhandlung ein. Es wäre daher unverantwortlich, wenn Sie nicht mit vorbereiteten „Musterlösungen“ für diese Situationen in die Verhandlungen starten. Wie bei jeder Prüfung, die Sie während Ihrer Ausbildung absolviert haben, gilt auch für jede Verhandlung: Wenn Sie exzellent vorbereitet sind, sind Sie nicht nur erfolgreicher, sondern haben auch deutlich mehr Spaß und deutlich weniger Stress. Das haben Sie sich verdient – und Ihre Ziele auch.

Eine präzise Informationsstrategie ist besonders wichtig, wenn die Kommunikation nicht nur die Beziehung zwischen den Verhandlern betrifft, sondern auch Auswirkungen auf die Auftraggeber hat – oder sogar die Medien und die Öffentlichkeit. Eine einzige Information, die zur falschen Zeit in falscher Weise der falschen Person offengelegt wird, kann den Erfolg eines ganzen Verhandlungsprozesses sabotieren.

Zurück zur CGA-/ESN-Fallstudie: ESN muss den Arbeitsumfang bei CGA noch besser verstehen, um die Dienstleistungen optimal auf den Bedarf zuschneiden und wirtschaftlich kalkulieren zu können. CGA möchte die Kostenstruktur bei ESN besser verstehen, um die Gründe für die hohen Preise nachempfinden zu können. So hat zum Beispiel ESN in der Vergangenheit ungeplant in erheblichem Maße in Ausrüstung und interne Weiterbildung investieren müssen, um eine Anforderung von CGA für ein neues Produkt – im Rahmen der Netzwerk-Architektur – erfüllen zu können, was sich negativ auf die Kosten und damit auch die Preise ausgewirkt hat. Nach Auffassung von ESN trägt deshalb CGA die Verantwortung für die hohen Preise, da die Anforderung über das hinausging, was in der ursprünglichen Kooperationsvereinbarung gemeinsam geplant war. In der Reflexion merkt jetzt aber ESN, dass sich CGA bei der Anforderung der Auswirkungen auf die Kosten wahrscheinlich gar nicht bewusst war und deshalb den Zusammenhang so gar nicht sieht.

Ein wichtiger Aspekt bei der Planung der Kommunikation ist heute auch die Wahl der Kommunikationskanäle für die Verhandlung. Längst nicht mehr jede Verhandlung wird in Präsenz geführt, viele Verhandlungen werden in digitale Kanäle wie Videochat, Telefon oder E-Mail verlagert. Ein professioneller Verhandler ist sich der Wirkprinzipien und Beschränkungen der einzelnen Kanäle bewusst und achtet darauf, im Rahmen der Vorverhandlungen geeignete Kanäle zu vereinbaren.

Der Informationsreichtum, der in der Kommunikation übermittelt wird, nimmt bei den folgenden Kanälen immer weiter ab: Präsenzverhandlung, Videochat, Telefon, E-Mail. Je geringer der Informationsreichtum, desto schwieriger ist es, Vertrauen aufzubauen, Missverständnisse zu klären, Informationen umfassend auszutauschen und wertschöpfende Lösungen auszuhandeln. Die Kommunikation wird unpersönlicher und konflikthafter und Verhandlungen scheitern öfter.

Weiterführende Informationen zum Thema digitale Verhandlungen finden Sie online.

Im Rahmen dieses Buches kann das Thema digitale Verhandlungen nicht umfassend behandelt werden,[10] aber wir wollen Sie einerseits für dieses Thema sensibilisieren und Ihnen andererseits Faustformeln mit an die Hand geben, welcher Kanal für Sie der richtige ist:

- Versuchen Sie, bei Konflikten wenn möglich in Präsenz zu verhandeln, akzeptieren Sie ansonsten maximal noch Videokonferenzen – seien Sie sich aber bewusst, dass das die Chancen auf eine gute Lösung deutlich verringert.
- Je wichtiger eine Verhandlung für Sie ist, desto mehr Präsenz (Informationsreichtum) sollten Sie anstreben.
- Wenn Sie vertrauensvolle Beziehungen aufbauen wollen, empfiehlt sich eine Verhandlung in Präsenz. Spätere Abstimmungen auf Grundlage einer starken Arbeitsbeziehung mit ausreichend Bonding können dann auch digital vereinbart werden.
- Je komplexer Struktur oder Themen einer Verhandlung sind, desto wichtiger ist Präsenz.
- Je mehr die Gegenseite Ihnen in der Verhandlungsführung überlegen ist, desto weniger Informationsreichtum wollen Sie. (Aber Sie sollten natürlich schnell daran arbeiten, dass Sie in Sachen Verhandlungskompetenz auf Augenhöhe kommen).
- Verhandeln Sie niemals auf Kanälen, mit denen Sie sich nicht auskennen, z. B. in Videokonferenzsystemen, die Sie nicht bedienen können.

Logistik

Die Erfahrung zeigt, dass manche Verhandlungen aufgrund ungünstiger Entscheidungen in Bezug auf die Logistik scheitern. Das passiert auch bei sehr wichtigen Verhandlungen. Es wäre doch schade, wenn Sie mit großer Mühe die ersten neun Trumpfkarten für Ihre Verhandlung optimal vorbereitet haben und dann ein ungünstiger Rahmen alles sabotiert. Denken Sie genauso gründlich darüber nach, wie Sie das Spielfeld so gestalten, damit es für die Befriedigung Ihrer Beweggründe optimal förderlich ist.

Die Bedeutung der Logistik im Oslo-Prozess: Im Januar 1993 waren die Beziehungen zwischen den Israelis und den Palästinensern so gestört, dass offene Verhandlungen undenkbar waren: Die öffentliche Meinung auf beiden Seiten hätte Verhandlungen als Verrat angesehen. Gleichzeitig waren sich ihre Führer Jitzchak Rabin und Jassir Arafat bewusst, dass ein Stillstand nicht hinnehmbar ist. Der norwegische Außenminister bot an, ihre Repräsentanten in Oslo zu empfangen. Beide Seiten nahmen das Angebot unter der Bedingung an, dass die Verhandlungen streng geheim ablaufen. Auf israelischer Seite wussten nur drei Minister überhaupt von den Gesprächen. Um die Vertraulichkeit zu garantieren, wurden drastische logistische Vorsichtsmaßnahmen ergriffen. Die Norweger änderten ständig den Ort der Verhandlungen, um keine Aufmerksamkeit der Presse zu erregen. Einsame Villen außerhalb von Oslo wurden vom norwegischen Geheimdienst angemietet; die Eigentümer dachten, dass sie Geschäftsleute aus dem Nahen Osten beherbergen, die über geschäftliche Verträge verhandeln und Skifahren wollen. Um unbemerkt nach Oslo zu kommen, entwickelte der israelische Chefverhandler Uri Savir eine kreative Logistik, die jedem Agentenfilm zur Ehre gereichen würde. Er reiste nach Paris, um angeblich mit potenziellen Investoren zu sprechen. Auf seinen Wunsch hin wurde der erste Tag für „private Angelegenheiten" freigehalten. Nach der Ankunft am Flughafen brachte ihn ein Wagen der Botschaft in sein Hotel. Dort angekommen zerwühlte er sein Bett, ging zurück in die Lobby und stieg in ein Taxi zum Flughafen. Inkognito flog er nach Oslo, verhandelte dort 16 Stunden nonstop und flog zurück nach Paris in sein Hotelzimmer.

Auch wenn der Oslo-Prozess sicher eine besondere Herausforderung war, brauchen manche geschäftlichen Verhandlungen ein vertrauliches Umfeld. Dies gilt zum Beispiel für Übernahmen von Firmen, insbesondere wenn beide Unternehmen an der Börse gelistet sind. Hier ist es sehr nützlich, wenn Unternehmen Privatjets für ihre Reiseplanung nutzen können und damit ein deutlich abgeschirmteres Umfeld als reguläre Fluggesellschaften schaffen.

Selbst wenn eine Verhandlung keine besondere Vertraulichkeit benötigt, sollten Sie trotzdem logistischen Fragen große Aufmerksamkeit schenken. Hier eine Reihe von Fragen, über die Sie nachdenken können:

- Wo sollten die Verhandlungen stattfinden?[11] Was ist der beste Ort? Im Rahmen der Vorverhandlungen ist zu klären, ob die Verhandlungen an einem Standort eines der Verhandlungsparteien stattfinden soll oder auf neutralem Grund (aber welchem?). Bedenken Sie: Wenn die Verhandlungen bei Ihnen stattfinden, haben Sie zwar einen „Heimvorteil". Sie verlieren aber auch eine Reihe von taktischen Optionen. Im eigenen Büro kann man nicht einfach aufstehen und gehen, wenn man das möchte. Und die Gegenseite hinauszuwerfen ist eine ganz andere Eskalationsstufe. Die

Wahl eines geeigneten Ortes ist einerseits vom Grad der erforderlichen Vertraulichkeit aber auch von Fragen des Komforts abhängig. So einigt man sich für Treffen hochrangiger Experten internationaler Konzerne oft auf Tagungshotels in der Nähe wichtiger Flugdrehkreuze wie Frankfurt am Main.

- Welche Art von Raum brauchen wir? Die Raumgröße muss für die Zahl der anwesenden Personen passen. Der Raum sollte nicht so groß sein, dass die Verhandler sich verloren vorkommen. Aber in der Praxis gibt es eher das andere Problem: Tagungshotels empfehlen oft Räume, in der zwar alle Personen Platz finden, die aber eine gedrückte Stimmung vermitteln und in der die Luft für mehrstündige anstrengende Diskussionen nicht ausreichend ist. Für eine erfolgreiche Verhandlung gerade in schwieriger Ausgangslage brauchen Sie möglichst viel Licht und eine gute Luft (viel Sauerstoff). Sorgen Sie für einen etwas größeren Raum, als Sie ihn für ein normales Meeting wählen würden. Brauchen Sie zusätzliche Besprechungsräume? Wenn Sie zusätzliche Gruppenräume anmieten, haben die Delegationen die Gelegenheit, sich in Auszeiten zu Teambesprechungen zurückzuziehen – oder Sie können in der Verhandlung selbst verschiedene Themen zur detaillierten Besprechung durch die entsprechenden Experten in Untergruppen auslagern.
- Welche logistischen Ressourcen sollen wir einplanen? Dazu gehören technische Ressourcen wie Internetverbindung, Bandbreite, Übersetzer (bringen Sie zu wichtigen Verhandlungen immer (!) Ihre eigenen Übersetzer mit), Konferenzsysteme, um Externe zuschalten zu können und grundlegende Bedürfnisse befriedigende Ressourcen wie Nahrungsmittel. 1988 begrüßte der französische Premierminister Michel Rocard die Delegationen für eine Verhandlung über eine Vereinbarung zu Neukaledonien in seiner Residenz mit folgenden Worten:
  „Das Hôtel de Matignon hat genug Nahrungsmittel für mehrere Tage und ausreichend Platz, um Matratzen aufzustellen. Das heißt, dass niemand dieses Haus verlassen wird, bevor eine Einigung erzielt wurde…"[12]
- Welcher Tisch? Die Form des Tisches oder der Verzicht auf Tische hat einen unerwartet hohen Einfluss auf die Verhandlung.[13] Ein extremes Beispiel ist eine Verhandlung in Rumänien, die in einem Palast im Zentrum von Bukarest stattfand. Im Raum stand ein Tisch, der 3 Meter breit und … ungefähr 30 Meter lang war. So ein Rahmen macht es extrem schwer, Verhandlerinnen am anderen Ende des Tisches auch nur richtig zu verstehen. Unter solchen Bedingungen sind effiziente Kommunikation und ein Vertrauensaufbau nur schwer vorstellbar.
- Welche Sitzordnung? Natürlich sind hier Fragen des Protokolls zu beachten, aber es gibt auch andere wichtige Aspekte. Wir erinnern uns zum Beispiel an ein Meeting von Experten, an dem wir beteiligt waren. Ursprünglich war die Sitzordnung alphabetisch festgelegt, weil das am einfachsten und am wenigsten kontrovers war. Später stellten wir fest, dass einer der Experten dazu neigte, sich in bestimmten Si-

tuationen unangemessen zu äußern. Daraufhin beschloss der Moderator, ihn direkt neben sich zu setzen, um ihn besser durch kleine Hinweise unter Kontrolle halten zu können, wenn die Gäule wieder einmal drohten, mit ihm durchzugehen.

- Welche Ausstattung ist erforderlich? Jede Verhandlerin muss zunächst einmal vorbereitet sein, ihr gesamtes Arbeitsmaterial für die Verhandlung verfügbar haben, insbesondere auch Dokumente (mit ausreichend Kopien, um sie austeilen zu können, wenn erforderlich). Ein Dokument hat eine viel stärkere Wirkung, wenn es als Gegenstand ausgeteilt wird und angefasst werden kann, als wenn es nur als digitales Bild an eine Wand projiziert wird. Denken Sie auch an Proben, Pläne, Computer, Stecker, Kabel, Adapter und vor allen Dingen ausreichend Steckdosen. Es sollten in jedem Fall Möglichkeiten für eine Visualisierung gegeben sein; dabei ist es zunächst egal, ob sie Flipcharts mit ausreichend Papier oder sündhaft teure Großbildschirme mit Protokollfunktion verwenden – wobei Lowtech immer den Vorteil hat, dass sie jeder problemlos bedienen kann und die Verhandlung nicht durch technische Störungen behindert wird. Und noch einen Praxistipp aus unserer langjährigen Erfahrung: Verlassen Sie sich auch in teuren Tagungshotels nicht ungeprüft darauf, dass ein bestellter „Moderationskoffer“ auch mit genug Karten, Moderationsstiften usw. gefüllt ist. Besser Sie haben noch ein paar Sachen in Reserve, denn effektive Visualisierung ist insbesondere in komplexen Verhandlungen ein sehr wichtiger Erfolgsfaktor.

Zurück zur CGA-/ESN-Fallstudie: In diesem Fall ist die Logistik nicht besonders wichtig. Die Verhandlerinnen müssen alle notwendigen Unterlagen dabeihaben, insbesondere die Akten, die die Kostenstruktur von ESN erklären. Als Tagungsort bietet sich hier ein neutraler Ort an wie ein Sitzungsraum in einem Tagungshotel oder der örtlichen IHK.

* * *

Eine gute Verhandlungsvorbereitung ist kurzfristig ein hoher Aufwand. Manche Verhandler sind sehr effizienzorientiert, sie wollen mit so wenig Aufwand wie möglich eine Einigung erreichen. Doch das ist eine falsche Zielsetzung. Es gibt Dinge im Leben, da ist „als Erster fertig“ kein Qualitätsmerkmal – und Verhandeln gehört definitiv dazu. Die einzig wichtige Frage ist, ob sich der Aufwand, den Sie in die Vorbereitung investieren, für Sie lohnt (Return on Invest). Wenn Sie für Ihr Unternehmen einen Tintenstrahldrucker für 300 Euro kaufen sollen, wäre es ökonomisch nicht sinnvoll, sich in einem Team von drei Leuten einen halben Tag darauf vorzubereiten. Wenn Sie einen Druckerhersteller für 300 Millionen Euro kaufen wollen, wäre es unverantwortlich, sich nur einen halben Tag auf die Verhandlung vorzubereiten. Je wichtiger die Verhandlung, desto umfassender sollte die Vorbereitung sein.

Je öfter Sie sich mit unserer Methode der zehn Trumpfkarten professionell auf eine Verhandlung vorbereiten, desto mehr Routine bekommen Sie und desto weniger Zeit benötigen Sie, um gute Ergebnisse zu erzielen. Mit dem Arbeitsblatt am Ende dieses Kapitels können Sie diesen Prozess für sich gut strukturieren.

Wir werden häufig gefragt, wie man seine Verhandlungsmacht stärken kann. Die Antwort ist so einfach wie lästig, schon Catull bringt es in einem seiner Gedichte auf den Punkt: „amat victoria curam" – der Sieg liebt die Vorbereitung. Wer die Arbeit investiert, sich im Vorfeld optimal auf Spielfeld und Gegner vorzubereiten, wer die verschiedenen Dimensionen der Verhandlung – die Personen am Tisch und im Hintergrund, die Probleme der Verhandlung und ihre Lösungsoptionen und den Prozess – im Vorhinein für sich erforscht und für die Verhandlung strategisch verfügbar gemacht hat, der hat sich bereits eine sehr starke Verhandlungsposition erarbeitet. Wenn Sie die sprichwörtliche „Extrameile" gehen und sich Dutzende von Fragen gestellt, und Hunderte von Antworten durchdacht und auf dieser Grundlage eine Agenda erstellt haben, die Ihnen Flexibilität ermöglicht, weil sie gut orientiert sind, dann wird die Verhandlung zwar kein Selbstläufer – aber Sie können mit großem Selbstbewusstsein und Vorfreude erwarten, was kommt.

<table>
<tr><th colspan="5">Zehn Trümpfe für die Vorbereitung</th></tr>
<tr><td>Personen</td><td colspan="2">2. Mandat</td><td colspan="2">3. Karte der Stakeholder</td></tr>
<tr><td>1. Beziehungen zwischen den Verhandlungsführern</td><td>Für mich</td><td>Für die andere Seite</td><td colspan="2" rowspan="2"></td></tr>
<tr><td>Diagnose der Beziehung

Maßnahmen zur Verbesserung</td><td>Meine vorgegebenen Ziele?
1.
2.
3.
Einschränkungen oder vertrauliche Informationen?</td><td>Wer ist ihr Entscheider?

Welche Instruktionen hat der andere Repräsentant?</td></tr>
<tr><td rowspan="6">Problem</td><td colspan="4">4. Beweggründe</td></tr>
<tr><td colspan="2">Meine
.
.
.
.</td><td colspan="2">Für die andere Seite
.
.
.
.</td></tr>
<tr><td colspan="2">5. Lösungen am Tisch</td><td colspan="2">6. Fairnesskriterien</td></tr>
<tr><td colspan="2">1.
2.
3.
4.</td><td colspan="2">1.
2.
3.
4.</td></tr>
<tr><td colspan="4">7. Lösungen abseits des Tisches</td></tr>
<tr><td colspan="2">Meine Optionen – und beste Option
.
.
.
.</td><td colspan="2">Deren Optionen und deren beste Option
.
.
.
.</td></tr>
<tr><td rowspan="3">Prozess</td><td colspan="2">8. Organisation der Sitzung</td><td>9. Kommunikation</td><td>10. Logistik</td></tr>
<tr><td>Agenda</td><td>Methoden</td><td>Fragen</td><td>Informationen</td></tr>
<tr><td>1.
2.
3.
4.</td><td>1.
2.
3.
4.</td><td>1.
2.
3.
4.</td><td>1.
2.
3.
4.</td></tr>
</table>

Kapitel 3

Tun Sie das Wesentliche, *bevor* Sie das Offensichtliche tun

Wie Sie den Prozess aus dem Driver Seat heraus souverän steuern

Genauso wie ein Mensch gezeugt und geboren wird, lebt, viele Erfahrungen macht, schließlich stirbt und nur noch in Erinnerung bleibt, durchlaufen auch alle Verhandlungen einen solchen Lebenszyklus. Dieser Prozess im weiteren Sinne beginnt, wenn die Notwendigkeit zu verhandeln bewusst wird, und endet, wenn nach der Umsetzung der Vereinbarungen irgendwann nur noch Erinnerungen übrig bleiben. Mit einer Verhandlungsstrategie navigieren Sie durch diesen Prozess, am besten gut vorbereitet wie im vorangegangenen Kapitel erläutert. Die Strategie bestimmt, welche taktischen Züge Sie am Verhandlungstisch (und abseits davon) einsetzen. Durch diese Züge entsteht am Verhandlungstisch ein Prozess im engeren Sinne, bei dem sich die Verhandler ähnlich wie beim Schach Zug um Zug bewegen, um mit ihren Ressourcen die Herausforderung der Verhandlung zum eigenen Vorteil zu bewältigen. Diesen Prozess nennen wir Verhandlungsablauf (negotiation sequence).

Wie können Sie diesen Prozess am besten steuern? Wie entsteht ein optimaler Verhandlungsablauf? Welche Züge sind zu welcher Zeit wirksam? Wie vermeiden Sie einen Stillstand? Wie überwinden Sie einen Stillstand, wenn dieser doch einmal auftritt? Wie sparen Sie Zeit – oder vermeiden zumindest, dass Sie Zeit verschwenden? In diesem Kapitel finden Sie Antworten auf diese Fragen.

Es ist sicherlich möglich, einen typischen Verhandlungsablauf zu beschreiben, der für die Mehrzahl von Verhandlungen tauglich ist. Dies versuchen wir im zweiten Teil dieses Kapitels auf Grundlage der zehn Trümpfe der Vorbereitung, die Sie in Kapitel 2 bereits kennengelernt haben. Aber so nützlich diese „typische Struktur" zur Grundorientierung auch ist, so untauglich ist sie für den konkreten Einzelfall. Tatsächlich ist jede Verhandlung anders, teilweise unvorhersehbar, und der Versuch, sie in ein Standarddrehbuch zu pressen, führt regelmäßig zu einer schlechten Verhandlungsperformance. Verhandlungsmeisterinnen sind sich bewusst, dass jede Verhandlung eine maßgeschneiderte Strategie braucht, und dass diese Strategie im Laufe der Verhandlung kontinuierlich angepasst werden muss, um einen möglichst guten Weg durch das Minenfeld der Konflikte zu einer für beide Seiten guten Lösung zu finden. Dies gilt umso mehr, als der Verhandlungsablauf von beiden Seiten gemeinsam geprägt wird, keine Seite kann alleine bestimmen, wie getanzt wird. So gut Sie auch führen, die andere Seite muss bereit sein, sich führen zu lassen. Letztendlich sind komplexe Prozesse wie eine Verhandlung genauso wenig vorhersehbar wie eine Partie Schach auf Weltmeisterschaftsniveau. Es werden Überraschungen und neue Entwicklungen auftreten, mit denen Sie nicht gerechnet haben. Wenn Sie sich durch diese Abweichung von Ihrem idealen Plan so irritieren lassen, dass Sie den Prozess nicht mehr aus dem Driver Seat heraus bewusst und strategisch steuern, sondern sich in Verwirrung und reaktives Handeln treiben lassen, ist das der sichere Weg zur Niederlage. Wie Boxweltmeister Mike Tyson sagte: „Everybody has a plan until they get punched in the face.“ Wenn ein Plan erschüttert wird, braucht es eine klare Haltung, damit Sie nicht den Boden unter den Füßen verlieren.

Wir beschreiben Ihnen daher zehn Prinzipien, um die Verhandlung erfolgreich voranzubringen und auftretende Hindernisse mit möglichst geringem Risiko elegant zu überwinden, die aus der Analyse von erfolgreichen und weniger erfolgreichen Verhandlungen entstanden sind. Prinzipien helfen Ihnen, auch unter Stress den Überblick zu behalten und eine strategische Entscheidung treffen zu können, um die Verhandlung in Ihrem Sinne voranzubringen. Sie helfen Ihnen, den besten Zug aus Hunderten von Möglichkeiten auszuwählen. Egal in welcher Verhandlungssituation Sie sich befinden, diese zehn Prinzipien helfen Ihnen, als Karte und Kompass die Orientierung zu behalten und auf dem richtigen Kurs zu bleiben. Sie helfen Ihnen, Ihre Strategie und die Aspekte Ihrer Vorbereitung kontinuierlich an die Informationen anzupassen, die Sie von der Gegenseite erhalten und die Überraschungen beinhalten können. Sie finden diese Prinzipien im ersten Teil dieses Kapitels.

Neben der Kenntnis eines typischen Verhandlungsablaufs und dieser zehn Prinzipien für die Strukturierung einer Verhandlung kommt es noch auf die Fähigkeiten der Verhandler an, ihre Werte, ihre Intuition, ihre Persönlichkeit, ihre Fähigkeit, sich bietende Chancen zu nutzen und vor allen Dingen ihre Anpassungsfähigkeit. „Survival of the fittest“, dieses Prinzip der Evolution hat uns gezeigt, dass nicht Stärke, sondern Anpassungsfähigkeit der entscheidende Erfolgsfaktor ist. In einer komplexen, sich schnell verändernden Welt ist es entscheidend, keine Standardstrategien aufzuzwingen, sondern ein gutes Gefühl dafür zu haben, was genau mit wem genau in welcher konkreten Art und Weise zu welchem Zeitpunkt getan werden sollte. Genau das macht einen Verhandlungsmeister aus – und ein prall gefüllter Werkzeugkoffer, denn wer nur einen Hammer im Werkzeugkoffer hat, der wird bei einem Wasserrohrbruch ziemlich nasse Füße kriegen.

Zehn Prinzipien, um den Verhandlungsprozess voranzubringen

Alle zehn Prinzipien atmen dieselbe Idee: Der Verhandler soll sich um das Wesentliche kümmern, bevor er sich mit dem Offensichtlichen beschäftigt, anstatt einfach instinktiv auf das Offensichtliche zu reagieren und dabei das Wesentliche zu vergessen.

Die Evolution hat unser Gehirn nach dem Prinzip des Energieschutzes konzipiert, anders gesagt: Es macht sich die Dinge gerne einfach. Strategisches Denken verbrennt viele Kalorien und in unserem Gehirn steckt noch die Angst vorm Verhungern. Deshalb lieben wir es, instinktiv so zu reagieren, „wie die Situation es offensichtlich erfordert". Ohne große Anstrengung tun wir, „was nötig scheint". Und für das Leben in der Savanne vor Zehntausenden Jahren war das auch völlig in Ordnung. Das Offensichtliche war dort das Wesentliche. Haben wir dort Nahrung gesehen oder einen Säbelzahntiger getroffen, dann war tatsächlich nichts wichtiger, als sich genau darum zu kümmern. In dieser Welt konnten wir auf unseren Autopiloten vertrauen, denn dafür ist er programmiert. In komplexen Verhandlungen in unserer heutigen Welt ist das Offensichtliche nicht immer das Wesentliche. Und sehr oft sind die Dinge anders, als sie scheinen. Das Problem beim Reagieren auf das Offensichtliche ist, dass wir das gar nicht infrage stellen.

Jahrtausendelang glaubten Menschen, Gewitter seien eine Strafe der Götter. Jahrtausendelang glaubten Menschen, die Erde sei eine Scheibe und die Sonne drehe sich um die Erde. Diese „Scheinwahrheiten" waren eine solche Selbstverständlichkeit, dass Menschen alleine dafür verbrannt wurden, dass sie andere Optionen auch nur für möglich hielten. Doch die Geschichte der Menschheit zeigt, dass sehr viele offensichtliche Wahrheiten sich mit der Zeit als Irrtümer erwiesen haben. Je komplexer eine Frage ist, desto wahrscheinlicher ist es, dass unsere intuitive Auffassung des „Offensichtlichen" und unsere instinktiven Verhaltensreflexe falsch sein könnten. Und Verhandlungen sind sehr komplex.

Wer das Handwerk des professionellen Verhandelns erlernen will, muss deshalb beginnen, sich nicht von dem scheinbar „Offensichtlichen" ablenken zu lassen, sondern hinter die Fassade zu schauen. Das Wesentliche in einer Verhandlung ist die Prozessdynamik. Diese ist für untrainierte Verhandlerinnen ein Buch mit sieben Siegeln. Wie unsere Vorfahren nicht verstanden, was tatsächlich passiert, wenn wir Blitze sehen, und deshalb Fehldeutungen wie Zeus benötigten, um den Dingen für sich einen Sinn zu geben, stehen auch viele Verhandler unwissend vor dem Geschehen und erklären sich die Dinge mit Mythen statt mit Wissen. Sie sind wie ein Wanderer, der versucht, sich mit einer Wanderkarte des Siebengebirges in den Alpen zu orientieren. Und sie erkennen an vielen Stellen nicht einmal, welche Wahlmöglichkeiten sie hätten.

Stellen Sie sich vor, dass Sie mir Orangen verkaufen wollen. Das können Sie auf zweierlei Weise tun: Sie sagen „Ich gebe Ihnen meine Orangen, wenn Sie mir 2 Euro geben" oder Sie sagen „Wenn Sie mir 2 Euro geben, geben ich Ihnen meine Orangen". Sätze wie diese haben Sie sicherlich schon Hunderte Male in Ihrem Leben gesagt. Die Reihenfolge ist egal, sagen Sie, da beide Sätze dasselbe bedeuten? Stimmt, aber deshalb ist die Wirkung in einer Verhandlung noch lange nicht dieselbe. Aufgrund von Funktionsprinzipien unseres Gehirns ist bei einer dieser Formulierungen der spätere Verhandlungsgewinn um 38,7 % höher, wie eine Studie zeigt![1] Das Prinzip können Sie nur dann für sich nutzen, wenn Sie es kennen. Offensichtlich ist das nicht – wesentlich aber schon.

Die Dynamik einer Verhandlung zu verstehen, die Wirkung und den Einfluss bestimmter Züge zu kennen und bewusst strategisch zu denken, sind die Voraussetzungen dafür, die Verhandlung auf Kurs halten zu können. Je besser Ihre Landkarte zur Orientierung ist, die Sie einerseits durch eine gründliche Vorbereitung auf die spezielle Verhandlung gewinnen und andererseits aus der Kenntnis genereller Wirkprinzipien in Verhandlungen, desto besser können Sie in jeder Situation entscheiden, was der beste nächste Zug ist, um die Verhandlungen konstruktiv voranzubringen. Alles streng nach unserem Grundprinzip: das Wichtigste zuerst. Starten wir unsere Entdeckungsreise in die Prinzipien zur effektiven Gestaltung eines Verhandlungsablaufs.

1) Vorbereitung *vor* Aktion

Das erste Prinzip war bereits das Hauptthema des letzten Kapitels. Dazu möchten wir noch zwei Aspekte ergänzen.

Zunächst einmal den Hinweis, dass Sie in jeder Verhandlung darauf vorbereitet sein sollten, mitten im Verhandlungsablauf das Ergebnis Ihrer Vorbereitung zu überarbeiten. Das kann so weit gehen, dass fast die gesamten Ergebnisse der ursprünglichen Vorbereitung hinfällig werden. Der Kontext einer Verhandlung wird beeinflusst durch neue Informationen, die Klärung von Missverständnissen und falschen Hypothesen, das Erscheinen oder das Wegbleiben eines Teilnehmers, plötzliche Marktveränderungen, unerwartete Änderungen des gesetzlichen Rahmens oder Regierungswechsel. In solchen Fällen ist es besser, erst einmal die Ergebnisse der eigenen Vorbereitung zu überarbeiten, anstatt einfach unbeeindruckt weiterzumachen. Manchmal reicht dafür eine einfache Auszeit, um die Situation zu überdenken und wieder sprachfähig zu werden, in anderen Fällen ist eine Vertagung erforderlich.

Größere Verhandlungen sollten daher als eine miteinander verwobene Abfolge von Gesprächen und Reflexions- bzw. Vorbereitungsphasen betrachtet werden. Dies gilt umso mehr für langfristige Verhandlungsbeziehungen, innerhalb derer immer wieder einzelne Verhandlungen zu aktuellen Themen geführt werden, wie beispielsweise zwischen Geschäftspartnern oder politischen Parteien in einer Regierung. Solche Situationen hatte Kardinal Richelieu als „ewige Verhandlungen" bezeichnet, eine Idee, die Simon Sinek in seinem Bestseller „Das unendliche Spiel"[2] (infinite games) aufgriff.

In solchen Situationen erreichen Sie eine hohe Verhandlungsperformance nur dann, wenn Sie nicht nur das nächste Verhandlungsthema vorbereiten, sondern immer wieder auch über den gesamten Prozess reflektieren und dabei insbesondere Reputations- und Präzedenzeffekte in eine Verhandlungsstrategie umsetzen, die über einzelne Deals hinaus die gesamte Verhandlungsbeziehung im Blick hat.

Außerdem sollten Sie sich auch auf Verhandlungen vorbereiten, die aktuell noch gar nicht anstehen. Das bedeutet, sich generell auf mögliche Verhandlungsanforderungen vorzubereiten. Dazu gehört die präventive Vorbereitung auf Krisen. Reklamationen, Störfälle, Shitstorms und andere soziale Konflikte oder ein öffentliches Übernahmeangebot erfordern kurzfristiges Handeln, wenn es um sehr viel geht und die Vorbereitungszeit knapp ist. Deshalb ist der beste Moment, sich auf die konstruktive Lösung eines sozialen Konfliktes vorzubereiten, nicht der Moment der Konflikteskalation, sondern sehr viel früher. Manöver und Planspiele sowie Krisenreaktionspläne sind im Verhandlungsmanagement von Unternehmen ein wichtiger Baustein.

Weiterbildungen haben sich als sehr effektiv erwiesen, um Werkzeuge für die Vorbereitung von Verhandlungen zu vermitteln. Verhandlungstrainings werden mehr und mehr zum Bestandteil von Ausbildungsprogrammen großer Unternehmen, um den Mitarbeitern Sicherheit für die effektive Vertretung der Unternehmensinteressen in den Verhandlungen mit Lieferanten und Kunden zu bieten und die Verhandlungsperformance messbar zu steigern. Doch es gibt noch viel Nachholbedarf: Laut Befragungen hatten im Jahr 2022 nur knapp über 50 % der Fach- und Führungskräfte irgendwann einmal ein Verhandlungstraining in ihrer Aus- oder Weiterbildung absolviert. In einem guten Verhandlungstraining kriegen die Verhandlerinnen in Simulationen eine realistische Rückmeldung, wie gut sie tatsächlich verhandeln, wo sie noch Optimierungsbereiche haben und wie sie konkret diese Fehler zukünftig vermeiden können. Niemand wird ein Verhandlungsmeister, der nicht irgendwann einmal ein gutes Training besucht hat. Und es ist einfach nicht schlau, die ganzen ärgerlichen Fehler mit echtem Geld in echten Verhandlungen zu machen, wenn man sie auch im geschützten Rahmen mit „Spielgeld“ machen kann.

2) Koalition *vor* Partizipation

Dieses Prinzip ist immer dann wichtig, wenn Sie an einer Verhandlung mit mehr als zwei Parteien teilnehmen. Diese Situation besteht im geschäftlichen Bereich oft in Projekten oder im politischen Bereich in internationalen Organisationen, wo Dutzende Delegationen aufeinandertreffen; in der UNO sogar fast 200. In einem solchen Umfeld kann keine Verhandlerin alle Themen mit jedem einzelnen Verhandler aushandeln. Deshalb ist die Ebene der Koalitionen hier so ein wichtiger Einflussfaktor. In einer Koalition finden sich zwei oder mehr Akteure zusammen, um durch koordiniertes Handeln ihren Einfluss auf den Prozess oder das Ergebnis zu stärken. Wer hier einfach darauf vertraut, dass sich seine Argumente in der Verhandlung schon durchsetzen werden, stellt regelmäßig fest, dass sich Mehrheiten gegen ihn gebildet haben, bevor er das Spiel überhaupt begonnen hat.

Ein gutes Beispiel für die Bedeutung von Koalitionen ist der Erlass einer Richtlinie in der Europäischen Union, die aus 27 Mitgliedsstaaten besteht. Anstatt einfach eine offene Diskussion mit 26 anderen Repräsentanten zu beginnen, wird eine kluge Verhandlerin im Vorfeld bereits versuchen, die Unterstützung wichtiger Schlüsselstaaten für ihren Antrag zu gewinnen, um eine Mehrheit sicherzustellen. Sie sollte eine starke Koalition zur Unterstützung bilden und eine Mehrheit sichern, bevor die offizielle Verhandlung überhaupt begonnen hat.

Frühe Koalitionen haben einen weiteren entscheidenden Vorteil: Sie können die Regeln für die Beratung in der Sitzung bestimmen, definieren also das Spielfeld zu ihrem Vorteil. Wer früh an einer solchen Koalition beteiligt ist, hat außerdem die Möglichkeit, die Lösungen mit auszuarbeiten und seine Interessen dort bereits abzusichern. Dadurch dass man den Vorschlag mit erarbeitet hat, fühlt man sich dieser Initiative mehr verpflichtet und erntet dafür auch die politischen Lorbeeren. Das alles sind weitere gute Gründe, warum andere Menschen (übrigens auch im Unternehmen) lieber einen gemeinsamen Vorschlag umsetzen, anstatt einfach nur dem Vorschlag eines anderen zur Mehrheit zu verhelfen. Frühe Konsultationen, um sich Unterstützung zu sichern, sind deshalb wesentliche Schlüsselfaktoren zum Erfolg.

Dies gilt auch für große Infrastrukturprojekte. „Es ist nicht so, dass wir ein Projekt sicher verabschieden können, wenn wir vorher in Konsultationen eintreten, aber es ist fast sicher, dass wir es ohne Konsultation nicht schaffen würden", erklärt der ehemalige französische Premierminister Michel Rocard dieses wichtige Prinzip politischer Verhandlungen in einem Interview über ein großes Infrastrukturprogramm in der Region Cergy in der Nähe von Paris. Pharmazeutische Unternehmen konsultieren im Vorfeld einer Markteinführung die zuständigen Genehmigungsbehörden, um Probleme bei der Zulassung zu vermeiden. Ebenso konsultieren Unternehmen, die eine Fusion planen, die möglicherweise den Wettbewerb beeinträchtigen könnte, vorab die Kartellbehörden, insbesondere die Generaldirektion Wettbewerb der EU, um frühzeitig auszuhandeln, unter welchen Bedingungen ihr Zusammenschluss genehmigungsfähig wäre.

Koalitionen sind auch im Change Management in Unternehmen von größter Bedeutung. Stellen Sie sich einen Manager vor, der es nicht für nötig hält, frühzeitig Koalitionen mit den Stakeholdern im Unternehmen zu bilden, der sich nicht rechtzeitig die Unterstützung des Betriebsrats sichert, der sich nicht eng mit der Vorstandsvorsitzenden abstimmt, damit diese ihm hilft, die Notwendigkeit der Veränderung zu kommunizieren, der den Arbeitsdirektor nicht einbezieht, bis er das fertige Veränderungskonzept vorstellt. Ein solcher Manager, der alleine darauf vertraut, dass seine guten

Argumente überzeugen werden, wird sich allzu oft heftigen Protesten der betroffenen Beschäftigten gegenübersehen, kritischen Medienberichten, Protesten der Arbeitnehmervertreterinnen im Aufsichtsrat – und wenn er dann alleine steht, wird er allzu oft für den Frieden im Unternehmen geopfert. Das ist gleichzeitig der Tod des Change Projektes. Wir alle kennen solche Beispiele.

Expertentipp: Suchen Sie sich Unterstützer

von Prof. Dr. Jens Weidner, HAW Hamburg, Entwickler der „Peperoni-Strategie" für Durchsetzungsstärke

Egal, wie gut Ihnen Ihr Veränderungsprojekt im Unternehmen begründet scheint – verlassen Sie sich nie alleine auf Ihre Argumente. Im Change Management kann es schnell frostig werden und dann wollen Sie nicht alleine stehen.

Deshalb sollte der über 500 Jahre alte Ratschlag von Niccolò Machiavelli auch Richtschnur Ihres Handelns sein: „Mache die zu deinem Freund, die dir Unterstützung und Rückendeckung gewähren können." Sprechen Sie vorher mit ihnen, fragen Sie sie um Rat, beziehen Sie sie frühzeitig ein. Machen Sie das Projekt auch zu deren Projekt. Und natürlich sollten Sie vor allem solche Akteure für sich gewinnen, die viel Einfluss im Unternehmen haben. Mit der Diamant-Analyse der Peperoni-Strategie[3] finden Sie zielsicher die richtigen Bündnispartner.

Wer die Einflussnetzwerke und Machtdynamiken versteht, kann dieses „Menschenschach" erfolgreich spielen. Und die guten Argumente dürfen Sie dabei gerne trotzdem haben.

Bilden Sie Ihre Koalitionen in vertraulichen Kanälen und nicht-offiziellen Kanälen. Zum Beispiel bei „zufälligen" Zusammentreffen im Flur oder der Cafeteria oder in der Kaffeepause einer Verhandlung. Wenn Sie Ihre Unterstützer offen am Verhandlungstisch suchen, provozieren Sie Gegenmaßnahmen und machen sich die Arbeit unnötig schwer. Idealerweise ahnt die Gegenseite, wenn die Verhandlung beginnt, gar nicht, dass Sie die Mehrheit schon in der Tasche haben. In Kapitel 7 erklären wir Ihnen noch detaillierter die Werkzeuge der Koalitionsbildung, denn Sie ahnen es schon: Auch Koalitionsbildung ist ein Handwerk, das man lernen kann.

3) Setzen Sie die Menschen an erste Stelle *vor* allem anderen

Wenn die Gespräche beginnen, sollte die Beziehung zwischen den Verhandlern am Tisch Ihre allererste Priorität sein, denn ohne gute Beziehung gibt es keine Chance auf eine gute Verhandlung. Eine Verhandlung zwischen zwei Weltkonzernen ist am Ende auch „nur" eine Begegnung von zwei oder mehr Menschen, und wenn es menschlich nicht stimmt, sind die Probleme vorprogrammiert.

Wie Sie die Beziehung aufbauen

Überhaupt von einer „Beziehung“ zu sprechen, bedeutet mindestens, dass Menschen im Kontakt sind, um Informationen austauschen zu können. „Kontakt aufbauen“ ist in geschäftlichen Verhandlungen meist kein großes Problem, für Krisenverhandlerinnen der Polizei allerdings ihre erste wichtige Herausforderung. Wenn Bankräuber Geiseln genommen haben oder Sträflinge in einem Gefängnis rebellieren, versuchen die Verhandlerinnen, überhaupt kommunikativ in Kontakt zu kommen, um eine Vertrauensbeziehung aufbauen und dann die Geiselnehmer zur Vernunft bringen zu können.

Außerhalb solcher Extremfälle besteht allerdings meist schon ein Kontakt. Aber wurde auch bereits eine Beziehung aufgebaut? Ein häufiger Irrtum besteht darin, in einer „Geschäftsbeziehung“ das erste Wort zu überschätzen und das zweite Wort zu übersehen. Wer einen Verhandlungspartner nur in seiner geschäftlichen Funktion und Rolle sieht, vergisst den wesentlichen Unterschied zwischen Maschinen und Menschen: Menschen „funktionieren“ nur in Abhängigkeit von ihren Beziehungen. Gerade in der deutschen geschäftlichen Kultur besteht noch zu oft der Anspruch an sich selbst und andere, in der Arbeit „professionell zu bleiben“, worunter verstanden wird, sein Menschsein und menschliche Bedürfnisse zu verdrängen und als rationale Logikmaschine „zu funktionieren“. Dieser Mythos ist zwar durch die neurowissenschaftliche Forschung längst widerlegt, hält sich aber dennoch hartnäckig. Eine professionelle Verhandlungsstrategie setzt ein realistisches Menschenbild voraus, und dazu gehört, dass jeder Mensch aufgrund der Bauprinzipien unseres Gehirns alle wesentlichen Entscheidungen auf Grundlage von emotionalen Prozessen fällt und dann das gewünschte Ergebnis im Nachhinein durch rationale Argumente vor sich rechtfertigt.[4] Die Erfüllung psychologischer Grundbedürfnisse wie Orientierung und Sicherheit ist die Voraussetzung dafür, überhaupt kognitive Höchstleistungen bringen zu können. Deshalb ist es wichtig, dass wir eine gute Arbeitsbeziehung aufbauen – und dazu müssen wir zunächst eine zeitlang die „Arbeit“ vergessen und uns erst einmal um die „Beziehung“ kümmern.

Für den Aufbau einer guten Arbeitsbeziehung ist es sehr schädlich, den anderen als Menschen zu ignorieren oder ihn einfach nur „zu benutzen“. Das Motto „Geschäft ist Geschäft“ verleitet dazu, eine wichtige Wahrheit zu übersehen: „Verhandeln ist ein Geschäft von Menschen“. Der Verhandlungsführer der Gegenseite ist nicht einfach austauschbar, er ist Ihr Schlüssel zum Erfolg, deshalb ist es wichtig, dass Sie sich die Zeit nehmen, den anderen als Menschen kennenzulernen und ihn und seine Bedeutung wertzuschätzen.

Der Verhandler ist ein Mensch, der von Gefühlen und Emotionen bewegt wird, der seine ganz besondere Geschichte mit an den Verhandlungstisch bringt und deshalb eine einzigartige Perspektive hat, die von seinen Hoffnungen, Ängsten, Ambitionen, seiner Persönlichkeit, Kultur usw. geprägt ist. Daher ist die Beziehung so entscheidend. Eine gute Beziehung hilft, die Beweggründe des anderen zu verstehen, die treibende Kraft in der Verhandlung sind. Sie hilft, dem anderen unsere eigenen Beweggründe verständlich zu machen: Stellen Sie sich zum Beispiel eine Ärztin vor, die regelmäßig Besuche von Pharmavertretern bekommt. Generell nimmt sie sich dafür nur wenig Zeit, weil sie die Produktpräsentationen schnell langweilen. Was würde passieren, wenn sie sich einmal mit persönlichem Interesse am anderen die Zeit nähme, im Gespräch zu erfahren, dass einer der Vertreter Vater eines chronisch kranken Kindes ist und er diesen Beruf gewählt hat, weil er zutiefst davon überzeugt ist, dass die pharmazeutische Forschung insgesamt und diese Medizin im Speziellen anderen Kindern mit derselben Beeinträchtigung helfen kann, ihr Leben leichter zu machen. Mit diesen wenigen Informationen über die Werte ihres Gesprächspartners würde sich langsam eine Vertrauensbeziehung ergeben, auf deren Grundlage sie die professionellen Argumente des anderen ganz anders wahrnehmen und bewerten würde.

Egal, was Sie von einem anderen Menschen wollen, Sie müssen ihn vorher überzeugen. Und überzeugen können Sie ihn nur, wenn er sich überzeugen lässt. Und dazu braucht es erst einmal eine Beziehung. Gary Noesner, erster Chef der Krisenverhandlungseinheit des FBI und Entwickler des heute weltweit führenden FBI Frameworks für Crisis Negotiations, bringt dies in seinem berühmten Satz zum Ausdruck: „You have to earn the right to influence another person". Sich das „Recht der Beeinflussung eines anderen" erst verdienen zu müssen durch den Aufbau einer Beziehung, die von Bonding (also einer menschlichen Vertrauensverbindung) geprägt ist, ist eine zentrale Erkenntnis, die wir von den Krisenverhandlern für alle unsere Verhandlungen lernen können.

Denn das FBI hat hier in den ersten Jahrzehnten nach seiner Gründung 1908 einen großen Lernzyklus absolviert. Ursprünglich wurde die eigene Macht bewusst inszeniert. Mit Panzerwagen und deutlich sichtbaren Scharfschützen und der Drohung: „Kommen Sie raus, sonst kommen wir rein". Schlechte Erfolgsquote. Auch „Quid pro quo"-Feilschen hat nicht wirklich gut funktioniert: Du kriegst eine Pizza, wenn du mir eine Geisel gibst. Auch rationale Argumente halfen wenig: „Schau, du kommst hier ja nicht lebend raus. Entweder du lässt dich gefangen nehmen oder stirbst. Da wäre es doch sinnvoll, jetzt gleich aufzugeben, um die Richterin positiv zu stimmen." Alle diese Szenarien führten nicht zu guten Ergebnissen, weil die Beziehung ignoriert wurde. Angst, Misstrauen, Kommunikationshürden. Der Durchbruch kam, als man versuchsweise auf Techniken der Gesprächstherapie nach Carl Rogers setzte: Aktives Zuhören, Ich-Aussagen, Offene Fragen. Beziehungsaufbau um (fast) jeden Preis. Die Folge: Eine dramatisch höhere Erfolgsquote. Polizeiverhandler sind heute „nett", selbst zu den übelsten Straftätern, die schlimme Dinge getan haben. Einfach deshalb, weil das ihre Chancen erhöht, maximal effektiv Einfluss nehmen zu können. Sie sind nicht deshalb menschlich und nett, weil der andere das verdient hätte, sondern weil ihre eigenen Beweggründe für sie so wichtig sind, dass sie die Chancen für deren Durchsetzung maximieren wollen – und eine gute Beziehung macht alles andere einfacher.

Wir werden oft gefragt, wie man denn eine gute Beziehung mit „schwierigen Gesprächspartnern" aufbauen kann. Das sind oft genau diejenigen Menschen, mit denen wir gar nicht freiwillig sprechen würden, bei denen wir normalerweise den Kontakt eher vermeiden wollen. Aber in jeder Auster kann eine Perle liegen. Verhandlungsmeister sind deshalb vor allen Dingen großartige Austern-Öffner. Sie öffnen das, was für andere „verschlossen" scheint, und bringen das Gute hervor. Dafür muss man den richtigen Ansatzpunkt finden. Der Stoiker Epiktet[5] rät uns, wenn wir mit unserem Bruder streiten, die Aufmerksamkeit nicht darauf zu richten, worum wir streiten, sondern was uns zu Brüdern macht. Eine hilfreiche Technik ist, sich beim „schwierigen anderen" irgendetwas zu suchen, was Sie gut oder interessant finden. Auch wenn es sich in Konflikten oft anders anfühlt, ist niemand auf dieser Welt nur gut oder nur schlecht, oder wie es Bill Clinton auf Barack Obamas Nominierungsparteitag sagte: „Even a broken clock is right twice a day". Suchen Sie etwas Positives im Negativen, z. B. dass der andere ein liebevoller Vater ist. Richten Sie dann Ihre Aufmerksamkeit und Ihre Kommunikation ganz bewusst auf dieses eine Merkmal, und Sie werden eine deutliche Verbesserung Ihres negativen Gefühls und der Beziehung erleben. Suchen Sie dann gezielt nach weiteren Punkten am anderen, die Sie positiv erleben können.

Außerdem lohnt sich bei der Frage der „schwierigen Verhandlungspartnerin" noch eine weitere Perspektive: „Schwierige Gesprächspartnerin" vermittelt ja den Eindruck, dass die „Schwierigkeit" eine Art Eigenschaft der anderen wäre. Etwas Objektives. Wir gehen davon aus, dass die andere Person von allen als schwierig empfunden wird. Doch dieser Eindruck täuscht sehr oft. Vieles, was an einer anderen Person bei uns negative Gefühle auslöst, empfinden wir selbst so aufgrund unserer eigenen biografischen Erfahrungen oder persönlichen Präferenzen. Wenn wir mit anderen Menschen sprechen, ist es für sie aber überhaupt nicht schwierig, mit dieser Verhandlungspartnerin zu verhandeln. So betrachtet ist eine „schwierige Verhandlerin" oft nur eine „für uns schwierige Verhandlungspartnerin". Das Problem liegt dann in uns und unserer eigenen mangelnden Anpassungsfähigkeit. So betrachtet lohnt es sich in jedem Fall, daran zu arbeiten, selbst mit solchen Menschen eine vertrauensvolle Arbeitsbeziehung aufbauen zu können. Denn solange Sie ihn für einen schlechten Menschen halten, werden Sie auch schlecht mit ihm verhandeln.

Beziehungen pflegen

Natürlich ist es wichtig, dass Sie Beziehungen schon außerhalb von Verhandlungen entwickeln. Wenn dann ein konkretes Problem auftaucht, erleichtert die unabhängig von Spannungen und Interessenkonflikten vertiefte Beziehung die Arbeit an der Problemlösung. Als Richelieu das Konzept der „ewigen" Verhandlung beschwor, meinte er damit auch die Notwendigkeit, unabhängig von bestimmten Sachzielen zu verhandeln, manchmal „nur" um der Beziehung willen. Gute Verhandlungsführer pflegen die Beziehungen weiter. Geduldig lernen sie ihre Verhandlungspartnerinnen noch besser kennen und zu verstehen. Sie legen damit den Grundstein für die Zukunft, wenn wieder Verhandlungen anstehen.

In den großen diplomatischen Schriften des 17. und 18. Jahrhunderts stand die Beziehungspflege an allererster Stelle. In seinem „Diskurs über die Kunst zu verhandeln"[6] erklärte Antoine Pecquet, dass die wichtigste Aufgabe eines neu ernannten Botschafters sei, sich so schnell wie möglich mit seinem Hauptgesprächspartner zu treffen (meist dem Außenminister) und anschließend mit jedem anderen Botschafter in der Hauptstadt. Das Ziel dieser Besuche war niemals die Diskussion aktueller Probleme, sondern vielmehr der Beziehungsaufbau.

Bis heute spielt die „Cocktail-Diplomatie" eine wichtige Rolle in der internationalen Diplomatie: Cocktailpartys und Empfänge ermöglichen es den Diplomaten, die Beziehungen zu ihren Gesprächspartnerinnen zu pflegen und informell Informationen auszutauschen. In ähnlicher Weise nehmen Staatsoberhäupter in der Regel an den Beerdigungen ihrer Amtskollegen teil, um ihre Wertschätzung für die Verstorbenen zu bekunden und die Freundschaft zu bezeugen, die ihre Völker verbindet, aber auch, weil diese Zeremonien eine einmalige Gelegenheit für viele dieser Staatsoberhäupter sind, ohne feste Agenda zur gleichen Zeit und am gleichen Ort zusammenzukommen, um Beziehungen zu knüpfen oder zu vertiefen.

Die Bedeutung des informellen Beziehungsaufbaus zeigt sich auch im Business, wo das „Geschäftsfrühstück" inzwischen dem Dinner fast den Rang abgelaufen hat. Während dieser Essen geht es fast nie um harte Zahlen, sondern darum, den Gesprächspartner besser zu verstehen und seine Motive „zwischen Suppe und Hauptgericht" sanft zu ergründen. Durch so ein Geschäftsessen kann Wertschätzung demonstriert werden, die auf anderem Wege schwer zu vermitteln ist. Das gilt auch für jede andere Einladung, zum Beispiel zu einem Fußballspiel oder einem Konzert, oder freundschaftliche Gesten, wie der Versand einer Flasche Wein oder eines Blumenstraußes – oder einfach nur einer freundlichen persönlichen Nachricht. Solche Gesten dienen einer Verhandlung oft mehr als weitere 1000 Euro auf dem Verhandlungstisch. Wichtig ist hierbei, Compliance-Richtlinien des Verhandlungspartners zu kennen und strikt zu beachten, um unangenehme Situationen zu vermeiden.

Wiederherstellen von Beziehungen

Da Beziehungen so entscheidend sind, nehmen es Verhandlungsmeisterinnen nicht einfach hin, wenn sie in einer Krise belastet sind, sondern sie tun alles, was in ihrer Macht steht, um den Konflikt zu bereinigen und die persönliche Beziehung wiederherzustellen. Eine bemerkenswerte Wirkung haben dabei Entschuldigungen. Aber viele Verhandlungsführer schrecken vor einer Entschuldigung zurück, weil sie glauben, dass sie durch das Eingeständnis eigener Fehler auch für die Verhandlung selbst in eine schlechte Ausgangslage kommen. Aus der Perspektive der Gegenseite aber ist die Entschuldigung kein Zeichen von Schwäche, sondern eine angemessene und notwendige Reaktion auf ein früheres Fehlverhalten. Die Entschuldigung zeigt Integrität und guten Willen und öffnet damit erst wieder den Raum für eine konstruktive Verhandlung. Die Erfahrung zeigt, dass eine aufrichtige Entschuldigung nur die Verhandlungsatmosphäre aber nicht den Verhandlungsspielraum in der Sache beeinflusst. Und noch besser: Manchmal löst eine Entschuldigung eine „Beißhemmung" bei der Gegenseite aus und wird durch ein sachliches Zugeständnis der anderen Seite erwidert.

Die Brent-Spar-Kampagne: Die „Brent Spar" war eine Ölplattform in der Nordsee, betrieben von der Firma Shell. Nach der Stilllegung beschloss Shell, die Plattform auf Grundlage der Empfehlung einer Expertenkommission im Meer zu versenken. Dagegen startete Greenpeace 1995 eine Kampagne, warf Shell Profitgier vor und forderte die Entsorgung an Land. Eine Boykottkampagne führte zu Umsatzeinbrüchen bei deutschen Shell-Tankstellen von über 50 %. Shell reagierte zunächst mit der Veröffentlichung wissenschaftlicher Argumente, die die Boykottkampagne aber nicht stoppen konnten. Darauf veröffentlichte Shell am 20. Juni 1995 die Werbeanzeige „Wir werden uns ändern", in der es sich für die Pläne entschuldigte und die Entsorgung an Land ankündigte. Sofort tankten die Deutschen wieder bei Shell – und zwar erst einmal mehr als vor der Boykottkampagne. Man wollte offensichtlich Shell für die Entschuldigung belohnen. Im Nachgang bestätigte eine unabhängige Expertenkommission, dass die ursprüngliche Analyse von Shell richtig war und Greenpeace die Kampagne mit falschen Fakten geführt hatte. Trotzdem brachten Argumente nichts – eine Entschuldigung hingegen beendete die Krise.

Dieses Beispiel zeigt auch, dass es zwei Arten von Entschuldigungen gibt: Sie können um Entschuldigung für ein Fehlverhalten bitten, das Sie einsehen. Dies ist die wirksamste Form der Entschuldigung, insbesondere, wenn sie durch einen Akt tätiger Reue begleitet wird. Aber manchmal ist das nicht der Fall. Sie sind überzeugt, dass Sie sich absolut korrekt verhalten haben. Aber auch dann können Sie sich immer noch für die unerwünschte negative Wirkung entschuldigen, ohne ein Fehlverhalten eingestehen zu müssen. „Ich merke, dass Sie das sehr verletzt haben muss, was ich gesagt habe – und dafür möchte ich in aller Form um Entschuldigung bitten. Ich wollte Sie nicht verletzen und wünsche mir eine vertrauensvolle Verhandlung mit Ihnen. Können Sie mir bitte einen Hinweis geben, was ich konkret tun könnte, damit ich solche negativen Wirkungen bei Ihnen zukünftig unbedingt vermeiden kann?" Da es selten unsere Absicht ist, eine negative Wirkung beim Gesprächspartner zu erzielen, ist diese Form der Entschuldigung praktisch immer möglich.

Wenn eine Verhandlung blockiert ist, weil die Beziehungen zerstört sind und auch alle Versuche gescheitert sind, die Störung zu beseitigen und die Beziehungen wieder herzustellen, gibt es für die Fortsetzung der Verhandlung zwei Optionen:

Die erste ist, der Situation ein wenig Zeit zu geben und abzuwarten. Kardinal Mazarin, später aufgegriffen von Napoleons Außenminister Talleyrand, sprach von „Zeit für sich selbst". Die Zeit heilt zwar nicht alle Wunden, aber sie hilft „Dampf abzulassen", Konfliktenergie zu deeskalieren und damit wieder eine Verhaltensänderung zu ermöglichen, die mit der Zeit Hindernisse überwinden kann. In den Crisis Negotiations ist „auf Zeit spielen", damit die Geiselnehmer sich beruhigen und ihre Lage realistisch einschätzen, eine ganz zentrale Strategie. Wer in einer solchen Situation nach dem Motto „Zeit ist Geld" keine Geduld aufbringt, die Beziehung ignoriert und versucht mit Druck zum Abschluss zu kommen, wird regelmäßig scheitern – und seine Reputation auch für kommende Verhandlungen zerstören.

Die andere Option ist, die Verhandlungsführerin sofort auszuwechseln bzw. den Verhandlungsführer der Gegenseite auswechseln zu lassen, in der Hoffnung, dass mit dem Nachfolger eine bessere Arbeitsbeziehung aufgebaut werden kann. Es ist nicht immer einfach, einen solchen Wechsel ohne Gesichtsverlust umzusetzen, aber in besonderen Situationen kann es trotzdem das Mittel der Wahl sein. Ein Beispiel dafür ist der israelisch-palästinensische Konflikt, wo Jassir Arafat vom israelischen Ministerpräsidenten Ariel Sharon zur persona non grata erklärt wurde. Arafat musste deshalb Mahmoud Abbas ernennen, mit dem die israelische und die amerikanische Regierung zu verhandeln bereit waren, damit die Gespräche – zumindest vorübergehend – wieder aufgenommen werden konnten.

Spannungen in Beziehungen

Ärger, verbale Angriffe, Beleidigungen oder steigende Aggressivität sind Zeichen für zwischenmenschliche Spannungen. Emotionen und ihre Ausdrucksformen sind ein wichtiger Aspekt von Verhandlungen. Deshalb haben wir das sechste Kapitel dem Management emotionaler Spannungen gewidmet; ihre Ursachen zu verstehen, ihre Konsequenzen zu analysieren und zu wissen, wie man sie durch gutes Handwerk und effektive Techniken weitestgehend vermeiden und ansonsten auflösen kann. Schlechtes Emotionsmanagement hat nämlich eine ganze Reihe negativer Auswirkungen auf die Verhandlung:

- Angst, Ärger und Frustration führen zu einer Eskalation, die eine sachgerechte Diskussion unmöglich macht; effektive Kommunikation zwischen den Parteien wird unmöglich.
- Die Wahrnehmung der Realität wird immer schwieriger und auf beiden Seiten durch Voreingenommenheit belastet. Diese Voreingenommenheit wirkt wie ein Fil-

ter, durch den wir die Welt wahrnehmen und der alles eintrübt. Unterschiede werden stärker wahrgenommen, Gemeinsamkeiten ausgeblendet, Beiträge der Gegenseite werden abgewertet, hinter jedem Verhalten negative Absichten vermutet. Es fällt den Parteien immer schwerer, ihre Interessen als miteinander vereinbar und das Problem als miteinander lösbar anzusehen.

- Jeder fühlt sich durch den anderen bedroht und neigt dazu, sich in seinen Positionen zu verschanzen, seine wahren Beweggründe aus dem Blick zu verlieren und damit die Verhandlung zu behindern.
- Die Beziehung verschlechtert sich immer weiter bis zur Unterbrechung der Verhandlung, wodurch die Verhandlung absolut unberechenbar wird.

In solchen Situationen muss es vorrangig darum gehen, diese emotionalen Spannungen zu lösen, bevor man sich den Sachfragen zuwendet. Für Backwaren in einem heißen Ofen braucht man einen Topflappen. „Den Topfhandschuh anzuziehen", bedeutet in der emotionalen Verhandlung, die Emotionen ernst zu nehmen und nicht davon auszugehen, dass sie uns nicht verbrennen werden. Manche Menschen können viel aushalten, aber keiner wird alles für immer ertragen. Ein jüdisches Sprichwort sagt: „Man kann einen schweren Gegenstand für kurze Zeit tragen, einen leichten Gegenstand für lange Zeit, aber nicht einen schweren Gegenstand für lange Zeit".

So ist es beim Verhandeln: Wenn der Topf heiß wird, müssen wir uns darum kümmern, dass er nicht zu heiß wird und den Eintopf verdirbt. Wir müssen vor allem schnell handeln. Sobald die Temperatur ansteigt, müssen wir die Hitze reduzieren oder den Topf vom Herd nehmen. Die wahre Kunst besteht darin, zu wissen, wann es genug ist. Wer bei emotionaler Eskalation einfach stur weiter die Sachfragen diskutiert, riskiert neben der Beziehung auch, dass die Sachfragen als „Stellvertreterkrieg" für den Beziehungskonflikt benutzt werden. Die Gegenseite lehnt alle Ihre Vorschläge aus Prinzip ab, weil sie von Ihnen kommen. Dabei werden oft genug gute Lösungsoptionen verbrannt, weil die Gegenseite später von einer kategorischen Ablehnung ohne Gesichtsverlust nicht mehr wegkommt – selbst wenn sie wollte.

Sehen Sie deshalb emotionale Spannungen als Stoppschild für jede Sachdiskussion. Klären Sie erst die Beziehungsprobleme, um wieder eine Basis zu schaffen, die Sachthemen überhaupt sachbezogen diskutieren zu können. Genau das meinte Ruth Cohn, die Entwicklerin der Themenzentrierten Interaktion, mit ihrem berühmten Ratschlag: „Störungen haben Vorrang." Damit ist nicht gemeint, dass jede kleine Befindlichkeitsstörung im Business sofort die Sacharbeit unmöglich macht, sondern dass bei zerstörten Beziehungen jede gute sachliche Einigung unmöglich wird. Die Realität menschlicher Emotionalität anzuerkennen und nicht zu verleugnen, ist für Verhandlungsmeisterinnen unabdingbar.

4) Prozess *vor* Problemlösung

Wenn wir uns in der Verhandlung mit Beziehungen, Emotionen und Zuhören beschäftigen müssen, wann dürfen wir denn endlich „zur Sache" kommen, so fragen Sie sich jetzt vielleicht. Viele Verhandlerinnen haben die Tendenz, „den Bullen bei den Hörnern zu packen", also direkt in die Sachprobleme hineinzuspringen. Natürlich muss dafür genügend Zeit vorhanden sein, insbesondere bei schwierigen Fragen. Unser Ansatz konzentriert sich aber auf die vorbereitenden Schritte, die in der Praxis viel zu oft vernachlässigt werden. Je mehr Personen an der Verhandlung teilnehmen, je mehr Themen zu besprechen sind, je komplexer die Probleme sind, desto wichtiger ist es, sich erst einmal mit der Art und Weise des Verhandelns zu befassen und erst dann in die Sachdiskussion einzusteigen, wenn dafür ein guter Rahmen geschaffen wurde. Es ist besser, erst einmal in Ruhe zu starten, die Voraussetzungen zu schaffen und danach den Prozess zu beschleunigen, als schnell loszulegen und dann ausgebremst zu werden, weil man zu schnell ins kalte Wasser geworfen wurde. Der Aufbau von Beziehungen braucht Zeit, und das gilt auch für das Design eines guten Verhandlungsprozesses.

Viele Verhandlungen sind nicht wegen der Sachprobleme gescheitert, sondern weil kein klar definierter Prozess für ihre Bearbeitung vereinbart war. Der Verhandlungsprozess besteht aus der Agenda, einem Zeitplan und bestimmten Verhaltensregeln. Die Vereinbarung einer Agenda bricht das Eis, ist eine erste kleine gemeinsame Einigung, und gibt durch die Festlegung der zu behandelnden Themen den Verhandlungsrahmen vor. Wenn es den Parteien erlaubt ist, einfach zu jedem beliebigen Zeitpunkt weitere Fragen aufzuwerfen, ist die Gefahr groß, dass die Verhandlung chaotisch wird und vielleicht nie zum Abschluss kommt. Natürlich sollte es möglich sein, dass Parteien auch während der Verhandlung neue Themen anmelden können, die ihnen im Rahmen der Verhandlung deutlich geworden sind, dies aber zu festgelegten Zeitpunkten, wo sie nicht von der sachlichen Klärung anderer Punkte ablenken.

Der Zeitplan legt fest, wieviel Zeit den Themen eingeräumt werden soll, wann welche Fragen von Mitgliedern der Delegationen in Arbeitsgruppen behandelt werden sollen und wann deren Ergebnisse ins Plenum zurückgegeben werden müssen. Das Taba-Abkommen zwischen Israel und den Palästinensern war zwar nur bilateral, es waren daran aber 200 Verhandlerinnen auf beiden Seiten beteiligt, um die vielen strittigen Themen mit konkreten praktisch umsetzbaren Lösungen zu klären. Sie können sich die Komplexität dieses Prozesses sicherlich vorstellen. Und dieses Beispiel macht deutlich, dass Prozessdiskussionen kein Selbstzweck sind. Sie dienen der Orientierung und effektiven Bewältigung der Komplexität. Deshalb sollten Sie dieser Frage umso mehr Zeit und Aufmerksamkeit schenken, je komplexer die Verhandlungsstruktur ist.

Verhandlung zwischen Einzelhandel und Nahrungsmittelindustrie in Frankreich: Stellen Sie sich vor, ein Einzelhändler (C) verhandelt mit einem Lieferanten (D) über den Kauf von Joghurt. Auf den ersten Blick scheint das eine einfache Verhandlung zu sein: Wir stellen uns zwei Verhandler vor, die sich zusammensetzen und Preis und Liefermenge festlegen. Tatsächlich ist der Prozess deutlich komplizierter. Es geht um eine sehr große Menge und einen hohen Millionenbetrag. Jeder Fehler im Vertrag kann erhebliche wirtschaftliche Folgen für beide Unternehmen haben. Deshalb gibt es nicht zwei „einsame Verhandler", die sich zusammensetzen, sondern auf beiden Seiten ist ein ganzes Team mit der Verhandlung beschäftigt.

Ein üblicher Verhandlungsablauf sieht wie folgt aus: Unternehmen C und D versammeln jeweils ihre Spezialisten (S) für Qualitätsmanagement, Haltbarkeit, Logistik, Schutz der Kühlkette, Marketing, Finanzen und Vertragsmanagement. Diese Spezialisten gehören entweder zum Team von C (SC) oder von D (SD). Diese Spezialisten unterstützen die Delegationsleiterin (DHC und DHD) entweder physisch, indem sie mit am Verhandlungstisch sitzen, um sich in die Verhandlungen einschalten zu können, wenn ihre spezielle Expertise benötigt wird, oder nur virtuell, indem sie in der Verhandlungsvorbereitung mithelfen, die eigenen Themen optimal zu analysieren und in der Verhandlungsstrategie zu verankern (**Abbildung 3.1**).

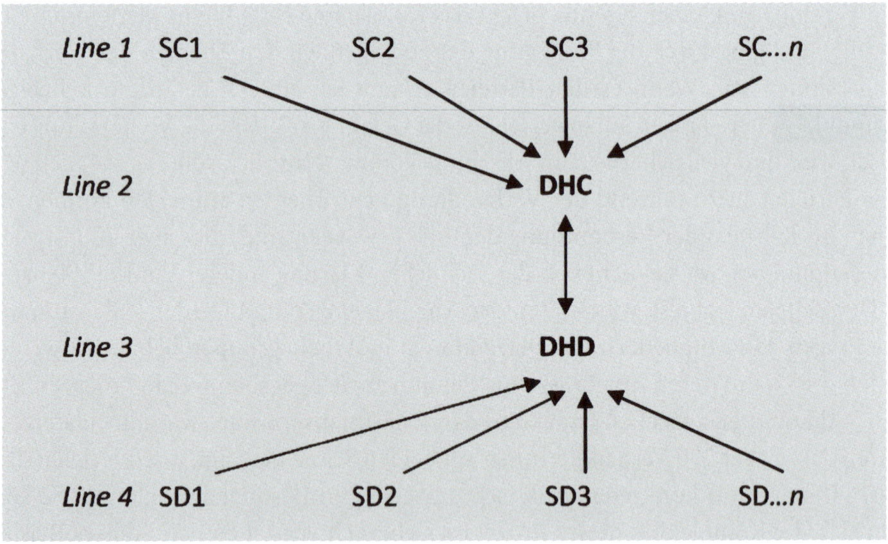

Abbildung 3.1

Dieser Prozess – interne Vorbereitung, gefolgt von externen Verhandlungen mit möglichen Unterbrechungen für weitere interne Konsultationen – wird oft als alternativlos betrachtet, doch es lohnt sich, auch andere Möglichkeiten zu durchdenken. Auf einer

Konferenz von ESSEC IRENE zum Thema „Verhandlungen zwischen Industrie und Handel" stellte Rémy Gérin, der Präsident eines führenden europäischen Einzelhandelskonzerns, einen anderen Prozess vor (**Abbildung 3.2**).

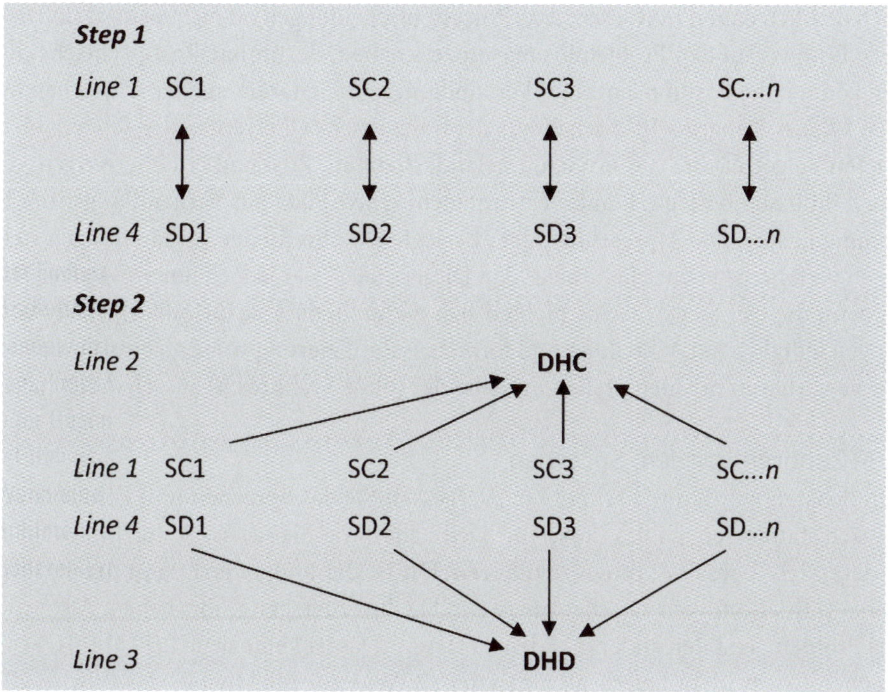

Abbildung 3.2

- Im ersten Schritt gibt es vorbereitende Verhandlungen zwischen den jeweiligen Spezialisten in den einzelnen Themenbereichen, die die Aufgabe haben, sorgfältig alle möglichen Lösungsoptionen zu analysieren und herauszufinden, welche davon die nützlichsten für beide Parteien sind, ohne diese bereits präzise definieren zu müssen und ohne irgendwelche verbindlichen Zusagen zu geben.
- Im zweiten Schritt berichten die Spezialisten intern den Delegationsleiterinnen über ihre Erkenntnisse und Empfehlungen. Diese entscheiden dann über die verschiedenen vorgeschlagenen Optionen.
- Im dritten Schritt beginnen die direkten Gespräche zwischen den Delegationsleiterinnen über eine endgültige Einigung. Der Vorteil dieses dreistufigen Prozesses besteht darin, dass der Weg für die Verhandlungsführerinnen durch gute Sachlösungen bereits geebnet ist und vor allem, dass kreative wertschöpfende Lösungen leichter zu finden sind. Wenn es fünf sachorientierte Vorverhandlungen zu fünf Themen gab, in denen die jeweiligen Spezialisten das Feld bereits bestellt haben, ist die Chance groß, dass

am Ende wertschöpfende Lösungen gefunden werden, von denen die Delegationsleiterinnen bei einer üblichen Teamverhandlung nicht zu träumen gewagt hätten.

Wenn es um die Gestaltung des Verhandlungsprozesses geht, möchten wir allerdings auch deutlich darauf hinweisen, dass Prozessentscheidungen oft nicht neutral sind, sondern Einfluss auf den Problemlösungsprozess haben. Bestimmte Prozessentscheidungen können die Position einzelner Verhandlungsparteien stärken oder schwächen. Auf dem Wiener Kongress 1814 schaffte es der französische Chefverhandler Talleyrand, die großen Siegermächte (Österreich, England, Preußen, Russland) zu überzeugen, dass das militärisch besiegte Frankreich trotzdem einen Platz am Verhandlungstisch bekommen sollte. Die Anwesenheit der „Besiegten" während der Verhandlungen stellte einen verfahrenstechnischen „Sieg" dar. Dieser „Sieg" war jedoch nur von kurzer Dauer, denn die vier Siegermächte rächten sich dadurch, dass sie die offiziellen Verhandlungen lediglich zur Mitteilung und formellen Ratifizierung von Ergebnissen nutzten, die sie vorher in privaten Treffen miteinander (ohne Frankreich) ausgehandelt hatten.

5) Zuhören *vor* dem Sprechen

Am liebsten würden wir schreiben: „Vergessen Sie das Sprechen und konzentrieren Sie sich stattdessen auf das Zuhören." Denn alles, was Sie sagen, ist nutzlos, wenn der andere nicht bereit ist, Ihnen zuzuhören. Oft ist der andere erst dann bereit, Ihnen seine Aufmerksamkeit zu schenken, wenn Sie ihm zuerst zugehört haben. Also wo ist das Problem, erst den anderen reden zu lassen? Das ist keine neue Erkenntnis. Schon Stephen Covey identifizierte als einen der „7 Wege zur Effektivität" das Prinzip „Erst verstehen, dann verstanden werden."[7] Doch zeigt unsere langjährige Erfahrung aus vielen Trainings und Coachings, dass gerade dieses Prinzip in der Praxis zu oft ignoriert wird. Führungskräfte kommen zu uns, um das nächste ausgefallene Argumentationsschema zu lernen, um endlich überzeugender zu sein. Doch mangelnde Überzeugung liegt in der Praxis fast nie an einem schlechten Argumentationsschema – und fast immer an schlechtem Zuhören.

Anders als viele glauben, zeichnet sich ein guter Verhandler nicht dadurch aus, dass er am meisten redet, als Erster redet oder ständig redet. Gute Verhandlungen werden nicht mit geschliffener Überzeugungsrede gewonnen. Napoleons Außenminister Talleyrand machte „die Kunst des Schweigens" zu seinem Erfolgsgeheimnis – und bis heute gehören „Effective Pauses" zu den wirksamsten Werkzeugen der FBI-Krisenverhandler. Während die andere Seite redet, gewinnen Sie wertvolle Informationen, Sie können sich selbst nicht „verplappern" und Sie gewinnen Zeit, in Ruhe über Ihren nächsten Zug nachzudenken. Verhandlungsmeisterinnen wissen: Erst zuhören dann selbst sprechen. Es zahlt sich aus, dem Verhandlungspartner den Vortritt zu lassen, wenn er das wünscht:

Expertentipp: Zuhören ist die Wunderwaffe

von Gary Noesner, erster Chef der Crisis Negotiation Unit des FBI a. D.

Als wir über Jahre das FBI-System für Crisis Negotiations entwickelt haben, haben wir sehr viel ausprobiert. Denn wenn in einer Verhandlung Menschenleben auf dem Spiel stehen, muss man alles dafür tun, erfolgreich zu sein. Die Demonstration unserer Macht. Die Situation erklären. Dem anderen ins Gewissen reden – das alles hat nicht wirklich gut funktioniert.

Den Durchbruch haben wir geschafft, als wir unterstützt von Dr. Mike Webster die Techniken von Carl Rogers zum Aktiven Zuhören in den Mittelpunkt gestellt haben. Nicht das Reden, sondern das gute Zuhören öffnet Türen. Der Grund ist einfach: Wir müssen uns das Recht, andere zu beeinflussen erst verdienen – und zwar indem wir zuhören und so reagieren, dass der andere merkt, dass wir verstanden haben, was er sagt und fühlt. Zuhören ist das preisgünstigste Zugeständnis, das Sie in einer Verhandlung machen können. Aber für viele Verhandlungspartner das Wertvollste. Zuhören und verstehen – das ist der Weg, ein besserer Ehepartner zu sein, ein besserer Freund, ein besserer Kollege, eine bessere Führungskraft – und ein besserer Verhandler. Ganz egal, worum es geht. Denn Menschen sind so.

- Wahrscheinlich wird er die Geste, ihm den Vortritt zu lassen, positiv auf das Beziehungskonto verbuchen.
- Während des Zuhörens werden Sie wertvolle Informationen gewinnen. Wahrscheinlich werden Sie manche seiner Beweggründe besser verstehen und Ihre Hypothesen bestätigen oder korrigieren können.
- Vielleicht wird er Dinge sagen, die Sie auch gesagt hätten, oder Vorschläge machen, die auch Sie hätten machen wollen. Dann ist es viel besser, dem anderen zustimmen zu können, als es selbst vorschlagen oder fordern zu müssen.
- Auf Grundlage der gewonnenen Informationen können wir anschließend unsere eigene Perspektive viel maßgeschneiderter und damit überzeugender präsentieren.
- In jedem Fall können wir davon ausgehen, dass nach der Phase des Zuhörens, insbesondere weil wir mit gutem Beispiel vorangegangen sind, dann auch der andere bereit sein wird, uns im Gegenzug interessiert zuzuhören.
- Außerdem stellen Sie, wenn Sie als Zweiter sprechen, sicher, dass Sie nicht aus einer Fehleinschätzung der Situation heraus vorpreschen und für Sie gefährliche Informationen zu früh preisgeben. Sie haben eine bessere Chance, die für Sie wichtigen Aspekte zum optimalen Zeitpunkt ins Spiel zu bringen.

Alleine schon die menschliche Eitelkeit führt dazu, dass sich der Verhandlungspartner selbst so oft wie möglich hören und die Kontrolle über das Gespräch übernehmen möchte. Diese Schwäche beschreibt La Fontaine in seiner Fabel „Der Rabe und der Fuchs". Um den Fuchs mit seiner schönen Stimme zu beeindrucken, öffnete der Rabe seinen Mund weit und ließ seinen leckeren Käse auf den Boden fallen, den der Fuchs nur zu gerne aß. Dieses Beispiel zeigt, dass Sprechen gar keine Kontrolle über das Gespräch verschafft, sondern eher eine Illusion von Kontrolle. Verhandlungsmeister kontrollieren die Verhandlung über Zuhören und geschickte Fragen. In Kapitel 5 stellen wir Ihnen die einzelnen Techniken genauer vor.

Diese Phase des Zuhörens hilft auch, die Perle in der Auster zu entdecken. Selbst in der irrationalsten Position steckt meist ein Körnchen Vernunft. Sobald dieses Korn entdeckt ist, muss es isoliert, gepflegt, bewässert und gehegt werden. Wenn Talleyrand eine Meinungsverschiedenheit hatte, diskutierte er nicht streitig mit der anderen Partei, da er davon überzeugt war, dass dies keinen Zweck hatte. Er suchte in der Rede des anderen nach den Punkten, die seine eigenen unterstützen konnten, und konzentrierte sich dann so weit wie möglich auf diese gemeinsamen Elemente. Viele Menschen kommunizieren im „Ja, aber…"-Stil. Wir empfehlen hingegen die Frage an sich und den anderen: „Worauf konkret bezieht sich das Ja"?

6) Den Kuchen größer machen, *bevor* Sie ihn verteilen

Bei der Bewältigung von Verhandlungsproblemen muss unbedingt vermieden werden, sie nur auf die Verteilung des bereits vorhandenen offensichtlichen Verhandlungswertes zu reduzieren. In jeder Verhandlung gibt es etwas zu verteilen. Gerade in schlechten Zeiten gibt es eine Neigung von Verhandlungsamateuren, bereits ganz zu Beginn der Verhandlung den Löwenanteil dieses Wertes für sich zu fordern und im weiteren Verlauf dann der Gegenseite nicht mal die Butter auf dem Brot zu gönnen.

Dieser Ansatz wird auf die Spitze getrieben, wenn eine Partei einseitig alle verfügbaren Werte an sich reißt, bevor die Verhandlungen überhaupt begonnen haben, nur um eine sogenannte Machtposition zu erlangen. Dies ist der Fall bei Sitzstreiks, der Annektierung von Gebieten und Präventivschlägen. Aber was wir durch Gewalt oder Exzess gewinnen, können wir selten rechtmäßig behalten. Nehmen wir das Beispiel einer feindlichen Übernahme.[8] Das Zielunternehmen wird übernommen, ohne dass die Fusionsbedingungen, die Wahrung seiner Identität, das Schicksal seiner Mitarbeiter und Führungskräfte oder die Verteilung der Zuständigkeiten innerhalb der neuen Organisation ausgehandelt werden konnten. Mit einem Blitzschlag versucht der übernehmende Konzern, seinen Willen ohne Diskussion durchzusetzen. Doch was geschieht oft in den folgenden Wochen und Monaten? Wichtige Führungskräfte des übernommenen Unternehmens kündigen und nehmen ihr Wissen und ihre Kunden mit; die Produktivität sinkt, der Krankenstand steigt. Der Käufer, der ein wertvolles Unternehmen erwerben will, riskiert, dass er mit einer leeren Hülle dasteht, für die er einen hohen Preis bezahlt hat. Das ist ein echter Pyrrhussieg.

Solche Pyrrhussiege gibt es oft genug auch im Vertrieb oder Einkauf. Da macht eine Seite maximalen Druck, stellt extreme Forderungen in den Raum und unterstützt diese sogar mit Täuschungen wie Lügen oder gefälschten „Alternativangeboten". Kommt trotzdem eine Einigung in der Verhandlung zustande, liegen drei Probleme auf der Hand: Eine so erzielte Einigung hat große rechtliche Risiken (arglistige Täuschung), sie gefährdet massiv die Reputation und sie verursacht Empörung beim Gegenüber, der sich das, was ihm nach eigener Auffassung in unfairer Weise weggenommen wurde, durch Schlechterfüllung in der Umsetzung oder spätestens bei der Verhandlung um einen Nachtrag oder den nächsten Deal zurückholen will. Alles das sind bereits gute Argumente, daran zu zweifeln, ob eine Verhandlungsstrategie, die auf das „Besiegen" der Gegenseite und einseitige eigene Profite abzielt, wirklich hilfreich ist. Aber es gibt noch einen wesentlichen Grund, der für instinktive Verhandler nicht so gut erkennbar ist: Eine solche Strategie führt zu ökonomisch schlechten Ergebnissen – und zwar nicht nur für die Gegenseite, sondern auch für sie selbst.

In der Verhandlungsliteratur hat sich die Metapher „Verhandlungskuchen" durchgesetzt, der die Gesamtheit aller in der Verhandlung erzielten Vor- und Nachteile gemessen an den Beweggründen der Parteien bezeichnet. In einer Verhandlung muss dieser Kuchen zwischen den Parteien aufgeteilt werden. Viele Verhandler glauben, dass die Größe dieses Kuchens feststeht und die Verhandlung nur noch um die Aufteilung geführt wird. Diese Auffassung, die jede Verhandlung als Nullsummenspiel ansieht, wird auch als „Mythos vom begrenzten Kuchen" (mythical fixed pie perception)[9] bezeichnet, weil sie verhandlungsökonomisch falsch ist.

In vielen Verhandlungen ist der Kuchen nämlich nicht begrenzt, sondern kann – abhängig vom Verhandlungsverhalten der Parteien – größer oder kleiner ausfallen. Durch kreative Optionen zum beiderseitigen Nutzen kann Wertschöpfung gelingen, sodass der zu verteilende ökonomische Nutzen für beide Parteien größer wird. In Kapitel 4 werden wir Ihnen detailliert erläutern, wo genau diese Wertschöpfung herkommt – und welche Werkzeuge Sie konkret einsetzen müssen, wenn Sie diese Wertschöpfungschancen nutzen wollen. Denn die Forschung zeigt, dass diese Wertschöpfungschancen in der Praxis sehr oft nicht genutzt werden. Unsere Kollegin Leigh Thompson von der Kellogg School of Management berichtet von durchschnittlichen 20 % verlorenem Verhandlungsgewinn durch mangelnde Wertschöpfung in komplexen Businessdeals.[10] Rechnen Sie bitte einmal aus, um welches Volumen Sie in einem Jahr verhandeln. Wie viel Geld kostet es Sie, wenn Sie 20 % Ihrer Marge durch handwerkliche Fehler bei der Wertschöpfung verlieren? Was würde es für Ihren persönlichen Erfolg bedeuten, wenn Sie dieses Geld zukünftig nicht mehr liegen lassen?

Denn tatsächlich geht es oft nicht nur darum, ob Sie mögliche zusätzliche Gewinne verlieren. In schlechten Zeiten kann es die Wertschöpfung sein, die überhaupt erst ermöglicht, dass der Verhandlungskuchen beide Seiten „satt macht", dass also überhaupt ein Raum für eine akzeptable Einigung gefunden wird. Zu oft erhalten Verhandlerinnen in der Praxis ein großes Stück von einem kleinen Teilchen – und freuen sich darüber, dass sie mehr als der andere haben –, obwohl sie auch eine große Torte hätten verteilen können, was beiden Seiten ein noch viel besseres ökonomisches Ergebnis ermöglicht hätte.

So ein Ergebnis entsteht nicht von selbst. Wir werden in Kapitel 4 noch genauer darstellen, dass eine feindselige egoistische Wettbewerbsorientierung das Entstehen von Wertschöpfung verhindert. Wer Wertschöpfung in Verhandlungen finden will, muss gezielt danach suchen und eine Atmosphäre in der Verhandlung schaffen, die das ermöglicht. Ohne eine kooperative Ausrichtung auf gemeinsame Problemlösung bleibt es bei ökonomisch schlechten Kompromissen oder sogar der Vereinbarung von Lose-lose-Ergebnissen, die beiden Seiten Schaden zufügen. Studien zeigen, dass bis zu 20 % aller schwierigen Verhandlungen solche Lose-lose-Ergebnisse produzieren,[11] obwohl das mit gutem Handwerk vollkommen vermeidbar wäre.

Ein beeindruckendes Beispiel für den Vorteil einer kooperativen Verhandlungsführung gegenüber einem egoistischen Gegeneinander ist die Geschichte Westeuropas im letzten Jahrhundert. Nach 1945 ist durch Kooperation und ausgehandelte Entwicklung mit der Europäischen Union ein Staatenverbund entstanden, der Frieden und wirtschaftlichen Wohlstand garantiert hat. Das halbe Jahrhundert zuvor war geprägt von Feindseligkeit und Leid, vielen Millionen Toten, massenhafter Zerstörung und scheinbarer Hoffnungslosigkeit. Wer sieht, dass selbst mit dem „Erbfeind Frankreich" (so ein im 19. Jahrhundert geprägtes nationalistisches Narrativ in Deutschland) nach zwei blutigen Weltkriegen und massenhaften Verbrechen „gemeinsame Wertschöpfung" erzielbar war, der weiß auch, dass noch die feindlichsten Geschäftsbeziehungen durch gutes Handwerk beim Verhandeln transformiert werden können in eine konstruktive gemeinsame Zukunft. Wer möchte ernsthaft bestreiten, dass bei allen Problemen im Detail der „Kuchen" im Rahmen der Europäischen Union deutlich größer geworden ist als im feindlichen Gegeneinander des frühen 20. Jahrhunderts?

Dabei zeigt gerade auch die Europäische Union, dass kooperatives Verhandeln nicht immer zu „Friede, Freude, Eierkuchen" führt. Egoismen bleiben, es besteht weiterhin die Notwendigkeit, Abstriche von eigenen Idealvorstellungen zu machen, jeder noch so große Kuchen muss irgendwann verteilt werden – und die langen Nachtsitzungen bei den Brüsseler Budgetverhandlungen sind nicht immer nur „nett". So ist es halt beim Verhandeln, denn verhandeln erfordert auch die Verteilung des Kuchens. Egal wie groß der Kuchen ist, irgendwann muss er verteilt werden, und dann scheint meistens „mehr für mich" besser als „weniger für mich". In Kapitel 4 werden wir Ihnen zeigen, dass der Schlüssel zu wertschöpfenden Lösungen darin liegt, dass Sie erst einmal nach wertschöpfenden Lösungen suchen und dann im zweiten Schritt den größeren Kuchen verteilen.

7) Lösungen entwickeln, *bevor* Sie Entscheidungen treffen

Natürlich müssen wir in der Lage sein, eine Verhandlung zum Abschluss zu bringen. Noch wichtiger allerdings ist, zu wissen, wann der richtige Zeitpunkt dafür ist. Zu viele Verhandlungen werden vorzeitig abgeschlossen: Die Verhandlungsführerinnen begnügen sich mit der erstbesten gefundenen Vereinbarung, die für sie einigermaßen akzeptabel ist, anstatt nach einer besseren zu suchen. Gerade, wenn Sie ohnehin viel zu tun haben oder die Verhandlung lange dauert, kann die Versuchung, „schnell zum Ende zu kommen", sehr stark sein. Aber Ihr Ziel in einer Verhandlung sollte nicht „eine Einigung" sein, sondern die bestmögliche Einigung zu finden, die den Beweggründen der Parteien am besten entspricht. Überstürzte Einigungen lassen Potenzial ungenutzt; sie nutzen nicht alle Möglichkeiten, um den Kuchen größer zu machen.

Der vorzeitige Abschluss so vieler Verhandlungen lässt sich durch drei Faktoren erklären: Erstens meinen viele Verhandler, dass sich der Erfolg einer Verhandlung daran misst, möglichst schnell eine Einigung zu erzielen. Die Erfahrung zeigt aber, dass Verhandlungsmeisterinnen mit hoher Verhandlungsperformance eher bedächtig vorgehen. Der zweite Faktor ist Erleichterung: Vielen Verhandlerinnen sind die Konflikte in der Verhandlung persönlich unangenehm und sie freuen sich deshalb, wenn sie einen Ausweg gefunden haben und damit zu einem angenehmen Gefühl zurückkommen können. Der dritte Faktor ist Ermüdung: Erschöpft von ihrem Kampf geben die Akteure jeder halbwegs akzeptablen Lösung nach, sofern die nur besser ist als ihre beste Lösungsoption abseits vom Verhandlungstisch, damit sie diese vor sich und ihren Auftraggebern rechtfertigen können.

Zermürbungstaktik in Tarifverhandlungen: Die Tarifverhandlungen für den Öffentlichen Dienst 2003 verliefen sehr hart. Die Arbeitgeber verwiesen auf eine schwierige wirtschaftliche Lage und hohe Haushaltsdefizite, die Gewerkschaften forderten neben deutlichen Gehaltserhöhungen insbesondere die hundertprozentige Angleichung der Gehälter im Tarifgebiet Ost. Eine Schlichtung sollte den Durchbruch bringen. Lösungen wurden nach langwierigen Sitzungen (oft sogar mitten in der Nacht) gefunden, was der erfahrene Schlichter, der ehemalige Bremer Bürgermeister Hans Koschnick so kommentierte: „Müde Verhandlungsgegner sind gute Verhandlungspartner."[12]

Wenn am Ende in einer langen Nachtsitzung nach mehreren Verhandlungsrunden die endgültigen Zugeständnisse erreicht werden sollen, aber die möglichen Lösungsoptionen und Pakete vorher bereits in Ruhe und gründlich erarbeitet wurden, spricht nichts dagegen. Insbesondere wenn man gegenüber der eigenen Basis das Ergebnis verkaufen muss und darstellen will, man habe bis aufs Letzte gekämpft. Wenn man aber in der ersten Erschöpfung die erstbeste Lösung akzeptiert, ist das regelmäßig ein teurer Fehler.

Verhandlerinnen sollten sich davor hüten, sich von diesen psychologischen Faktoren dazu treiben zu lassen, hastig und vorschnell einer halbgaren Einigung zuzustimmen, die eine oder beide Parteien kaum zufrieden stellt. Den Satz „Eine gute Einigung ist dann gefunden, wenn beide Seiten unzufrieden sind" hört man oft als Rechtfertigung von schlechten Verhandlern. Tatsächlich ist er ökonomisch falsch. Die Erfahrung von Verhandlungsprofis rund um den Erdball zeigt, dass meist Einigungen möglich sind, mit denen beide Seiten zufrieden oder sogar sehr zufrieden sind – wenn man weiß, mit welchen Werkzeugen man solche Vereinbarungen schmieden kann. Solche guten Einigungen setzen voraus, dass die Parteien sich vorher Zeit genommen haben, kreative Lösungsoptionen miteinander zu finden, verschiedenste Szenarien zu durchdenken und vielleicht sogar ein gemeinsames Brainstorming durchzuführen. In der Römischen Rhetorik ist diese Phase als inventio bekannt, wo erst einmal mit einem breiten Fokus verschiedene Ideen gesammelt werden, die dann erst in einer späteren Phase auf ihre Tauglichkeit überprüft werden – in einer Verhandlung am Maßstab der Beweggründe der Parteien.

8) Das Rezept für die Einigung finden, *bevor* Sie Details festlegen

Von William Zartman und Maureen Berman[13] stammt die Unterscheidung zwischen dem „Rezept" (Formula) und den Details einer Einigung. Das Rezept legt so klar wie möglich die gemeinsame Zielrichtung auf Grundlage der jeweiligen Beweggründe fest. Es ist sozusagen die Struktur der Lösung. Die Parteien einigen sich zum Beispiel darauf, dass ein Steinpilzrisotto ihre Interessen gut befriedigen könnte. Dies gibt die grundsätzliche Richtung vor, von der sich dann Detailfragen ableiten lassen, wie viel Parmesankäse verwendet werden soll, welcher Weißwein dazu am besten passt usw.

Am Beispiel von diplomatischen Verhandlungen kann man aber auch sehen, dass der Übergang vom Rezept zur Detailklärung oft nochmal sehr herausfordernd sein kann. In dem erbitterten Konflikt, unter dem Israel und seine Nachbarn jetzt schon so lange leiden, ist das Rezept für die Lösung „Land für Frieden" seit den 1970er-Jahren gefunden. Die konkrete Umsetzung in den nachfolgenden Verhandlungen zu den Details einer Einigung gelang allerdings unterschiedlich gut. Manchmal sehr erfolgreich, wie im Camp-David-Abkommen von 1978, als Israel den Sinai an Ägypten im Tausch gegen einen Frieden zurückgab, der inzwischen fast 50 Jahre anhält. Manchmal nicht erfolgreich, wie im Oslo-Abkommen, wo Israel einige Gebiete an die Palästinenser zurückgeben sollte, man sich aber nie auf die konkreten Details einigen konnte: wie viel Prozent der besetzten Gebiete, den Zeitplan, die Aufteilung von Souveränitätsrechten und Sicherheitsfragen.

Ein weiteres erfolgreiches Beispiel für die Anwendung des „Rezept-Prinzips" waren die Verhandlungen zwischen Nelson Mandela und dem südafrikanischen Präsidenten Frederik de Klerk 1991–1992 zum Übergang vom Apartheid-Regime zu einem fairen demokratischen System. Die Verhandlungen begannen mit der Einigung auf das zentrale Grundrezept: „One person, one vote“. Davon abgeleitet wurden dann in den nächsten Wochen und Monaten die Übertragungen dieses Prinzips in die verschiedenen Regelungsbereiche ausgehandelt.

9) Die Lösung abseits vom Tisch prüfen, *bevor* Sie abschließen

Trotz aller Bemühungen Vertrauen zu schaffen, indem man sich auf die Beziehung konzentriert und intensiv zuhört, trotz eines effektiven Prozesses, der auf Wertschöpfung und kreative Lösungsfindung ausgerichtet ist, gibt es Situationen, in denen die Verhandlung nicht zu einem Ergebnis führt, das die Beweggründe der Parteien ausreichend befriedigt. In diesem Moment müssen Sie prüfen, ob Sie nur das Gefühl von Ineffizienz und Stillstand haben (das passiert durchaus oft in Verhandlungen), aber noch eine Reihe von Möglichkeiten bestehen, die man noch ausprobieren könnte, oder ob sich die Verhandlungen wirklich im Kreis drehen. Verhandlerinnen brauchen Beharrlichkeit und dürfen nicht zu früh aufgeben. Gleichzeitig führen Verhandlungen auch nicht immer auf magische Weise zu einer Einigung, wenn die Rahmenbedingungen dafür nicht gegeben sind.

Stellen Sie sich vor, Sie verkaufen Ihr Haus mit einem Marktwert von 1 Million Euro, Ihre Käuferin hat aber nur maximal 500.000 Euro zur Verfügung und auch sonst keine zusätzlichen Werte anzubieten. In diesem Fall gibt es nur ein akzeptables Ergebnis für Sie: Sie müssen die Verhandlung schnellstmöglich beenden. Viele Verhandler schaffen das nicht, weil sie aufgrund von Persönlichkeitsfaktoren mit der Nicht-Einigung emotional nicht leben können; sei es, dass sie es als „persönliches Scheitern“ deuten, sei es, dass sie Angst vor dem „Liebesentzug“ des anderen haben. Es ist wichtig für jede Verhandlerin, eine Verhandlung ohne Einigung beenden zu können, ohne damit emotional zu hadern. Solange Sie das nicht gelernt haben, werden Sie immer wieder schlechte Lösungen auf Ihre eigenen Kosten akzeptieren. Da haben Sie etwas Besseres verdient! Lernen Sie, dass die Beendigung einer Verhandlung ohne Einigung etwas völlig Normales ist.

„Beenden“ bedeutet dabei nicht, dass Sie mit hochrotem Kopf und Türen schlagend aus dem Raum stürmen, während Sie dem Verhandlungspartner Vorwürfe über mangelnde Kompromissbereitschaft machen. Eine professionelle Beendigung einer Verhandlung hat immer das Ziel, dass Sie zu jeder Zeit wieder durch diese Tür zurückkommen können und die gleiche Verhandlung oder eine zukünftige Verhandlung ohne Nachteile beginnen können. Verhandlungsmeister wissen: Mehr strategische Optionen sind immer besser als weniger Optionen – und deshalb wollen Sie sich niemals Optionen ohne Not zerstören. Eine professionelle Beendigung der Verhandlung besteht daher aus folgenden Schritten:

1. Danken Sie dem anderen für die Verhandlung und die gemeinsamen Anstrengungen,
2. Bedauern Sie, dass „es diesmal leider bisher nicht gereicht hat",
3. Erklären Sie die Unterbrechung der Verhandlung „zum jetzigen Zeitpunkt und mit dem Wissen von heute" und
4. Erklären Sie Ihre Bereitschaft, die Verhandlung jederzeit wieder aufzunehmen, „wenn sich neue Aspekte ergeben".

Auch bei der Kommunikation des Verhandlungsendes ist es wichtig, Klarheit in der Sachaussage mit besonders respektvoller Kommunikation gegenüber dem anderen als Person zu verbinden. Oft sind „Unterbrechen", „Aussetzen", „Vertagen" oder „Vertagen erstmal ohne neuen Termin" bessere Formulierungen, als von „Abbruch" oder „Scheitern" der Verhandlung zu sprechen.

Unabhängig von den Begrifflichkeiten dürfen wir natürlich niemals eine Verhandlung beenden, ohne gründlich überprüft zu haben, was das für die Befriedigung unserer Beweggründe bedeutet. Denn jede Unterbrechung bedeutet immer ein gewisses Risiko, dass diese Verhandlung endgültig nicht mehr zu einer Einigung führt, selbst wenn Sie das später doch noch wollen. An diesem Punkt kommt jetzt Ihre beste Lösungsoption abseits des Verhandlungstischs ins Spiel, die wir Ihnen in Kapitel 2 bereits vorgestellt haben. In dieser Entscheidungssekunde fokussieren Sie Ihre Aufmerksamkeit auf diese Alternative, die Sie im bisherigen Verlauf der Verhandlung hoffentlich so gut wie möglich vergessen konnten, um Ihre ambitionierten Ziele zu verfolgen. Jetzt geht es darum, in aller Ruhe aber vor allem auch realistisch, d. h. ohne unbegründeten Optimismus und ohne Überängstlichkeit vor jedem Restrisiko, diese Alternative zu prüfen. Für diese Entscheidung sollten Sie in der Regel noch einmal um eine kurze Auszeit bitten, um wirklich in Ruhe und Sorgfalt kalkulieren zu können.

Wenn Sie zum Ergebnis kommen, dass Sie eine bessere realistische Alternative außerhalb der Verhandlung haben, dann beenden Sie die Verhandlung. Stellen Sie aber fest, dass die Einigung, die in der Verhandlung möglich wäre, unter ihren Erwartungen liegt, dass Sie Ihnen nicht gefällt, dass Sie aber abseits der Verhandlung noch schlechtere Optionen zur Verfügung haben, dann ist es eine Frage der Professionalität, das bestmöglich Erreichbare zu wählen und nicht im „Wünsch Dir was"-Modus an übertriebenen Erwartungen festzuhalten und die eigenen Bedürfnisse damit noch deutlich schlechter zu befriedigen. Eine ehrliche und sorgfältige Analyse unserer No-Deal-Option ist die beste „Irrationalitäts-Versicherung" für diese wichtige Entscheidung in der letzten Sekunde einer Verhandlung.

10) Verpflichtungen absichern, *bevor* Sie auseinandergehen

Ob aus Euphorie, eine Einigung gefunden zu haben, oder aus Frustration über endlose Verhandlungen, wir haben es am Ende oft eilig, zum Abschluss zu kommen.

Manchmal so sehr, dass wir die letzten Momente, die der Konkretisierung, Formalisierung und Dokumentation der Vereinbarung gewidmet sein sollten, hastig und nachlässig gestalten. Wir müssen darauf achten, unsere Verpflichtungen abzusichern, bevor wir uns verabschieden.

In solchen Momenten sollten wir uns beherrschen und dürfen nicht der Versuchung erliegen, „abzukürzen", wenn wir dem Ziel schon so nahe sind. Es gibt nichts Schlimmeres als zwei Parteien, die sich verstanden zu haben glauben, die Einigung aber nicht klar und konkret für sich dokumentieren. Das öffnet den Raum für Fehlinterpretationen, neue Konflikte und unzählige zukünftige Diskussionen über die jeweiligen Rechte und Pflichten. Und da wir in einer solchen Situation meist davon überzeugt sind, dass unsere Erinnerung richtig ist, gehen wir automatisch davon aus, dass die andere Partei unmoralisch handelt, wenn sie etwas anderes behauptet.

Verhandlungsmeister wissen, dass ihre Beweggründe nicht durch die Einigung (oder den Vertrag) selbst befriedigt werden, sondern praktisch immer erst in der Umsetzungsphase nach der Verhandlung. Nur wenn dann alle Beteiligten ihre Verpflichtungen wie geplant zuverlässig erfüllen, war die Verhandlung erfolgreich. Gibt es Probleme bei der Implementierung, werden wesentliche Bedürfnisse nicht erfüllt und Beziehungen zerstört. Deshalb zielt das professionelle Verhandeln auf eine erfolgreiche Implementierung, nicht nur eine gut klingende Einigung. Diese Perspektive verändert vieles, insbesondere aber auch die Sorgfalt, mit der man darauf achtet, die getroffene Vereinbarung festzuhalten, meist in einem Dokument („Vertrag", „Ergebnisprotokoll", „Vereinbarung").

Je nach Anlass können das von Anwälten verfasste Verträge im Umfang eines Telefonbuchs einer Großstadt sein – oder auch nur Ergebnisse, die auf einem Flipchart gemeinsam festgehalten und dann von allen Parteien kurz abgezeichnet werden. Wichtig ist die Schriftlichkeit, denn durch das Aufschreiben entsteht erstens noch einmal ein besonderer Zwang zur präzisen Klärung und zweitens eine Dokumentation, die man im Zweifel heranziehen kann. Im professionellen Bereich ist das unproblematisch, aber auch bei privaten Vereinbarungen lohnt sich das Aufschreiben, wenn Rechte und Pflichten umfangreicher sind. Das hat nichts mit Misstrauen zu tun, sondern damit, dass man unnötige Konflikte gerade in privaten Beziehungen doch unbedingt vermeiden möchte. Und wenn Sie sich schon mit ihrer Teenietochter nach intensiven Gesprächen gemeinsam auf die Verteilung von Rechten und Pflichten im Haushalt verständigen konnten, sollten Sie diese wertvolle Pflanze hegen und gießen – und das bedeutet auch: vor Vergessen und Missverständnissen schützen.

Der Vertrag des Lieferanten: Ein unglückliches Beispiel stammt von einem Zulieferer, der den Auftrag erhielt, einen Teil der Geräte im Cockpit eines Flugzeuges herzustellen. Nachdem der Zulieferer alle Forschungs- und Entwicklungskosten für die Herstellung dieser Ausrüstung übernommen hatte, einschließlich der ersten Lieferung an den Kunden, und nachdem er die für die Herstellung erforderlichen Werkzeuge beschafft hatte, wurde ihm mitten im Produktionszyklus mitgeteilt, dass dieser Auftrag für den Rest der Produktionszeit an einen Wettbewerber vergeben würde und er raus sei. Nirgendwo im Vertrag des Zulieferers stand, dass er für den gesamten Produktionszyklus beschäftigt werden muss. Aber seine gesamte Kalkulation war darauf ausgerichtet, dass sich die Anlaufkosten über zehn Jahre amortisieren können. Nun, nach fünf Jahren, wurde der Vertrag gekündigt und er saß auf seinen Verlusten. Der Lieferant machte sich Vorwürfe, weil er einfach davon ausgegangen war, aber die Vereinbarung nicht ausdrücklich genug formuliert gewesen war und er keine Entschädigung für den Fall einer vorzeitigen Kündigung festgeschrieben hatte. Seit diesem Zeitpunkt hat der Zulieferer eine Checkliste mit 15 Prüfpunkten eingeführt, die erfüllt sein muss, bevor eine Vereinbarung endgültig unterschrieben wird.

Machen Sie sich immer wieder bewusst: Jede Unklarheit birgt das Risiko, dass Sie sich während der Umsetzung des Vertrages mit sündhaft teuren Rechtsanwälten und massiver Belastung der Geschäftsbeziehung darüber streiten werden, was Sie damals gemeint haben. Nehmen Sie sich daher die Zeit für die Klarheit, indem Sie z. B. wichtige Begriffe (z. B. Gewinn, Auslastung, Zufriedenheit) konkret definieren. Ist die Sache unproblematisch, sind Sie schnell fertig. Dauert es länger, ist das gut investierte Zeit, denn dann gibt es eben doch unterschiedliche Zielbilder in den Köpfen der Parteien, die bislang unerkannt waren.

Scheuen Sie sich in geschäftlichen Verhandlungen unbedingt auch davor, inhaltliche Meinungsverschiedenheiten durch schwammige „diplomatische Klauseln“ zu lösen, um sich die lästige konkrete Ausverhandlung der Konflikte zu ersparen. Anders als in der Diplomatie kann das dazu führen, dass Ihr Verhandlungspartner anschließend Dritte, die bei der Verhandlung nicht dabei waren (z. B. die Richterinnen des Amtsgerichtes Salzgitter), fragt, was Sie gemeint haben. Und wenn man sich das einmal so bewusst macht, klingt das nicht mehr nach einem schlauen Konzept. Die stabilsten Verträge sind die, die Sie in so klarer Sprache formuliert haben, dass sie jeder Fachfremde sofort versteht – nicht nur ein Prädikatsjurist.

Da Klarheit so wichtig ist, sollten Sie am Ende jeder Verhandlungssitzung (wenn sich eine Verhandlung über mehrere Sitzungen erstreckt) festhalten, wo Sie gerade stehen, welche Zwischenergebnisse Sie erzielt haben, welche Punkte offen sind und welche „Hausaufgaben“ die jeweiligen Parteien mit nach Hause nehmen und bis zur nächsten Sitzung erledigen wollen. Einer sucht vielleicht nach bestimmten Informationen, eine andere wird eine Frage in ihren Gremien klären lassen, jemand erstellt das Protokoll, eine andere prüft und bestätigt es. Bei diesen Vereinbarungen handelt es sich um einen Aktionsplan, der dazu führen soll, dass alle Parteien das Gefühl haben, sich kontinuierlich auf eine Lösung hinzubewegen. Damit verhindern Sie auch, dass Sie bei der nächsten Sitzung wieder von vorne anfangen. Eine technische Empfehlung aus unserer langjährigen Erfahrung ist, die Flipcharts, mit denen Sie während der Sitzung visualisiert haben, einzupacken und im Original zur nächsten Verhandlungsrunde wieder mitzubringen und aufzuhängen. Sie werden dann nicht mehr erleben, dass jemand versucht, zu erklären, dass er sich nicht erinnern kann, das irgendwann mal so etwas vereinbart worden sei.

Wir möchten Sie ermutigen, diese zehn Prinzipien für einen konstruktiven Verlauf von Verhandlungen als Richtschnur für Ihre nächsten Verhandlungen mitzunehmen und sich immer wieder daran zu orientieren. Wir empfehlen Ihnen außerdem, diese zehn Prinzipien auch als Prüfpunkte zur Reflexion in der Nachbereitung einer Verhandlung zu verwenden. So können Sie identifizieren, welche Prinzipien Ihnen im Moment noch schwerer fallen und diese dann für die nächste Verhandlung noch einmal stärker im Auge behalten.

Wie angekündigt möchten wir Ihnen jetzt im zweiten Teil dieses Kapitels einen idealtypischen Verhandlungsablauf vorstellen.

Ein idealtypischer Verhandlungsablauf

In Kapitel 2, der Vorbereitungsphase, haben Sie die zehn Trümpfe der Verhandlungsvorbereitung kennengelernt, die auch das Skelett eines idealtypischen Verhandlungsablaufs bilden. Dazu gehören: Beweggründe, Lösungsoptionen in der Verhandlung, Fairnesskriterien und Lösungsoptionen abseits vom Verhandlungstisch. Der Ablauf besteht aus sieben Schritten, die wir im Folgenden kurz darstellen und im weiteren Verlauf des Buches detaillierter kennenlernen werden. Im Moment konzentrieren wir uns erstmal darauf, Ihnen zu zeigen, wie sich in diesem Ablauf von verschiedenen Fragestellungen der eine Schritt logisch aus dem anderen entwickelt, bis die endgültige Antwort hoffentlich eine gute Einigung zwischen den Parteien ist.

Schritt 1: Ankommen, Etablieren des Arbeitsbündnisses, Aufbau der Beziehung und des Verhandlungsprozesses

Zu Beginn des Verhandlungsablaufs stehen verschiedene Fragestellungen, die mit dem jeweiligen beruflichen und kulturellen Kontext zusammenhängen. Im Kern geht es um die Aushandlung eines Arbeitsbündnisses: Wer sind wir? Wie werden wir verhandeln? Wichtig ist:

- Begrüßen Sie sich dem jeweiligen professionellen und kulturellen Kontext angemessen, stellen Sie sich vor und unterhalten Sie sich ein paar Minuten zwanglos, um die Beziehung (wieder)herzustellen. Sie wollen dabei als Mensch mit den anderen Menschen in einen sozial angemessenen Kontakt kommen, bevor Sie sich auf die Funktionen und jeweiligen Aufgaben konzentrieren.

- Bereiten Sie eine Agenda vor, die die zu besprechenden Punkte und ihre Reihenfolge enthält. In Folgesitzungen rufen Sie die bereits behandelten Punkte in Erinnerung, nutzen die Gelegenheit, diese ggf. zu aktualisieren und neue Informationen auszutauschen, und geben dann Orientierung über die nächsten Agendapunkte für die heutige Sitzung.
- Legen Sie einen groben Zeitplan fest. Berücksichtigen Sie dabei geplante Pausen für dringende Rückrufe, Rücksprache mit den Auftraggebern, Essen usw. Darüber hinaus werden Sie selbstverständlich auch in der Verhandlung noch spontan weitere Pausen bzw. Auszeiten für die Besprechungen im Team vereinbaren, wenn nötig.
- Besprechen Sie die Prinzipien der Zusammenarbeit. Dazu gehören Vereinbarungen über Vertraulichkeit, Regeln zur Unterbrechung der Sitzung, geeignete Arbeitsmethoden (z. B. gemeinsames Brainstorming), aber auch Prinzipien wie diejenigen, die wir Ihnen im ersten Teil dieses Kapitels vorgestellt haben.

Schritt 2: Fakten klären und Informationen gewinnen

Was hat uns zu dieser Verhandlung zusammengeführt? Wo stehen wir gerade? Das Ziel dieser Phase ist, Informationen auszutauschen, sich der unterschiedlichen Sichtweisen bewusst zu werden und eventuelle Missverständnisse zu entschärfen.

Eine der Parteien beginnt damit, ihre Sicht der Dinge und ihre gewünschten Ergebnisse bzw. Ziele darzustellen. Die Aufgabe der anderen Seite ist dabei, aufmerksam zuzuhören und dann das Gehörte zurückzuspiegeln, um Missverständnisse zu vermeiden und der Gegenseite Verständnis zu demonstrieren. Anschließend stellt sie ihre eigene Perspektive dar. Außerdem antworten beide Parteien auf Verständnisfragen der Gegenseite. Dieser Schritt erfordert effektive Gesprächsführungstechniken, die wir Ihnen in Kapitel 5 vorstellen werden.

Schritt 3: Analyse der Beweggründe

Welche Beweggründe gibt es auf beiden Seiten? Das Ziel bei diesem Schritt besteht darin, die tieferen Beweggründe der Parteien herauszufinden, die Ideen, dargestellten Fakten und Perspektiven zugrunde liegen. Durch geschickte Fragestellung sollte die Verhandlerin Schritt für Schritt die einzelnen Positionen hinterfragen und die dahinterliegenden Beweggründe herausarbeiten (wie im folgenden Beispieldialog dargestellt).

Ein Vorstellungsgespräch

Recruiter: Was für Sie also wichtig ist, ist das Gehalt?

Bewerber: Ein angemessenes Gehalt, ja, aber es gibt auch noch andere Dinge.

R: Ein angemessenes Gehalt und andere Dinge, wie zum Beispiel?

B: Meine Frau wird erst in drei Monaten wieder arbeiten können und ich muss die Miete alleine bezahlen. Außerdem möchte ich keinen schlechten Präzedenzfall für meine Karriere schaffen.

R: Sie befürchten, dass ein zu niedriges Gehalt Ihnen nicht ermöglicht, Ihre finanziellen Verpflichtungen zu erfüllen, und dass es ein schlechter Ausgangspunkt wäre, wenn Sie sich irgendwann einmal woanders bewerben wollen?

B: Ja genau, aber es ist nicht nur eine Frage des Gehalts, mein Jobtitel ist auch wichtig.

R: Die Anerkennung Ihres Status ist Ihnen wichtig?

B: Nun, ich brauche einen Titel, den ich kommunizieren kann.

R: Was meinen Sie mit „einem Titel, den Sie kommunizieren können"?

B: Wichtig ist, dass mich damit meine Kunden ernst nehmen – aber auch wie es wirkt, wenn ich mich später einmal woanders bewerbe.

R: Verstehe ich Sie richtig: Sie brauchen kurzfristig Geld für temporären Bedarf; Sie brauchen ein Gehalt und einen Titel, die Sie in Ihrer Karriere weiterbringen, und Sie möchten, dass potenzielle Kunden Ihren Titel respektieren?

Sobald die Beweggründe hinter den Forderungen aufgedeckt sind, können Sie nach den in Kapitel 2 dargestellten Kategorien geordnet werden. Das erleichtert den nächsten Schritt.

Schritt 4: Mögliche Lösungsoptionen vorstellen

Wie können wir die Beweggründe aller Beteiligten möglichst gut befriedigen? Auf der Grundlage der Beweggründe, die im Schritt zuvor herausgearbeitet wurden, geht es nun darum, dass die Verhandlerinnen miteinander nach Lösungen suchen, die diese Beweggründe so gut wie möglich befriedigen.

- Laden Sie den Verhandlungspartner ein, so viele verschiedene Lösungsvorschläge wie möglich auf den Tisch zu legen. Damit schaffen Sie die Voraussetzung, um die Wertschöpfung zu maximieren, indem Sie Gewichtungsunterschiede zwischen den verschiedenen Variablen durch Trade-offs integrieren (dazu im Einzelnen sogleich Kapitel 4).
- Wenn die Gegenseite einverstanden ist, dann lassen Sie sie ihre vorbereiteten Lösungsvorschläge zuerst vorstellen. Wenn sie lieber erstmal abwarten möchte, gehen Sie sofort weiter zum nächsten Punkt.
- Präsentieren Sie Ihre Lösungsvorschläge, nachdem Sie zunächst auf Grundlage von Fairnesskriterien erläutert haben, warum Sie diese für eine faire Lösung halten.

- Laden Sie die Gegenseite ein, weitere Vorschläge zu machen.
- Prüfen Sie dann, welche der Lösungsoptionen für alle Beteiligten zustimmungsfähig sind, insbesondere solche, die gemeinsame Interessen befriedigen und als eine faire Verteilung von Chancen und Lasten angesehen werden.
- Wenn Beweggründe noch unbefriedigt sind, suchen Sie für sie nach weiteren Lösungsoptionen, insbesondere solche, die für beide Seiten vorteilhaft sind.
- Wenn es unmöglich scheint, Optionen zum beiderseitigen Nutzen zu finden, tauschen Sie zwischen Optionen, die der einen Seite mehr Nutzen bringen, als sie die andere Seite kosten.

Schritt 5: Lösungen auf Grundlage der Fairnesskriterien prüfen

Welche Lösungsoptionen sollten wir auswählen – und warum? Wenn so viele Optionen wie möglich entwickelt wurden, ist es an der Zeit, diese Optionen auf Grundlage der Fairnesskriterien daraufhin zu prüfen, ob sie Bestandteil eines Lösungspakets sein könnten, das beide Seiten für fair halten. Diese Kriterien sind auch hilfreich, wenn es darum geht, den Verhandlungskuchen zwischen den Parteien aufzuteilen.

Schritt 6: Wenn nötig, den Weg frei machen durch Lösungen abseits vom Verhandlungstisch

Was passiert, wenn kein Lösungspaket zustimmungsfähig ist? Es ist durchaus üblich, dass diese Frage früher oder später im Verhandlungsablauf auftaucht. Wenn die Verhandlung blockiert wird, kann es hilfreich sein, mehr oder weniger deutlich die verfügbaren Optionen abseits vom Verhandlungstisch anzusprechen. Dabei geht es darum, der Gegenseite vor Augen zu führen, dass Sie eine Einigung nicht um jeden Preis akzeptieren werden, und die Erwartungshaltung auf ein realistisches Niveau abzusenken. Viele wettbewerbsorientierte Verhandler zocken gerne mit übertriebenen Forderungen, solange sie daran glauben, dass die Gegenseite nicht vom Verhandlungstisch aufstehen wird. In solchen Situationen ist es wichtig, dass Sie eine bedingte Einigungsbereitschaft demonstrieren. Sie wollen gerne eine Lösung mit der Verhandlungspartnerin finden, aber diese Lösung muss für Sie auch angesichts anderer Optionen attraktiv genug und fair sein. In diesem Zusammenhang kann es auch hilfreich sein, der Gegenseite die Konsequenzen einer Nicht-Einigung vor Augen zu führen. Dabei ist es allerdings wichtig, dass Sie dieses Thema als sachliche Frage ansprechen, um möglichst wenig emotionale Abwehrreaktionen auszulösen. Warnen Sie die Gegenseite, aber drohen Sie niemals. Bei einer Drohung stellen Sie in den Mittelpunkt der Aufmerksamkeit, dass Sie dem anderen Schaden zufügen werden. Bei einer Warnung machen Sie den anderen darauf aufmerksam, „was passieren kann". Die Aktivierung seiner Schmerzpunkte erscheint so nicht als Quälerei Ihrerseits, sondern als quasi unvermeidliches Naturgesetz.

Schritt 7: Schließen Sie die Verhandlungssitzung ab

Diesen Schritt werden wir in Kapitel 8 gründlich besprechen. An dieser Stelle möchten wir schon einmal darauf hinweisen, dass es drei verschiedene strategische Szenarien gibt, die zum Abschluss zur Wahl stehen.

1. Eine Einigung wurde erzielt: Es ist wichtig, diese Einigung konkret auszuarbeiten und schriftlich festzuhalten.
2. Eine Einigung wurde nicht erzielt und die Verhandlungsparteien möchten die Verhandlung nicht fortsetzen. In einem solchen Fall sollten sich die Akteure unbedingt zweier Aspekte bewusst sein:
    a. Versuchen Sie sich darauf zu einigen, dass Sie sich nicht einigen können. Vera Birkenbihl nannte diese Methode „Zweinigen" („Let's agree to differ"). Mit anderen Worten: Klären Sie die Gründe, die dazu führen, dass Sie sich nicht einigen können. Diese Gründe bestehen entweder in verschiedenen Aspekten des Sachproblems (z. B. zu konflikthafte Beweggründe, zu gute Alternativen für eine oder beide Seiten abseits vom Verhandlungstisch), in einer gestörten Beziehung (z. B. feindseliges Klima behindert die Zusammenarbeit) oder auf der Prozessebene (z. B. ungeeignete Methoden). Die Klärung der Ursachen erleichtert es, doch noch einen Weg zu finden, die Verhandlungen konstruktiv wieder aufzunehmen.
    b. Schützen Sie außerdem die Beziehung. Eine gescheiterte Verhandlung ist eine Sache. Viel schlimmer ist eine Verhandlung, die scheitert und die Arbeitsbeziehung so zerstört, dass konstruktiver Kontakt in der Zukunft unmöglich wird. Hier führt wieder eine kurzfristige Perspektive zu langfristigen Verlusten.
3. Eine Einigung wurde nicht erzielt, aber die Parteien möchten die Verhandlung noch nicht aufgeben.
    a. Fassen Sie die erzielten Fortschritte der bisherigen Verhandlung gemeinsam zusammen und dokumentieren Sie diese, damit Sie beim nächsten Mal von einer positiven Grundlage aus starten können.
    b. Skizzieren Sie die verbliebenen strittigen Punkte.
    c. Legen Sie am besten schon jetzt Zeit und Ort der nächsten Verhandlungssitzung auf Grundlage der ersten beiden Punkte fest.
    d. Legen Sie ggf. die Aufgaben fest, die jede Partei bis zur nächsten Verhandlungssitzung erledigen muss (z. B. neue Informationen einholen, ein detailliertes technisches Konzept vorlegen, die steuerliche Unbedenklichkeit prüfen).

Dieser idealtypische Verhandlungsablauf in sieben Schritten, der durch die oben dargestellten zehn Strukturierungsprinzipien unterstützt wird, bietet eine gute Grundlage für die konstruktive Bearbeitung auch komplexer Probleme. Wichtig ist allerdings, dass diese Struktur mit einer persönlichen Haltung gelebt wird, die wir Ihnen jetzt im letzten Abschnitt dieses Kapitels erläutern wollen: Jazz statt Sinfonieorchester.

Zeitmanagement und Anpassungsfähigkeit

Die soeben dargestellten Strukturprinzipien unterstreichen die Notwendigkeit, zuerst das Wesentliche und dann das Offensichtliche zu tun. Daher vermittelt die Darstellung eines solchen idealtypischen Verhandlungsablaufs den Eindruck von Ordnung und Selbstverständlichkeit beim Durchfluss durch diesen Prozess. Das sollte nicht darüber hinwegtäuschen, dass Verhandlungen in der Realität selten idealtypisch ablaufen, sondern vielmehr durch eine Dynamik geprägt sind, bei der sich sprunghafter Fortschritt, lästiger Rückschritt und Stillstand abwechseln. In der Realität kommt es darauf an, dass Sie versuchen, das Bestmögliche mit Akzeptanz für Defizite zu tun – und nicht immer „das Beste" zu wollen.

Um sich auf die Realität des Verhandlungsablaufs mental vorzubereiten, ist es hilfreich, sich bewusst zu machen, dass dieser Verhandlungsablauf kein Drehbuch ist, an dem man sich sklavisch festhalten muss. Wer zu starr und unflexibel den „richtigen nächsten Schritt" der Gegenseite aufzwingen will, wird damit selten einen konstruktiven Fortschritt erreichen. Mit dem idealtypischen Ablauf möchten wir Ihnen ein Gefühl für das richtige Timing geben. Verstehen Sie es als Hilfe, um gemeinsam mit der Gegenseite zu überlegen, was ein nächster hilfreicher Schritt sein könnte, um den Prozess konstruktiv voranzubringen. Akzeptieren Sie, wenn Ihre Verhandlungspartnerin noch einmal eine Ehrenrunde drehen will, weil ihr vorher irgendetwas zu schnell ging, oder wenn sie in einer bestimmten Phase schneller vorankommen möchte als Sie. Je flexibler Sie sich in der konkreten Umsetzung der Prinzipien zeigen, desto eher wird Ihre Verhandlungspartnerin Ihren Vorschlägen für den Prozess vertrauen. Gerade für den Prozess gilt, dass Sie umso weniger Kontrolle haben, desto mehr Druck Sie ausüben.

Anpassungsfähigkeit ist auch in Fragen des Verhandlungsablaufes ein wichtiger Erfolgsfaktor. Ja, es ist grundsätzlich wichtig, dass Sie in einer Vorverhandlung darüber sprechen, wie Sie verhandeln wollen. Aber wenn die Gegenseite in diesem Moment ungeduldig wird und dies als Verzögerungstaktik deutet, sollten Sie sich auf das absolut Nötigste beschränken und dann dem Wunsch nachgeben, möglichst schnell in die Sachdiskussion einzusteigen. Durch diese Flexibilität erwerben Sie sich die Glaubwürdigkeit, an einer späteren Stelle, wenn die Verhandlung die Notwendigkeit dafür zeigt, noch einmal auf die Diskussion von Spielregeln und Vorgehensweise zurückzukommen. Sie wissen dann allerdings, dass beim Prozess und Beziehungsfundament die Voraussetzungen noch nicht optimal sind, und sollten im Verlauf der Verhandlung deswegen diese Punkte besonders im Auge behalten, um bei auftretenden Problemen sofort diese Prinzipien „Erst die Menschen, dann alles andere“ und „Erst Prozess dann Problem“ wieder zu aktivieren.

Je erfahrener Sie in der Anwendung der Prinzipien sind, desto besser wird Ihr Fingerspitzengefühl dafür werden, die Prinzipien ausgewogen anzuwenden. Tun Sie das Wesentliche zuerst – aber nur solange, wie die Gegenseite konstruktiv reagiert. Wenn Widerstand entsteht, versuchen Sie etwas anderes – und kommen wenn nötig später wieder darauf zurück. In der Regel ist es nie klug, Prozessentscheidungen der Gegenseite aufzuzwingen. Das gilt auch dann, wenn die Gegenseite nicht gut ausgebildet ist und sich eher auf das Offensichtliche konzentrieren will und das Wesentliche vernachlässigt. Suchen Sie in solchen Momenten nach Wegen, den anderen flexibel zu den wichtigen Fragen hinzulocken, anstatt ihn dorthin zu schubsen. Dies ist die Aufgabe der besser ausgebildeten Verhandler, und Verhandlungsmeisterinnen schaffen es sogar, wie in Kapitel 6 ausführlicher beschrieben, den Prozess so in die zielführende Richtung zu steuern, dass der andere sich nicht „gesteuert“ fühlt, sondern das Gefühl hat, alle Entscheidungen zum Vorgehen mitzubestimmen.

* * *

Die Kombination eines Verhandlungsablaufes, der sich möglichst nah am idealtypischen Ablauf orientiert, und der ausgewogenen Anwendung der zehn Strukturierungsprinzipien verbunden mit einer hohen Flexibilität und Anpassungsfähigkeit ähnelt einem Jazzstück, das von mehreren Interpreten aufgeführt wird. Diese schöne Metapher hat unser Harvard-Kollege Michael Wheeler entwickelt: Ein professioneller Verhandler, wenn er den Prozess gestaltet, dirigiert kein Sinfonieorchester, das bestimmte Noten nach seinem Takt spielt, sondern führt mit den anderen gemeinsam ein Jazzstück auf: mit den vereinbarten Strukturen, der Kenntnis musikalischer Prinzipien und dem flexiblen Aufeinandereingehen kanalisierter freier Improvisation. Er zitiert dabei auch den US-Botschafter Richard Holbrooke, der den Frieden im früheren Jugoslawien vermittelte. Sein Credo war: „Verhandeln ist wie Jazz. Es ist Improvisation über ein Thema. Du weißt, wo du hin willst, aber du weiß nicht, wie du da hinkommst. Es ist nicht linear.“[14] Spielen Sie Verhandlungs-Jazz – und haben Sie Spaß dabei. Dann klappt es auch mit dem Prozess.

Kapitel 4

Schaffen Sie gemeinsam Mehrwert, *bevor* Sie ihn verteilen

Wie Sie wirtschaftliche Lösungen für das Problem finden

In Kapitel 1 haben wir auf die Risiken hingewiesen, die mit einem kompetitiven Verhandlungsansatz verbunden sind, der die Wertschöpfung behindert, die Beziehung zwischen den Akteuren schädigt und häufig in eine Sackgasse führt. Sie erinnern sich sicherlich auch noch, dass die Theorie des „sachbezogenen Verhandelns" (principled negotiation) von Fisher und Ury[1] dagegen voll auf Kooperation setzt, und dass wir darauf hingewiesen hatten, dass ein solcher Ansatz in der realen Welt auf einige Hindernisse stößt. Wir haben uns daher für eine robuste Strategie ausgesprochen, die von Kooperationsbereitschaft dominiert wird, die aber auch nicht die Spannungen ignoriert, die mit der Notwendigkeit verbunden sind, den kooperativ geschaffenen Verhandlungswert am Ende auch aufzuteilen. Dieses Thema, die Ökonomie des Verhandelns, wollen wir in diesem Kapitel genauer untersuchen.

Die berühmteste Metapher der Verhandlungswelt, die Orangen-Metapher von Robert J. House, die durch das Buch „Das Harvard-Konzept" von Fisher und Ury bekannt geworden ist, prägt viele Bücher und Seminare zum Kooperativen Verhandeln:

Zwei Schwestern streiten sich um die letzte Orange im Haus. Welche Schwester bekommt nun was? Wenn wir diese Frage in unseren Verhandlungstrainings stellen, dann antworten die Teilnehmer, die die Geschichte noch nicht kennen, entweder mit einer Machtstrategie („die Stärkere bzw. Clevere nimmt sie sich") oder mit einer 50:50 Aufteilung. Letzteres ist die offensichtliche Lösung für instinktive Verhandlerinnen, die das Verhandlungshandwerk noch nicht beherrschen. Bei kooperativem Verhandeln hingegen ermitteln die Parteien die Beweggründe beider Seiten („Wofür möchtest du die Orange nutzen?"). Dann finden sie heraus, dass die eine Schwester die Orange essen möchte, die andere möchte die Schale, um daraus einen Kuchen zu backen. Sobald das herausgefunden wurde, liegt die Lösung auf der Hand: Die eine kriegt 100 % der Schale, die andere 100 % des Fruchtfleisches, also zweimal 100 % Interessenbefriedigung. Beide kriegen alles, wovon sie je geträumt haben. Happy End, Geigenklänge wie in einer schlechten Hollywood-Schnulze.

Was lernen wir aus dieser Metapher für unsere Verhandlungen? Gehe respektvoll mit dem anderen um, lege die Beweggründe offen auf den Tisch, sei kreativ bei der Lösungssuche – und deine Verhandlungsprobleme lösen sich in Wohlgefallen auf. Kein ärgerlicher Verteilungskampf mehr, sondern Friede, Freude, Eierkuchen. Wo liegt der Fehler?

Der Fehler liegt darin, dass diese berühmteste Verhandlungsmetapher der Welt gar keine Verhandlungssituation beschreibt, weil es überhaupt keine Präferenzkonflikte gibt. Alle Konflikte sind nur ein Scheingegensatz. Tatsächlich aber sind die Interessen für alle Akteure zu 100 % der Maximalziele zu befriedigen. Und genau das ist in einer echten Verhandlung nicht möglich. Es besteht zwar bei der Anwendung der richtigen Werkzeuge, die wir Ihnen in diesem Kapitel noch genauer darstellen werden, tatsächlich die Chance, den Kuchen größer zu machen. Allerdings nicht so, dass jeder Verhandlungspartner automatisch alle seine Traumziele zu 100 % erreicht. In der echten Welt gibt es bei wertschöpfendem Verhandeln zwischen zwei Verhandlerinnen vielleicht 140 % der Orange zu verteilen – aber nicht 200 %.

Und das bedeutet, dass das kooperative Verhandeln eben kein Ausweg aus dem Verteilungskampf ist. Egal, wie viel größer der Kuchen durch Wertschöpfung gemacht wird – am Ende muss er noch verteilt werden. Ein gutes Verhandlungsergebnis erzielen Sie nur, wenn Sie ein ausreichend großes Stück vom Kuchen für sich sichern – und das schenkt Ihnen niemand. Sie müssen es sich in der Verhandlung holen. Vergessen Sie nie: Es gibt beim Verhandeln keinen Wertschöpfungspokal. Sie können sich nichts dafür kaufen, dass Sie durch Kooperation eine große Sahnetorte gebacken haben, wenn der Verhandlungspartner diese komplett für sich mit nach Hause nimmt und Sie gerade mal an der Cocktailkirsche knabbern dürfen. Als Verhandler werden Sie daran gemessen, wie viel Kuchen (also Nutzen) am Ende auf Ihrem Teller liegt. Professionelles Verhandeln ist ökonomisch betrachtet ein Zweikampf: Erst einmal wird der Kuchen gemeinsam mit der Gegenseite durch Wertschöpfung so weit vergrößert wie möglich, dann muss der Kuchen allerdings auch noch zwischen den Parteien aufgeteilt werden, und hier sind die Interessen der Parteien entgegengesetzt. Nur wer beide Dimensionen gut beherrscht, wird eine hohe Verhandlungsperformance erreichen. Gutes Verhandeln bedeutet hinzuzufügen, bevor man etwas wegnimmt, und zu multiplizieren, bevor man aufteilt.

Instinktive Verhandlerinnen sind meist in einer der beiden Dimensionen gut, verlieren aber in der anderen Dimension viel Geld. Die einen kriegen mit maximaler Durchsetzungskraft immer das größte Stück vom Kuchen. Wüssten sie um die Möglichkeiten der anderen Seite oder hätten sie zumindest ein professionelles Verhandlungscontrolling, würden sie vermutlich feststellen, dass sie das größte Stück vom Kaffeeteilchen bekommen haben, wo eine Sahnetorte möglich war. Das Unwissen um die Möglichkeiten der Wertschöpfung verhindert jedoch oft diese wichtige Lerngelegenheit. Die anderen sind instinktiv gut darin, mit anderen zusammen kreative Lösungen zu finden – stellen aber oft fest, dass der Kuchen, den sie selbst gebacken haben, am Ende mit der Gegenseite nach Hause geht. Das Unwissen um das Potenzial der Gesamttransaktion lässt Verhandler häufig dennoch gut schlafen. Es ändert nichts daran, dass auf der ein oder anderen Ebene Wert verloren wurde. Nur weil ich nicht weiß, was ich habe liegen lassen, macht es den Wertverlust objektiv gesehen nicht weniger ärgerlich.

Ein praxistauglicher kooperativer Verhandlungsansatz muss daher von den Realitäten der Verhandlungsökonomie und den immanenten Spannungsverhältnissen ausgehen. Diese ökonomische Perspektive des sachbezogenen Verhandelns haben unsere Harvard-Kollegen David Lax und James Sebenius, die gemeinsam mit Roger Fisher und William Ury im Harvard Negotiation Project aktiv waren, auf der Grundlage von Impulsen ihres Mentors Howard Raiffa mit ihrem Buch „The Manager as Negotiator"[2] im Jahr 1986 nachgesteuert. Die Verhandlungsökonomie kennt zwei Koordinationsprozesse. Einerseits erfordert die Wertschöpfung eine Kooperation, die Offenheit gegenüber dem anderen und die Offenlegung von Informationen braucht – was ein gewisses Risiko mit sich bringt –, um einen Mehrwert zum beiderseitigen Nutzen zu erzielen. Andererseits setzt die Verteilung des Wertes eine Form des Wettbewerbs zwischen den Verhandlungspartnern voraus, bei dem entschieden wird, wer welchen Anteil erhält. Das Spannungsverhältnis zwischen Kooperation, um den gemeinsamen Gewinn zu steigern, und Wettbewerb, um den eigenen Anteil zu erhöhen, bildet das von Lax und Sebenius beschriebene „Verhandlungsdilemma". Der Begriff Dilemma zeigt schon, dass es für dieses Problem keine einfache Lösung gibt. Eine Dilemmasituation kann qua Definition nicht gelöst, sondern nur unter Berücksichtigung der jeweiligen Vor- und Nachteile gemanagt werden – deshalb ist es ein Dilemma.

Aber warum besteht hier ein unauflösbares Dilemma, fragen Sie sich vielleicht? Wieso beschreiben Lax und Sebenius die Situation eines kooperativen Verhandlers mit der Figur des „Gefangenendilemmas" aus der spieltheoretischen Forschung?[3] Stellen wir uns doch mal die konkrete Situation vor. Wenn alle Seiten ihre Informationen ehrlich offenlegen, können sie die Wertschöpfungschancen nutzen und sind bei der Verteilung des Verhandlungskuchens in der gleichen Ausgangslage, was eine faire Verteilung begünstigt. Wenn allerdings nur Sie Ihre Informationen offenlegen, während die Gegenseite ihre Beweggründe verschweigt oder sogar täuscht, kann immer noch eine wertschöpfende Lösung gefunden werden – die Gegenseite kann den Informationsvorsprung aber nutzen, um bei der Verteilung einseitige Vorteile auf Ihre Kosten zu realisieren. Denn wie wir noch sehen werden, ist in der Verteilungsdimension ein Wissensvorsprung ein großer Machtfaktor. Wenn aus Angst davor, dass offengelegte Informationen ausgenutzt werden könnten, beide Seiten ihre Informationen zurückhalten, werden massive Wertschöpfungschancen verspielt und vielleicht sogar der Einigungsraum zerstört. Dieses Spannungsverhältnis zwischen Kooperation und Wettbewerb ist eine fundamentale Herausforderung in jeder Verhandlung. Vereinfacht betrachtet haben zwei Verhandler (A & B) jeweils die Wahl zwischen Kooperation und Wettbewerb und werden damit eines der vier folgenden Ergebnisse erzielen.

Wenn beide kooperieren, erzielen beide ein gutes Ergebnis (+/+) durch die maximale Wertschöpfung und seine faire Verteilung. Wenn allerdings einer der beiden Verhandler die Kooperationsbereitschaft des anderen egoistisch ausbeutet, erzielt er ein noch besseres Ergebnis auf Kosten des anderen (++/––). Wenn beide Seiten entweder aus Angst vor der Ausbeutung oder, um selbst Ausbeutungsgewinne zu erzielen, sich für eine kompetitive Strategie auf Kosten des anderen entscheiden, erzielen sie beide ein schlechtes Ergebnis (–/–), weil die Wertschöpfungschancen nicht genutzt werden.

Tabelle 4.1 Das Verhandlungsdilemma

		Verhandler B	
		Kooperativ	Kompetitiv
Verhandler A	Kooperativ	A: + B: +	A: -- B: ++
	Kompetitiv	A: ++ B: --	A: - B: -

Wenn Kooperation so gute Ergebnisse für beide Seiten erzielt, stellt sich die Frage, warum in der Praxis, wie die Studien zeigen, noch so wenig kooperative Verhandlungen stattfinden? Dafür gibt es im Wesentlichen zwei Gründe: Viele Verhandler scheuen das Risiko. Sie wären durchaus zur Kooperation bereit, möchten sich aber nicht ausbeuten lassen. Sie beginnen vorsichtig und wollen „erst mal schauen, was der andere macht". Egoistisches Verhandeln ist nach diesem Selbstverständnis eine Verteidigungsmaßnahme. Außerdem bietet das kompetitive Vorgehen die Chance, besonders große Gewinne auf Kosten der Gegenseite zu machen. Gleichzeitig sind gerade in geschäftlichen Verhandlungen die Verhandlerinnen ihren Organisationen zur Rechenschaft verpflichtet. Ein zu kooperativer Ansatz könnte von ungeschulten Führungskräften der Verhandlerin als „schwach" oder „illoyal" ausgelegt werden und damit reale Konsequenzen für die weitere Laufbahn der Verhandlerin haben. Egal, ob aus Verteidigungs- oder Ausbeutungsmotivation, wenn der kompetitive Weg erst einmal eingeschlagen wurde, verstärkt sich dieses Verhalten auf beiden Seiten und führt zu ökonomisch schlechten Ergebnissen (–/–).

Dazu kommt, dass Kooperation meist instabil ist, weil derjenige, der in einer Kooperationsbeziehung als Erster in egoistisches Verhalten zurückfällt, für sich Vorteile auf Kosten der anderen erzielen kann (first mover advantage). Das folgende Beispiel aus dem echten Leben illustriert dieses Prinzip:

Der Standstreifen auf der Autobahn – In einem Stau kann der Fahrer, der den Standstreifen benutzt, an allen anderen vorbeifahren. Der Erste, der dies tut, hat einen unmittelbaren Vorteil gegenüber denjenigen, die aus Rücksicht auf das Gesetz oder die Polizei zögern, ihm zu folgen. Allerdings werden bald mehrere Autofahrer dem Ersten folgen. Wenn sich alle zu diesem Wettbewerbsmanöver entschließen, wird auch der Standstreifen blockiert werden. Das egoistische Verhalten zahlt sich nur aus, wenn es Einzelne tun. Schließen sich hingegen zu viele an, zahlt es sich nicht mehr aus – und wenn die Polizei auf ihrem Posten ist, um das egoistische Verhalten zu unterbinden, dann auch nicht ...

Dieses Beispiel zeigt, dass die Dynamik in einer realen Verhandlung strategisch komplexer ist, weil das eigene Verhalten das Verhalten der Gegenseite erheblich beeinflusst. Wenn ich mich kompetitiv verhalte und nur auf meinen eigenen Vorteil schaue, löst das bei den meisten Menschen entsprechend Abwehrreaktionen aus, selbst wenn sie ursprünglich kooperationsbereit waren. Verhalte ich mich hingegen kooperativ und beginne die Verhandlung mit Vertrauensvorschuss, werden mir viele vorsichtige Verhandler folgen und mein Verhalten durch eigene Kooperation erwidern. Die Forschung zeigt, dass sich ein Vertrauensvorschuss lohnt.[4] In Verhandlungen, bei denen Wertschöpfungspotenzial zu vermuten ist, ist es die beste Strategie, erst einmal kooperationsbereit zu wirken und mit gutem Beispiel voranzugehen, um die Chancen zu maximieren, dass eine Kooperation entsteht.

Wir möchten allerdings ausdrücklich betonen, dass das nicht als Plädoyer für kooperatives Verhandeln um jeden Preis zu verstehen ist. Denn dieselbe Forschung zeigt auch, das naive Kooperationsstrategien, die sich der Ausbeutungsgefahren nicht bewusst sind, die schlechteste Verhandlungsperformance erzielen. Es geht daher um eine robuste Kooperationsstrategie, die mit Vertrauensvorschuss beginnt, sich der Gefahren aber bewusst ist. Seien Sie optimistisch – aber vermeiden Sie, naiv optimistisch zu sein.

Deshalb sollten Sie in Bezug auf die konkrete Verhandlung eine Risikoanalyse machen. Dazu gehört zunächst einmal die Analyse der konkreten Chancen. Je mehr Verhandlungsthemen (issues) zu verhandeln und je unterschiedlicher die Parteien sind, desto größer sind die verhandlungsökonomisch erwartbaren Wertschöpfungspotenziale, wie wir im weiteren Verlauf des Kapitels noch genauer ausführen werden. Je größer die Potenziale, desto eher lohnt sich ein Risiko, um diese Potenziale zu heben. Zur Risikoanalyse gehört aber auch die Wahrscheinlichkeit, dass die Gegenseite egoistisch versuchen wird, die Kooperationsbereitschaft auszunutzen. Hier ist vor allem die Recherche zur Verhandlungsreputation der Verhandlungspartnerin ein ganz wichtiger Punkt. Aktivieren Sie Ihr Netzwerk, um sich zu informieren, wie Ihre Verhandlungspartnerin in früheren Verhandlungen aufgetreten ist. Diese Information ist ganz entscheidend für die Vorbereitung der eigenen Strategie; gleichzeitig zeigt unsere Erfahrung, dass Verhandler zu oft nicht einmal im eigenen Unternehmen mit denjenigen sprechen, die die Verhandlungspartnerin schon einmal persönlich erlebt haben. Hat Ihre Verhandlungspartnerin eine Reputation als „Abzockerin" und wird als „unzuverlässig" beschrieben, ist das noch nicht das Ende aller Kooperationschancen, aber Sie sollten selbstverständlich auf die Absicherung Ihres Vorgehens noch deutlich stärker achten.

Ein weiterer wichtiger Punkt der Risikoanalyse ist die Frage, wie langfristig das Interesse Ihres Verhandlungspartners an einer guten Arbeitsbeziehung ist. Stehen Sie in einer Kooperationsbeziehung, in der Sie den anderen immer wieder in neue Projekte als Partner mit einbeziehen, dann wird er sich sicherlich zweimal überlegen, ob er diese attraktive Geschäftsbeziehung mit langfristigen Chancen wirklich gegen einen kurzen Ausbeutungsgewinn eintauschen möchte. Dabei sollte dem anderen nicht nur bekannt, sondern tatsächlich bewusst sein, was er an Ihnen hat. Dazu dürfen Sie gerne aktiv beitragen. Ein langfristiger Nutzenhorizont erhöht die Chancen für Kooperation massiv. Anders sieht es aus, wenn Sie einen Gebrauchtwagen von privat kaufen und den anderen nicht kennen, oder wenn sie mit einem Unternehmen verhandeln, das gerade versucht, die Insolvenz abzuwenden. Hier gibt es wenig Gründe, auf kurzfristige Gewinne zu verzichten, um langfristige Chancen zu erhalten.

Sie erhöhen die Chance einer gelingenden Kooperation, wenn Sie diese Frage im Rahmen einer Vorverhandlung explizit ansprechen und dabei Ihren Wunsch darstellen, durch Kooperation wertschöpfende Lösungen zum beiderseitigen Nutzen zu erreichen. Hier kann die Reaktion der Gegenseite Ihnen wertvolle Hinweise geben, ob Sie mit gelingender Kooperation rechnen können oder besonders auf Absicherung achten müssen.

Absicherung bezieht sich zunächst einmal auf die Art der Informationen, die Sie preisgeben. Im Rahmen des Kapitels zur Vorbereitung hatten Sie bereits analysiert, welche Ihrer Informationen so gefährlich sind, dass Sie sie in der Verhandlung überhaupt nicht offenlegen werden. Aber auch bei den anderen Informationen über Ihre Beweggründe gibt es durchaus unterschiedlich riskante Informationen hinsichtlich der Ausbeutungsgefahr. Beginnen Sie immer mit der Offenlegung weniger gefährlicher Informationen und laden Sie dann die Gegenseite ein, auch ihrerseits Informationen über ihre Beweggründe und Ausgangslage mit Ihnen zu teilen. Wenn Sie feststellen, dass der Austausch gegenseitig erfolgt, können Sie Zug um Zug immer mehr Informationen auch mit ansteigender Gefährlichkeit austauschen. Stellen Sie aber fest, dass die Gegenseite dazu (jedenfalls im Moment) nicht bereit ist, sollten Sie auch erst einmal zurückhaltender werden und das Problem ggf. auf der Meta-Ebene ansprechen: „Ich habe den Eindruck, dass es Ihnen im Moment noch schwerfällt, mir einen Einblick in das zu geben, was Ihnen wichtig ist. Deshalb fürchte ich, dass wir für uns beide besonders wertschöpfende Lösungen vielleicht nicht finden können. Was können wir tun, um das zu ändern?“ Eine weitere Möglichkeit zur Absicherung der Kooperation besteht in institutionellen Sicherungsmechanismen wie Pfändern, Abschreckung, Garanten (z. B. ein OEM in strategischen Lieferanten-Netzwerken).[5] Denken Sie an unser Beispiel mit dem Standstreifen auf der Autobahn; niemand wird den illegal benutzen, wenn er davon ausgeht, dass die Polizei auf dem Posten ist.

Wenn Sie diese Aspekte berücksichtigen, ist eine Kooperationsstrategie trotz der immer vorhandenen Risiken, auf egoistisches Ausbeutungsverhalten zu treffen, die beste strategische Option, wenn Sie noch ein weiteres entscheidendes Prinzip berücksichtigen: die „Provozierbarkeit“. Die bereits angesprochenen Studien zur Überlegenheit von Kooperationsstrategien im Wettbewerb haben deutlich gezeigt, dass sich diese Strategien in zwei Klassen aufteilen lassen, von denen die einen die absoluten Gewinnerstrategien und jeder Ausbeutungsstrategie überlegen sind, während die anderen mit sehr schlechten eigenen Ergebnissen aus den Verhandlungen herauskommen. Die entscheidende Frage ist: Wie reagieren die Strategien auf egoistische Aktionen ihrer Verhandlungspartner? „Provozierbarkeit“ bedeutet, keinerlei Ausbeutungsverhalten hinzunehmen, sondern konsequent Grenzen zu setzen und Verhalten, das der vereinbarten Kooperation widerspricht, zu sanktionieren.

Häufig sind es biografisch begründete Themen in der eigenen Persönlichkeit, aus denen heraus es sich Menschen (zu lange) gefallen lassen, wenn andere ihre Kooperationsbereitschaft ausnutzen. Angst vor Konflikten und Angst vor „Liebesentzug“ sind hier zwei der ganz entscheidenden Probleme. Deshalb wollen wir nochmal betonen, dass das kooperative Verhandeln nicht die Lösung für diese Probleme darstellt. Wenn Sie sich selbst behaupten und Ihre Bedürfnisse angemessen befriedigen wollen, müssen Sie Ihren Frieden damit machen, dass Verhandlungen immer auch Konflikte beinhalten (mindestens Verteilungskonflikte), dass Konflikte überhaupt nichts Schlimmes sind, und dass Sie auch in Konflikten Ihre Bedürfnisse selbstbewusst vertreten dürfen und nicht zurückstecken müssen. Die Alternative heißt: Unterwerfung und Verleugnung Ihrer eigenen Bedürfnisse. Seien Sie sich wichtig genug, kein Opportunist zu sein.

Es ist eine Tragödie, dass gerade diejenigen Menschen, für die Kooperation und Harmonie eine besondere Herzensangelegenheit ist, besonders viel Ausbeutungsverhalten und Konflikte mit ihrem Verhalten provozieren, weil sie zu wenig Wehrhaftigkeit für potenzielle Abzocker ausstrahlen. Warum haben mittelalterliche Städte wie Rothenburg ob der Tauber so mächtige Stadtmauern gebaut? Nicht um zu kämpfen, sondern um nicht kämpfen zu müssen, weil die Raubritter oder kleinen Adligen das Risiko der Eskalation gescheut und lieber einen schlechter gesicherten Gegner angegriffen haben.

Sie müssen für sich die Entscheidung treffen, ob Sie in Ihren Verhandlungen zukünftig Champion oder Beute sein wollen. Und dabei sollten Sie bitte auch berücksichtigen, dass diese Entscheidung nicht nur für Sie selbst, sondern die gesamte Gesellschaft Konsequenzen hat. Denn Studien zeigen, dass jeder „pathologisch kooperative", also aufgrund des eigenen Wertesystems immer kooperative und nicht provozierbare Verhandler, gleichzeitig die Ausbeutungsstrategien „füttert" und damit am Leben hält. Diese Ergebnisse zeigen, dass es deshalb auf der Welt noch so viele Ausbeuter gibt, weil es noch zu viele pathologisch kooperative Menschen gibt. Die persönliche Entwicklung hin zu einem „robusten Kooperativen", der gerne kooperiert aber sich, „was immer es kostet", auch konsequent gegen Ausbeutungsversuche wehrt, ist tatsächlich nicht nur der Weg zu einer besseren Verhandlungsperformance, sondern zu einer friedlicheren und kooperativeren Gesellschaft.[6]

Wenn wir professionell verhandeln und gute Ergebnisse erzielen wollen, müssen wir uns daher bewusst machen, dass sowohl Kooperation als auch Wettbewerb Teile einer Verhandlungsstrategie sein müssen. Wichtig ist, dass es gelingt, durch Kooperation die Wertschöpfungschancen zu nutzen und den Kuchen größer zu machen, bevor später Verteilungsfragen dominieren und Sie ganz bewusst dafür arbeiten – und manchmal auch kämpfen – müssen, dass Sie ein attraktiv großes Stück vom Kuchen mit nach Hause nehmen, denn das haben Sie sich verdient. Indem Sie die Techniken anwenden, die Sie in diesem Kapitel kennenlernen werden, um Wertschöpfung zum beiderseitigen Nutzen zu generieren, bevor Sie diesen untereinander aufteilen, erzielen Sie die bestmöglichen Ergebnisse und managen das Verhandlungsdilemma. Und dadurch erreichen Sie das Ziel der Verhandlung auf beste Weise: Ein Ergebnis, das für die Verhandlungspartner außerhalb der Verhandlung nicht erreichbar gewesen wäre und die eigenen Beweggründe so optimal wie möglich befriedigt.

Lassen Sie uns mit einem konkreten Beispiel beginnen, damit wir erkennen, wie wichtig Wertschöpfung in Verhandlungen ist.

Der Fußballstar – Bei Vertragsverhandlungen zwischen einem Bundesligaverein und einem Fußballstar geht es um viel mehr als nur das Gehalt. Die Protagonisten haben ein gemeinsames Interesse daran, nach Möglichkeiten der Wertschöpfung zu suchen, bevor überhaupt eine konkrete Summe an Gehalt genannt wird. Es sind viele Maßnahmen vorstellbar, die von der Mannschaft oder dem Spieler ergriffen werden könnten, die beiden direkt oder indirekt zusätzliche Vorteile verschaffen würden. Der Spieler könnte seine persönlichen Sponsoren und den Verein zusammenbringen – oder umgekehrt. Wenn der Spieler die Tore schießt, die der Mannschaft den Einzug in die Champions League ermöglicht, könnte er eine Prämie erhalten, da dies den Kartenverkauf steigern würde. Weil die Fans gerne über die Spieler lesen, ihre Trikots tragen und alles Mögliche an Merchandising kaufen, liegt es auf der Hand, dass dies ein Bereich ist, in dem der Spieler und die

Mannschaft durch eine Kooperation zusätzliche Einnahmen erzielen können. Den Spieler motiviert so etwas, da er seinen Marktwert erhöhen würde, während die Mannschaft ähnliche Vorteile sieht. Auch eine festgeschriebene Ablösesumme während der Vertragslaufzeit ist eine Möglichkeit. Wenn man sich mit diesen Optionen befasst, wird deutlich, dass ein wirtschaftlich viel attraktiverer Vertrag erzielt werden kann, als wenn die Parteien nur über das Grundgehalt des Spielers in einem „Standardvertrag“ gesprochen hätten.

Das Beispiel verdeutlicht, dass fast jede Verhandlung viele wirtschaftlich relevante Themen berührt, und es deshalb ökonomisch schlau ist, die Gesamtheit dieser Themen als in der Verhandlung gestaltbare Variablen anzusehen. Einfacher gesagt: Es gibt keine „Preisverhandlung“, aber es gibt viele Verhandler, die so tun, als ginge es in der Verhandlung nur um den Preis. Diese eingeschränkte Sichtweise zu überwinden und den Blick darauf zu richten, dass es in einer Verhandlung immer um die ökonomische Gesamtoptimierung einer Transaktion gehen sollte, öffnet den Blick für die verschiedenen Quellen von Wertschöpfung.

Wertschöpfung erfordert einen sensiblen Umgang mit Komplexität in der Verhandlung. Während ein versierter Verhandlungsmeister viele verschiedene Variablen im Blick behalten und Gewichtungsunterschiede in Wertschöpfung verwandeln kann, haben ungeübte und schlecht ausgebildete Verhandler damit große Schwierigkeiten. Sie sollten daher selbst die Werkzeuge der Wertschöpfung lernen und einüben, gleichzeitig aber auch immer den Blick für die Kompetenz der Gegenseite behalten. Sobald Sie Ihren Verhandlungspartner kognitiv überfordern, ernten Sie nicht mehr Wertschöpfung sondern Widerstand. Je weniger erfahren Ihr Verhandlungspartner ist, desto geringer sollten Sie die Komplexität halten, desto kleiner sollten die Schritte sein, in denen Sie vorgehen, und desto mehr sollten Sie erklären, was Sie tun und warum Sie das für sinnvoll halten. Deshalb wollen Verhandlungsprofis auch lieber mit Verhandlungsprofis verhandeln: Sie verzichten zwar auf gewisse Ausbeutungsgewinne bei unerfahrenen Verhandlungspartnern, können aber viel effizienter maximal wertschöpfende Lösungen zugunsten beider Verhandlungspartner erarbeiten.

Wertschöpfung können Sie aus den fünf Quellen entwickeln, die wir Ihnen jetzt vorstellen wollen.[7]

Wertschöpfung durch Nutzen von Unterschieden

Die instinktive Annahme, dass Gemeinsamkeiten ein Verhandlungsergebnis erleichtern, ist trügerisch. Die meisten Einigungen werden erzielt auf Grundlage der existierenden Unterschiede zwischen den Parteien. Ein einfaches Beispiel: Sie möchten gerne eine Zimtschnecke kaufen. Die Zimtschnecke erscheint Ihnen mehr wert als zwei Euro – während der Bäcker zwei Euro höher bewertet als die Zimtschnecke. Stellen

Sie sich für einen Moment vor, Sie wollten von sich selbst die Zimtschnecke kaufen bzw. von einem Bäcker mit exakt denselben Präferenzen wie Sie: Sie würden niemals eine Einigung finden, bei denen alle Beteiligten glauben, etwas gewonnen zu haben. Freuen Sie sich daher in Verhandlungen über Unterschiede, denn diese sind es letztlich, die eine wertschöpfende Einigung möglich machen. Rein ökonomisch betrachtet können wir ein höheres Wertschöpfungspotenzial erwarten, wenn ein DAX-Konzern der „old economy" mit einem IT-Garagen-Start-up verhandelt, als wenn auf der anderen Seite des Verhandlungstisches ein ähnlicher Konzern sitzt.

Das Herzstück der Wertschöpfung in Verhandlungen liegt darin, die unterschiedlichen Prioritäten bzw. Präferenzen bei den Verhandlungsparteien zu erkennen und Tauschaktionen (Trade-offs) zwischen Präferenzen zu organisieren, die für die eine Seite wertvoller sind als für die andere Seite. Es gibt verschiedene Arten von Unterschieden, nach denen Sie suchen sollten:

1. Unterschiedliche Ressourcen

Zwei Verhandlerinnen haben unterschiedliche Ressourcen, die sich aber gegenseitig ergänzen. Stellen Sie sich zwei Landwirte vor: Der eine ist mit seiner Produktion überfordert und kann mit der Nachfrage nicht Schritt halten, während der andere nicht genug zu tun hat und seine Maschinen häufig ungenutzt herumstehen. Hier bietet sich ein Tausch an: Der eine kann seine Dienstleistungen und Maschinen an den anderen vermieten, sodass beide besser ausgelastet sind und mehr Gewinne erzielen können, als es ihnen alleine sonst möglich wäre. Dieses ist nach wie vor das Grundprinzip landwirtschaftlicher Genossenschaften, in denen Landwirte die Vorteile solcher Vereinbarungen nutzen, um skalieren zu können und die Auslastung zu optimieren. Deshalb sollten die folgenden beiden Fragen sowohl in der Vorbereitung als auch in der Verhandlung unbedingt gestellt werden:

- Welche Ressourcen habe ich, die dem anderen nutzen könnten?
- Welche Ressourcen hat der andere zur Verfügung, die mir nutzen könnten?

2. Unterschiedliche Bedürfnisse und Gewichtungen

Was für den einen ein ganz wertvoller Nutzen ist, kann für den anderen ein eher nachrangiger Punkt sein, der mit wenig oder sogar gar keinem eigenen Aufwand gewährt werden kann. Eine Schauspielerin ist möglicherweise bereit, ein geringeres Honorar zu akzeptieren, wenn ihr Name in einer größeren Schrift auf dem Filmplakat erscheint. Die größere Aufmerksamkeit und der höhere Status ist für die Schauspielerin mit Blick auf die Präzedenzwirkung wichtiger als ein wenig mehr Geld, während der Produzent auf diese Weise mit einem geringeren Budget auskommen kann.

Der Kauf der Maschine – Stellen Sie sich vor, Sie kaufen eine Maschine. Dabei sind eine ganze Reihe von Themen zu klären. Sie möchten die Maschine am liebsten möglichst rasch haben, frei Haus geliefert, mit möglichst langer Garantiezeit, langer Zahlungsfrist und zu einem möglichst niedrigen Preis. Wir dürfen annehmen, dass der Hersteller der Maschine wohl am liebsten mehr Zeit für die Produktion haben möchte, ab Werk zur Abholung, mit möglichst geringer Garantiezeit, kurzer Zahlungsfrist und einem möglichst hohen Preis. Es gibt jetzt verschiedene Möglichkeiten, wie Sie die Verhandlung organisieren können:

Eine der beiden Parteien ist in einer überlegenen Machtposition und zwingt der Gegenseite ihren „Standardvertrag" auf, der alles bis auf den Preis zu „nichtverhandelbarer Geschäftspolitik" erklärt. Wenn Sie sich überhaupt einigen können, wird es ein Nullsummenspiel ohne jede Wertschöpfung.

Wenn keine der beiden Seiten mächtig genug ist, um die eigenen Präferenzen voll durchzusetzen, müssen die Lösungen ausgehandelt werden. Ein Weg dabei ist, jedes Thema nacheinander zu verhandeln und sich dabei „in der Mitte zu treffen". Mittlere Lieferzeit, mittlere Garantiezeit, mittlere Zahlungsfrist, mittlerer Preis. Ein klassischer Kompromiss, aber ebenfalls ohne Wertschöpfungspotenziale zu nutzen.

Ökonomisch vorteilhaft ist, wenn Sie herausfinden, dass zwar die eine Seite gerne eine schnelle Lieferung will, dass aber aufgrund hoher Auslastung der Hersteller sehr teure Sonderschichten machen müsste, um die kurze Lieferzeit sicherzustellen. Der Käufer will die kurze Zeit aber nur als „Sicherheitspuffer", damit die Maschine in jedem Fall rechtzeitig zu Projektbeginn verfügbar ist. Außerdem finden Sie heraus, dass der Käufer einen sehr viel günstigeren Logistikvertrag hat und den Transport günstiger bewältigen kann. Der Käufer hat einen hohen Cashflow, während der Hersteller sein Working Capital teuer finanzieren muss. Der Lieferant stellt außerdem fest, dass der Käufer das Risiko eines Ausfalls der Maschine viel höher einschätzt als er, der als Qualitätshersteller seine Prozesse und Qualität gut kennt.

Auf der Grundlage dieses Wissens über die Präferenzen kann die Transaktion jetzt wertschöpfend optimiert werden. Es wird eine längere Lieferzeit vereinbart, die Einhaltung der Lieferzeit aber durch eine empfindliche Vertragsstrafe abgesichert. Der Vertrag wird „ab Werk" geschlossen und der Käufer organisiert die Logistik zu einem günstigeren Preis. Die Parteien vereinbaren eine kurze Zahlungsfrist, um die Liquiditätskosten für den Hersteller zu senken, gleichzeitig wird eine längere Garantiezeit vereinbart, was dem Käufer nutzt. So tauschen die Parteien Optionen, die für sie wertvoller sind, mit nur geringem Aufwand für die Gegenseite. Der Preis ist am Ende das Thema, wo der geschaffene Wert präzise zwischen den Parteien aufgeteilt werden kann und zum Beispiel der Käufer eine Kompensation für die Übernahme der Transportkosten durch einen reduzierten Preis erhält.

Um wertschöpfende Vereinbarungen dieser Art zu erzielen, müssen Sie mit der Haltung „Alles ist verhandelbar, wenn der Preis stimmt" in die Verhandlung einsteigen – natürlich nur innerhalb der Grenzen der Compliance. Folgende Fragen helfen Ihnen, diese Wertschöpfungsoptionen zu finden:

- Was kann ich tun, was mich weniger kostet, als es dem anderen Nutzen bringt?
- Was kann der andere tun, was ihn weniger kostet, als es mir nutzt?

Wie wir bereits am Beispiel des Maschinenkaufs gesehen haben, gelingt dieser Tausch in der Regel nur, wenn wir Themen zusammenfassen und nicht isoliert verhandeln. Unser Gehirn möchte es sich aber gerne einfach machen und bevorzugt daher die Salami-Taktik: ein Thema nach dem anderen. Erst Lieferzeit, dann Zahlungsbedingungen, dann Preis usw. Ein Tausch zwischen unterschiedlich gewichteten Punkten wird aber nur möglich, wenn Sie diese Punkte gleichzeitig, Zug um Zug, in Paketangeboten verhandeln. Sie kriegen eine kurze Zahlungsfrist, wenn Sie mir gleichzeitig ein halbes Jahr Garantieverlängerung einräumen. Niemand wird Ihnen mehr geben, als er muss, nur weil er hofft, dafür später etwas zurückzubekommen – und selbst wenn, wüssten wir auf diese Weise nicht, ob dieser Tausch ökonomisch wirklich Sinn ergibt. Merken Sie sich daher: Wertschöpfung gelingt nur, wenn Sie bei Angeboten die Themen in Paketen verhandeln. Das ist zwar anstrengender für unser Gehirn, aber diese Anstrengung lohnt sich sehr.

Expertentipp: Stellen Sie die „Wünsch Dir was"-Frage

von Dominik Hoffmann, Leiter des Jugendamtes der Stadt Nettetal

Wenn Sie nach den Prioritäten der anderen fragen, können Sie mit der richtigen Technik viel bessere Ergebnisse erzielen. Fragen Sie die andere Person „welcher von diesen Punkten ist denn der weniger wichtige, wo Sie sich leichter bewegen können?", so werden Sie selten eine gute Antwort bekommen, weil die Antwort als „Nachgeben" empfunden wird.

Drehen Sie die Frage einfach um, und Sie erzielen viel bessere Ergebnisse. Fragen Sie: „Welcher von diesen beiden Punkten ist denn für Sie so wichtig, dass Sie sagen, also an dieser Stelle kann ich mich eigentlich gar nicht bewegen?" Damit aktivieren Sie bei der Gesprächspartnerin das „Wünsch Dir was"-Gefühl – und wir alle haben gelernt: Nur ein Dummkopf belügt den Weihnachtsmann, Wünsche erzählt man am besten offen, klar und ehrlich.

Ganz wichtig ist, dass Sie das Wort „eigentlich" in der Frage verwenden, denn sonst hört Ihr Gegenüber das als ein Versprechen. Und Sie können ihr an dieser Stelle noch nicht versprechen, dass sie sich da gar nicht mehr bewegen muss, sondern nur dass Sie alles versuchen werden, dass sie sich da so wenig wie möglich bewegen muss.

3. Unterschiedliche Zeitempfindlichkeit

Leistungen werden zu einem bestimmten Zeitpunkt erbracht. Dieser Zeitpunkt hat immer Auswirkungen auf den Wert der Leistung. Bei einer Geldzahlung ergibt sich alleine aufgrund der Verzinsung immer ein anderer Wert, wenn die Zahlung erst ein halbes Jahr später erfolgt. Oft gibt es eine besondere Zeitempfindlichkeit einzelner Parteien bei bestimmten Themen, sodass Stichtage, Budgetjahre, Vertragsschluss vor oder nach dem Zeitpunkt, an dem eine bestimmte Entscheiderin das Unternehmen verlässt und ähnliche Fragestellungen Potenzial für zusätzliche Wertschöpfung bieten. Schieben Sie daher Leistungen und Gegenleistungen versuchsweise auf dem Zeitstrahl hin und her, um ökonomisch ideale Leistungszeitpunkte zu finden.

Der Einfluss des Zeitpunkts auf Entscheidungen – Wenn die Bundesregierung gesetzliche Änderungen für wichtige Wählergruppen plant, so werden die entsprechenden Gesetzesentwürfe oft gezielt entweder vor oder nach wichtigen Wahlterminen (z. B. Landtags- oder Europawahlen) angekündigt – je nachdem, ob sie sich davon eher Zuspruch oder Gegenwind erwartet. Wenn ein Unternehmen Probleme mit seinem Cashflow hat, ist ihm wahrscheinlich eine Just-in-time-Lieferung wichtiger als ein geringerer Preis. Wenn eine Verkäuferin dringend Geld braucht, wird sie einen Rabatt bei Sofortzahlung anbieten; ein Käufer mit schwacher Liquidität könnte andererseits bereit sein, einen höheren Preis zu bezahlen, wenn ihm dafür eine längere Zahlungsfrist eingeräumt wird.

Stellen Sie dazu die Fragen:

- Welche zeitlichen Präferenzen habe ich hinsichtlich der Leistungen in den einzelnen Themenbereichen? Gibt es Stichtage, die für mich besonders wichtig sind?
- Welche Präferenzen hat der andere wohl hinsichtlich der Zeitempfindlichkeit? Kann ich Hypothesen aufstellen über Stichtage, die für den anderen besonders wichtig sind?

4. Unterschiede hinsichtlich Risiken

Verhandlerinnen können unterschiedliche Einstellungen zu Risiken haben: Einige akzeptieren einen höheren Risikograd als andere. Manche Unternehmen wie zum Beispiel Versicherungen verdienen ihr Geld damit, Risiken für andere zu übernehmen. Ein Verhandler wird bereit sein, größere Risiken zu akzeptieren, wenn er dafür zum Beispiel einen günstigeren Preis bekommt, der für ihn das höhere Risiko aufwiegt. Ein Verhandler, der Risiken möglichst ausschließen möchte, wird dafür entweder mehr bezahlen oder weniger an Leistung akzeptieren müssen. Garantieverlängerungen sind das typische Beispiel dieser Wertschöpfungsidee. Der Käufer, der das Ausfallrisiko aufgrund seiner mangelnden Kenntnisse über den Produktionsprozess und das Qualitätsmanagementsystem höher einschätzen muss als ein Qualitätsanbieter, tauscht das für ihn teure Risiko gegen einen Preisaufschlag, der für ihn günstiger ist. Der Hersteller verkauft nicht nur die Maschine, sondern gleichzeitig noch eine „Maschinenreparaturversicherung" zu einem für ihn kalkulatorisch günstigen Preis. Warum sollten die Verhandler solche attraktiven Zusatzgeschäfte externen Versicherungen überlassen?

Groß und Klein zusammen – Stellen Sie sich vor, dass ein DAX-Konzern mit einem kleinen Start-up bei der Entwicklung und dem Vertrieb eines Produktes kooperiert. Hier kann der DAX-Konzern prinzipiell finanzielle Risiken besser tragen und allgemeine Risiken viel günstiger versichern als sein kleiner Partner. Es ist also überlegenswert, die Risiken aus dem Geschäft nicht 50 : 50 zu verteilen, sondern vertraglich auf den Konzern zu verlagern, der sie viel günstiger absichern kann, und dafür dem Konzern als Ausgleich einen entsprechend größeren Anteil an den Gewinnen zu gewähren.

Folgende Fragen sind bei diesem Thema wichtig:

- Wie hoch ist meine Bereitschaft und Fähigkeit, Risiken zu tragen – generell und in Bezug auf den konkreten Verhandlungskontext? Wie teuer ist es für mich, diese Risiken zu versichern? Zu welchem Preis bin ich bereit, Risiken zu übernehmen – oder abzugeben?
- Wie schätze ich die Risikobereitschaft der Gegenseite ein? Kann sich die Gegenseite wohl teurer oder günstiger als ich gegen Risiken versichern?

5. Unterschiedliche Zukunftsprognosen

Die Parteien können von sehr unterschiedlichen Prognosen zum Eintritt eines Zukunftsereignisses ausgehen, das erheblichen Einfluss auf unsere Verhandlung beziehungsweise unsere Beweggründe hätte.

Ein alternder Weltfußballer – Ronaldo war über Jahre der beste Fußballer der Welt. Dreimaliger FIFA-Weltfußballer des Jahres, Rekordtorschützenkönig, Spitzenverdiener in den besten europäischen Klubs. Nach einer schweren Knieverletzung war 2008 seine Karriere in Europa vorbei. Anfang 2009 verhandelte er mit seinem alten brasilianischen Klub São Paulo Corinthians über ein Comeback in der ersten brasilianischen Liga. Die Einigung auf ein angemessenes Gehalt war schwierig, denn während Ronaldo und sein Agent optimistisch über seine Leistungsfähigkeit waren, sah der Verein einen Schwerverletzten, der über ein Jahr keinen Fußball mehr gespielt und 10 Kilo zu viel auf den Hüften hatte. Ein Ronaldo in guter Form wäre Millionen Wert, ein Ronaldo auf der Bank oder im Krankenhaus nicht. Aber wie wird die Zukunft? Die Lösung brachte ein Vertrag, der die unterschiedlichen Prognosen ausbalancierte. Er akzeptierte ein Gehalt von nur 175.000 Dollar im Monat, erhielt aber als Bonus zusätzlich Prozente von den Ticketeinnahmen bei Spielen, an denen er teilnahm, und einen hohen prozentualen Anteil an den von ihm generierten Sponsorengeldern. Der Deal war ein großer Erfolg für beide und eine der größten Comeback-Geschichten im Weltsport. Ronaldo schoss acht Tore in seinen ersten neun Spielen und Rufe wurden laut, ihn wieder in die Nationalmannschaft zu berufen.

Fragen Sie sich:

- Wie sind meine Prognosen über den Eintritt unsicherer Zukunftsszenarien – und welche Auswirkungen hätte das jeweils?
- Welche Prognosen hat die Gegenseite über die Zukunftsszenarien? Wo unterscheiden sich unsere Prognosen?

Wenn die Parteien zum Beispiel unterschiedliche Erwartungen in Bezug auf zukünftigen Erfolg haben, kann es schwierig sein, eine Einigung auf einen Festpreis zu finden, den beide für fair halten. Ein hilfreiches Werkzeug, um in solchen Situationen eine angemessene Lösung zu finden und Wertschöpfung zu generieren, ist die Vereinbarung einer „Bedingten Klausel"[8] (contingent contract). Dabei werden angemessene Leistungen unter der Bedingung vereinbart, dass in der Zukunft ein bestimmtes Ereignis eintritt. So stellen beide Parteien sicher, dass sie unabhängig davon, wie die Zukunft tatsächlich wird, eine Lösung haben, die dann alle Beteiligten für fair und angemessen halten.

Wertschöpfung durch gemeinsame Gewinne

In einer Verhandlung kann Wertschöpfung auch dadurch entstehen, dass die Akteure zusammenarbeiten und zusätzliche Gewinne erwirtschaften, indem sie entweder ihre Kosten reduzieren oder ihr Dienstleistungsangebot erweitern.

1. Größenvorteile und Synergien (Economies of Scale)

Indem Ressourcen oder Funktionen zusammengelegt werden, können die Kosten für jede Partei gesenkt werden. Dies ist die Logik, die vielen Unternehmensfusionen zugrunde liegt.

Eine Fusion – Zwei Unternehmen, die fusionieren, können bessere Einkaufspreise bei ihren Zulieferern bekommen, wenn sie ihre Bestellungen zusammenlegen. Dasselbe Prinzip gilt für Einkaufsgenossenschaften oder Ressourcenpools (z. B. zwei kleinere

Unternehmen teilen sich einen Lieferwagen). Gleiches gilt auch für Forschungskooperationen, bei denen die Kosten für Studien aufgeteilt werden, und dafür mehrere Unternehmen die Ergebnisse nutzen dürfen, um ihre Prozesse zu optimieren.

Der Standort – Ein großer Verpackungshersteller baut seine neue Firma direkt auf das Firmengelände seines wichtigsten Kunden. So können Logistikkosten reduziert und Risiken wie z. B. Lieferausfall aufgrund von Streiks im Güterverkehr vermieden werden.

In allen diesen Beispielen konzentrieren sich die Verhandlerinnen darauf, ob sie Aktivitäten kostengünstiger gemeinsam durchführen können. Hier liegt die Wertschöpfung in der Kosteneinsparung, die sich positiv auf die Bilanzen beider Partner auswirkt. Die entscheidende Frage:

- Können wir uns bei der Durchführung bisher getrennt erfüllter Aufgaben so zusammentun, dass wir die Kosten reduzieren, ohne den Nutzen für uns relevant zu mindern?

Kosteneinsparungen sind zum Beispiel auch dadurch möglich, dass man die Schnittstellen in der eigenen Zusammenarbeit so optimiert, dass auf einer der beiden Seiten Kostenvorteile entstehen, ohne dass die Gegenseite relevante Nachteile erleidet. Dazu ist es wichtig, die Produktionsprozesse und Kostentreiber der Geschäftspartner möglichst gut zu verstehen. Beispiele sind reduzierte Bürokratiekosten durch geringere Dokumentationspflichten, digitale Bestellungen statt Bestellungen per Fax, weniger Korrekturläufe und späte Änderungswünsche bei der Produktion einer Publikation etc. Die entscheidende Frage ist:

- Wie schaffe ich es, dass der andere seine Leistung günstiger erbringen kann?
- Wie kann der andere ohne große Nachteile es mir ermöglichen, meine Leistung günstiger zu erbringen?

Flexible Lieferzeiträume – Stellen Sie sich vor, Sie wollen die Toiletten in Ihrem Unternehmen austauschen. Sie funktionieren noch, aber der Zahn der Zeit hat an ihnen genagt und es ist Zeit für neuere Designelemente. Sie können jetzt einfach einen Vertrag für den Einbau abschließen und dafür einen Preis bekommen. Wirtschaftlich effizienter wäre allerdings, wenn Sie dem Handwerker einen Zeitraum von drei Monaten einräumen, indem er zu jedem Zeitpunkt die Toiletten installieren kann, wenn er gerade wegen Verzögerungen auf einer anderen Baustelle ungenutzte Personalressourcen verfügbar hat. So kann er seine Auslastung optimieren und Ihnen dafür einen günstigeren Preis anbieten. Und da Sie ja funktionsfähige Toiletten besitzen, ist es für Sie tatsächlich unerheblich, ob die neuen ein paar Monate früher oder später installiert werden.

2. Verbundvorteile (Economies of Scope)

Verbundvorteile entstehen aus dem Bündelungseffekt oder Verkettungseffekt, wenn der Produktrahmen erweitert und damit Kostenvorteile generiert werden können.

Beiladung – Ein Lieferant aus Hamburg liefert selbst seine Güter an einen verarbeitenden Betrieb in Stuttgart aus. Die Liefermenge füllt aber keinen ganzen LKW. Er könnte anbieten, gleichzeitig noch die Lieferung eines anderen Lieferanten, der auf dem Weg liegt, als „Beiladung" mitzunehmen. Das macht ihm nur geringfügig mehr Aufwand, erspart aber dem Kunden die bislang gezahlten Speditionskosten. Dafür kann dieser einen Preisabschlag verlangen und an den Kosteneinsparungen partizipieren.

Lästige Wärme – Ein Rechenzentrum produziert enorm viel Abwärme, die als Immission problematisch sein kann. Wenn direkt daneben ein Spaßbad gebaut wird, kann dort die Wärme zum Nutzen beider Seiten verwendet werden.

Entscheidende Fragen sind:

- Wie kann ich auf der Grundlage meiner bisherigen Tätigkeit mein Angebot mit geringeren Kosten für mich aber mit großem Vorteil für den anderen erweitern?
- Wie kann der andere sein Angebot mit geringem Zusatzaufwand erweitern, sodass es mir deutlich größere Vorteile bringt?

Wertschöpfung durch Post-Settlement-Settlement

Während der Verhandlung können Zwischenvereinbarungen getroffen werden, die aber noch nicht das Endergebnis darstellen. Das Ziel der Verhandlung ist nicht, die erstbeste Vereinbarung zu erreichen, sondern die bestmögliche Vereinbarung unter Berücksichtigung aller verfügbaren Potenziale zu finden. Das optimale Ergebnis einer Verhandlung ist für Sie dasjenige, das Ihre Beweggründe maximal erfüllt und gleichzeitig Ihrem Verhandlungspartner ausreichend viel Nutzen gewährt, sodass er mit der Einigung zufrieden ist. Logisch betrachtet ist es nicht sehr wahrscheinlich, dass die erste am Verhandlungstisch gefundene Einigung auch tatsächlich bereits die maximale Wertschöpfung realisiert. Doch die meisten Verhandlungsführerinnen glauben das. Ein solcher „verfrühter Abschluss" ist oft ein teurer Fehler, denn er hinterlässt ungenutzte ökonomische Potenziale.

Es ist daher notwendig, die erste Vereinbarung als Ausgangspunkt zu betrachten, auf den bessere Vereinbarungen aufgebaut werden können. Die erste Vereinbarung vermittelt ein Gefühl der Sicherheit, das es den Verhandlungsführerinnen ermöglicht, ihre Beweggründe zu prüfen und über den Tellerrand zu schauen, um eine noch bessere Vereinbarung zu finden. Dieses vom Verhandlungsmathematiker Howard Raiffa vorgeschlagene Konzept einer strukturierten Nachverhandlung nennt man „Post-Settlement-Settlement".[9] Dazu einigen Sie sich mit Ihrer Verhandlungspartnerin auf eine strukturierte Nachverhandlung nach folgenden Prinzipien:

1. Die gefundene Einigung gilt rechtsverbindlich als bereits vereinbart.
2. Beide Seiten werden versuchen, in einer Nachverhandlung noch eine Verbesserung des Deals durch weitere Wertschöpfung zu erreichen.
3. Jede Seite hat das Recht, ohne Angabe von Gründen die Nachverhandlung zu jedem Zeitpunkt zu beenden – dann gilt automatisch die bereits gefundene Einigung.

Eine solche PSS-Nachverhandlung führt nicht nur deshalb meist zu deutlichen Verbesserungen des Ergebnisses, weil die Parteien zusätzliche Zeit investieren, um kreative Lösungen zu finden. Der wesentliche Faktor ist, dass sich die Risikosituation beim Informationsaustausch verändert. Während in der Verhandlung wichtige Informationen oft aus Angst, dass sie gegen einen verwendet werden könnten, gar nicht offengelegt werden, besteht diese Angst vor Ausbeutung in der Nachverhandlung nicht mehr, denn das bereits getroffene akzeptable Ergebnis ist ja die neue „beste Alternative" zu einer Einigung. Durch die zusätzlich offengelegten Informationen sind oft noch sehr wertschöpfende neue Optionen im Spiel.

Wertschöpfung durch Konfliktprävention

Wenn wir mit einem Konflikt konfrontiert werden, neigen wir instinktiv dazu, uns auf die sichtbarsten Elemente der Spannungen zu konzentrieren: Jeder möchte die unmittelbaren Auswirkungen des Konflikts begrenzen und, wenn nötig, den entstandenen Schaden beheben. Dann geht alles wieder von vorne los. Bei diesem kurzsichtigen Ansatz begnügen wir uns damit, die aktuellen Problemthemen zu lösen, ohne aber die tieferliegenden Konfliktursachen zu adressieren. Dann ist es nur eine Frage der Zeit, bis der Konflikt wieder aufflammt.

Stress im Start-up – In einem kleinen Start-up gibt es Streit zwischen den beiden Geschäftsführern. Der eine hat einen Auftrag an eine SEO-Agentur vergeben, der andere findet das zu teuer und findet, er hätte da vorher gefragt werden müssen. Eine Verhandlung, die nur das aktuelle Thema „SEO-Vertrag" adressiert, wäre ein Fehler.

Vielmehr sollte unter der Maßgabe „wie verhindern wir, dass sich so ein Konflikt wiederholt" auf die tieferliegenden Ursachen geschaut und auch in diesen Bereichen Lösungen gesucht werden. Das kann unklare Kompetenz- und Prozessbeschreibungen betreffen, unterschiedliche Vorstellungen über das Marketingkonzept oder auch unterschiedliche Bewertungen der finanziellen Situation. Kommen diese Themen auf den Tisch, bietet sich die Chance, nachhaltige Lösungen zu finden und zukünftige Konfliktkosten zu vermeiden.

Aus der gleichen Überlegung heraus sollte in einer Verhandlung über langfristige Verträge immer auch das Thema Konfliktprävention miteinander besprochen werden. Dies betrifft einerseits präventive Maßnahmen, um das Auftreten von Konflikten zu verhindern, wie zum Beispiel die Vereinbarung eines regelmäßigen Jour fixe oder verbindlicher Feedbackprozesse. In der Verhandlung sollte aber auch bereits in guten Zeiten besprochen werden, wie man, falls Konflikte auftreten, diese Konflikte möglichst konstruktiv beilegen will.

Expertentipp: ADR Klauseln nutzen

von Christian Wermke, Rechtsanwalt und Wirtschaftsmediator

Wenn Verhandlungspartner miteinander einen Vertrag schließen, haben sie in unserem Rechtsstaat grundsätzlich die Möglichkeit, alle Konflikte, die im Rahmen der Vertragsbeziehungen entstehen, vor den zuständigen Gerichten regeln zu lassen. Doch das ist in der Regel keine gute Idee. Denn die Konfliktregelung durch rechtliche Verfahren (die „juristische Methode") führt aus systemischen Gründen regelmäßig zu Beziehungsbelastung,[10] Konflikteskalation und wirtschaftlich schlechten Lösungen.

In einer Dauerbeziehung (z. B. langfristiger Mietvertrag, Gesellschaftsvertrag) haben alle Parteien aber eigentlich ein großes Interesse, dass auftretende Konflikte möglichst beziehungsschonend und ökonomisch vorteilhaft gelöst werden. Um zu vermeiden, dass in einem eskalierten Konflikt diese Einsicht durch überschlagende Emotionen getrübt wird, ist es empfehlenswert, bereits in den Vertrag rechtsverbindlich sinnvolle Verfahren zum Umgang mit Konflikten festzuschreiben.

Solche Klauseln werden auch als „ADR" (Alternative Dispute Resolution)-Klauseln bezeichnet. Sie legen fest, dass eine Klage erst zulässig ist, nachdem zuvor ein bestimmter Verhandlungsprozess (z. B. Mediation oder Schlichtung) durchgeführt wurde. So wird sichergestellt, dass eine rechtliche Regelung erst erfolgt, wenn eine Regelung auf der Interessenebene nicht möglich war.

Diese Systeme von Antizipation und Prävention haben oft einen kathartischen Effekt, der verborgene Konflikte ans Licht bringt. Das ist gewünscht, denn eine der wichtigsten Regeln der Konfliktbearbeitung nennt der Psychologieprofessor George Kohlrieser „Put the fish on the table". Diese Metapher, die er von einem sizilianischen Fischmarkt entlehnt hat, verdeutlicht, dass das Ausweiden der frisch gefangenen Fische zwar manchmal eine blutige und unangenehme Angelegenheit ist, aber am Ende zu hygienisch einwandfreier und wohlschmeckender Nahrung führt. Werden die Fische hingegen aus Angst, dass es „blutig“ werden könnte, einfach so in der Mittagshitze gelagert, wird es nicht besser, sondern fängt immer intensiver an zu riechen.

Wir lernen: Konfliktursachen am besten frühzeitig thematisieren, wo noch kein hohes emotionales Eskalationsniveau vorliegt und die besten Chancen für allseits zufriedenstellende Lösungen gegeben sind. Wenn dann die Parteien noch darauf achten, eine Lösung für die echten tieferen Ursachen und nicht nur die Stellvertreterkonflikte an der Oberfläche zu suchen, haben sie eine Chance auf Wachstum und positive Entwicklung. Jede konstruktiv bewältigte Konfliktverhandlung stärkt die Arbeitsbeziehung und das gegenseitige Vertrauen, streng nach dem Prinzip: „Wenn wir sogar das gemeinsam geschafft haben, können wir alles schaffen.“

Wertschöpfung durch Verfahren

Selbst in Situationen, in denen die sonstigen Möglichkeiten sehr begrenzt sind, gibt es zumindest ein Mittel zur Wertschöpfung: die Senkung der Verhandlungskosten. Dies ist der eigentliche Sinn des Prozesses. Aus wirtschaftlicher Sicht sind Verhandlungen Transaktionskosten: Sie betreffen zwei oder mehrere Verhandlungspartnerinnen, erfordern Zeit und andere Ressourcen, wie Reise- und Recherchekosten und – eine der knappsten und wertvollsten Ressourcen – die Aufmerksamkeitskapazität des Managements. Diese Kosten treffen beide Parteien und beide haben ein finanzielles Interesse daran, sie zu reduzieren. Verhandeln ohne Zeitverlust, gegenseitiger Informationsaustausch und mit offenen Karten spielen sind Beispiele dafür, wie man den Verhandlungsaufwand minimieren kann. Wenn sich zum Beispiel ein Kunde und ein Lieferant auf einen Dienstleistungsvertrag mit Open-Book-Policy einigen, muss nur noch die Marge festgelegt werden.

Ob es nun darum geht, Gewichtungsunterschiede herauszuarbeiten, mögliche Größen- und Verbundvorteile zu nutzen, Konflikte zu vermeiden oder einen effizienten Prozess zu gestalten, eine Voraussetzung bleibt bei der Wertschöpfung immer gleich: ein effektiver Informationsaustausch.

Effektiven Informationsaustausch organisieren

Der Austausch von Informationen in einer Verhandlung erfordert gute kommunikative Fertigkeiten, die wir im Detail in Kapitel 5 darstellen werden. Lassen Sie uns an dieser Stelle schon einmal die wesentlichen Punkte ansprechen:

1. Die Bedeutung der Beziehung

Ein effektiver Informationsaustausch erfordert eine funktionierende Arbeitsbeziehung zwischen den Parteien. Je besser die Beziehungsqualität, desto besser gelingt auch der

Informationsaustausch. Deshalb ist der Aufbau einer langfristigen Vertrauensbeziehung für jede Verhandlerin eine ständige Aufgabe.

Expertentipp: Der Vertrauensfaktor – Lehren aus meinen Studien

von Dr. Keld Jensen, SMARTnership® Negotiation Experte,
Autor von „Honest Negotiation"[11]

Vertrauen wird in Verhandlungen oft missverstanden. Es wird als weiche Variable, emotional und zweitrangig bezeichnet. Meine Doktorarbeit beweist das Gegenteil: Vertrauen ist ein strategischer, messbarer Vorteil – und einer der am meisten unterschätzten Hebel in schwierigen Verhandlungen.

Die Untersuchung basiert auf einer groß angelegten internationalen Studie mit über 350 Verhandlungen in 27 Ländern. Wir haben die Rolle von Vertrauen anhand von Verhaltensindikatoren, wirtschaftlichen Ergebnissen und der Zeit bis zum Abschluss einer Vereinbarung gemessen. Das Ergebnis war eindeutig: Vertrauen schafft Wert. Quantifizierbaren, ökonomischen Wert.

Drei wichtige Erkenntnisse:

1. Vertrauen generiert 34,65 % mehr Wert: In Verhandlungen, in denen Vertrauen bewusst in den Prozess eingebaut wurde – durch Transparenz, Fairness und gegenseitigen Nutzen –, war der insgesamt erzielte wirtschaftliche Wert im Durchschnitt um 34,65 % höher. Das bezeichne ich als NegoEconomic Value: den asymmetrischen Wert, bei dem die geringen Kosten der einen Seite den erheblichen Gewinn der anderen Seite ausmachen, ermöglicht durch Zusammenarbeit.
2. Vertrauen beschleunigt den Abschluss um 25 %: Verhandlungen, die in einem Umfeld mit hohem Vertrauen geführt wurden, wurden 25 % schneller abgeschlossen als solche, die von geringem Vertrauen geprägt waren. Diese Geschwindigkeit senkt Kosten, beseitigt Reibungsverluste und schafft Dynamik – entscheidend sowohl im kommerziellen als auch im diplomatischen Umfeld.
3. Vertrauen verringert Konflikte nach Vertragsabschluss: Bei Verhandlungen mit hohem Vertrauen gab es 61 % weniger Streitigkeiten nach Vertragsabschluss. Weniger Missverständnisse. Weniger Vertragsverletzungen. Geringere Kosten für die Rechtsverfolgung. Höhere Compliance. Wenn Menschen dem Prozess vertrauen, halten sie sich an das Ergebnis.

Vertrauen beseitigt Reibungsverluste. Es ersetzt Compliance durch Commitment. Es verwandelt Transaktionsgeschäfte in langfristige Partnerschaften. Wenn Sie ohne Vertrauen verhandeln, lassen Sie jedes Mal Wert auf dem Tisch liegen. Meine Forschung beweist es: Vertrauen ist kein Gefühl. Es ist eine Formel für Verhandlungserfolg.

2. Klassifizierung

Eine Verhandlerin muss während der Vorbereitungsphase ihre Informationen klassifizieren, von öffentlich zugänglichen zu weniger wichtigen internen bis hin zu strategischen, vertraulichen oder sogar absolut gefährlichen Informationen. Dies hilft ihr, in der Hitze des Gefechts in der Verhandlung zu wissen, was sie in welcher Reihenfolge, zu welchem Zeitpunkt sagen kann und will.

3. Hinterfragen

Informationen sind wie ein Fischschwarm, den man nur fangen kann, wenn man ein Netz auswirft. Als Verhandler müssen wir eine Reihe von Fragen stellen, um die Beweggründe der anderen Partei zu ergründen.

Dabei ist es einerseits wichtig, offene Fragen zu stellen („Was ist Ihnen wichtig? Was darf auf keinen Fall geschehen? Was brauchen Sie noch?"), um an wichtige Informationen zu kommen, von denen wir nicht einmal ahnen, dass sie relevant sind.

Andererseits ist es wichtig, konkret nachzufragen und Punkte aufzuklären, die für die Verhandlung wichtig sind. Dazu zählt vor allem, Forderungen (Positionen) der anderen Seite zu hinterfragen, um die dahinterliegenden Beweggründe zu verstehen. Vermeiden Sie dabei bitte das Fragewort „warum", weil es im Deutschen (anders als das englische „Why") nicht wertungsfrei verstanden wird, sondern einen Rechtfertigungsdruck auslöst. Fragen Sie besser „wozu" oder „weshalb" oder „wofür" oder „aus welchem Grund". Meist müssen Sie mehrere Fragen nacheinander stellen, bis Sie wirklich bei den tieferen Beweggründen angekommen sind. Variieren Sie dazu die wichtigste Frage des interessenorientierten Verhandelns immer leicht in der Formulierung:

(Bitte helfen Sie mir zu verstehen)	Wozu	wäre (Forderung) für Sie	gut?
	Wieso		wichtig?
	Wofür		hilfreich?
	Weshalb		nützlich?
	Aus welchem Grund genau (Forderung)?		

4. MESO: Die Zaubertechnik für schwierige Situationen

Manchmal kommen Sie aber mit derartigen Fragen nicht wirklich an ausreichend gute Informationen über die Beweggründe und Präferenzen der Gegenseite, zum Beispiel weil der andere vorsichtig ist und wenig sagen will. In solchen Situationen kann die „MESO-Technik", die von unseren Kollegen Adam Galinsky und Victoria Medvec[12] erforscht wurde, wahre Wunder wirken. MESO steht für „Multiple Equivalent Simultaneous Offers" auf Deutsch also „mehrere gleichwertige gleichzeitige Paketangebote". Dass Sie, um Wertschöpfung zu generieren, ein Angebot nur in Paketen und nicht mittels der Salami-Technik, also ein Thema nach dem anderen, präsentieren müssen, haben wir bereits erläutert. MESO geht noch einen Schritt weiter: Unterbreiten Sie dem Verhandlungspartner nicht nur ein Angebot, sondern gleichzeitig mehrere (idealerweise drei), die für Sie absolut gleichwertig hinsichtlich der Befriedigung Ihrer Beweggründe sind. Fragen Sie dann den anderen, welches der Angebote für ihn „am Besten" klingt. Lehnt er das ab, fragen Sie: „Welches der Angebote klingt für Sie am wenigsten schlecht?"

Wichtig ist, dass Sie nach der Präsentation der Angebote der Gegenseite Zeit geben, die Angebote für sich durchzurechnen, um Kalkulationsfehler oder Widerstand aufgrund von kognitiver Überforderung zu vermeiden. Insbesondere für schlecht ausgebildete Verhandlerinnen ist ein MESO-Angebot sehr ungewohnt und stellt eine hohe Stufe der Komplexität dar. Sie wollen, dass Ihr Gegenüber sich das Angebot in Ruhe anschaut – und falls notwendig unterbrechen oder vertagen Sie deshalb die Verhandlung.

An der Antwort Ihrer Verhandlungspartnerin können Sie bereits die Prioritäten Ihrer Verhandlungspartnerin ablesen, ohne dass sie Ihnen diese erzählen muss. Das Thema, von dem besonders viel im ausgewählten Paket enthalten ist (z. B. eine lange Zahlungsfrist), ist für die Gegenseite wertvoller als für Sie. Sie können im weiteren Verlauf der Verhandlung weitere Zugeständnisse besonders dort anbieten. Themen, wo wenig drin ist (z. B. „Ab Werk"-Logistik), sind für Sie wertvoller als für die Verhandlungspartnerin. Mit mehreren aufeinander aufbauenden MESO-Angeboten, die die wichtigsten Verhandlungsthemen optimieren, können Sie Schritt für Schritt eine Vereinbarung erreichen, die die Gewichtungsunterschiede optimal abbildet – ohne explizit darüber sprechen zu müssen. Das klappt auch mit maulfaulen oder ängstlichen Verhandlungspartnern.

Studien beweisen: Durch den Einsatz der MESO-Technik können Sie Ihre Verhandlungsperformance deutlich steigern. Sie erhöhen damit die Quote erfolgreicher Verhandlungsabschlüsse, schöpfen die Wertschöpfungspotenziale viel besser aus – und erreichen sogar noch ein besseres Verteilungsergebnis, ohne die Beziehung zum Verhandlungspartner zu belasten, weil Sie durch das Anbieten von Optionen bereits kooperativer wirken und deshalb höhere erste Angebote fordern können.[13]

5. Geben und Nehmen

Der Informationsaustausch muss auf Gegenseitigkeit beruhen. Angesichts einer Mauer des Schweigens werden nur wenige Menschen freiwillig Informationen weitergeben. Deshalb müssen wir bereit sein, mit gutem Beispiel voranzugehen, um den Prozess des Informationsaustauschs in Gang zu setzen. Dafür müssen wir einige unserer weniger wichtigen Informationen preisgeben. Dieses kalkulierte Risiko zahlt sich insgesamt aus, auch wenn man in Bezug auf eine einzelne Verhandlung nie genau vorhersagen kann, welche Resonanz wir ernten.

Die Artischocke ist die perfekte Metapher für den effektiven und umsichtigen Umgang mit Informationen in einer Verhandlung. Der zarteste Teil dieses Gemüses ist das Herz; um es zu erreichen, muss man die äußeren Blätter entfernen, die alle köstlicher werden, je näher Sie dem Herzen kommen. Mit den Informationen verhält es sich genauso. Sie müssen Stück für Stück weitergegeben werden, beginnend mit dem am wenigsten ansprechenden, um zum Kern der Sache vorzudringen. Stellen wir uns zwei Verhandlungspartner vor, von denen jeder seine eigene Artischocke hat.

Wenn keiner von beiden seine Artischocke schält, ist die Gefahr groß, dass keine Einigung zustande kommt oder dass die endgültige Vereinbarung ökonomisch suboptimal ist. Wenn die Verhandlungspartner nicht in der Lage sind, ihre wahren Beweggründe offenzulegen, werden sie es schwer haben, die fruchtbarsten Lösungen zu finden. Es gibt kein schmackhaftes Artischockengericht nur mit den holzigen äußeren Blättern.

Wenn nur eine Partei ihre Artischocke schält, könnte die andere Partei die erhaltenen Informationen ausnutzen. Dies würde zu einer ungleichen Vereinbarung führen, die die Beziehung zwischen den Parteien schädigen könnte. Einseitiger Wissensaustausch führt zur Ausbeutung. Der eine bekommt ein schmackhaftes Artischockenherz, der andere nur die holzigen Blätter.

Die Notwendigkeit, Informationen zu teilen, und die Gefahr, dabei allein zu sein, bildet das Verhandlungsdilemma, über das wir eingangs gesprochen hatten. Die Lösung liegt in einem gegenseitigen Einverständnis, Zug um Zug Informationen zu teilen, einem gemeinsamen Akt des Schälens der Artischocke. Schicht für Schicht wird freigelegt, bis das Herz erreicht ist, und jede Partei ermutigt die andere, im Geist der Gegenseitigkeit zu folgen. Die ersten Ebenen dienen im Wesentlichen dazu, Vertrauen aufzubauen, bevor man dann zu den strategischen Informationen kommen kann, die wirklich eine schmackhafte Vereinbarung ermöglichen.

Erforderlichenfalls sollten Sie den Grundsatz der Gegenseitigkeit ausdrücklich auf der Meta-Ebene (verhandeln darüber, wie Sie verhandeln) anprechen: „Ich verstehe, dass Sie zögern, mir diese Information zu geben, und für mich ist es dasselbe. Warum geben wir nicht beide gleichzeitig diese Informationen preis?“

6. Was tun, wenn keine der Strategien funktioniert?

Wenn alle diese Möglichkeiten zum Informationsaustausch scheitern, liegt offensichtlich ein massives Beziehungsproblem vor, oder die Gegenseite möchte sich darauf bewusst nicht einlassen. Einerseits gibt es Verhandlungspartnerinnen, die sehr schlechte Vorerfahrungen gemacht haben und jetzt mit großem Misstrauen in die Verhandlungen gehen. Hier können Sie sich einen Moment Zeit nehmen, noch einmal über die Vertrauensbasis zu sprechen und versuchen, ob Sie mit den Techniken des Aktiven Zuhörens, die wir in Kapitel 5 darstellen werden, eine Verbesserung der Situation erreichen. Falls Sie die Hypothese haben, dass es sich um eine persönliche Antipathie handelt, könnten Sie auch Ihre Auswechslung als Verhandlungsführer vorschlagen und ausprobieren, ob eine Kollegin erfolgreich vorankommt. Ein anderer möglicher Grund ist, dass Ihr Verhandlungspartner ganz bewusst seine Informationen nicht offenlegt, um Sie zu übervorteilen. Das ist längst nicht immer der Fall, kommt aber vor, und deshalb ist es wichtig, nicht endlos mit der einseitigen Informationsoffenlegung fortzufahren und zu hoffen, dass sich irgendwann etwas ändert.

Eine andere Möglichkeit, in einer solchen Situation den Informationsaustausch in Schwung zu bringen, ist die Einschaltung einer neutralen Partei als Verhandlungshelferin, wie z. B. eine Mediatorin. Dann können sich die Verhandler darauf einigen, die Informationen über ihre Beweggründe und Prioritäten im geschützten Rahmen an die neutrale dritte Partei preiszugeben, die beauftragt wird, erst dann die Informationen weiterzugeben, wenn alle Beteiligten ihre Informationen wie vereinbart offengelegt haben. Es gibt auch Internetplattformen, die solche Dienstleistungen anbieten. Allerdings bleibt bei dieser Vorgehensweise ein Problem bestehen, das generell in jeder Verhandlung existiert: Es kann nur sichergestellt werden, dass Informationen offengelegt werden, aber nicht, ob diese Informationen wahrheitsgemäß oder strategisch verfälscht formuliert wurden. Die Frage der Glaubwürdigkeit der Gegenseite löst sich auch bei der Einschaltung von neutralen Dritten nicht auf.

Diese Quellen der Wertschöpfung sollten bei einem guten Informationsaustausch dazu führen, dass der Verhandlungskuchen für alle Parteien erheblich größer geworden ist. Aber egal wie groß der Kuchen ist, spätestens an dieser Stelle stellt sich die entscheidende Frage für die Aufteilung: Wie soll ich jetzt den Kuchen aufteilen?

Verteilung des Wertes

Nur weil der Verhandlungskuchen größer geworden ist, bedeutet das nicht, dass die Aufteilung dieses Wertes leichter wäre. Je verlockender die Früchte sind, desto größer ist auch die Versuchung, alles zu tun, um sie für sich zu gewinnen. Viele Vertreter des „Win-win-Verhandlungsansatzes" unterschätzen dieses Wiederaufflackern der egoistischen Wettbewerbsorientierung, wenn es um die Verteilung geht. Ob es uns gefällt oder nicht, unsere Verhandlungsperformance hängt davon ab, dass wir ein attraktives Stück vom Verhandlungskuchen für uns und unsere Auftraggeberin reklamieren. Wie groß dieses Stück für Sie sein soll, ist vor allem eine moralische Entscheidung. Aus strategischer Sicht ist hier die Antwort eindeutig: Sie wollen so viel Nutzen für sich gewinnen, wie es möglich ist bei gleichzeitigem Schutz Ihrer strategischen Beziehungsinteressen. Schließen Sie nur ein Abkommen, mit dem die Gegenseite leben kann, denn wie wir gesehen haben, kann es sonst für Sie ein teuer erkaufter „Pyrrhussieg" werden. Aber wenn die Gegenseite mit wenig zufrieden ist, gibt es keinen Grund, ihr die Hälfte vom Verhandlungskuchen zu überlassen. Denken Sie immer an den Buchtitel unseres MIT-Kollegen Lawrence Susskind „Good for you – great for me“[14] – wir dürfen eine „Win-win-Verhandlung“ distributiv gewinnen, als Verhandlungsprofis sollten wir das sogar. Um sich in der Verteilungsdimension der Verhandlung erfolgreich zu bewegen, ist es wichtig, die Dynamik und Erfolgsfaktoren zu kennen, „das Spiel“ zu verstehen. Wir werden Ihnen danach einige der üblichen Taktiken des „Basarverhandelns“ vorstellen und Ihnen Tipps geben, wie Sie damit souverän umgehen können. Zuletzt werden wir Ihnen erläutern, wie Sie auch die Verteilung des Wertes sachbezogen und mit einem kooperativen Grundverständnis gestalten können.

Verteilungsverhandeln: das Spiel verstehen[15]

Überlegen Sie sich doch einmal, welche Voraussetzungen gegeben sein müssen, damit Ihr Verhandlungspartner mit Ihnen zu einem Abschluss in einer Verhandlung kommt:

1. Es liegt ein Angebot im Einigungsraum (in der Verhandlungsökonomie als „Zone of possible Agreements“ bezeichnet, ZOPA) vor.
   Die Übereinkunft muss Ihrem Verhandlungspartner in jedem Fall aus dessen subjektiver Sicht ausreichend viel Nutzen bieten, um besser zu sein als seine beste Option abseits vom Verhandlungstisch.
2. Ihr Verhandlungspartner hat den subjektiven Eindruck: „Mehr geht nicht!“
   Der Verhandlungspartner muss den Eindruck gewonnen haben, dass Sie keine weiteren Zugeständnisse machen (können), dass es jetzt nur noch um Einigung oder Abbruch geht. Ansonsten wird er nämlich weiter verhandeln und (noch) nicht zustimmen, sondern auf weitere Zugeständnisse hoffen.
3. Ihr Verhandlungspartner hat nicht den subjektiven Eindruck, das Angebot sei „untragbar unfair“.
   Ihr Verhandlungspartner hat nicht den Eindruck gewonnen, dass das Angebot für ihn so unfair ist, dass er es aus seinem Gerechtigkeitsempfinden heraus ablehnt, selbst wenn er es aus sachlichen Gründen annehmen müsste. Die Forschung hat gezeigt, dass Verhandler bereit sind, sich selbst zu schädigen und Angebote abzulehnen, die sie ökonomisch betrachtet „nicht ablehnen können“, um die Gegenseite für ein als „untragbar unfair“ empfundenes Angebot zu bestrafen.[16]

Sind diese drei Voraussetzungen gegeben, wird Ihre Verhandlungspartnerin „Ja“ sagen und die Verhandlung ist beendet. Alle diese Voraussetzungen sind allerdings subjektiv. Verteilungsverhandeln ist ein Wettstreit psychologischer Beeinflussungsstrategien und der damit erzielten Aufmerksamkeitssteuerung.

Wenn Sie in einer sogenannten Open-book-Situation verhandeln, bei der absolute Transparenz über alle ökonomischen Aspekte besteht und alle Informationen überprüft werden können, dann geht es „nur" um die Frage der gerechten Aufteilung dieses Wertes. Wenn Sie zum Beispiel ein echtes Stück Kuchen vor sich auf dem Tisch sehen, wird die Verhandlungspartnerin eher nicht zustimmen, dass Sie das ganze Stück essen und sie nur die Cocktailkirsche bekommt. Hier ist der Gleichverteilungsanspruch ein starkes Fairnesskriterium. Aber solche Situationen sind sehr selten, meistens herrscht Informationsasymmetrie. Und dann ergibt sich zusätzlich noch die Aufgabe, einen günstigen Eindruck über die eigene ökonomische Situation zu erzielen.

Zur Verteilung steht der Verhandlungsspielraum (ZOPA), der durch die „Exit-Positionen" der Beteiligten begrenzt wird. Bei professioneller Verhandlungsvorbereitung entspricht die Exit-Position dem kalkulierten Wert der besten Alternative abseits vom Verhandlungstisch (also z. B. einem alternativen Kaufangebot). Bei intuitiven Verhandlerinnen wird das Limit meist willkürlich anhand des „Wertes" festgesetzt, den man für angemessen hält. Die „große Unbekannte" im Verteilungsverhandeln ist die Unkenntnis des Limits der Gegenseite. Würden Sie das Limit kennen, wäre die Verhandlung ganz leicht: Sie würden der Verhandlungspartnerin ein Angebot knapp unterhalb ihres Mindestpreises machen und dann nur noch kleine Zugeständnisse machen, um das Ziel zu erreichen. Ihr Maximalziel im Verteilungsverhandeln besteht darin, der Verhandlungspartnerin eine Einigung im Bereich von ihrem Mindestziel anzubieten. Doch wie kann das gelingen, wenn Sie es nicht kennen?

Professionelles Verteilungsverhandeln ist wie bereits gesagt ein strategisches Informationsmanagementspiel, quasi „Schach mit Kommunikation". Dabei schneidet derjenige gut ab, der die beiden strategischen Aufgaben besser erfüllt:

1. schneller und genauer Informationen über das ihm unbekannte Ende der ZOPA (also das Limit der Gegenseite) gewinnt.
   Der Schlüssel dazu liegt in einer professionellen Fragetechnik und guten Wahrnehmung. Alle Studien zeigen: Profis stellen in Verhandlungen viel mehr Fragen als Verhandler ohne professionelle Ausbildung. Und sie konzentrieren sich während der Verhandlung viel mehr auf das aufmerksame Zuhören als auf die Vorbereitung der eigenen Argumente.
2. die Wahrnehmung des Verhandlungspartners über das eigene Ende der ZOPA in einer für einen selbst günstigen Weise beeinflusst.
   Dazu müssen Sie bewusst kommunizieren und psychologisch optimiert formulieren (Framing) sowie durch eine kluge Angebotsstrategie die Einschätzung des Verhandlungspartners über ein mögliches Ergebnis in Ihrem Sinne beeinflussen.

Um in einer Preisverhandlung gut abzuschneiden, müssen Sie Ihre eigene kommunikative Wirkung kontrollieren und gleichzeitig Ihre Wahrnehmung maximieren – dies ist eine kognitiv sehr anspruchsvolle Aufgabe, bei der Sie Ihre gesamte Kommunikationskompetenz zur Geltung bringen können.

Expertentipp: Es ist immer Verteilungsverhandlung

von Denis Kittl, Senior Consultant bei Verhandlungsperformance Consulting

Wir unterscheiden in der Verhandlungstheorie zwischen „Wertschöpfungsphase" und „Verteilungsphase" – erst den Kuchen größer machen, dann aufteilen. Das ist ja auch nicht falsch. Es ist aber eine gedankliche Vereinfachung, die in der Praxis zu einem teuren Missverständnis führen kann.

Die „Verteilungsverhandlung" startet schon in der ersten Sekunde der Verhandlung, nicht erst wenn die Verteilungsphase beginnt. Alles, was Sie für die Wertschöpfung an Informationen offenlegen, alle Informationen, die Sie im Small Talk offenbaren, jeder Eindruck zu jedem Zeitpunkt, dass Sie eine Einigung dringend brauchen, wirkt sich bereits auf Ihre Position in der Verteilungsverhandlung aus. Verhandlungsprofis hören während der gesamten Verhandlung aufmerksam zu, notieren sich die relevanten Informationen und präsentieren dann die Rechnung, wenn das Fell des Bären verteilt wird. Gehen Sie nicht in diese Falle, sondern seien Sie sich zu jedem Zeitpunkt bewusst, dass ungeschützt offengelegte gefährliche Informationen für Sie teuer werden können. Verhandlungsmeister managen bewusst dieses „Verhandlungsdilemma".

Die Erfolgsfaktoren der Verteilungsperformance

Es gibt sieben wichtige Faktoren (Abb. 4.1), von denen Ihre Performance in einer Verteilungsverhandlung abhängt. Verhandlungsmeister, die diese sieben Faktoren kontrollieren, schneiden bei dem besagten „Kommunikations-Schachspiel" viel besser ab. Verteilungsverhandeln ist kein Glücksspiel!

1.) Hohe Ziele & Optimierungsfokus

Richten Sie Ihre Aufmerksamkeit während Ihrer Verhandlung immer auf Ihre Ziele, nicht auf Ihren Reservationspreis (Wert der Nichteinigungsalternative). Verhandlerinnen, die sich während der Verhandlung immer wieder ihren Mindestpreis vor Augen führen, richten ihre unbewusste Erwartungshaltung auf ein mittelmäßiges Ergebnis aus. In diesem Fall sind Sie mit Ihrem Verhandlungsergebnis anschließend sehr zufrieden – erreichen aber empirisch nachweisbar schlechtere Ergebnisse.[17] Setzen Sie sich für die Verhandlung hohe Ziele. Studien zeigen, dass Verhandler mit hohen Zielen deutlich bessere Ergebnisse erzielen als Verhandler mit moderaten Zielen. Wenn

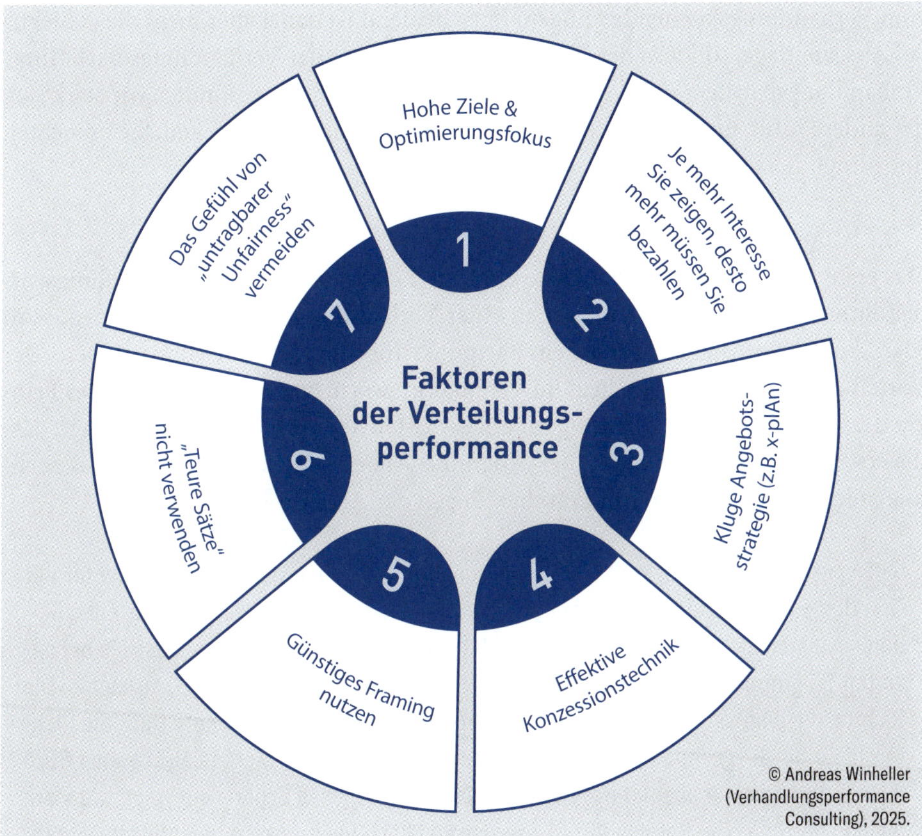

Abbildung 4.1

Sie sich ambitionierte Ziele setzen, werden Sie hinterher subjektiv weniger zufrieden mit Ihren Ergebnissen sein – aber Sie erzielen objektiv gesehen ökonomisch bessere Ergebnisse.[18] Keine Angst vor hohen Zielen, die meisten ungeschulten Verhandlerinnen unterschätzen, was alles in einer Verhandlung für sie zu erreichen wäre.

2.) Je mehr Interesse Sie zeigen, desto mehr müssen Sie bezahlen

Erinnern Sie sich: Es reicht nicht, wenn Sie sich zu einem Angebot in der ZOPA bewegen – solange Ihr Verhandlungspartner glaubt, dass er sein Ergebnis noch verbessern kann, wird er nicht zu einem Abschluss kommen. Sie müssen ihm irgendwann auch noch glaubwürdig vermitteln, dass Sie keine weiteren Zugeständnisse machen werden („mehr geht nicht").

Die Grundregel hierbei lautet: Je mehr Interesse Sie zeigen, desto mehr müssen Sie bezahlen! Diejenige Partei, die den Abschluss dringender oder unbedingt „heute" braucht und nicht warten kann, muss sich normalerweise mit dem kleineren Stück vom Verhandlungskuchen begnügen. Entscheidend ist dabei aber nicht die „objektive" Ausgangslage, sondern der subjektive Eindruck von der Verhandlungsmacht Ihres Verhandlungspartners – und umgekehrt. Versuchen Sie herauszufinden, wie stark sich der andere fühlt, und vermeiden Sie selbst den Eindruck zu erwecken, Sie bräuchten unbedingt diesen Abschluss.

3.) Kluge Angebotsstrategie (z. B. x-plAn)

Das erste Angebot ist der wichtigste einzelne Erfolgsfaktor in einer Verteilungsverhandlung, denn die erste Zahl, die in einer Verhandlung auf den Tisch gelegt wird (der „kognitive Anker"), setzt den Startpunkt für alle weiteren Diskussionen. Der Vorteil der Angebotsabgabe liegt im Verankerungsprinzip (Anchoring). Dieses Prinzip der Informationsverarbeitung im unbewussten Teil unseres Gehirns besagt, dass die erste genannte Information (der „kognitive Anker", also z. B. die erste Zahl) nachfolgende Einschätzungen und Entscheidungen der Akteure beeinflusst.[19]

Gefängnis ausgewürfelt – In einer Studie[20] sollten erfahrene deutsche Strafrichter auf Grundlage einer Strafakte eine angemessene Haftstrafe festsetzen. Vor der Entscheidung mussten sie einmal zwei Würfel werfen, die so manipuliert waren, dass sie bei der ersten Teilgruppe zusammen immer „3", bei der zweiten Gruppe immer „9" anzeigten. Die Richter, die eine „3" gewürfelt hatten, verhängten im Schnitt fünf Monate Haft, die Richter, die eine „9" gesehen hatten, verhängten im Schnitt acht Monate Haft – also 60 % mehr aufgrund einer absolut irrelevanten Information. Dieses Experiment zeigt, wie stark auch Expertinnen im Bereich ihrer Expertise von kognitiven Ankern beeinflusst werden.

Auch wenn viele Verhandler das Ankerprinzip kennen, ist die Taktik trotzdem wirksam, denn die Studien zeigen, dass der Ankereffekt auch eintritt, wenn wir genau wissen, was die Gegenseite damit bezweckt. Verhandlungsprofis bevorzugen daher meist, selbst das erste Angebot abzugeben.[21]

Sehr viele untrainierte Verhandlerinnen vermeiden es aber aus zwei gegensätzlichen Motiven, wenn möglich, das erste Angebot in einer Verhandlung abzugeben und damit den Anker zu setzen: Entweder haben sie Angst, die Situation zu optimistisch einzuschätzen und ein zu hohes Angebot abzugeben, das die Gegenseite als unangemessen wahrnimmt, oder zu pessimistisch zu sein, und ein Angebot abzugeben, das die Gegenseite ohne große Gegenwehr annimmt und einen mit dem Gefühl zurücklässt, wahrscheinlich viel zu wenig gefordert zu haben (diese psychologische Dynamik nennen die Sozialpsychologen „The Winners Curse" – der Fluch des Gewinners). Wir merken uns daher schon einmal die eiserne Regel des Verhandelns: Nehmen Sie in einer Verhandlung niemals das erste Angebot der Gegenseite direkt an, denn erstens „geht da immer noch etwas" und zweitens würde Ihre Verhandlungspartnerin sonst sehr unglücklich mit dem Ergebnis sein und sich benachteiligt fühlen. Logisch betrachtet hat sie zwar alles bekommen, was sie gefordert hat, aber psychologisch betrachtet fühlt sie sich über den Tisch gezogen. Ausgangspunkt für dieses Urteil ist die Feststellung „das ging zu einfach, wenn er sofort akzeptiert, habe ich zu wenig gefordert". Wenn Sie die Gegenseite noch ein wenig runterhandeln, dann kriegt sie in der Sache weniger (und Sie mehr), ist damit aber deutlich glücklicher.

Die Bedenken, die Situation zu optimistisch oder zu pessimistisch einzuschätzen, sind tatsächlich ein Stück weit berechtigt, lassen sich aber mit guter Vorbereitung und einer professionellen Angebotsstrategie so weit eindämmen, dass die Vorteile, das mächtige Ankerprinzip zum eigenen Vorteil nutzen und die Verhandlung in eine günstige Richtung lenken zu können, in den meisten Fällen überwiegen.

Der NATO-Beitrag – Die NATO hatte auf ihrem Gipfel im Jahr 2014 nach langem Drängen der USA beschlossen, dass alle NATO-Staaten sich auf eine Zielmarke von 2 % des Bruttoinlandsproduktes für ihre Rüstungsausgaben zubewegen sollen. Viele Mitgliedstaaten ignorierten diese Festlegung und gaben weiterhin deutlich weniger aus. 2019 lagen die Ausgaben zwischen 3,42 % bei den USA und 0,55 % für Luxemburg. Deutschland lag mit 1,36 % auf Platz 17 der 28 NATO-Staaten.[22] Noch vor seinem Amtsantritt 2025 erklärte der neugewählte US-Präsident Donald Trump, die NATO könne nur dann funktionieren, wenn zukünftig alle Staaten ihren Beitrag leisten, und er forderte dafür Rüstungsausgaben von 5 %.

Schlagartig änderte sich die politische Diskussion. Dass die 2 % zu leisten sind, wurde überhaupt nicht mehr diskutiert. In der europäischen Presse wurde Trumps Forderung als „Verhandlungsangebot" betrachtet, am Ende werde man sich „zwischen 3 % und 3,5 %" einigen. Hier zeigt sich, dass die Ankerwirkung auch bei politischen Verhandlungen wirksam ist.

Nur dann, wenn Sie die Situation gar nicht richtig einschätzen können und gleichzeitig die Gegenseite über viel bessere Informationen verfügt als Sie, überwiegen die Nachteile des ersten Angebots die Vorteile deutlich, und Sie sollten nach Möglichkeit die Gegenseite dazu bringen, das erste Angebot abzugeben. So auch das Fazit unseres Wharton-Kollegen Richard Shell:

„Feel free to open if you think your information about market value is as good as or better than your counterpart's."[23]

Für die Gestaltung des Angebots haben Sie verschiedene strategische Möglichkeiten,[24] von denen aber eine in den meisten Situationen besonders vorteilhaft ist: Die **„x-plAn-Strategie"** (extremstes plausibles Angebot) basiert auf einem veränderten

Mindset. Die meisten Menschen entwickeln ihr Angebot mit einem Denkmodus wie ein Richter: Sie wägen das Für und Wider ab, ermitteln einen „fairen Preis" und schlagen etwas Verhandlungsmasse auf. Bei x-plAn denken Sie hingegen wie ein Anwalt in eigener Sache. Genau wie Ihr Anwalt die Aufgabe hat, parteilich für Sie zu denken, die für Sie günstigsten Präzedenzfälle anzubringen und alles für Sie Nachteilige eher zu verschweigen, ermitteln Sie auch hier parteilich-einseitig den höchsten (bzw. bei Käufern niedrigsten) Preis, für den Sie gerade eben noch eine Argumentation finden können. Dann präsentieren Sie Ihr Angebot, allerdings nicht nur den Preis, sondern Sie machen die gesamte (einseitig vorteilhafte) Kalkulation transparent und fragen den anderen nach seiner Meinung („Ich habe mir gedacht, wegen [x-plAn Rechtfertigungsgründe] scheint mir ein Preis von 2345 Euro angemessen zu sein, was meinen Sie?").

Die Einseitigkeit der x-plAn-Argumentation verführt zur Richtigstellung. Damit begibt sich Ihr Gegenüber dann aber auf Grundlage des für Sie sehr günstigen Angebots in die weitere Preisverhandlung. Sie können jetzt für jedes sinnvolle Argument einen Preisnachlass geben (da er noch nicht einkalkuliert war) – und danach haben beide das Gefühl, am Endpreis angekommen zu sein, da sich die Ausgangsposition während der Diskussion unbewusst verfestigt.

Mit der x-plAn-Strategie nutzen Sie die Chance, erst einmal eine für Sie sehr günstige Ausgangsposition zu ankern, um nicht durch zu pessimistische Einschätzung direkt viel Raum aufzugeben. Gleichzeitig wird das Risiko, dass Sie aus Sicht der Gegenseite eine viel zu hohe Zahl fordern, dadurch abgemildert, dass Sie Ihre Kalkulation (bzw. Rechtfertigungsgründe) transparent machen und sie damit den Eindruck hat, Sie mit Gegenargumenten noch in einen vernünftigen Bereich bringen zu können. Diese Strategie balanciert daher die Chancen und Risiken in Verhandlungssituationen sehr gut aus. Sehr extreme erste Angebote ohne Rechtfertigungsgründe (sogenannte Lowballing-Strategie) sind äußerst riskant, weil sie mit hoher Wahrscheinlichkeit zu einem Scheitern der Verhandlung führen, massiv die Beziehung belasten und große Risiken für Ihre Reputation als fairer Verhandler mitsichbringen. Eine solche Strategie ist, wenn überhaupt, nur für besondere Situationen zu empfehlen, in denen die Beziehung irrelevant ist und Sie mehrere praktisch gleichwertige Optionen zur Auswahl haben, und in denen Sie Ihren Preis maximal optimieren wollen.

Es gibt noch eine andere Technik im professionellen Verhandeln, mit der Sie den Vorteil eines aggressiven Ankers nutzen können, ohne das Risiko einzugehen, dass Sie sich mit einem Angebot disqualifizieren, das die Gegenseite als „unverschämt" wertet: Das Nichtangebot (Non-offer-offer). Dabei nennen Sie eine Zahl, ohne diese konkret zu fordern. Sie können so die Reaktion der Gegenseite wahrnehmen und daraus Informationen gewinnen und nutzen die Ankerwirkung – denn wenn schon ein Würfelwurf dafür ausreicht, dann reicht ein „Nichtangebot" wie das Folgende umso mehr:

„Für Verhandlungstrainings werden ja am Markt Tagessätze bis zu 20.000 Euro pro Tag verlangt, als Unternehmen mit schlanken Prozessen brauchen wir das aber nicht."

Bei der Kalkulation des ersten Angebots sollten Sie übrigens berücksichtigen, dass Sie laut Studien[25] deutlich weniger Zugeständnisse machen müssen, wenn Sie eine krumme Zahl anbieten (z. B. 2545 Euro) statt einer glatten Zahl (2500 Euro). Bei einer krummen Zahl denken wir automatisch, dass diese in einer seriösen Kalkulation errechnet wurde, bei einer glatten Zahl glauben wir, dass „da noch Luft drin ist".

Eine interessante Option ist oft auch die Formulierung eines Angebots als „unechte Preisspanne". Damit meinen wir allerdings nicht Ihre „echte Preisspanne"; wenn Sie zwischen 10.000 und 12.000 Euro für einen Gegenstand haben wollen, sagen Sie niemals „zwischen 10.000 und 12.000 Euro" – denn sonst hört die Verhandlungspartnerin nur das für Sie ungünstige Ende der Preisspanne und der gesamte Verhandlungsspielraum ist mit einem Schlag verloren („10.000 Euro, das ist aber sehr viel"). Nutzen Sie eine „unechte Preisspanne", d. h. Sie setzen noch eine Zahl über den eigentlichen Angebotspreis. Statt 12.000 Euro fordern Sie 12.000 – 13.500 Euro. Ihre Verhandlungspartnerin geht dann auch vom unteren Ende der Spanne aus – das Sie als Angebot machen wollten. Gleichzeitig verbucht sie schon einmal die 1500 Euro der Spanne als erzielten Verhandlungsgewinn und gibt sich im weiteren Verlauf der Verhandlung mit weniger echten Zugeständnissen zufrieden als bei dem Start mit einer einzelnen Zahl. Eine Studie belegt, dass Sie z. B. in Gehaltsverhandlungen ein höheres Gehalt aushandeln, wenn Sie Ihr Angebot als unechte Gehaltsspanne angeben.[26]

4.) Effektive Konzessionstechnik

Wenn Sie der Gegenseite in einem für Sie günstigen Bereich vermitteln wollen, dass Sie sich nicht mehr weiterbewegen und daher die Zeit für den Abschluss gekommen ist, ist Ihre Konzessionstechnik ganz entscheidend. In Verhandlungen werden Sie üblicherweise Zugeständnisse machen müssen – aber wenn Sie diese Zugeständnisse richtig machen, kommen Sie mit viel geringeren Zugeständnissen aus. Eine gute Konzessionstechnik folgt drei Prinzipien:

- Nicht zu früh entgegenkommen: Angebote verteidigen
- Geben und Nehmen
- Konzessionen immer kleiner werden lassen (Konzessionstrichter)

Es ist sehr wichtig, dass Sie Ihre ersten Zugeständnisse nicht zu schnell machen, sondern Ihr bisheriges Angebot erst einmal verteidigen. Je schneller Ihre Zugeständnisse erfolgen, desto weniger empfindet sie Ihr Verhandlungspartner als echtes Entgegenkommen. Ihre Verhandlungspartnerin schätzt diejenigen Konzessionen besonders, die sie Ihnen „abgerungen" hat – also lassen Sie sie für jedes Zugeständnis hart arbeiten.

Studien[27] zeigen, dass Verhandler, die das erste Zugeständnis machen, nachdem beide Seiten ihre ersten Angebote auf den Tisch gelegt und eine Weile verteidigt haben, ein deutlich besseres Ergebnis für sich erzielen als ihre Verhandlungspartnerin. Durch die „erste Konzession" erwerben Sie sich eine Reputation von „Kooperationsbereitschaft", die sich auszahlt. Sie haben den Weg zu einer Verständigung eröffnet und können daher viel glaubwürdiger auch von den anderen Akteuren ihren Beitrag fordern. Außerdem fällt es Ihnen dann leichter, die Prozesskontrolle zu gewinnen und das Timing der weiteren Konzessionen in Ihrem Sinne zu gestalten.

Achten Sie dabei auf Gegenseitigkeit bei Konzessionen, machen Sie erst dann ein Zugeständnis, wenn die Gegenseite ihre Vorstellungen auf den Tisch gelegt hat und Sie so einen Überblick über den Verhandlungsraum gewonnen haben. Bieten Sie Konzessionen im Konjunktiv und mit Bedingungen an: „Ich könnte mir vorstellen, dass wir bei den Erstattungssätzen noch einmal nach unten gehen könnten, wenn Sie unsere Dokumentationspflichten etwas lockern. Was meinen Sie?" Haben Sie einseitig eine unbedingte Konzession gemacht, warten Sie auf ein Entgegenkommen der Gegenseite.

Nutzen Sie den „Konzessionstrichter", d. h. sorgen Sie dafür, dass Ihre Zugeständnisse mit der Zeit immer kleiner werden. Unbewusst vermitteln Sie Ihrem Verhandlungspartner damit, dass das Ende der Fahnenstange erreicht ist.

Der Schrankverkauf – Sie verhandeln über einen Schrank, für den Ihr erster geforderter Verkaufspreis bei 10.000 Euro lag. Wenn Sie jetzt auf 9000 Euro heruntergehen und danach auf 8000 Euro, wird Ihr Verhandlungspartner kaum glauben, dass schon „Schluss" mit Zugeständnissen ist. Solange Sie sich noch 1000 Euro bewegen können, wird es für Sie nicht eng. Sie sollten daher Ihr Konzessionsmuster in etwa wie folgt aufbauen: 9200 € / 8600 € / 8300 € / 8150 € / 8050 € / 8000 € – die Wirkung wird eine ganz andere sein.

5.) Günstiges Framing nutzen

Forschungen in der Verhaltensökonomie und Neurowissenschaft haben gezeigt, dass menschliche Entscheidungen viel weniger von der Substanz eines Angebots abhängen als vom psychologischen Rahmen (Frame), mit dem das Angebot präsentiert wird. Durch psychologisch geschickte „Verpackung" können Sie die Chance deutlich erhöhen, dass die Gegenseite zu einem für Sie günstigen Vorschlag „ja" sagt. Doch die große Mehrheit der Verhandler kennt die Framing-Techniken[28] nicht. Ein großer Fehler, denn Framing ist Argumentationstechnik für Profis!

Ein Beispiel für die Bedeutung des richtigen Framings ist der Unterschied zwischen „Ob-Frame" und „Wie-Frame". Der Ob-Frame richtet die unbewusste Aufmerksamkeit auf die Möglichkeit, dass die Verhandlung scheitern kann, und er vermittelt daher Druck auf die Position des Verkäufers und ist damit vorteilhaft für die Einkäuferin.

Professionelle Einkäuferinnen versuchen daher, die Konditionen innerhalb des Ob-Frames zu verhandeln („Wir sind heute hier, um zu schauen, ob Ihre Maschine für uns geeignet ist. Was soll Sie denn kosten, bei einer Zahlungsfrist von 90 Tagen?") Diesen Frame sollte ein professioneller Verkäufer nicht akzeptieren. Denn über das „Wie" sollte man erst dann verhandeln, wenn die grundsätzliche Frage von Eignung und Interesse geklärt ist. Der Verkäufer wird daher auf die Ob-Frage zurückkommen und erst die Konditionen verhandeln, wenn er ein grundsätzliches Commitment der Einkäuferin erhalten hat („Ich höre heraus, dass Sie noch Bedenken in Bezug auf die Eignung haben. Welche Bedenken sind denn das konkret?"). Genauso versuchen professionelle Verkäuferinnen, in die Verhandlung mit dem für sie günstigen „Wie-Frame" zu starten, der die Möglichkeit des Nichtkaufs aus dem Aufmerksamkeitsfokus der Parteien ausblendet („Wir sind heute hier, um zu schauen, wie wir für Sie ein attraktives Paket schnüren können für die Maschine, die Sie ja von uns erwerben wollen.")

6.) „Teure Sätze" nicht verwenden

Wir hatten es schon: Verteilungsverhandeln ist ein strategisches Informationsmanagementspiel. Deshalb sollten Sie darauf achten, dass Sie möglichst wenige Informationen preisgeben, die für die Gegenseite strategisch wertvoll sind. Die dabei wichtigste Information ist Ihre beste Alternative abseits vom Verhandlungstisch bzw. Ihr Reservationspreis. Geben Sie niemals Ihr Limit preis – ansonsten bekommen Sie nur dieses Limit plus eine Cocktailkirsche und Ihre Verhandlungspartnerin nimmt den ganzen Verhandlungskuchen für sich. Aber auch Hinweise auf Zeitdruck („Deal unbedingt noch in diesem Monat") sind sehr gefährlich. Und alle Weichmachersätze wie „Ich wollte mal mit 1000 Euro anfangen" vermitteln, dass Sie selbst nicht an Ihr erstes Angebot glauben – wie soll es dann Ihr Verhandlungspartner? „That's difficult" heißt bei Briten „Finger weg, nicht verhandelbar"; „das ist schwierig für uns" bedeutet aber in Deutschland, dem Land der Ingenieure: „Das kriegen wir hin, wenn wir müssen". Und der teuerste Weichmacher von allen ist das Wort „eigentlich". Verwenden Sie es niemals unbewusst in Verhandlungen, denn dadurch signalisieren Sie der Gegenseite, dass Sie eine Forderung nicht gerne erfüllen, es daran aber auch nicht scheitern lassen werden – dieses Signal ist nicht in Ihrem Sinne.

7.) Subjektiver Eindruck: „Keine untragbare Unfairness"

Einmal angenommen, Sie haben Ihrem Verhandlungspartner ein Angebot unterbreitet, das besser als die Nichteinigungsalternative (BATNA) ist, und ihm glaubwürdig vermittelt, dass Sie das Angebot nicht weiter nachbessern werden. Dann können Sie doch sicher sein, dass er es annehmen wird, richtig? Falsch! Rein rational gedacht müsste er es annehmen, weil er sich durch eine Ablehnung verschlechtern würde. Tatsächlich zeigt aber die Forschung, dass wir Menschen immer wieder „Angebote, die man nicht ablehnen kann", ablehnen, und zwar dann, wenn wir sie als „untragbar unfair" ansehen.

Sie sollten daher jede Verhandlung im Eigeninteresse so führen, dass Sie die individuelle Gerechtigkeitswahrnehmung Ihres Verhandlungspartners als wichtige Einflussgröße im Blick haben. Das Angebot muss nicht der Idealvorstellung Ihrer Verhandlungspartnerin von Fairness entsprechen, Sie sollten aber darauf achten, dass bei Ihrer Verhandlungspartnerin nicht der Eindruck von „untragbarer Unfairness" entsteht, der zur Empörung führt und einen Verhandlungsabbruch provoziert.

Je enttäuschender das Angebot für Ihre Verhandlungspartnerin (gemessen an deren eigenen Vorstellungen) ausfällt, umso mehr sollten Sie versuchen, ihr den Nutzen deutlich zu vermitteln, den auch diese Einigung für sie noch hat. Und ganz wichtig: Sie sollten vermeiden, sich als „Sieger" aufzuspielen. Bleiben Sie bescheiden – gerade wenn Sie ein sehr gutes Ergebnis erzielt haben, damit Ihre Verhandlungspartnerin nicht ans Zweifeln kommt, ob sie Ihnen vielleicht zu viel bezahlt hat.

Expertentipp: Liefern Sie Ihrem Verhandlungspartner seine „Victory Speech"

von Oliver Paulick, Verhandlungsexperte, Verhandlungsperformance Consulting

Von meinem Lehrer, dem Verhandlungsexperten Prof. Lawrence Susskind vom MIT, habe ich folgende wichtige Regel gelernt: „Write their Victory Speech".[29]
Das bedeutet, dass Sie sich in die Perspektive Ihres Verhandlungspartners hineindenken und sich überlegen, wie Ihr Verhandlungspartner das von Ihnen gewünschte Ergebnis seinen eigenen Leuten als „Sieg" verkaufen kann.

Je besser das Ergebnis für Sie ist, desto mehr müssen Sie mithelfen, dass die Gegenseite nicht das Gefühl bekommt, verloren zu haben. Denn nur wenn Ihr Verhandlungspartner das Gefühl hat, dass er das Ergebnis intern gut „verkaufen" kann, wird er „Ja" sagen – und nur wenn er es tatsächlich gut verkaufen kann, wird die Geschäftsbeziehung für die Zukunft (und die Implementierung der Vereinbarung aus der Verhandlung) unbelastet und konstruktiv bleiben.

Die üblichen Taktiken im Verteilungskampf

Seit Jahrtausenden feilschen Menschen. Auf dem Viehmarkt, beim privaten Autokauf und im Basar, weshalb diese Art des Verhandelns auch „Basarverhandeln" genannt wird. Ob es einem gefällt oder nicht, man trifft viele der Manipulationstaktiken aus dem Basarverhandeln auch am Verhandlungstisch bei großen B2B-Verhandlungen oder im politischen Bereich wieder. Es ist daher wichtig, dass Sie als unser Leser oder unsere Leserin diese Taktiken kennen und darauf vorbereitet sind, souverän auf sie zu reagieren. Verstehen Sie dieses Kapitel aber bitte nicht als unsere Empfehlung, solche Taktiken selbst einzusetzen. Alle diese Taktiken sind mit spezifischen Risiken verbunden, sowohl für die Geschäftsbeziehung als auch für Ihre Reputation als Verhandler. Sie sollten sich daher sehr gut überlegen, welche dieser Risiken Sie wann eingehen können und wollen, oder ob nicht der Verzicht auf diese Taktiken die klügere Wahl ist, wenn Sie das professionelle „Kommunikations-Schach“, das wir Ihnen gerade vorgestellt haben, beherrschen.

Wenn wir Ihnen jetzt 13 typische Taktiken des Basarverhandelns vorstellen, dann wollen wir Ihnen jeweils das Wirkprinzip erklären, die damit verbundenen Risiken vorstellen und eine Empfehlung geben, wie Sie darauf angemessen antworten können. Diese Reaktion – um die es uns in diesem Abschnitt vorrangig geht – beruht auf den folgenden Prinzipien:

- ▸ **Tipp 1:** Informieren Sie sich so gut wie möglich. In einem Informationsmanagementspiel sind Informationen Macht. Information ist die beste Vorbeugung gegen alle kompetitiven Taktiken. Je besser Sie bereits informiert sind, desto weniger kann man Sie täuschen oder Sie in die Irre leiten. Eine professionelle Vorbereitung wie Sie sie in Kapitel 2 kennengelernt haben, ist daher auch für die Verteilungsverhandlung der entscheidende Erfolgsfaktor.
- ▸ **Tipp 2:** Bauen Sie eine Beziehung auf und demonstrieren Sie, wie Sie dem Verhandlungspartner langfristig Nutzen bringen können. Verhandlerinnen setzen solche Taktiken viel seltener gegenüber Verhandlungspartnern ein, mit denen sie eine langfristige Beziehung haben, die sie für wertvoll halten – teilweise aus moralischen Gründen, teilweise einfach nur, weil sie die wertvolle Langfristbeziehung nicht für einen kurzen Ausbeutungsgewinn riskieren wollen.
- ▸ **Tipp 3:** Verhandeln Sie den Prozess. Wir sollten nicht zögern, die angewandte Taktik zu benennen, und sei es nur andeutungsweise. Dies zeigt dem anderen, dass wir uns seiner Strategie bewusst und nicht bereit sind, uns täuschen zu lassen. Es zeigt auch, dass wir der Taktik nicht zum Opfer fallen werden und versuchen, zum eigentlichen Thema und einer fairen Verhandlung zurückzukehren.

Taktik 1: Unrealistisch hohe „Anker“ – die häufigste Taktik

Der Trick: Eine Verhandlerin nennt einen extrem hohen (oder niedrigen) Preis und versucht, damit die Verhandlung in einem für sie günstigen Bereich zu ankern (Anchoring). Mit dem extremen Angebot („Lowballing-Strategie“) will sie unsere Wahrnehmung der Situation verfälschen und uns überzeugen, dass wir den Einigungsraum zu optimistisch eingeschätzt haben.

Das Risiko: Der Verhandlungspartner kann als Reaktion auf ein Angebot, das er als unverschämt wahrnimmt, die Verhandlung abbrechen und sein Glück anderswo versuchen, wenn er auch nur irgendwelche tauglichen Alternativen abseits vom Verhandlungstisch hat. Wenn er die Verhandlung fortsetzt, weil er glaubt, sich einen Abbruch nicht leisten zu können, besteht das große Risiko, dass die Arbeitsbeziehung massiv belastet wird. Selbst wenn die Verhandlung zu einer Einigung führt, fühlt sich der andere unfair behandelt, und wird versuchen sich das zurückzuholen, was ihm aus seiner Sicht zu Unrecht weggenommen wurde – zum Beispiel durch Schlechterfüllung in der Umsetzungsphase oder durch Nachverhandlungen und Nachträge. Eine Beratungsfirma, die zu Niedrigpreisen gezwungen wurde, wird z. B. eher ihre weniger erfahrenen Berater schicken als ihre Leistungsträger, was den Projekterfolg gefährdet.

Die richtige Antwort: Bei der Anker-Taktik zeigt sich besonders der Wert einer professionellen Vorbereitung. Je besser Sie die Marktlage und die Situation der Gegenseite einschätzen können, desto weniger effektiv wirkt ein extremer kognitiver Anker. Zusätzlich können Sie die Ankerwirkung eines ersten Angebots durch die „Consider the opposite strategy" neutralisieren.[30] Dazu überlegen Sie sich, welche hypothetischen Gründe einen extrem abweichenden Preis rechtfertigen würden. Hat ein Verkäufer einen sehr hohen Preis gefordert, überlegen Sie sich, welche Gründe sogar einen lächerlich niedrigen Preis rechtfertigen würden – diese Überlegungen von für Sie günstigen Szenarien dreht die Ankerwirkung nachweisbar um.

Bitten Sie die Verhandlungspartnerin, ihre Kriterien oder Kalkulation zu erläutern: „Wie kommen Sie auf diesen Preis? Helfen Sie mir bitte zu verstehen, warum Sie das für einen angemessen Preis halten." Eine solche Nachfrage bringt sie üblicherweise ins Straucheln, weil keine Rechtfertigungskriterien dieses Extremangebot stützen können. Bei extremen ersten Angeboten haben Sie dann zwei Möglichkeiten der Reaktion: Entweder weisen Sie das Angebot als absolut unangemessen zurück und verlangen die Vorlage eines neuen „verhandlungsfähigen Angebots", mit dem die Gegenseite zeigt, dass sie tatsächlich an einem fairen Ergebnis interessiert ist. Diese Taktik funktioniert vor allem dann gut, wenn es innerhalb der Verhandlungsdelegation der Gegenseite Meinungsverschiedenheiten darüber gab, ob das Angebot zu aggressiv kalkuliert ist. Mit dieser konfrontativen Reaktion stärken Sie die (für Sie nützliche) Position der „Friedenstauben" im anderen Verhandlungsteam. Oder Sie nutzen die zweite Option und setzen ein eigenes extremes Angebot dagegen. Manche Käufer nennen dabei einen absurd niedrigen oder sogar negativen Kaufpreis, „damit man sich noch in der Mitte zu einem fairen Preis treffen kann". Beide Gegentaktiken erhöhen selbstverständlich das Risiko, dass die Verhandlung ohne Einigung zu Ende geht. Wenn Sie sich allerdings auf der Grundlage eines extremen Ankers ohne diese Gegenmaßnahmen normal auf die Verhandlung einlassen, vermeiden Sie die Risiken – kommen allerdings absolut sicher zu einem für Sie sehr schlechten ökonomischen Ergebnis.

Taktik 2: Jemanden gegen sich selbst verhandeln lassen

Der Trick: Wir machen ein Angebot und die Gegenseite erklärt, ohne überhaupt darauf einzugehen, dass sei „absolut unangemessen“ und verlangt ein besseres Angebot als Voraussetzung, um überhaupt weiter zu verhandeln. Eine solche Reaktion ist legitim, wenn Ihr Angebot extrem kalkuliert war und Sie dafür keine Fairnesskriterien zur Rechtfertigung nennen können. Wenn Ihr Angebot allerdings innerhalb eines legitimen Bereichs liegt, handelt es sich dabei um eine unfaire Taktik, die oft in mehreren Schleifen nacheinander angewendet wird, und mit der Sie eine einseitig schlechte Ausgangsposition für die nachfolgende Verhandlung bekommen sollen. Der Verhandlungspartner versucht dabei, Ihre Einschätzung eines angemessenen Wertes zu seinen Gunsten zu verschlechtern, indem Sie Ihre eigenen Ansprüche immer weiter reduzieren, ohne dass die Gegenseite ein eigenes Angebot gemacht hätte, sodass auch für Sie der Verhandlungsraum erkennbar wird.

Das Risiko: Die Position der Verhandlungspartnerin wird tatsächlich geschwächt, allerdings nur so lange, wie sie die Taktik nicht durchschaut. Sobald der Trick erkannt wird, wird die Verhandlung und das Ergebnis als „unfair“ bewertet und die typischen Nachteile einer zerstörten Arbeitsbeziehung werden sichtbar.

Die richtige Antwort: Etablieren Sie das Gegenseitigkeitsprinzip und fordern Sie konsequent ein Gegenangebot der Verhandlungspartnerin ein, sobald Sie ein Angebot gemacht haben. Verhandeln Sie niemals gegen sich selbst! „Ich bin überrascht, dass Sie unseren Angebotspreis für so unangemessen halten. Welchen Preis halten Sie denn für fair – und welche Kalkulation liegt diesem Preis zugrunde?“

Taktik 3: Große Zugeständnisse im Tausch für kleine Zugeständnisse fordern

Der Trick: Wir machen ein großes Zugeständnis und die Gegenseite reagiert mit einem sehr kleinen Zugeständnis, das in keinem Verhältnis steht. Damit versucht sie, auf unsere Kosten Boden gut zu machen. Es ist zwar auf keinen Fall eine ökonomisch sinnvolle Verhandlungsstrategie, sich unbedingt in der Mitte zu treffen, trotzdem sollte ausgehend von vernünftigen Angeboten der Weg zu einer Einigung ein Geben und Nehmen sein, bei dem wir darauf achten, dass die Gegenseite ausreichend große Zugeständnisse macht, damit wir ein ökonomisch gutes Ergebnis erreichen. Wir wollen gerne mehr als die Hälfte vom Kuchen – aber auf keinen Fall akzeptieren wir weniger.

Das Risiko: Wenn wir die Taktik nicht wahrnehmen, wird unsere Position geschwächt und wir bekommen deutlich weniger vom Verhandlungskuchen, als uns eigentlich zustehen würde.

Die richtige Antwort: Benennen Sie die Taktik. Erklären Sie sachlich und ohne persönlichen Vorwurf, dass Sie zu einem für beide Seiten interessengerechten fairen Ergebnis kommen wollen und es deshalb wichtig ist, dass beide Seiten ihren Beitrag leisten, damit die Differenz zwischen den ursprünglichen Positionen überwunden werden kann. Weisen Sie darauf hin, dass es nicht auf die Anzahl, sondern den Wert der Zugeständnisse ankommt, und dass die Gegenseite am Zug ist, Ihnen erst einmal noch weiter entgegenzukommen. Wenn das nicht an derselben Stelle möglich ist, suchen Sie nach einem anderen Verhandlungsthema, wo das Zugeständnis möglicherweise leichter zu erreichen, für Sie aber trotzdem werthaltig ist. Unterbrechen Sie eventuell die Verhandlung, um für sich zu kalkulieren, welchen Wert die bisherigen Zugeständnisse haben und was Sie für weitere mögliche Zugeständnisse der Gegenseite halten.

Taktik 4: Kopplung

Der Trick: Diese Taktik besteht darin, mitten in der Verhandlung eine neue Forderung zu stellen, die mit dem eigentlichen Verhandlungsthema nichts zu tun hat. In einer Verhandlung im Nahen Osten forderte eine Partei plötzlich die Freilassung eines Gefangenen in den USA, obwohl dieses Thema keinen direkten Zusammenhang mit dem Problem der eigentlichen Verhandlung hatte.

Das Risiko: Durch den Einsatz dieser Taktik kann man als irrational und unzuverlässig erscheinen. Die Gegenseite könnte ihrerseits zusätzliche Forderungen mit der Verhandlung koppeln, die die Verhandlung endgültig zum Stillstand bringen.

Die richtige Antwort: Diese Taktik zeigt, wie wichtig es ist, sich vorher oder spätestens zu Beginn der Verhandlung auf eine detaillierte Agenda zu einigen. Dann können Sie solche Themen als „nicht zum Thema unserer Verhandlung gehörend“ bewerten und zum eigentlichen Thema zurückkehren. Schlimmstenfalls schlagen Sie dann die Vertagung in eine separate Verhandlungsrunde vor, in der die neuen Themen miteinander besprochen werden können (berufen Sie sich dabei gerne auf Ihr für diese Verhandlung beschränktes Mandat, das Ihnen die Diskussion in der heutigen Verhandlung unmöglich macht).

Taktik 5: Lügen oder Bluffen

Der Trick: Bei dieser Taktik versucht die Gegenseite, uns über Aspekte der angebotenen Leistung, über den Wert ihrer Alternativen abseits vom Verhandlungstisch oder das Verhandlungsmandat zu täuschen, um bei uns den Eindruck zu erwecken, dass wir unseren Spielraum für Zugeständnisse voll ausreizen und nicht zu viel fordern dürfen, um überhaupt eine Einigung erreichen zu können. Die Verhandlungspartnerin versucht uns zu vermitteln, dass sie gar nicht nachgeben kann, weil sie dazu nicht befugt ist oder anderswo einen besseren Deal machen könnte.

Das Risiko: In Kapitel 5 werden wir die Risiken, die mit Lügen oder Bluffs verbunden sind, noch genauer untersuchen. An dieser Stelle genügt der Hinweis, dass die größte Gefahr in einem Verlust der Glaubwürdigkeit und dem Erwerb einer schlechten Reputation besteht. Je nach Situation bestehen außerdem noch erhebliche rechtliche Risiken.

Die richtige Antwort: Nichts ist besser als genaue Informationen, um die Aussagen des anderen zu überprüfen. Anstatt eine fragwürdige Aussage einfach als Lüge zu bezeichnen, wodurch die Verhandlungspartnerin auch ihr Gesicht verlieren würde, drücken Sie Ihre Überraschung aus und hinterfragen Sie die Aussage. Verlangen Sie zusätzliche Informationen oder sogar Belege. Wenn Ihr Verhandlungspartner darauf mit der Forderung reagiert, Sie mögen nicht so misstrauisch sein und ihm vertrauen, so beziehen Sie externe Dritte zur Rechtfertigung mit ein („Ich vertraue Ihnen, aber ich weiß ganz genau, dass meine Chefin das infrage stellen wird, wenn ich damit zurückkomme – die ist da immer so skeptisch. Und ich weiß nicht, was ich ihr dann sagen soll.") Beruft sich Ihre Verhandlungspartnerin auf eine Vertragsklausel oder Absprache, so bitten Sie um Vorlage des Vertrages oder des Besprechungsprotokolls („Es tut mir leid, ich habe dazu keine Informationen in meiner Akte gefunden, ich sehe mir das aber sehr gerne an, denn ich will Sie ja nicht ungerecht behandeln.").

Fragen sind ein gutes Mittel, um eine Lüge zu überprüfen, denn oft merken Sie anhand der Reaktion auf die Frage (jemand redet sich z. B. heraus und weicht aus), dass die Aussage nicht glaubwürdig war. Manchmal stellen Sie aber auch fest, dass das, was Sie für eine Lüge gehalten haben, tatsächlich die Wahrheit ist. Akten können lückenhaft sein und manchmal haben Sie die Situation der anderen auch bei gründlichster Recherche nicht korrekt eingeschätzt. Denn tatsächlich machen Wettbewerber in schwierigen Situationen manchmal Angebote, die Sie nicht für möglich gehalten hätten.

Wenn Sie in Bezug auf eine Aussage nicht sicher sind, dann machen Sie diese Aussage zur Vertragsgrundlage. Dies ist eine elegante Technik, um Lügnern den Zahn zu ziehen: „OK, ich verstehe, dass Sie nicht mehr zahlen können, wenn Sie tatsächlich ein anderes verbindliches Angebot für absolut dieselben Spezifikationen zu dem 5 % niedrigeren Preis vorliegen haben. Dann werde ich Ihnen diese 5 % noch entgegenkommen – und wir notieren in den Vertrag, dass Sie ein solches verbindliches Angebot für die gleiche Sache zu diesem Preis vorliegen haben, damit ich diese Konditionen gegenüber meiner Chefin rechtfertigen kann." Wenn es sich hier tatsächlich um eine falsche Tatsachenbehauptung handelt, erhöht sich nun das rechtliche Risiko des Verhandlungspartners massiv – aus einem möglichen Betrug (§ 263 StGB) wird nun ein gerichtsfest dokumentierter Betrug. Das Problem für den anderen ist, dass es keine legitimen Argumente gibt, Ihnen die Dokumentation dieser wichtigen Voraussetzung zu verweigern „Dann könnte man mir meinen Betrug ja nachweisen", mag Ihr Verhandlungspartner vielleicht denken, aber er kann es nicht sagen. Üblicherweise folgt deshalb der unehrenhafte Rückzug: „Ach so, Sie meinen absolut gleichwertig. Nein, es gibt da schon geringe Unterschiede in den Spezifikationen …" Dann können

Sie genau darauf abstellen, dass es bei anderen Spezifikationen natürlich auch bei Ihnen andere Preise gibt – und das Leistungspaket nochmal aufschnüren. Wenn die Gegenseite diese Formulierung trotz der rechtlichen Risiken akzeptiert, wird das nach unserer Erfahrung spätestens bei der Prüfung des Vertrages in der Rechtsabteilung beanstandet, und der andere kommt auf Sie zu und will die Klausel wieder heraus verhandeln. Und dann wissen Sie natürlich, dass Sie jetzt ein wertvolles Gut in der Verhandlung anzubieten haben: Den Betrug des anderen wieder aus der Akte zu entfernen. Üblicherweise ist Ihr Verhandlungspartner in diesem Moment sehr nachgiebig, wenn es um den Preis geht.

Wenn Sie die Konditionen des behaupteten Alternativangebotes abseits vom Verhandlungstisch nicht akzeptieren wollen, dann beglückwünschen Sie den Verhandlungspartner zu diesem außergewöhnlich guten Angebot (vielleicht ergänzen Sie eine Bemerkung wie „verrückt, ich weiß nicht wie der Wettbewerber das machen will"), brechen die Verhandlung ab und erklären, dass Sie Ihr Angebot auf Wiedervorlage legen werden und er sich jederzeit melden kann, wenn es mit der Realisierung des Alternativangebotes doch noch zu Problemen kommen sollte.

Taktik 6: „Der rote Hering" (Scheinkonzession)

Der Trick: Die Verhandlungsführerin der Gegenseite bezeichnet eine bestimmte Forderung als „ganz besonders wichtig", die für Sie kaum oder nicht zu erfüllen ist. Nachdem Sie diese Forderung längere Zeit aufrechterhalten hat, gibt sie sie demonstrativ auf und fordert im Gegenzug von Ihnen ein großes Zugeständnis an einer anderen Stelle, die ihr tatsächlich sehr wichtig ist.

Das Risiko: Zunächst einmal ist diese Technik wenig effizient, denn die Parteien verwenden viel Zeit darauf, eine unrealistische Forderung zu diskutieren. Sie sind lange damit beschäftigt, Punkte vom Tisch zu bekommen, die wichtig erscheinen aber tatsächlich trivial sind. Das lohnt sich nur, wenn Sie auf die Taktik hereinfallen und tatsächlich substanzielle Zugeständnisse im Ausgleich für diese „Scheinkonzessionen" anbieten. Durch die unrealistischen Forderungen kann das Verhandlungsproblem außerdem als unlösbar erscheinen und die Verhandlung unnötig zum Stillstand kommen, insbesondere wenn die Erfolgsaussichten bei den internen Diskussionen mit Ihren Auftraggebern aufgrund dieser Scheinforderungen als zu niedrig bewertet werden. Ein weiteres Risiko besteht darin, dass die Gegenseite darauf eingeht und den „roten Hering" akzeptiert und dies als substanzielles Zugeständnis bewertet, obwohl es für Sie gar kein wichtiger Beweggrund gewesen ist und Sie lieber an anderer Stelle das Zugeständnis bekommen hätten, wo es sich für Sie viel mehr auszahlen würde.

Die richtige Antwort: Wenn Sie mit einer Forderung konfrontiert werden, die Sie für einen „roten Hering" halten, dann hinterfragen Sie gründlich die Beweggründe, die zu dieser Forderung führen. Wenn der andere dann auf der Wichtigkeit besteht, machen Sie deutlich, dass Sie nur einen gewissen Spielraum für Zugeständnisse haben, und wenn Sie ihm an dieser Stelle entgegenkommen, dann haben Sie keinen Spielraum mehr für Zugeständnisse an anderer Stelle. Wenn Sie den anderen nach seinen Prioritäten fragen, kriegen Sie „rote Heringe" üblicherweise schnell vom Tisch.

Taktik 7: Einen Gefallen um der Beziehung willen

Der Trick: Ein Verhandler betont die Bedeutung der Beziehung, wenn er ein Zugeständnis in der Sache erreichen will: „Mein Freund, bitte tu das für mich." Das bringt uns in Versuchung, ihm „diesen Gefallen" um der Beziehung willen zu tun, vor allem wenn das Zugeständnis nicht zu teuer für uns ist. Damit belohnen wir allerdings diese Taktik und das Risiko steigt, dass der andere auch in zukünftigen Verhandlungen solche einseitigen Zugeständnisse einfordern wird – die Beziehung gerät in Schieflage auf unsere Kosten.

Das Risiko: Diese Taktik frustriert irgendwann die Angesprochene und kann sie dazu bringen, den Wert der Beziehung insgesamt infrage zu stellen („Was ist das für eine ‚partnerschaftliche Beziehung', wenn das immer auf meine Kosten geht?") Aber auch wenn das Zugeständnis abgelehnt wird, beschädigt das die Beziehung („Bin ich nicht einmal den Gefallen wert?") Besonders problematisch an dieser Taktik ist, dass sie das Problem personalisiert und die andere Person zu einem bloßen Werkzeug der eigenen Bedürfnisbefriedigung macht.

Die richtige Antwort: Sie müssen zu dem in Kapitel 1 dargelegten Prinzip zurückkehren: Trennen Sie das Sachproblem von den Personen am Tisch bzw. der Beziehung. Die Antwort ergibt sich auf elegante Weise aus diesem Ansatz: „Du willst doch nicht, dass ich denke, dass du nur darum bittest, weil ich dein Freund bin. Ich weiß, dass du nicht beleidigt wärst, wenn ich ablehne, weil wir ja Freunde sind."

Taktik 8: Guter Bulle/Böser Bulle

Der Trick: Diese Taktik ist inspiriert von der Verhörtechnik, bei der ein Polizist eine Verdächtige anschreit und attackiert und dann den Raum verlässt, um „sich zu beruhigen". In der Zwischenzeit erklärt ein zweiter Polizist, der die Verdächtige extrem respektvoll und wertschätzend behandelt, dass es ratsam wäre, mit ihm zu kooperieren, „damit wir den anderen besser raushalten können". Bei Teamverhandlungen erlebt man oft ein ähnliches Rollenspiel. Ein Teammitglied, der „böse Bulle", lehnt jegliche Zugeständnisse ab und vertritt eine sehr harte Linie. Der andere Verhandler, der „gute Bulle", versucht daraufhin, mit der anderen Partei zu verhandeln („Ich versuche eine Brücke zu bauen, aber ich brauche etwas, damit ich mein Team überzeugen kann"), die angesichts der Vehemenz des „bösen Bullen" eher zu Zugeständnissen bereit ist.

Das Risiko: Diese Taktik birgt mehrere Schwächen. Sie erfordert eine fließende Interaktion zwischen den beiden Verhandlern und führt oft dazu, dass sie sich auf ihre

Rollen konzentrieren, statt auf die Probleme der Verhandlung. Es kann sein, dass die Gegenseite verwirrt wird, die gar nicht mehr weiß, was die aktuelle Position ist, und ob eine Einigung realistisch erscheint. Vor allem aber kann die Taktik schnell aufgelöst werden, wenn die Gegenseite richtig reagiert.

Die richtige Antwort: Wenn Sie mit diesem Szenario konfrontiert werden, sollten Sie die beiden Akteure auffordern, ihre Bemühungen und Positionen besser zu koordinieren. Unterbrechen Sie die Verhandlung für eine Auszeit: „Ich sehe bei Ihnen gibt es offensichtlich noch internen Abstimmungsbedarf. Dann unterbrechen wir doch jetzt die Verhandlung und setzen dann fort, wenn Sie sich abgestimmt haben, wie Ihr Unternehmen zu dem Vorschlag steht."

Taktik 9: Mit einem Fuß aus der Tür

Der Trick: Nachdem bereits viel Zeit in die Verhandlung investiert wurde, droht der Verhandlungspartner damit, den Tisch verlassen zu wollen, wenn Sie nicht erhebliche Zugeständnisse machen. In der Folge tut er jedes Mal, wenn er selbst um etwas gebeten wird, so, als ob er bereits mit einem Fuß aus der Tür und die Verhandlung kurz vor dem Scheitern wäre. Diese Taktik ist eine Form der Destabilisierung, wie wir sie in Kapitel 6 genauer kennenlernen werden, und sie hat erhebliche emotionale Auswirkungen.

Das Risiko: Die Vorgehensweise erhöht die Spannung in der Arbeitsbeziehung erheblich und kann zu einer unkontrollierbaren Eskalation und dem Scheitern der Verhandlung führen. Wie das Sprichwort sagt: „Wer gackert, muss auch ein Ei legen." Wenn eine Partei sagt „ich gehe" und die andere Partei entgegnet „nur zu", hat der taktierende Verhandler nur noch die Wahl zwischen zwei schlechten Optionen: tatsächlich zu gehen, obwohl er das gar nicht wollte, oder seine Drohung nicht wahrzumachen und seine Glaubwürdigkeit zu verlieren, wie ein Pokerspieler, der beim Bluffen erwischt wird.

Die richtige Antwort: Die beste Reaktion ist, Ruhe zu bewahren. Das erfordert allerdings eine gute Selbstbeherrschung, wie wir in Kapitel 6 noch besprechen werden. Sehen Sie diese Situation als Gelegenheit, eine Pause einzulegen und über den Verhandlungsprozess zu reflektieren. Teilen Sie der Gegenseite mit, dass Sie weiterhin zur Verfügung stehen und sich darauf freuen, an den Verhandlungstisch zurückzukehren, wenn sie dazu bereit ist. Tatsächlich hängt in diesem Szenario alles davon ab, wie gut Ihre Optionen abseits vom Verhandlungstisch sind.

Taktik 10: Mir sind die Hände gebunden

Der Trick: Die Verhandlerin der Gegenseite erklärt Ihnen, dass sie Ihrer Forderung gerne nachkommen würde, aber ihr Mandat oder „unsere Geschäftspolitik" das leider nicht zulässt.

Das Risiko: Sich ständig hinter solchen Klauseln zu verstecken, mindert die Glaubwürdigkeit der Verhandlungspartnerin. Sie wirkt zunehmend ohnmächtig und unfähig, eine sachgerechte Einigung zu erzielen. Außerdem wird deutlich, dass es sich um eine seltsame Situation handelt, wenn diese „Sachzwänge" nur dann auftreten, wenn es um Dinge zu Ihren Gunsten geht.

Die richtige Antwort: Wenn sich die Verhandlungspartnerin hinter ihrem Mandat versteckt, können Sie ihr Hilfe bei der Ausarbeitung einer Argumentation anbieten, die sie ihren Auftraggebern vorlegen kann, um ein erweitertes Mandat zu erhalten. Wenn dies nicht gelingt, können Sie vorschlagen, die Verhandlungen mit der Vorgesetzten der anderen Partei fortzusetzen, wobei Sie betonen, dass Sie auf jeden Fall darauf hinweisen werden, dass sie ihr Mandat eingehalten hat („Wer in Ihrem Unternehmen müsste denn noch mit hier am Tisch sitzen, damit wir diese Frage offen diskutieren können?")

Taktik 11: Nachforderungen

Der Trick: Diese Taktik ähnelt dem „Verhandeln gegen sich selbst", das wir Ihnen bereits vorgestellt haben. Ihre Verhandlungspartnerin macht Ihnen ein Angebot und zieht es zurück, sobald sie es annehmen wollen, und ersetzt es durch eine höhere Nachforderung. Sie versucht, weitere Zugeständnisse aus Ihnen herauszuholen, indem sie jedes Mal ein wenig mehr verlangt, sobald sie Ihre ursprüngliche Forderung erfüllen wollen. Dabei hofft die Verhandlungspartnerin darauf, dass Sie bereits so in die Verhandlungen verstrickt sind, dass Sie es „wegen so einer Kleinigkeit" jetzt nicht mehr scheitern lassen wollen.

Sehr oft wird diese Taktik auch so gespielt, dass Ihre Verhandlungspartnerin bei Ihnen den Eindruck erweckt, dass sie miteinander den Deal abschließen können, wenn aber eine Einigung erzielt ist, beiläufig erwähnt, dass sich ihre Chefin vorbehalten habe, den Deal endgültig freizugeben, das sei aber „eine bloße Formsache". Am nächsten Tag ruft sie dann an und stellt im Namen der Chefin eine Nachforderung zur Freigabe des Deals.

Das Risiko: Nicht immer erkennt ein Verhandler diese Taktik sofort, aber wenn das Prinzip einseitiger Nachforderungen erkannt wird, wird er im Gegenzug Zugeständnisse von Ihnen zum Ausgleich fordern oder die Verhandlung abbrechen, denn das Zurückziehen einmal gemachter Angebote in einer Verhandlung gilt in unserer Verhandlungskultur als sehr unfaires Mittel und Zeichen für eine mangelnde Integrität.

Die richtige Antwort: Gegen die Nachforderung mit dem Argument der unzufriedenen Chefin schützen Sie sich am besten dadurch, dass Sie die Frage der Abschlussvollmacht zu Beginn der Verhandlung ausdrücklich klären: „Ich bin bevollmächtigt, für mein Unternehmen diese Verhandlung zu führen und auch rechtsverbindlich abzuschließen, wenn wir uns einig sind. Darf ich fragen, ob auch Sie Abschlussvollmacht besitzen?“ Falls die Gegenseite keine Vollmacht besitzt, sondern die Einigung nur vorbereiten soll, müssen Sie sich immer noch ein substanzielles Zugeständnis für diejenige Stelle aufheben, die die Vereinbarung am Ende ratifizieren muss.

Ansonsten ist es auch hier wichtig, die Taktik frühzeitig zu erkennen und konsequent auf Gegenseitigkeit zu bestehen. Wenn die Gegenseite eine Nachforderung stellt, sollten Sie ihrerseits auch eine Nachforderung stellen oder ein an anderer Stelle gemachtes Zugeständnis wieder zurücknehmen, sodass die Zugeständnisse insgesamt wieder in Balance kommen.

Taktik 12: Das Ultimatum

Der Trick: Ihre Verhandlungspartnerin macht Ihnen ein Angebot und erklärt „take it or leave it“, manchmal auch noch mit einer Frist, bis zu der Sie es akzeptieren müssen. Damit will sie Sie zwingen, ihr Angebot gegen Ihre beste Alternative abseits des Verhandlungstischs zu bewerten und Ihre Zielvorstellung aus den Augen zu verlieren. Eine Sonderform dieser Taktik ist die Angebotsstrategie „Boulwarismus“, die nach Lemuel Boulware benannt wurde, der als Vizepräsident für Tarifverhandlungen von General Electrics eine aggressive Verhandlungsstrategie mit den Gewerkschaften etablierte. Er unterbreitete zu Beginn der Verhandlung ein „erstes, faires, festes und finales Angebot“ und forderte sie auf, entweder zu akzeptieren oder aufzustehen und zu streiken.

Das Risiko: Diese Taktik verwandelt die Verhandlung in eine reine Entscheidungsaufgabe: Hat die Gegenseite eine bessere Alternative, kann die Verhandlung scheitern, obwohl eine attraktive Einigung für beide Seiten möglich gewesen wäre. Außerdem werden bei dieser einseitigen dominanten Strategie die Wertschöpfungspotenziale verspielt, die, wie wir zu Beginn dieses Kapitels gesehen haben, durch kooperatives Verhandeln geschöpft werden können. Außerdem wirkt dieser dominante Verhandlungsstil sehr freiheitseinschränkend, was massive emotionale Abwehrreaktionen hervorrufen und irrationale Reaktionen des Verhandlungspartners begünstigen kann (sogenannte Reaktanz). Im günstigsten Fall, dass ein solches Ultimatum angenommen wird, wird regelmäßig die Beziehung massiv belastet, mit allen negativen Folgen.

Die beste Antwort: Die Gegenmaßnahmen hängen davon ab, wie gut Ihre Alternativen abseits des Verhandlungstischs sind. Wenn die Gegenseite sich bewusst ist, dass Sie sehr schlechte Alternativen haben, wird sie diese Tatsache zu ihrem Vorteil ausnutzen wollen. Ihre schlechten Alternativen werden dann als Rechtfertigung für das niedrige Angebot angeführt. Schon deshalb sollten Sie Ihre Alternativen abseits vom Verhandlungstisch vor der Gegenseite so gut wie möglich verbergen. In der Verhandlung ist es meist die beste Reaktion, das Ultimatum in ein normales Angebot umzudeuten und das Ultimatum zu ignorieren. Unterbreiten Sie ein Gegenangebot, versuchen Sie mindestens noch wertschöpfende Optionen in das Angebot zu integrieren, sodass Sie zusätzlichen Nutzen erzielen können, ohne dass die Gegenseite auf viel verzichten muss. Die meisten Ultimaten in Verhandlungen sind ein Bluff und wenn Sie ruhig bleiben, mit der sachbezogenen Verhandlung fortfahren und die Aufmerksamkeit der Gegenseite auf den Nutzen richten, den Sie ihr in einer Vereinbarung bieten können, dann lösen sie sich im Laufe der Zeit einfach in das auf, was sie von Anfang an waren: heiße Luft.

Taktik 13: Die Kirsche auf der Torte

Der Trick: Am Ende der Verhandlung, wenn die Vereinbarung fertig ausverhandelt und fast schon abgeschlossen wurde, kommt die Verhandlungspartnerin noch mit einer kleinen zusätzlichen Forderung, von der bislang keine Rede war. Zum Beispiel, dass Sie „selbstverständlich" die Transportkosten übernehmen müssen, damit der Deal abgeschlossen werden kann. Sie werden so vor die Wahl gestellt, entweder dieses zusätzliche Zugeständnis zu akzeptieren oder die Verhandlung neu aufzurollen mit allen damit verbundenen Risiken. Wenn die Nachforderung sich auf einen kleinen Aspekt bezieht, der bislang noch keine große Rolle in der Verhandlung gespielt wird, wird die „Kirsche" meist akzeptiert.

Das Risiko: Im schlimmsten Fall ist die Kirsche der sprichwörtliche Tropfen, der das Fass zum Überlaufen bringt, und die ansonsten zufriedenstellende Einigung zerstört. Im besten Fall findet die andere Seite die Kirsche ziemlich bitter und schwört, den verlorenen Wert in zukünftigen Verhandlungen zurückzugewinnen.

Die beste Antwort: Sie sollten darauf hinweisen, dass Sie ein fertiges Paket geschnürt haben, das für Sie beide fair und interessengerecht ist. Wenn jetzt eine Seite Nachforderungen stellt, müsste das gesamte Paket aufgeschnürt und neu geprüft werden, wie die Nachforderung an anderer Stelle kompensiert werden kann. Normalerweise führt diese Ankündigung dazu, dass die Gegenseite ihre Forderung zurückzieht. Sie könnten auch vorschlagen, dass das Thema bei künftigen Vereinbarungen berücksichtigt werden kann, wenn es von Anfang an auf der Agenda steht.

Wir möchten noch einmal betonen, dass diejenigen, die eine solche Taktik anwenden, sich ihrer Folgen bewusst sein müssen. Sicherlich führen solche Taktiken manchmal kurzfristig zu einer gewissen Verbesserung des eigenen Ergebnisses, allerdings auf Kosten der Gegenseite, die dies spätestens nach der Verhandlung realisiert und für die Implementierung und zukünftigen Verhandlungen mit negativer Einstellung und Rachegelüsten kein guter Geschäftspartner für Sie sein wird. Außerdem werden solche Taktiken auch nur gegenüber unerfahrenen Verhandlerinnen erfolgreich sein. Verhandlungsprofis werden ihnen nicht nachgeben, aber aufmerksam zur Kenntnis nehmen, dass ihr Verhandlungspartner sie mit unfairen Mitteln übervorteilen will. Insofern bringen solche Taktiken nicht beherrschbare Risiken in die Verhandlung, die

Verhandlungsprofis in ihren Verhandlungen nicht eingehen wollen, denn professionelles Verhandeln ist kein Glückspiel, sondern strategische und kontrollierte Herbeiführung von erfolgreicher Bedürfnisbefriedigung.

Der Nationalspieler und der „Piranha" – Im Sommer 2025 lief der Vertrag des Fußball-Nationalspielers Leroy Sané beim FC Bayern München aus. Der Spieler wollte gerne in München bleiben und auch der Verein wollte ihn weitere Jahre an sich binden. Im Frühjahr wurde ein neuer Vertrag ausgehandelt. Gegenüber den Medien wurde Ende April erklärt, dass beide Seiten Einigkeit über den neuen Vertrag erzielt haben und die Unterschrift „Formsache" sei. Kurz darauf wurde bekannt, dass der Spieler sich plötzlich von seinem alten Berater getrennt hat und als neuen Berater Pini Zahavi engagiert hat, der einen zweifelhaften Ruf in der Branche genießt und von FC Bayern Ehrenpräsident Hoeneß einst als „geldgieriger Piranha" bezeichnet wurde. In den Medien wurde jetzt lanciert, der Vertragsabschluss würde vielleicht noch scheitern und Sané München doch verlassen, wenn der FC Bayern nicht noch ein hohes Handgeld zusätzlich zahlen wird. Die Reaktion des Vereins auf dieses „Foulspiel": Es gehe sie nichts an, wen ein Spieler als Berater engagieren will, aber der Vertrag sei ausverhandelt und von beiden Seiten akzeptiert und werde auch nicht mehr nachgebessert. Diese Entscheidung des Vereins ist mit Blick auf Reputation und Präzedenzwirkung absolut notwendig, denn wenn man der Nachforderung eines neuen Beraters nachgibt, würde erstens der bisherige Berater und kooperative Verhandlungspartner beschädigt und ein Zeichen gegeben, dass der Verein mit eskalierenden Nachforderungen erpresst werden kann. Jetzt ist der Spieler am Zug und muss sich entscheiden, ob er seine Nachforderungen zurückzieht oder den Verein tatsächlich verlässt, obwohl er eigentlich lieber in München geblieben wäre. Wichtig ist, ihm einen gesichtswahrenden Rückzug offenzuhalten, was der Verein mit seiner wertschätzenden Kommunikation und der Hoffnung, der vereinbarte Vertrag werde wie ausgehandelt unterschrieben, ermöglicht. Sportvorstand Max Eberl kommentierte auf der Pressekonferenz: „Das Schöne an der Situation ist: Es gibt kein böses Blut. Man spürt bei Leroy – mein Empfinden – dass er schon gerne bleiben möchte. Jetzt schauen wir mal, was die nächsten Tage passiert."

Nachdem der FC Bayern München aus den geschilderten Gründen die Konditionen nicht mehr substanziell nachbessern konnte, Sané aber unbedingt mehr Geld wollte, unterschrieb er schließlich bei Galatasaray Istanbul – im Ergebnis für ihn ein sportlicher Abstieg. Gleichzeitig hat der Verein ein klares Zeichen gesetzt, dass man sich nicht erpressen lässt, wenn ein Verhandlungspartner „Foulspiel" begeht.

Ein sachbezogener Ansatz für die Verteilung von Wert

Bei der sachbezogenen Verteilung des Verhandlungswertes sind der entscheidende Hebel für die Verhandlerin die im Rahmen der Vorbereitung (Kapitel 2) erarbeiteten Fairnessargumente und Rechtfertigungskriterien. Um diese quantitativen Aspekte der Verhandlung zu bewältigen, sollte jede Partei mehrere Schlüsselgrößen verstehen, wie zum Beispiel ihre Verhandlungsziele und Reservationspreise.

Der Optimale Zielwert (Optimal Aspiration Value, OAV) ist das optimistischste Ergebnis, das der Verhandler gerade noch rechtfertigen kann. Es ist üblicherweise der Ankerwert, der dem ersten Angebot zugrunde liegt. Im Falle eines Verkäufers ist der Wert hoch, bei einer Käuferin ist der Wert niedrig. Der OAV ist niemals willkürlich, sondern beruht auf – wenn auch einseitigen – Rechtfertigungskriterien. Denken Sie zur Berechnung Ihres OAV nicht wie ein Richter, der eine faire Abwägung vornimmt, sondern wie ein „Anwalt in eigener Sache", der die für Sie günstigste Perspektive einnehmen soll und alle gegenteiligen Argumente der Verantwortung der Gegenseite überlässt. Betrachten Sie nur die für Sie günstigen Argumente. Wenn es mehrere mögliche Perspektiven gibt, gehen Sie von der aus, die für Sie am vorteilhaftesten ist.

Wenn Sie zum Beispiel Ihr Unternehmen verkaufen, gibt es mehrere sogenannte Multiples, mit denen Sie Ihr Unternehmen bewerten können. Suchen Sie sich dasjenige aus, das für Sie zum besten Ergebnis kommt und das Sie gerade eben noch rechtfertigen können – nicht das, was aus wissenschaftlicher Sicht am besten passen würde. OAV-Berechnung ist keine wissenschaftliche Arbeit und auch kein Urteil – es ist ein parteiliches Statement zu Ihren Gunsten.

Der Reservationswert (Reservation Value, RV) ist die unterste Grenze für eine Verhandlerin. Bei einer professionellen ökonomischen Vorbereitung auf die Verhandlung entspricht dieser Wert dem Wert der besten alternativen Option abseits vom Verhandlungstisch (BATNA). Der RV ist kein wünschenswertes Ergebnis, sondern der Abbruchpunkt für die Verhandlung.

OAV und RV begrenzen den Verhandlungsrahmen für eine Verhandlerin. Zwischen ihnen liegen noch weitere Zwischenpunkte, z. B. durch andere Fairnessargumente oder Präzedenzfälle gerechtfertigte Ergebnisse oder auch ein ambitionierter aber realistischer Zielwert (Target Value, TV), den sich die Verhandlerin (oder ihre Auftraggeberin) zusätzlich zum idealistischen OAV gesetzt hat.

Wenn der Maximalbetrag (RV), den ein Käufer anbieten kann, über dem Minimalpreis liegt, den die Verkäuferin noch akzeptiert (RV), gibt es einen Einigungsraum (Zone of possible agreements, ZOPA), in dem sich die Verhandlungsparteien am Ende einigen sollten, wenn sie keine Fehler im Verhandlungsprozess machen **(Abbildung 4.2)**.

Wichtig ist, dass die Parteien, wenn sie sich ein ambitioniertes Verhandlungsziel (TV) gesetzt haben, dieses Ziel nicht mit dem Abbruchpunkt (RV) verwechseln. Sie

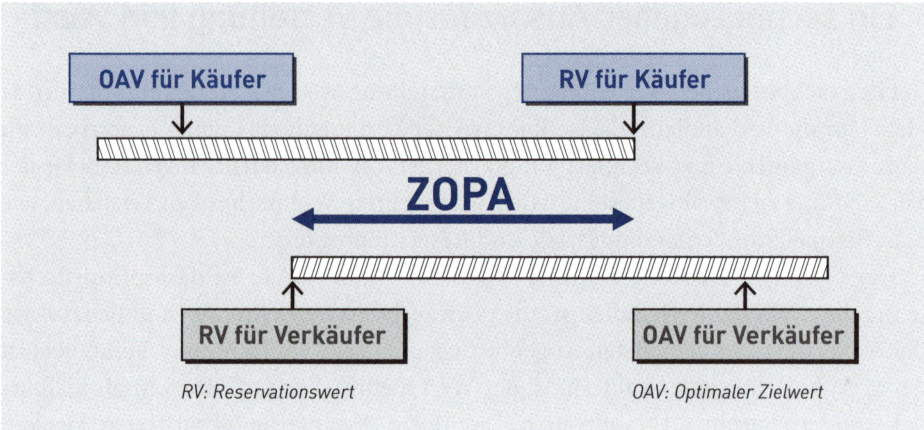

Abbildung 4.2 Einigungsraum (ZOPA)

sollen das Ziel verfolgen, sie sollen alles versuchen, um dieses vorteilhafte Ergebnis zu erreichen. Aber es kommt oft vor, dass sich eine Partei ein Ziel setzt, das außerhalb der ZOPA liegt. Dann ist es wichtig, dass man flexibel bleibt, um im Laufe der Verhandlung zu realisieren, dass das ursprüngliche Ziel nicht erreichbar ist, und es nach unten korrigiert. Denn es wäre ökonomisch sehr schädlich, wenn die Verhandlungen scheitern, weil man ein Angebot ablehnt, das nicht dem Zielwert entspricht – und im Nachhinein nur den noch deutlich niedrigeren Reservationspreis (seine BATNA) realisieren kann. Im Laufe der Verhandlung ist der Zielwert der Leitstern – in der letzten Sekunde der Verhandlung darf es nur noch der RV sein, wenn man sich nicht selbst schädigen will.

Es kommt aber auch vor, dass es in einer Verhandlungssituation keine ZOPA gibt, weil der höchste akzeptable Preis der Käuferin unter dem niedrigsten akzeptablen Preis der Verkäuferin liegt. In diesem Fall gibt es ökonomisch betrachtet keine für beide Parteien günstige Lösung, die besser wäre als ihre beste Handlungsoption abseits vom Verhandlungstisch. Wenn die Bestimmung der Reservationswerte im Rahmen der Vorbereitung korrekt erfolgt ist, sollte die Verhandlung mit einem professionellen Abbruch unter Wahrung einer guten Arbeitsbeziehung enden.
Ein einfaches Beispiel – der Verkauf eines gebrauchten Flügels – verdeutlicht dieses verhandlungsökonomische Konzept.

Der gebrauchte Flügel – Eine Musiklehrerin möchte ihren alten Flügel verkaufen, weil sie sich einen höherwertigen neuen Flügel kaufen will. Sie hätte am liebsten 8000 Euro für den Flügel, dies ist ihr Optimaler Zielwert (OAV). Diesen Preis rechtfertigt sie für sich damit, dass es der höchste Preis für ein ähnliches Instrument ist, den sie im Internet gefunden hat. Sie hat die Seite ausgedruckt, um sie bei Bedarf zeigen zu können. Sie veröffentlicht eine Anzeige in einer Fachzeitschrift mit dem Text „8000 Euro Verhandlungsbasis". Sie lässt den Flügel vom örtlichen Händler schätzen, der anbietet, ihn für 5800 Euro zu kaufen; diese Summe ist ihr Reservationswert (RV), für den sie den Flügel in jedem Fall sicher verkaufen kann. Es ist damit auch ihre beste Handlungsoption abseits vom Verhandlungstisch (BATNA). Sie findet heraus, dass der Händler den Flügel wohl für etwa 7300 Euro verkaufen würde, da ein ähnliches Instrument zu diesem Preis ausgestellt ist. Auf Basis dieses Kriteriums legt sie ihren Zielwert (TV) auf 7300 Euro fest, da solche Flügel in dieser Gegend wohl zu diesem Preis gehandelt werden.

Ein Amateurpianist ist auf der Suche nach einem gebrauchten Flügel und hört von der Anzeige der Musiklehrerin. Ausgehend von seinen Ersparnissen kann er sich mehr als 6500 Euro auf keinen Fall leisten; dies ist sein Reservationswert (RV). Er hat ein ähnliches Instrument - allerdings von schlechterer Qualität - für 5200 Euro im Internet gefunden und ist bereit, schlimmstenfalls diesen Flügel zu kaufen. Dies ist seine beste Handlungsoption abseits vom Verhandlungstisch und gleichzeitig sein Optimaler Zielwert (OAV), der Preis, zu dem er im Idealfall den Flügel von der Musiklehrerin kaufen wird.

In diesem Fall, in dem kaum Möglichkeiten für Wertschöpfung bestehen, liegt die ZOPA der Verhandlung zwischen 5800 Euro und 6500 Euro. Der Verhandlungsspielraum ist damit relativ klein, aber die Verhandlung und die Festlegung des endgültigen Kaufpreises kann durch die Asymmetrie von Informationen noch erheblich beeinflusst werden. Nehmen wir zum Beispiel an:

- Der Käufer wüsste, dass die Musiklehrerin gerade ihr Trauminstrument zum Preis von 14.500 Euro angeboten bekommen hat, und ihren alten Flügel möglichst schnell verkaufen muss, um das neue Instrument kaufen zu können, bevor es ihr ein anderer Interessent vor der Nase wegschnappt. Diese Tatsache könnte sie sehr kompromissbereit machen und sie ziemlich nahe an ihren Reservationswert von 5800 Euro herantreiben.
- Die Verkäuferin wüsste, dass der Käufer unbedingt ihren Flügel kaufen will, weil es dasselbe Instrument ist, auf dem er früher in der Musikschule Unterricht hatte. Diese gefühlsmäßige Bindung wird ihn ggf. dazu bringen, seinen Reservationswert von 6500 Euro voll auszuschöpfen - wenn nötig.

Überschätzen Sie aber bitte nicht den praktischen Nutzen, der mit den Konzepten von ZOPA und Fairnesskriterien verbunden ist. Denn die Reservationswerte, die die ZOPA bestimmen, werden eben von den Verhandlungsparteien üblicherweise nicht offengelegt, die Suche nach der ZOPA bleibt damit eine Forschungsreise ins unentdeckte Land. Und selbst wenn die ZOPA für die Parteien transparent wäre, müsste immer noch festgelegt werden, wo innerhalb dieses Einigungsraums die endgültige Vereinbarung liegen soll. Die 50 : 50-Lösung[31] scheint zwar naheliegend, ist aber in der

Praxis meist keine gute Lösung. Wer das „Kommunikationsschach“ gut beherrscht, möchte gerne mehr als die Hälfte für sich gewinnen.

Zurück zum Flügel-Fall – Die verfügbaren objektiven Kriterien rechtfertigen einen Preis von 5800 Euro oder 7300 Euro, was den An- und Verkaufspreisen beim örtlichen Händler entspricht. Dabei können wir ggf. noch Kosten für Wartung oder Wertverlust im Verhältnis zum Zustand des im Geschäft ausgestellten Instrumentes berücksichtigen. Mit diesen Kriterien können wir den fairen Preisrahmen genauer eingrenzen, wir können aber keinen genauen Preis daraus ableiten. Auch das 50 : 50-Prinzip führt hier nicht zu einer klaren Lösung. Nehmen wir die Differenz zwischen An- und Verkaufspreis (7300 € – 5800 € = 1500 €; 1500 € / 2 = 750 €) ergibt sich ein Preis von 6550 Euro. Teilen wir aber den Raum zwischen den Reservationspreisen (5800 € und 6500 €) läge der Preis bei 6150 Euro. Oder wir treffen uns in der Mitte der Optimalen Zielwerte (OAV, 8000 € und 5200 €), dann ergäben sich 6600 Euro, was sogar außerhalb der ZOPA liegt.

Das Beispiel zeigt, dass es eine Vielzahl möglicher Ergebnisse gibt und eine ganze Reihe von fairen Ergebnissen. Es ist daher wichtig sich zu erinnern, dass auch sachbezogenes Verteilungsverhandeln keine objektive „Fairnessmathematik“ ist, bei der man das eine faire Ergebnis ausrechnen kann. Weil verschiedene Kriterien zu unterschiedlichen Ergebnissen führen, die jeweils die eine oder die andere Partei mehr begünstigen, bleibt immer ein gewisser Raum, bei der das geschickte Verhandeln darüber entscheidet, welches Ergebnis zu wessen Gunsten aus der Menge der möglichen fairen Ergebnisse ausgewählt wird. Anders formuliert: Wertverteilung in einer Verhandlung ist immer ein Schachspiel, auch bei sachbezogener Verhandlungsführung mit Rechtfertigungskriterien für Ergebnisse.

Wie Perelman schon erkannte,[32] ist es leichter festzustellen, was unangemessen ist, als was angemessen wäre. Das gilt für Vereinbarungen und Ankerpreise gleichermaßen. Im Fallbeispiel des Flügelverkaufs wären sowohl 10.000 Euro als auch 2000 Euro unangemessene Angebote, die die jeweils andere Partei als unfairen Versuch der Übervorteilung verstehen würde. Solche Bewertungen fallen innerhalb der ZOPA sehr schwer. Das schafft den Verhandlungsrahmen des sachbezogenen Verteilungsverhandelns, bei dem sich die Partei mehr durchsetzen wird, die das Verteilungsverhandeln besser beherrscht. Verteilungsverhandeln bedeutet daher immer zu versuchen, sich seinem Zielpreis (TV) möglichst anzunähern, und dabei ein Gefühl der Ungerechtigkeit beim Verhandlungspartner zu vermeiden.

Einen großen Einfluss auf die Verteilung des Wertes in einer Verhandlung hat auch das Prinzip des „Ankerns“, das wir Ihnen bereits vorgestellt haben. Die erste Zahl, die in einer Verhandlung auf den Tisch gelegt wird (der „kognitive Anker“), setzt den Startpunkt für alle weiteren Diskussionen und hat einen großen Einfluss auf die Entscheidungen der Akteure. Erinnern Sie sich bitte: Wenn Sie die Situation mindestens genauso gut einschätzen können, wie Ihre Verhandlungspartnerin, dann überwiegen die Vorteile des ersten Angebots in der Regel die Nachteile.

Natürlich könnte es passieren, dass Ihnen die Gegenseite ein unerwartet hohes erstes Angebot macht, und Sie dann ihre Erwartungshaltung noch anpassen und mehr fordern könnten als ursprünglich geplant. Aber noch wahrscheinlicher ist eben in solchen Situationen, dass die Gegenseite einen ungünstig niedrigen Anker setzt und Ihre Verhandlungsposition damit schwächt. Mit der x-plAn-Strategie (extremstes plausibles Angebot), die wir Ihnen vorgestellt haben, können Sie die Nachteile des ersten Angebots abfedern und dennoch die Vorteile eines für Sie attraktiven Ausgangspunktes für die Verhandlung sichern.

Verhandlungsmacht ist eine Entscheidung

Seit Jahrzehnten treffen wir Autoren in Verhandlungstrainings überwiegend auf Menschen, die sich in einer schlechten Ausgangslage fühlen:

- Die Verkäufer verweisen auf die große Transparenz, die Austauschbarkeit und „gnadenlose Praktiken“ der Einkäufer;
- Die Einkäuferinnen sagen, dass sie kaum eine Chance haben, faire Konditionen durchzusetzen, weil die Fachabteilungen ihnen ständig in den Rücken fallen und mit den Vertrieblern konspirieren;
- Das Management beschwert sich über die übertriebene gesetzliche Position deutscher Betriebsräte;
- Betriebsräte und Gewerkschaften verweisen auf die faktische Macht des Managements;
- Verbandsvertreterinnen und Ministerialbeamte halten sich gegenseitig für in der deutlich besseren Position.

Manchmal sitzen diese Menschen nebeneinander im Seminar und streiten sich, wer „echt wirklich wahr“ weniger Verhandlungsmacht besitzt. Tatsächlich haben sie alle Recht und Unrecht zugleich. Sie sind tatsächlich wenig mächtig, allerdings ist das keine unveränderliche Tatsache, sondern selbstverschuldetes Schicksal. Die meisten Verhandlerinnen halten Verhandlungsmacht für etwas Objektives, ähnlich einer physikalischen Kraft. Man „hat“ Verhandlungsmacht oder eben nicht – dann „hat man Pech“. Und das ist das große Missverständnis.

Es gibt viele verschiedene Konzepte und Definitionen von Macht, doch für die Verhandlungspraxis ist besonders die Machttheorie von Morton Deutsch hilfreich. Ihr Herzstück bildet folgende Aussage:

„Macht ist ein Begriff, der eine Beziehung ausdrückt. Er gehört nicht zum Individuum, sondern charakterisiert die Beziehung von Person und Umgebung. Die Macht eines Handelnden in einer Situation wird von seinen persönlichen Möglichkeiten und der Situation bestimmt."[33]

Macht ist im Kern die Fähigkeit, andere effektiv zu beeinflussen. Verhandlungsmacht ist die Fähigkeit, den Verhandlungspartner in meinem Sinne effektiv zu beeinflussen. Wenn wir Macht als soziale Beeinflussung denken, hat das einige interessante Konsequenzen. Wenn Menschen miteinander interagieren, beeinflussen sie sich permanent gegenseitig. Von daher ist die Vorstellung, dass einer „führt" und der andere „geführt wird" naiv. Man kann nicht <u>nicht</u> beeinflussen, man kann also auch nicht „<u>nicht</u> Macht anwenden".

Die einzige Entscheidung, die Sie tatsächlich treffen können, ist die, ob Sie die Beeinflussung soweit möglich bewusst steuern wollen – oder ob Sie intuitiv handeln und die Wirkung der Beeinflussung alleine den unbewussten Teilen Ihres Gehirns überlassen wollen. Verhandlungsprofis überlassen ihre Wirkung nicht dem Zufall, wollen ihre Wirkung soweit möglich kontrollieren und optimieren. Die gegenseitige Beeinflussung findet auf vielen verschiedenen Ebenen statt. Natürlich gibt es formale Machtquellen, natürlich gibt es Situationsfaktoren, die es einer Seite scheinbar leichter machen, die eigenen Interessen durchzusetzen. Und dazu zählt zunächst die beste Option abseits vom Verhandlungstisch (BATNA), die viele auch als „Verhandlungsmacht im engeren Sinne" bezeichnen. Wer ohne große Kosten aussteigen kann, wer sehr starke alternative Handlungsoptionen hat, verhandelt normalerweise mit einem breiteren Rücken. Deshalb ist unter Verhandlungsprofis unumstritten, dass es wichtig ist, sich in der Verhandlungsvorbereitung eine möglichst gute Alternative zu erarbeiten. Doch es wäre ein großes Missverständnis, wenn man die Optionen abseits vom Verhandlungstisch als „objektiven Machtfaktor" verstehen würde. Nicht was Sie auf dem Zettel haben zählt, sondern wie Sie das interpretieren.

In unseren Trainings verhandeln alle Teilnehmer gleichzeitig den gleichen Verhandlungsfall. Bei einigen Übungen sind die Rollenanweisungen bei einer Rolle manipuliert, d. h. die Hälfte der Teilnehmer hat eine starke Alternative auf ihrem Zettel – die andere Hälfte eine schwache Alternative. Was passiert? Natürlich erzielen die Teilnehmer mit der starken BATNA im Durchschnitt ein besseres Ergebnis. Aber: Immer wieder erzielen auch Teilnehmer mit einer schwachen BATNA ein Topergebnis. Manchmal sogar das Beste in der ganzen Gruppe. Das ist ohne Probleme möglich, da die Rollenbeschreibung der Gegenseite nicht unterschiedlich ist. Das bedeutet, dass sich das Potenzial nicht verändert, die objektive Situation gleichbleibt. Wer sich durch die eigene „schlechte BATNA" nicht beeinflussen lässt, kann ein Topergebnis erzielen.

Das macht den Kern der Machttheorie von Morton Deutsch aus: Macht ist keine Tatsache, sondern eine subjektive Konstruktion. Die subjektive Deutung (subjective power perception) wirkt als objektiver Machtfaktor. Wer glaubt ohne Macht zu sein, agiert auch ohnmächtig. Wer glaubt, mächtig zu sein, agiert auch mächtig – selbst wenn die Situation selbst ihm gar nicht so viele Machtfaktoren bietet. Die gegenseitige Beeinflussung geschieht auf verschiedenen Ebenen – bewusst und unbewusst. Entscheidend ist die „Machtbilanz", also die Frage, wer wen stärker beeinflusst. Hier muss man sich sehr hüten, „rationale" Ebenen wie die BATNA oder wirtschaftliche Stärke generell zu stark zu gewichten. Menschen sind keine rationalen Wesen, sondern handeln im höchsten Maße beeinflusst durch Emotionen, durch Beziehungsgestaltung, handeln aufgrund von Status und Überzeugungen, wie die Welt funktioniert.

Machen Sie sich bitte bewusst, dass Sie bislang bei der Machtbilanz die Macht Ihrer Verhandlungspartnerin wahrscheinlich systematisch überschätzt haben. Sie kennen alle Ihre Schwachstellen, wissen genau, was bei Ihnen nicht gut gelaufen ist und wo für Sie unangenehme Risiken lauern. Beim Gegenüber wissen Sie das nicht. Er ist für Sie eine Black Box, in die Sie nicht hineinschauen können. Sie gehen davon aus, dass es bei ihm keine Leichen im Keller gibt, weil Sie keine kennen. Damit überschätzen Sie systematisch seine Machtposition – zu Ihrem Nachteil. Wir empfehlen Ihnen daher, insbesondere in komplexen Systemen wie dem Projektgeschäft, bis zum Beweis des Gegenteils davon auszugehen, dass der andere Probleme hat, die Sie nicht kennen. Und vergessen Sie bitte auch nie: Alleine die Tatsache, dass Ihr Verhandlungspartner sich mit Ihnen zusammensetzt, bedeutet etwas, denn er leidet üblicherweise nicht an Langeweile. Viele Verhandler vergessen, dass das Interesse Ihres Verhandlungspartners an einer Einigung alleine schon dadurch bewiesen ist, dass er Transaktionskosten aufwendet, um mit Ihnen (und nicht mit anderen) zu verhandeln.

Auch das Framing ist wichtig. So ist empirisch nachgewiesen, dass Verhandler, die während der Verhandlung an ihre BATNA denken, signifikant schlechtere Ergebnisse erzielen als solche Verhandler, die ihre BATNA während der Verhandlung vergessen und stattdessen auf das Potenzial fokussieren (Optimierungsfokus). Deshalb: Nicht selten erlebt man in einer Interaktion, dass scheinbar „der Schwanz mit dem Hund wackelt". Wer kennt nicht den Chef, der von seinem Assistenten „geführt wird". Den Alleinverdiener Ehemann, der in einer Scheidungssituation von der Frau dominiert wird und ähnliche Phänomene. Natürlich sind die Situationsfaktoren nicht egal. Und bei zwei technisch gleichguten Verhandlerinnen wird diejenige mit der besseren Situationsmacht gewinnen. Aber wenn Sie der bessere Verhandler sind, können Sie Vorteile neutralisieren. So gibt manchmal der bessere Schachspieler seinem Gegner Figuren vor, spielt also bewusst aus einer schlechteren Ausgangslage heraus. Er gewinnt trotzdem oft, weil er das Spiel am Tisch viel besser beherrscht und den Vorteil durch gute Technik aufholen kann. Also: Überlegen Sie sich, auf welchen Ebenen Sie wirksam Einfluss auf Ihren Verhandlungspartner nehmen können. Hier gibt es eine Vielzahl von professionellen Werkzeugen, von denen wir nur einige exemplarisch nennen möchten:

- Inszenierung: „Je mehr Interesse Sie zeigen, desto mehr müssen Sie bezahlen"
- Aufbau von Rapport, Sympathie, Vertrauen
- Äußere Attraktivität
- Legitimität, Werte
- Effektive Framing-Strategie
- Überzeugungspsychologie (z. B. Knappheit, Reziprozität, Autorität, soziale Bewährtheit)
- Koalitionsbildung, Allianzen

Wichtig ist, dass für jede Situation, für jeden Verhandlungspartner eine maßgeschneiderte Beeinflussungsstrategie entwickelt werden muss, denn die jeweiligen Motive und emotionalen Bedürfnisse sind sehr unterschiedlich. Wer über die Fähigkeit zur Verhaltensflexibilität verfügt und einen gut gefüllten Werkzeugkoffer an Überzeugungstechniken, Frames und Taktiken besitzt, kann sein Verhandlungsergebnis maximieren. Bitte machen Sie sich bewusst: Sie sind nur mächtig, wenn Sie sich entscheiden, mächtig sein zu wollen.

Sie sind immer dann ohnmächtig, wenn Sie glauben, dass der andere viel mächtiger ist. Solange Sie den Verhandlungsraum betreten können, ohne die Tür öffnen zu müssen, weil Sie sich so klein fühlen, dass Sie aufrecht unter der Tür durchgehen könnten, sind Sie noch nicht verhandlungsbereit. Arbeiten Sie gezielt daran, sich Ihre Machtquellen bewusst zu machen. Folgende Fragen können Ihnen dabei helfen, mit breiterer Brust in die Verhandlung zu gehen:

- Sind Ihre Alternativen abseits vom Verhandlungstisch wirklich so schlecht? Können Sie sie verbessern?
- Kennt die Gegenseite Ihre Nichteinigungsalternativen? Wie können Sie der Gegenseite den Eindruck vermitteln, Sie hätten sehr gute Alternativen?
- Hat die Gegenseite vielleicht auch eine schlechte Alternative abseits vom Verhandlungstisch? Dann wäre es völlig egal, dass sie keinen guten Plan B haben – weil es in diesem Fall sicherlich zum Abschluss kommt und Sie optimistisch in die Verhandlung gehen können.
- Wie können Sie durch eine optimale Framing-Strategie Ihren Einfluss optimieren? Durch Koalitionen? Durch Überzeugungspsychologie?

Sie sehen: Für einen Verhandlungsprofi gibt es so viele Machtquellen, dass es einem keine schlaflosen Nächte bereiten muss, wenn der andere scheinbar eine Dame mehr zu Beginn des Schachspieles hat. Am Ende der Verhandlung wird abgerechnet. Dieses Prinzip hat Roger Fisher vor 40 Jahren in einem wunderbaren Zitat auf den Punkt gebracht, das zum Nachdenken anregt:

„*If for example, a future US President were to seek Vatican support for contraception as a means of limiting world population, would the outcome of a power struggle reflect the superior ability of the United States to destroy the Vatican with nuclear weapons? I doubt it. […] Negotiators, like others, respond to logic, fact, friends, ideals, law, precedent, and persuasive rhetoric.*“[34]

Kapitel 5

Hören Sie zu, *bevor* Sie sprechen

Wie Sie erfolgreich mit Personen umgehen (1) – Aktive Kommunikation

Eine der Hauptursachen für das Scheitern von Verhandlungen ist ungeschickte Kommunikation. Im Französischen bedeutet „s'entendre" sowohl „sich zu hören" als auch „miteinander übereinzustimmen". Wenn Verhandler sich nicht zuhören, ist das Risiko eines Scheiterns hoch. Dass Sie die Werkzeuge der professionellen Kommunikation gut beherrschen, ist eine Grundvoraussetzung für zukünftigen Erfolg, und es setzt voraus, dass Sie wissen, wie Sie effektiv zuhören und sprechen. Genauer gesagt setzt es voraus, dass Sie dieses Wissen in der konkreten Verhandlungssituation auch souverän umsetzen können. Die meisten Fach- und Führungskräfte haben diese Werkzeuge irgendwann kennengelernt. Viele haben darüber ein so gutes kognitives Wissen, dass sie Bücher darüber schreiben könnten. Aber das ist nicht genug. Denn wenn es wirklich darauf ankommt, verhalten sie sich in der Verhandlung anders. Erst wenn Sie aus diesem Wissen konkrete Fertigkeiten ausgebildet haben, erzielen Sie die positive Wirkung in Ihren Verhandlungen. Es ist wie mit dem Zwiebel schneiden, unserem Beispiel aus dem 1. Kapitel. Erst wenn Sie wissen, wie genau die Technik ausgeführt wird, und die entsprechende Haltung entwickelt haben, können Sie die Fertigkeiten aus Ihren praktischen Erfahrungen entwickeln. Aber das geschieht nicht von alleine, sondern es braucht Zeit und reflektiertes Tun.

Fundierte kommunikative Fertigkeiten sind die treibende Kraft hinter erfolgreichen Verhandlungen. Dank ihnen vertiefen Verhandlerinnen ihre Beziehungen, definieren den besten Prozess, sprechen die zugrundeliegenden Beweggründe an, überzeugen mit ihren Argumenten und kommen zu tragfähigen Lösungen. Jedes der zehn Prinzipien für die Strukturierung eines Verhandlungsablaufs, die wir Ihnen in Kapitel 3 vorgestellt haben, erfordert solche kommunikativen Kompetenzen.

In Verhandlungen darf die Kommunikation keine Einbahnstraße sein. Sie muss einen echten Dialog bilden. Das Gesagte darf nicht auf taube Ohren stoßen. Wenn eine Partei spricht, hört ihr die andere Partei aufmerksam zu, weil sie weiß, dass auch sie noch die Gelegenheit bekommen wird sich zu äußern, und dann ihrerseits die volle Aufmerksamkeit der Gegenseite erwarten kann. Deshalb steht die Optimierung der Dialogqualität im Mittelpunkt der Aufmerksamkeit jeder Verhandlungsmeisterin.

Kommunikation gründet sich auf zwei grundlegenden Fähigkeiten: Zuhören und Sprechen. In Kapitel 3 haben wir gelernt, warum wir zuerst zuhören sollten, bevor wir uns und unsere Beweggründe selbst ausdrücken. In dieser Reihenfolge wollen wir die Werkzeuge auch in diesem Kapitel darstellen, zu Beginn aber noch einige Grundprinzipien und kommunikative Herausforderungen in Erinnerung rufen, denen sich eine Verhandlerin bewusst sein muss, um diese Klippen sicher umschiffen zu können.

Verhandeln heißt kommunizieren

Der Ablauf der Kommunikation

Zunächst einmal ist nichts einfacher als Kommunikation, denn die üben wir schon unser ganzes Leben lang. Aber das ist auch ein Problem, weil unsere Kommunikation größtenteils automatisiert abläuft und wir uns oft gar nicht bewusst sind, was genau da passiert. Machen wir uns deshalb erst einmal mit einem stark vereinfachten Modell[1] bewusst, in welchen Schritten Kommunikation tatsächlich abläuft:

1. Ein Verhandler (der Sender) wählt eine sachliche oder emotionale Information aus, die er einem anderen Verhandlungspartner (dem Empfänger) übermittelt.
2. Er kodiert diese Informationen mithilfe der Sprache, entweder in schriftlicher oder mündlicher Form. Dieser Ausdruck wird bei mündlicher Kommunikation noch von nonverbaler Kommunikation begleitet: Körpersprache, insbesondere Gestik und Mimik, Stimmung und Tonfall (sogenannte Parasprache).
3. Nach der Kodierung wird die Nachricht an den Empfänger übermittelt: entweder direkt (von Angesicht zu Angesicht oder z. B. in einer Videokonferenz oder per Telefon) oder indirekt (über eine menschliche oder technische Schnittstelle: Boten, Fax, Post, E-Mail usw.).
4. Der empfangende Verhandlungspartner nimmt die Nachricht wahr und entschlüsselt (dekodiert) sie. Er interpretiert sie, um ihr einen Sinn zu geben. Diese Wahrnehmungs- und Dekodierungsphase birgt das Risiko, dass diese Interpretation von der beabsichtigten Bedeutung des Absenders abweicht.
5. Der Empfänger wählt auf der Grundlage dieser Bedeutung seinerseits Informationen aus, die er an seinen Partner weitergibt (Reaktion). So setzt sich der Kreislauf der Kommunikation fort.

Jeder dieser fünf Schritte bietet potenzielle Fallstricke für eine effektive Kommunikation. Lassen Sie uns einen nach dem anderen betrachten:

1. Die Verhandlerin kann einen Fehler bei der Auswahl der zu übermittelnden Informationen machen. Eine Information wird unabsichtlich oder zum unerwünschten Zeitpunkt übermittelt, weil die Disziplin beim strategischen Informationsmanagement fehlt. Wir hatten bereits in Kapitel 2 darauf hingewiesen, wie wichtig es ist, Informationen im Rahmen der Vorbereitung zu kategorisieren und zu planen, wann welche Informationen offengelegt werden sollen. Darüber hinaus können bestimmte Informationen durch unbewusstes Handeln offengelegt werden, obwohl das der Verhandler gar nicht möchte. Ein gutes Beispiel sind hier Mikroexpressionen, also kurze Kontraktionen der Gesichtsmuskulatur, die direkt vom limbischen System im Gehirn gesteuert werden und authentisch emotionale Aktivierung anzeigen, z. B. Ärger, Angst, Trauer, Freude. Diese können von einem in Mimikresonanz® geschulten Verhandlungspartner entschlüsselt werden.[2]
2. Die Informationen können auf unklare oder zweideutige Weise codiert werden. Die im Inhalt der Nachricht enthaltene kommunikative Absicht des Senders kann durch die Form, den Stil oder die begleitende nonverbale oder parasprachliche Kommunikation eingetrübt oder verfälscht werden. Kommunikation ist ein Cluster verschiedener Elemente, in die die Nachricht eingebettet ist, und die das Verständnis stören können. So zeigen zum Beispiel manche Verhandler ein verlegenes Grinsen in Situationen, die Ihnen unangenehm sind. Wenn sie gleichzeitig eine wahre Information übermitteln, kann die fehlende Konsistenz der Signale bei der Gegenseite Zweifel an der Aufrichtigkeit verursachen.
3. Die Übermittlung der Nachricht kann auf verschiedene Weise technisch gestört werden, wodurch zusätzliche Verzerrungen oder Missverständnisse verursacht werden. So könnte der Verhandlungsführer im vorangegangenen Beispiel einige Worte verschlucken oder das Verständnis des Gesagten wird durch akustische Störungen von außen oder technische Störungen bei digitaler Kommunikation behindert.
4. Die Dekodierung der Botschaft durch den Empfänger ist keine objektive Entschlüsselung der Botschaft des Senders, sondern aufgrund der Bauprinzipien unseres Gehirns immer eine subjektive Interpretation auf Grundlage der biografischen Prägungen des Empfängers. Dieses konstruktivistische Grundprinzip bringt Gunther Schmidt auf den Punkt: „Nichts bedeutet irgendetwas, Bedeutung wird subjektiv autonom konstruiert." Wir glauben intuitiv, dass wir wahrnehmen, was der andere gesagt hat, tatsächlich aber geben wir der Nachricht im Rahmen der Dekodierung unsere ganz eigene Prägung – ohne dass wir das verhindern könnten. Gunther Schmidt schlägt daher vor, besser von „Wahr-gebung" zu sprechen, weil die „Wahrheit" im Sinne der Bedeutung nicht vom Sender, sondern vom Empfänger kommt. Schon im Talmud findet sich die schöne Weisheit: „Wir sehen die Dinge nicht, wie sie sind, sondern wie wir sind." Sich dessen bewusst zu sein ist eine wichtige Grundlage erfolgreicher Kommunikation.

Wenn Kommunikation die Grundlage einer Verhandlung ist, kann sie auch ihr größter Feind sein.

- Meist ist der Sender überzeugt, dass seine Nachricht für den anderen vollkommen klar ist. Doch das ist eine Illusion. Dass eine Nachricht für uns selbst klar und eindeutig scheint, für die wir ein ganzes Informationsnetzwerk in unserem Gehirn haben, in dessen Rahmen diese Nachricht Sinn ergibt, bedeutet noch lange nicht, dass sie auch für den anderen so klar sein muss. Oft gehen wir fälschlich davon aus, dass unsere Verhandlungspartnerin auch über die relevanten Informationen verfügt, in deren Rahmen unsere Nachricht Sinn ergibt – ohne das überprüft zu haben. Wir sollten uns immer bewusst machen, dass die Gegenseite ihr eigenes Leben, ihre eigene Geschichte, ihre eigene Vorstellung von ihrem Platz in der Verhandlung hat – und dass alle diese Dinge wesentlichen Einfluss darauf haben, wie die Verhandlungspartnerin unsere Nachrichten deutet.
- Wir gehen oft ungeprüft von der Hypothese aus, dass der andere das gleiche Niveau an technischem Verständnis, die gleichen Sprachfähigkeiten, das gleiche Vokabular und die gleiche Kenntnis wichtiger Voraussetzungen der Verhandlung hat. Die Kommunikation vieler Verhandlerinnen ist von der unbewussten Annahme geprägt, dass der Verhandlungspartner im Wesentlichen so ist, wie sie selbst, und deshalb in der Kommunikation so reagiert, wie man selbst reagieren würde. Dieser Trugschluss führt dazu, dass wir überzeugt sind, dass der Verhandlungspartner bei seinen Handlungen die gleiche kommunikative Absicht verfolgt, die wir verfolgen würden, wenn wir so handeln. Diese Hypothese ist offensichtlich falsch, prägt aber noch zu oft unser intuitives Handeln in der Kommunikation. Gerade unterschiedliche kommunikative Präferenzen[3] erschweren daher oft das gegenseitige Verständnis. Wenn Annahmen über den anderen falsch sind – und das sind sie sehr oft – und wir unsere Hypothesen ungeprüft für Wahrheiten halten, steigt die Gefahr von Missverständnissen dramatisch.
- Für den Sender in der professionellen Kommunikation ist es sehr wichtig zu verstehen, dass nicht die eigene kommunikative Absicht (was ich sagen wollte), sondern die kommunikative Wirkung (was der andere gehört hat) die entscheidende Bedeutung der Kommunikation darstellt. Die Verhandlungspartnerin reagiert auf das, was sie wahrgenommen hat, von daher ist dies die relevante Wahrheit für den Dialog in einer Verhandlung. Selbst bei einem Missverständnis ist das eigene Verständnis erst einmal die Realität für die Verhandlungspartnerin. Sie sollte daher nicht geleugnet werden, sondern Ausgangspunkt für das weitere Handeln sein. Selbst eingebildete Absichten und Deutungen schaffen Tatsachen, die ganz real sind. Daraus folgt, dass ein Sender erstens seine Kommunikation so klar und verständlich wie möglich gestalten sollte, um die Wahrscheinlichkeit von Missverständnis-

sen zu reduzieren. Ironische Bemerkungen in der Stresssituation einer Verhandlung erhöhen zum Beispiel massiv die Gefahr, missverstanden zu werden. Zweitens sollte ein Sender aufmerksam auf das Feedback der Gegenseite achten, um frühzeitig zu erkennen, wenn es Anhaltspunkte dafür gibt, dass die Nachricht wesentlich anders angekommen ist als sie gemeint war. Wenn Sie Verständnis klären, indem Sie Ihre Verhandlungspartnerin in solchen Situationen fragen, was sie verstanden hat, können Sie oft vermeiden, dass sich aus anfänglichen Missverständnissen ganz unterschiedliche Vorstellungen der Realität entwickeln.

- Der Empfänger ist meist davon überzeugt, dass seine Interpretation der Nachricht, seine Dekodierung, die einzig Richtige ist. Das kann dazu führen, dass eine positive Absicht als Aggression fehlgedeutet wird, der Empfänger aber fest davon überzeugt ist, dass seine eigene Deutung die objektive Wahrheit darstellt. Wir alle kennen Situationen, in denen die Schilderungen der Beteiligten, was in der Kommunikation passiert ist, den Schluss nahelegt, dass einer der Beteiligten lügen muss. Es ist daher für professionelle Verhandlerinnen wichtig zu verstehen, dass unsere Interpretation mindestens genau so viel von uns beinhaltet wie vom Sender, dass es völlig normal ist, sich in einer Kommunikationssituation misszuverstehen. „Es gibt immer zwei Wahrheiten – deine und meine – und keine ist richtiger als die andere" ist eine wichtige Voraussetzung auf der Haltungsebene, die Ihnen hilft, sich immer bewusst zu machen, dass Sie gar nichts verstanden haben, bevor Sie Ihre Hypothesen überprüft haben. Konkrete Techniken, um Ihre Hypothese zu überprüfen und Verständnis zu sichern, werden wir Ihnen in diesem Kapitel vorstellen.
- Im Ergebnis zählt für die Verhandlung für die Empfängerin nicht ihre eigene Vermutung, was der Sender sagen wollte, sondern die ausdrückliche Bestätigung des Senders, richtig verstanden worden zu sein, wenn Sie ihm zurückmelden, was bei Ihnen angekommen ist.

Absolute Transparenz in der Kommunikation zwischen Sender und Empfänger bleibt illusorisch. Kommunikation ist zu komplex und die biografischen Unterschiede zwischen den Menschen, die für sich subjektiv die Nachrichten deuten, sind zu groß, als dass man alles genauso empfangen könnte, wie es vom anderen gemeint war. Denken Sie nur an Ihre Kommunikation mit Ihrer Partnerin, guten Freunden oder Familienmitgliedern, die Sie seit Jahrzehnten gut kennen. Wie oft kommt es selbst da zu Missverständnissen in der Kommunikation? Wie viel wahrscheinlicher ist das noch mit relativ fremden Verhandlungspartnern?

Die absolute Transparenz ist für eine gelingende Kommunikation aber auch gar nicht erforderlich. Es reicht schon aus, sich der Probleme bewusst zu sein und an wichtigen Stellen im Gespräch das jeweilige Verständnis miteinander abzugleichen und damit in den bedeutenden Fragen eine höhere Transparenz zu schaffen. Um diese Transparenz zu verbessern, ist es bedeutsam, die wichtigsten Wahrnehmungsfehler bzw. kognitiven Verzerrungen zu verstehen, die in der Praxis der Gesprächsführung das Verständnis behindern und falsche Deutungen fördern.

Zehn Hindernisse für eine gute Kommunikation in Verhandlungen

1. Stereotype

Stereotype und Klischees werden einer Person aufgrund ihrer Zugehörigkeit zu einer Gruppe zugeschrieben (Geschlecht, Alter, Nationalität, Bildungsgrad, Beruf usw.). Dabei gehen wir davon aus, dass etwas, was mit Blick auf die Mehrheit der Gruppe mehr oder weniger wahr ist, automatisch auch für die konkrete Person gelten muss. Stereotype beruhen auf eigenen generalisierten Vorerfahrungen (ich hatte einmal eine blonde Freundin, die mir untreu war, jetzt glaube ich „Blondinen sind untreu") oder auf Erzählungen, die wir von Autoritäts- oder Bindungspersonen übernommen haben. Zum Beispiel haben viele Verkäufer starke Vorurteile gegenüber Kunden. Sie halten sie für Rabattjäger, die einen Mercedes für den Preis eines Honda Civic haben wollen, immer bereit sind, sie für einen besseren Preis an die Konkurrenz zu verraten, und ständig was zu meckern haben. Ähnliche Vorurteile haben Kunden gegenüber Verkäufern, insbesondere Versicherungsvertretern: Die sagen selten die Wahrheit, wollen nur ihre Provision maximieren, versprechen einem das Blaue vom Himmel, als ob es kein besseres Produkt auf der Welt gäbe, und sobald ein Geschäft zustande gekommen ist, kommen sie ständig mit neuen Angeboten und wollen noch mehr Geld. Es liegt auf der Hand, dass es wenig hilfreich für die Verhandlung ist, wenn man den Verhandlungspartner nicht als Individuum behandelt, sondern nur als „typischen Verkäufer".

2. Hof-Effekt (Halo Effect)

Der Hof-Effekt[4] beruht wie Stereotype auf einem Mechanismus der Generalisierung. Ausgehend von einer bekannten Eigenschaft einer Person wird auf unbekannte Eigenschaften geschlossen. So zeigen Studien, dass attraktive Menschen automatisch für glücklicher und gesünder gehalten werden, obwohl dies unabhängige Merkmale sind. Solche positive Verzerrung wird als „Heiligenschein-Effekt" bezeichnet. Die als „Teufelshörner-Effekt" bezeichnete negative Verzerrung liegt vor, wenn z. B. aus ungepflegten Haaren auf mangelnden beruflichen Erfolg, Unzuverlässigkeit oder angeschlagene Gesundheit geschlossen wird. Der Hof-Effekt ist der Grund, weshalb der erste Eindruck, den wir hinterlassen so wichtig ist, denn alle nachfolgenden Bewertungen werden von diesem ersten Eindruck dominiert. Daher zählen gerade zu Beginn einer Verhandlung unsere Handlungen und Gesten besonders. „Du kriegst keine zweite Chance auf den ersten Eindruck", so ein Oscar Wilde zugeschriebenes Zitat. Dies zeigt auch die folgende Anekdote aus dem Leben von Napoleons Außenminister Talleyrand. Kurz nachdem er jemanden zum Botschafter ernannt hatte, stellte sich dieser erfreut bei ihm vor und sagte, dass ihn die Nachricht erfreue, weil er in der Vergangenheit noch nie so viel Glück gehabt habe. Als Talleyrand dies erfuhr und es auf die Zukunft hochrechnete, beschloss er die Ernennung lieber zurückzuziehen.

3. Selektive Wahrnehmung

Unser Gehirn ist so gebaut, dass es bei der Selektion von Informationen unbewusst so filtert, dass es Informationen, die unsere Auffassung oder frühere Entscheidungen bestätigen, viel prominenter in die Aufmerksamkeit bringt als Informationen, die uns infrage stellen. Dieses Phänomen wird auch als Selbstbestätigungsfalle (confirmation bias) bezeichnet. Haben wir eine Aktie gekauft, so überzeugen uns fortan vor allem die Analysen, die die Kaufentscheidung bestätigen. Da wir im Rahmen der Vorbereitung auf eine Verhandlung umfassend Hypothesen entwickeln, führt diese Wahrnehmungsverzerrung dazu, dass wir verleitet werden, unsere Hypothesen für Wahrheiten zu halten. Es ist daher wichtig, dass wir unsere Aufmerksamkeit ganz gezielt auf die Suche nach solchen Informationen richten, die unsere Hypothese entkräften, die unsere Entscheidung infrage stellen. Da unbewusst diese Aspekte zu wenig berücksichtigt werden, müssen wir sie durch bewusstes Verhalten aktivieren, um ein Gegengewicht zu schaffen und die Wahrnehmung insgesamt in Balance zu bringen.

4. Attributionsphänomene

Dieses Phänomen tritt auf, wenn ein Verhandler das Verhalten des anderen als Beweis für bestimmte Absichten, Einstellungen oder Fähigkeiten begreift anstatt situative Faktoren zu berücksichtigen. Sie erleben beispielsweise, wie ein Kellner Sie distanziert und wortkarg bedient. Dies schreiben wir automatisch inneren Eigenschaften zu („unfreundlich", „nicht kundenorientiert", „mag seinen Job nicht"), obwohl das Verhalten sehr oft eher von der Situation bestimmt ist (gestern ist die Mutter des Kellners gestorben). Wenn es um unser eigenes Verhalten geht, sehen wir eher die Situationsfaktoren als Deutung (Ich habe schlecht geschlafen, das hat mich auf dem falschen Bein erwischt), bei anderen aber übersehen wir genau diese und werten jedes Verhalten als „typisch für den anderen". Das Phänomen taucht in alltäglichen Situationen immer wieder auf.

Die anfängliche Zuschreibung wird im Laufe der Zeit und mit ansteigender Intensität des Streits immer mehr als Wahrheit gesehen, da beide nicht in der Lage sind zu erkennen, wie sie sich selbst gegenseitig immer weiter in das unerwünschte Verhalten hineintreiben. Wir sollten uns daher immer bewusst machen, dass Situationsfaktoren menschliches Verhalten mindestens so stark beeinflussen wie Eigenschaften. Diese sind allerdings viel leichter zu verändern, deshalb sollten wir immer erst einmal auf die Rahmenbedingungen schauen, ob wir dort eine Lösung finden. Dann stellen wir oft fest, dass es gar nicht (viel schwerer veränderbare) persönliche Eigenschaften sind, sondern ein ungünstiger situativer Rahmen, der zur Situation geführt hat.

Attributionsphänomene belasten Verhandlungen auf verschiedenen Ebenen. Ein gutes Beispiel ist die Geschichte der israelisch-palästinensischen Verhandlungen. Die israelischen Verhandler schrieben der palästinensischen Führung die Fähigkeit zu, den Terrorismus zu stoppen. Die Tatsache, dass weiterhin Terroranschläge stattfanden, wurde so gedeutet, dass die palästinensische Führung diesen Terrorismus wünscht und die Anschläge unterstützt. Die palästinensischen Verhandler wiederum schrieben der israelischen Regierung die Fähigkeit zu, absolute Kontrolle über die Siedlungen und Siedler im Palästinensergebiet auszuüben. Jedes böse Verhalten von extremistischen Siedlern wurde daher so gedeutet, als ob es mit Willen der Regierung geschieht.

Wenn dieses Phänomen noch mit dem Glauben zusammentrifft, man könne aufgrund der vermuteten Einstellungen und Absichten zukünftiges Verhalten des anderen sicher vorhersehen, dann entsteht eine Dynamik der selbsterfüllenden Prophezeiung. Wenn man zum Beispiel jemanden fragt, warum er seine Verpflichtungen aus der Vereinbarung nicht eingehalten hat, hört man oft eine Rechtfertigung wie: „Ich war mir sicher, dass die Gegenseite ihren Verpflichtungen nicht nachkommen wird, deshalb musste ich mich dagegen schützen, über den Tisch gezogen zu werden“. Tatsächlich bricht am Ende die Vereinbarung aufgrund des Schutzverhaltens und nicht wegen der Absicht der anderen zusammen. In schwierigen Verhandlungen und emotionalen Konflikten schaukelt sich so unfaires Verhalten immer wieder auf. Weil eine von uns als unfair wahrgenommene Handlung des anderen als „Beweis, dass der andere es nicht ehrlich meint“ gedeutet wird, anstatt als das, was es tatsächlich ist: ein (keine Strategie, sondern ein Augenblick) von mir (meine subjektive Deutung) als unfair empfundenes (der andere hat vielleicht andere Fairnesskriterien, die ich nicht kenne oder es liegt ein Missverständnis vor) Verhalten.

Der Verhandlungsboxkämpfer – Es gibt Verhandler, die glauben, dass Verhandeln ein Boxkampf ist. Dass es darum geht, den anderen schneller und härter zu treffen, damit er kapituliert. Verhandeln ist nach diesem Verständnis feindliche Kommunikation, ein Sieg erfordert, den Willenskampf zu gewinnen. Ein Verhandler, der diese Einstellung hat, wird die Verhandlung nicht mit Beziehungsaufbau beginnen, sondern mit extremen Forderungen. Er wird keinen gemeinsamen Informationsaustausch vornehmen, sondern versuchen, den anderen einseitig auszuhorchen und über die eigenen Absichten zu täuschen. Er wird nicht kreativ nach vielen Lösungen suchen, sondern versuchen, seine eigenen Vorstellungen mit Drohungen und diversen unfairen Taktiken durchzusetzen. Und natürlich wird ein Verhandlungspartner sich dadurch beeinflussen lassen. Er wird dagegenhalten, seinerseits auch vorsichtig mit Informationen umgehen, extreme Gegenpositionen aufstellen und das schmutzige Spiel mitspielen. Am Ende geht unser Verhandler raus und fühlt sich in seiner Auffassung bestätigt „Verhandeln ist Boxkampf", weil ihm gar nicht bewusst ist, dass er diese Dynamik in der Verhandlung durch seine Einstellung und sein Verhalten verursacht, dass er auch eine ganz andere Verhandlung erleben könnte, wenn er selbst sich anders verhalten würde.

5. Projektion

Das Phänomen der sich selbst erfüllenden Prophezeiung beruht noch auf einer weiteren Verzerrung, die die Auswirkungen der Zuschreibung verstärkt: Projektion. Projektion bedeutet, dass ein Verhandlungspartner seine Interessen, Gefühle, Werte oder Persönlichkeitsmerkmale auf einen anderen überträgt. Das Prinzip heißt: „Was ich denk' und tu, trau' ich anderen zu". Gerade solche Verhandler, die ethisch fragwürdige Taktiken einsetzen, haben besonders viel Angst, dass sie selbst in einer Verhandlung betrogen werden. Sie gehen durch Projektion davon aus, dass die anderen genauso „moralisch flexibel" sind, wie sie selbst. Die Projektion unserer Ängste, Paranoia oder unseres Verrats auf den anderen macht die Selbstrechtfertigung recht einfach und nimmt einem die Verantwortung für das eigene Handeln: „Da der andere schuldig ist, bin ich nicht schuld" bzw. „Ich tue nur, was jeder tun würde".

6. Die Voreingenommenheit des Anklägers und Verteidigers (accuser's bias und excuser's bias)

Das Phänomen der Projektion nährt auch das Phänomen anklagender und entschuldigender Reflexe. Wenn wir uns in Konfliktsituationen verurteilt fühlen, versuchen wir uns dadurch zu entlasten, dass wir uns damit entschuldigen, dass die andere Person genauso falsch gehandelt hat oder gehandelt hätte, wenn sie in der Situation gewesen wäre. Und wir gehen zum Gegenangriff über und klagen die andere an, um von unserer eigenen Schuld abzulenken. Es liegt in der menschlichen Natur, dass wir seit der Kindheit sagen: „Ich war es nicht, sie war es." Alle Eltern mit zwei oder mehr Kindern kennen diese Situation zu genüge. Dieser von Keith Allred[5] beschriebene Bias zeigt unsere natürliche Tendenz, reflexhaft Gründe zu finden, um den anderen zu beschuldigen und uns selbst damit zu entlasten. Im Grunde genommen entschuldige ich mich selbst ohne Grund und beschuldige den anderen übermäßig, um von mir abzulenken.

Die Voreingenommenheit wird durch Selbstbestätigung immer stärker: „Je mehr ich den anderen anklage, desto schuldiger wird er in meinen Augen, und desto mehr Grund habe ich, mein Verhalten zu entschuldigen" und „Je mehr Gründe ich finde, mein Verhalten zu entschuldigen, desto unschuldiger bin ich und desto mehr Berechtigung habe ich, den anderen anzuklagen". Im Lichte dieser anklagenden und entschuldigenden Reflexe muss man dann auch die Frage der positiven Absichten analysieren. Intuitiv schreibe ich mir erstmal alle positiven Absichten zu und vermute beim anderen alle Schlechtigkeit dieser Erde. Wenn ich mir in einem ruhigen Moment diese psychologische Dynamik bewusst mache, hilft mir das zu verstehen, dass diese Perspektive auf die Welt viel zu vereinfacht ist. Wenn ich bewusst nach dem Positiven im anderen und den berechtigten Aspekten in seiner Kritik suche, kann ich zu einer ausgewogeneren – und damit faireren – Bewertung der Situation kommen, die dann auch für den Gesprächspartner anschlussfähig ist.

7. Reaktive Abwertung (Reactive Devaluation)

Der Mechanismus der reaktiven Abwertung ist simpel: Der Wert eines Vorschlages hängt nicht an der Substanz des Vorschlags, sondern an der Person (oder Gruppe), von der der Vorschlag kommt. Sehen wir diese Person negativ, so bewerten wir auch den Vorschlag deutlich negativer, als er in der Sache tatsächlich ist. Dahinter steckt die Auffassung des Nullsummenspiels: Alles was für den anderen gut ist, muss für mich schlecht sein – und umgekehrt. Da der andere nichts vorschlagen wird, was für ihn schlecht ist, muss jeder seiner Vorschläge – egal, wie gut er erstmal klingt – einen Haken haben. Und wenn wir den Haken nicht gefunden haben, liegt es nicht daran, dass er nicht existiert, sondern dass er viel zu gut vor uns versteckt wurde.

Lee Ross hat dieses Phänomen in einem Experiment in Stanford[6] eindrucksvoll bewiesen: Drei verschiedenen Gruppen von Studierenden wurden zwei Strategien zur Bekämpfung der Apartheid vorgestellt. Der ersten Gruppe wurde gesagt, dass der Aufsichtsrat von Stanford Plan A bevorzugt, daraufhin stimmte eine deutliche Mehrheit für Plan B. Der zweiten Gruppe sagte man, dass der Aufsichtsrat von Stanford Plan B bevorzugt, daraufhin stimmte eine deutliche Mehrheit für Plan A. Die dritte Gruppe erhielt keinen Hinweis auf eine Präferenz des Aufsichtsrats, hier stimmten etwa gleich viele für Plan A und Plan B. Das Experiment wurde fortgesetzt und die erste Gruppe informiert, dass der Aufsichtsrat auf das Votum der Studierenden hin nun Plan B bevorzugt – und plötzlich erschien Plan A in der Diskussion den Studierenden viel attraktiver als vorher.

Die Folgen der reaktiven Abwertung für eine Verhandlung sind erheblich. Der andere bietet mir ein Zugeständnis an, und automatisch startet das negative Gedankenkarussell: „Wenn der mir das jetzt schon anbietet, habe ich offensichtlich viel zu wenig gefordert.“, „Das ist ein Trick, der will mich über den Tisch ziehen.“, „Das scheint ihm offensichtlich nicht so wichtig, das ist gar kein echtes Zugeständnis.“, „Das ist eine Beleidigung, wie kann er es nur wagen, mir so wenig anbieten.“ Jeder reagiert mit einer systematischen Abwertung auf alles, was die andere Partei sagt, tut oder anbietet – und zwar aus Prinzip, nicht wegen Bedenken in der Sache.

Diese Voreingenommenheit ist so stark ausgeprägt, dass sie in beide Richtungen wirkt: Sie besteht, wenn ich zuhöre, aber natürlich auch, wenn der andere mir zuhört.

Deshalb sollten wir uns hüten, uns dem anderen aufdrängen zu wollen. Ist jemand skeptisch, so liegt die Lösung nicht darin, immer mehr Angebote und Vorschläge zu machen und Argumente für diese Vorschläge zu bringen. Je mehr Druck wir machen, desto mehr wird er sich zurückziehen. Je mehr wir versuchen, das Spielfeld mit unseren Vorschlägen zu besetzen, desto mehr riskieren wir, dass keiner von ihnen vom anderen angenommen wird – und zwar aus Prinzip. Napoleons Außenminister Talleyrand kannte zwar die Studien zur reaktiven Abwertung nicht, nutzte das Phänomen aber schon sehr gut zu seinem eigenen Vorteil. Nach dem Sturz Napoleons 1814 wollte er, dass die Kaiserin Marie-Louise Paris verließ. Um das zu erreichen, forderte er das Gegenteil, dass nämlich die Kaiserin in Paris bleiben solle. Ihm war klar, dass die bloße Tatsache, dass er eine solche Lösung vorschlägt, seine Gegner misstrauisch machen würde. Und so kam es: Seine Gegner plädierten plötzlich für ihre Abreise aus Paris.

Die reaktive Abwertung ist ein weiterer entscheidender Grund für das Prinzip, die Beziehung zum Verhandlungspartner immer möglichst vertrauensvoll und respektvoll zu gestalten. Wer reaktive Abwertung verstanden hat, der weiß, dass er den besten Preis nicht von einer Verhandlungspartnerin bekommen kann, die einen für einen schlechten Menschen und Abzocker hält. Denn je negativer die Beziehung erlebt wird, desto stärker ist die reaktive Abwertung.

8. Konditionierung

Dies ist eine gut bekannte Quelle von Voreingenommenheit: Die Bewertung einer Sache wird durch eine frühere Information geprägt. Es genügt eine einseitige Darstellung der Fakten, auch wenn sie nur vorübergehend ist, um eine Person in die eine oder andere Richtung zu lenken. Dann deutet sie fortan die Welt durch diesen parteiischen Filter. Eine Anwältin beispielsweise, die nur die Version ihres Klienten über einen Autounfall gehört hat, wird dazu neigen, für ihren Klienten einige mildernde Umstände zu finden, während sie bei der anderen Partei vor allem die belastenden Aspekte sieht. Die Konditionierung gilt gleichermaßen für den Chef, der die Interessen der Aktionäre verteidigt, und für die Gewerkschaftsvertreterin, die die Arbeitnehmer vertritt, denn beide halten die eigene Sache für gerechter als die der Gegenseite. Die Akteure sprechen aus zwei konditionierten Perspektiven und können sich deshalb nur schwer in die Lage des anderen hineinversetzen.

Die Konditionierung gewinnt umso mehr an Bedeutung, je länger sie andauert. In Europa wurden Ende des 19. und Anfang des 20. Jahrhunderts ganze Generationen von Kindern in der Überzeugung erzogen, dass „die, die uns gegenüberstehen", Erbfeinde seien bis zu dem Punkt, an dem der Krieg unvermeidlich und beinahe wünschenswert erschien. So etwas gibt es auch zu unserer Zeit – wenn auch zum Glück nicht mehr in Westeuropa. In einem Experiment wurden Fernsehbilder zu einem

Ereignis im Nahen Osten einer israelischen und einer palästinensischen Zuschauergruppe gezeigt. Die Palästinenser bewerteten die Sendung anschließend als „pro-israelisch", die Israelis erlebten sie als „pro-palästinensisch".[7] Das Beispiel zeigt, wie unsere Perspektive durch unsere Vorerfahrung verfälscht werden kann, die Sammlung unserer bisherigen biografischen Wahrnehmungen, die unsere heutige Identität bestimmen. Schon Albert Einstein wusste: „Die Realität ist nur eine Illusion, wenn auch eine sehr hartnäckige." Wollen wir erfolgreich verhandeln, sollten wir das besser nicht vergessen.

9. Gedächtnisverstärkung (Memory Enhancement)

Wir neigen dazu das, was wir einmal gesehen oder geglaubt haben, immer wieder zu sehen und zu glauben, jedes Mal stärker und mit einer größeren Sicherheit. Dieses Phänomen sieht man zum Beispiel bei Zeugen, die glauben, eine Verdächtige identifiziert zu haben. Fragt man sie kurz darauf noch einmal, so haben sie weniger Zweifel als vorher. Dies ist ein natürlicher Reflex. Jeder von uns sucht Selbst-Kohärenz, also widerspruchsfreie Konsistenz im Denken und Handeln. Auch eine Verhandlerin hat das Bedürfnis zu bekräftigen, was sie bereits gesagt hat. Wenn sie es wiederholt, dann meint sie es so – so glauben wir. Wenn sie es hingegen später nicht wiederholt oder anders darstellt, weckt sie Zweifel, vorher nicht die Wahrheit gesagt zu haben. Wenn wir die Dinge nicht bestätigen, die in unserem und dem Gedächtnis der Verhandlungspartner angelegt sind, wirkt das unaufrichtig und irritierend. Dies ist der Mechanismus, der dazu führt, dass wir uns auf eine Version der Fakten und eine einzige Sichtweise der Lösung versteifen – und der in der Verhandlung zu Positionsdenken verleitet.

10. Selbstüberschätzung (Overconfidence Bias)

Diese Dynamik der Voreingenommenheit stellen wir Ihnen als letzte vor, weil sie in ihrer Bedeutung für die Verhandlung alle anderen übertrifft. Zweifellos ist sie die größte Gefahr für die Verhandlung, und deshalb haben wir Ihnen das Gegengift – bewusst Zweifel nähren durch infrage stellen – bereits in Kapitel 1 erklärt. Die Verhandlerin, deren Selbstbewusstsein zu groß wird, glaubt zu wissen: Sie weiß, was die beste Lösung ist, sie weiß, was sie tun muss und was die Gegenseite tun sollte. Sie überschätzt systematisch ihre Performance. Sie glaubt über den Verhandlungstisch hinweg agieren zu können, hat mit ihren Flügeln der Arroganz jede Bodenhaftung verloren und glaubt an den sicheren Erfolg aufgrund ihrer überlegenen Position. Selbstüberschätzung zeigt sich in drei kontraproduktiven Reflexen:

- Anklagereflexe gegen die Personen: Accuser's Bias und Excuser's Bias arbeiten auf Hochtouren. Wenn irgendetwas nicht läuft, ist der andere Schuld und er muss seine Schuld eingestehen, auch wenn dieses Zugeständnis der Beziehung schaden und die Spannungen zwischen den Akteuren massiv erhöhen würde.

- Positionsreflexe auf das Problem: Es gibt nur eine gute Lösung – meine. Die funktioniert für alle, die anderen müssen es nur einsehen. Noch bevor die Verhandlung begonnen hat, weiß ich bereits genau, was das Beste für uns beide ist. Die Vorstellung, dass ich meine Vorschläge nur vorstellen und begründen muss und das ausreicht, damit der andere sie akzeptiert, zeigt schon einen bedauerlichen Mangel an Rücksichtnahme auf den anderen und fehlendes Verständnis für dessen Bedürfnisse.
- Prozessherrschaft: Da ich es am besten weiß, muss ich entscheiden, wie wir in der Verhandlung am besten vorgehen. Ich habe jedes Recht, die Verhandlung so zu führen, wie ich es für richtig halte – und ich muss meine Führungsrolle durchsetzen.

Selbstüberschätzung drückt sich in Sprache und Haltung durch Überheblichkeit aus, was den Fortschritt in der Verhandlung behindert. Darunter leidet der Austausch mit dem anderen. Entweder höre ich zu – aber immer mit dem Gedanken, dass ich schon alles verstanden habe – oder ich äußere mich – mit einer ähnlichen Selbstgefälligkeit. In beiden Fällen trage ich nicht zu einem ausgewogenen und respektvollen Dialog bei. Übertriebene Selbstgefälligkeit ist oft ein Zeichen von schädlicher Ungeduld beim Zuhören und Sprechen. Hätten wir uns die Zeit genommen, dem anderen zuzuhören und ohne Vorurteile zu sprechen, wäre die Diskussion reibungsloser und schneller verlaufen.

Effektives Verhandeln funktioniert nur auf Augenhöhe. Wenn ich mich dem anderen überlegen fühle und mich über ihn stelle, provoziert das Abwehrreaktionen und belastet unsere Zusammenarbeit. Damit die Dinge funktionieren, müssen wir Vertrauen in uns selbst und in den anderen haben, eine Haltung von „Wir sitzen beide im selben Boot und niemand kann ohne den anderen gewinnen“ – etwas, das Lichtjahre von Selbstüberschätzung entfernt ist.

Die hier dargestellten Dynamiken von Voreingenommenheit und Vorurteilen sind etwas ganz Natürliches. Sie beruhen auf Bauprinzipien unseres Gehirns, mit denen sich das Gehirn die Orientierung in einer überkomplexen Welt erleichtert. Es ist überhaupt kein Drama, wenn wir diese Tendenzen gelegentlich auch bei uns beobachten. Verleugnung und Verdrängung sind kein professioneller Weg aus der Voreingenommenheits-Falle. Vielmehr geht es darum, ein Bewusstsein für diese Dynamiken zu entwickeln, zu lernen sich selbst aufmerksam zu beobachten und die negativen Wirkungen durch einen qualitativ hochwertigen Dialog abzubauen, bei dem Aktives Zuhören und Sprechen von grundlegender Bedeutung sind. Diese Fähigkeiten erfordern ein Verhalten, das von Offenheit, Neugier und Flexibilität geprägt ist und sie basieren auf einer Logik von überprüften (und erneut überprüften) Hypothesen.

Wenn es nicht gelingt, in der Verhandlung eine solche offene und vertrauensvolle Kommunikationsatmosphäre aufzubauen, verpuffen alle hochtrabenden Strategien und Taktiken für eine ökonomische Optimierung. Dies ist das Fundament, auf das alles andere aufbaut. Wer bei diesem Fundament pfuscht, der hat auf Sand gebaut und wird erleben, dass seine aufgetürmten Schlösser zur unpassendsten Zeit in sich zusammenfallen. Deshalb wenden wir uns im zweiten Teil dieses Kapitels der Darstellung dieser fundamentalen Werkzeuge zu, die so viele Menschen kennen – aber nur wenige Verhandler wirklich gut beherrschen. Verhandlerinnen, die diese Fertigkeiten bis zur Meisterschaft eingeübt haben, vollbringen damit scheinbar Unmögliches, das anderen oft wie Magie vorkommt. Dabei ist es keine Magie, sondern einfach nur gutes Handwerk.

Aktives Zuhören

Die Ziele des Zuhörens sind vielfältig: Informationen gewinnen, das Verständnis eines Sachverhaltes klären, Hypothesen überprüfen, die Stimmung des anderen erfassen etc. Mehr als alles andere ist das Zuhören aber das entscheidende Mittel, um eine Beziehung zu einem anderen Menschen aufzubauen. Wenn Zuhören so wichtig ist, so sollten wir es doch in unserem Leben einigermaßen gelernt haben, könnte man meinen. Doch täuschen Sie sich nicht: Die meisten von uns sind schlechte Zuhörer. In unserer jahrzehntelangen Erfahrung als Trainer und Coaches haben wir gelernt, dass es gerade die Techniken des professionellen Zuhörens sind, die die Achillesverse in Verhandlungen für die meisten Fach- und Führungskräfte bilden. Eskalierende Kommunikation, zerbrechende Beziehungen, mangelnde Überzeugungskraft, eine ungünstige Reputation – sehr oft lautet die Lösung für diese Probleme: Hören Sie zu. Genauer: Hören Sie besser zu. Denn es gibt verschiedene Arten des Zuhörens.

Fünf Zuhör-Stile, die Sie vermeiden sollten

Lassen Sie uns zunächst fünf Zuhörstile analysieren, die in der Praxis weit verbreitet sind und Verhandlungen mehr oder weniger Schaden zufügen können. Wollen Sie erfolgreich verhandeln, dann sollten Sie diese Stile zukünftig eher vermeiden – vor allem, wenn es darauf ankommt.

1. **Ablehnendes Zuhören:** Gespannt sitzend wie ein Tiger kurz vor dem Sprung, mit dem Körper wippend und Unruhe ausstrahlend, mit feindseliger Mimik, regelmäßiges Kopfschütteln und sich von Zeit zu Zeit Dinge notierend, wie ein gestrenger Prüfer Fehler für die Benotung vermerkt, so vermittelt der ablehnende Zuhörer dem Sprecher mangelnde Akzeptanz für den Sprecher und seine Botschaft. Ein solcher Zuhör-Stil setzt den Sprecher maximal unter Stress und belastet die Bezie-

hung massiv. Wir mögen und respektieren keine Menschen, die uns aggressiv ablehnen. Wer so zuhört, wird mit ziemlicher Sicherheit seine Ziele in diesem Gespräch – und in Zukunft – mit dieser Gesprächspartnerin nicht mehr erreichen.

2. **Regungsloses Zuhören:** Mit verschränkten Armen, regungslosem „Pokerface"-Gesicht, unnatürlich fixierendem Blick und dem Ausbleiben jeder Reaktion vermittelt die regungslose Zuhörerin (oft unbewusst) den Eindruck, dass sie nicht interessiert, was der andere zu sagen hat. Sie wirkt unnahbar, gespielt oder tatsächlich. Diese Maske verdeckt vielleicht tatsächliches Interesse, kommt bei der Gegenseite aber als Arroganz und Desinteresse an. Und vergessen Sie nicht: Die Bedeutung der Kommunikation ist die Wirkung, nicht die Absicht. Die typische Reaktion der Sprecherin auf einen solchen Zuhörer ist sich zu verschließen, weil sie glaubt, dass der andere kein Interesse an ihrem Problem hat. Die Beziehung wird gestört, der Informationsaustausch wird blockiert.
3. **Abgelenktes Zuhören:** Mehr oder weniger unruhig auf dem Stuhl sitzend, mit dem Stift oder dem Handy hantierend, sich anderen Personen zuwendend, scheint die Zuhörerin uninteressiert an dem, was der Sprecher sagt, und auf andere Dinge konzentriert. Der Sprecher wird schnell unruhig und – zumindest unterschwellig – beleidigt und kommt zu dem Schluss: Wenn die andere Person kein Interesse an meinen Gedanken hat, warum sollte ich dann weiterreden, wenn ich nur auf taube Ohren stoße? Warum sollte ich ihr dann noch Aufmerksamkeit schenken? Der Dialog verschlechtert sich zunehmend.
4. **Reaktives Zuhören:** Kaum hat der andere einen einzigen Satz gesagt, unterbricht der reaktive Zuhörer, um seinen Senf dazuzugeben, das Gespräch auf sich selbst zu lenken oder einen Widerspruch vorzubringen. Den anderen ausreden zu lassen, scheint dem reaktiven Zuhörer unmöglich. Das Gespräch, das ständig unterbrochen wird, wird zu einem Ping-Pong-Spiel, bei dem der Ball hin und her gespielt wird, während jeder Spieler für sich selbst Punkte zu zählen scheint. Frustration und Irritation behindern die Verhandlung. Callières stellte im 18. Jahrhundert eine kulturelle Neigung zur Unterbrechung fest: „Sie ist leicht zu erkennen in jeder normalen französischen Konversation, in der alle gleichzeitig sprechen und sich ständig gegenseitig unterbrechen, anstatt zu warten, bis die anderen sich geäußert haben, um zu antworten."[8] Wir wissen alle, dass es solche Zuhörer auch zu genüge diesseits der Grenze gibt.
5. **Verhörendes Zuhören:** Die Zuhörerin unterbricht den Sprecher, nicht um ihm zu widersprechen, sondern um ihm Fragen zu stellen und das Gespräch in eine bestimmte Richtung zu lenken und die Informationen zu erhalten, die sie zu benötigen glaubt. Sobald der Sprecher seinen Gedankengang wieder aufnimmt, unterbricht die Zuhörerin ihn erneut, um eine weitere Frage zu stellen und so den Austausch zu lenken. Dieser Dialog verwandelt sich schnell in ein Kreuzverhör, das dem eines Staatsanwalts nicht unähnlich ist. Diejenigen, die auf diese Weise „zuhö-

ren", erhalten vielleicht bestimmte Informationen, die sie suchen, aber sie werden oft anderer Informationen beraubt, die der Gesprächspartner ihnen freiwillig noch gegeben hätte, hätten sie ihm ausreichend Raum gegeben, selbst den Gesprächsinhalt zu bestimmen. Außerdem gefährdet ein solches Zuhören die Beziehung, weil der Sprecher sich unter Druck gesetzt fühlen und die Augenhöhe vermissen kann.

6. **Wohlwollendes Zuhören:** Entspricht der Vorstellung von gutem Zuhören, wie sie der gesunde Menschenverstand definiert: Der Verhandlungspartner zeigt seine Offenheit durch äußere Signale, beruhigt den anderen durch natürliche Gesten wie Lächeln, stellt häufigen Blickkontakt her und unterstreicht die Ausführungen des anderen durch Zeichen der Aufmerksamkeit („Ja", „Ich verstehe", „Ich kann Ihnen folgen"). Diese Art des Zuhörens ist viel besser als alle anderen hier dargestellten. Tatsächlich wären wir in den meisten Verhandlungen froh, wenigstens auf einen wohlwollenden Zuhörer zu treffen. Diese Art des Zuhörens schützt die Beziehung. Der einzige Grund, weshalb wir Ihnen nicht das „wohlwollende Zuhören" als Zuhör-Stil für Ihre Verhandlungen empfehlen ist, dass es noch wesentlich besser geht. Denn das wohlwollende Zuhören schafft zwar eine gute Atmosphäre, es ist aber keine Garantie dafür, dass der Zuhörer den oben genannten Fallstricken und kognitiven Verzerrungen entgeht. Dazu müssen wir noch einen Schritt weitergehen und nicht nur die Bereitschaft zum Zuhören demonstrieren, sondern der Gegenseite auch noch beweisen, dass wir sie richtig verstanden haben.

Verhandlungsmeister nehmen sich dieser Haltung an und nutzen die Techniken des sogenannten „Aktiven Zuhörens".[9]

Expertentipp: Seien Sie geduldig – insbesondere in schwierigen Gesprächen

von Nicky Perfect, Metropolitan Police, Deputy Head Hostage & Crisis Negotiation Unit a. D.

Ich werde oft gefragt:
„Wie kann ich jemanden dazu bringen, mir zuzuhören, wirklich zu verstehen, was ich sage, und zu erkennen, dass ich Recht habe?"
Ich verstehe das – es ist frustrierend, wenn man das Gefühl hat, dass der andere einem nicht zuhört oder die eigene Sichtweise nicht versteht.
Aber es gibt etwas, das alles verändert:
Menschen, die sich gehört fühlen, hören Ihnen eher zu.
Lassen Sie das auf sich wirken.
Geduld gibt Ihnen die Kraft, das Gespräch zu entschleunigen, Ihrem Gegenüber wirklich zuzuhören – und ihm damit den Raum zu geben, Ihnen ebenfalls zuzuhören.
Zuhören ist keine Schwäche. Es ist eine Strategie.

Die 10+1 Prinzipien des Aktiven Zuhörens[10]

1. Zuallererst gilt natürlich: Hören Sie der Gesprächspartnerin mit Ihrer maximalen Aufmerksamkeit zu und zeigen Sie ihr das, indem Sie ihr auf allen Ebenen kleine Ermutigungssignale senden. Nehmen Sie eine entspannte Sitzhaltung ein, neigen Sie ihren Kopf leicht, um auch körpersprachlich Friedfertigkeit auszustrahlen, halten Sie weitgehend Augenkontakt, nicken Sie ihr regelmäßig zu und geben Sie ihr auch verbal Ermutigung: „Aha", „Oha", „Interessant", „Wirklich?" usw. Vermeiden Sie alles, was Ihre Aufmerksamkeit ablenken könnte, insbesondere einen Blick auf Ihr Smartphone. Dies vermittelt nicht nur der Gesprächspartnerin Ablenkung, sondern verringert auch Ihre eigene Performance. Studien zeigen, dass es bis zu 10 Minuten nach dem Ende des Blicks auf eine Smartphone-Nachricht dauert, bis Ihr Gehirn wieder seinen maximalen Aufmerksamkeitsfokus auf den Verhandlungspartner erreicht hat – deshalb erreichen Verhandler, die während der Verhandlung auf ihr Handy schauen, eine schlechtere Verhandlungsperformance und zwar sowohl bei ihren Sachergebnissen als auch bei der Beziehungsqualität.[11]
2. Versuchen Sie, so gut es geht, Ihre Innere Stimme abzuschalten und die Dinge, die Sie von Ihrem Gesprächspartner hören, erstmal nur wahrzunehmen aber noch nicht zu bewerten und schon gar nicht Ihre Reaktion darauf zu planen. Es gibt zwei verschiedene mentale Modi, mit denen wir zuhören können: „Curious Listening", bei dem wir erst einmal nur neugierig und möglichst wertungsfrei zuhören, und „Persuasive Listening", bei dem wir mit dem Ziel zuhören, etwas zu finden, bei dem wir ansetzen können, um unsere eigenen Vorschläge voranzubringen und Fehler in der Argumentation der Gegenseite aufzuzeigen. Spannend ist, dass Menschen wahrnehmen, in welchem Modus wir ihnen zuhören. Sie denken vielleicht, dass es nur in Ihrem Kopf stattfindet, wenn Sie kritisch und funktional zuhören, aber das entspricht nicht der Realität menschlicher Kommunikation. In unseren Seminaren zeigen wir den Teilnehmerinnen, dass die Gegenseite den Unterschied zuverlässig spürt, weil wir auf nonverbalen Ebenen unbewusst entsprechende Signale senden. „Curious Listening" ist der beste Weg, eine vertrauensvolle Arbeitsbeziehung aufzubauen, die von „Bonding" geprägt ist – diesem starken psychologischen Band der Bindung zwischen zwei Menschen. „Persuasive Listening" verursacht hingegen eher Misstrauen und Anspannung. Üben Sie daher in alltäglichen Situationen so oft wie möglich, den Modus des Curious Listening diszipliniert beizubehalten. Sie werden merken, dass uns das oft sehr schwerfällt – insbesondere, wenn es für uns um viel geht oder wenn unsere Gesprächspartnerin Dinge sagt, die wir kritisch sehen oder die sogar unsere Werte verletzen. Doch gerade in diesen Situationen ist es für professionelle Verhandler besonders wichtig, diesen Modus durch bewusste Verhaltenssteuerung diszipliniert beibehalten zu können. Curious Listening ist ein wunderbares Beispiel für die Regel, dass kognitives Wissen über professionelle

Kommunikationstechniken nicht ausreicht. Zum Gamechanger für Ihre Verhandlungen wird es erst dann, wenn Sie das Curious Listening souverän anwenden können, wenn es darauf ankommt.

3. Achten Sie genau auf das, was gesagt wird – aber auch auf das, was implizit mitschwingt. „Zwischen den Zeilen hören" ist eine wichtige Fähigkeit für alle Verhandlerinnen, die sich durch bewusste Übung trainieren lässt. Das Nichtgesagte – die Art zu sprechen (die sogenannte Parasprache), Sprechpausen oder auch Veränderungen in der Körpersprache – ist ein hervorragender Hinweis auf die zugrundeliegenden Emotionen und Stimmungen (Affekte).
4. Vielleicht möchten Sie sich während des Zuhörens ein paar Notizen machen. Das ist nützlich, damit Sie nichts Wichtiges vergessen und kann auch Ihrem Gesprächspartner Ihre Aufmerksamkeit und Ihr Interesse an dem signalisieren, was er sagt. Achten Sie darauf, dass der andere nicht den Eindruck bekommt, Sie würden für ihn negative Dinge dokumentieren wollen. Je schlechter die Beziehung aktuell ist, desto eher wird der andere Ihr Mitschreiben als negativ bewerten. Wenn Sie Zweifel haben, ob das Mitschreiben bei der Gegenseite negativ ankommt, können Sie das dadurch entschärfen, dass Sie vorher explizit um Erlaubnis fragen: „Ist es für Sie in Ordnung, wenn ich mir die wichtigsten Punkte notiere, während Sie sprechen? Ich möchte sicherstellen, dass ich nichts vergesse, was für Sie wichtig ist."
5. Wenn die Gesprächspartnerin alles gesagt hat, was sie sagen wollte, und dabei einen Punkt anspricht, der offensichtlich wichtig ist, zu dem sie aber weniger gesagt hat, als Sie gerne hören möchten, gibt es eine einfache Technik, mit der Sie die anderen dazu bringen können, Ihnen genau zu diesem Thema mehr zu erzählen, ohne dass das Gefühl entsteht, ausgefragt zu werden: Das „**Spiegeln**". Nennen Sie dazu ein bis drei Worte aus der originalen Formulierung Ihres Gesprächspartners und heben Sie dabei Ihre Stimme, sodass es wie eine Frage klingt – und die Verhandlungspartnerin wird automatisch weiter reden und Ihnen genau über den Punkt mehr erzählen, der Sie besonders interessiert. Spiegeln ist die elegantere Form der Botschaft „Das klingt aber sehr interessant und interessiert mich sehr – könnten Sie mir dazu bitte noch mehr Details erzählen?" Ein Beispiel für die Anwendung dieser Technik: „Insgesamt läuft es eigentlich sehr gut, aber die Rahmenbedingungen sind schon herausfordernd." – „Die Rahmenbedingungen?" Es ist fast schon magisch, wie gut das funktioniert. Üben Sie es am besten immer wieder in Ihrer Alltagskommunikation, damit Sie diese wichtige Technik möglichst rasch zu einer automatisierten Kompetenz für sich entwickeln.
6. Hat der andere fertig gesprochen, sollten Sie das, was Sie verstanden haben, in eigenen Worten wiedergeben und fragen, ob Sie ihn richtig verstanden haben. Diese Technik nennt man „**Paraphrasieren**" und sie gehört zu den wichtigsten Techniken für Verhandlungsführer überhaupt. Damit sichern Sie einerseits Verständnis

und klären mögliche Missverständnisse sofort auf, bevor Sie noch darauf reagiert haben. Und Sie demonstrieren der Gegenseite, dass Sie wirklich zugehört haben und ihre Perspektive verstanden haben.

Viele Menschen haben in Gesprächen das Problem, dass ihre Gesprächspartner die gleichen Argumente immer wieder wiederholen. Paraphrasieren ist der beste Weg, dieses Problem zu lösen. Wenn Sie Ihrer Gesprächspartnerin bewiesen haben, dass Sie diesen Punkt tatsächlich verstanden haben, ergibt es für sie keinen Sinn mehr, diesen Punkt noch einmal zu wiederholen. Der häufigste Grund für die Wiederholung von Argumenten ist die Vermutung, dass sie die Gegenseite noch nicht richtig verstanden hat und nur deshalb nicht zustimmt. Die vollständige Formel für das Paraphrasieren lautet: „Wenn ich Sie richtig verstanden habe, dann sagen Sie …“

7. Bitten Sie dann Ihren Gesprächspartner, Sie wenn nötig zu korrigieren, falls Sie ihn in irgendeiner Weise falsch verstanden haben. Ihr Ziel beim Paraphrasieren ist eine Reaktion Ihres Gesprächspartners, mit der Bedeutung „Das ist richtig“ oder „Ja, genau“. Nur eine solche Reaktion, die auch immer mit körpersprachlichen Signalen von Erleichterung verbunden ist, zeigt Ihnen eine ausreichende Qualität Ihres Verständnisses, von der aus Sie dann im Gespräch weiter gehen können. In allen anderen Fällen, insbesondere bei Reaktionen wie „Sie haben Recht“ oder „Ja, im Großen und Ganzen“, arbeiten Sie mit den nächsten Schritten an einem noch besseren Verständnis.
8. Achten Sie aufmerksam darauf, was von dem Gesagten in Ihrem ersten Versuch des Paraphrasierens nicht enthalten war, und was Sie möglicherweise selbst hinzugefügt haben, was aber der andere gar nicht gesagt hatte. Versuchen Sie dann noch einmal zu paraphrasieren und diesmal das gewünschte „Ja, genau“ zu erreichen.
9. Stellen Sie **klärende Fragen**, um Ihre Gesprächspartnerin einzuladen, Ihre Gedanken zu vervollständigen oder nochmal zu wiederholen. Dabei sind einige Fragearten hilfreicher als andere:
   - Gute klärende Fragen sind offene Fragen im Gegensatz zu geschlossenen Fragen. Offene Fragen werden auch als „W-Fragen“ bezeichnet, weil sie mit Fragewörtern wie z. B. „Was“, „Wie“, „Wozu“, „Weshalb“, „Wofür“, „Warum“ eingeleitet werden. Mit offenen Fragen („Wozu haben Sie so einen Wert auf die Lieferzeit gelegt?“, „Weshalb ist dieser Punkt für Sie so wichtig?“, „Was genau wünschen Sie sich als Serviceumfang?“) erreichen Sie eine ausführliche Antwort der Verhandlungspartnerin und gewinnen viele neue Informationen, auch solche, von denen Sie noch gar nichts geahnt haben. Mit einer geschlossenen Frage („Ist eine zweimonatige Lieferzeit für Sie zu lang?“) erreichen Sie nur die Rückmeldung einer Entscheidung (Ja/Nein) – und bei dieser Frageformulierung sehr oft eine für Sie negative Antwort. Sie sollten daher geschlossene Fragen eher am Ende verwenden,

wenn es darum geht, Ergebnisse zu sichern und zum Abschluss zu kommen. Die erste Phase der Verhandlung sollte von offenen Fragen bestimmt werden.

- Gute Fragen knüpfen an Stichpunkte an, die die Verhandlungspartnerin bereits angeboten hat und wirken damit als „Nachfragen". Nachfragen sind in Verhandlungen immer risikolos, weil Sie sich damit nur auf etwas beziehen, was die Gegenseite freiwillig als Gesprächsinhalt angeboten hat. Davon zu unterscheiden sind Fragen zu sonstigen Aspekten, wir nennen das „Ausfragen". Dabei besteht die Gefahr, dass die Gegenseite die Frage als unangenehm wahrnimmt. Stellen Sie sich folgendes Extrembeispiel vor: „Haben Sie eigentlich schon einmal in ein öffentliches Schwimmbad uriniert?" Manchmal ist es wichtig, solche Fragen zu stellen, die als Ausfragen empfunden werden können, dann sollten Sie aber darauf achten, dass Sie vorher erst einmal ein ausreichend starkes Vertrauensfundament auf der Beziehungsebene aufbauen, um tatsächlich ehrliche Antworten auf eine solche Frage zu bekommen.
- Formulieren Sie Ihre Fragen aufrichtig und möglichst wertungsfrei und verzichten Sie darauf, sie mit Unterstellungen oder Vorurteilen zu trüben. Wenn Sie eine Führungskraft fragen: „Wann haben Sie damit begonnen, die Bedürfnisse Ihrer Mitarbeiter ernst zu nehmen?" unterstellen Sie damit implizit, dass es eine Zeit gegeben hat, in der der Führungskraft die Bedürfnisse ihrer Mitarbeiter egal waren. Ganz egal ob diese Unterstellung der Realität entspricht oder nicht, diesen Aspekt in die Formulierung der Frage aufzunehmen, führt erstens zu einer Beziehungsbelastung und zweitens zu einer Antwort, die durch eine Rechtfertigungsmotivation verfälscht wird und deshalb weniger zuverlässigere Informationen vermittelt.
- Suggestivfragen werden als vorgeschobene Fragen empfunden und zielen darauf ab, den Sprecher in eine bestimmte Richtung zu lenken, indem sie seine zukünftigen Antworten einschränken. Sie weisen ähnliche Merkmale auf wie das direktive Zuhören. Wenn ich frage: „Ist es nicht wichtig, das Prinzip der Gegenseitigkeit zu respektieren?" ist es schwer vorstellbar, dass der Sprecher mit etwas anderem als „Ja" antworten könnte. Die rhetorische Frage ist nicht mehr eine Form des Zuhörens oder der Empathie, sondern versucht, den Sprecher zu zwingen, etwas zu sagen, was er (jedenfalls im Moment) nicht sagen will; dahinter verbirgt sich eine Form der Selbstbehauptung.

10. Nutzen Sie an wichtigen Stellen in der Verhandlung (z. B. wenn die Gegenseite ein Angebot vorgestellt hat, wenn die Gegenseite ihre Bedenken formuliert hat, wenn Sie die Beweggründe der Gegenseite analysiert haben) das Mittel der **Zusammenfassung**. Während die Technik des Paraphrasierens sich auf das Verständnis des gerade zuvor im letzten Wortbeitrag Gesagten bezieht, melden Sie dem anderen mit der Zusammenfassung zurück, wie Sie seine Position insgesamt verstanden

haben: „Wenn ich Sie richtig verstanden habe, geht es Ihnen um ... Dabei ist Ihnen wichtig, dass ..., und auf jeden Fall wollen Sie vermeiden, dass ...". Auch hier wollen Sie wieder eine Reaktion erreichen, die „ja, genau" oder „das ist richtig" entspricht. Eine erfolgreiche Zusammenfassung zahlt extrem stark auf Bonding ein.
11. Beenden Sie die Zuhör-Phase damit, dass Sie die Gegenseite fragen, ob sie noch weitere Aspekte ergänzen möchte. Ist das nicht der Fall, so danken Sie ihr dafür, dass sie ihre Gedanken mit Ihnen geteilt hat. Nun ist die Zeit gekommen, in der Sie selbst ausdrücken, was Ihnen wichtig ist. Und jetzt besteht eine sehr gute Chance, dass auch Ihre Verhandlungspartnerin Ihnen interessiert und mit voller Aufmerksamkeit zuhört.

Aktives Zuhören erschafft einen positiven Kreislauf: Ich bleibe ganz bei meinem Verhandlungspartner, ich überprüfe in einer Verständnisschleife, was er gesagt hat, so lange bis er mir zeigt, dass er sich mit seinem Standpunkt richtig verstanden fühlt, und trete dann mit meinem eigenen Standpunkt in den Dialog und treffe dabei auf Wohlwollen und offene Ohren.

Eine letzte Warnung: Verstehen bedeutet nicht Akzeptanz. Verstehen ist nicht gleichbedeutend mit Zustimmung. Kluge Zuhörer unterscheiden zwischen wertungsfreier Empathie und Zustimmung. Sie verbannen die Floskeln „Ok", „Richtig" oder „Stimmt", die als Zeichen der Zustimmung gewertet werden können, aus ihrem Wortschatz beim Aktiven Zuhören. Sie bevorzugen neutrale Aussagen wie „Wenn ich Sie richtig verstanden habe, sagen Sie ...", „Von Ihrem Standpunkt aus gesehen ...", „Sie sagen/meinen also ...", die lediglich Verständnis signalisieren. Trennen Sie unbedingt ganz strikt Aktives Zuhören und Wertung – auch dann, wenn Sie Ihrem Verhandlungspartner in diesem Punkt uneingeschränkt zustimmen. Viele Verhandler denken, dass Zustimmung immer positiv ankommt und deswegen kein Problem ist. In dieser konkreten Situation ist das auch kein Problem. Wenn Sie allerdings einmal damit angefangen haben, beim Paraphrasieren eine Zustimmung zu integrieren, wird Ihr Gesprächspartner es jedes Mal in der Zukunft als Ablehnung interpretieren, wenn diese Zustimmung fehlt. Sagen Sie niemals: „Wenn ich Sie richtig verstanden habe, und das sehe ich übrigens genau so, dann sagen Sie ..." Paraphrasieren Sie wertungsfrei – und stimmen Sie der Gegenseite dann in einem zweiten separaten Schritt zu, wenn Sie das möchten.

Wir möchten noch einmal daran erinnern, dass Aktives Zuhören nicht nach ein paar Versuchen beherrscht wird. Es erfordert Anstrengung und regelmäßiges Training. Am Anfang kann es sich für Sie schwierig und unnatürlich anfühlen. Wenn Sie aber dranbleiben und es vor allem in den nicht so wichtigen Alltagssituationen immer wieder einüben, werden Sie eine Meisterschaft darin entwickeln, „zwischen den

Zeilen zu hören“ und Informationen zu gewinnen, die anderen verborgen bleiben, und auch mit Verhandlungspartnern eine vertrauensvolle Arbeitsbeziehung aufbauen, die andere für schwierig halten. Mit der Zeit wird das Aktive Zuhören für Sie immer mehr zu einer unbewussten Kompetenz, die Sie zwanglos, fast spielerisch in allen Ihren Gesprächen umsetzen. Da die meisten Menschen die Fähigkeit nicht beherrschen, werden Sie immer häufiger das Feedback Ihrer Mitmenschen im professionellen und privaten Leben bekommen, dass Sie ein toller Zuhörer sind und man mit Ihnen gut reden kann. Dann haben Sie es geschafft – und das haben Sie sich verdient.

Aktives Zuhören ist nicht nur eine Technik, sondern zuallererst eine Haltung. Die Formulierungen und Techniken erzielen eine ganz andere Wirkung, wenn Sie diese nur als „Alibi“ nutzen wollen. Wenn es nur eine Täuschung oder ein einfacher Trick ist, um den anderen über den Tisch zu ziehen, werden Sie schnell scheitern. Sie werden Ihrer Verhandlungspartnerin nur dann effektiv vermitteln können, dass Sie an ihren Bedürfnissen interessiert sind, wenn das auch zutrifft. Nur wenn es authentisch mit ehrlichem Interesse am anderen eingesetzt wird, wird Aktives Zuhören zu einem Turbo für Verhandlungen, ermöglicht den Austausch von Informationen, vermeidet Missverständnisse und schafft echte Bewegung für eine gemeinsame Problemlösung.

Die Techniken des Aktiven Zuhörens der FBI Crisis Negotiator[12]

Die FBI Academy hat unter Gary Noesner im Rahmen der Ausbildung für Crisis Negotiator ausgehend vom Konzept von Carl Rogers acht wichtige Techniken des Aktiven Zuhörens für Verhandler definiert. Nachdem wir über die Prinzipien gesprochen haben (der zentrale Leitsatz der FBI Krisenverhandler lautet übrigens: „Listen to understand, not to respond!“), ist es sinnvoll, sich den damit verbundenen „Werkzeugkoffer“ noch einmal kurz und übersichtlich vor Augen zu führen:

1. Minimal Encouragers (Ermutigungssignale)

Nutzen Sie kurze Wörter, um den Gesprächspartner zum Sprechen zu ermutigen, und um ihm zu vermitteln, dass Sie „dabei sind“. Unterstützen Sie dies durch körpersprachliche Signale wie Nicken und angemessenen Blickkontakt.
„Ah“, „Aha“, „Wirklich?“, „Erzähl mir mehr“, „Nicht möglich?“

2. Mirroring (Spiegeln)

Wiederholen Sie ein, zwei oder drei Wörter, die der andere zuvor gesagt hat.
„Diesen Monat hatte ich große Herausforderungen.“ – „Große Herausforderungen?“

3. Paraphrasing (Paraphrasieren)

Geben Sie den wichtigsten Inhalt des letzten Statements des Gesprächspartners in eigenen Worten wieder.

„Ich bin sicher, dass Sie nicht die Wahrheit sagen." – „Sie meinen, dass ich etwas vor Ihnen verberge?"

4. Emotional Labeling (Emotionale Etikettierung)

Benennen Sie Ihre Beobachtung über die Gefühlslage der Gegenseite. Diese mächtige Technik zur Emotionskontrolle besprechen wir noch ausführlich in Kapitel 6.
„Mir scheint, dass Sie darüber sehr aufgebracht sind?", „Sie machen sich Sorgen deswegen?"

5. Summarizing (Zusammenfassen)

Erläutern Sie die wichtigsten Punkte über den Standpunkt bzw. die Beweggründe, so wie Sie sie in dieser Phase der Verhandlung wahrgenommen haben.
Ihr Ziel ist dabei eine Reaktion, die gleichwertig ist mit „Ja, genau, das ist richtig!".

6. Effective Pauses (Effektive Pausen)

Machen Sie an bestimmten Stellen gezielt eine Pause, um damit Wirkung zu erzielen.

- Wenn Sie etwas Wichtiges sagen wollen.
- Um eine sehr emotionale Person zu beruhigen.
- Um dem Gesprächspartner beizubringen, dass Verhandeln ein Prozess ist, bei dem abwechselnd beide reden müssen.
- Um den Gesprächspartner dazu zu bringen, eine Frage zu beantworten, wenn vorher ausweichend geantwortet wurde oder ein unverschämtes Angebot abzumildern.
- Um eine stärkere kreative und wertschöpfende Lösungsrichtung in der Verhandlung einzuschlagen.[13]

7. „I"-Messages (Ich-Botschaften)

Geben Sie dem anderen Feedback in einer nicht bedrohlichen Weise, damit Sie den Gesprächspartner nicht in die Defensive drängen, wenn Sie Ihre Nachricht personalisieren. („Meine Ansicht" nicht „Die Wahrheit")

- Wenn Sie [diese kontraproduktive Sache tun] fühle ich mich [Gefühl benennen], weil [der Grund, aus dem das Verhalten als ungünstig empfunden wird].

8. Open-ended Questions (offene Fragen)

Nutzen Sie Fragen, die nicht mit „Ja" oder „Nein" beantwortet werden können, um die Gesprächspartnerin zum Reden zu bringen. (Vermeiden Sie „Warum" soweit möglich)
„Wie?", „Was?", „Wo?", „Wozu?", „Wofür?", „Weshalb?", „Wann?"
„Wie möchten Sie diesen Vorschlag umsetzen?"
„Was passiert wohl, wenn wir keine Einigung erreichen können?"

Das „Aktive Sprechen"

In Verhandlungen spielen Worte eine große Rolle. Dort sprechen wir nicht in einem luftleeren Raum, wir sprechen nicht, um des Sprechens Willen, sondern um unsere Verhandlungspartnerin dazu zu bringen, etwas zu tun, was in unserem gemeinsamen Interesse ist. Die Rede wird von mir gestaltet, aber für den anderen. Sie ist an die Bedürfnisse der Verhandlungspartnerin angepasst, das ist die erste Regel der klassischen Rhetorik. Genauso wie das Zuhören von einer Verbindung zum anderen profitiert, ist auch das Sprechen nur dann überzeugend, wenn dabei eine solche Verbindung zur Zuhörerin besteht. In der Verhandlung sprechen wir nicht, um unser egozentrisches Mitteilungsbedürfnis zu befriedigen. Wir sprechen ausschließlich in Bezug auf die Verhandlungspartnerin, und unsere Aufmerksamkeit sollte die ganze Zeit über bei ihr und ihren kommunikativen Bedürfnissen liegen.

Auf diese Weise ist unser Sprechen aktiv und bildet einen Erfolgskreislauf, so wie wir es schon vom Aktiven Zuhören her kennen. In diesem Fall sollten wir uns um Einfühlungsvermögen bemühen, damit der andere uns versteht und für unsere Vorschläge empfänglich ist. Vor allem aber ist es in dieser heiklen Phase wichtig, das Einfühlungsvermögen des Gegenübers uns und unseren Bedürfnissen gegenüber zu wecken. Dies gelingt dann, wenn wir die Verbindung von Bonding und Vertrauen, die wir beim Zuhören erworben haben, auch beim Sprechen beibehalten: Ich sollte in meinem Kommunikationsstil so gut wie möglich die Kommunikationspräferenzen meines Verhandlungspartners spiegeln. Es gibt dabei kaum einen Unterschied zwischen mündlicher und schriftlicher Kommunikation: Was im Folgenden beschrieben wird, gilt sowohl für die Verhandlung von Angesicht zu Angesicht als auch für einen schriftlichen Prozess, bei dem die Parteien durch den Austausch von Memoranden oder per E-Mail kommunizieren. In beiden Fällen kommt es darauf an, auf der gleichen kommunikativen Wellenlänge wie der andere zu bleiben.

Erinnern wir uns an die drei Hebel der aristotelischen Rhetorik, die für die konkrete Situation und den oder die Zuhörer maßgeschneidert angepasst werden müssen: Logos (Vernunft), Pathos (Emotionalität) und Ethos (Integrität und Persönlichkeit). Als Verhandlungsführer müssen wir eine solide Argumentation entwickeln, um den anderen zu überzeugen, wir müssen hilfreiche Emotionen wecken, um ihn zum Handeln zu bewegen, und wir müssen den passenden Stil im Auftreten wählen, um bei ihm Vertrauen in unsere Integrität zu wecken. Verletzen wir auf einer dieser drei Ebenen die Bedürfnisse unseres Verhandlungspartners, so wird es schwer, noch eine gute Einigung zu erreichen.

Mit dem Begriff „Aktiv Sprechen" wollen wir Sie daran erinnern, dass die kommunikativen Grundprinzipien und die Beziehungsgestaltung des Aktiven Zuhörens für Sie auch dann noch eine Richtschnur bilden sollten, wenn Sie selbst sprechen. Es gibt viele Arten zu sprechen – und manche davon sind für eine Verhandlung deutlich nützlicher als andere.

Fünf Arten zu sprechen, die Sie vermeiden sollten

1. Verschlossenes Sprechen: Wenn Sie sehr wenig sagen, wirkt das in Verhandlungen auf den anderen ungünstig. Egal ob er es als herablassend (Sie sind sich zu fein, mit ihm auf Augenhöhe zu sprechen), ein Zeichen von Schwäche (Sie trauen sich nicht) oder einen taktischen Trick (Sie wollen ihn aushorchen, selbst aber nichts preisgeben) interpretiert, die Wirkung ist für Sie schädlich. In der Regel führt Ihre Verschlossenheit dazu, dass auch die Gegenseite keine Informationen mehr preisgeben will. Selbst Schüchternheit als wahre Ursache von Schweigsamkeit wird in der Verhandlung oft als mangelndes Interesse oder Trick verstanden. Es ist daher wichtig, dass wir uns in der Verhandlung ausreichend mitteilen. Der Dialog muss flüssig und einigermaßen ausgewogen bleiben, damit er effektiv wirkt.
2. Zu sich selbst sprechen: In bestimmten Situationen vergessen wir, dass unsere Kommunikation auf die Zielgruppe bzw. die Adressaten ausgerichtet sein muss. Stattdessen sagen wir das, was wir hören wollen – so, wie wir es hören wollen. „Er liebt es, den Klang seiner Stimme zu hören", denken sich dann oft unsere Gesprächspartner, und sind in der Regel weder begeistert noch überzeugt. Professionelles Sprechen erfordert Selbstdisziplin – und eine dienende Haltung. Je mehr es mir um den anderen geht, desto eher fühlt er sich angesprochen.
3. Fachsprache: Ob wir wollen oder nicht, alle Berufe bilden ihre eigene Fachsprache aus, d.h. für ihr Berufsfeld typische Fachworte, Abkürzungen, Phrasen, Argumentationsmuster und Metaphern. Oft sind wir uns gar nicht bewusst, dass wir unter Fachleuten diesen Jargon (den berufsspezifischen Sprachcode) verwenden: Anwältinnen im juristischen Diskurs, Mediziner unter sich, Ingenieurinnen mit ihrer eigenen typischen Sprache. Solange das Gespräch nur diese Fachleute umfasst, ist dieser Jargon sogar etwas Gutes. Er stärkt das Gefühl von Identifikation und Vertrautheit. Die Situation in Verhandlungen ist aber oft so, dass interdisziplinäre Teams miteinander verhandeln. Dann führt der Fachjargon dazu, dass für die anderen schwer verständliche Sprachuniversen zwischen den Fachleuten entstehen, die voneinander abgeschottet bleiben. Die Verhandlung betrifft meist verschiedene dieser Universen. Es entstehen oft Probleme mit der Anschlussfähigkeit, wenn die Sprecherin (auch) zu wichtigen Akteuren wie Entscheidungsträgern sprechen will, die nicht dem eigenen Sprachuniversum angehören. An dieser Stelle stoßen Boileaus berühmte Worte aus der „L'Art poétique"[14] („Das, was gut durchdacht ist, ist klar artikuliert / Und die Worte um es zu sagen, kommen mit Leichtigkeit") an ihre Grenze: das, was gut durchdacht ist, wird bei rein intuitivem Sprechen durchaus klar artikuliert – für alle Fachleute im gleichen Sprachuniversum. Für ande-

re allerdings kann es wie ein Buch mit sieben Siegeln sein. Für professionelle Verhandlerinnen ist es wichtig zu verstehen, dass Klarheit immer nur in Verbindung zu einem bestimmten Adressaten existiert. Was für den einen klar ist, kann für einen anderen mit anderem Bildungs- und Sprachhorizont missverständlich sein. Erfolgreiche Verhandlungen in gemischten Gruppen erfordern daher, dass wir uns auf eine möglichst allgemeinverständliche Sprache einlassen und unseren Fachjargon soweit wie möglich weglassen. Die kluge Verhandlungsführerin passt daher ihre Art zu sprechen an die kommunikativen Bedürfnisse ihrer Zuhörer an und orientiert sich an der Maxime „rede nicht so, dass es möglich ist, dich zu verstehen – rede so, dass es unmöglich ist, dich nicht zu verstehen!" Man kann diesen Prozess als Vereinfachung der Sprache bezeichnen, aber das wäre ein Missverständnis. Denn es ist gar nicht einfacher, sondern tatsächlich viel herausfordernder und anstrengender, den eigenen Sprachstil geplant und bewusst anzupassen und den Diskurs soweit möglich von Fachjargon zu befreien. Als Verhandlungsprofis sollten wir immer daran denken, dass es unsere Verantwortung ist, dass der andere uns versteht. Gibt es Probleme, dann sind wir gefragt – der Ball liegt in unserem Feld.

4. Arrogante Sprache: In ihrer schädlichsten Form kann die Fachsprache sogar in Arroganz umschlagen. Da wir als Verhandler Vertrauen zum Gesprächspartner aufbauen wollen, ist Arroganz immer ein schwerer Fehler. Wer sich wissend glaubt (und dabei sehr oft nur irrig annimmt, es besser zu wissen), stellt sich beim Sprechen oft über den anderen und demonstriert damit Geringschätzung. Eine solche Art zu sprechen, die von Selbstüberschätzung geprägt ist, ist immer ungünstig, selbst dann, wenn wir etwas tatsächlich besser wissen. Denn kein Verhandlungspartner schätzt es, von uns belehrt zu werden – schon gar nicht vor anderen. Je nach Kultur ist „das Gesicht verlieren" mehr oder weniger schlimm – aber es gibt keine Kultur, in der ein Verhandler so etwas nicht als unangenehm empfindet – und uns übelnimmt. Sie müssen sich entscheiden, ob Sie Recht behalten und sich als der Schlaueste im Raum darstellen wollen – oder ob Sie überzeugen und Ihre Verhandlungsziele erreichen wollen. Beides gleichzeitig ist in Verhandlungen schwer möglich.

Verhandlungsmeister geben sich große Mühe, einen Mindset von Demut zu bewahren und Überlegenheitsgefühle einzudämmen. Sie wissen, wie viele Fehler sie in der Vergangenheit gemacht haben, und dass sie auch zukünftig viele Fehler machen werden, und dieses Bewusstsein schützt sie vor der gefährlichen Falle der Selbstüberschätzung. Nutzen Sie die rhetorische Figur des Chleuasmus, ein Werkzeug, mit dem man die eigene Kompetenz unterschätzend formuliert, um Bescheidenheit statt Arroganz auszustrahlen („Ich bin sicher kein Experte für diese Frage, aber mir kommt gerade in den Sinn, ob vielleicht …", „Sie kennen sich da sicher besser aus als ich"). Das führt oft dazu, dass die Verhandlungspartnerin sicherer fühlt und ihre übertriebene Deckung fallen lässt. Ein gutes Beispiel für diese Technik ist der Kommunikationsstil von Lieutenant Columbo in der berühmten Detektivserie. Columbo scheint so schusselig und ungefährlich zu sein, dass jeder Kriminelle sich überlegen fühlt und glaubt, ihn überlisten zu können. So nimmt der Verdächtige ihn zu wenig ernst, kommuniziert undiszipliniert und gibt Informationen preis, die ihm am Ende das Genick brechen. Im Verhör mit einem unbescheidenen Detektiv wie Sherlock Holmes hätten sie hingegen jedes Wort auf die Goldwaage gelegt – und wären vielleicht davon gekommen. Deshalb lautet eine wichtige Verhandlungsregel, die durch Daniela Katzenberger bekannt geworden ist: Sei schlau, stell dich dumm!

5. Aggressives Sprechen: In Verhandlungen sollten alle Zeichen von Aggression gegenüber den Verhandlungspartnern möglichst vermieden werden. Wenn sich eine Verhandlerin bedroht fühlt, hat sie wenig Lust weiter zu verhandeln – und wenn doch, dann nicht als gemeinsame Problemlösung, sondern als Kampf. Aggressionen führen daher meist dazu, dass die Gegenseite ebenfalls aggressiv reagiert und sich die Eskalation immer weiter aufschaukelt. Ein effektiver Kommunikationsprozess ist so unmöglich. Aus der Perspektive eines Nagels fühlen sich alle Formen von Zwang und Einschüchterung unangenehm an, selbst wenn es der Hammer gar nicht so gemeint hat. Vom anderen mit unseren Bedürfnissen, Vorschlägen und Argumenten wirklich gehört zu werden, gelingt am besten, wenn wir so sprechen, dass der Gesprächspartner dabei grundsätzlich ein Gefühl von psychologischer Sicherheit entwickelt. Eine respektvolle Sprache mit Andeutungen – wie Callières es empfiehlt –, wirkt viel überzeugender als Druck. Druck erzeugt Gegendruck oder Flucht. Angebotene Optionen und Andeutungen machen neugierig und ziehen eher die Aufmerksamkeit des anderen auf sich. Jede Verhandlerin sollte die alte Weisheit unserer Großeltern befolgen, eine Nacht darüber zu schlafen, bevor wir uns um Kopf und Kragen reden. Denn Ambrose Bierce hat Recht: „Sprich wenn du wütend bist – und du wirst die beste Rede halten, die du jemals bereuen wirst"

Nachdem wir nun geklärt haben, welche fünf Arten des Sprechens wir in Verhandlungen möglichst vermeiden sollten, wollen wir Ihnen nun die Prinzipien des Aktiven Sprechens darstellen.

Die Zehn Prinzipien des Aktiven Sprechens

1. Aktives Sprechen bezieht sich immer auf ein bestimmtes Publikum, auf konkrete Adressaten auf deren Bedürfnisse es vollständig ausgerichtet ist. Aktives Sprechen ist empathisch und daher untrennbar mit dem Aktiven Zuhören verbunden, das ihm vorausgeht. Das erfolgreiche Sprechen beginnt damit, dass wir uns in die Per-

spektive unseres Publikums hineinversetzen und uns fragen: „Wie erreiche ich ihre Aufmerksamkeit?", „Wie werde ich relevant für sie?".

Sadat in der Knesset – Nach dem Jom-Kippur-Krieg im Oktober 1973 waren alle Äußerungen aus dem arabischen Lager aus Sicht der Israelis verdächtig und deshalb nicht von Interesse. Dies änderte sich am 18. Mai 1977, als der ägyptische Präsident Sadat das Undenkbare unternahm: Er reiste zum israelischen Parlament in der „Knesset", mitten im „Feindesland". Diese Reise nach Jerusalem verkörperte die „Überwindung eines großen Tabus", wie es Michel Rocard formulierte.[15] Indem er dieses unglaublich große Risiko einging – für das er 1981 bei einem Attentat mit seinem Leben bezahlte –, gewann Sadat schlagartig Aufmerksamkeit und Glaubwürdigkeit bei der israelischen Öffentlichkeit.

Da Individuen und Gruppen unterschiedliche Erwartungen, Beweggründe und Kommunikationsbedürfnisse haben, können wir sie nicht alle mit derselben Rede erreichen. Jede Situation erfordert die Entwicklung eines dafür optimierten Redestils und Redeinhalts, oder anders ausgedrückt: einer maßgeschneiderten Rhetorik. Dies fällt leichter, wenn die Verhandlung im vertraulichen Rahmen unter vier Augen stattfindet. Dann reicht es, unseren Gesprächspartner und seine Perspektive zu verstehen und ihn an diesem Punkt abzuholen. Die Voraussetzung ist, dass wir in solchen Redesituationen nie vergessen, dass Menschen verschieden sind, dass es nicht reicht, den anderen intuitiv so anzusprechen, wie es uns überzeugen würde. Wir müssen unser Redeverhalten bewusst steuern und auf die Bedürfnisse der anderen ausrichten.

In einer öffentlichen Verhandlung, bei der Sie gleichzeitig zu einer Vielzahl von Personen mit sehr unterschiedlichen Beweggründen und Bedürfnissen sprechen, ist diese Aufgabe deutlich herausfordernder. Manches, was einem Teil der Gruppe gefallen würde, würde gleichzeitig einen anderen Teil vor den Kopf stoßen. Um auch in diesen schwierigen Rahmenbedingungen so sprechen zu können, dass es Ihren Verhandlungszielen nützt, müssen Sie die Situation gründlich strategisch planen: Wer sind ihre wichtigsten Zielgruppen, wer ist für Sie (im Moment) weniger wichtig? Welche Äußerungen sind hoch konflikthaft für wichtige Adressaten und sollten daher lieber zurückgestellt werden? Welche Themen sind unter Ihren wichtigen Zielgruppen eher konsensfähig, sodass Sie sich erst einmal stärker auf diese Aspekte konzentrieren? Am Ende müssen Sie so sprechen, dass Sie alle für Sie wichtigen Adressaten gewinnen.

2. Aktives Sprechen erfordert, die Rede permanent an das konkrete Publikum bzw. die Adressaten anzupassen. Dafür reicht es nicht, zu Beginn die Aufmerksamkeit zu gewinnen und eine positive Atmosphäre zu schaffen, diese Bedingungen müs-

sen während der gesamten Rede aufrechterhalten werden, um das Publikum nicht zu verlieren. Dies ist insbesondere in einer Verhandlung eine schwierige Aufgabe, denn die anderen hören aus ihrer parteilichen Perspektive zu und sind sich mindestens unbewusst darüber klar, dass es in der Verhandlung auch um die Regelung von Interessenkonflikten geht. Bei allem, was Sie sagen, schwingt daher bei den Zuhörenden immer auch eine Befürchtung mit, dass es am Ende für ihre eigenen Interessen nachteilig sein könnte. Das Prinzip der reaktiven Abwertung, das Sie schon kennengelernt haben, erklärt, warum tatsächlich schon jede missverständliche Formulierung Kritik der Verhandlungspartnerinnen provozieren kann. Legen Sie daher jedes Wort auf die Goldwaage und orientieren sich empathisch an der Frage: „Wie kann ich das, was ich meine, so ausdrücken, dass es meine Zuhörer richtig verstehen und es positiv bei ihnen auf meine Ziele hinführt."

Sprechen Sie in einer permanenten Feedback-Schleife, bei der Sie aufmerksam auf die Wirkung Ihrer Worte beim anderen achten – insbesondere auf deutliche Veränderungen der Körpersprache. Nehmen Sie ein negatives Feedback wahr, ändern Sie die Art und Weise Ihres Vorgehens. Wir neigen dazu, wenn z. B. eines unserer Argumente die Verhandlungspartnerin nicht überzeugt, die Situation so zu deuten, dass die andere das großartige Argument noch nicht gut genug verstanden hat. Unsere intuitive Reaktion ist dann, der anderen dieses Argument nochmal zu erklären – auf dem Sprachniveau eines Zehnjährigen, damit sie es diesmal auch ganz sicher versteht. Das einzige Ergebnis, das Sie mit der Strategie „Bleibe bei der Strategie aber erhöhe die Dosis" in der Praxis sicher erreichen, ist eine Verhärtung der Fronten und eine Belastung der Beziehungen. Sprechen Sie stattdessen nach dem Prinzip: „Wenn etwas nicht gut funktioniert, versuche sofort etwas anderes!" Eine wichtige Rolle spielt auch die Fähigkeit, dass Sie Ihren Sprechstil an die Kommunikationsbedürfnisse (also den Sprechstil) Ihrer Verhandlungspartner anpassen, das sogenannte Linguistic Style Matching (LSM). Der Sprachstil umfasst beispielsweise Satzlänge, Schlüsselwörter, fakten- oder metaphernorientierte Sprechweise und Detailgrad. Eine Studie zu den diplomatischen Verhandlungen beim Konvent über die Zukunft Europas zeigt eindrucksvoll, dass die Diplomaten immer dann Einigungen erreichten, wenn sie einen hohen LSM-Übereinstimmungsgrad hatten, war der LSM-Grad niedrig, endeten die Gespräche meist im Dissens.[16]

3. Aktives Sprechen erfordert Kürze. „In der Kürze liegt die Würze", sagt der Volksmund – und er hat recht. Je kürzer Sie sprechen, desto wahrscheinlicher ist es, dass die Aufmerksamkeit der Zuhörerinnen bis zum Ende bei Ihnen ist, und dass Ihre Verhandlungspartner die wichtigsten Punkte Ihrer Rede behalten. Das Sparsamkeitsprinzip der Sprache ist schon seit dem 14. Jahrhundert zentrales Element der Scholastik und als „Ockhams Rasiermesser" (nach dem mittelalterlichen Philosophen Wilhelm von Ockham) bekannt: „Entia non sunt multiplicanda praeter ne-

cessitatem", was sich in etwa mit „Wesenheiten dürfen nicht über das Notwendige hinaus vermehrt werden" übersetzen lässt. In der Weiterbildungsszene ist es vereinfacht als „KUSS-Prinzip" der erfolgreichen Kommunikation bekannt: Kurz und sehr simpel.

In Verhandlungen gibt es für dieses Prinzip noch einen weiteren entscheidenden Vorteil: Wer kurz und knapp spricht, der bringt schnell auch wieder die Gesprächspartnerin mit ins Spiel. Dadurch ergibt sich ein dynamischer Dialog. Wenn Sie in einem Redebeitrag mehrere Argumente oder Fragen vorbringen, dann lassen Sie Ihrer Gesprächspartnerin die Wahl, welcher dieser Aspekte für sie am bequemsten ist – und mit dem wird sie dann das Gespräch fortsetzen. Die anderen für Sie wichtigen Aspekte fallen unter den Tisch. Wenn Sie in einem Redebeitrag nur ein Argument oder eine Frage nennen, behalten Sie stärker die Kontrolle über den Gesprächsverlauf, denn die Verhandlungspartnerin hat nur die Wahl, entweder auf das von Ihnen gewünschte Thema einzugehen oder abzulenken und auszuweichen. Dann haben Sie die Wahl, ob Sie ihr das durchgehen lassen oder auf Ihren Punkt bestehen wollen.

Ein Scharfschütze schießt nicht mit Schrotkugeln im Nebel – er zielt ganz genau mit einem Zielfernrohr und gibt dann einen präzisen Treffer ab. Ein Aktiver Sprecher in einer Verhandlung handelt genauso – nur, dass er nicht den Tod bringt, sondern seine Wirkung darin besteht, mit seiner präzisen Wirkung den Weg zu einem für beide guten Ergebnis zu ebnen, ohne mit überflüssiger Begleitmusik vom Wesentlichen abzulenken. Aus unseren Verhandlungstrainings haben wir die Erfahrung gewonnen, dass die meisten Fach- und Führungskräfte viel erfolgreicher verhandeln, wenn sie es schaffen, die Länge ihrer Redebeiträge zu halbieren.

4. Aktives Sprechen ist präzise und klar. Präzision und Klarheit sind Erfolgsfaktoren, um sicherzustellen, dass die Verhandlungspartner die wichtigen Aspekte verstehen und Missverständnisse vermieden werden. Diese Eigenschaften begünstigen eine effiziente Verhandlung mit schnellem und nachhaltigem Ergebnis. Wie viele Verhandlungen werden dadurch belastet, dass die Parteien aneinander vorbeireden, ohne zu verstehen, was genau die Gegenseite möchte? In wie vielen Verhandlungen verwenden Verhandler dieselben Begriffe, ohne zu merken, dass sie damit ganz andere Zielbilder verbinden? Mangelnde Klarheit führt oft zu endlosen Gesprächsschleifen, weil die Parteien das Gefühl haben noch uneinig zu sein, aber gar nicht genau sagen können, worin konkret die verbleibende Uneinigkeit besteht – und deshalb auch keine guten Lösungen finden können.

   Mangelnde Klarheit kann aber auch zu Scheinergebnissen führen, bei denen die Parteien glauben, eine gemeinsame Lösung gefunden zu haben, sich tatsächlich aber in entscheidenden Punkten unterschiedliche Vorstellungen davon machen, was genau vereinbart wurde. Solche Ergebnisse fallen den Parteien dann in der Umsetzungsphase auf die Füße. Oft genug entstehen dann massive Konflikte, weil die Parteien glauben, die jeweils andere Seite wolle sich nicht an die Absprachen halten. Und oft genug führt eine ursprünglich vielversprechende Verhandlung zu einem teuren und beziehungszerstörenden Rechtsstreit darüber, was tatsächlich vereinbart wurde. Jedenfalls im Business. Bei diplomatischen oder privaten Konflikten landet der Fall zwar nicht vor Gericht, aber es kann sehr blutig werden. Prädikat: nicht empfehlenswert. Lieber direkt die Dinge so klar und konkret besprechen, dass beide Seiten ein konkretes gemeinsames Zielbild im Kopf haben – und auf dem Papier am Ende der Verhandlung.

UN-Resolution 242 – Am 22. November 1967 beschloss der UN-Sicherheitsrat als Reaktion auf den Sechstagekrieg eine Resolution. In dieser Resolution wurde der Rückzug der Israelis „aus besetzten Gebieten" und die Anerkennung des Staates Israel sowie ein friedliches Zusammenleben durch die Nachbarstaaten der Region gefordert. Die unklare Formulierung führte dazu, dass die Resolution faktisch nicht umgesetzt wurde, denn beide Seiten bestanden auf ihre Auslegung. Die Israelis erklärten, dass nicht alle besetzten Gebiete gemeint seien, da der Text nicht lautet „aus den besetzten Gebieten" und dass der Rückzug erst nach einem umfassenden Friedensvertrag mit allen Nachbarstaaten erfolgen muss. Die arabischen Staaten interpretierten die Erklärung so, dass ein umfassender Rückzug aus sämtlichen besetzten Gebieten schon dann zu erfolgen hat, wenn keine kriegerischen Akte durch sie mehr unternommen werden. Wie Sie wissen, ist dieses Problem auch fast 60 Jahre später noch nicht gelöst – trotz bindender Resolution der UNO, die einstimmig von allen Veto-Mächten verabschiedet worden war.

Klarheit ist wichtig, gleichzeitig darf man es auch nicht übertreiben. Manche Verhandlungen werden durch endlose Detaildiskussionen über Spitzfindigkeiten bei unwichtigen Nebenaspekten belastet. Eine solche Strategie zahlt sich ebenfalls nicht aus. Wichtig ist eine klare gemeinsame Lösung für die zentralen Interessenkonflikte. Dabei kann es zielführend sein, bestimmte Aspekte bewusst ambivalent zu formulieren, ganz nach der Devise eines britischen Botschafters: „sei niemals zweideutig, außer natürlich, wenn du zweideutig sein möchtest." Bewusste Zweideutigkeit, bei der eine konkrete Klärung zum Zeitpunkt der Verhandlung nicht möglich ist (sogenannte „konstruktive Ambivalenz") ist ein wichtiges Werkzeug für Konfliktverhandlungen, gerade im politischen Bereich. Achten Sie aber darauf, dass Sie niemals unabsichtlich unklar sind!

5. Aktives Sprechen ist integrativ. Positionsdenken verleitet dazu, Vorschläge des anderen zu attackieren und durch eigene zu ersetzen. „Ja, aber ..." ist ein typischer Satzanfang für diesen Sprachstil. Diese Formulierung ist extrem schädlich für eine konstruktive Kommunikation in der Verhandlung, denn das Wort „aber" wirkt

wie ein „emotionaler Radiergummi", der alles auslöscht, was vor dem Wort „aber" gesagt wurde. „Ja, aber" wischt all das vom Tisch, was dem Verhandlungspartner vorher wichtig war. Das ist keine gute Grundlage, um eine konstruktive Arbeitsbeziehung aufzubauen. Die schädliche Wirkung des „aber" tritt sogar ein, wenn Sie vorher positive Botschaften gesendet haben. Fühlen Sie bitte einmal in sich hinein, wie folgende Aussage auf Sie wirkt: „Sie sind ein moralisch sehr integrer Mensch, der seine Aufgaben mit hoher Professionalität erledigt – aber an Ihrer Verhandlungsführung gibt es wirklich noch einiges zu verbessern." Rein logisch betrachtet, haben wir hier zwei bedeutende generelle Komplimente und eine Defizitaussage in Bezug auf einen konkreten Kompetenzbereich – und dass Sie diese Aussage nicht völlig falsch finden, zeigt schon, dass Sie gerade dieses Buch lesen. Die psychologische Wirkung des Satzes ist allerdings aufgrund des „aber" nur die Kritik. Es ist empfehlenswert, dass Sie daran arbeiten, in solchen Gesprächen das Wort „aber" zu vermeiden. Eine gute Kommunikation in einer Verhandlung ist eine gemeinsame Problemlösung. Sie wollen die Vorschläge der Gegenseite im Raum stehen lassen und Ihre eigenen Vorschläge und Perspektiven hinzufügen, daneben nicht darüber stellen. Es empfiehlt sich daher, Ihren Redebeitrag eher mit „Ja, und gleichzeitig" zu beginnen. Diese Haltung empfiehlt sich auch, wenn Sie einen Einwand vorbringen. Sehr oft klingt der so: „Sie wollen eine Lieferung bis morgen? – Das ist verrückt, das ist mit Ihrem Budget niemals zu machen. Vergessen Sie es." Der integrative Ansatz formuliert eher wie folgt: „Wenn ich Sie richtig verstehe, hätten sie am liebsten die Lieferung bereits morgen. Dieser Zusatzaufwand würde natürlich bedeuten, dass wir den Preis nochmal neu rechnen müssen, den Sie ja sicherlich in einem vernünftigen Rahmen halten möchten." Der exklusive Stil „Ja, aber" führt zu einem Widerspruch und potenziell zu Streit oder Machtkampf, der integrative Stil des „Ja, und gleichzeitig" kann von einer offenen Frage oder einem Vorschlag begleitet werden, mit dem Probleme aufgezeigt aber auch Lösungsbedingungen in Aussicht gestellt werden. Der Aufmerksamkeitsfokus wird so darauf gerichtet, eine Lösung zu finden, die für beide Seiten funktioniert.

Um deutlich zu machen, dass Sie eine Lösung miteinander entwickeln und nicht gegeneinander oder nebeneinander argumentieren, empfiehlt es sich, wenn möglich ihre Redebeiträge an etwas anzuknüpfen, was die Gegenseite zuvor gesagt hat. Damit erhöhen Sie auch die Wahrscheinlichkeit, dass Ihnen der andere aufmerksam zuhört und das Gefühl bekommt, dass Sie auf ihn und seine Bedürfnisse eingehen. Ein solcher Anschluss könnte so klingen: „Sie haben gerade auf die Wichtigkeit einer flexiblen Bestellmenge hingewiesen. Dabei kommt mir der Gedanke, dass eine Flexibilität bei digitaler Abwicklung der Bestellung deutlich einfacher …"

6. Aktives Sprechen ist vorzugsweise suggestiv. Es ist besser zu überzeugen als zu überreden, besser vorzuschlagen als aufzuzwingen. Alles, was in den Augen der

Verhandlungspartnerin den Eindruck von Zwang verringern kann, ist nützlich. Schlagen Sie mögliche Optionen für eine Lösung vor, legen Sie sich nicht auf einen bestimmten Standpunkt fest. Ihre Haltung sollte immer sein: „Ich bestehe nicht auf eine bestimmte Option, und auch nicht auf meinen Vorschlag. Wichtig ist mir nur, dass wir am Ende eine Lösung finden, die für uns beide fair und interessengerecht ist."

Idealerweise bringen wir die Verhandlungspartnerin dazu, unsere bevorzugte Option selbst vorzuschlagen oder mit uns gemeinsam zu entwickeln. So können wir den psychologischen Widerstand vermeiden, der oft entsteht, wenn jemand das Gefühl bekommt, sich dem Willen eines anderen unterordnen zu müssen. Dann verteidigen wir unsere persönliche Freiheit oft auch mit unvernünftigen Mitteln (Reaktanz). Folgendes Beispiel zeigt den Unterschied. Wir empfehlen Drohungen wie den folgenden Satz zu vermeiden: „Wenn Sie uns keine 20 % Rabatt auf den Preis geben, werden wir den Vertrag kündigen und nie wieder bei Ihnen bestellen." Stattdessen würden wir eine Formulierung wie die Folgende empfehlen: „Was würden Sie vorschlagen, wie wir angesichts der aktuellen Lage den Vertrag anpassen sollten, damit wir unsere langjährige Partnerschaft auch in den nächsten Jahren verbindlich fortsetzen können?" Auch die zweite Formulierung enthält eine implizite Warnung mit negativen Konsequenzen. Sie erscheint allerdings anders als bei der expliziten Drohung eher als eine unvermeidliche sachliche Folge als eine bewusste Schädigung durch uns. Vor allem aber gibt sie dem Verhandlungspartner die Möglichkeit, unvermeidliche Zugeständnisse selbst anzubieten und sich nicht Ihren Forderungen unterwerfen zu müssen.

7. Aktives Sprechen nutzt Positives Framing. Das gerade erwähnte Beispiel mit den zwei alternativen Formulierungen verdeutlicht, dass es verschiedene Möglichkeiten gibt, die Realität sprachlich darzustellen. Es bleibt dieselbe Realität, aber unterschiedliche Formulierungen führen zu unterschiedlichen Denkprozessen im Gehirn unseres Verhandlungspartners und lösen dann auch unterschiedliche Reaktionen beziehungsweise Entscheidungen aus. Dieses durch viele Studien[17] in den letzten Jahrzehnten gut erforschte Prinzip nennt man „Framing" (Rahmungseffekte). So wie ein Bilderrahmen Teil der Wirkung des Bildes ist, so sind Formulierungen Teil der Wirkung bei jeder Entscheidungsfrage. Diese Framing-Effekte beruhen auf den Verarbeitungsprinzipien der Informationen in unserem Gehirn, mit dem wir die überwältigende Komplexität der Welt um uns herum durch Fokussierung auf das Wesentliche bewältigen. Framing ist ein natürlicher Bestandteil jeder menschlichen Kommunikation, wir alle nutzen diese Effekte auch dann, wenn wir sie gar nicht kennen und verstehen. Man kann nicht nicht framen. Die einzige Wahl, die wir haben, ist, ob wir bewusst und im Sinne unserer Ziele framen wollen, oder ob wir die unbewussten Teile im Gehirn unkontrolliert Frames aussenden las-

sen wollen, die nachteilig für uns sein können. Keine Frage, welche Wahl Verhandlungsmeisterinnen hier treffen.

Zunächst ist ein wichtiges Prinzip des positiven Framings, dass wir alle für uns wichtigen Aspekte in einer Verhandlung ansprechen – auch wenn wir wissen, dass sie der Gegenseite bekannt und unbestritten sind. Denn bekannt ist nicht bewusst. Es macht einen großen Unterschied, ob jemandem Fakten einfach nur bekannt und irgendwo im Gedächtnis abgespeichert sind, oder ob diese ins Arbeitsgedächtnis hochgeladen und in den neuronalen Netzen für die Verhandlung aktiviert wurden. Deshalb sollten Sie in jedem Fall – wenn auch in der gebotenen Kürze – alle für Sie wichtigen Aspekte in der Verhandlung noch einmal ausdrücklich in Erinnerung rufen.

Ein weiteres Prinzip ist es, die Aufmerksamkeit der Gesprächspartnerin auf für sie positive Dinge zu fokussieren, die sie erreichen kann, und nicht auf unerreichbare Wünsche. Denken Sie nur an die ganz alltägliche Situation, dass eine Kundin anruft und um einen Termin bittet: „Können wir bitte morgen um 14.00 Uhr einen Zoom-Call vereinbaren." Viele fokussieren sich jetzt intensiv auf das, was die Kundin möchte, aber nicht kriegen wird: „Tut mir leid. Da kann ich leider nicht. Da habe ich schon ein sehr wichtiges Meeting mit einem anderen Kunden ...". So eine Kommunikation löst kein Problem, sondern verursacht nur negative Emotionen und kostet Zeit. Besser wäre, den Aufmerksamkeitsfokus direkt auf das Mögliche zu richten: „Ich könnte Ihnen einen Zoom-Call morgen um 16.00 Uhr anbieten – oder übermorgen, da könnte ich auch um 14.00 Uhr." In gleicher Weise können Sie auf Forderungen in der Verhandlung antworten: „Ich will 10 % Rabatt" – „Ich kann Ihnen 7,5 % Rabatt anbieten, wenn Sie das Seminar im Paket mit dem Aufbauseminar buchen." Ein Glas, das halbvoll präsentiert wird, wird von dem Verhandlungspartner lieber gewählt als ein halbleeres. Also konzentrieren Sie sich auf das, was Sie dem anderen anbieten können. In gleicher Weise wird ein „Konsolidierungsplan" eher akzeptiert als ein „Restrukturierungsplan".

Typischerweise preisen wir dem Verhandlungspartner Nutzen an, den unsere Vorschläge ihm bringen. Daran ist nichts Falsches. Allerdings zeigt die Framingforschung, dass der attraktivste Nutzen für den Verhandlungspartner darin besteht, Verluste zu vermeiden. Aufgrund des in der Evolution in uns angelegten Überlebensprinzips der Verlustangst (loss aversion[18]) empfinden wir mögliche Risiken und Verluste als doppelt so stark wie vergleichbare Chancen und Gewinne. Unbewusst bewerten wir die Chance, einen Verlust von 100 Euro vermeiden zu können gleichwertig zu einem Gewinn von 200 Euro. Fokussieren Sie in der Kommunikation die „Pain Points", also die Problemfelder, Ihres Verhandlungspartners und zeigen Sie ihm auf, wie Ihre Vorschläge ihm helfen können, diese Risiken zu vermeiden.

Das Tankstellen-Experiment – In diesem Experiment musste eine Teilgruppe von Kunden einen Aufschlag bezahlen, wenn sie an der Tankstelle mit Kreditkarte bezahlen wollte (1 € + 10 % Aufschlag/l). Daraufhin zahlte die deutliche Mehrheit der Kunden lieber in bar. Wenn allerdings stattdessen ein Rabatt für die Barzahlung angeboten wurde (1,10 € - 0,10 € Barzahlungsrabatt/l) zahlten die Kunden mehrheitlich weiter mit ihrer Kreditkarte. Das zeigt, dass wir eher empfänglich dafür sind, zusätzliche Kosten zu vermeiden, als zusätzliche Gewinne zu erzielen.

Ein weiterer wichtiger Aspekt positiven Framings besteht darin, dass Sie den Begriff „Verhandlung" bzw. „verhandeln" vermeiden sollten. Sobald Sie die Verhandlung als „Verhandlung" bezeichnen, verstärken Sie das unbewusste Gefühl von Gegensätzlichkeit und Verteilungskampf bei Ihrem Verhandlungspartner. Es wird schwieriger, eine Atmosphäre gemeinsamer Problemlösung zu schaffen. Ersetzen Sie diesen für Sie ungünstigen Begriff konsequent durch „Gespräch", „Wir setzen uns zusammen, um eine Lösung zu finden", „Wir sprechen über den Rahmen für das neue Projekt" usw.

Positives Framing in einer Verhandlung zeigt sich im Verzicht auf negatives Framing wo möglich. Und eine wichtige Situation ist ein Entscheidungs-„Nein". Ein „Nein" ist nicht immer problematisch. Wenn es sich nur um eine Information handelt („Waren Sie schon einmal in Paris?") wirkt ein „Nein" annähernd so gut wie ein „Ja". Anders sieht es aus, wenn Ihre Verhandlungspartnerin Ihnen eine Entscheidungsfrage stellt („Können wir zwei Jahre Wartung kostenfrei inkludieren?") und Sie diese ablehnen wollen. Ein solches „Nein" hört niemand gerne, es fühlt sich emotional nach Zurückweisung an – und wir sehen wichtige Bedürfnisse unerfüllt bleiben. In solchen Situationen können Sie entweder mit dem antworten, was Sie für die Gegenseite tun können (darüber sprachen wir oben bereits). Eine andere Möglichkeit ist die Kommunikation eines „Nein", ohne dafür „Nein" sagen zu müssen. Diese Technik mit der Musterformulierung „Wie soll ich das machen?" („How am I supposed to do that") ist durch Chris Voss[19] bekannt geworden. Wenn Sie diese Formulierung ruhig und ohne vorwurfstollen Unterton sprechen, vermitteln Sie Ihrer Verhandlungspartnerin, dass ihre Forderung ein Problem darstellt – ein gemeinsames Problem, das einer Einigung im Wege steht. Oft wird die Forderung dann schon abgeschwächt oder fallen gelassen – aber mit emotional deutlich weniger negativer Belastung.

8. Aktives Sprechen fokussiert sich auf die Möglichkeiten, die erreicht werden können, statt auf die Herausforderungen, die dafür überwunden werden müssen.

Das Kandidaten-Foto[20] – Während des amerikanischen Präsidentschaftswahlkampfs 1912 war ein Foto des Kandidaten Theodore Roosevelt von seinem Team ohne Genehmigung des Fotografen für eine Broschüre verwendet worden, die in einer Auflage von 3 Millionen Exemplaren bereits gedruckt war. Was tun, um diesen Fehler auszubügeln? Eine Option wäre gewesen, den Fotografen zu fragen, wie viel er als Entschädigung für die nicht autorisierte Nutzung verlangt. Doch dies wäre ein erhebliches Risiko gewesen, denn es drohte eine erhebliche Zahlung von marktüblichen 3 Millionen Dollar – oder der Zwang, die gedruckte Broschüre einstampfen zu müssen. Der Ansatz des Wahlkampfmanagers war deshalb ganz anders: Er informierte den Fotografen, dass man darüber nachdenke, sein Foto für diese Broschüre in Millionenauflage zu verwenden, und dass ihm dies eine gewaltige Publicity und attraktive Folgeaufträge bringen würde. Und er fragte ihn, was er bereit wäre an die Kampagne zu zahlen, damit man sein Foto in dieser Form veröffentlichen würde. Die Antwort des Fotografen: „Das klingt sehr interessant, aber mehr als 250 Dollar kann ich nicht bezahlen." Der Schlüssel zu dieser attraktiven Lösung war es, die Aufmerksamkeit der Gegenseite auf die großen Chancen zu richten.

9. Aktives Sprechen ist auf die Zukunft ausgerichtet (die Suche nach Lösungsoptionen, die Schritte hin zu einer Einigung), nicht auf die Vergangenheit (Schuldzuweisungen für den Konflikt und begangene Fehler). Wir müssen uns dazu von dem Reflex befreien, Anschuldigungen gegen den anderen zu erheben. Das fällt uns nicht immer leicht – insbesondere in Konflikten. Milan Kundera beschreibt das in seinem „Buch vom Lachen und Vergessen"[21]:

   „Die Menschen schreien, dass sie eine bessere Zukunft erbauen wollen, aber das ist nicht wahr. Die Zukunft ist eine gleichgültige Leere, die niemanden interessiert, während die Vergangenheit von Leben erfüllt ist und uns mit ihrem Gesicht reizt, erzürnt und beleidigt, so dass wir sie zerstören oder übermalen wollen."

   Wir sind versucht, in der Vergangenheit zu verweilen sowie Unschuld (wir) und Schuld (die) zu benennen, genau wie in einem Gerichtsverfahren. Schon Aristoteles bemerkte, dass es neben dieser richtenden Rhetorik der Vergangenheit auch eine Rhetorik der Zukunft gibt, die wir aus programmatischen politischen Reden kennen. Diese zweite Art der Rhetorik, die er „beratend" nannte, muss auch Verhandlungen bestimmen, wenn diese konstruktiv verlaufen sollen. Dabei verzichten die Parteien weitgehend darauf, sich in einem „Gang durch das Museum" die vergangenen Verletzungen und Fehler vorzuhalten und zu versuchen, den anderen zu überzeugen, dass man damals im Recht war. Stattdessen richten die Verhandler den Fokus auf die Dinge, die dabei helfen können, eine gemeinsame gute Zukunft zu definieren und die für alle Beteiligten akzeptabel sind. Statt auf „Wer hat Recht" (Rechtorientierung) wird die Aufmerksamkeit auf die Frage „Was ist für uns beide akzeptabel" (Interessenorientierung) gerichtet.[22]

10. Aktives Sprechen verzichtet auf Täuschungen und Lügen. Viele Verhandler versuchen, ihre Position durch Täuschungen und Lügen zu verbessern, Verhandlungs-

profis verzichten darauf. Denn Lügen schaffen vier Probleme für Verhandlerinnen: Erstens ist ein solches Verhalten aus ethischen Gründen für gewissenhafte Personen problematisch. Zweitens gehen Sie mit jeder Lüge das Risiko ein, dass sie entdeckt wird, und das belastet massiv die Beziehung und zerstört Ihre Reputation als ehrliche Verhandlerin in Ihrer Branche. Drittens gehen Sie mit einer Lüge gleichzeitig auch massive rechtliche Risiken ein, sowohl zivilrechtlich (arglistige Täuschung, § 123 BGB) als auch strafrechtlich (Betrug, § 263 StGB).[23] Viertens, und das sollte man nicht vergessen, läuft man mit jeder Lüge auch Gefahr, dass einem geglaubt wird – und dass die Notwendigkeit besteht, die Illusion zukünftig aufrechtzuerhalten. Statt kurzfristig eine Erleichterung in der Verhandlung zu schaffen, wird die Lüge dauerhaft zum Klotz am Bein. Lügen ziehen andere Lügen nach sich, die in Umfang und Ausmaß immer größer werden. Ein besonders starkes Argument gegen den Einsatz von Lügen ist die Tatsache, dass sie sehr riskant sind aber meist überhaupt nicht nötig wären. Die Lüge ist der einfache Ausweg, wenn man in der Vorbereitung geschlampt hat; wer sich Zeit für eine gründliche Vorbereitung nimmt und dabei kreativ verschiedene Optionen und Argumente entwickelt, findet meist legitime Mittel, mit denen die eigenen Ziele in der Verhandlung genauso gut erreicht werden können. Es gibt daher vor allem zwei Arten von Verhandlern, die in einer Verhandlung täuschen und lügen: Amateure und Verhandlungsprofis, die zu faul für eine vernünftige Vorbereitung waren.

Expertentipp: Profis lügen nicht

von Stefan Winheller, Managing Partner Winheller Rechtsanwälte & Steuerberater

Viele glauben, dass Verhandlungen aus Täuschen, Tricksen und Tarnen besteht. Aber das ist ein Irrtum. Und einer der wichtigsten Regeln lautet: Arbeiten Sie in einer Verhandlung niemals mit falschen Fakten (Lügen).

Ihre Integrität ist ein ganz wichtiger Erfolgsfaktor für Ihre Verhandlungen. „Ein Wort ist ein Wort" – diese Reputation zahlt sich aus. In Politik, Business und im privaten Leben. Wenn Sie sich die Reputation eines Lügners erwerben, ist Ihr Wort nichts mehr wert – und warum sollte Ihnen Ihre Verhandlungspartnerin dann noch entgegenkommen?

Außerdem sind Lügen in Verhandlungen auch rechtlich ein hohes Risiko. Schnell liegt eine arglistige Täuschung vor und der Vertrag ist nichts mehr wert. Und viel schneller als viele glauben, ist bei der Arbeit mit gefälschten Alternativangeboten oder falschen Tatsachenbehauptungen die Grenze zum Betrug überschritten. Und dann wird es richtig teuer.

Stellen Sie die Wahrheit gerne für Sie günstig dar – das ist das Spiel. Aber lügen Sie nicht!

Diese Eigenschaften des Aktiven Sprechens unterstreichen, wie sehr es mit dem Aktiven Zuhören untrennbar verbunden ist. Beides beruht auf Empathie und der Fokus ist die ganze Zeit darauf gerichtet, die Vertrauensbasis (Bonding) zu stärken und mit dem Verhandlungspartner als Mensch, auch jenseits der funktionalen Rollen, in Kontakt zu kommen und zu bleiben. In der professionellen Verhandlungsführung verbinden Verhandlungsmeister daher Aktives Zuhören und Aktives Sprechen mit Leichtigkeit, um das Gespräch konstruktiv voranzubringen und erfolgreich abzuschließen. Gerade weil der Aufmerksamkeitsfokus die ganze Zeit bei der Gesprächspartnerin liegt, kontrolliert der Verhandler so den Prozess und steuert die Verhandlung strategisch aus dem Driver Seat heraus, ohne dass es von der Verhandlungspartnerin als zu dominant empfunden würde. Im letzten Abschnitt dieses Kapitels werden wir darauf noch etwas genauer eingehen.

Wie Sie ein Gespräch aufbauen und konstruktiv steuern

In der Struktur eines Gesprächs sind Aktives Zuhören und Sprechen miteinander verwoben. Ein erstes Beispiel veranschaulicht den Übergang vom einen zum anderen anhand des Dialogs zwischen einem Autoverkäufer und seinem Kunden. In spannungsgeladeneren Konflikten erfordert die doppelte Beherrschung von Aktivem Zuhören und Sprechen eine starke empathische Fähigkeit, um die Sichtweise der anderen Person zu verstehen. Wie Sie einen solchen Grad an Einfühlungsvermögen erreichen, erläutern wir in unserem zweiten Beispiel.

Vom Aktiven Zuhören zum Aktiven Sprechen wechseln

Hier geht es darum, aus der Sicht eines Autoverkäufers zu erleben, wie die Phasen des Aktiven Zuhörens und Aktiven Sprechens je nach Verlauf des Gespräches strategisch aufeinander folgen. Lesen Sie den Dialog in der folgenden Tabelle 5.1 von links nach rechts, Zeile für Zeile.

In diesem Gespräch wurden Aktives Zuhören und Aktives Sprechen eingesetzt, um jederzeit ein Gleichgewicht zwischen Einfühlungsvermögen und Durchsetzung eigener Ziele herzustellen.

Tabelle 5.1: Ein Beispiel für Aktives Zuhören und Aktives Sprechen: Der Autoverkäufer

Wie der Verkäufer die Handlungen des Kunden deutet	Was der Kunde sagt	Was der Verkäufer sagt	Was sich der Verkäufer denkt
Er beginnt zu sprechen und beginnt einen Dialog mit mir.	Hallo, guten Tag.		Ich beginne aktiv zuzuhören. Ich lächle ihm freundlich zu, neige meinen Kopf ein wenig und nehme eine freundliche Haltung ein. Meine gesamte Aufmerksamkeit ist auf den Kunden gerichtet.
Er beginnt darüber nachzudenken, was er gleich sagen will.		Herzlich willkommen, wie kann ich Ihnen helfen?	Ich lade den anderen ein, mir seine Beweggründe mitzuteilen.
Er beginnt mir mitzuteilen, was er sucht.	Tatsächlich bin ich mir im Moment noch nicht sicher. Ich suche ein Auto.		Ich höre still zu, während ich ihn anschaue und mit dem Kopf nicke.
Er hört mir zu.		Ein Auto, wunderbar. Welche Art von Auto?	Ich paraphrasiere, was er gesagt hat, und lade ihn ein, mir mehr darüber zu erzählen.
Er konkretisiert seine Wünsche.	Ein Auto für meine Frau.		Ich höre still zu, während ich ihn anschaue und mit dem Kopf nicke.
Er wirkt ungeduldig, weil er sich nicht verstanden fühlt.		Ah, es ist also ein Zweitwagen für Ihre Frau.	Ich paraphrasiere, was er gesagt hat, stelle aber auch eine Hypothese auf.
Er bestätigt, was ich gesagt habe, und korrigiert es wo nötig.	Ja, ja, für meine Frau. Aber es muss auch groß genug sein, damit es für meine Kinder bequem ist.		Ich höre still zu und nicke, während ich mit meinem Finger eine Bewegung mache und „Ah, ich verstehe" sage.
Er merkt, dass ich aufmerksam bin und nickt mit seinem Kopf als Zeichen des Verständnisses.		Sie suchen ein Familienauto, das groß genug für Ihre Frau und Ihre Kinder ist.	Ich paraphrasiere und ergänze, was ich das erste Mal nicht erfasst hatte.
Er bestätigt mich.	Ja, ganz genau.		Ich höre zu und nicke.
Er hört mir entspannter zu. Langsam entwickelt sich eine Beziehung zwischen uns.		Haben Sie ein bestimmtes Modell im Auge? Was ist Ihr Budget?	Ich stelle mehrere offene Fragen, damit ich seine Beweggründe erfahre.

Wie der Verkäufer die Handlungen des Kunden deutet	Was der Kunde sagt	Was der Verkäufer sagt	Was sich der Verkäufer denkt
Er beantwortet eine Frage, vermeidet aber die andere, die ihn etwas zu stören scheint.	**Ich mag wirklich das Modell „Bettina“. Ist es zu groß für meine Zwecke?**		Ich höre still zu und denke mir, dass er sein Budget zu diesem Zeitpunkt noch nicht festlegen will. Das ist ein guter Zeitpunkt, um in den „Aktiv Sprechen“- Modus überzugehen.
Er erwartet meine Antwort. Da ich ihm bislang zugehört habe, wird er mir jetzt wahrscheinlich auch zuhören.		**Bettina ist ein sehr beliebtes Modell. Die ganze Familie hat Platz – und Sie haben den Vorteil eines sehr großen Kofferraums.**	Ich bestätige implizit die Wahl des Kunden. Um unsere Verbindung zu stärken, gebe ich ihm gleichzeitig ein weiteres Argument, mit dem er seine Wahl vor seiner Frau rechtfertigen kann.
Er bestätigt implizit meine Hypothese und legt unbewusst eine weitere wichtige Information offen.	**Ja, und bei langen Fahrten ist es wahrscheinlich auch bequemer.**		Ich nehme die neue Information aufmerksam zur Kenntnis.
Er hat fertig gesprochen und erwartet meine Antwort.		**Meine Mutter hat eine Bettina gekauft; sie wohnt zwei Stunden entfernt und besucht uns an den Wochenenden.**	Ich offenbare eine wahre Information, die meine Verbindung zum potenziellen Kunden bestätigt.
Er wirkt aufgrund dieser scheinbar zusammenhanglosen Information amüsiert und antwortet mit dem Erstbesten, was ihm einfällt.	**Ach ja? Und gefällt sie ihr?**		Ich antworte mit einem Lächeln.
Er wirkt unruhig mit dieser neuen Information.		**Ja, und deshalb hat sie auch die Lederausstattung gewählt.**	Hier bringe ich mein eindeutiges Interesse als Verkäufer vor, indem ich dem Kunden indirekt die Lederausstattung empfehle.
Er scheint diese Idee nicht zu mögen und reagiert sehr schnell.	**Lederausstattung? Aber kostet die nicht ein Vermögen?**		Ich bin ein bisschen zu weit gegangen und antworte mit einem Lächeln, um Zeit zu gewinnen.

Wie der Verkäufer die Handlungen des Kunden deutet	Was der Kunde sagt	Was der Verkäufer sagt	Was sich der Verkäufer denkt
Er hat eindeutig ein begrenztes Budget und wünscht sich, dass ich das berücksichtige.		**Leder ist natürlich schon eher ein Luxus und beim Wiederverkaufswert lohnt es sich nicht.**	Ich versuche, unsere Verbindung wieder zu stärken, nachdem ich die Situation ein wenig falsch eingeschätzt hatte.
Er scheint meinen taktischen Rückzug zu begrüßen und nickt mit dem Kopf, um meine letzte Aussage zu bestätigen.	**Genau.**		Ich atme. Es ist Zeit, dem Kunden eine Probefahrt anzubieten.
Er findet es gut, dass er dieses Thema geklärt hat und erwartet meine nächsten Vorschläge.		**Würden Sie gerne irgendwann in den nächsten Tagen eine Testfahrt mit Ihrer Ehefrau machen?**	Ich gehe davon aus, dass er das Auto nicht ohne seine Ehefrau und nicht ohne eine Testfahrt kaufen wird. Deshalb schlage ich vor, dass sie zusammen vorbeikommen.
Er scheint den Vorschlag zu mögen und öffnet seinen Kalender, um einen Termin zu vereinbaren.	**Natürlich, wie wäre es mit nächsten Samstag um 10.00 Uhr?**		Ich öffne meinen Kalender und bereite mich vor, seine Daten zu notieren.
Er bemerkt meine Liebe zum Detail.		**Samstag um 10.00 Uhr, ist für Sie notiert. Geben Sie mir bitte Ihren Namen und eine Telefonnummer, wo ich Sie erreichen kann, wenn nötig?**	Indem ich hier zum Aktiven Zuhören zurück gehe, kann ich eine eindeutige Verpflichtung erreichen.
Er gibt mir seine Informationen.	**August Schmidt, 09 44 55 66 77**		Ich notiere aufmerksam diese Informationen und demonstriere damit mein Bemühen um den Kunden.
Er nickt mit dem Kopf als Zeichen von Zustimmung und Dank.		**Ist notiert. Und hier ist noch der Katalog zur Bettina, den Sie mit Ihrer Ehefrau ansehen können. Vielen Dank für Ihren Besuch, Herr Schmidt. Wir sehen uns dann am Samstagmorgen.**	Ich personalisiere meine Verabschiedung und gebe ihm zusätzlich Informationen, damit er sich mit seiner Ehefrau beraten kann.
Er nimmt den Katalog und schüttelt mir die Hand.	**Vielen Dank, wir sehen uns am Samstag.**		Ich öffne die Tür und er geht.

Die Bedeutung der Empathie

Empathie bezeichnet die Fähigkeit eines Verhandlers, sich in den anderen hineinzuversetzen und seinen Standpunkt und seine Beweggründe zu verstehen – was nicht bedeutet, sie akzeptieren zu müssen. Empathie wird umso schwieriger, je angespannter eine Konfliktsituation ist – aber gerade dann ist sie von entscheidender Bedeutung. Als Beispiel und als Übungsmöglichkeit hier eine kleine „Rollenspiel"-Übung, um sich in die Perspektive eines anderen hineinzuversetzen.

Stellen Sie sich vor, Sie sind Betriebsratsvorsitzender und sprechen mit Ihrem Gewerkschaftssekretär.

Ihr Unternehmen ist in massiven wirtschaftlichen Schwierigkeiten. Sprechen Sie mit Ihrem Kollegen über die Sorgen der Beschäftigten, ihre Sorge um schlechtere Arbeitsbedingungen, ihre Sorge, dass sie vielleicht sogar den Arbeitsplatz verlieren. Sagen Sie Ihrem Sekretär, wie Sie sich in dieser Situation als Repräsentant aller dieser Menschen fühlen, welcher Druck auf Ihren Schultern lastet. Sprechen Sie über die Schwierigkeiten, zwischen den Erwartungen der Beschäftigten, der Gewerkschaft und des Managements hin und her gerissen zu sein, sprechen Sie über die Konflikte mit anderen Betriebsratsmitgliedern, die Ihren Ansatz nicht unterstützen. Denken Sie an vergangene und zukünftige Verhandlungen, an die Momente, in denen Sie dachten, nichts erreichen zu können, und an die unerwarteten Erfolge. Denken Sie an den Stolz, wenn Sie darüber Ihrem Gremium berichtet haben, aber auch an Ihre Zweifel, dass Sie vielleicht mehr hätten erreichen können und Ihre Aufgabe nicht voll erfüllt haben. Wenn Sie sich so in die Lage des Betriebsratsvorsitzenden hineinversetzen, können Sie seine Beweggründe, Fragen und Herausforderungen besser verstehen.

Behalten Sie die Perspektive des Betriebsratsvorsitzenden im Hinterkopf und stellen sich nun vor, Sie wären das Management und würden mit dem Betriebsratsvorsitzenden sprechen. Tief im Inneren Ihres Herzens wissen Sie, dass er nicht irrational ist, und dass Sie an seiner Stelle wohl ähnlich denken und fühlen würden. Sie können mit ihm sprechen, ohne ihn mit Argumenten zu überschwemmen, und ohne Arroganz oder Aggressivität. Es ist möglich, ihm zu erklären, ohne herablassend zu werden, dass Sie wissen, dass seine Situation nicht einfach ist und dass Sie seine Sorgen in Bezug auf die Arbeit verstehen. Sie können ausdrücken, dass sein Interesse an den Rechten der Beschäftigten auch Ihr Auftrag ist. Ihre Priorität besteht darin, die Menschen zu beruhigen und zu motivieren; ein Unternehmen zeichnet sich durch die Menschen aus, die für das Unternehmen arbeiten. Sie können ihm versichern, dass man sich Zeit für Gespräche nehmen muss, aber vor allem, dass das Ergebnis hinterher für die Beschäftigten akzeptabel sein muss. Sie zeigen ihm durch Aktives Zuhören, dass Sie seine Sicht der Dinge verstehen, und Sie weisen auf vorläufige Einigungsmöglichkeiten hin. Natürlich unterliegen Sie in Ihrem Mandat auch Einschränkungen und können Ihre Aktionäre nicht ignorieren. Sie wissen, dass Sie eine Vereinbarung erreichen müssen, die diesen Zwängen und Erwartungen gerecht wird. Sie wissen, dass das nicht einfach wird, und der Betriebsratsvorsitzende weiß das auch. Um dies zu erreichen, gibt es nur einen Weg: Dialog. Sie bleiben offen, was die endgültige Form der Vereinbarung angeht, denn sie wird aus dem Dialog heraus entstehen. Sie wissen aber ganz sicher, dass Sie eine Vereinbarung nur dann akzeptieren werden, wenn Sie die Zwänge von Ihnen beiden angemessen berücksichtigt. Also gut, machen wir uns an die Arbeit.

Dieses Beispiel zeigt, dass eine Frage für jede Verhandlerin von überragender Bedeutung ist: Wie sieht der andere – der Betriebsratsvorsitzende (wenn wir ein Unternehmen führen), der Verkäufer (wenn wir Kunde sind) und umgekehrt – die Welt und das, was in der Verhandlung auf dem Spiel steht. Egal in welcher Rolle wir verhandeln, wir müssen zunächst die Gegenseite von unserem guten Willen überzeugen und ihr beweisen, dass wir sie verstehen und respektieren. Ohne sie wird es keine Einigung geben, und wir wissen ihren Beitrag und ihre Bemühungen um eine gute Lösung zu schätzen. Wie das obenstehende Beispiel zeigt, kann es schwie-

Expertentipp: „Plaudern Sie, sonst verlieren Sie" – insbesondere in digitalen Verhandlungen

von Prof. Leigh Thompson, Kellogg School of Management, Autorin von „Negotiating the Sweet Spot: The Art of Leaving Nothing on the Table" [24]

Verhandlungen finden oft über digitale Kanäle statt – und solche Kommunikationskanäle sind weniger „informationsreich". Das führt oft dazu, dass die Leute sofort „zur Sache kommen" wollen. Das ist jedoch ein teurer Fehler, denn der Aufbau von Beziehungen durch Small Talk kann zu besseren ökonomischen und sozialen Gewinnen am Verhandlungstisch führen. Aus diesem Grund rate ich Verhandlungsführern: „Schmooze or lose" – plaudern Sie, sonst verlieren Sie.

In einer unserer Studien gaben wir Verhandlern vor einer schwierigen und wichtigen E-Mail-Verhandlung fünf Minuten Zeit für einen privaten Austausch, während die andere Gruppe keinen Small Talk machte. 60 % der Verhandlungsführer, die Zeit zum „Plaudern" hatten, erzielten eine Einigung, während nur 39 % der Verhandlungsführer, die sofort zur Sache gekommen waren, eine Einigung erzielten.

Small Talk wirkt wie ein sozialer Klebstoff oder Schmiermittel, das den Weg für optimale Verhandlungsergebnisse ebnen kann. Der Aufbau von Beziehungen durch Small Talk schafft soziale Verpflichtungen, sodass Menschen oft so handeln, als ob sie wirklich rechtlich verpflichtet wären.

In digitalen Verhandlungen ist es besonders schwierig, Vertrauen aufzubauen. Deshalb sollten Sie mehr Small Talk betreiben als in Face-to-Face-Situationen – nicht weniger!

rig sein, sich in die andere Perspektive hineinzuversetzen, aber es ist unerlässlich. Es ist die Grundlage dafür, die eigenen Beweggründe und die Bedürfnisse der eigenen Auftraggeber in einer Art und Weise auszudrücken, die für die Gegenseite akzeptabel ist und die einen aufrichtigen Versuch darstellt, ihn zum Partner bei der Lösung eines gemeinsamen Problems zu machen. Die Fähigkeit der kognitiven Empathie, über die bereits Henry Ford sagte: „Wenn es ein Geheimnis des Erfolgs gibt, ist es, den Standpunkt des anderen zu verstehen und die Welt aus seinen Augen zu sehen", wird auch als „Perspective Taking Ability (PTA)" bezeichnet. Diese kognitive Kompetenz ist eine wesentliche Voraussetzung für Verhandlungsperformance,[25] und sie lässt sich wie ein Muskel trainieren. Gehen Sie dafür davon aus, dass menschliches Verhalten aus der Perspektive des Handelnden immer eine positive Absicht für ihn verfolgt. Wenn Sie in Ihrem Umfeld oder in den Nachrichten von Verhalten hören, das Sie absolut unverständlich finden, dann überlegen Sie sich, wie der Betreffende wohl die Welt sehen muss, wovon er überzeugt sein muss, welche Werte ihm wichtig sind, dass dieses Verhalten aus seiner Perspektive angemessen und zielführend ist. Putins Angriffskrieg auf die Ukraine, Trumps Begnadigungen der Kapitolstürmer, Bidens Begnadigung seines eigenen Sohnes. Je öfter Sie solche „Trockenübungen" in ruhigen Situationen versuchen, desto eher werden Sie entsprechende empathische Fähigkeiten auch in Konfliktsituationen aktivieren können, an denen Sie selbst beteiligt sind.

Kapitel 6

Erkennen Sie Emotionen an, *bevor* Sie Probleme lösen

Wie Sie erfolgreich mit Personen umgehen (2) – Die Herausforderungen

Wenn bei einer Verhandlung alles glatt laufen würde, wäre dieses Kapitel überflüssig. Aber bei einer Verhandlung läuft nicht immer alles glatt, wie Sie ganz genau wissen. Manchmal gibt es Rückschläge, Brüche und gelegentlich auch unangenehme Momente mit hoch emotionalisierten Personen. Eine professionelle Verhandlerin muss daher auf alles vorbereitet sein, auch auf das Schlimmste, und sie muss wissen, wie sie den Prozess wieder auf Kurs bringen kann, wenn er aus dem Ruder läuft.

Zu Beginn wollen wir die Situation genauer untersuchen, in der als negativ empfundene Emotionen – wie Frustration, Ärger und Wut – das Fundament für die Verhandlung zerstören. Wir werden Ihnen dabei eine umfassendere Sicht auf Rationalität in Verhandlungen anbieten, die die emotionale Dimension mit einbezieht. Anschließend werden wir die Reflexe und instinktiven Verhaltensweisen analysieren, die sich in solchen hoch emotionalisierten Situationen zeigen. Und mit Blick darauf, dass diese instinktiven Verhaltensweisen meist wenig hilfreich sind, werden wir Ihnen eine Reihe von alternativen Handlungsmöglichkeiten vorschlagen, mit denen die Situation konstruktiver bewältigt werden könnte. Dazu nutzen wir die Elemente – in Bezug auf Prozess, Beziehung und Sachproblem –, die wir im Rahmen der Vorbereitung (Kapitel 2) bereits erarbeitet haben. Diese alternativen Verhaltensweisen verfolgen drei Zwecke: Blockaden im Verfahren zu vermeiden, gute Arbeitsbeziehungen aufrechtzuerhalten oder wiederherzustellen und zu Lösungen für die wichtigsten Problemstellungen zu gelangen, die für beide Seiten akzeptabel sind.

Die Rolle von Emotionen in Verhandlungen verstehen

Wir haben bisher überwiegend so getan, als ob eine Verhandlung eine Interaktion zwischen Akteuren wäre, die rational ihre ökonomischen Ziele verfolgen. Doch das ist zu kurz gegriffen. Denn insbesondere in Konflikten spielen Emotionen, die als negativ empfunden werden, eine große Rolle.

„Rationale" Spannungen werden zu „leidenschaftlichen" Konflikten

In Kapitel 4 haben wir Situationen analysiert, in denen es möglich war, sachlich mit Problemen umzugehen. Dabei haben wir vorausgesetzt, dass die Akteure im gegenseitigen guten Glauben handeln und die Beziehungen nicht durch größere Konflikte belastet sind. Manchmal führen allerdings sachliche Interessenkonflikte und Meinungsverschiedenheiten – über einen angemessenen Preis, über die Verteilung des Projektbudgets, über Haftungsfragen und Verantwortlichkeiten, über die Aufteilung des „Verhandlungskuchens" – zu leidenschaftlichen Kämpfen mit intensiver Anwendung von egoistischen Taktiken, um den eigenen Vorteil auf Kosten des „Gegners" zu erzwingen. Dies belastet die Arbeitsbeziehung massiv.

Während dieses Positionskampfes vergessen wir, warum wir verhandeln. René Girard nennt diese typische Konfliktdynamik „Vergessen der Verhandlungsziele".[1] Zunehmend gibt es nichts mehr zu verhandeln, alles was bleibt, sind zwei Menschen, die in einen Konflikt verwickelt sind. Nun trübt sich die Lage immer mehr ein. Was am Anfang noch gut schien, erscheint nun als Täuschung, beim Verhandlungspartner werden zunehmend negative Absichten wahrgenommen, die Kommunikation ist von Missverständnissen und persönlichen Angriffen geprägt. Im weiteren Verlauf werden die Selbstverteidigung und die Bekämpfung des „Gegners" die alles beherrschende Motivation.

Der österreichische Konfliktforscher Friedrich Glasl hat diese Dynamik der Konflikteskalation erforscht und er beschreibt „9 Stufen in den Abgrund" von der sachlichen Verhärtung bis hin zu „Gemeinsam in den Abgrund", bei dem der Fokus auf die Vernichtung des anderen auch unter Inkaufnahme der eigenen Vernichtung gerichtet ist.[2] Wir haben in unserer Beratungspraxis schon Fälle erlebt, bei denen Unternehmer auf diesem maximalen Eskalationsgrad verhaftet waren und in der Verhandlungsvorbereitung Sätze sagen wie: „Dann melde ich halt Insolvenz an, aber die Sau mach ich fertig!" Es liegt auf der Hand, dass in einem solchen Zustand das konstruktive Verhandeln schwierig wird. Dabei kann grundsätzlich jeder Konflikt, so nichtig sein Anlass ursprünglich auch gewesen sein mag, in solch einer Weise maximal eskalieren, wenn es ungünstig läuft, denn der anfängliche Konflikt in der Sache wird zum Konflikt zwischen den Personen und schließlich zu einem „Konflikt über den Konflikt". Währenddessen wird die Empathiefähigkeit immer weiter eingeschränkt und das eigene Denken verliert jede Differenzierung und wird zu „Der oder ich – und wer nicht für mich ist, ist mein Gegner". Es ist die Emotion Empörung, die wie ein Brandbeschleuniger die heiße Konflikteskalation befeuert – und diese Emotion entsteht aus der subjektiven Wahrnehmung, ungerecht behandelt worden zu sein.[3] Verhandlungsprofis achten daher darauf, beim Verhandlungspartner möglichst wenig Empörung auszulösen und diese nicht zu ignorieren, wenn sie entstanden ist. Denn eine ungesteuerte Eskalation ist der sichere Weg in den Abgrund.

Andere Verhandlungen beginnen schon fast am Abgrund: Von Anfang an dominiert der Konflikt, Hypotheken aus der Vergangenheit erschweren die Verhandlung von der ersten Sekunde an. Die Beziehungen beginnen schon stark belastet, erlebtes Leid aus der Vergangenheit führt dazu, dass sich die Gräben fast mit jedem Satz weiter vertiefen. Was man sagt, kommt negativ an, es herrscht das Gefühl von Hoffnungslosigkeit. Die Verhandlung erscheint eher als Alibiveranstaltung, denn wie soll man „mit denen da drüben" verhandeln, die nicht als Partner, sondern als Gegner wahrgenommen werden – oder sogar als Feinde. Worüber sollten wir da verhandeln können, solange wir den anderen dämonisieren und als „irrational" und „bösen Menschen" klassifizieren?

Kohl bei Clinton[4] – Der ehemalige Bundeskanzler Helmut Kohl verstand die Bedeutung einer guten persönlichen Beziehung als Voraussetzung für erfolgreiche Verhandlungen wie kaum ein anderer. Ein gutes Beispiel ist das erste Treffen zwischen Helmut Kohl und dem neu gewählten US-Präsidenten Bill Clinton. Helmut Kohl war sehr gut mit George Herbert Walker Bush befreundet, dem Amtsvorgänger und Gegenkandidat von Clinton, und er hatte Bush auch öffentlich im Wahlkampf unterstützt. Das war auch Clinton und seinem Stab natürlich nicht entgangen, weswegen das erste Treffen zwischen Kohl und Clinton im Vorfeld unter gewissen Spannungen stand. Kohl beschreibt nach seiner Kanzlerschaft in einem Interview[5], wie er dies direkt ansprach und die Spannungen auflöste: Als Kohl und Clinton bereits mit Dolmetschern zusammensaßen, aber noch keine weiteren Mitarbeiter aus den jeweiligen Stäben zugegen waren, sprach Kohl den sprichwörtlichen Elefanten im Raum an und sagte zu Clinton: „Lassen Sie uns offen über unsere Beziehung sprechen. Ich war für Bush. Er ist mein Freund. Das ist nicht gegen Sie als Person." Um dann auf bewährtem kommunikativen Weg den Bogen über die persönliche Vergangenheit auf eine Ebene zu einer zukünftigen offenen und vertrauensvollen Beziehung zu spannen: „Lassen Sie uns mal über uns reden, Sie wissen ja nur von mir aus den Akten und Berichten [...]. Lassen Sie uns mal darüber sprechen, wo ich herkomme, mein Elternhaus und wie es bei Ihnen ist." Helmut Kohl beschreibt, wie das folgende Gespräch danach völlig offen war und Mitarbeitende teils verblüfft waren, da das Gespräch spannungslos verlief.

Doch damit nicht genug: Nach dem Gespräch fragte Clinton Kohl, ob er noch einen Moment Zeit habe. Als Kohl dies bejahte, verließ Clinton kurz den Raum, um gemeinsam mit einer alten Dame zurückzukehren. Clinton meinte daraufhin zu Kohl, dass er ja vorhin über seine Mutter erzählt habe und jetzt wolle er ihm seine Mutter vorstellen. Kohl beschreibt den weiteren Verlauf der Zusammenkunft wie folgt: „Dann haben wir halt so erzählt, wie es meiner Mutter im Alter so gegangen ist, wie halt normale Leute miteinander reden.“ Die Arbeitsbeziehung zwischen Kohl und Clinton war von dieser Stunde an sehr belastbar.

Diese Beispiele verdeutlichen, dass die in der deutschen geschäftlichen Kultur immer noch oft vorzufindende Auffassung, „professionell“ sei es, dass man seine Emotionen verdrängt und „sachlich bleibt“, um „Sachlösungen zu finden“ ein Selbstbetrug ist. Mit Menschen funktioniert das nicht, weil Emotionen unser Verhalten ganz wesentlich steuern – vor allen Dingen auf unbewussten Ebenen des Gehirns. Im Change Managementlehrbuch von Doppler und Lauterburg findet sich daher der zentrale Ratschlag: „Emotionen zulassen. Versuchen Sie nicht, das emotionale Geschehen auf Teufel komm raus zu versachlichen. Auch Gefühle sind Realitäten – die wichtigsten sogar!“[6] Die Verhandlungsforschung bestätigt diese Erkenntnis auch für die Verhandlungsführung. Die eigenen und fremden Gefühle verstehen und strategisch steuern zu können ist deshalb eine Schlüsselkompetenz für jede Verhandlungsmeisterin. Von den Krisenverhandlerinnen der Polizei können wir lernen, dass mit den richtigen Techniken und psychologischem Verständnis auch die emotional eskaliertesten Situationen konstruktiv bewältigt werden können. Lassen Sie uns nun detailliert anschauen, was in emotionalisierten Situationen passiert und wie wir solche Situationen konstruktiv bewältigen und wenn nötig deeskalieren können.

Eine umfassendere Sicht auf Rationalität, die die emotionale Dimension integriert

Wenn wir in solchen emotionalisierten Situationen einen konstruktiven Weg[7] einschlagen wollen, muss vorher erst einmal etwas passieren. Dieses „Etwas“ symbolisiert das Zeichen „<?>“ in **Abbildung 6.1**; wir müssen eine Brücke schlagen von den Emotionen zu der Lösung der Sachprobleme. Denn erst einmal entsteht durch die Emotionen ein starker Graben, der den Weg zum Ziel blockiert.

Abbildung 6.1

Starke Emotionen in Konflikten regen uns auf, sperren uns in der Vergangenheit ein, bringen uns ständig in den Rückwärtsgang und rufen reflexhaft anklagendes Verhalten gegen den anderen und entschuldigendes Verhalten gegenüber uns selbst hervor. Daniel Goleman[8] hat diesen Prozess als „Amygdala Hijack" beschrieben: Die starken Gefühle überfluten die Amygdala, das walnußgroße Angstzentrum im Gehirn, diese übernimmt die unbewusste Verhaltenskontrolle nach der „Kampf oder Flucht"-Überlebensstrategie – und die Großhirnrinde, in der unser bewusstes rationales Denken stattfindet, wird außer Gefecht gesetzt. Ein einfaches Modell aus den Fortbildungen an der FBI Academy verdeutlicht dieses Prinzip: der „Teeter Totter" (Wippe, Abb. 6.2). Wenn die Emotionen hoch gehen, geht die Rationalität gleichzeitig in den Keller. Das ist schlecht für jede Verhandlung.

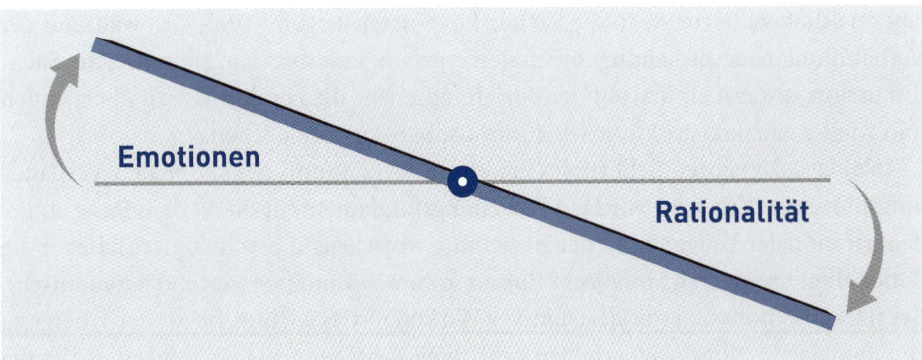

Abbildung 6.2

Der Problemlösungsansatz des Verhandelns, den wir Ihnen in Kapitel 4 vorgestellt haben, erfordert eine Fokussierung auf eine gemeinsame Zukunft und besteht aus der gemeinsamen Suche nach Lösungsoptionen für das Problem, Kuchenvergrößerung durch Wertschöpfung, Fairnessargumentationen als Grundlage für eine einvernehmliche Verteilung des Wertes sowie der gemeinsamen Erarbeitung einer Vereinbarung, mit der die Verhandlung (und ggf. der Konflikt) beendet wird.

Die Forschung zeigt uns, dass wir zur Rationalität im engeren ökonomischen Sinne von „vernünftigen Entscheidungen zur Mehrung des eigenen Nutzens" im Strudel der Konfliktdynamik und befeuert von Emotionen im unbewussten Teil unseres Gehirns gar nicht fähig sind. Deshalb ist es nur vernünftig, wenn wir Rationalität in einem breiteren Sinne denken und darunter auch die psychologischen Kompetenzen verstehen, die wir brauchen, um in solchen Situationen mit dem anderen zusammen sein und konstruktiv arbeiten zu können. Diese Rationalität im weiteren Sinne erfordert neben der herkömmlichen Intelligenz eine „emotionale Intelligenz" in Bezug auf die souveräne Gestaltung von Beziehungen. Rationaler Umgang mit Beziehungen bedeutet, dass wir uns mit den Menschen und ihren Emotionen befassen, bevor wir uns auf die sachliche Problemlösung konzentrieren.

Schon Fisher und Ury hatten in ihrem Buch „Das Harvard-Konzept" gefordert, „Menschen und Sachfragen zu trennen".[9] Das ist oft in dem Sinne missverstanden worden, dass man sich auf die Sache konzentrieren und die Verhandlung nicht mit emotionalen Themen belasten sollte. Wer allerdings das Buch genau liest, erkennt das Missverständnis: Es geht nicht darum, emotionale Themen aus der Verhandlung herauszuhalten, sondern die beiden Ebenen der Verhandlung (Sachebene und Beziehungsebene) voneinander zu trennen und nicht zu vermischen und die Bedeutung der Beziehungsebene zu erkennen. Da nur mit einer geklärten Beziehungsebene Sachfragen konstruktiv verhandelt werden können, ergibt sich eine eindeutige Reihenfolge: Verhandlungsprofis beginnen damit, auf der Beziehungsebene eine gute Grundlage zu schaffen, bevor sie in die Sachdiskussion einsteigen. Wenn sich während der Verhandlung neue Beziehungsstörungen ergeben, unterbrechen sie sofort die Sachdiskussion, um erst einmal auf der Beziehungsebene die Hindernisse zu überwinden und wieder eine konstruktive Arbeitsatmosphäre zu ermöglichen.

Abbildung 6.3 verdeutlicht dieses erweiterte Verständnis des rationalen Verhandlungsprozesses: Zunächst wird ein Beziehungsfundament für die Verhandlung aufgebaut (Rationaler Umgang mit der Beziehung, vorwiegend psychologisch), bevor die Rationalität im engeren Sinne zum Einsatz kommen kann (vorwiegend ökonomisch). Bei starken Emotionen mit destruktiver Wirkung ist es wichtig, bevor der Übergang zu rationalen Sachlösungen erfolgen kann, eine Zwischenphase einzufügen, in der die

Abbildung 6.3

Emotionen ganz bewusst Berücksichtigung finden und die Beziehungsthemen bearbeitet werden. Die Berücksichtigung der Emotionen bildet die Brücke, die den Graben zwischen hoher Emotionalität und rationalen Sachlösungen zu überwinden hilft. Diese Phase der Berücksichtigung der Emotionen aller Beteiligten ist eine Phase der Wertschöpfung im umfassenderen Sinne, hier stehen die Entwicklung gemeinsamer Werte und der Aufbau von Beziehungskapital im Vordergrund. Dabei sind kommunikative Fertigkeiten und vor allem das Aktive Zuhören von ganz entscheidender Bedeutung.

Expertentipp: Angst, Ärger und Co. – die unterschätzten Helfer am Verhandlungstisch

von Dr. Dirk W. Eilert, Wirtschaftspsychologe und Emotionsforscher

In Verhandlungen gelten Emotionen häufig als Störfaktor. Besonders Angst und Ärger werden schnell als hinderlich erlebt – nicht nur beim Gegenüber, sondern auch bei einem selbst. Doch genau hier liegt ein blinder Fleck: Emotionen sind keine Gegner. Sie sind wertvolle Wegweiser.

Emotionen zeigen uns, wo es im inneren System gerade „hakt“. Unangenehme Gefühle sind Hinweisschilder auf unerfüllte Bedürfnisse. So steht Angst häufig für ein verletztes Sicherheitsbedürfnis. Ärger wiederum zeigt, dass die empfundene Selbstwirksamkeit gerade eingeschränkt ist – etwa, wenn wir das Gefühl haben, keine Handlungsoption zu haben oder übergangen zu werden.

Diese emotionale Landkarte lässt sich sowohl bei anderen als auch bei sich selbst lesen. Nehmen Sie Ihre eigenen Reaktionen ernst: Spüren Sie in einer Verhandlung Angst? Dann fragen Sie sich: „Was würde mir gerade helfen, mich wieder sicherer zu fühlen?“ Erleben Sie Ärger? Dann lohnt die Frage: „Was brauche ich, um wieder wirksam handeln zu können?“

Das Gleiche gilt für die Beobachtung Ihres Gegenübers. Die Mimik – die wir in der Mimikresonanz® als „Bühne der Emotionen“ bezeichnen – zeigt oft subtil, was unter der Oberfläche passiert. Zusammengezogene Augenbrauen, ein angespannter Kiefer, eine kurze Mikroexpression, die so schnell wie ein ICE durchs Gesicht rauscht: All das können Hinweise auf ein inneres Bedürfnis-Ungleichgewicht sein. Statt darüber hinwegzugehen, kann es kraftvoll sein, die darin verborgene emotionale Botschaft wertschätzend anzusprechen: „Ich habe das Gefühl, da bewegt Sie gerade etwas.“ Oder: „Wenn ich es richtig sehe, fühlt sich das für Sie noch nicht rund an.“

Wer Emotionen lesen lernt – bei anderen und bei sich selbst – erweitert sein Repertoire als Verhandler enorm. Denn hinter jeder Emotion steht ein Bedürfnis. Und wer Bedürfnisse erkennt, verhandelt nicht nur lösungsorientierter, sondern stärkt auch die Vertrauensbasis – einen der zentralen Schlüsselfaktoren erfolgreicher Verhandlungen.

Wir sollten uns aber bewusst machen, dass keine Verhandlerin rein rational im ökonomischen Sinne handelt – ganz egal, wie sehr wir uns das wünschen und wie sehr wir uns selbst gerne so sehen wollen. Im Bestfall unterliegen wir immer noch den vielen systematischen „Irrationalitäten", die die Verhaltensökonomie[10] in den letzten Jahrzehnten erforscht hat, und den systematischen Voreingenommenheiten im menschlichen Wahrnehmungsprozess, die wir Ihnen im Kapitel 5 erläutert haben. Erinnern Sie sich bitte noch einmal an das Fazit von Wirtschaftsnobelpreisträger Richard Thaler: „Real people are less like Spock – and more like Homer Simpson". Damit meint er nicht „schwache Menschen", sondern alle Menschen. Auch Leistungsträger. Auch Sie und uns. Diese Erkenntnis ist gar nicht so neu: Schon François de Callières und Fortuné de Felice hatten bemerkt, dass die Leidenschaft eines Verhandlers ihn verleiten kann, seine wahren Interessen aus den Augen zu verlieren. Die Herrschaft der Emotionen wirkt noch stärker, wenn die Emotionen der einen Partei die Emotionen der anderen Partei aufstacheln und verstärken. Dadurch werden die Spannungen erhöht und die Situation noch weiter eskaliert.

Positive und negative Auswirkungen von Emotionen in Verhandlungen

Emotionen – die Philosophen der Antike sprachen von „Leidenschaften" – wirken keineswegs alle negativ in Verhandlungen. Tatsächlich ist es eine Frage der Unterscheidung. Freude und Interesse haben einen positiven Effekt. In einem Experiment hat sich gezeigt, dass ein Vorschlag viel besser aufgenommen wird, wenn er mit der Haltung „Es war mir eine große Freude, mit Ihnen zusammenzuarbeiten" präsentiert wird, anstatt aus einer neutralen Stimmung heraus. Wenn Emotionen eine solche positive Wirkung beisteuern, ist es viel einfacher, auf eine gemeinsame Lösung hinzuarbeiten. Unser Verhandlungsansatz wird umso effektiver, je mehr wir berücksichtigen, dass wir keine Denkmaschinen sind, sondern sich Menschen aus Fleisch und Blut mit allen ihren Emotionen in der Verhandlung begegnen.

Emotionen sind der Code, mit dem unser Gehirn „Relevanz" codiert. Alles, was für uns wirklich wichtig ist, löst in uns Emotionen aus. Wenn uns etwas emotional anrührt, heißt das zunächst einmal nur, dass es uns nicht egal ist, sondern wichtige Bedürfnisse betroffen sind oder betroffen sein könnten. Dieses Verständnis von Emotionen als Bedürfniserfüllungsgehilfen zeigt uns, dass es für uns in einer Verhandlung grundsätzlich positiv ist, wenn wir Emotionen in unserer Verhandlungspartnerin auslösen. Wäre die andere während der Verhandlung in keiner Weise emotional betroffen, so heißt das, dass wir keinen großen Einfluss auf ihr Leben und ihre Bedürfnisse nehmen können. Das wäre sicher nicht gut, denn in einer Verhandlung tauschen wir Bedürfnisbefriedigung für den anderen gegen unseren eigenen Nutzen. Wenn ein Verhandlungspartner emotional sehr bewegt ist, geht es für ihn um viel – und dann haben wir auch die Chance, viel für uns selbst herauszuholen. Aber dafür müssen wir natürlich sicherstellen, dass die Emotionen auf den anderen und den Verhandlungsprozess nicht destruktiv wirken. Deshalb lautet die erste Regel: Je mehr positive Wirkung durch Emotionen wie Freude und Interesse in einer Verhandlung hervorgerufen werden, desto mehr schweißt es die Verhandlungspartner zusammen.

Eine Verhandlerin, die sich der positiven Wirkung solcher Emotionen bewusst ist, könnte versucht sein, solche Emotionen vorzutäuschen, um die Gegenseite für sich zu gewinnen. Das ist nicht empfehlenswert, da emotionale Lügen in 85 % der Fälle aufgedeckt werden. Im Gegensatz dazu werden Lügen über Tatsachen nur in 50 % der Fälle bemerkt. Es ist also sehr riskant, die andere Partei in Bezug auf unseren emotionalen Zustand zu täuschen.

Das Spektrum der Emotionen reicht von diesen positiven Auswirkungen bis hin zu Emotionen wie Ärger oder Verachtung, die massive negative Konsequenzen für Verhandlungen haben können, weil sie die Entfremdung vom anderen fördern und Feindseligkeit verstärken. Wir können in einem solchen Zustand nicht klar denken und Vorschläge, die wir aus einem solchen emotionalen Zustand heraus kommunizieren, werden für die Gegenseite schroff und unattraktiv klingen. Dies provoziert ebenso extreme Reaktionen und die Konflikteskalation nimmt ihren Lauf. Solche Emotionen müssen wir in der Verhandlung soweit möglich vermeiden, und wenn wir Sie bei uns oder anderen bemerken, so schnell wie möglich neutralisieren. Hier ist das „Emotional Labeling" ein mächtiges Werkzeug, das wir Ihnen später noch vorstellen werden.

Provokation durch unwillkürliche Emotionen und Manipulation – Herausforderungen für unsere Selbstkontrolle

Emotionen entstehen normalerweise unwillkürlich im Emotionszentrum im unbewussten Teil unseres Gehirns als Teil unserer Orientierung in dieser überkomplexen Welt. Von Zeit zu Zeit kann es passieren, dass uns unsere Emotionen überwältigen. Wenn wir die Emotionen nicht mehr kontrollieren können, fallen wir in reaktive Verhaltensmuster zurück und verlieren unsere Fähigkeit, unser Verhalten in der Verhandlung aus dem Driver Seat heraus strategisch zu steuern. Das sind Momente, in denen wir manchmal eher wie ein ungläubiger Zuschauer erleben, wie es uns überkommt und wie wir uns Dinge sagen hören, die für unsere Verhandlungsziele extrem schädlich wirken. Wenig später werden wir uns dann entschuldigen müssen: „Das tut mir sehr leid, dass ich das gesagt habe. Ich war einfach so wütend, dass ich mich nicht mehr im Griff hatte". Selbstkontrolle über unsere eigenen Emotionen ist daher eine ganz entscheidende Kompetenz für jeden Verhandlungsmeister. FBI-Verhandlungslegende Gary Noesner sagt deshalb: „Wenn ich Verhandler ausbilde, dann spreche ich zunächst über die Bedeutung von Selbstkontrolle. Wie wollen Sie jemand anderen kontrollieren, wenn Sie nicht einmal sich selbst kontrollieren können." Wenn

Sie die emotionale Kontrolle und damit die Fähigkeit zur bewussten Verhaltenssteuerung verlieren, fallen auch Verhandlungsmeister wieder auf das Niveau von Amateuren zurück, die nur noch instinktiv um sich schlagen, solange sie die Kontrolle nicht wiedererlangen.

Deshalb versuchen manche Verhandlerinnen, durch bestimmte Taktiken absichtlich negative Emotionen in ihren Verhandlungspartnern auszulösen und die Eskalation auf die Spitze zu treiben. Diese Strategie zielt darauf ab, den anderen zu destabilisieren, um ihn zur Unterwerfung im Willenskampf zu zwingen. Der strategische Einsatz von Emotionen wurde schon von Aristoteles in seinem zweiten Buch der Rhetorik beschrieben, wenn er feststellt, dass es möglich ist, Leidenschaften für sich selbst und den anderen zu wecken, um unsere eigenen Bedürfnisse leichter erfüllen zu können. Zum Beispiel erleichtert das Erregen von Mitleid das Verzeihen; dies ist eine gängige Strategie unter Strafverteidigern und reuigen Ehepartnern. Wir lernen diese Form der emotionalen Manipulation schon in jungen Jahren. Denken wir nur an den kleinen Jungen, der sich an seinen Vater wendet, während seine Mutter mit ihm schimpft. Mit Tränen in den Augen und reuevoller Mimik sucht er das Mitgefühl seines Vaters, um eine Koalition gegen die Mutter zu bilden und dem Strafgebet zu entgehen. Zweifellos ist ein solches Verhalten anfangs keine bewusste Strategie, aber nach mehreren erfolgreichen Versuchen wird es zu unserer zweiten Natur. Das bewusste Auslösen von Emotionen im anderen wird zu einer wiederkehrenden Strategie, um den Willen des anderen zu brechen und sich auf diese Weise einen Vorteil zu verschaffen. Dieses Beispiel zeigt, dass Emotionen entweder unbewusst aus uns selbst heraus entstehen können oder ein anderer solche Emotionen in der Absicht emotionaler Manipulation erwecken kann. Das Ergebnis ist in beiden Fällen dasselbe, unsere Selbstkontrolle wird ausgetestet und für uns als professionelle Verhandler geht es nun darum, unsere Handlungsfähigkeit zu verteidigen bzw. möglichst schnell wieder zu gewinnen.

Die erste Voraussetzung dazu ist Bewusstheit. „Gefahr erkannt, Gefahr gebannt", weiß schon der Volksmund. Je stärker wir unsere typischen Reaktionen verstehen, und je besser wir in der Lage sind, unsere inneren Prozesse achtsam wahrzunehmen, desto besser sind unsere Chancen, eine emotionale Eskalation frühzeitig zu unterbinden. Zunächst einmal ist es wichtig zu verstehen, dass kein anderer Mensch uns aufregen kann. Wenn wir uns aufregen, ist dies unsere Reaktion in unserer eigenen Verantwortung. Wir alle haben unsere eigenen, biografisch begründeten Auslösereize (Trigger), mit denen man uns provozieren kann, manche sprechen von „unseren Dämonen". Bei einem ist es respektloses Verhalten, beim Nächsten ist es Ungerechtigkeit, beim Dritten ist es das Gefühl, klein und hilflos zu sein; die Trigger sind sehr verschieden, das Ergebnis ist immer dasselbe: Verlust der Selbstkontrolle und reaktives Verhalten.

William Ury spricht in einem neuen Buch davon, dass „das größte Hindernis einer erfolgreichen Verhandlung oft nicht die Gegenseite ist, sondern ich es selbst bin.“[11] Je besser wir uns und unsere Dämonen kennen, desto besser können wir frühzeitig erkennen, wenn jemand unsere Trigger-Knöpfe drückt – und rechtzeitig gegensteuern.[12] Emotionen äußern sich in Körperempfindungen, die für uns jeweils typisch und spezifisch sind („somatische Marker“). Wenn Sie einmal beobachtet haben (oder sich jetzt in eine vergangene Verhandlungssituation hineinversetzen und sich dann aufmerksam beobachten), an welcher Stelle und durch welche Empfindungen Ihr Körper anzeigt, dass er emotional provoziert wurde (Bodyscan), dann haben Sie wichtige Kriterien, um den Moment zu erkennen, bei dem Sie Gegenmaßnahmen auslösen müssen, um die Selbstkontrolle zu behalten. Wo genau spüren Sie das in Ihrem Körper? Wie genau fühlt sich die Empfindung an? Spannung oder eher stechend? Eher heiß oder kalt? Wir alle tragen diesen Feuermelder mit uns herum, der uns rechtzeitig anzeigen kann, wenn etwas anbrennt – nur die meisten von uns haben ihn noch nicht eingeschaltet.

In der konkreten Situation wird die Energie mehr und mehr im limbischen System verarbeitet, der präfrontale Cortex (PFC), in dem das bewusste rationale Denken seinen Platz hat, wird hingegen immer mehr abgeschaltet. Um die Kontrolle zu behalten oder wiederzuerlangen müssen wir deshalb den PFC ganz gezielt aktivieren. Eine einfache Methode: „Zählen Sie von 100 in 2er Schritten rückwärts“. Wer das tut, hat sich in kürzester Zeit emotional abgeregt und seine Selbstkontrolle zurückgewonnen. Eine andere Möglichkeit ist es, sich selbst kurz in den Oberschenkel zu kneifen. Eine weitere Option ist der Vorschlag von William Ury, sich von der Situation mental zu distanzieren und sich vorzustellen, man sehe die Verhandlung „vom Balkon eines Theaters aus als unbeteiligter Zuschauer aus der Meta-Perspektive.“[13] Wenn man die Situation mit einem humorvollen Meta-Kommentar wie „Der tut nix, der will nur spielen“ innerlich deuten kann, ist die Kontrolle wiederhergestellt. Es gibt noch viele weitere solche Werkzeuge, aber das Problem ist, dass Wissen alleine nicht ausreicht. Man muss die Werkzeuge vorher unter fachkundiger Anleitung trainiert haben, damit sie, wenn es darauf ankommt, auch tatsächlich verfügbar sind. Wenn Sie in einer schwierigen Lage sind, die emotionale Eskalation spüren und keine der professionellen Techniken zur Verfügung haben, nutzen Sie die Methode, die immer klappt: Nicht reagieren + Atmen + Bewegen + Pause zum Nachdenken. Bitten Sie um eine kurze Unterbrechung, um auf Toilette zu gehen.

Die wichtigste Technik für die Emotionsregulation in hocheskalierten Situationen haben wir Ihnen bereits kurz im Abschnitt über das Aktive Zuhören vorgestellt: Es ist das „**Emotional Labeling**“.[14] Diese Technik funktioniert sowohl für Sie selbst im inneren Dialog mit sich als auch als Intervention bei einem erregten Verhandlungspartner. Beim Labeling sprechen Sie einfach aus, welche Emotion Sie wahrnehmen:

Expertentipp: Sich nicht von Emotionen überwältigen lassen

von Prof. Dr. Jack Nasher, Bestsellerautor „Deal"[15] und „Überzeugt"

Emotionen zu kontrollieren heißt nicht, sie zu ignorieren. Machen Sie sich ruhig bewusst, was Sie empfinden. Aber identifizieren Sie sich nicht mit Ihren Gefühlen. Sie sind nicht Ihre Emotionen, Sie fühlen sie nur. Es ist ein erheblicher Unterschied, ob Sie sagen: „Ich bin enttäuscht" oder „Gerade fühle ich Enttäuschung". Das ist keine Haarspalterei, vielmehr sind Sie nun wieder der Protagonist und nicht das Opfer Ihrer eigenen Gefühle. Achten Sie gerade bei Emotionen besonders auf Ihre Formulierungen – und zwar sowohl in Ihrem inneren Dialog mit sich selbst als auch in der Kommunikation nach außen. Wörter machen Bilder. Bilder machen Gefühle. Gefühle machen Handlungen.

Teilen Sie Ihrem Gegenüber ruhig Ihre Emotion mit: „Ich fühle mich verärgert, weil Sie mit dem Angebot zu unserer Konkurrenz gegangen sind." So machen Sie das Thema für die Verhandlung rational bearbeitbar.

„Es hat den Anschein, Sie sind gerade ziemlich wütend", „Sie wirken enttäuscht", „Ich habe den Eindruck, Sie haben das Gefühl, dass hier gerade etwas ganz grundsätzlich falsch läuft". Die Technik ist der des Paraphrasierens ähnlich, nur dass Sie hier ausschließlich die Emotionen zurückmelden und nachfragen, ob Ihr Eindruck richtig ist – nicht die sachlichen Aussagen wie beim Paraphrasieren. Wieso ist das Labeling so ein Wundermittel beim Umgang mit emotionalisierten Verhandlungspartner fragen Sie sich jetzt vielleicht? Dafür gibt es zwei Gründe: Erstens fühlt der andere sich verstanden, und zwar bei etwas so Wichtigem wie seinen Gefühlen. Wer mit einem Labeling eine „Ja, genau" Reaktion erzielt, der zahlt massiv auf das Bonding-Konto der Verhandlung ein.

Zweitens helfen Sie dem anderen dabei, die Kontrolle über sich wiederzuerlangen und klar zu denken. In Experimenten im Gehirnscanner[16] konnte gezeigt werden, dass durch das Labeling die Aktivität im Gehirn von der Amygdala in den präfrontalen Cortex verlagert wird – wo es rational kontrolliert werden kann. Wo eine reklamierende Kundin gerade noch vor lauter Wut und Enttäuschung taub für alle Ihre Argumente war, ist sie nun empfänglicher für Ihre Perspektive, die Sie ihr nach dem „Ja, und gleichzeitig"-Prinzip vermitteln sollten. Erinnern Sie sich noch an die Wippe, die wir zu Beginn des Kapitels gezeigt hatten? Mit der Labeling-Technik können Sie die Emotionen gezielt so weit runterfahren, dass wieder Raum für rationales Denken entsteht. Denn Viktor Frankl hat Recht: „Zwischen Reiz und Reaktion ist ein Raum". Allerdings sehen wir diesen Raum erst dann wieder, wenn wir unsere Erregung abgebaut haben.

Sechs Kategorien zur Analyse schwieriger Verhandlungen

Die folgenden sechs Abschnitte sind ein Ergebnis der Erfahrungen, die die Autoren als Verhandler, Mediatoren, Trainer und Verhandlungsforscher in den letzten 20 Jahren gemacht haben. Wir haben uns mit Delegationen von Demonstranten getroffen, Sitzungen zwischen festgefahrenen Konfliktparteien moderiert und verschiedene Interessengruppen in schwierigen Konfliktverhandlungen beraten. In Beratungsmissionen und Verhandlungstrainings haben wir die Erfahrungen unzähliger öffentlicher Organisationen und privater Unternehmen kennengelernt und in unseren Ansatz integriert. Hunderte Teilnehmer haben sich über die Jahre an unseren Studien beteiligt. Dabei wirft ein Verhandler dem Verhandlungspartner plötzlich die sprichwörtliche „heiße Kartoffel" zu, und dieser versucht, obwohl er erst einmal schockiert ist, angemessen zu reagieren.[17] Dieser Kontext eines heftigen Konfliktes ist davon geprägt, dass eine Partei absichtlich versucht, die andere Partei aus dem Gleichgewicht zu bringen. Um diese Situation besser analysieren zu können, haben wir individuelle Fragebögen und kollektives Feedback verwendet und die Interaktion der Verhandlungspartner und ihre emotionale Entwicklung untersucht. Auf dieser Grundlage entwickelten wir sechs Analysekategorien für schwierige Situationen (Abbildung 6.4).

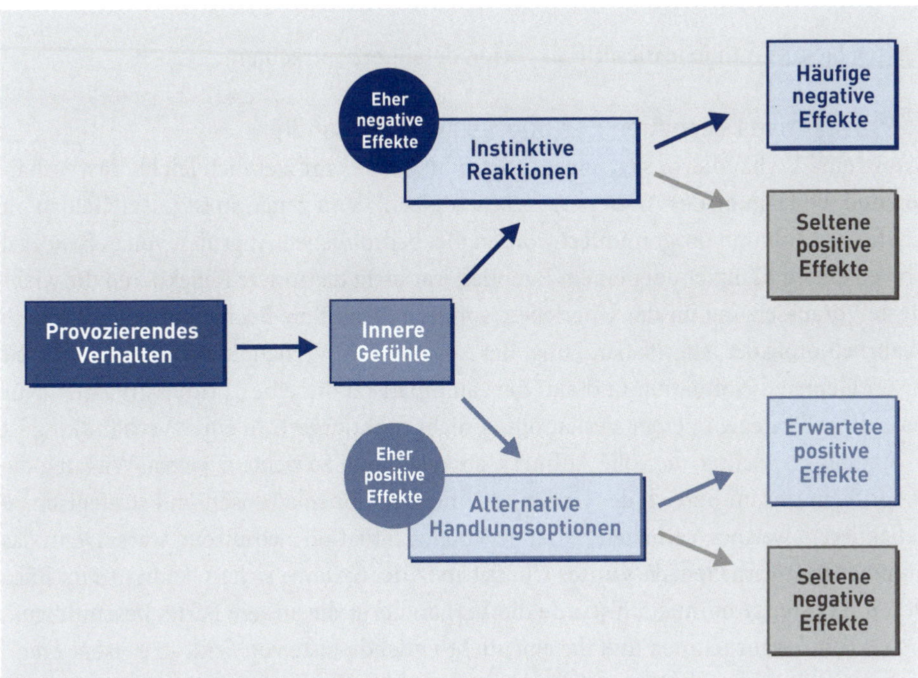

Abbildung 6.4 Analyse einer herausfordernden Situation

Die ersten vier Kategorien beschreiben die üblichen quasi-automatischen Rahmenbedingungen bei hoher Konfliktintensität. Sie führen zu einer typischen Abfolge von destruktiven Interaktionen zwischen den Verhandlerinnen, in der die drei bereits erwähnten Ziele kaum erreichbar sind (Vermeidung von Blockaden, Aufrechterhaltung der Beziehung und Suche nach einer Einigung über das Kernproblem):

1. Provokatives Verhalten des aggressiven Verhandlers.
2. Die Gedanken und Gefühle, die dieses aggressive Verhalten typischerweise beim Adressaten hervorruft.
3. Die instinktive Reaktion auf diese Provokation.
4. Die Auswirkungen dieser instinktiven Reaktion auf den Verhandlungsprozess.

In zwei zusätzlichen Kategorien werden wir Ihnen dann Möglichkeiten vorschlagen, wie Sie durch den Verzicht auf die destruktive instinktive Reaktion und die Umsetzung einer bewussten alternativen Verhaltensoption den Weg zu einem konstruktiveren Verlauf der Verhandlung ebnen können:

5. Antwort mit alternativer Verhaltensoption des angegriffenen Verhandlers.
6. Die Effekte einer solchen alternativen Verhaltensoption auf die Verhandlung.

Lassen Sie uns nun jede dieser Kategorien detailliert betrachten.

Provokatives Verhalten des aggressiven Verhandlers

Wenn eine Verhandlerin sich angegriffen fühlt, fällt es ihr ziemlich leicht, das Verhalten und die Haltung des Angreifers zu beschreiben, denn genau so ist unser Gehirn im Laufe der Evolution programmiert worden. Bei bedrohlichen Angriffen von außen, egal ob von einem Kämpfer oder einem Raubtier, war nicht das innere Reflektieren die wichtigste Voraussetzung für das Überleben, sondern die genaue Beobachtung und präzise Wahrnehmung der Angriffshandlung. Bei Angriffen am Verhandlungstisch verwechselt unser Gehirn die Situation und aktiviert automatisch dieselbe „Erfolgsstrategie“. Nur dass diese Strategie in einer Verhandlung nicht funktioniert. In einer Verhandlung ist es stattdessen wichtig, die volle Aufmerksamkeit darauf zu richten, welche Wirkung die Angriffe in uns im Bereich der Gedanken und Emotionen auslösen und strategisch zu reflektieren, welches Verhalten in der gegebenen Situation zielführend wäre. Denn das automatische Verhalten, dass unser Überleben in der Savanne sichert, kann uns im Büro den Job kosten. Automatisch würde die Verhandlerin die andere Partei beschuldigen, sie als Feind wahrnehmen und ihr eine nicht-endende Liste von Fehlern präsentieren.

Lassen Sie uns einen Moment innehalten und überlegen, welche Verhaltensweisen in einer Verhandlung als so aggressiv empfunden werden, dass sie emotionale Eskalation auslösen können. Die folgenden Beispielsituationen sind geordnet nach ansteigender Schwierigkeit und Grad der Unannehmlichkeit für die angegriffene Verhandlerin.

- Unfähigkeit zuzuhören – Die andere Partei hört mir nicht zu, ist ständig abgelenkt, schaut weg, ignoriert, was ich sage, unterbricht mich, lehnt meine Argumente ab, spielt mit ihrem Stift oder Telefon, knackt mit ihren Fingerknöcheln, schaut auf die Uhr. Diese mangelnde Bereitschaft zuzuhören ist die häufigste Beschwerde von Verhandlern, die sich durch das Verhalten des anderen provoziert fühlen.
- Ständige Wiederholungen – Der andere wiederholt sich, kehrt zu einem Thema zurück, das bereits besprochen wurde, bleibt stundenlang bei einem einzigen Punkt, stellt immer wieder dieselben Fragen, die bereits beantwortet wurden.
- Bösgläubigkeit – Die Verhandlungspartnerin verfälscht Informationen, macht bewusst falsche Zusammenfassungen, verallgemeinert und verwirrt mit einem Sammelsurium von Tatsachen ohne logischen Zusammenhang, wirft alles durcheinander, beschuldigt mich ohne Beweise, lügt und blufft.
- Unangebrachter Humor – Mein Gegenüber macht Scherze auf meine Kosten, macht sich über mein Aussehen, meine Aussagen oder mein Verhalten lustig, sieht mich mit einem Grinsen an und demütigt mich in der Öffentlichkeit.
- Angriffe ad personam – Der andere greift mich persönlich an, stellt meine Professionalität oder Autorität infrage, ist herablassend in Bezug auf meine Kompetenz, meinen Beruf, meinen Abschluss, mein Alter und Geschlecht, meine Kultur oder Religion.
- Die Stimme erheben – Die Verhandlungspartnerin erhebt ihre Stimme, schreit, kreischt und beruhigt sich nicht. Sie stellt ultimative Schlussfolgerungen zu meinen Lasten auf und ist für kein Gegenargument empfänglich.
- Unflätige Sprache – Die andere Partei beleidigt mich und verwendet Schimpfworte über mich und meine Auftraggeber.
- Drohungen – Mein Gegenüber droht damit, den Raum zu verlassen, verspricht mir Ärger, sagt, dass ich keine andere Wahl habe, als nachzugeben, zieht sein Angebot zurück und sag mir, dass ich jetzt überhaupt keine gute Option mehr habe. Drohungen beginnen meist verbal, können aber unter bestimmten Rahmenbedingungen auch körperlich werden.
- Körperliche Erregung – Die Verhandlungspartnerin kann nicht still sitzen, erscheint gewalttätig in ihren Gesten, zerstört Gegenstände, steht plötzlich auf und rennt türenschlagend aus dem Raum.
- Gewalttätige Besetzung des Raumes – Der andere kommt auf mich zu, beugt sich zu mir herunter, kommt als Gruppe auf meine Seite des Tisches, besetzt mein Büro, fesselt mich, nimmt mich als Geisel.

Diese Verhaltensweisen – und vergleichbare, mit denen man diese Liste noch verlängern könnte – sind das Gegenteil von den Empfehlungen zu Aktivem Zuhören und Aktivem Sprechen, die wir Ihnen in Kapitel 5 als Grundlage für einen angemessenen Umgang mit den Verhandlungspartnern empfohlen hatten. Egal ob dieses Verhalten absichtlich ist oder nicht, es wird vom Verhandlungspartner als absichtlicher Angriff empfunden.

Die Liste zeigt keine unbekannten oder nicht normalen Verhaltensweisen. Wir alle kennen so etwas und haben es immer wieder erlebt. Die Opfer dieser Angriffe kennen sie meist nur zu gut, und sie können sie ganz genau beschreiben. Obwohl diese Auslöser gut zu erkennen sind, ist es deutlich schwieriger, die negativen Auswirkungen zu erkennen, die sie auf uns haben. Noch schwieriger ist es, diese negativen Wirkungen umzukehren. Das Gefühl, dass jemand meine Identität attackiert – die wesentlichen Elemente, die mich zu dem machen, was ich bin – ruft fast immer starke negative Gefühle in mir hervor. Wenn der Angreifer meine empfindliche Stelle findet und dort Druck ausübt, wo es bei mir aus biografischen Gründen besonders schmerzt, kann ich in die Aggressionsfalle geraten und mich wie ein „Spiegelbild" des Angreifers verhalten. Ich reagiere dann mit den gleichen aggressiven Verhaltensweisen, auch wenn ich weiß, dass ich damit den gleichen Schmerz und die gleiche destruktive Wirkung verursache und die Eskalation befeuere. Im folgenden Abschnitt betrachten wir die Auswirkungen und die Emotionen, die ein solches Verhalten provoziert.

Typische Gedanken und Gefühle eines attackierten Verhandlers

Die Auswirkungen, die aggressives Verhalten auf einen attackierten Verhandler hat, werden in der Verhandlung oft verschwiegen. Erstens weil diese Gedanken und Gefühle innere Prozesse sind und wir diese tiefere Seite von uns selbst nicht offenlegen wollen. Zweitens deshalb, weil wir glauben, dass wir eine Niederlage eingestehen, wenn wir solche Auswirkungen ansprechen, insbesondere gegenüber der Person, die uns angegriffen hat. Wir sprechen diese innere Erschütterung nicht an, sondern fressen sie in uns hinein. Denn so zu tun, als ob die Handlungen des anderen uns nicht getroffen hätten, macht es noch schwieriger, mit unserer Situation umzugehen. Alles spielt sich so ab, als ob der Angriff des anderen uns taub gegenüber unserem eigenen inneren Dialog und unseren eigenen Bedürfnissen gemacht hätte. Wenn wir uns in einer solchen Situation nur einen kurzen Moment aus der Situation herausziehen und in ehrlichen Kontakt mit uns und unseren Bedürfnissen kommen könnten, wäre das für uns unglaublich wertvoll. Wir könnten so viel mehr Aspekte in der Situation entdecken, und zwar sowohl bei uns als auch bei der Angreiferin.

Die Gedanken und Gefühle, die wir innerlich in aggressiven Situationen wahrnehmen können, sind nicht nur vielfältig, sondern sie folgen auch einem bestimmten zeitlichen Verlauf: Sie entwickeln sich in einer bestimmten „psycho-logischen" Abfolge, die alles andere als zufällig ist. In den meisten Fällen, in denen nicht sofort ein massiv einschüchterndes Verhalten erfolgt, gibt es ein Kontinuum der Emotionen, das sich im Laufe der Zeit entwickelt.

- Zu Beginn mäßige und gut beherrschbare Gefühle von Überraschung über das Geschehen, nicht auf das vorbereitet zu sein, was gerade geschieht, vielleicht ein wenig Amüsiertheit und innerer Widerspruch, alles mit der Hoffnung, dass es schnell vorbei geht.
- In der Folge eine wachsende Frustration, ein Gefühl, sich im Kreis zu drehen, Ungeduld, Ärger, der Wunsch, den Raum zu verlassen und sich vom anderen zu distanzieren, verbunden mit Gefühlen „Das wird hier heute nichts".
- Im Extremfall ist das Überschreiten des Punktes, an dem es kein Zurück mehr gibt, durch den Verlust der Selbstkontrolle gekennzeichnet, eine emotionale Explosion, heiße Wut, begleitet von dem Wunsch, den anderen verbal zu verletzen, wenn nicht sogar körperlich, begleitet von dem Gedanken „Spielt keine Rolle mehr, denn das macht jetzt ja alles keinen Sinn mehr".

Diese Abstufung ist für die Diagnose durch Selbstbeobachtung von wesentlicher Bedeutung, da sie als Barometer für den Grad des inneren Konfliktes dient, der von einer leichten Erschütterung bis zu einem massiven Erdbeben anwachsen kann. Während der emotionalen Eskalation hat die angegriffene Person normalerweise weder die Zeit noch die Fähigkeit, den Übergang von einem emotionalen Zustand zum anderen zu erkennen. „Es geschieht" einfach mit ihr, obwohl sie ihr Verhalten anpassen sollte. Die Situation wird als rundum negativ, zunehmend unerträglich und schließlich als unkontrollierbar empfunden. Wir kennen das aus den typischen Dialogen „zwischen tauben Ohren":

> „Beruhige dich!"
> „Wie kannst du es wagen, mir zu sagen, dass ich mich beruhigen soll? Ich bin ruhig, du bist derjenige, der sich beruhigen sollte."
> „Ich? Ich bin nicht ruhig? Schau mal genauer hin, verdammt noch mal, merkst du gar nicht, was du gerade machst?"

Es ist für eine Verhandlerin, die sich angegriffen fühlt, ganz entscheidend, dass sie achtsam in sich hineinhört und wahrnimmt, an welcher Stelle des Kontinuums der Emotionen sie sich befindet, und wie weit die Situation innerlich bei ihr bereits eskaliert ist. Jeder von uns reagiert in solchen Situationen mehr oder weniger angefasst, deshalb ist es für jeden Verhandler wichtig, in sich hineinhören und den Grad der inneren Erschütterung kontinuierlich auf einer „inneren Richter-Skala" einzuordnen, wie wir auch die Intensität von Erdbeben im Außen messen. Je mehr unsere innere Stimme in so einem Moment taub wird, desto weniger können wir uns auf unsere rationalen Beweggründe und strategischen Konzepte fokussieren. Je mehr wir unsere Verhandlungsziele aus den Augen verlieren, desto mehr übernehmen die emotional gesteuerten Instinkte die Kontrolle über unser Verhalten – und umso größer wird das Risiko, zum unpassendsten Zeitpunkt zu explodieren. Daher ist es wichtig zu wissen, welche Vorboten das Risiko einer emotionalen Eskalation anzeigen. Vergessen Sie nie: Gefahr erkannt, Gefahr gebannt.

„Rain Man" und die Warnzeichen – Im Hollywoodfilm „Rain Man" erlebt der von Dustin Hoffmann gespielte Raymond als autistischer Inselbegabter mehrere Krisen, in denen er seine Selbstkontrolle verliert. Jeder dieser Krisen gehen spezifische Warnzeichen als Vorboten voraus: „Rain Man" murmelt „uh oh!", was so viel bedeutet wie „Achtung, Achtung, gefährliche Situation"! In schwierigen Verhandlungen funktionieren wir ähnlich. Wir haben unsere ganz eigenen „uh oh"-Warnzeichen, die zu Beginn kaum wahrnehmbar sind, aber uns mit ansteigender Intensität zeigen, wenn wir kurz vor dem Ausbruch sind, dem „point of no return". Diese Warnzeichen kommen, bevor wir unsere Selbstkontrolle verlieren. Wenn wir sie rechtzeitig bemerken, achtsam wahrnehmen, bewusst darauf reagieren und sie insbesondere deutlich benennen („Mein linker Unterbauch krampft sich zusammen als Zeichen, dass ich mich in Gefahr fühle"), können wir die emotionale Eskalationsspirale unterbrechen und unsere Selbstkontrolle aufrechterhalten. Diese Selbstkenntnis und Achtsamkeit ist die entscheidende Voraussetzung, um die Interventionstechniken noch rechtzeitig anwenden zu können, die wir Ihnen gleich vorstellen werden.

Der wichtigste Indikator in einer Verhandlung ist nicht, was der andere tut oder wie ich darauf reagiere, sondern mein emotionaler Zustand und mein Erregungsniveau und deren Auswirkung auf die Verhandlungsparteien. Meine Aufmerksamkeit sollte nicht darauf gerichtet sein, was der andere tut, sondern welche Wirkung das auf mich hat. Unter diesen Umständen sind wir oft zu sehr mit äußeren Faktoren beschäftigt und vergessen die Bedeutung von dem, was uns am meisten interessieren sollte: unseren inneren Zustand. Wir dürfen nicht nur vor unserer Haustür kehren, sondern müssen uns auch das Chaos im Haus bewusst anschauen.

Ein weiterer hilfreicher Indikator, um den Zustand des Prozesses zu beurteilen, ist die Wahrnehmung der Zeit. Wenn Verhandlungen reibungslos verlaufen, fließt die Zeit im Normalfall kontinuierlich wie ein Fluss. Wenn Emotionen ins Spiel kommen, gerät unsere innere Uhr aus dem Takt. Die Zeit vergeht schneller und wir fühlen uns von mehreren Dingen auf einmal überwältigt, wie ein Fluss, der kurz davor ist über die Ufer zu treten. Wir haben keine Zeit mehr zum bewussten Handeln oder Reflektieren und das Sprechen beschleunigt sich unwillkürlich. Es entsteht ein Gefühl der Zeitknappheit; die Zeit reicht nicht einmal aus, die dringendsten Themen ausreichend zu besprechen. Gleichzeitig kann sich die Verhandlung endlos anfühlen. Dieses Paradoxon rührt daher, dass wir zwar gerne mehr Zeit hätten, um die anstehenden Fragen zu erörtern, aber gleichzeitig darauf bedacht sind, die Verhandlung möglichst schnell hinter uns zu bringen. Infolgedessen fühlt sich jede zusätzliche Minute als eine Minute zu viel an. Phasen emotionaler Eskalation sind riskant, da wir die Ergebnisse jahrelanger Arbeit in Sekundenschnelle verspielen können. Ein Bewusstsein für das Zeitgefühl ist deshalb gerade bei schwierigen Verhandlungen unerlässlich.

Alle diese beschriebenen Emotionen sind für den Verlauf der Ereignisse von großer Bedeutung. Sie zu ignorieren kann zur Katastrophe führen. Denn nur weil Sie sich abstumpfen und Ihre Emotionen nicht bewusst wahrnehmen (sondern verdrängen), sind diese Emotionen nicht weg. Sie feuern weiter, für Sie unkontrollierbar im unbewussten Teil Ihres Gehirns, und übernehmen die heimliche Kontrolle über Ihr Verhalten und Ihre Entscheidungen. Das ist keine gute Grundlage, um Ihre Verhandlung bewusst und strategisch zu steuern, deshalb ist bewusstes Stressmanagement und strategische Emotionsregulation eine zentrale Kompetenz für jede Verhandlungsmeisterin.

Instinktive Verhaltensreaktionen des angegriffenen Verhandlers

Die typische Reaktion eines unerfahrenen und schlecht ausgebildeten Verhandlers, der in eine aggressive Situation hineingerät, lässt sich mit einem Wort zusammenfassen: Ausprobieren. Die angegriffene Person probiert verschiedene Verhaltensweisen aus, um die Situation zu beruhigen: Sie lässt die Gegenseite reden, achtet darauf, besonders konstruktiv in den eigenen Aussagen zu sein, versucht sich nicht aufzuregen – und zuzuhören. Aber wie wir schon erläutert haben, ist Zuhören nicht gleich Zuhören. In einer solchen Situation neigen wir instinktiv nicht zum Aktiven Zuhören, sondern eher zu Passivität oder zu ungeduldigem Zuhören. Das wiederum vermittelt der Gegenseite kein Verständnis, sondern eher Desinteresse. Wenn die angegriffene Person dann mit einer „So, jetzt bin ich mal dran, ich habe lange genug geschwiegen"-Haltung spricht, nimmt die Eskalationsspirale ihren Lauf. In schwierigen Verhandlungen sehen wir diese Situationen immer wieder: Die angegriffene Partei versucht die Gegenseite zur Vernunft zu bringen, um den Verhandlungsfluss wieder aufzunehmen, indem sie sagt „Lass uns bitte sachlich bleiben" oder „Bitte unterbrechen Sie mich nicht". Jeder unabhängige Beobachter von außen kann in solchen Momenten sehen, dass diese gut gemeinten Versuche das Gegenteil bewirken, es wird weiteres Öl ins Feuer gegossen. Doch im emotionalen Stress reagieren wir instinktiv trotzdem immer und immer wieder genau so. Am Ende erschöpft die Eskalation uns und die Gegenseite und wir werden zunehmend frustriert über den mangelnden Fortschritt in der Sache. Im Ergebnis reagieren wir dann instinktiv mit einer der folgenden vier Haltungen: Flucht, Nachgeben, Kompromissbereitschaft, Kämpfen.

Bei der Flucht geht es darum, sich schnellstmöglich aus der belastenden Situation zurückzuziehen und dem Konflikt zu entgehen. Wenn die Verhandlerin weiß, wie sie gut aus der Situation herauskommt und wenn sie gute Alternativen abseits des Verhandlungstischs hat, ist eine Flucht oft gar keine schlechte Option. Wichtig ist dabei aber, den Verhandlungstisch so zu verlassen, dass man jederzeit wieder an ihn zurückkehren kann, wenn man es möchte. Wir dürfen nicht auf unseren Ärger hören und den Raum türenschlagend verlassen, während wir dem anderen schwere Vorwürfe machen. Es geht um einen professionellen Abbruch, bei dem wir die Beziehung so weit wie möglich schützen, dem anderen für die Verhandlung danken, bemerken, dass die Voraussetzungen für eine gute Lösung heute offensichtlich nicht vorliegen und einen Ausblick geben, dass die Verhandlungen jederzeit wieder aufgenommen werden können, wenn die Bedingungen günstiger sind. So können nicht nur wir in Ruhe und strategisch über die nächsten Schritte nachdenken, sondern auch der Angreifer und ggf. das andere Verhandlungsteam haben Zeit, sich in Ruhe bewusst zu machen, dass sie mit der Aggression erst einmal nichts Positives für sich erreicht haben. Die Flucht ist daher von den vier instinktiven Reaktionen meist die am wenigsten schädliche, weil sie noch nichts unwiderruflich zerstört. Aber natürlich wäre es noch besser, gar nicht instinktiv zu reagieren, sondern bewusst zu entscheiden, ob ein taktischer Abbruch jetzt die beste Reaktion ist oder eine andere Verhaltensoption noch besseren Erfolg verspricht.

Beim Nachgeben unterwirft sich ein Verhandler dem überlegenen Willen und der einschüchternden Energie des Verhandlungspartners. Der angegriffene Verhandler stellt die Wichtigkeit der eigenen Beweggründe zurück und überlässt der Gegenseite den „Sieg“, um sie nicht zu weiteren Aggressionen zu provozieren. Vor sich selbst rechtfertigt der Nachgiebige dies meist mit der Wichtigkeit der Beziehung für die Zukunft. Doch dies ist eine Fehleinschätzung. Eine der wirksamsten Methoden, um das Verhalten eines anderen Menschen zu verändern, ist die positive Verstärkung. Wenn wir mit einem Verhalten für uns Nutzen generieren, zeigen wir dieses Verhalten immer öfter. Da sind wir wie die Ratten, die im Experiment lernen, kontinuierlich die Taste zu drücken, um ohne großen Aufwand an Futter zu kommen. Durch Nachgeben bilden Sie eine Geschäftsgrundlage für die Beziehung zum anderen, die darauf beruht, dass seine Bedürfnisse wichtiger sind als Ihre Bedürfnisse, und dass er Sie attackieren darf, wenn Sie es in einer bestimmten Situation wagen, Ihre eigenen Bedürfnisse nicht schnell genug zu seinen Gunsten zu verleugnen. Uns fällt beim besten Willen keine Beziehung ein, die auf dieser Geschäftsgrundlage beruht, und für Sie wertvoll oder gesund wäre. Nachgiebigkeit ist keine Lösung!

Kompromissbereitschaft als Reaktion ist etwas anderes als das Nachgeben. Während Nachgeben die totale Kapitulation darstellt, bieten Verhandler bei instinktiven

Kompromissen der Gegenseite ein substanzielles Zugeständnis in Kernbereichen der Verhandlung an, um die eigene Einigungsbereitschaft zu demonstrieren und die Gegenseite ebenfalls Zug um Zug zu kompromissbereitem Verhandeln zu bringen. Dieser Wunsch wird aus den gleichen Gründen wie beim Nachgeben meist nicht erreicht. Denn auch hier lernt Ihr Verhandlungspartner, dass er mit aggressivem grenzüberschreitendem Verhalten von Ihnen Zugeständnisse erpressen kann. Warum sollte er damit aufhören, nachdem er gelernt hat, wie gut es bei Ihnen funktioniert? Wer Aggressionen soweit möglich aus einer Verhandlung heraushalten möchte, wer Beziehungen auf fairen Ausgleich von Bedürfnissen aufbauen möchte, der muss verstehen, dass die zentrale Voraussetzung dafür ist, ein aggressives Verhalten niemals zu belohnen. Ein Angriff oder ein emotionaler Ausbruch darf niemals mit einem Zugeständnis beantwortet werden. Erst wenn eine Verhandlungspartnerin wieder zu einem konstruktiven Verhalten zurückgefunden hat, können Sie dieses Verhalten durch ein Zugeständnis positiv verstärken, wenn Sie das strategisch für zweckmäßig erachten.

Kampf bedeutet, die Gegenseite zu konfrontieren, sie zu attackieren (in der Wahrnehmung des angegriffenen Verhandlers wird dies meist nicht als Angriff empfunden, sondern als angemessene Verteidigung, „Ich wehre mich nur gegen einen Angriff") – Auge um Auge. Der angegriffene Verhandler spielt das Spiel des anderen mit, um ihn darin zu besiegen. Wenn er schreit, schreien wir noch lauter. Wenn er droht, drohen wir mit noch größerem Schaden. Wenn er die Faust ballt, schlagen wir auf den Tisch oder knallen die Tür zu. Die Gefahren für die Verhandlung sind offensichtlich: Wenn es überhaupt zu einer Einigung kommt, wird diese ökonomisch eher schlecht ausfallen. Die Arbeitsbeziehungen werden massiv belastet, was die Implementierung der Vereinbarung extrem erschwert. Sicher schaden wir auch noch unserer Reputation, weil der Verhandlungspartner die Welt wissen lassen wird, wie unmöglich und unprofessionell wir uns „aufgeführt haben". Im Teufelskreis der Konflikteskalation glauben wir, dass alleine der andere Schuld ist, und wir selbst uns absolut angemessen verhalten haben. Unser instinktives Verhalten führt allerdings dazu, dass wir beide uns tief im Konflikt verstricken und aus Sicht unabhängiger Beobachter uns beide unprofessionell verhalten und uns ins Unrecht setzen. So ehrenvoll und notwendig sich der Kampf anfühlt, wenn wir im Konflikt von Stresshormonen überflutet sind, so wenig zielführend ist ein solches Verhalten, wenn wir in Ruhe darüber nachdenken. Erinnern Sie sich bitte an das Zitat von Ambrose Bierce: „Sprich wenn du wütend bist, und du wirst die beste Rede halten, die du jemals – bereuen wirst."

Die Wirkungen der instinktiven Verhaltensweisen des Angegriffenen

Wir wissen, dass die zuvor dargestellten instinktiven Reaktionen nicht hilfreich sind, um unsere drei Ziele zu erreichen: einen effizienten Verhandlungsprozess, eine vertrauensvolle Arbeitsatmosphäre und eine Vereinbarung, die alle wichtigen Beweggründe der Parteien ausreichend befriedigt. Nicht wenige Verhandlerinnen nutzen sie trotzdem, weil sie sich ihrer alternativen Handlungsoptionen nicht bewusst sind.

Manchmal tragen die instinktiven Reaktionen tatsächlich Früchte und die Verhandlung kommt wieder auf das richtige Gleis. Der Verhandlungspartner ist vielleicht von der Kampfbereitschaft überrascht und möchte die Konfrontation doch nicht riskieren. Oder der angebotene Kompromiss klingt bereits so attraktiv, dass die Gegenseite ihn nicht mehr gefährden möchte. Aber in den meisten Fällen wird gar nichts geregelt. Normalerweise ist das Ergebnis bei allen diesen vier Haltungen (Flucht, Nachgeben, Kompromiss, Kampf) unbefriedigend. Insbesondere der Kampf provoziert fast immer eine weitere Eskalation und den Bruch. Ein kurzer Moment, indem sich die Vergeltung gut angefühlt hat, wie Balsam auf unsere Wunden nach dem Angriff, wird bezahlt durch langfristige Reue, wenn die Verhandlung gescheitert und die Beziehung zerstört ist. „Warum um alles in der Welt bin ich so ausgerastet?“ ist ein Schuldgefühl, das oft entsteht. Wenn wir es nicht schaffen, die Eskalation aufzulösen, bleibt oft nur die Wahl, ein schlechtes Ergebnis zu akzeptieren oder eine Lösung abseits vom Verhandlungstisch zu suchen.

Normalerweise erkennen Verhandlerinnen, die auf eine Aggression mit einer der vier instinktiven Reaktionen antworten, den Zusammenhang zwischen ihrer Reaktion und den schlechten Ergebnissen. Sie sind sich der bedrohlichen Wirkung dieser Handlungen sehr wohl bewusst, sehen sie allerdings als unvermeidlich, weil sie nicht wissen, wie sie sich anders verhalten sollten.

Alternative Verhaltensoptionen für angegriffene Verhandler

Wie sollte eine angegriffene Verhandlerin reagieren, wenn die vier typischen Haltungen der instinktiven Reaktion allesamt nicht effektiv sind? Die wichtigste Antwort: gar nicht! Jede Reaktion bedeutet, dass Sie Ihr Handeln vom Verhalten eines anderen bestimmen lassen und damit geben Sie bereits die strategische Steuerung der Situation auf. Eine professionelle Verhandlerin möchte die gesamte Verhandlung aus dem Driver Seat heraus steuern. Sie lässt sich weder ein fremdes Spielfeld noch Spielregeln aufzwingen, die nicht günstig sind. Wird sie angegriffen, so handelt sie reflektiert, d. h. sie prüft Verhaltensoptionen an der entscheidenden Fragestellung: Wird dieses Verhalten mir helfen, meine Verhandlungsziele zu erreichen? Sie wählt dann die erfolgversprechendste Option aus und setzt sie mit klarem Kopf in aller Konsequenz um.

Sind Sie sich nicht sicher, ob ein Verhalten für Ihre Verhandlungsziele schädlich sein könnte, halten Sie sich zurück und überlegen sich eine bessere Option. Nach unserer Erfahrung sind vor allem folgende vier Verhaltensweisen in aggressiven Verhandlungssituationen hilfreich:

Die erste Option besteht darin, in den Modus des Aktiven Zuhörens zu wechseln. Was immer nötig ist, um die Beweggründe des Verhaltens meines Verhandlungspartnerin zu verstehen – ihre Emotionen, ihre Vorwürfe, sogar ihre Aggression selbst –, ich muss versuchen, mich darauf einzulassen. Das bedeutet auch, sich bewusst darauf einzulassen, ggf. erst einmal die negativen Emotionen der Verhandlungspartnerin erneut hervorzurufen, um sie dann bearbeitbar zu machen. In keiner anderen Situation ist gutes Zuhören so schwierig – und so wichtig. Das ist der ultimative Test für diese Kompetenz: Kann ich Interesse am anderen entwickeln und ihm demonstrieren, auch wenn ich innerlich massiv aufgewühlt bin? Dafür ist es wichtig, dass ich strikt zwischen dem Verständnis für den anderen (warum tut er das) und dem Einverständnis (es ist in Ordnung, dass er das tut) unterscheide. Indem Sie dem anderen Zeit und Raum geben, sich genauer zu erklären, gewinnen Sie gleichzeitig wertvolle Zeit für sich, um die Situation zu reflektieren und Ihr weiteres Vorgehen zu planen.

Ein angegriffener Verhandler, der es schafft, den Angreifer zu verstehen und ihm dieses Verständnis zu demonstrieren, ohne in der Sache irgendwelche Zugeständnisse zu machen, kann einen großen Erfolg für sich verbuchen. Die Aufmerksamkeit beider Parteien wird auf die Person, ihre Emotionen und ihre sonstigen Beweggründe gerichtet. Dieser Fokus und der Respekt für Person und Beweggründe ist entscheidend, um die Aggression zu überwinden und zu einem konstruktiven Prozess zurückzukehren. Insbesondere die Technik des Emotional Labeling ist hier von ganz entscheidender Bedeutung, weil sie einerseits das Erregungsniveau senkt und damit eine rationalere Auseinandersetzung begünstigt, und weil sie zusätzlich die Emotionen als wichtige Träger von Informationen in der Verhandlung bearbeitbar macht. Mit den Techniken des Aktiven Zuhörens kann eine solche Situation abgekühlt, die Verhandlungspartnerin beruhigt und die Voraussetzungen geschaffen werden, sich wieder auf den Kern der Sachprobleme zu konzentrieren.

Die zweite Option ist das Umdeuten (Reframing). Dabei wird die aggressive Energie des anderen in eine konstruktive Richtung umgelenkt. Dies ist die zentrale Idee des „Verhandlungsjudo"-Konzepts, das William Ury in seinem Buch „Schwierige Verhandlungen"[18] entwickelt hat. Dieser Ansatz ignoriert nicht die Handlungen des anderen, sondern er schaut hinter die äußeren Handlungen, um eine zugrunde liegende konstruktive Absicht zu entdecken. Wir gehen davon aus, dass der Aggression unseres Verhandlungspartners positive Absichten zugrunde liegen, die nicht zur Zerstörung, sondern zur Lösung führen können.

Das Grundprinzip besteht darin, den persönlichen Angriff auf das Sachproblem umzudeuten. Der aggressive Ausbruch des Angreifers kann in konstruktivem Licht als Hinweis auf die hohe Bedeutung verstanden werden, die eine bestimmte Sachfrage für ihn hat. Deshalb wird die Angriffsenergie nun Stück für Stück auf die vier substanziellen Elemente der Verhandlung umgeleitet. Denn hinter der Wut verbergen sich die tieferliegenden Beweggründe der Person, legitime Absichten sowie unausgesprochene legitime Ängste und Befürchtungen. Wir wollen dem Angreifer helfen, diese Elemente formulieren zu können, da diese den Weg für eine sachbezogene Verhandlung bahnen. An die Stelle einer Flut von Vorwürfen und Beschwerden soll eine Flut von verhandlungsfähigen Lösungsoptionen und Fairnesskriterien treten, die für beide Seiten akzeptabel sind. Wenn nötig kann es auch hilfreich sein, die Verhandlungspartnerin dabei zu unterstützen, sich darüber klar zu werden, wie gut (oder schlecht) ihre Alternativen abseits vom Verhandlungstisch für sie wären, denn darin liegt die Chance, dass Sie ihr deutlich vor Augen führen, warum eine Einigung mit Ihnen für sie von großem Nutzen wäre.

Diese Reframing-Technik erfordert eine ausgeprägte Selbstbeherrschung beim angegriffenen Verhandler. Sie werden nur dann erfolgreich das Denken Ihres Verhandlungspartners konstruktiv wandeln können, wenn Sie selbst in einem konstruktiven mentalen Modus bleiben. Das fällt Ihnen erfahrungsgemäß leichter, wenn Sie Ihre Aufmerksamkeit in solchen Momenten immer wieder auf Ihr Zielbild richten und sich damit immer wieder vor Augen führen, wozu Sie sich dieser Herausforderung stellen, welche wichtigen Beweggründe durch eine Vereinbarung mit der Gegenseite besser befriedigt werden können als auf jedem anderen Weg. Verhandlungsmeister schaffen es, authentischen Stolz auf die eigene Leistung zu empfinden, wenn sie es schaffen, Provokations„angebote“ eines Verhandlungspartners an sich vorbeiziehen zu lassen, die andere auf die Palme gebracht hätten, und in ihrer Energie mit einem klaren Blick auf die Strategie weiter das Heft des Handelns hin zu einem konstruktiven Ergebnis in der Hand zu halten. Dieser Stolz ist sehr berechtigt, denn es gibt auf der Welt wahrscheinlich mehr Menschen, die sehr gut Fußball spielen können, als Menschen, die eine aggressive Situation konstruktiv auflösen können.

Die Reframing-Technik setzt im Wesentlichen auf Fragen, denn damit gewinnen Sie die Kontrolle über die Denkprozesse Ihrer Verhandlungspartnerin und können sie tatsächlich auf die Elemente das sachbezogenen Verhandelns konstruktiv umleiten: „Ich merke Ihnen ist das offenbar sehr wichtig, helfen Sie mir bitte zu verstehen, wozu genau ist Ihnen das so wichtig?“ (Gründe), „Weshalb denken Sie, dass dieser Vorschlag fair wäre?“ (Fairnesskritierien), „Was wäre wenn wir …?“ (alternative Optionen), „Würden Sie an meiner Stelle Ihr Angebot annehmen? Wie würden Sie das meiner Chefin erklären?“ (meine Perspektiven und Sachzwänge), „Was glauben Sie, was wir tun werden, wenn wir uns nicht einigen?“ (unsere Optionen abseits vom Tisch), „Was würde für Sie passieren, wenn es uns nicht gelingt, dass meine Chefin den Vertrag ratifiziert?“ (deren Optionen abseits vom Tisch).

Die dritte Option in Momenten des Angriffs ist die Verlagerung der Diskussion auf den Prozess. Wenn Aktives Zuhören die Beziehung nicht wiederherstellen konnte und das Problem auch mit Reframing nicht in den Mittelpunkt einer konstruktiven Diskussion gestellt werden konnte, dann ist die beste Chance, die Gespräche wieder in Gang zu bekommen, sich auf den Prozess zu konzentrieren, also das „Wie“ des Verhandelns. Auf der Metaebene („Wie wollen wir miteinander verhandeln“) entsteht automatisch eine gewisse Distanzierung von den eskalierten Emotionen, weil die Verhandlerinnen wie aus einer Vogelperspektive auf die aktuellen Verhandlungen und damit auch von außen auf sich selbst schauen (dissoziierte Perspektive).

Ein guter Ausgangspunkt für eine Meta-Verhandlung könnte darin bestehen, dass Sie der Verhandlungspartnerin Ihre Perspektive auf die derzeitige Verhandlung mitteilen. Dabei beschreiben Sie Ihren persönlichen Eindruck und Ihre Unzufriedenheit, kommunizieren das aber in einer „Ich-Botschaft“ anstatt in einer anklagenden „Du-Botschaft“: „Wenn ich mich angegriffen fühle, ist es für mich sehr schwer, gute Lösungen für unser Problem zu finden.“ Wir können noch ergänzen, dass die schwierige Situation uns davon abhält, irgendeine Einigung zu erzielen: „Ich bin mir nicht sicher, dass ich unter diesen Bedingungen effektiv weitermachen kann.“ Wir können die Verhandlungspartnerin auch nach ihrer Einschätzung der Situation und ihren Zielen fragen: „Mit welcher Zielsetzung haben Sie das gesagt (oder getan)?“ Eventuell können wir den anderen auch mit einer Frage in unsere Erlebniswelt hineinholen: „Wenn ich es richtig verstanden habe, haben Sie mich vorhin inkompetent genannt. Wie würden Sie sich fühlen, wenn irgendjemand so etwas über Sie sagen würde?“ Oft reicht es aus, dem anderen einen Spiegel vorzuhalten, damit er sich seines kontraproduktiven Verhaltens bewusst wird. Dies können Sie zum Beispiel erreichen, indem Sie eine besonders extreme Aussage Ihrer Verhandlungspartnerin zurückspiegeln: „Sie halten mich für den schlimmsten Betrüger auf Gottes Erdball?“ In den meisten Fällen ist die andere erschrocken, wenn sie eine solche Aussage von außen gespiegelt bekommt und wird sofort zurückrudern und die Aussage mindestens abschwächen, wenn nicht sogar ganz zurücknehmen oder zu einem „Missverständnis“ umdeuten.

Damit ebnen wir den Boden, um eine Verhandlung über den Prozess und Kommunikationsspielregeln beginnen zu können: „Ich hielte es für sinnvoll, wenn wir darüber sprechen, ob wir nicht auf eine andere Art und Weise besser vorankommen können.“ Hilfreiche Spielregeln in solchen Situationen könnten zum Beispiel sein, abwechselnd zu sprechen, den anderen nicht zu unterbrechen, auf persönliche Angriffe zu verzichten und um eine Pause zu bitten, wenn man das Gefühl hat, dass es hitzig wird und man sich beruhigen will, um dann sachlich und konstruktiv weiterzumachen. Auch wenn wir manchmal unsere innere Ruhe wiederfinden können, während wir am Verhandlungstisch sitzen bleiben (die Zen-Technik, d. h. bewusst drei tiefe Atemzüge zu nehmen, bevor man handelt, wirkt oft Wunder), kann die einfache Entscheidung, einen Moment innezuhalten und frische Luft zu schnappen (und dabei „auf den Balkon“ zu gehen, wie William Ury es nennt), eine angespannte Situation oft nachhaltiger beruhigen. Ein aggressiver Verhandlungspartner, der das Gefühl hat, die Kontrolle über seine Emotionen zu verlieren, sollte offen kommunizieren, dass er unter den gegenwärtigen Bedingungen nicht weiterarbeiten kann, dass aber seine Türen offen stehen, um zukünftig unter besseren Bedingungen die Gespräche fortzusetzen.

Wenn Sie sich bei der Verhandlung nicht auf geeignete Spielregeln einigen können oder die Gegenseite die vereinbarten Spielregeln nachhaltig missachtet, sollten Sie das nicht einfach hinnehmen, sondern konsequent auf das Sachproblem reagieren: „Sie sind nicht bereit, sich mit mir darauf zu einigen, auf persönliche Beleidigungen zu verzichten? Helfen Sie mir zu verstehen, wozu es für Sie wichtig ist, mich beleidigen zu dürfen?", „Ich kann Ihnen selbstverständlich nicht vorschreiben, wie Sie sich in einer Verhandlung verhalten dürfen. Ich kann aber sagen, dass ich mit persönlichen Beleidigungen nicht verhandeln kann und will. Deshalb lassen Sie uns die Verhandlung an dieser Stelle beenden. Wir sind gerne bereit, die Verhandlung jederzeit fortzusetzen, wenn es für Sie doch noch vorstellbar ist, dass wir uns auf eine Verhandlung ohne persönliche Beleidigung verständigen können." Das gleiche Angebot sollten Sie im Nachgang der Verhandlung genau so noch einmal per E-Mail an Ihren Verhandlungspartner senden, damit es bei ihm „aktenkundig" wird und er seine Auftraggeber entsprechend informiert. Es ist eine ziemlich schlechte Rechtfertigung für den Abbruch einer Verhandlung, den anderen nicht mehr beleidigen zu dürfen. Üblicherweise wird Ihnen die Gegenseite deshalb spätestens entgegenkommen, wenn sie eine Nacht darüber geschlafen hat. Und wenn nicht, dann können Sie ganz sicher sein, dass dies auch kein Verhandlungspartner ist, mit dem Sie eine vertrauensvolle Arbeitsbeziehung aufbauen könnten.

Der Austausch des Verhandlungsführers ist die vierte Option zur Deeskalation einer solchen Situation. Manchmal ist die Chemie zwischen den Parteien am Tisch so gestört,

Expertentipp: Aggressiven Verhandlern begegnen – souveräne Offensive

von Lorenz Wohanka, Psychologe und Experte für Grenzsituationen

Aggressive Verhandler zielen darauf, Sie zu überrumpeln und aus einem Aktions- in einen Reaktionsmodus zu bringen. Wie gehen Sie damit im Sinne Ihrer eigenen Agenda um?

Eine Option: Sie schweigen und halten das Schweigen aus. Nichts verunsichert Aggressoren mehr als die Unsicherheit, ob ihre Aggression wirksam ist.

Ein Nachteil: Schweigen kann als resignierende Akzeptanz oder sogar Zustimmung gewertet werden.

Eine zweite souveräne, in hohem Maß dominante Aktion: Bedanken Sie sich und finden Sie einen höheren Wert im Aggressionsakt.

Ein Beispiel für eine solche paradoxe Intervention: „Danke für Ihre offenen Worte. Offenheit ist ein Wert, den wir beide teilen. Zugleich wissen wir beide, dass wir so nicht weiterkommen. Kehren wir zurück zur Agenda ..."

Entlang eines solchen Schemas kommen Sie aus einer angegriffenen Position, in der Sie durch eine unsouveräne Reaktion nur mehr in die Defensive geraten können, in eine aktive Position: die souveräne Offensive.

dass es der einfachere und sicherere Weg ist, einen Neustart auf der Beziehungsebene zu ermöglichen, in dem einzelne Mitglieder der Verhandlungsdelegation zeitweise oder endgültig vom Tisch entfernt werden. Dies ist zunächst einmal ein sehr professionelles Verhalten, denn es geht nicht um die einzelnen Personen, sondern den Auftrag und die Auftraggeber, die sie repräsentieren. Mit dem Austausch ist keine Schuldzuweisung verbunden. Aus den dargestellten Gründen kann es sein, dass sich einzelne Akteure in einem Konfliktstrudel verstrickt haben, ohne dass sie dafür selbst viel konnten. Wenn die Protagonisten aus der Verhandlung zurückgezogen werden, die als Symbol für die Eskalation wahrgenommen werden, ist die Gegenseite dafür oft sehr dankbar und revanchiert sich nicht selten aufgrund des Gegenseitigkeitsprinzips mit Zugeständnissen in der Sache. Die andere Seite zu bitten, eine Person aus ihrer Delegation vom Tisch zu entfernen, ist eine heikle Sache. So etwas am Tisch selbst anzusprechen, wird üblicherweise Solidarisierungseffekte und eskalierende Reaktionen zur Folge haben. Im vertraulichen Vieraugengespräch mit der Delegationsleitung oder der Auftraggeberin über die Möglichkeit zu sprechen, die Delegationsgröße (beidseitig) zu verkleinern (um eine gesichtswahrende Lösung zu finden), ist oft eine gute Möglichkeit. Eine andere gute Option kann auch sein, zusätzliche Akteure mit an den Verhandlungstisch zu bringen, die die konstruktiven Absichten unterstützen und bei Eskalation mäßigend einwirken können. Einen stark mäßigenden Einfluss hat auch die Vereinbarung auf ein detailliertes Protokoll oder die Einbeziehung neutraler Dritter als Moderator oder Mediatorin.

Wie immer gilt auch hier, dass wir aggressives Verhalten niemals belohnen dürfen. Natürlich lassen wir es nicht zu, dass die Gegenseite durch inszenierte Provokationen gezielt diejenigen Mitglieder unserer Delegation aus dem Spiel nimmt, die sie zum Beispiel aufgrund ihrer Kompetenz als gefährlich für sie betrachtet. Wenn sich Verhandler unabsichtlich in einem Konflikt verstricken, kann ein personeller Wechsel eine gute Lösung sein. Wenn dieser Konflikt absichtlich inszeniert wird, um sich das Verhandeln zu erleichtern, darf diese Strategie nicht erfolgreich sein.

Im Zusammenhang mit den Verhaltensoptionen im Umgang mit aggressiven Gesprächspartnern finden wir es hilfreich, sich 6 Prinzipien in Erinnerung zu rufen, die unsere Kollegen Larry Susskind und Patrick Field für den Umgang mit verärgerten Kunden entwickelt haben.[19]

Umgang mit verärgerten Kunden – Wenn wir Menschen treffen, die aufgebracht sind, gehen wir meist davon aus, dass sie böse Absichten haben oder sich einfach nur abreagieren wollen. Nehmen wir das Beispiel von verärgerten Touristen an der Hotelrezeption. Nach einer langen Anreise in einem überhitzten Bus, in dem die Klimaanlage defekt war und der den Flughafen mit deutlicher Verspätung verließ, erleben sie dann auch noch Ärger mit ihrem Zimmer. Statt des versprochenen Meerblicks liegt ihr Zimmer im Erdgeschoss mit Blick auf eine Baustelle und das heiße Wasser funktioniert nicht. Ihre

Koffer wurden noch nicht ins Zimmer geliefert. Sie riefen wegen ihrer Beschwerde bei der Rezeption an und man versprach ihnen einen Rückruf. Eine Stunde später gibt es immer noch kein heißes Wasser, sie warten immer noch auf ihre Koffer und vor allen Dingen auf den versprochenen Rückruf der Rezeption. Nun haben sie die Nase voll und machen sich auf den Weg zur Rezeption, um „ihr Recht" zu bekommen und „anständig behandelt" zu werden. An der Rezeption angekommen lassen sie ihren Frust an der Mitarbeiterin hinter dem Tresen ab, indem sie rumschreien und drohen. Zweifellos hat diese Mitarbeiterin den Touristen nichts getan, und trotzdem muss sie sich mit deren Gefühlen auseinandersetzen, ignoriert zu werden, eine minderwertige Leistung zu bekommen und vom Hotelpersonal respektlos behandelt zu werden. Welchen Rat kann man der Mitarbeiterin geben? Sie fühlt sich angegriffen. Wenn Sie jetzt mit den instinktiven Verhaltensweisen reagiert, die wir beschrieben haben (z. B. den Touristen sagen, dass sie sich beruhigen müssen und Hausverbot bekommen, wenn sie weiter schreien), ist die emotionale Eskalation mit großen Nachteilen für alle Beteiligten absehbar. Für eine professionelle Reaktion ist es deshalb wichtig, dass sie zunächst achtsam in sich die Signale für eine ansteigende emotionale Spannung wahrnimmt, und dann die folgenden Prinzipien und Verhaltensweisen anwendet, die von Susskind und Field entwickelt wurden.

- Erstes Prinzip: Die Sorgen der anderen Seite anerkennen – Es ist wichtig, das zentrale Bedürfnis dieser Touristenfamilie zu verstehen, einen erholsamen Urlaub zu genießen, und Verständnis dafür zu demonstrieren: „Ich sehe Sie sind sehr verärgert, und wenn ich an Ihrer Stelle wäre, wäre ich ganz sicher auch genervt. Und die Tatsache, dass niemand auf Ihren Anruf reagiert hat, muss dann auf sie natürlich nochmal wie ein weiterer Schlag ins Gesicht gewirkt haben." Diese erste Reaktion demonstriert dem Gesprächspartner, dass ihm endlich zugehört wird. Wenn jemand aufrichtig und einfühlsam die eigene Situation beschreibt, reicht das im Allgemeinen aus, das Geschrei zu beenden und in eine ruhige Konversation über das weitere Vorgehen eintreten zu können.
- Zweites Prinzip: Gemeinsame Tatsachenfeststellung – „Wie kann ich Ihnen jetzt helfen? Können Sie mir bitte noch einmal schildern, was genau nicht in Ordnung ist?" Im nächsten Schritt versuchen wir die Gegenseite zu ermutigen, sich auf der Grundlage von festgestellten Tatsachen, die von beiden Parteien anerkannt sind, um eine gemeinsame Verständigung zu bemühen. „Können Sie mir vielleicht einmal Ihre Reservierungsbestätigung zeigen? Dankeschön, ich sehe, es war tatsächlich ein Zimmer mit Meerblick, das gebucht wurde." Gerade im Konflikt ist es besonders wichtig zu klären, auf welcher Ebene genau der Konflikt besteht. Geht es um die Existenz von Tatsachen, so können diese oft in einem gemeinsamen Klärungsprozess festgestellt werden (joint fact finding). Geht es um die Bewertung von Tatsachen, erfordert dies eine andere Art der Auseinandersetzung.

- Drittes Prinzip: Versprechen Sie, bekannte und unabsichtliche nachteilige Folgen auszugleichen; gehen Sie bedingte Verpflichtungen ein, um die negativen Auswirkungen zu minimieren, falls sie auftreten. Bevor wir eine konkrete Lösung anbieten, ist es, insbesondere in Konfliktsituationen, wichtig, den eigenen guten Willen zu einer fairen Problemlösung generell darzustellen. „Ich werde alles tun, um das Problem für Sie so gut wie möglich zu lösen." Dann können wir konkrete Vorschläge machen, um die Nachteile so gut wie möglich auszugleichen. Haben wir die Möglichkeit einer vollen Problemlösung ist das gut: „Lassen Sie mich für Sie ein anderes Zimmer möglichst weit entfernt von der Baustelle finden." Aber leider bestehen dazu nicht immer die Möglichkeiten. Gerade wenn Sie der Gesprächspartnerin weniger anbieten können als sie sich wünscht, weil zum Beispiel das Hotel komplett ausgebucht ist und kein anderes Zimmer verfügbar, ist es umso wichtiger, ihr möglichst mehrere Optionen von Lösungen anzubieten, um dadurch Ihren grundsätzlichen guten Willen zu demonstrieren. „Es tut mir sehr leid, dass ich Ihnen heute kein anderes Zimmer bei uns anbieten kann, da wir komplett ausgebucht sind. Ich könnte versuchen, für Sie ein ruhiges Zimmer in unserem Partnerhotel 500 Meter entfernt zu bekommen, oder Sie behalten Ihr Zimmer hier und bekommen einen Rabatt für die Einschränkungen. Wenn Sie möchten, können Sie dann übermorgen, wenn wir die nächsten Abreisen haben, in ein ruhiges Zimmer mit Meerblick wechseln." So ein Ergebnis mit einer unvollkommenen Lösung wird ein Kunde umso eher akzeptieren, wenn wir ihn von uns aus möglichst frühzeitig auf das Problem ansprechen, aufrichtig um Entschuldigung bitten und Lösungen anbieten, bevor er vom Problem überrascht wird. Wenn also bei der Planung der Zimmerverteilung am Vortag das Problem bewusst war, hätte der Manager am besten sofort zum Telefon gegriffen und eine Lösung ausgehandelt, noch bevor die Familie angereist ist und mit ihrer enttäuschten Erwartungshaltung frustriert wurde.
- Viertes Prinzip: Verantwortung übernehmen, Fehler zugeben, Einflussmöglichkeiten teilen. – Wenn Fehler gemacht wurden, wenn tatsächlich ein falscher Raum zugewiesen wurde, übernehmen Sie dafür die persönliche Verantwortung und bitten aufrichtig um Entschuldigung. Es spielt dabei keine Rolle, ob Sie oder irgendeine andere Stelle im Unternehmen diesen Fehler verursacht hat. Es geht nicht um Sie persönlich, Sie agieren aus der Sicht des Kunden bei einer Reklamation als Vertreter des gesamten Unternehmens. Der Kunde möchte eine Lösung und ist nicht daran interessiert, interne Schuldzuweisungen als Rechtfertigung zu hören. Spielen Sie nicht auf Zeit, nutzen Sie auch hier die präventive Wirkung. Wenn Sie davon ausgehen, dass die Gäste sich durch die Baustelle gestört fühlen, sprechen Sie das Problem bereits beim Einchecken an: „Leider ist neben dem Zimmer eine Baustelle, die von 9 Uhr bis 17 Uhr in Betrieb ist. Ist das für sie ein großes Problem? Wenn ja, dann tut uns das sehr leid. Lassen Sie uns schauen, was wir da tun können."

- Fünftes Prinzip: Handeln Sie jederzeit vertrauenswürdig. – Das Schlimmste in dieser Situation wäre, unrealistische Hoffnungen zu wecken. Machen Sie unbedingt nur solche Versprechungen, die Sie auch einhalten können. Sie haben bei der Lösung der Reklamation nur eine Chance, die Beziehung und Ihren guten Ruf wiederherzustellen. Erweist sich die Lösung dann aber ebenfalls als unzuverlässig, haben Sie diese Chance verspielt. Gehen Sie absolut sicher, dass die Lösung und alle Versprechungen gut dokumentiert und allen anderen Stellen im Unternehmen bekannt gemacht werden. Es wäre eine Katastrophe, wenn bei der Abreise der versprochene Rabatt nicht auf der Rechnung berücksichtigt ist und die dann zuständige Mitarbeiterin sagt: „Tut mir leid, ich sehe hier nichts von einem solchen Rabatt." Solche Folgefehler passieren immer wieder, und sie führen sehr oft zu einem sofortigen Wiederaufbrechen des ursprünglichen Konflikts in der Reklamation – nur mit doppelter Intensität. Denn jetzt fühlt sich der Kunde auch noch betrogen.
- Sechstes Prinzip: Konzentrieren Sie sich auf den Aufbau langfristiger Beziehungen. – In jeder Reklamationssituation zwischen einem verärgerten Kunden und einer Führungskraft, wird die Führungskraft versuchen, die Emotionen konstruktiv zu steuern und die Geschäftsbeziehung zu dem Kunden wiederherzustellen. Wenn eine Entschädigung nicht ad hoc, sondern in der Zukunft wirkt, entsteht ein automatischer Anreiz, die Beziehung fortzusetzen. Wenn Sie der Familie statt eines Rabatts auf den aktuellen Urlaub einen Gutschein für einen Gratis-Kurzurlaub in Ihrem Hotel anbieten, besteht damit die Chance, die aktuelle negative Erfahrung durch positive Erfahrungen in der Zukunft zu kompensieren. Sorgen Sie in jedem Fall dafür, dass die Kunden Ihnen offenes Feedback geben, wenn es irgendein Problem mit der vereinbarten Lösung gibt, damit Sie dieses Problem frühzeitig gemeinsam lösen können.

Welche Techniken auch immer zur Bewältigung schwieriger Verhandlungen vorgeschlagen werden, ein Wundermittel, das den Erfolg garantiert, gibt es nicht. Eine Haltung, die Sorgen des anderen anzuerkennen und nicht herunterzuspielen, und eigene Fehler offen zuzugeben und sich nicht herauszureden, ist allerdings die halbe Miete für eine gute Lösung. Wer es schafft, mit der Emotional Labeling-Technik des Aktiven Zuhörens der Gesprächspartnerin authentisch Verständnis für deren emotionale Situation zu demonstrieren, kann aber mit Sicherheit den Eskalationsgrad einer schwierigen Verhandlungssituation deutlich abkühlen. Ob in der Sache eine Einigung möglich ist, ist eine andere Frage.

Zu erwartende Auswirkungen der alternativen Verhaltensoptionen

Die Erfahrung zeigt, dass alternative Verhaltensweisen, die auf Aktivem Zuhören basieren, dazu führen, dass die negative Intensität in einer Konfliktsituation gemindert wird. Sie bieten der Gesprächspartnerin den Raum, sich zu äußern, demonstrieren guten Willen für eine konstruktive Lösung und helfen der anderen dabei, ihr Erregungsniveau abzubauen und zur Sache zurückzufinden. Sie zielen außerdem darauf ab, möglichst viel von der Arbeitsbeziehung zu schützen und ggf. wiederherzustellen und Schuldzuweisungen für den Stillstand der Verhandlungen zu vermeiden. Damit helfen Sie beiden Parteien, ihr Gesicht zu wahren, und den Verhandlungstisch mit Respekt gegenüber dem anderen und sich selbst zu verlassen. So minimieren Verhandlungsmeister den Stillstand, maximieren die Beziehungsqualität und optimieren die Suche nach guten Lösungen.

Die alternativen Verhaltensweisen sind kein Allheilmittel. Jeder trifft mal auf Verhandlungspartner, mit denen die Verhandlungen trotz der angewandten Strategien emotional aufgeladen bleiben. In diesen Fällen ist es am besten, sich auf die einzige Person zu konzentrieren, deren Verhalten wir kontrollieren können, nämlich auf uns selbst. Mit anderen Worten: Anstatt sich mit den anderen zu beschäftigen, sollten wir uns überlegen, was wir an unserem Verhalten ändern können. Wenn wir trotz aller Flexibilität und Empathie in der Vorgehensweise die Verhandlungen dauerhaft nicht auf eine konstruktive Bahn bringen können, ist im Moment wahrscheinlich kein Rahmen für eine effektive Verhandlung gegeben, und dann ist es an der Zeit, sich sehr ernsthaft mit den Alternativen abseits vom Verhandlungstisch zu beschäftigen.

Das wesentliche Ziel in solchen schwierigen Verhandlungssituationen lautet: Verhalte dich niemals genauso wie der andere. Girard[20] lädt uns dazu ein, den Spiegeleffekt zu berücksichtigen. Wenn sich der andere inakzeptabel verhält, sind wir versucht, dasselbe zu tun (Auge um Auge). Wenn er uns unterbricht, wollen wir ihm das Wort entziehen; wenn er seine Stimme erhebt, wollen wir ihn noch lauter übertönen; wenn er seine negativen Emotionen ausdrückt, indem er uns beschuldigt, tun wir dasselbe und beschuldigen ihn. Wir müssen verstehen, dass ein solches symmetrisches Verhalten mehr und nicht weniger Probleme schafft. Bei aggressivem Verhandlungsverhalten gilt nicht die mathematische Regel „Minus mal Minus ergibt Plus", vielmehr gilt „Minus mal Minus gibt katastrophales Ergebnis". Es ist daher wichtig zu lernen, diesen instinktiven Impulsen zu widerstehen. Wenn die Gegenseite sich aggressiv verhält, müssen wir die Aggression mit besonders konstruktiven Verhaltensweisen neutralisieren. Im letzten Kapitel dieses Buches werden wir uns noch einmal grundsätzlicher mit der Notwendigkeit beschäftigen, asymmetrisch und anders als erwartet zu handeln, um über das Offensichtliche hinaus zu kommen und wesentliche Beweggründe zu befriedigen.

Kapitel 7

Beschäftigen Sie sich vertieft mit der Methode, *bevor* Sie sich der Komplexität stellen

Wie Sie Verhandlungen über mehrere Ebenen, im Team, mit mehreren Parteien oder im multikulturellen Kontext managen können

Dieses Kapitel beschäftigt sich mit vier Typen von Verhandlungen, die alle einen höheren Grad an Komplexität zusätzlich in die Verhandlung hineinbringen. Erstens geht es um Mehrebenen-Verhandlungen, bei denen Repräsentanten für Auftraggeberinnen auf Grundlage eines Mandates verhandeln. Zweitens geht es um Verhandlungen, bei denen nicht ein einzelner Verhandler, sondern ein ganzes Verhandlungsteam für eine Partei am Verhandlungstisch auftritt. Drittens beschäftigen wir uns mit Mehrparteienverhandlungen, bei denen sich mehr als zwei Parteien am Verhandlungstisch begegnen und jede Partei ihre unterschiedlichen Beweggründe und Ziele mit an den Tisch bringt. Zuletzt begegnen sich bei multikulturellen Verhandlungen Parteien mit verschiedenen kulturellen Hintergründen.

Komplexität ist immer eine Herausforderung für unser Gehirn. Je größer die Komplexität der Aufgabe, desto stärker versucht unser Gehirn intuitiv so schnell wie möglich zu einfachen Lösungen zu kommen, um die Komplexität zu reduzieren. Gleichzeitig gilt: Je größer die Komplexität, desto wichtiger ist es, das Wesentliche vor dem Offensichtlichen zu tun, desto mehr zahlt sich gutes Handwerk aus.

Wir haben gesehen, dass schon eine normale Zweiparteienverhandlung keine einfache Aufgabe ist. Wenn jetzt einzelne der oben aufgeführten Ebenen von Komplexität hinzukommen, was in unserer heutigen politischen und wirtschaftlichen Welt immer mehr zur Regel wird, braucht es eine klare handwerkliche Orientierung, ein Wissen darüber, wie man die Dynamiken möglichst konstruktiv gestaltet, indem man Zug um Zug die richtigen Dinge tut. Stellen wir uns eine Verhandlung über ein Joint Venture vor, bei der eine Vorstandsvorsitzende eines deutschen Konzerns ihre Bereichsleiterin mit einem Verhandlungsteam zu Verhandlungen mit mehreren asiatischen Partnern schickt, dann erreichen wir einen Grad an Komplexität, der mit Improvisation und geschicktem Basarverhandeln überhaupt nicht mehr kontrolliert werden kann.

Mehrebenen-Verhandlungen

Die meisten Verhandlungen im beruflichen Umfeld sind heute indirekt. Der Verhandler (Repräsentant/Agent) handelt im Namen eines anderen (Auftraggeberin/Principal) – seiner Chefin, seiner Abteilung, seines Gremiums, seiner Organisation – durch ein Mandat. Neben der horizontalen Verhandlungsbeziehung zu seiner Verhandlungspartnerin muss der Verhandlungsführer auch eine vertikale Verhandlungsbeziehung mit der Auftraggeberin steuern. Wir werden drei wichtige Phasen unterscheiden, um ein Verhandlungsmandat effektiv zu etablieren und Ihnen eine Reihe von Techniken vorstellen, mit denen Sie Interessenkonflikten zwischen Auftraggeberin und Repräsentant vorbeugen können.[1]

Definition

Ein Verhandlungsauftrag kommt immer dann zustande, wenn jemand, die wir als Repräsentantin bezeichnen, für eine andere verhandelt, die wir Auftraggeberin nennen. Dieser Verhandlungsauftrag ist eine Form der Delegation durch ein Mandat, das die Ziele, Rechte und Pflichten der Repräsentantin mehr oder weniger deutlich festlegt. Ein solcher Verhandlungsauftrag liegt in vielen Situationen sowohl im politischen als auch im geschäftlichen Bereich vor, die jeweils ein effektives Management der Beziehung zwischen Repräsentantin und Auftraggeberin erfordern.

Warum einen Repräsentanten beauftragen?

Durch den Einsatz eines Repräsentanten sparen wir nicht nur Zeit, weil wir nicht selbst verhandeln müssen, sondern wir können auf diese Weise auch mehrere Verhandlungen simultan führen, indem wir mehrere Repräsentantinnen gleichzeitig beauftragen. Weitere Vorteile zeigen sich in den drei Dimensionen der Verhandlung: Problem, Personen und Prozess. Dazu zählen:

Expertise: Repräsentantinnen, die auf einen bestimmten Verhandlungskontext spezialisiert sind (Anwältinnen, Sportagenten, Immobilienmaklerinnen), können die spezifischen Chancen und Risiken sowie das Marktumfeld besser einschätzen. Sie setzen ihre Kompetenzen und ihr Spezialwissen dafür ein, die Auftraggeberin dahingehend zu beraten, welcher Verhandlungsauftrag realistisch umsetzbar ist, und können für ihre Einschätzung der Situation fachliche Argumente bringen. So macht zum Beispiel eine Immobilienmaklerin einen Vorschlag auf Grundlage von Rechtfertigungsgründen für einen Angebotspreis der Immobilie. Anwälte helfen ihren Auftraggebern, rechtliche Risiken zu bewerten und eine rechtssichere und interessengerechte Vereinbarung „im Schatten des Rechts“[2] auszuhandeln. Im Bereich eines geschäftlichen Vertrages haben spezialisierte Anwältinnen einen Wettbewerbsvorteil gegenüber ihren Mandanten, weil sie den rechtlichen Rahmen in ökonomischen, steuerlichen und wettbewerbsrechtlichen Fragen beurteilen und rechtliche Risiken erkennen können; so können sie für ihre Mandantinnen vorteilhafte Klauseln aushandeln, die die rechtlichen Risiken abschirmen.

Wenn Sie allerdings einen Anwalt mit der Verhandlungsführung beauftragen, sollten Sie sich vorher vergewissern, dass er nicht nur ein guter Jurist ist, der sein Fach versteht, sondern auch ein gut ausgebildeter Verhandler. Gerade im deutschsprachigen Raum werden Anwälte oft als Verhandlungsprofis per se angesehen – und das ist ein teurer Fehler. Denn obwohl Verhandlungskompetenzen seit über zwei Jahrzehnten in den juristischen Ausbildungsordnungen festgeschrieben sind, fehlen bis heute an den meisten Fakultäten taugliche Angebote zum Erwerb von echten Verhandlungskompetenzen. Und die Frage, ob die juristische Ausbildung allein einen zum guten Verhandler macht, hat Juraprofessor Fritjof Haft, einer der Pioniere einer wissenschaftlich fundierten Verhandlungslehre in Deutschland, zutreffend so beantwortet: „Von selbst erwirbt man nicht nur keine Verhandlungsfertigkeiten. Vielmehr erwirbt man auf intuitiver Basis […] Fähigkeiten, welche das Verhandeln erschweren, wenn nicht gar unmöglich machen.“[3] Es gibt Anwälte, die Topverhandler sind – aber nicht, weil sie Anwälte sind, sondern weil sie eine qualifizierte Verhandlungsausbildung besucht haben. Fragen Sie im eigenen Interesse am besten Ihren Anwalt, wo er Verhandeln gelernt hat. Wenn die Antwort lautet „aus Erfahrung“, wissen Sie ja, was Sie davon halten können.

Netzwerk: Aufgrund ihrer Reputation und ihrer Erfahrung entwickeln sich spezialisierte Repräsentanten mit der Zeit ein Beziehungsnetzwerk zu Menschen, die Türen öffnen können, und sonst nicht erreichbar wären. Eine erfahrene M&A-Beraterin hat zum Beispiel Zugang zu Gutachtern für Unternehmensbewertung, Wirtschaftsredaktionen oder Finanzierungsgebern.

Verhandlungsfertigkeiten: Bestimmte Repräsentanten, z. B. Beraterinnen für AMNOG-Verhandlungen, also Erstattungspreise für innovative Arzneimittel, verfügen über Erfahrungen mit speziellen komplexen Verhandlungsprozessen und können ihren Auftraggebern helfen, die Komplexität souverän zu bewältigen und Anfängerfehler zu vermeiden. Außerdem bietet der Einsatz von Repräsentantinnen die Möglichkeit, eine Person mit der Verhandlungsführung zu beauftragen, die über exzellente Verhandlungsfertigkeiten verfügt. Während Führungskräfte selbst aufgrund ihrer umfassenden Aufgaben nur über eingeschränkte Zeitbudgets für die eigene Weiterbildung verfügen, können sie qualifizierte Mitarbeiterinnen systematisch zu Verhandlungsprofis aufbauen, die für sie die Verhandlungen auf einem Kompetenzniveau führen, das ihnen selbst nicht zur Verfügung steht.

Dazu kommen beim Einsatz von Repräsentanten strategische und taktische Vorteile:

- Zunächst einmal verfügt die Repräsentantin zu Beginn der Verhandlung über eine größere emotionale Distanz zum Verhandlungsthema, weil sie anders als die Auftraggeberin nicht so unmittelbar von den Folgen betroffen ist. Dies erlaubt der Repräsentantin insbesondere in schwierigen Verhandlungen leichter einen kühlen Kopf zu behalten und sich darauf zu konzentrieren, wertschöpfende Optionen und umsetzbare Lösungspakete zu entwickeln. Ein potenzieller Käufer, der sich in ein Haus schockverliebt hat, in das er mit seiner Familie einziehen möchte, wird sein hohes Einigungsinteresse schlechter verbergen können als eine beauftragte Maklerin. Selbst wenn beide normalerweise über die gleiche Verhandlungskompetenz verfügen, würde hier die Maklerin mit Sicherheit den besseren Preis aushandeln können.
- Außerdem verfügt der Auftraggeber (in der Verhandlungsterminologie auch als **Decision Maker** bezeichnet) über die größere Unabhängigkeit und emotionale Distanz für die Entscheidung in der letzten Sekunde. Wer direkt in die soziale Interaktion am Verhandlungstisch einbezogen ist, der wird auch in positiver oder negativer Weise durch die Beziehung zur Gegenseite beeinflusst. Dies erschwert eine rationale Entscheidung, ob man am Ende einer Vereinbarung zustimmt oder lieber die beste Option abseits vom Verhandlungstisch realisiert. Deshalb sollte die finale Entscheidung bei wichtigen Verhandlungen niemals von jemandem getroffen werden, der an den Verhandlungen direkt beteiligt war. Denn neben den psychologischen Einflüssen durch die Beziehung gibt es auch einen weiteren Aspekt, der eine irrationale Entscheidung begünstigt: Was wird in der Organisation als Erfolg bewertet? In Organisationen werden Verhandlungen üblicherweise nur dann als Erfolg gewertet und geben den Verhandlern Rückenwind für ihre Karriere, wenn sie mit einer Einigung beendet wurden. Auch wenn wir gesehen haben, dass eine Nichteinigung in bestimmten Situationen aus verhandlungsökonomischer Sicht die beste Lösung sein kann, so werden Verhandlungen ohne Einigung von Nichtbeteiligten in der Organisation als „Scheitern“ oder als „verpasste Gelegenheit“ gesehen. Von daher besteht eine große Versuchung für die Verhandler selbst, auch eine schlechte Einigung noch zu akzeptieren. Ein unbeteiligter Decision Maker hingegen unterliegt anderen Anreizen: Sowohl ein „Ja“ als auch ein „Nein“ ist für ihn erst einmal gleichwertig – er wird danach beurteilt, ob sich die Entscheidung im Nachhinein als richtig erweist.
- Ein weiterer Vorteil bei der Einschaltung von Repräsentanten besteht darin, dass zur Not der Repräsentant ausgetauscht werden kann oder die Auftraggeberin persönlich in die Verhandlungen eingreifen kann, wenn diese zum Stillstand gekommen sind und sich festgefahren haben. Hat das Topmanagement selbst den Karren

in den Dreck gefahren, steht dieser wichtige „Rettungsring“ in Verhandlungen nicht mehr zur Verfügung.

- Der wichtigste Vorteil beim Einsatz von Repräsentanten besteht aber darin, dass durch die Begrenzung des Mandats aggressive Drucktaktiken ausgehebelt werden können, weil eine Reaktion in der Situation selbst nicht möglich ist und deshalb nicht erwartet werden kann.

Manchmal braucht es einen Sergeant – Am 14. Juni 1985 wurde die Maschine des TWA Flug 847 kurz nach dem Start in Athen von Terroristen der Hisbollah entführt. Über Beirut landete das Flugzeug in Algier. Dort begab sich der algerische Vizepräsident persönlich zum Flughafen, um mit den Geiselnehmern zu verhandeln. Als diese verlangten, das Flugzeug aufzutanken und damit drohten sonst Geiseln zu erschießen, hatte er keine andere Wahl, als das Auftanken zu genehmigen. Es ist klar, dass er über die Kompetenz verfügt, diese Entscheidung zu treffen – und deshalb kann er sich dem Ultimatum nicht widersetzen. Der ehemalige FBI-Chefverhandler Gary Noesner kommentiert diesen fatalen Verhandlungsfehler so: „You don't want the Vice President to be there, you want Sergeant Mohammad to be on that phone.“ Ein kleiner Polizist hätte glaubhaft vermitteln können, dass er die Forderung erst seinen Vorgesetzten berichten muss – und damit hätte man wertvolle Zeit gewonnen, um die Entführung möglicherweise bereits in Algier beenden zu können. So hob die Maschine ab und flog nach Beirut, und das Drama dauerte 17 Tage lang. Manchmal kann ein „Sergeant“ besser verhandeln als der „Big Boss“ – gerade, weil er begrenzte Kompetenzen hat.

Der Decision Maker sollte deshalb komplett aus den direkten Verhandlungen herausgehalten und von den Verhandlungspartnern abgeschirmt werden. Diese wichtige Regel des professionellen Verhandelns wird leider in der Verhandlungskultur im deutschsprachigen Raum noch viel zu oft missachtet. Hier ist es immer noch üblich, dass das ranghöchste Männchen die Verhandlungen führt, selbst am meisten redet – und am Ende auch einsam die Entscheidung trifft. Das widerspricht allen Erkenntnissen der Verhandlungsforschung und schwächt die Verhandlungsperformance massiv. Nur in absoluten Ausnahmesituationen darf es zu einem direkten Treffen der Decision Maker kommen, bei dem dann aber alle Decision Maker an einem Tisch versammelt miteinander den Durchbruch zu einer konstruktiven Verhandlungslösung inszenieren müssen.

Selenskyjs Absage – Im Mai 2025 schlug der ukrainische Präsident vor, dass er sich persönlich mit Wladimir Putin in Istanbul zu Verhandlungen treffen würde, um den völkerrechtswidrigen Angriffskrieg Russlands gegen sein Land zu beenden. Nachdem Putin das Verhandlungsangebot angenommen, aber nur einen nachrangigen Repräsentanten geschickt hatte, ließ sich auch Selenskyj durch einen Diplomaten dort vertreten. Diese Entscheidung ist absolut richtig gewesen. Wenn sich ein Decision Maker schon persönlich in Verhandlungen involviert, muss er unbedingt darauf achten, dass die Gegenseite gleichrangig vertreten ist, um nicht in einen strategischen Nachteil zu geraten.

Wenn es sich aufgrund von öffentlichem Druck, Traditionen oder Forderungen eines übermächtigen Verhandlungspartners nicht vermeiden lässt, dass ein Decision Maker sich persönlich in die Verhandlung einschaltet, sollte er unbedingt zwei Empfehlungen beachten: Erstens sollte er die Verhandlungsführung trotzdem seinem Team überlassen und sich auf eine Rolle zurückziehen, in der er als Entscheider zwar anwesend ist, aber so wenig wie möglich selbst spricht. „Meine Verhandlungsführerin hat mein volles Vertrauen und spricht für mich" ist ein wichtiges Signal an die Gegenseite. Außerdem sollte er vorher Maßnahmen treffen, um seine eigene Verhandlungskompetenz bewusst zu beschneiden, damit er selbst wie oben dargestellt nicht mit Ultimaten zu vorschnellen Zugeständnissen erpresst werden kann. Dazu wird in der Regel ein Gremium als „Ultimate Decision Maker" für die Letztentscheidungen eingesetzt. Wenn zum Beispiel der Vorstandsvorsitzende in einer M&A-Verhandlung persönlich am Tisch sitzt, sollte es unbedingt noch ein Aufsichtsgremium geben, das seine juristisch vorhandene Kompetenz im Innenverhältnis einschränkt.

Macht durch Ohnmacht – Koalitionsverhandlungen hatten in Deutschland eine klare Tradition: Die Parteiführung verhandelt miteinander einen Vertrag, der Parteivorstand empfiehlt einem Parteitag die Annahme und der Parteitag nickt den Vertrag ab. Dies änderte sich im Jahr 2013 als der Parteivorstand der SPD beschloss, nach einer schweren Niederlage bei der Bundestagswahl Koalitionsverhandlungen mit CDU/CSU über die Bildung einer Bundesregierung aufzunehmen. Es wurde allerdings festgelegt, dass über die Annahme des Koalitionsvertrages nicht der Parteivorstand, sondern alle Mitglieder der Partei abstimmen sollen, und dass das Ergebnis dieser Abstimmung als politisch verbindlich gilt, wenn mindestens 20 % der Mitglieder sich beteiligt haben. Diese Entscheidung wurde in den Medien zunächst als „unprofessionell" und „Zeichen der Schwäche des Parteivorsitzenden Sigmar Gabriel" kommentiert. Im Laufe der Verhandlung stellte sich aber heraus, dass die Entscheidung die Machtposition der SPD am Verhandlungstisch massiv erhöht hatte. Hätte Bundeskanzlerin Angela Merkel als Wahlsiegerin normalerweise Sigmar Gabriel zu erheblichen Zugeständnissen drängen können, um sein „Ja" möglichst billig zu bekommen, so ergab sich jetzt eine ganz andere Situation. Wenn eine Forderung der CDU sich als unannehmbar für die SPD-Basis erweisen sollte, die zu einem großen Teil einer großen Koalition sehr kritisch gegenüberstand, wäre es nicht mehr möglich, einfach das eigene Angebot zu verbessern, um doch noch eine Einigung zu erzielen. Ein negatives Mitgliedervotum hätte das endgültige Aus für die Koalition bedeutet. So musste die Union schmerzhafte Zugeständnisse als „Sicherheitspuffer“ machen, um es der geschwächten SPD-Führung zu ermöglichen, die Koalition intern durchzusetzen. In der Rückschau auf die Verhandlungen waren sich die externen Beobachter einig, dass die SPD auf diese Weise ein exzellentes Verhandlungsergebnis erzielt hat, das sie auf traditionelle Weise nicht hätte erzielen können. Gerade die Schwäche der Führung und des Verhandlungsteams hat hier als strategischer Machtfaktor gewirkt.

Ein diszipliniertes Rollenspiel zwischen Decision Maker, der sich heraushält, und den Verhandlerinnen, die als Repräsentantinnen die Verhandlungen führen, ist Voraussetzung für eine gute Verhandlungsperformance – und jede Verletzung der Rolle kostet üblicherweise viel Geld. Das passiert Tag für Tag in Unternehmen – vielleicht ab sofort nicht mehr in Ihrem?

Superman rettet die Welt – Ein hochrangiges Verhandlungsteam führte für einen Maschinenbauer Verhandlungen mit einem Schlüsselkunden. Im Vorfeld wurde ein Mandat mit möglichen Konditionen festgelegt und angesichts der Bedeutung des Falles vom Vertriebsvorstand abgesegnet. In der Verhandlungssitzung war der Kunde mit den Konditionen noch nicht zufrieden. Da sie aber marktgerecht waren, rechtfertigten die Verhandlerinnen ihr Angebot und die Verhandlungen wurden auf eine neue Sitzung vertagt. Zwei Tage später erfuhr das völlig konsternierte Verhandlungsteam vom Vertriebsvorstand, dass „die Angelegenheit erledigt sei, er den Auftrag gerettet hätte“. Es stellte sich heraus, dass der Kunde ihn persönlich angerufen und sich über die Verhandler beschwert und weitere Zugeständnisse von ihm gefordert hatte. Im Bewusstsein „seinen Leuten helfen“ zu müssen, übernahm er spontan die Verhandlungsführung und machte Zugeständnisse, die weit über das vereinbarte Mandat hinausgingen. Aus verhandlungsfachlicher Sicht ist hier die Bewertung eindeutig: ganz schlechtes Handwerk, ganz teurer Fehler. „Superman rettet die Welt“ ist ein nettes Abenteuer aus dem DC-Universum – und da sollte man es belassen. Für Decision Maker ist es eine sehr unprofessionelle Haltung.

Wenn Sie das Glück haben, auf einen Decision Maker zu treffen, den Sie in die Verhandlungen involvieren können, während Sie Ihren eigenen Auftraggeber erfolgreich abschirmen, sollten Sie die Chance nutzen. Dies ist ein Vorteil im Verteilungsspiel für Sie, der so gut wie nie mit Nachteilen auf der Wertschöpfungsebene verbunden ist, da höhere Hierarchieebenen aufgrund ihrer größeren Kompetenzen meist sogar einen größeren Spielraum haben, wertschöpfende Klauseln auszuhandeln als Mitarbeitende mit beschränktem Mandat.

Drei Verhandlungsphasen im Rahmen eines Verhandlungsauftrags

Wenn eine Verhandlerin (Repräsentantin) im Auftrag einer anderen Person (Auftraggeberin) verhandelt, ist es wichtig, in den drei Phasen der Mehrebenen-Verhandlung die wesentlichen Aufgaben der jeweiligen Rollen nacheinander abzuarbeiten:

- Auftragsphase: Vor der Verhandlung muss die Repräsentantin ein klares Mandat erhalten, um die Auftraggeberin bestmöglich vertreten zu können.
- Umsetzungsphase: Während der Verhandlung muss die Repräsentantin im Rahmen des Mandats bestmöglich am Verhandlungstisch agieren und zusammen mit dem Auftraggeber das Mandat weiterentwickeln, um einen optimalen Verhandlungsrahmen zu schaffen.
- Feedback-Phase: Nach der Verhandlung müssen Auftraggeberin und Repräsentantin überprüfen, ob ihr Handeln den jeweiligen Erwartungen entsprochen hat, und welche Lehren aus ihren Erfahrungen für eine eventuelle Zusammenarbeit in einer zukünftigen Verhandlung gezogen werden sollten.

Auftragsphase, oder wie Sie ein Mandat definieren

Ein Mandat kann mehr oder weniger ausgefeilt, mehr oder weniger formal und mehr oder weniger konkret ausfallen. Dies ist vorrangig die Verantwortung des Auftraggebers. Beispielsweise liegt eine Hauseigentümerin einen Mindestverkaufspreis für ihr Haus fest und schränkt damit den Aktionsradius des Maklers ein. Manchmal geht ein Verhandlungsmandat vom Repräsentanten aus. So holte sich Napoleons Außenminister Talleyrand bei der Vertretung Frankreichs im Ausland häufig einen expliziten Auftrag für sein Handeln ein, den er vorher selbst konkret formuliert hatte. Damit sichert sich ein Repräsentant dahingehend ab, dass er keinen Missverständnissen über Wünsche und Beweggründe seines Auftraggebers unterliegt.

In der Praxis entsteht ein Verhandlungsmandat auf einem Mittelweg zwischen diesen beiden Extremen durch einen Dialog zwischen Auftraggeberin und Repräsentantin. Die Auftragsphase besteht nicht selten aus einer echten Verhandlung zwischen Auftraggeberin und Verhandlerin, um ein Mandat zu erhalten, das den Interessen der Auftraggeberin gerecht wird und mit dem die Verhandlerin arbeiten kann. In dieser Verhandlung ist es wichtig, dass die Repräsentantin die Beweggründe der Auftraggeberin möglichst gut erfasst, um in der Verhandlung interessengerechte kreative Lösungen entwickeln zu können. Werden ihr die Beweggründe nicht ausreichend kommuniziert, so bleibt ihr in der Verhandlung nur der Positionskampf mit den erheblichen ökonomischen Nachteilen, die wir in Kapitel 1 bereits erläutert hatten. Informationen über den eigenen Reservationspreis sollten hingegen Repräsentanten erst einmal nicht transparent gemacht werden, es sei denn, die Verhandlung findet unter extremen Zeitdruck statt und eine Einigung muss bereits in einer Sitzung und ohne

Rücksprache mit der Auftraggeberin erfolgen, was normalerweise vermieden werden sollte. Im Normalfall ist es gut, die eigenen Verhandlerinnen erst einmal mit einem Mandat auf Grundlage von ambitionierten Zielen in die Verhandlung zu schicken und den Spielraum nach und nach durch die Auftraggeberin zu erweitern, wenn sich das nach dem Verlauf der Verhandlung als notwendig erweisen sollte, um zu einer Einigung kommen zu können. Solange Verhandler nur ein ambitioniertes Ziel, aber nicht den finalen Abbruchpunkt kennen, verhandeln sie am Tisch mit einer deutlich höheren Performance, weil sie dieser positive Anker zur professionellen Hartnäckigkeit verleitet.

Umsetzungsphase, oder wie Sie ein Mandat verhandeln

Wenn die Verhandlerin auf die Gegenseite trifft, hat sie zunächst einmal die vorrangige Aufgabe, möglichst gute Informationen zu gewinnen, auf deren Grundlage beurteilt werden kann, wie das Mandat weiterentwickelt werden sollte. In der ersten Verhandlungssitzung ergeben sich meist einige Herausforderungen in Bezug auf das Mandat, sei es, dass die Verhandlerin merkt, dass ihr noch wichtige Informationen fehlen, sei es, dass sie feststellt, dass das Mandat in bestimmten Bereichen ihre Handlungsfreiheit zu sehr einschränkt, um ein gutes Ergebnis erzielen zu können.

- Das Mandat ist zu umfassend. Es kommt leider vor, dass eine Auftraggeberin, die zu wenig Zeit oder Interesse an einer bestimmten Verhandlung hat, ihr Mandat sehr global und unpräzise formuliert. „Sie haben freie Hand, ich vertraue Ihnen" hört man dann oft. Dies kann bei der Repräsentantin den Eindruck erwecken „Ich habe viel zu wenige Informationen und mir ist nicht klar, was die Auftraggeberin will." In diesem Fall handelt die Repräsentantin als Treuhänderin, die nach bestem Wissen und Gewissen im Sinne der Auftraggeberin handeln soll. Daraus können sich Probleme für die Verhandlungen ergeben. Entweder die Repräsentantin handelt zu vorsichtig, um keinen Fehler zu machen und lehnt Vorschläge im Zweifel lieber ab, wodurch erhebliche Potenziale für gute Lösungen verloren gehen können. Oder die Repräsentantin macht am Verhandlungstisch weitreichende Zusagen, die von der Auftraggeberin später nicht freigegeben werden, weil ihr das Ergebnis eben doch nicht egal ist und die ausgehandelte Vereinbarung ihren Beweggründen nicht entspricht. Von daher ist ein klares Mandat meist die bessere Grundlage für eine erfolgreiche Verhandlung.
- Das Mandat ist zu eng gefasst. Andererseits kommt es vor, dass Auftraggeber, die wir als Kontrollfreaks bezeichnen könnten, ein Mandat mit wenig oder gar keinem Verhandlungsspielraum erteilen. Ein Repräsentant in einem solchen Setting ist nur ein Bote, der Botschaften ohne eigenen Spielraum überbringt. Ein Auftraggeber, der den Anspruch erhebt, das Handeln des eigenen Repräsentanten bis zum letzten

Komma zu bestimmen, schafft eine Verhandlungssituation mit erheblichen Risiken und einem vorhersehbar ökonomisch schlechten Ergebnis. Wir hatten bereits erörtert, dass ein stark eingeschränktes Verhandlungsmandat für die Verhandler – sei es durch zu viele als „nicht verhandelbare Geschäftspolitik" festgelegte Klauseln oder zu enge Vorgaben für das taktische Vorgehen – in der Verhandlung zum Feilschen um Positionen führt und erhebliche Wertschöpfungspotenziale verbrennt. Ein sehr enges Mandat ist daher in der Regel nicht empfehlenswert.

Obwohl diese beiden Situationen die gegensätzlichen Extreme bilden, führen sie in der Verhandlungspraxis zu dem gleichen Problem: Die Verhandlung kommt zum Stillstand, da die Verhandlerinnen entweder durch ein zu starres Mandat blockiert sind oder sich nicht sicher sind, ob sie die Befugnis haben, bestimmte Entscheidungen zu treffen. Um diese Situationen zu vermeiden ist es wichtig, dass sich Repräsentantinnen und Auftraggeberinnen regelmäßig treffen (mindestens nach jeder Verhandlungssitzung, manchmal sind auch Rücksprachen per Videochat in einer Auszeit während einer Verhandlungsrunde sinnvoll), den Stand der Verhandlungen analysieren und das Mandat zielführend weiterentwickeln. In jedem Fall ist es wichtig, dass den Repräsentantinnen zu jedem Zeitpunkt unmissverständlich klar ist, wo die Grenzen des eigenen Mandats liegen.

Aus unserer langjährigen Praxis als Verhandlungsberater stammt das Bedürfnis, an dieser Stelle eine Selbstverständlichkeit noch einmal ausdrücklich zu betonen: **Mandate sind einzuhalten!** Immer! Ohne Ausnahme! Haben Repräsentanten das Gefühl, dass sie mit einem bestimmten Mandat aus moralischen oder anderen Gründen nicht verhandeln können, ist es eine Frage der Professionalität, dies in der Vorbereitung mit der Auftraggeberin offen anzusprechen und den Auftrag ggf. abzulehnen. Wenn sie aber den Auftrag übernehmen, ist das Mandat die Geschäftsgrundlage, deren Verletzung erhebliche rechtliche und ggf. auch politische persönliche Konsequenzen haben kann. Fragen Sie sich als Repräsentant während der Verhandlung, und insbesondere dann, wenn sich eine bestimmte Lösung abzeichnet: „Liegt diese Lösung im Rahmen meines Mandats?" Wenn Sie daran auch nur den geringsten Zweifel haben, sollten Sie die Verhandlung unterbrechen, um mit Ihrer Auftraggeberin Rücksprache zu halten.

Feedback-Phase

Unabhängig davon, ob das Mandat von Anfang an gut ausgearbeitet war oder nicht, muss die Repräsentantin am Ende des Prozesses selbstverständlich wieder Kontakt mit der Auftraggeberin aufnehmen, um ihr Handeln und ihre Entscheidungen bestätigen zu lassen.

Wenn die ausgehandelte Vereinbarung für die Auftraggeberin nicht akzeptabel ist, muss die Repräsentantin vorbereitet sein, detailliert zu erläutern, warum die Situation keine bessere Lösung zulässt. Die Auftraggeberin muss daraufhin die notwendigen Entscheidungen treffen: die Verhandlung abzubrechen, die Repräsentantin auszutauschen oder das eigene Mandat neu zu fassen oder zu erweitern, damit die Repräsentantin die Verhandlung fortführen kann.

Wenn der Repräsentant sich sicher ist, dass die ausgehandelte Vereinbarung im Rahmen des Mandats liegt, und sich mit dem Auftraggeber abgestimmt hat, kann er die Vereinbarung unterzeichnen, sofern er dazu bevollmächtigt ist. Damit ist seine Rolle im Rahmen des Verhandlungsverfahrens beendet und er sollte sich mit dem Auftraggeber zu einem Abschlussgespräch treffen, in dem er Bericht erstattet, und beide Seiten auf die Zusammenarbeit zurückschauen und ihr Verhandlungssystem nach den gleichen Leitfragen reflektieren, die wir Ihnen bereits in Kapitel 1 für die professionelle Nachbereitung einer Verhandlung vorgestellt hatten. Denn insbesondere für Auftraggeber und Repräsentanten innerhalb einer Organisation gilt meist: Nach der Verhandlung ist vor der Verhandlung – und wir wollen nicht nur unsere Kompetenzen am Tisch mit der Zeit optimieren, sondern auch unsere Kompetenzen im Management des Verhandlungssystems zwischen Auftraggebern und Repräsentanten.

Expertentipp: Als Führungskraft Zeit für die Vorbereitung nehmen

von Dietmar Prexl, Vorstandsvorsitzender, Diakonie Stetten e.V.

Es ist richtig, als Topentscheider im Unternehmen oftmals die Verhandlungsführung und Vorbereitung zu delegieren. Aber das bedeutet nicht, sich aus den Prozessen herauszuziehen. Wichtige Verhandlungen brauchen ein starkes Engagement der zuständigen Führungskräfte.

Eine professionelle Mandatierung ist mehr als eine „Wünsch Dir was"-Liste unerfüllbarer Zielsetzungen. Sie erfordert eine umfassende gemeinsame Vorbereitung aller an der Verhandlung Beteiligten und sonstigen Fachleute. Dabei müssen unbequeme Fragen wie die Inkaufnahme von strategischen Risiken, Prioritätensetzungen und Gewichtungen für die Verhandlungsthemen offen diskutiert und verbindlich entschieden werden.

Eine Führungskraft muss außerdem während des gesamten Verhandlungsprozesses kurzfristig für das Verhandlungsteam ansprechbar sein, wenn nach dem Verlauf der Verhandlung das Mandat geklärt oder ggf. erweitert werden muss. Vor allem aber erfordert diese Rolle Disziplin. Denn die Führungskraft muss sich genauso an die vereinbarten Rollen und Spielregeln halten wie alle anderen Mitglieder des Verhandlungssystems. Auf keinen Fall darf man sich durch die Gegenseite unter Umgehung des Verhandlungsteams in die Verhandlungen hineinziehen lassen.

Eigenes Engagement. Klare Verabredung. Rücken stärken. Disziplinierte Umsetzung. So fördern Führungskräfte Verhandlungsperformance in ihrem Unternehmen.

Vergütung

Wenn als Repräsentantin keine angestellte Mitarbeiterin mit festem Gehalt beauftragt wird, sondern eine externe Expertin, stellt sich die Frage, wie die Vergütung so gestaltet werden kann, dass möglichst wenig Probleme daraus entstehen. Probleme sind deshalb zu befürchten, weil die Interessen von Auftraggeber und Repräsentantin im Widerspruch stehen können und dies nicht nur zu Konflikten, sondern auch zu schädlichem Verhalten führen kann.[4]

- Der Auftraggeber meint oft, dass es in seinem Interesse sei, die besten Dienstleistungen der Repräsentantin zum günstigsten Preis zu erhalten, bezogen sowohl auf den eigenen Aufwand als auch auf das Geld. Tatsächlich hat der Auftraggeber ökonomisch betrachtet das Interesse, dass die in der Verhandlung erzielte Differenz von Verhandlungsgewinn minus dem Aufwand für die Repräsentantin so hoch wie möglich ist. Es ist durchaus in seinem Interesse, mehr Geld für eine Repräsentantin zu bezahlen, die einen deutlich höheren Verhandlungsgewinn realisieren kann.
- Das Interesse der Repräsentantin wiederum ist darauf gerichtet, einerseits selbst einen möglichst hohen Gewinn für sich aus dem Auftrag zu erzielen und andererseits einen möglichst hohen Verhandlungsgewinn für ihren Auftraggeber, um ihre Reputation zu verbessern und Folgeaufträge zu bekommen. Für die Repräsentantin ist vor allem das Verhältnis von aufgewendeter Zeit und für sich erzielten Gewinns die entscheidende Messgröße.

Durch die Struktur der Vergütung kann das Risiko eines Interessenkonfliktes entweder verstärkt oder abgemildert werden. Wenn beispielsweise ein Sportagent für die Vermittlung eines bestimmten Vertrags von einem Sportler schlecht bezahlt wird, liegt es auf der Hand, dass er nicht mit demselben Eifer und demselben Aufwand an dem Vertrag arbeiten wird wie für einen Spieler, der ihm einen höheren Anteil am Erfolg bezahlt. Bei der Wahl der Honorarstruktur muss unbedingt darauf geachtet werden, dass die Struktur die verschiedenen Beweggründe so verbindet, dass Interessenkonflikte so klein wie möglich gehalten werden. Natürlich besteht die Möglichkeit, dass eine Repräsentantin in einem solchen Interessenkonflikt aus moralischen Gründen gegen das eigene Interesse handelt und mit voller Motivation für die Auftraggeberin einsteht. Das Risiko eines abweichenden Verhaltens ist allerdings umso größer, desto größer der Interessenkonflikt ist, der durch die Vergütungsstruktur angelegt wird. Denn wie schon Bertolt Brechts Mackie Messer in der „Dreigroschenoper" sagt: „Erst kommt das Fressen, dann die Moral." Jede Vergütungsstruktur hat dabei ihre Vor- und Nachteile und keine kann das grundlegende Spannungsverhältnis zwischen den Interessen der Auftraggeberin und den Interessen der Repräsentantin vollkommen auflösen.

- Stundenhonorar: Eine Vergütungsstruktur, bei der die Vergütung abhängig ist von der aufgewendeten Zeit, kann den Repräsentanten dazu verleiten, einen unnötig hohen Aufwand zu betreiben, um das eigene Honorar zu maximieren. Ein Stundenhonorar wird meist von Generalisten bevorzugt, aber ein echter Spezialist wird sich schwertun, diese Vergütungsstruktur zu akzeptieren, weil er aufgrund seiner hohen Erfahrung und Expertise ein überdurchschnittliches Ergebnis meist in sehr kurzer Zeit erreichen kann. Eine Vergütung des eigenen Zeitaufwandes erscheint für ihn daher unfair, weil sie seinen Aufwand in der Vergangenheit, um die Qualität der eigenen Expertise im Hier und Jetzt zu erreichen, so wie die für die Auftraggeberin erreichten Gewinne nicht ausreichend berücksichtigt.
- Festpreis: Diese Vergütungsstruktur bringt den Vorteil von Berechenbarkeit für beide Seiten mit sich. Es setzt hohe Anreize für die Auftraggeberin, den Umfang der Aufgaben und Zielsetzungen für die Repräsentantin gegenüber der ursprünglichen Erwartung immer mehr zu erweitern (sogenannter Scope Creep). Für die Repräsentantin wiederum besteht der Anreiz darin, ein akzeptables Ergebnis mit geringstmöglichem Aufwand zu erzielen. Eine Immobilienmaklerin mit Festhonorar ist versucht, mit möglichst geringem Aufwand einen Käufer zu finden, der den Mindestpreis bezahlt, anstatt mit höherem Aufwand einen höheren Verkaufspreis zu realisieren.
- Erfolgsabhängige Vergütung: Bei dieser Vergütungsstruktur werden Honorare abhängig von den erreichten Zielen bezahlt. Man vereinbart beispielsweise, dass ein Anwalt nur dann bezahlt wird, wenn er den Prozess gewinnt. Dieses System schafft eindeutige Anreize für den Repräsentanten, Ergebnisse zu liefern, hat aber auch seine Nachteile. Ein solches System kann einen Repräsentanten ebenso dazu bringen, vorschnell eine Einigung zu akzeptieren, die die vereinbarten Zielkriterien erreicht, auch wenn mit höherem Aufwand eine noch bessere Einigung möglich wäre.
- Gemischte Vergütung: Es kann auch vereinbart werden, dass eine Grundvergütung auf Stundenbasis erfolgt und gleichzeitig ein Bonus gezahlt wird, der umso höher ausfällt, desto besser die erreichten Ergebnisse sind. Die Höhe des Bonus kann allerdings zu Konflikten führen, wenn die Kriterien nicht eindeutig formuliert werden und die Höhe der Bonuszahlung deutlich über den Erwartungen der Auftraggeberin oder ihrer Aufsichtsgremien liegt.

Value Pricing bei der Verhandlungsberatung – Nach unserer langjährigen Erfahrung als Verhandlungsberater unterschätzen Kunden bei der Beauftragung von externen Verhandlungscoaches immer wieder, wie viel besser die erzielten Ergebnisse sein können im Vergleich zu der Erwartungshaltung der Kunden vor der Beauftragung. Wenn hier eine erfolgsabhängige Vergütung vereinbart wird, können sehr hohe Honorarrechnungen bei scheinbar geringem Aufwand herauskommen. Wenn die Kriterien und die Erwartungen des Verhandlungscoaches nicht explizit besprochen und eindeutig schriftlich dokumentiert sind, sind Konflikte absehbar, die für die internen Auftraggeber im Unternehmen karrieregefährdend sein können.

Mögliche Interessenkonflikte bei Verhandlungsaufträgen lassen sich am besten durch eine geschickte Gestaltung der Zahlungsstruktur bewältigen, die Vorteile der verschiedenen Optionen miteinander verbindet. Die allgemeine Herausforderung in diesem Delegationssystem besteht darin, maximale Gewinne bei minimalen Kosten zu gewährleisten. Wenn sich Auftraggeberin und Repräsentantin beide der Gestaltungsoptionen und ihrer Vor- und Nachteile bewusst sind, besteht die größte Chance, dass eine Einigung gefunden wird, die die Interessenkonflikte minimiert und zu einem Ergebnis führt, dass beide Seiten als fair wahrnehmen.

Die Geschichte der Taxivergütung – In der Frühzeit der Taxis, als die Fahrgäste noch mit Pferdedroschken transportiert wurden, wurde der Fahrpreis auf Grundlage der zurückgelegten Strecke berechnet. Dies führte dazu, dass die Kutscher motiviert wurden, die Strecke in möglichst kurzer Zeit zu absolvieren. Der halsbrecherische Fahrstil war nicht nur sehr unkomfortabel, sondern auch noch gefährlich für Kutscher, Fahrgäste und Pferde. Als dann eine Vergütung auf Grundlage der Fahrzeit erfolgte, ändert sich das Fahrverhalten schlagartig. Nun wurde langsam und komfortabel gefahren. Zu oft allerdings sehr langsam. Und es gab ein hohes Interesse der Kutscher, möglichst lange Wege zum Ziel zu wählen. Auch keine gute Lösung für die Fahrgäste. Aus diesen Erfahrungen entstand das heutige Vergütungssystem der Taxis, das eine Kombination beider Systeme im Taxameter darstellt. Grundsätzlich erfolgt die Vergütung auf Grundlage der absolvierten Strecke, gleichzeitig gibt es auch einen zeitabhängigen Vergütungsbestandteil, sodass es sich nicht mehr lohnt, die hohen Risiken für viel zu schnelles Fahren einzugehen. Dieses Beispiel zeigt, dass eine geschickt ausbalancierte Anreizstruktur eine sehr gute Möglichkeit ist, das gewünschte Verhalten eines Dritten ohne Zwang und Kontrolle herbeizuführen.

Kontrolle über Repräsentanten als zweischneidiges Schwert

Wie wir bereits erörtert haben, gibt es eine Reihe von Möglichkeiten, wie eine Auftraggeberin ihren Repräsentanten im Griff behalten kann. Dazu gehören: Ein hinreichend klar formuliertes Mandat, das dem Verhandler einen gewissen Handlungsspielraum lässt, offene Kommunikationskanäle während der gesamten Verhandlung und, wenn nötig, die Beteiligung an den Diskussionen und endgültigen Entscheidungen.

Letztlich liegt es an der Auftraggeberin, inwieweit sie diese Möglichkeiten nutzen möchte und wie stark sie die Arbeit des Repräsentanten kontrollieren möchte. Ein zu großes Kontrollbedürfnis hat meist einen anderen Effekt als erwartet. Anstatt die

Sicherheit für ein gutes Ergebnis zu erhöhen, kann es den Repräsentanten in seiner Arbeit lähmen, seine Eigeninitiative ersticken und dazu führen, dass er wesentliche Wertschöpfungschancen nicht nutzt. Es ist daher wichtig, sich als Auftraggeberin immer wieder bewusst zu machen, weshalb man den Repräsentanten eingeschaltet hat und ihm Vertrauensvorschuss für seine Arbeit zu schenken.

Risiken von zu großem Kontrollbedürfnis – Nehmen wir das Beispiel eines Unternehmens, das einen Anwalt einer renommierten Anwaltskanzlei mit der Bearbeitung eines Rechtsstreits beauftragt. Um ganz sicherzustellen, dass der Fall auch im Interesse des Unternehmens bearbeitet wird, entscheidet die Rechtsabteilung, zusätzlich noch den Justiziar des Unternehmens zu beauftragen, den Prozess mitzubetreuen. Dadurch werden nicht nur die Transaktionskosten deutlich erhöht, sondern es liegt auf der Hand, dass es zu Problemen kommen kann, wenn sich mehrere Anwälte gegenseitig auf die Füße treten. Was am Ende erreicht wird, ist vor allem eine unklare Verantwortlichkeit, denn beide Anwälte werden im Misserfolgsfall die Ursache dafür eher nicht im eigenen Handeln sehen.

Die Tatsache, dass die Auftraggeberin den Repräsentanten zu jedem Zeitpunkt mit sofortiger Wirkung von der Verhandlung abberufen kann, reduziert das Risiko deutlich, dass der Repräsentant nachhaltig gegen die Interessen der Auftraggeberin handelt. Außerdem wird der Repräsentant schon aus Karrieregründen ein eigenes Interesse haben, als ehrlicher Makler und loyaler Repräsentant wahrgenommen zu werden.

Wichtig ist, dass sich alle Beteiligten bewusst sind, dass man zwar durch verschiedene Maßnahmen Risiken eindämmen kann, dass aber das grundlegende Spannungsverhältnis zwischen den Interessen der Auftraggeberin und des Repräsentanten nie vollständig verschwinden wird. Umso wichtiger, dass man diese Interessenkonflikte kennt und das eigene Mandat intern mit Auftraggeberin oder Repräsentanten sorgfältig aushandelt, bevor man extern mit der anderen Partei verhandelt.

Verhandlungsteams

In wichtigen Verhandlungen, sowohl im politischen als auch im geschäftlichen Bereich, wird heute nicht nur zwischen den Rollen der Auftraggeberin (Decision Maker) und Repräsentantin (Verhandlerin) unterschieden, sondern es ist auch üblich, ein Verhandlungsteam zu bilden, in dem mehrere Personen zusammenarbeiten, um eine bestmögliche Vertretung am Verhandlungstisch sicherzustellen. Durch die Verhandlung im Team ergeben sich eine Reihe zusätzlicher taktischer Optionen mit Potenzial für eine deutlich höhere Verhandlungsperformance, aber auch eine Reihe von Herausforderungen. Bei einer Teamverhandlung sind zunächst alle Dynamiken und deshalb auch alle Prinzipien und Methoden anzuwenden, die wir für Verhandlungen zwischen zwei Verhandlern bereits beschrieben haben. Darüber hinaus gibt es eine Reihe von zusätzlichen Aufgaben, mit denen die spezifischen Dynamiken des Verhandelns im Team effektiv gesteuert werden sollen.

Vorteile von Verhandlungsteams

Teams haben gegenüber Einzelverhandlern eine Reihe von Vorteilen:

- 4 Augen sehen mehr als 2: Die Wahrnehmung in einem Team ist deutlich besser als bei jedem einzelnen Verhandler möglich. Insbesondere deshalb, weil diejenigen, die gerade selbst nicht sprechen, viel besser auf kleine Signale insbesondere im nonverbalen Bereich achten können. Außerdem kann die Wahrnehmung und die subjektive Einschätzung in einem Team noch einmal mit anderen abgeglichen werden, was subjektiv geprägte „Ausreißer“ bei Trigger-Punkten vermeidet.
- Mehr Perspektiven bieten ein vollständigeres Bild: In der Analyse und der strategischen Planung zahlt sich aus, wenn verschiedene Expertise, Erfahrung, Kulturen und Präferenzen in die Diskussion eingebracht werden. „Betriebsblindheit“ oder „Scheuklappen“ werden so eher vermieden.
- Höhere psychische Stabilität: Insbesondere bei psychologischem Druck und in Konfliktsituationen stärkt Ihnen ein Team den Rücken. Es fällt Ihnen leichter, sich sicher zu fühlen und souverän aus dem Driver Seat heraus zu agieren, anstatt instinktiv um sich zu schlagen.
- Respektbezeugung: Wenn die Gegenseite im Team verhandeln will, ist es ein Zeichen des Respekts und der Ernsthaftigkeit, selbst auch den entsprechenden Aufwand in die Verhandlung zu investieren. Insbesondere bei sehr beziehungsorientierten Verhandlungskulturen sollten Sie darauf achten, dass Sie auch die Teamgröße der Verhandlungspartner spiegeln.

Frostige Zeiten am Flughafen – Ein fünfköpfiges Verhandlungsteam aus einem arabischen Land hatte sich zu einer Vertragsverhandlung bei einem deutschen Flughafen angemeldet. Als das Team den Verhandlungsraum betrat, wurde es von zwei Vertretern des Flughafens begrüßt. Aufgrund flacher Hierarchien und sachlich sehr begrenzten Verhandlungsthemen waren mehr als diese zwei Personen für die Verhandlung fachlich nicht erforderlich. Trotzdem waren die Verhandlungen mit diesem Setting bereits gescheitert, bevor sie überhaupt richtig begonnen hatten. Die Stimmung war trotz Frühsommers eisig. Die Araber, die eine weite Anreise auf sich genommen hatten, hielten es für absolut respektlos, dass der Flughafen (wie sie es deuteten) ihrer Geschäftsbeziehung so wenig Wert zubilligte, dass er gerade mal zwei Personen für die Verhandlungen abstellte.

- Fachkompetenz am Tisch: Verhandlungsteams bieten die Möglichkeit, benötigte Expertise (z. B. zu Produktionsthemen, Steuern, Recht, Marketing) direkt in die Verhandlung einzubinden. Das klassische Modell in der deutschen Wirtschaft war das Briefing-Modell. Experten, die (angeblich) nicht verhandeln können wie Ingenieure, bereiten Nicht-Expertinnen, die angeblich verhandeln können (wie Kaufleute und Juristinnen) inhaltlich auf die Verhandlung vor und die Verhandler besprechen die Themen alleine am Verhandlungstisch. Dieses Verfahren klingt nicht nur wie das aus der Kindergartenzeit gut bekannte „Stille Post"-Spiel, es hat auch dessen wohlbekannte kommunikative Probleme. Wenn die Expertinnen in das Verhandlungsteam einbezogen werden, können Missverständnisse vermieden und kreative Lösungen in den Sachfragen vor Ort erarbeitet werden. Wir empfehlen daher nur dann, die Experten nicht direkt in Fachdiskussionen in der Verhandlung einzubeziehen, wenn Sie auf Zeit spielen wollen oder diese Diskussionen erst einmal vertagen. Hier bietet die Argumentation „Das nehme ich so mit und lasse es von unseren Expertinnen prüfen" die beste Chance, Verhandlungen zu verzögern, ohne die Beziehung zu belasten.
- Bessere Entscheidungen: Schon aus Gründen der Compliance ist in vielen Bereichen das Vier-Augen-Prinzip vorgeschrieben. Im Team können auch kreativere Lösungen entwickelt und rationalere Entscheidungen getroffen werden, weil vorschnelle instinktive Entscheidungen durch die Notwendigkeit der Abstimmung erschwert werden.
- Strategische und taktische Optionen: Verhandlungsteams bieten eine Vielzahl von zusätzlichen Optionen für den Verhandlungsprozess, zum Beispiel unterschiedliche Rollen zu verwenden, eine Verhandlung in Arbeitsgruppen aufzuspalten und häufiger Auszeiten zur Abstimmung zu nutzen, in denen auch die Strategie angepasst werden kann.

Vorbereitung im Verhandlungsteam

Eine gründliche Vorbereitung ist in jeder Verhandlung wichtig. Aber in Teamverhandlungen ist sie noch mal um ein Vielfaches wichtiger. Anders als in den Anekdoten, die manche geschäftliche Verhandler erzählen, sind es nicht irgendwelche Shakespeare-artigen Rollenspiele, von denen die Verhandlungsperformance eines Teams abhängt, sondern ein einziger Erfolgsfaktor: Koordination. Es ist wie beim Tauziehen: Nur wenn alle Mannschaftsmitglieder zur selben Zeit ihre Kraft in genau dieselbe Richtung aufwenden, erreichen sie die maximale Durchschlagskraft. Ziehen sie zu unterschiedlichen Zeiten oder in unterschiedliche Richtungen, neutralisieren sie sich gegenseitig, dann ist „1+1" manchmal nur „0,5". Diese Koordination einer sozialen Gruppe in einem komplexen, nicht vollständig vorhersehbaren Prozess ist eine schwierige Aufgabe.

Expertentipp: Aufmerksamkeitsfokus ist Teamarbeit

von Prof. Dr. Sven Kantelhardt, Chefarzt der Klinik für Neurochirurgie und Ärztlicher Direktor, Vivantes Klinikum im Friedrichshain, Berlin

Wenn es während einer Operation wirklich wichtig ist, werden erfahrene Chirurgen ganz ruhig. In der Neurochirurgie ist z. B. eine starke, unerwartete Blutung so eine Situation. Dann richtet sich unsere volle Aufmerksamkeit ins Hier und Jetzt, die Umgebung verschwindet hinter dem Fokus. Nur die möglichst perfekte Ausführung dieses nächsten Schrittes ist jetzt wichtig. Nicht der übernächste Schritt, auch nicht was links oder rechts passiert. So erreichen wir die maximale Qualität.

Konzentration auf die eine jetzt wichtige Aufgabe – und permanentes Verarbeiten des Feedbacks. Wenn etwas klappt, dann weiter. Wenn es nicht klappt, dann etwas anderes probieren – solange bis es funktioniert.

Diese Jäger-Aufmerksamkeit auf maximale Effektivität hat aber auch einen Preis. Manchmal schaut man auf, wenn die Notfallsituation gelöst ist und stellt fest, dass eine neue OP-Schwester da ist, ohne dass man den Wechsel bemerkt hätte bzw. aufgenommen hat – etwas was einem in Routine-Situationen sicher nie entgeht. Denn wer im Tunnel ist und die aktuelle Aufgabe maximal gut erledigen will, dem fehlt in diesem Moment die Übersicht über die gesamte Lage. Genau das ist die Aufgabe eines guten Assistenten. Genau dafür ist Chirurgie Teamarbeit, genau wie professionelles Verhandeln. Während der eine ganz präzise die jetzige Aufgabe erledigt, schaut der andere mit ganz breitem Fokus – und plant die nächsten Schritte, fordert z. B. einen zweiten Sauger und die gleich benötigten Instrumente an. Deshalb sind die richtigen Werkzeuge schon zur Hand, bevor ich überhaupt darüber nachdenken muss.

Die Goldene Regel des Teamverhandelns

Weil die Koordination gleichermaßen wichtig wie schwierig zu erreichen ist, gibt es im professionellen Teamverhandeln eine fundamentale Regel: An der Verhandlung darf nur teilnehmen, wer auch an der Vorbereitung teilgenommen hat! Oft versuchen insbesondere vielbeschäftigte Führungskräfte, die Vorbereitung auf die Verhandlung an das Team zu delegieren und sich für die Verhandlung nur kurz briefen zu lassen. Einmal abgesehen davon, dass wir ja bereits erläutert haben, dass Decision Maker in der Regel gar nicht selbst an der Verhandlung teilnehmen sollten, zeigt diese Einstellung auch ein großes Missverständnis über die Dynamik und die Ziele der Teamvorbereitung. Neben der inhaltlichen Vorbereitung der Verhandlung ist die Vorbereitung des Verhandlungsteams als soziale Gruppe die zweite Säule des späteren Verhandlungserfolgs. Denn ein Verhandlungsteam ist – was in der Praxis allzu oft vergessen wird – zuallererst einmal ein Team und unterliegt allen Dynamiken und Erfolgsfaktoren, die in der Teamerfolgsforschung gut untersucht wurden.[5] Es ist wichtig, in der

Vorbereitung des Verhandlungsteams beide Säulen zu berücksichtigen: Erstens die gemeinsame inhaltliche Vorbereitung und zweitens das Team als soziale Gruppe arbeitsfähig zu machen. Die sozialen Prozesse, mit denen Orientierung geschaffen, Vertrauen aufgebaut, Hierarchie und Regeln geklärt werden, kann man nicht briefen, da daran alle Mitglieder der Gruppe persönlich teilnehmen müssen. Kommt dann für die Verhandlung eine neue Person hinzu, werden diese Prozesse ausgerechnet zu dem Zeitpunkt neu aufgerissen, an dem das Team in der Sache performen müsste.

Phasen der Vorbereitung eines Verhandlungsteams

Wie in jeder anderen Verhandlung gilt auch beim Verhandeln im Team das Prinzip, dass der Aufwand für die Vorbereitung in einem vernünftigen Verhältnis zur Bedeutung der Verhandlung stehen muss. Dies gilt umso mehr, als sich die Transaktionskosten mit der Anzahl der Teammitglieder multiplizieren. Wir stellen Ihnen nun die Phasen der Vorbereitung im Team idealtypisch vor, die Sie dann bei Verhandlungen von geringerer Bedeutung entsprechend kürzen können. Komplett auf einzelne Phasen verzichten sollten Sie hingegen nicht, da jede dieser Phasen eine wichtige Funktion für das Erreichen der Koordination als zentralem Erfolgsfaktor hat.

Bevor Sie in die inhaltliche Vorbereitung einsteigen, sollten Sie sich zunächst darauf konzentrieren, das Team als soziale Gruppe arbeitsfähig zu machen. Die gruppendynamische Forschung zeigt, dass eine neu zusammengesetzte soziale Gruppe erst einmal Orientierung finden und ihre eigene Hierarchie klären muss, bevor Aufgaben in guter Qualität erledigt werden können. Werden sachliche Diskussionen zu früh begonnen, besteht die große Gefahr, dass sie bei internen Machtkämpfen taktisch als „Stellvertreterkrieg“ verwendet werden und darunter die Qualität der Analyse leidet. Das Modell der Teamuhr von Tuckman, das die Phasen „Forming, Storming, Norming und Performing“ unterscheidet, ist sehr gut geeignet, um den aktuellen Zustand der Gruppe festzustellen und die derzeit wichtigen Fragestellungen für eine konstruktive Entwicklung (Timing) zu bestimmen.[6]

In wichtigen Verhandlungen sollten Sie darüber nachdenken, ob Sie einen externen Verhandlungscoach für die Vorbereitung der Verhandlung engagieren wollen. Ein solcher Coach bleibt für die Gegenseite verborgen (Ghost Negotiation) und hat die Aufgabe, Ihre eigene Vorbereitung durch seine besondere Erfahrung mit vergleichbaren Verhandlungen, durch seine Kompetenz bei der handwerklichen Gestaltung von Verhandlungsprozessen insbesondere komplexen Strategien und durch seine Kompetenz bei der konstruktiven Steuerung sozialer Prozesse und psychologischer Dynamiken im Verhandlungsteam zu unterstützen. Ist ein solcher Coach verpflichtet worden, können Sie ihm die Verantwortung für die Moderation der Teamvorbereitung überlassen.

Ansonsten muss sich das Verhandlungsteam selbst darum kümmern, die eigene Arbeitsfähigkeit herzustellen. Dazu ist das Kennenlernen der Beteiligten eine wichtige Grundvoraussetzung. Gemeint ist dabei nicht eine einminütige Vorstellungsrunde, bei der jedes Mitglied den eigenen Namen und die Funktionen im Unternehmen mitteilt, sondern ein Kennenlernen der Teammitglieder auf einer menschlichen Ebene. Wer sich hier etwas Zeit nimmt, wird später die inhaltliche Vorbereitung viel schneller und in höherer Qualität absolvieren können. Fragen, die in dieser Phase hilfreich sein können, sind:

- Wer bin ich?
- Welche Erfahrungen habe ich mit Verhandlungen?
- Welche Stärken kann ich in die Arbeit einbringen?
- Welche Situationen in Verhandlungen sind für mich herausfordernd?
- Welche Ziele habe ich für meine Arbeit im Verhandlungsteam?
- Wie wünsche ich mir die Zusammenarbeit?

Nach dem Kennenlernen ist es wichtig, dass das Team klärt, wer die Aufgabe der Moderation im Team übernehmen soll. Dies sollte nicht derjenige sein, der später die Verhandlungsführung des Teams übernehmen wird, da erstens diese Person in Auszeiten die Chance zur Erholung nutzen soll und zweitens manchmal auch kritisch Aspekte der Verhandlungsführung diskutiert werden müssen und die Verhandlungsführerin bei diesen Diskussionen in besonderem Maße befangen ist. Eine weitere wichtige Aufgabe in dieser Phase der Vorbereitung ist die Klärung der Spielregeln der Zusammenarbeit, insbesondere die Klärung „Wie treffen wir als Team unsere Entscheidungen?" Hier gibt es verschiedene Möglichkeiten (eine Person wurde im Rahmen des Mandats als Leitung bestimmt und hat die Entscheidungskompetenz, das Team trifft die Entscheidung im Konsens, das Team trifft die Entscheidung mit einer Mehrheit), die jeweils ihre Vor- und Nachteile haben. Wichtig ist aber, dass Transparenz im Team über das akzeptierte Entscheidungsverfahren herrscht, bevor die ersten inhaltlichen Meinungsverschiedenheiten auftreten. Danach ist das Team bereit, in die inhaltliche Arbeit einzusteigen. Die Forschung zeigt: Die Kohäsion, also der soziale Zusammenhalt im Team, ist eine entscheidende Voraussetzung für seine spätere Performance.[7] Diese „weichen Faktoren" sind bares Geld wert.

Im Rahmen der sachlichen Vorbereitung erarbeitet das Team gemeinsam die zehn Trümpfe der Vorbereitung (Kapitel 2). Dabei ist es wichtig, vor allem auf die Qualität der Diskussionsprozesse zu achten, anstatt schnelle Ergebnisse erzielen zu wollen. Es ist gerade der Vorteil von Verhandlungsteams, dass sie verschiedene Perspektiven in die Diskussion bringen und dadurch die Prozesse zwar länger dauern, aber die Ergebnisse auch ausgewogener und freier von persönlicher Betriebsblindheit sind. Grundvoraussetzung dafür ist, dass die Unterschiede als Chance und nicht als Ärgernis betrachtet werden. Das Team sollte versuchen, über diese wichtigen Fragen einen

Konsens zu erzielen, da sie das Fundament für die gesamte weitere Arbeit sind und vorschnelle Mehrheitsentscheidungen dazu führen können, das überstimmte Positionen Einzelner, die sich nicht genug gehört fühlen, während der Verhandlung immer wieder zu Konflikten im Team führen.

Im nächsten Schritt erfolgt die strategische Vorbereitung des Teams. Welche Ziele definiert das Team für sich? Inwieweit ist eine kooperative Zusammenarbeit mit der Gegenseite zu erwarten? Wie kann die eigene Verhandlungsposition gestärkt werden? Wie können strategische Züge in der „3. Dimension", z. B. eine mit der Verhandlungsstrategie vernetzte Öffentlichkeits- und Social-Media-Strategie oder strategische Änderungen der Verhandlungsstruktur hilfreich sein?[8] Welche Angebotsstrategie wählt das Team? Will es das erste Angebot abgeben? In welcher Höhe? Wie begründet? Die Strategie legt die grundsätzliche Richtung der Verhandlung fest und beantwortet die Frage, wie das Team konkret die eigenen Verhandlungsziele erreichen möchte.

Erst danach ist das Team bereit für die Teamabstimmung für die Verhandlung selbst. Wir empfehlen sehr, diese Fragen erst nach Klärung der inhaltlichen und strategischen Themen zu diskutieren, da je nach Strategie eine unterschiedliche Abstimmung zielführend ist. Bei der Teamabstimmung müssen insbesondere die Rollen geklärt und die Spielregeln festgelegt werden, dazu mehr im nächsten Abschnitt.

Zuletzt erfolgt die rhetorische Vorbereitung der Verhandlung, die je nach Bedeutung der Verhandlung mehr oder weniger umfangreich ausfallen kann. Legen Sie Ihre Framing-Strategie fest: Was ist Ihre Story? Worum geht es in der Verhandlung? Bereiten Sie Nutzenargumente vor auf Grundlage Ihrer Hypothesen zu den Beweggründen und Kommunikationspräferenzen Ihrer Verhandlungspartnerinnen. Schreiben Sie Ihr Eröffnungsstatement und üben es so lange ein, bis es wie spontan formuliert und authentisch klingt. Der erste Eindruck ist der Wichtigste und Ihr Eröffnungsstatement ist der einzige Teil der Verhandlung, den Sie vollständig kontrollieren können. Sorgen Sie dafür, dass Ihr Team hier mit einem guten Gefühl und Rückenwind in die Verhandlung startet. Kein Schachprofi würde sich in einer Meisterschaftspartie spontan überlegen, mit welchem Zug er beginnt, da damit die Chance verspielt wäre, sich auf den Prozess optimal einzustellen.

Zusammensetzung von Verhandlungsteams

Die Größe Ihres Verhandlungsteams hat eine Auswirkung auf Ihre Performance. Der erste Grund liegt auf der Hand: Die Transaktionskosten steigen mit jeder zusätzlichen Person. Tatsächlich multiplizieren sie sich nicht nur mit der Anzahl der Teammitglieder, sondern nehmen auch im Umfang immer weiter zu, weil jedes zusätzliche Mitglied noch einmal Zeit beansprucht, die eigene Perspektive in der Vorbereitung und Verhandlung einzubringen. Das sehen wir am deutlichsten in unserer Erfahrung als Verhandlungstrainer, wenn wir Simulationen im Team verhandeln lassen. Der Zeitbedarf steigt mit jeder weiteren Person deutlich an. Andererseits bringen zusätzliche Personen auch ergänzende Perspektiven ein und bieten wie bereits dargestellt auch mehr Optionen im Prozess. In der Forschung zeigt sich, dass die Verhandlungsperformance bis zu einer Teamgröße von 4 bis 5 Personen ansteigt und dann mit weiterer Größe wieder abfällt.[9] Große Teams sollten Sie daher nur wählen, wenn Sie die Mitglieder aus politischen oder fachlichen Gründen wirklich am Verhandlungstisch benötigen.

Die Mitglieder für das Verhandlungsteam sollten Sie nach mehreren Kriterien auswählen:

- Verhandlungskompetenz;
- Spaß an der Aufgabe, also „Verhandlungsneigung"[10];
- spezielle inhaltliche Expertise, die in der Verhandlung benötigt wird;
- Diversität: Diverse Verhandlungsteams erreichen eine bessere Verhandlungsperformance, weil sie mehr Perspektiven zusammenbringen können, sofern sie es schaffen, die aus der Diversität entstehenden Konfliktpotenziale konstruktiv zu bewältigen; Teams für umfassende Verhandlungsaufgaben sollten daher i.d.R. insbesondere gemischtgeschlechtlich (und bei interkulturellen Verhandlungen auch nach Möglichkeit interkulturell) besetzt werden;
- es sollte eine nicht zu große hierarchische Diversität im Verhandlungsteam entstehen, weil große hierarchische Unterschiede negative Auswirkungen auf die Verhandlungsperformance haben;[11]
- Vertrauen der Auftraggeberin bzw. der Basis;
- „Politische Gründe", wie die Beteiligung wichtiger Stakeholder oder potenzieller interner Kritiker, um sie „mit in die Verantwortung zu nehmen" und die Ergebnisse der Verhandlung in der eigenen Organisation besser „verkaufen" zu können.

Ein weiterer Aspekt bei der Zusammenstellung Ihres Verhandlungsteams ist die Aufstellung der Gegenseite. Sie sollten in jedem Fall vor der Verhandlung bei Ihrem Verhandlungspartner schriftlich anfragen, wer konkret an der Verhandlung teilnehmen wird, um sicherstellen zu können, dass weder die Anzahl der Teammitglieder unangemessen unterschiedlich ist noch wichtige Bereiche der fachlichen Expertise in Ihrem Team unbesetzt sind. Insofern gilt in Teamverhandlungen in der Regel das „Manndeckungsprinzip". Vor allen Dingen sollten Sie es unbedingt vermeiden, ohne juristische Expertise in eine Verhandlung zu gehen, wenn das andere Verhandlungsteam mit einer Juristin besetzt ist. Die Erfahrung zeigt, dass Juristinnen eine besondere Perspektive in Verhandlungen einnehmen (z. B. in der Antizipation rechtlicher Risiken) und sich für Sie Nachteile ergeben, wenn Sie Ihre Juristinnen erst deutlich später als die Gegenseite in die Verhandlung involvieren. Grundsätzlich kann es sehr sinnvoll sein, erst einmal die fachlichen Fragen ohne Juristinnen zu klären, dies muss dann aber auf Gegenseitigkeit beruhen.

Teure Wartezeit – In einem Mandat als Verhandlungscoach stellte sich bei der Recherche auf die Verhandlung heraus, dass die Gegenseite gerne mit einem taktischen Trick operiert: Es wird vereinbart, die Gespräche erst einmal auf der Arbeitsebene zu führen und dann wird ohne Vorankündigung doch mit Unschuldsmiene ein Anwalt zur Verhandlung mitgebracht, um strategische Vorteile zu erlangen, wenn auf der Gegenseite nur Kaufleute und Ingenieurinnen sitzen, die die rechtlichen Fragen nicht vollständig durchschauen. Die Gegenstrategie ist einfach: zunächst explizit schriftlich klären, wer genau an der Verhandlung teilnehmen wird und in der Verhandlung darauf bestehen, dass Verabredungen eingehalten werden müssen. Als die Gegenseite wie erwartet mit dem „unerwarteten Anwalt" anreiste, erklärte die Verhandlungsführerin, dass vereinbart worden sei, erst einmal auf der Arbeitsebene zu verhandeln, und dass man deshalb leider keinen Juristen mitgebracht habe. Deshalb stelle sich die Frage, ob man es heute erstmal ohne Juristen versuchen wolle oder ob man die Verhandlung an dieser Stelle vertagen und einen neuen Termin mit Juristen vereinbaren soll, da „ja klar ist, dass wir nicht ohne Juristen verhandeln können, wenn Sie mit einem Juristen anreisen". Nachdem das Team bei den Beschwichtigungsversuchen der Gegenseite konsequent geblieben ist, wurde der teure Anwalt zum Kaffee in die Lobby verbannt und die Verhandlung fand auf Arbeitsebene statt. Dabei wurde gleichzeitig die Botschaft gesendet, dass die Verletzung von Spielregeln beziehungsweise Vereinbarungen nicht geduldet wird. Dies ist aus unserer Sicht die Musterlösung, wie diese unfaire Taktik gekontert werden sollte.

Rollen für Verhandlungsteams

Um das Ziel der Koordination Ihres Verhandlungsteams zu erreichen, ist es wichtig sicherzustellen, dass jedes Mitglied Ihres Teams eine konkrete Vorstellung von seiner Rolle und dem von ihm erwarteten Verhalten hat, damit er zum Verhandlungserfolg des Teams beitragen kann. Genau darum geht es bei der professionellen Festlegung von Rollen und Spielregeln, nicht die Entwicklung von dramatischen Plots, in denen der Bösewicht zum unerwarteten Zeitpunkt hinter dem Gebüsch erscheint, um die Gegenseite einzuschüchtern.

„Rolle" ist definiert als „Bündel spezifischer Verhaltenserwartungen" – und genau darum geht es . Klären Sie für alle Mitglieder des Teams zunächst die Frage: „Welches konkrete Verhalten soll ich in der Verhandlung zeigen, um das Team zu unterstützen?" Wenn in diesem Punkt Unklarheit herrscht, werden sich Mitglieder selbst überlegen, was sie tun können – und das ist dann der Anfang vom Ende eines koordinierten Vorgehens. Im Folgenden erläutern wir wichtige Rollen in Verhandlungsteams, die sich in der Verhandlungspraxis bewährt haben. Gerade bei kleinen Verhandlungsteams müssen Teammitglieder mehrere dieser Rollen übernehmen, aber auch dann ist wichtig, dass die konkrete Zuordnung und damit auch die Verantwortung eindeutig geklärt ist.

„Beisitzer"

Der wichtigste Punkt bei der Rollenverteilung im Team ist die Klärung, dass es in einer Teamverhandlung keine Beisitzer gibt. Viele Mitglieder von Verhandlungsteams, die das Handwerk nicht professionell erlernt haben, glauben, dass sie „frei" haben, wenn sie gerade nicht mit einer fachlichen Aufgabe in Bezug auf die Verhandlung beschäftigt sind. Doch das ist ein gefährliches Missverständnis. Denn wer glaubt irgendwann in einer Verhandlung „frei" zu haben, der verkennt seine Bedeutung auf beiden Seiten des Kommunikationsprozesses.

Zunächst einmal geht es darum, die Wahrnehmung der Interaktion und des Verhaltens der Gegenseite durch das Verhandlungsteam zu optimieren. Wer aktuell selbst keine fachliche Aufgabe erfüllt, hat hier die besten Voraussetzungen, Nuancen wahrzunehmen, zwischen den Zeilen zu hören, nonverbale Botschaften zu entdecken, die strategisch relevant sein können. Erläutern Sie, wie wichtig diese Aufgabe im „Kommunikationsschach" ist und bitten Sie alle Teammitglieder, in jedem Moment aufmerksam wahrzunehmen und relevante Beobachtungen zu notieren, damit sie in der nächsten Auszeit besprochen werden können. Wichtig ist, dass nicht nur die Bewertung („X ist mit unserem Angebot schon zufrieden"), sondern die konkrete Beobachtung notiert wird („X hat bei der Präsentation unseres Angebots die Lippen geschürzt und den Kopf entspannt von rechts nach links und zurück geneigt").

Aber auch für den eigenen kommunikativen Eindruck sind die „Beisitzer" von entscheidender Bedeutung. Verhandlungsprofis schenken in wichtigen Momenten der Verhandlung nicht so sehr der Reaktion der anderen Verhandlungsführerin ihre Aufmerksamkeit, von der sie wissen, dass sie konzentriert und fokussiert jedes Wort auf die Goldwaage legt und ihre Reaktionen eher taktisch inszeniert sind. Unverfälschtere Informationen bieten die nonverbalen Reaktionen der passiven „Beisitzerinnen". Zeigen sie ebenfalls Verärgerung? Scheinen sie entspannt? Sind Uneinigkeiten zu erkennen? Verdeutlichen Sie daher allen Teammitgliedern, dass sie über ihre nonverbale Kommunikation ein entscheidender Faktor für Ihren kommunikativen Eindruck sind. Es gibt nichts Überzeugenderes als ein Verhandlungsteam, das in seiner Gesamtheit entschlossen guckt und überzeugt nickt, während die eigene Verhandlungsführerin eine Ansage macht. Und man kann die Verhandlungsführung auf keinem anderen Weg so gut sabotieren, als wenn man nonverbal Botschaften sendet, die ihre Ausführungen infrage stellen. Es muss daher allen Mitgliedern des Verhandlungsteams klar sein, dass sie während einer laufenden Verhandlung keine einzige Sekunde frei haben.

Wenn sie einmal keine fachlichen Aufgaben zu erfüllen haben, sind sie die Multiplikatoren für die kommunikative Wirkung im „Kommunikationsschach".

Verhandlungsführerin

Für die Rolle der Verhandlungsführung gilt das Highlander-Prinzip: „Es kann nur einen geben!" Zu jedem Zeitpunkt in der Verhandlung muss klar geregelt sein, welche eine Person diese Aufgabe gerade zu erfüllen hat. Was auch immer Sie sonst von Doppelspitzen oder Kollektiven halten mögen, in einer Verhandlung kostet es Sie enorm viel Performance, wenn Sie es (z. B. aus politischen Gründen) nicht schaffen, sich auf eine Verhandlungsführerin zu einigen. Denn die Aufgabe der Verhandlungsführerin besteht darin, das operative taktische Vorgehen am Tisch zu organisieren. Sie ist diejenige, die wie eine Spielmacherin beim Fußball den eigenen strategischen Matchplan aus der Vorbereitung auf das Spielfeld übertragen soll. Sie entscheidet, wann die Zeit für Zuhören, Fragen und Argumente gekommen ist, welche Themen in die Aufmerksamkeit gebracht werden, und ob gerade Tempofußball oder Defensive angesagt ist. Um diese Rolle optimal ausfüllen zu können, muss sie über eine gute Ausbildung in Verhandlungstechniken und Rhetorik verfügen. Besonders wichtig ist ihre Fähigkeit, vertrauensvolle Beziehungen zur Gegenseite aufbauen und auf dieser Grundlage Überzeugung vermitteln zu können.

Co-Verhandlungsführer (Commander)

In großen Verhandlungsprozessen und vor allen Dingen bei langwierigen Verhandlungssitzungen ist es hilfreich, eine zweite Person im Team zu haben, die ebenfalls gut ausgebildet die Verhandlungsführung zeitweise übernehmen kann. Dabei ist es allerdings wichtig, dass zu jedem Zeitpunkt eindeutig klar ist, wer aktuell die Rolle ausübt. Genau wie in einem Flugzeug die Kapitänin explizit ankündigt, wenn sie das Steuer übernehmen wird, muss eine solche Übergabe des Staffelstabes für die operative Gesprächsführung auch in einem Verhandlungsteam transparent und ausdrücklich erfolgen – üblicherweise in einer Teamauszeit.

Aus den Erfahrungen der Krisenverhandler des FBI hat sich das Rollenverständnis herausgebildet, dass sich, sofern zwei gut ausgebildete und erfahrene Verhandlerinnen zur Verfügung stehen, der Erfahrenere bzw. Ranghöhere zurücknehmen und sich auf die strategische Steuerung der Verhandlung konzentrieren soll, während die weniger erfahrene Person die Aufgabe der Verhandlungsführung, also der operativen Gesprächsführung, übernimmt. Diese Rolle ist im deutschsprachigen Bereich durch die Bücher von Matthias Schranner als „Commander" bekannt geworden, auch wenn diese Begrifflichkeit nicht der originalen Terminologie des FBI entspricht. Um Missverständnisse zu vermeiden, verwenden wir in unserem Ratgeber daher die Begriffe in der eingeführten Bedeutung. Der Commander hat dadurch, dass er sich aus der operativen Gesprächsführung zurücknimmt, den großen Vorteil, seine Führungsaufgabe effektiver wahrnehmen zu können, weil er sich den Freiraum für die dafür notwendigen Tätigkeiten verschafft: optimale Wahrnehmung und Zeit zum Nachdenken und strategischen Entscheiden. Er konzentriert sich auf die Wahrnehmung und Interpretation des Geschehens, behält den Gesamtüberblick über den Prozess und wirkt in der Regel dadurch auf den Prozess ein, dass er der Verhandlungsführerin Vorschläge beziehungsweise Weisungen zum weiteren Vorgehen unterbreitet. Nur im Ausnahmefall zum Beispiel zur Entlastung der Verhandlungsführerin übernimmt er selbst zeitweise diese Aufgabe.

Experte

Ein großer Vorteil von Verhandlungsteams ist, dass sie Experten direkt in die Verhandlung einbeziehen können. Komplexe Sachfragen können von denen verhandelt werden, die sich damit wirklich auskennen. Das ergibt nur Sinn, wenn den Experten für diese thematische Diskussion auch tatsächlich das Wort übergeben wird. Und genau so sieht eine gute Verhandlungsführung aus. Eine Verhandlungsführerin, die geschickt ihre Experten ins Spiel bringt und diesen die Gesprächsführung in diesem Thema überlässt, kann sich außerdem in dieser Zeit selbst ein wenig erholen und stellt so sicher, dass sie auch noch am Ende der Verhandlungen, wenn es besonders wichtig wird, konzentriert aus dem Driver Seat heraus agieren kann. Die Verhandlungsführerin gibt das Wort an die jeweilige Expertin ab („Frau Kollegin, wie stellt sich denn die Situation aus Sicht der Marktforschung dar?") und beendet die Diskussion, wenn sie das Gefühl hat, dass eine weitere Erörterung dieses Themas zum aktuellen Zeitpunkt nicht zielführend ist („Vielen Dank, ich denke dass wir jetzt einen guten Überblick über die juristischen Herausforderungen bekommen haben, lassen Sie uns jetzt einmal auf die Produktionsthemen schauen …"). Gerade Experten haben oft Schwierigkeiten zu erkennen, wann weitere Detaildiskussionen für den Gesamtprozess nicht mehr hilfreich sind.

Um diese Verhandlungsrolle effektiv wahrnehmen zu können, müssen natürlich auch die Expertinnen sowohl in die Vorbereitung eingebunden und detailliert über die eigene Strategie und das Framing informiert sein als auch über operative Verhandlungskompetenzen verfügen. Besonders wichtig ist, dass die Experten nur auf Veranlassung der eigenen Verhandlungsführung in die Verhandlung eingreifen und sich zurückhalten, wenn sie von der Gegenseite angesprochen werden, aber die Verhandlungsführerin darauf im Moment nicht eingehen möchte.

Controllerin

Gerade bei komplexeren Verhandlungsthemen im wirtschaftlichen Bereich ist es wichtig, den Überblick zu behalten, wie sich bestimmte Vorschläge auf das eigene

Ergebnis auswirken. Ein Teammitglied, das in der operativen Verhandlungsführung nicht so stark engagiert ist, sollte damit beauftragt werden, in Zusammenarbeit mit dem Controlling im Unternehmen eine Excel-Tabelle zu erstellen, die auf den Präferenzen[12] und Gewichtungen der Partei in Bezug auf die einzelnen Verhandlungsthemen beruht, wie wir es in Kapitel 2 und 4 erläutert haben. In der Verhandlung selbst kann sie kurzfristig den Wert von Angeboten und Lösungsoptionen berechnen und diese Information der Verhandlungsführerin zur Verfügung stellen.

Informationsmanager

Auch die Funktion des Informationsmanagements sollte an ein Teammitglied vergeben werden, das in der operativen Verhandlungsführung nicht so stark engagiert ist. Sie kann mit der Rolle der Controllerin zusammenfallen oder bei großen Teams auch getrennt werden. Eine Verhandlung ist, wie wir gesehen haben, ein strategisches Informationsmanagementspiel. Informationen sind Geld wert. Von daher sollte sich ein Verhandlungsteam so aufstellen, dass es mit guter Recherche wichtige Informationen beschafft, dass der Verlauf der Verhandlung und insbesondere alle unterbreiteten Angebote gut dokumentiert sind und dass wichtige Aussagen der Gegenseite als Zitate im Wortlaut und mit dem genauen Zeitpunkt dokumentiert werden, um sie bei Bedarf verwenden zu können, wenn die Gegenseite bestreitet, entsprechende Äußerungen gemacht zu haben. Der Informationsmanager übernimmt als interner Protokollführer diese Funktion und stellt die relevanten Informationen im geeigneten Moment den anderen Teammitgliedern zur Verfügung.

Kampfhund

Wir haben bereits gesehen, dass eine inszenierte Aggression und vorsätzliche emotionale Eskalation hohe Risiken für eine erfolgreiche Verhandlung mit sich bringen. Von daher ist es längst nicht in jeder Verhandlung sinnvoll, einen „Bad Cop“ einzusetzen, der die Gegenseite unter Druck setzt und „die Waffen zeigt“. In bestimmten strategischen Konzepten hat eine solche Rolle für besondere Momente allerdings ihren Platz. Dabei sollten Sie allerdings zwei wichtige Prinzipien berücksichtigen: Erstens vergeben Sie eine Eskalationsrolle nur an eine Person, die damit wirklich einverstanden ist und diese Rolle aufgrund ihrer Persönlichkeit glaubwürdig ausüben kann. Es gibt wenig Peinlicheres als offenkundig gespielte Empörung. Zweitens, die Eskalation darf niemals von der Verhandlungsführerin selbst ausgehen. Jede Eskalation belastet die Beziehung. Wenn die Verhandlungsführerin eskaliert, muss sie anschließend die Gräben selbst wieder auffüllen, die sie aus taktischen Gründen gerissen hat. Das ist wenig effektiv. Besser ist es, ein Teammitglied „ausrasten“ zu lassen und es dann anschließend als Verhandlungsführerin in die Schranken zu weisen. So stärkt die Verhandlungsführung ihre eigene Beziehung zur Gegenseite und kann fortan mit der unterschwelligen Drohung verhandeln, dass sie bei weiteren Provokationen der Gegenseite nicht garantieren kann, dass das Verhandlungsteam konstruktiv bleibt.

Friedensministerin

Genauso wenig, wie man in jeder Verhandlung einen Kampfhund braucht, braucht man in jeder Verhandlung eine Person, die als „Team-Ghandi" in besonderem Maße für Friedfertigkeit und positive Beziehungen zur Gegenseite sorgt. Schließlich ist eine primäre Aufgabe der Verhandlungsführung, eine gute Arbeitsbeziehung zur Gegenseite aufzubauen. Doch gerade in Konflikten und erwarteten schwierigen Verteilungsverhandlungen kann es empfehlenswert sein, ein zusätzliches in der operativen Verhandlungsführung wenig engagiertes Teammitglied zu beauftragen, während des gesamten Verhandlungsprozesses dafür zu sorgen, dass insbesondere in informellen Kontakten zu den Gutwilligen der Gegenseite der Gesprächsfaden zwischen den Verhandlungsparteien nie vollständig abreißt und dass im Falle einer Unterbrechung eine Rückkehr an den Verhandlungstisch erreicht werden kann. Dann lohnt es sich schon bei der Besetzung des Verhandlungsteams zu überlegen, wen in der eigenen Organisation die Gegenseite als besondere Vertrauensperson und ehrlichen Makler betrachtet. Dies kann zum Beispiel die zuständige Key Account Managerin sein.

Pressesprecherin

Bei größeren Verhandlungen sollte ein Mitglied des Verhandlungsteams bestimmt werden, das die relevanten Veröffentlichungen in der Presse und auf den Social-Media-Kanälen beobachtet und selbst dort Botschaften platziert, die mit der eigenen Verhandlungsstrategie verzahnt sind.

Organisator

Es sollte im Team geklärt werden, wer sich um die organisatorischen und logistischen Aufgaben kümmert, also die Koordination von Terminen, Reise- und Raumbuchung, Verpflegung, erforderliche Medien und IT. Hier sollten diejenigen entlastet werden, die für die Führung des Teams und die operative Verhandlungsführung zuständig sind.

Spielregeln für das Verhandeln im Team

Klären Sie in Ihrem Team explizit die wichtigsten Regeln. Schlagen Sie Regeln vor, diskutieren Sie über Vor- und Nachteile – natürlich sachbezogen – und versuchen Sie einen Konsens in Ihrem Team über diese Regeln herzustellen. Auch bei den Spielregeln geht es darum, konkrete Verhaltenserwartungen zu kommunizieren und Undiszipliniertheiten vorzubeugen, die sich nachteilig auf die Verhandlungsperformance auswirken können.

Rederecht

Alle Teammitglieder müssen wissen, wann sie etwas sagen sollen bzw. dürfen. Da Sie die Koordination sicherstellen und einen klar strukturierten roten Faden in der Gesprächsführung ermöglichen wollen, ist es nicht sinnvoll, dass jedes Mitglied einfach etwas sagt, wenn es das selbst für sinnvoll hält. Stattdessen hat sich folgende Regel bewährt: In der Verhandlung spricht die eigene Verhandlungsführerin und diejenigen, die von der eigenen Verhandlungsführerin dazu aufgefordert werden. Sonst niemand. Maximal klar. Maximal eindeutig.

Eine Ausnahme gilt nur dann, wenn einzelne Mitglieder aufgrund von besonderen Verabredungen im Rahmen ihrer Rolle tätig werden, wenn z. B. ein „Kampfhund" im Rahmen einer Eskalationsstrategie „ausrastet".

Entscheidungsverfahren

Genauso wie in der Vorbereitung ist es auch für die Verhandlung selbst wichtig festzulegen, wie Entscheidungen getroffen werden. Was darf die Verhandlungsführerin? Was darf der Commander? Was darf nur das gesamte Team in einer Auszeit?

Auszeiten

in jeder Teamverhandlung ist es entscheidend, sich von Zeit zu Zeit im Team abstimmen zu können. Vereinbaren Sie ein klares Signal, mit dem einzelne Teammitglieder ihren Bedarf nach einer Auszeit bei der Verhandlungsführung anmelden können, und das für die Gegenseite möglichst nicht so offensichtlich ist. Ziel ist immer, dass die eigene Verhandlungsführung die Auszeit in der Verhandlung ansagt. Im Ausnahmefall kann dies als Inszenierung auch durch die Friedensministerin erfolgen. Nur im Notfall sollte der Commander diese Aufgabe übernehmen.

Eine wichtige Spielregel sollte jedem Mitglied in Ihrem Team bekannt sein: Wenn die eigene Verhandlungsführerin aufsteht und den Raum verlässt, stehen automatisch alle Mitglieder der eigenen Delegation auch auf und verlassen ebenfalls den Raum. Auf keinen Fall dürfen sich einzelne Mitglieder noch in Diskussionen verwickeln lassen, wenn die Verhandlungsführerin die Unterbrechung der Verhandlung erklärt hat. Eine Uneinigkeit an einer solchen Stelle untergräbt massiv die Autorität der eigenen Verhandlungsführerin und damit die Chancen in der weiteren Verhandlung.

Außenkommunikation

Sie sollten explizit festlegen, wer mit der Gegenseite kommunizieren darf. In der Regel ist es nicht sinnvoll, die Außenkommunikation auf zu viele Schultern zu stellen. Die Verhandlungsführerin, die Friedensministerin und ggf. noch der Organisator in organisatorischen Fragen, mehr Kanäle für die Außenkommunikation sind selten sinnvoll. Werden andere Mitglieder des Verhandlungsteams kontaktiert, so sollen sie eine inhaltliche Kommunikation vermeiden und an die zuständigen Mitglieder des eigenen Teams verweisen. Wichtig ist, dass jeder Außenkontakt (auch ein scheinbar „zufälliger“) an die eigene Verhandlungsführung gemeldet wird, damit strategische „Umgehungstaktiken“ frühzeitig erkannt und ausgehebelt werden können.

Auch für die Pressekommunikation sollten Sie bei öffentlich relevanten Verhandlungen eine klare Verantwortlichkeit festlegen und alle anderen Teammitglieder um Disziplin bitten, da unabgestimmte Reaktionen auf Presseanfragen der eigenen Verhandlungsstrategie großen Schaden zufügen können.

Tipps für das Verhandeln im Team[13]

Kommunikation während der Verhandlung

Manchmal ist es erforderlich, während der laufenden Verhandlung im Team zu kommunizieren, z. B. ein Argument, wichtige Fakten oder auch einen Vorschlag an die eigene Verhandlungsführerin weiterzugeben. Ganz wichtig ist, dass diese Kommunikation niemals auf elektronischem Wege erfolgen sollte. Neben der Möglichkeit, das elektronische Kommunikation abgefangen und mitgelesen werden kann, besteht die große Gefahr vor allen Dingen darin, dass die Beschäftigung mit einem Handy- oder Laptopbildschirm ein großes Ablenkungspotenzial für operative Verhandler darstellt und die eigene Verhandlungsperformance auch noch einige Minuten stark einschränkt, nachdem die Verhandlerin den Blick schon wieder vom Display gelöst hat. Stattdessen sollten die Informationen auf Zettel in Karteikartengröße geschrieben und der Verhandlungsführerin offen gereicht werden. Die Gegenseite darf gerne sehen, dass unser Verhandlungsteam konstruktiv zusammenarbeitet und sich gegenseitig unterstützt.

Auszeiten

Professionelle Verhandlungsteams erkennt man daran, dass sie regelmäßig Auszeiten nehmen, um sich in ihrem Team kurz abzustimmen und die nächsten Schritte zu besprechen. Amateure nehmen oft eine Auszeit erst, wenn sie erschöpft sind.

In einer Auszeit geht es darum, die jeweilige Wahrnehmung auszutauschen, sich über die Einschätzung der aktuellen Situation abzustimmen und festzulegen, wie das taktische Vorgehen nach der Auszeit gestaltet werden soll. Von daher sind Auszeiten an allen wichtigen Stellen in einer Verhandlung notwendig, insbesondere bei der Frage, ob ein neues Angebot unterbreitet werden soll, nachdem die Gegenseite ein substanziell verändertes Angebot vorgelegt hat, bei einer Eskalation zur Abkühlung und beim Stillstand der Verhandlungen.

Darüber hinaus sollte der Commander eine Auszeit anordnen, wenn er merkt, dass die eigene Verhandlungsführung durch Stress und emotionale Eskalation überwältigt wird und droht, die Selbstkontrolle zu verlieren.

Neben den längeren Auszeiten für umfangreiche Beratungen nutzen Profis vor allen Dingen auch „Mikro-Auszeiten" von zwei Minuten, in denen man kurz vor die Tür geht, sich in die Augen schaut, und über den nächsten taktischen Schritt abstimmt (z. B. „Machen wir jetzt schon ein Zugeständnis oder verteidigen wir noch eine Weile unsere Forderung?").

In jedem Fall sollte die eigene Verhandlungsführerin der Gegenseite „Hausaufgaben" für die Auszeit mitgeben, um die interne Diskussion im anderen Verhandlungsteam im eigenen Sinne zu beeinflussen: „Und wenn wir jetzt in die Auszeit gehen, bitte ich Sie auch noch einmal zu diskutieren, wie wir eine schnellere Lieferung doch noch ermöglichen können, sodass wir hier zu einer für uns beide interessengerechten Lösung finden können."

Gelegenheit zur Klärung bieten

Ein häufig verwendetes taktisches Mittel ist die inszenierte Uneinigkeit in einem Verhandlungsteam, wie z. B. bei der „Good Cop, Bad Cop"-Taktik. In diesem Fall sollten Sie in respektvoller Weise anbieten, die Verhandlung zu unterbrechen, damit die Meinungsverschiedenheiten intern geklärt und die Verhandlungen danach konstruktiv fortgesetzt werden können. Sie haben als Verhandlungsteam das Recht, eine Position der Gegenseite zu erfahren und nicht mit einer Anhäufung von sich widersprechenden „Ich-AGs" verhandeln zu müssen.

Gespräche im kleinen Kreis

Bei sehr großen Verhandlungsteams ist es notwendig, die Verhandlungen zeitweise als „Spitzengespräch" unter vier oder acht Augen zu führen, zum Beispiel um schwierige Zugeständnisse auszuloten oder festgefahrene Verhandlungen wieder in Gang zu bringen, bevor die Verhandlungen in großer Runde fortgeführt werden. Wichtig ist dabei, dass Sie niemals zulassen, dass die Gegenseite mit mehr Personen in diesen Gesprächen vertreten ist als Sie selbst. Hier gilt das Prinzip der Augenhöhe und psychologischen Sicherheit, das eine gleiche Repräsentation beider Seiten verlangt. Achten Sie darauf, dass Sie soweit möglich Transparenz über die Tatsache der Spitzengespräche schaffen, auch wenn über Details dieser Gespräche üblicherweise Stillschweigen vereinbart wird.

Groupthink vermeiden

Die Forschung hat herausgefunden, dass Teams unter bestimmten Umständen (guter Zusammenhalt im Inneren, akzeptierter dominanter Führer, Druck von außen) eine psychologische Dynamik zeigen, die als „Groupthink"[14] bezeichnet wird. Dabei bildet das Team ein stark überzogenes Selbstbewusstsein aus, hält sich für unangreifbar, unterschätzt Risiken, missachtet Stellungnahmen von außen – auch von Expertinnen – und akzeptiert kritiklos Vorschläge der anerkannten Führung. Dieser Zustand ist für jedes Verhandlungsteam gefährlich. Von daher ist es empfehlenswert, einem angesehenen Teammitglied die Rolle des „advocatus diaboli“ für interne Besprechungen des Verhandlungsteams zu übertragen. Mit dieser Rolle ist der Auftrag verbunden, prinzipiell Gegenargumente gegen Vorschläge vorzubringen, die das Team ins Auge fasst – und zwar unabhängig von der eigenen Meinung. So kann sichergestellt werden, dass sich das Team ausreichend auch mit Gegenpositionen auseinandersetzt.

Abschluss

Am Ende einer Teamverhandlung endet auch der Gruppenprozess. Es ist daher gerade bei Verhandlungsteams von besonderer Bedeutung, einen guten Abschluss zu finden und Erfolge gemeinsam zu feiern. Außerdem sollte im Rahmen der obligatorischen Nachbesprechung auch die Ebene der Zusammenarbeit im Team berücksichtigt werden. Nach der Teamverhandlung ist vor der Teamverhandlung, und es ist sehr wahrscheinlich, dass sich die Verhandlungsprofis der verschiedenen Bereiche innerhalb einer Organisation auch zukünftig bei einem anderen Anlass wieder zu einem Verhandlungsteam zusammenfinden. Von daher ist es sinnvoll, einen konstruktiven Abschluss zu finden, der es ermöglicht, das nächste Mal schon mit einem gewissen Erfahrungsvorsprung zu starten und damit die Phase der Teambildung abkürzen zu können.

Mehrparteienverhandlungen[15]

Eine Verhandlung wird zur Mehrparteien-Verhandlung (multilateralen Verhandlung), sobald drei oder mehr Verhandlungsparteien am Verhandlungstisch anwesend sind. Die Komplexität steigt mit jeder zusätzlichen Partei exponentiell an, sodass internationale Konferenzen mit mehr als 100 Parteien eine gewaltige Herausforderung für das Verhandlungsmanagement sind. Der entscheidende qualitative Unterschied tritt allerdings schon mit der dritten Partei am Tisch auf: Zwei Verhandlerinnen können sich gegen den Dritten verbünden. Anders als in einer Zweiparteienverhandlung können geschickte Verhandler ihre eigene Verhandlungsmacht durch Bündnisse (sogenannte Koalitionen oder Allianzen) am Verhandlungstisch deutlich erhöhen. Wer in Mehrparteienverhandlungen souverän agieren möchte, muss die speziellen Dynamiken solcher Verhandlungen verstehen und die erforderlichen Werkzeuge kennen und beherrschen.

Besondere Herausforderungen von Mehrparteienverhandlungen

Gefahr, dass der Prozess ins Stocken gerät

Die Erfahrung lehrt uns, dass die Herausforderungen am Verhandlungstisch mit der Anzahl der Verhandlungsparteien exponentiell zunehmen. Wenn acht Parteien anwesend sind, ist die Verhandlung nicht doppelt so komplex wie eine Vierparteienverhandlung – sondern deutlich komplexer. Dies liegt daran, dass es in einer Achtparteienverhandlung 28 verschiedene zwischenmenschliche Beziehungen gibt – in einer Vierparteienverhandlung aber nur sechs. Jede dieser Beziehungen kann konstruktiv oder problematisch gestaltet werden. Schon die einfachen Organisationsfragen können in einem solchen Szenario sehr herausfordernd werden: Was wird wann in welcher Reihenfolge besprochen? Wer spricht wann und wie lange? Improvisation ist in diesem Umfeld der sichere Weg zum Scheitern.

Um zu vermeiden, dass der Verhandlungsprozess ins Stocken gerät, ist es wichtig, eine effiziente Organisation durch eine präzise Agenda zu unterstützen, die Zeit für die einzelnen Themen vorsieht, eine Redeordnung für die verschiedenen beteiligten Akteure festlegt, Verfahrensregeln für Unterbrechungen und Fraktionssitzungen enthält und ein Protokoll am Ende der Sitzung sicherstellt. Häufig ist eine Vorverhandlungsphase erforderlich, in der sich die verschiedenen Parteien auf diese Verfahrensregeln einigen. So haben beispielsweise die Vereinten Nationen und die OECD kodifizierte Verfahrensregeln für den Ablauf von Mehrparteienverhandlungen und Gremiensitzungen formuliert.

Außerdem sind logistische Aspekte von größter Bedeutung. Erstens ist es nie einfach, eine große Anzahl von Parteien zur gleichen Zeit am gleichen Ort zu versammeln. So fanden beispielsweise im Rahmen der Uruguay-Runde des GATT multilaterale Treffen mit fünfundzwanzig Mitgliedsländern im Abstand von 18 Monaten statt und dauerten insgesamt acht Jahre. Zweitens muss der Gastgeber solcher Treffen hohe Kosten für Sicherheit, Reisen, Unterkunft und Verpflegung, Tagungstechnik und Material einkalkulieren.

Die Auswahl der Teilnehmerinnen ist nie eine neutrale Frage. Wer wird an den Verhandlungstisch eingeladen und wer wird ausgeschlossen? Welchen Status haben sie (Teilnehmerin oder Beobachterin)? Wie verwalten wir in solchen Situationen die jeder Rednerin zugewiesene Zeit? Die Festlegung einer geeigneten Struktur und eines geeigneten Feldes von Teilnehmerinnen nehmen Verhandlungsprofis niemals als gegeben hin, da sie erhebliche Auswirkungen auf die eigenen Erfolgsaussichten haben. Begreifen Sie diese Fragen als wichtige Verhandlungsthemen und versuchen Sie, eine für Sie möglichst günstige Struktur durchzusetzen. Wie können Sie potenzielle Verbündete in die Verhandlung mit einbeziehen? Wie können Sie die Anzahl potenzieller Gegnerinnen reduzieren, zum Beispiel, indem Sie Repräsentationen für bestimmte Anspruchsgruppen vereinbaren und damit die Mehrheit dieser Akteure zu Beobachterinnen machen?[16]

Wenn Sie an einem konstruktiven Verlauf und guten Ergebnis der Verhandlung interessiert sind, sollten Sie sich sehr dafür einsetzen, dass die Struktur der Verhandlung so einfach wie möglich bleibt und die Anzahl der Parteien am Verhandlungstisch so klein wie möglich gehalten wird, weil das bereits über Erfolg oder Misserfolg der kommenden Verhandlungen entscheiden kann.

Zwei-plus-vier-Verhandlungen: Der Weg zur deutschen Einheit – Der wesentliche Erfolg für die deutsche Wiedervereinigung wurde nicht am Verhandlungstisch der sogenannten „Zwei-plus-vier"-Verhandlungen gelegt, sondern bereits im Design der Verhandlungsstruktur selbst. Rein formal hätten reguläre Friedensverhandlungen mit sämtlichen Staaten, die sich 1945 im Kriegszustand mit dem Deutschen Reich befunden hatten, stattfinden können, vielleicht sogar müssen. Dies waren über 40 Staaten auf Seiten der Siegermächte. Die Umsetzung und Steuerung einer derartig großen Verhandlung mit so vielen Verhandlungspartnern wäre zeitlich und organisatorisch extrem aufwendig gewesen. Außerdem wäre die Verhandlung damit auch inhaltlich unglaublich komplex geworden und damit eine für alle Beteiligten interessengerechte Lösung äußerst fraglich gewesen. Denn mit Sicherheit hätte die Frage der Reparationen bzw. Entschädigungen für alle betroffenen Staaten die Verhandlungen dominiert.

Stattdessen gelang es eine Struktur zu schaffen, bei der die beiden deutschen Staaten nur mit den vier Besatzungsmächten als Vertretung für alle anderen Staaten verhandelten. Dies gelang trotz der Skepsis des von Margaret Thatcher geführten Großbritanniens deshalb, weil sich die USA außerordentlich für diesen Weg stark machten. Es war die US-amerikanische Seite, konkret Dennis Ross, der Leiter des politischen Planungsstabs im Außenministerium der Vereinigten Staaten, der ein zweigleisiges Verfahren mit einer deutlich reduzierten Zahl von Beteiligten vorschlug. Zunächst sollten die beiden deutschen Staaten bilateral die Fragen der inneren Einigung klären. Im nächsten Schritt sollten dann gemeinsam nur mit den vier Siegermächten die äußeren Fragen geklärt werden. Als die Regierungen Italiens, der Niederlande und vor allem die polnische Regierung forderten, an den Verhandlungen beteiligt zu werden, war es der Präsident der Vereinigten Staaten George H. W. Bush persönlich, der dem Ministerpräsidenten Tadeusz Mazowiecki im März 1990 telefonisch mitteilte, dass er auf die deutsche Bundesregierung vertraue, und Mazowiecki dies auch tun solle.

Auch die Verfahren zur Entscheidungsfindung sind in Mehrparteienverhandlungen eine andere Herausforderung. Hier liegt das größte Spannungsverhältnis zwischen Legitimität (am besten gewährleistet durch Konsens) und Effizienz (am besten durch Mehrheitsentscheidungen). In einer Zweiparteienverhandlung kann eine Vereinbarung nur zustande kommen, wenn beide Parteien überzeugt sind, dass ihre Beweggründe am besten durch die Vereinbarung am Verhandlungstisch befriedigt werden können. Jede Partei hat ein Veto-Recht gegen das Ergebnis. Überträgt man diese Logik auf Mehrparteienverhandlungen, dann wäre es erforderlich, dass alle Parteien zustimmen: Einstimmigkeitsprinzip. Ein solches Ergebnis ist nicht ausgeschlossen, aber es ist viel schwieriger zu erreichen und die Verhandlung erfordert viel mehr Zeit. Außerdem hat jede einzelne Partei beim Einstimmigkeitsprinzip die Möglichkeit, eine Entscheidung zu blockieren. Dies wird gerade auch als taktisches Mittel eingesetzt, um sich das eigene Veto durch übergroße Zugeständnisse an anderer Stelle abkaufen zu lassen. Will man wirklich auf eine Einigung verzichten, die von einer großen Mehrheit gewollt und nur von einigen wenigen Partnern abgelehnt wird? Oder ist es besser, eine Entscheidung mit Mehrheit zu ermöglichen und Meinungsverschiedenheiten lediglich in „Fußnoten" oder „Protokollerklärungen" zu dokumentieren? Das Mehrheitsprinzip andererseits verleitet dazu, vorschnell abzustimmen, sobald eine Mehrheit für die eigene Position erkennbar ist. Dann wird die Gelegenheit verpasst, nach Lösungen zu suchen, die auch die Interessen der Minderheit noch mehr berücksichtigt. Und werden sich überstimmte Parteien überhaupt an die Vereinbarung halten, die gegen ihren Willen erfolgt ist, und sie loyal umsetzen? Jede Entscheidungsregel hat ihre Vor- und Nachteile, deshalb sollte im Einzelfall abgewogen werden, welches Verfahren für die konkrete Verhandlung am besten geeignet ist. Wichtig ist nur, dass das Entscheidungsverfahren festgelegt wird, bevor die Verhandlung in der Sache beginnt. In der laufenden Diskussion, in der Mehrheiten erkennbar werden, wird man die Frage Konsens oder Mehrheit nicht mehr konfliktfrei entscheiden können. Deshalb lohnt es sich, diese Frage im Rahmen der Vorverhandlungen detailliert zu diskutieren, auch wenn es im Einzelfall durchaus zeitaufwendig sein kann.

Die doppelte Mehrheit der EU – Im Rahmen des Vertrags von Lissabon (2009) wurde in der EU eine neue Abstimmungsregel festgelegt: die „doppelte Mehrheit". Demnach gilt eine Mehrheit erreicht, wenn mindestens 55 % der Mitgliedstaaten, die gleichzeitig zusammen mindestens 65 % der EU-Bevölkerung vertreten, dem Beschluss zustimmen. Das verhindert sowohl, dass einige wenige große Länder eine Mehrheit der kleinen Länder überstimmen können, als auch, dass eine Mehrheit der kleinen Länder die großen Länder mit der Mehrheit der EU-Bevölkerung gegen deren Willen verpflichten können. Gleichzeitig wird einzelnen Staaten die Veto-Möglichkeit genommen, wenn sich eine deutliche Mehrheit einig ist.

Mögliche Kommunikationsschwierigkeiten

Bei Mehrparteienverhandlungen müssen die Verhandlerinnen oft nicht nur das Endergebnis berichten, sondern sich auch für den Verlauf der Verhandlungen und einzelne Aussagen rechtfertigen. Gerade in größeren Gruppen fallen Verhandlerinnen daher oft in die Rolle als Repräsentantinnen zurück und sagen vor allen Dingen das, was ihre eigenen Auftraggeber bzw. ihre eigene Basis hören wollen. Dies fördert Positionsdenken und Unnachgiebigkeit. Das gilt umso mehr für Sitzungen im Beisein der Öffentlichkeit oder der Presse.

Die Presse[17] – Der frühere französische Ministerpräsident Michel Rocard beschreibt eine typische Erfahrung aus internationalen Verhandlungen: Alle Teilnehmer wurden auf dem Weg zur Sitzung von der Presse bedrängt und mussten mit Mikrofonen unter der Nase Fragen beantworten: „Sind Sie bereit, in dieser oder jener Frage Ihre nationale Souveränität einzuschränken?“, fragte ein Journalist – „Natürlich nicht.“ Nach der Sitzung fragte der Journalist erneut: „Was haben Sie in der Verhandlung aufgegeben?“ – „Natürlich gar nichts.“ Solche Situationen sind die programmierte Sackgasse für jede Verhandlung.

Echte Verhandlungsfortschritte sind in öffentlichen Sitzungen selten. Es empfiehlt sich daher, einen Prozess zu vereinbaren, der mit einer öffentlichen Plenumssitzung beginnt, damit die Repräsentantinnen in Anwesenheit der Presse ihre Positionen engagiert vertreten und damit das Vertrauen als ehrliche Makler bei ihren Auftraggeberinnen gewinnen können. Auch für den Abschluss der Verhandlungen kann eine öffentliche Plenumssitzung zur Inszenierung des finalen Kompromisses hilfreich sein, in der die Verhandlerinnen ihre jeweilige „Victory Speech“ auf Grundlage einer vorher vereinbarten Sprachregelung platzieren können. Der Hauptteil der Verhandlung, bei dem Beweggründe erforscht und konstruktive Lösungspakete entwickelt werden, sollte jedoch in einem vertraulichen Rahmen stattfinden.

Denn auch in nichtöffentlicher Sitzung sind die kommunikativen Herausforderungen der Verhandler in einer Mehrparteienverhandlung noch sehr hoch. Statt einen einzelnen Verhandlungspartner gezielt auf Grundlage seiner Bedürfnisse und Präferenzen ansprechen zu können, müssen Verhandlerinnen in multilateralen Verhandlungen gleichzeitig zu einer Vielzahl von Zuhörern sprechen. Es ist nicht einfach, dabei die Prinzipien des Aktiven Sprechens umzusetzen. Viele Botschaften, die eine Partei gerne von uns hören möchte, würden gleichzeitig andere Parteien verärgern. In einer Weise zu kommunizieren, dass alle wichtigen Parteien sich trotz Interessenkonflikten und unterschiedlichen Kommunikationspräferenzen angesprochen fühlen, ist eine der größten Herausforderungen der Rhetorik und erfordert sorgfältige Vorbereitung und viel Übung.

Je größer die Zahl der Beteiligten an einer Mehrparteienverhandlung ist, desto geringer ist der Grad der Vertraulichkeit. Gleichzeitig ist die Vertraulichkeit oft eine unabdingbare Voraussetzung, damit Verhandler ihr Positionsdenken aufgeben, offen über ihre Beweggründe sprechen, kreative Lösungsoptionen diskutieren, ja manchmal sogar überhaupt an der Verhandlung teilnehmen können. Für einen erfolgreichen Verlauf der Mehrparteienverhandlungen ist es daher ganz entscheidend, dass zwischen den Plenumsrunden immer wieder auch vertrauliche Einzelgespräche oder Gruppengespräche (sogenannte Caucus) stattfinden können. Sind diese nicht Teil des offiziellen Verhandlungsverfahrens, so bilden sie sich informell bei den Kaffeepausen, Mahlzeiten oder abends an der Bar heraus. Oft können Spielräume für Zugeständnisse und deren Bedingungen nur im kleinsten Kreis und im Vertrauen auf die Vertraulichkeit effektiv ausgelotet werden.

Die strategische Komplexität der Probleme

Probleme, die schon in Zweiparteienverhandlungen kompliziert sind, werden in einem Mehrparteienumfeld meist sehr komplex. Einzelne Positionen scheinen völlig unvereinbar. In anderen Fragen sind sich einige Verhandler einig, andere sind aber entschieden dagegen. Die Vielzahl von Themen und Präferenzen erschwert die Transparenz und fördert das Beharren auf die eigenen Positionen. Dadurch droht ein Stillstand in der Verhandlung, wenn die Komplexität nicht mit gutem Handwerk und Erfahrung konstruktiv aufgelöst werden kann.

Das Handwerkszeug für erfolgreiche Mehrparteienverhandlungen

Die wichtigste Voraussetzung, um diese Komplexität und die Herausforderungen in Mehrparteienverhandlungen konstruktiv lösen zu können, ist eine gute Beherrschung der Methoden des professionellen Verhandelns. Während man eine einfache Kaufverhandlung zwischen zwei Parteien mit instinktivem Vorgehen und freier Improvisation noch einigermaßen bewältigen kann (wenn auch wie gesehen mit schlechteren ökonomischen Ergebnissen), sind Mehrparteienverhandlungen ohne klare Orientierung kaum lösbar. Dabei ist eine Mehrparteienverhandlungen vor allem eine Verhandlung, d. h. dass sich die Werkzeuge, die wir Ihnen bislang für einfachere Verhandlungen vorgestellt haben, auch in Konstellationen mit vielen Verhandlungsparteien als sehr wirksam erwiesen haben, insbesondere:

- Vermeiden Sie die Fallstricke instinktiven Verhandlungsverhaltens (Kapitel 1). Gerade bei hoher Komplexität besteht eine starke Versuchung unseres Gehirns, in instinktives Verhalten zurückzufallen, um sich die Sache leichter zu machen.
- Bereiten Sie sich besonders sorgfältig vor und nutzen Sie dafür die zehn Trümpfe (Kapitel 2). Es ist besonders wichtig, die jeweiligen besten Lösungen abseits vom Verhandlungstisch der einzelnen Verhandlungsparteien zu analysieren, da diese ein gutes „Gegengift" bei Positionskampf und Stillstand sein können. Außerdem ist es gerade bei Mehrparteienverhandlungen wichtig, die einzelnen Akteure und ihre Beziehungen in einer „Einflusslandkarte" zu visualisieren. Ein zusätzlicher Schritt in der Vorbereitung auf eine Mehrparteienverhandlung ist die Planung einer effektiven Koalitionsstrategie. Dies werden wir im nächsten Abschnitt genauer erläutern.
- Organisieren Sie die Verhandlungssitzungen mit einem klaren und im Detail festgelegten Prozess (Kapitel 3). Wichtig ist vor allen Dingen, dass Sie eine Agenda festlegen, bei der „Giftpillen", also Verhandlungsthemen, bei denen eine Einigung von vorneherein ausgeschlossen erscheint, aus der Agenda abgespalten werden. Dazu

können diese auf andere Verhandlungen (in der Zukunft) vertagt und verabredet werden, und es kann erst einmal mit den leichter lösbaren Fragen begonnen werden, um Vertrauen aufzubauen.

- Konzentrieren Sie sich auf einen konstruktiven Verhandlungsansatz, bei dem Sie eine Vielzahl von möglichen Lösungsoptionen entwickeln (Kapitel 4 und 8).
- Achten Sie unbedingt auf Aktives Zuhören und Aktives Sprechen (Kapitel 5).
- Steuern Sie bewusst Ihre Emotionen. In einer Gruppe braucht es nur eine frustrierte Partei, um Negativität in der gesamten Gruppe auszulösen (Kapitel 6). Momente der Eskalation in Mehrparteienverhandlungen können mit Pausen bewältigt werden, die es den Parteien ermöglichen, sich wieder zu beruhigen, über die Spielregeln zu verhandeln und ggf. neue Akteure in die Interaktion einzubeziehen.
- Überlegen Sie gut, ob Sie nicht eine neutrale Moderatorin oder eine Sitzungsleitung einbeziehen wollen, um die Entwicklung der Verhandlung im Auge zu behalten und konstruktive Verhandlungsmethoden effektiv einzusetzen. Gerade die Anwesenheit einer neutralen dritten Partei ist oft sehr hilfreich, um gute Verhandlungsbeziehungen zu sichern und einen effizienten Verhandlungsprozess umzusetzen. Jede soziale Gruppe braucht Führung, um effektiv arbeiten zu können. Von daher ist eine unklare Führungsrolle ein zusätzlicher Problemfaktor in Mehrparteienverhandlungen, den man unbedingt vermeiden sollte.
- Wenn einer Verhandlungspartei die Aufgabe der Sitzungsleitung übertragen wird, besteht ein Spannungsverhältnis und Interessenkonflikt. Wenn sich die Partei sehr auf ihre parteilichen Interessen konzentriert, können heftige Konflikte ausgelöst werden, weil andere Akteure den Eindruck gewinnen, sie „missbrauche ihre Leitungsrolle" zum eigenen Vorteil. Wenn sie sich allerdings vor allem auf ihre Leitungsaufgabe konzentriert, leidet meist die Interessenbefriedigung für ihre eigene Partei im Endergebnis. Eine gute Lösung ist es, in einem solchen Fall mit zwei Personen an den Tisch zu kommen, von denen eine Person sich nur auf die Leitung konzentriert und sich aus der streitigen Diskussion komplett heraushält, während die andere Person den „Verhandlerhut" aufhat.
- Bei großen Mehrparteienverhandlungen ist es sehr empfehlenswert, einen neutralen Dritten oder ein Konferenzsekretariat zu beauftragen, eine Vereinbarung nach dem Ein-Text-Verfahren[18] zu entwickeln und den Parteien schließlich zur Entscheidungsfindung zu präsentieren, um möglichst wertschöpfende Lösungen und gleichberechtigte Zugeständnisse zu organisieren.
- In Mehrparteienverhandlungen ist die „Geschäftsordnung", in der neben dem Entscheidungsverfahren auch Aspekte wie Antragsrecht und Veränderungsoptionen für die Agenda festgelegt sind, von größter Bedeutung. Interessieren Sie sich für die strategischen Konsequenzen bestimmter Regelungen[19] und versuchen Sie, in Ihrem Sinne Einfluss auf die Geschäftsordnung zu nehmen.

Koalitionen bilden und Allianzen strategisch nutzen

Strategische Analyse der Verhandlungssituation

Die wichtigste Voraussetzung, um eine Mehrparteienverhandlung erfolgreich abzuschließen, ist die Reduzierung der Komplexität. Um sich einen Überblick über die vielfältigen Beweggründe zu verschaffen, sollten Sie die Verhandlungssituation analytisch in eine Folge von Zweiparteienverhandlungen herunterbrechen, in denen jeweils zwei Akteure verhandeln.

Dazu erstellen Sie zunächst eine Beteiligtenanalyse. Listen Sie in einer Tabelle alle an der Verhandlung beteiligten Parteien auf und analysieren Sie detailliert deren Beweggründe und Perspektiven. Fragen Sie sich auch, mit welchen der anderen Verhandlungsparteien dieser Akteur gute Beziehungen unterhält und während der Verhandlung unbedingt aufrechterhalten will – und zu welchen anderen Verhandlungsparteien dieser Akteur konflikthafte Beziehungen unterhält:

Tabelle 7.1 Beteiligtenanalyse

Akteur	Beweggründe	Prioritäten	Beste Lösung abseits vom Tisch	Positive Beziehungen zu	Konfliktbeziehungen mit
Partei 1					
Partei 2					
Partei n					

Analysieren Sie anschließend auf Grundlage dieser Vorüberlegungen die Verhandlungsbeziehung zwischen jeweils zwei dieser Akteure und visualisieren Sie diese in einer Verhandlungsnetzwerk-Tabelle (wie in Tabelle 7.2). Ihr Ziel ist es dabei, sich einen Überblick über die Kompatibilität der einzelnen Verhandlungsparteien zu verschaffen. Wer sind natürliche Bündnispartner? Wer sind natürliche Gegner? Bei welchen Akteuren ist die Verhandlungsbeziehung ambivalent?

- Tragen Sie alle Verhandlungsparteien in die Tabelle ein, sich selbst bitte an erster Stelle als „Verhandler 1“.
- Tragen Sie in die schraffierten Felder die wichtigsten „Trümpfe“ der jeweiligen Verhandlungspartei ein: Beweggründe, Mandat, beste Lösungen abseits vom Verhandlungstisch.
- Beginnen Sie eine Analyse der gesamten ersten Reihe. Dazu überlegen Sie systematisch für jede der anderen Parteien: Wie ist meine derzeitige Beziehung zu diesem Akteur? Welche Lösungsoptionen kann ich ihm anbieten, um seine Beweggründe zu befriedigen? Welche Art von Informationen kann ich ihm gegenüber offenle-

gen und welche Fragen habe ich an ihn? Welche Argumente sind für ihn besonders überzeugend? Vergeben Sie zuletzt für jeden der Akteure einen Kompatibilitätswert, der aussagt, wie wahrscheinlich es ist, dass Sie mit diesem Akteur in der Verhandlung gemeinsame Sache machen werden. Der Wert reicht von 1 (massive Gegensätze, wenig Anknüpfungspunkte) bis 10 (natürlicher Bündnispartner, sehr viele Gemeinsamkeiten).

- Analysieren Sie anschließend die gesamte erste Spalte. Dabei denken Sie sich nach und nach in die Perspektive jeder anderen Verhandlungspartei hinein und fragen sich, wie diese Partei wohl die Beziehung zu Ihnen bewertet, welche Optionen sie Ihnen anbieten wird, wie sie die Kommunikation zu Ihnen gestalten kann – und welchen Kompatibilitätswert sie wohl Ihnen zuweisen wird.
- Bearbeiten Sie anschließend den Rest der zweiten Reihe. Reflektieren Sie dazu die Perspektive des jeweiligen Akteurs auf alle anderen Akteure am Tisch und den Kompatibilitätswert. Tun Sie das Gleiche für jede weitere Zeile der Tabelle. Dadurch trainieren Sie Ihre Empathie und erhalten einen guten Eindruck von potenziellen Kooperationen und möglicher Fraktionsbildung in der Verhandlung, um darauf mit einer bewussten Kooperationsstrategie reagieren zu können, die wir Ihnen noch vorstellen werden.

Tabelle 7.2 Strategische Analyse einer Mehrparteienverhandlung

	Verhandler 1	**Verhandlerin 2**	**Verhandler 3**
Verhandler 1	Beweggründe? Mandat? BATNA?	Beziehung zu 2? Lösungsoptionen? Kommunikation? **Kompatibilität?**	Beziehung zu 3? Lösungsoptionen? Kommunikation? **Kompatibilität?**
Verhandlerin 2	Beziehung zu 1? Lösungsoptionen? Kommunikation? **Kompatibilität?**	Beweggründe? Mandat? BATNA?	Beziehung zu 3? Lösungsoptionen? Kommunikation? **Kompatibilität?**
Verhandler 3	Beziehung zu 1? Lösungsoptionen? Kommunikation? **Kompatibilität?**	Beziehung zu 2? Lösungsoptionen? Kommunikation? **Kompatibilität?**	Beweggründe? Mandat? BATNA?

Arten von Koalitionen

In einer Koalition finden sich zwei oder mehr Beteiligte zusammen, um durch koordiniertes Zusammenwirken ihren Einfluss auf Verlauf oder Ergebnis der Verhandlung zu stärken und ihre Ziele gegen andere Beteiligte besser durchsetzen zu können. Koalitionen zielen in erster Linie auf die Dimension der Wertaneignung. Durch das Zu-

Expertentipp: Allianzen im Unternehmen beachten

von Oliver Hecker, Geschäftsführender Gesellschafter, Tempton Group GmbH

Mehrparteienverhandlungen gibt es nicht nur in der internationalen Politik, sondern in jedem Unternehmen. Wenn Vertreterinnen aus verschiedenen Bereichen des Unternehmens in einem Meeting zusammenkommen, sollten wir nicht vergessen, dass das immer auch eine Mehrparteienverhandlung ist.

Wenn wir mit diesem Blick auf unsere Meetings schauen, sehen wir Dynamiken, die uns sonst verborgen bleiben. Denn natürlich gibt es auch dort Koalitionen und Allianzen. Allianzen sind Akteure, die miteinander dauerhaft zusammenarbeiten und sich gegenseitig unterstützen – unabhängig von der konkreten Sachfrage. Welche Allianzen gibt es in Ihren Meetings?

Allianzen sind nichts Schlimmes. Wo immer Menschen zusammenarbeiten, da werden sich einzelne zusammentun, um gemeinsam ihre Ziele zu erreichen. Problematisch ist es, wenn die Machtfragen die Sachdiskussionen überlagern. Und sehr problematisch ist es, wenn es mächtige Allianzen im Unternehmen gibt – und Sie nicht dazugehören.

sammenwirken mit anderen kann die eigene Verhandlungsmacht insbesondere für kleine Akteure deutlich gestärkt werden.[20]

In Gewinnerkoalitionen finden sich Akteure zusammen, um ein gemeinsam gewünschtes (Teil-)ergebnis durchzusetzen. Wenn die Akteure innerhalb der Koalition in ihren wichtigen Beweggründen große Gemeinsamkeiten aufweisen, bildet sich eine starke Gewinnerkoalition, weil große Einigkeit in der Sache herrscht und außenstehende Parteien wenig attraktive Angebote machen können, um Akteure aus der Koalition mit besseren Angeboten „herauszukaufen“. Bestehen innerhalb der Koalition größere Interessenkonflikte und beruhen die Gemeinsamkeiten eher auf nachrangigen Prioritäten, ist dies eine schwache Koalition. Die Akteure könnten in Versuchung geführt werden, die Koalition zu verlassen, wenn man ihnen ein attraktives Angebot unterbreitet, das ihre eigenen Topprioritäten besser befriedigen kann, ohne große Kompromisse wie innerhalb der Koalition machen zu müssen.

In einer Blockadekoalition finden sich Akteure zusammen, um ein gemeinsam abgelehntes (Teil-)ergebnis zu verhindern. Da die Parteien sich nur darin einig sind, was sie nicht wollen, aber sehr unterschiedliche Präferenzen haben, was sie wollen, können solche Koalitionen oft durch die „Maoam-Frage“ („Was wollt Ihr denn?“) aufgespalten werden.

In jeder Mehrparteienverhandlungen bilden sich reaktive Koalitionen, d.h. bestimmte Entwicklungen des Prozesses führen dazu, dass sich einzelne Akteure zusammenfinden und ihre Sache gemeinsam voranbringen. Proaktive Koalitionen sind solche, die bewusst und geplant im Rahmen einer Strategie aufgebaut werden.

Koalitionspotenziale

Die Forschung zur Bildung von Koalitionen ist mehr als ein halbes Jahrhundert alt und hat vor allen Dingen eine spieltheoretische, eine sozialpsychologische und eine politikwissenschaftliche Perspektive. Sie ist aber kaum in der Lage, das Geschehen in größeren Mehrparteienverhandlungen vorherzusagen oder eine praktische Orientierung für eine konkrete Koalitionsstrategie zu liefern.[21]

Die Negotiation Analysis liefert zwar Aussagen dazu, welche Parteien Koalitionen bilden und wie sie ihre Verhandlungsgewinne dazu untereinander aufteilen können,[22] unsere praktische Erfahrung zeigt allerdings, dass sich sehr oft ganz andere Akteure zusammenfinden, auch wenn das von außen oft unverständlich scheint. Die klassische Theorie bewertet ein solches Verhalten als „irrational".

Tatsächlich liegt der Fehler beim Menschenbild. Wir haben bereits diskutiert, wie stark menschliche Entscheidungen von Emotionen beeinflusst sind. Wenn wir das Koalitionsverhalten von Verhandlerinnen verstehen wollen, müssen wir berücksichtigen, dass sowohl unsere rationale Seite, die sachliche Interessen befriedigen will, als auch unsere soziale Seite, die emotionale Bedürfnisse befriedigen will, an dieser Entscheidung beteiligt ist.

In der Analyse von Prozessen in Mehrparteienverhandlungen ist uns daher schon vor mehr als 20 Jahren aufgefallen, dass wir die ökonomische Koalitionstheorie nicht ersetzen, aber um die „emotionale Koalitionstheorie" ergänzen müssen, die zwar nicht so heißt, aber bereits seit den 1940er-Jahren existiert: Es handelt sich um die angewandte Gruppendynamik, begründet von Kurt Lewin und Jacov Levi Moreno, die intensiv die Dynamiken erforscht hat, aus denen sich entscheidet, wer mit wem in einer sozialen Gruppe verbunden ist und wer aus welchen Gründen eher ausgegrenzt wird.[23] Eine Mehrparteienverhandlung erfüllt alle Definitionsmerkmale einer sozialen Gruppe, von daher ist es selbstverständlich, dass dort auch die gruppendynamischen Prozesse auftreten. Integrieren wir diese beiden Koalitionstheorien, so haben wir eine gute Grundlage, um Koalitionsbildungen erklären und vorhersagen zu können. Außerdem bieten sie uns ein stabiles Fundament, auf das wir eine fundierte Strategie aufbauen können, wie wir unsere eigenen Interessen in einer Mehrparteienverhandlung durch Koalitionen optimal befriedigen können.

Um eine Orientierung für die Verhandlungspraxis bieten zu können, müssen diese komplexen Theorien auf überschaubare Kriterien heruntergebrochen werden. Dies bietet das Modell der Sechs Koalitionspotenziale nach Andreas Winheller:

1. Gemeinsame Sachinteressen: Wenn Sie in den wichtigsten Fragen gemeinsame Interessen mit einer anderen Verhandlungspartei haben, dann sind Sie natürliche Koalitionspartner. Ein solches Fundament bildet eine starke Vertrauensbasis, weil alles, was gut für den einen ist, auch gut für die andere ist. Finden Sie solche Akteure

und bilden Sie frühzeitig eine Koalition mit ihnen. Dadurch können Sie Ihre kommunikative Power gerade in größeren Mehrparteienverhandlungen deutlich stärken. Da zwischen Ihnen keine großen Interessenkonflikte bestehen, können Sie koordiniert und parallel kommunizieren. Während Sie mit einer Verhandlungspartei sprechen, kann die andere bereits mit einer anderen Partei verhandeln. Wenn sich in einer Auszeit eine Gruppe zu einer Besprechung zurückzieht, können Sie mitgehen, und die andere achtet in der gleichen Zeit darauf, dass die Diskussionen unter den restlichen Akteuren nicht in eine ungünstige Richtung laufen.

2. Gemeinsame Beziehungsinteressen: Eine Koalition kann aber auch nur auf gemeinsamen strategischen Beziehungsinteressen beruhen. Wenn die Beziehung zwischen den Parteien so stark ist, haben sie oft das Bedürfnis „Wir lassen uns nicht auseinanderdividieren. Wir machen unsere Kompromisse, aber halten zusammen" – auch wenn ihre Beweggründe in der Sache eher anderen Bündnissen entsprechen würden. Diese Tendenz sieht man oft, wenn sich Verwandte oder Partner in verschiedenen Rollen in einer Mehrparteienverhandlung begegnen.
3. Sympathie: Die Forschung zeigt, dass wir mit Menschen zusammenarbeiten wollen, die uns sympathisch sind, selbst wenn es in der Sache wenig Anknüpfungspunkte gibt. Deshalb ist ein möglichst starkes Bonding und „Likeability" auch in Mehrparteienverhandlungen ein ganz wichtiger Erfolgsfaktor. Über Sympathie können Sie mit praktisch jedem Akteur eine Koalition bilden, auch wenn Sie ansonsten wenig Potenzial dafür mitbringen.
4. Gemeinsame Antipathie: „Der Feind meines Feindes ist mein Freund", dieses Prinzip muss zwar strategisch nicht richtig sein, denn ich kann den Feind meines Feindes aus wichtigen Gründen ablehnen, psychologisch ist es aber eine stabile Basis für die Zusammenarbeit. Die gemeinsame Ablehnung eines Dritten wirkt als sehr starke Identifikation stiftende Gemeinsamkeit und stärkt den Zusammenhalt. Nicht umsonst ist es seit Jahrtausenden eine zynische, aber wirksame Strategie des Machterhalts, bei Streitigkeiten im Inneren einen Krieg mit einem äußeren Feind zu beginnen, um die inneren Konflikte zu überspielen.
5. Bündnispartner einkaufen: Sie können eine Koalition auch darauf gründen, dass Sie einer anderen Partei im Gegenzug für deren Unterstützung in der jetzigen Verhandlung Angebote machen, andere Interessen zu befriedigen, die außerhalb des jetzigen Verhandlungsrahmens liegen. „Effiziente Nebenabsprachen" heißt diese Technik in der diplomatischen Verhandlungslehre.

Solarkraftwerke gegen Fangquoten – Stellen wir uns eine internationale Konferenz zur Festlegung der Fangquoten in der Hochseefischerei vor. Die Repräsentantin einer Fischereination könnte an ein armes Entwicklungsland ohne Küste herantreten und im Tausch für die Unterstützung des eigenen Vorschlages bezüglich der Fangquoten den

Bau von zwei Solarkraftwerken als Entwicklungshilfe anbieten. Solche Tauschgeschäfte sind in der internationalen Diplomatie durchaus üblich. Wenn allerdings die persönlichen Interessen der Repräsentantin befriedigt werden (z. B. durch einen Koffer Schwarzgeld zur Bestechung), dann handelt es sich eindeutig um unzulässige Korruption.

6. „Gemeinsam können wir mehr erreichen" (Control the Leader Koalition): Manchmal finden sich auch kleinere Akteure in Reaktion auf die Machtdemonstration mächtiger Verhandlungsparteien zu einer Koalition zusammen. Die treibende Motivation besteht darin, dass sie angesichts der überlegenen Verhandlungsmacht glauben, nur koordiniert miteinander ihre eigenen Interessen angemessen durchsetzen zu können. In einer Zweiparteienverhandlung führt die Inszenierung von Verhandlungsmacht zu einem guten Ergebnis auf der Ebene der Wertaneignung. Es ist ein entscheidender Unterschied, dass die mächtigen Akteure in Mehrparteienverhandlungen („Elefanten") ihre eigene Größe kommunikativ eher bescheiden inszenieren müssen, um nicht reaktive Abwehrkoalitionen zu provozieren. Dies zeigt auch die Erfahrung mit Gesellschaftsspielen, die auf Verhandlungsprozessen beruhen, wie z. B. „Diplomacy": Wer hier nach einer Stunde führt, gewinnt so gut wie nie das Spiel, weil sich die anderen Spieler angesichts seiner Stärke gegen ihn verbünden. Wer hier an zweiter oder dritter Stelle liegend sich als „Anwältin der Kleinen" inszeniert und die Abwehrkoalitionen schmiedet, hat eine gute Chance, im Windschatten des Starken zum Sieg zu fahren.

Machtloses NRW – Der Landesverband Nordrhein-Westfalen eines deutschen Sportverbandes stellte zeitweise etwa 40 % der Delegierten auf dem Bundestag. Trotz dieses gewaltigen Stimmengewichts verlor man über Jahre hinweg jede umkämpfte Abstimmung. Grund dafür war die undiplomatische Politik des Präsidenten des Landesverbandes, der in den Diskussionen die eigene Bedeutung betonte und von „den kleinen Landesverbänden Rücksichtnahme" einforderte. Das Ergebnis: Die anderen Landesverbände stellten ihre Meinungsverschiedenheiten zurück, schlossen Kompromisse auf Kosten von NRW und demonstrierten bei der Abstimmung eindrücklich, dass 40 % der Stimmen in einer Mehrparteienverhandlung eben noch keine Garantie auf 51 % sind, wenn man sich wie ein Elefant im Porzellanladen aufführt.

Tipps zur Koalitionsbildung[24]

Aufgrund der Bedeutung von Koalitionen benötigen Sie in Mehrparteienverhandlungen eine andere Kommunikationsstrategie. Während es in Zweiparteienverhandlungen die beste Strategie ist, sich erst einmal zurückzuhalten und der Gegenseite Raum zu geben, ihre Perspektive darzustellen, ist in Mehrparteienverhandlungen Initiative wichtig. Versuchen Sie möglichst früh das Wort zu ergreifen, damit Sie Ihre Botschaften, mit denen Sie Ihre potenziellen Bündnispartnerinnen ansprechen wollen, als Erster formulieren können. Wer als Erster ausdrückt, was andere in der Gruppe fühlen, erwirbt gruppendynamisch einen Führungsanspruch. Wer es als Zweiter bestätigt, wird als Mitläufer wahrgenommen. Wenn Sie nicht früh initiativ werden und Ihre Koalitionen schmieden, riskieren Sie, dass sich bereits Koalitionen zu Ihren Ungunsten gebildet haben, wenn Sie in die Verhandlung einsteigen.

Von daher erinnern wir an die Bedeutung von informellen Vorgesprächen vor der Verhandlung. Kontaktieren Sie wichtige Bündnispartnerinnen bereits vor Verhandlungsbeginn und sprechen Sie über eine Zusammenarbeit. Verhandlungsprofis möchten ihre Mehrheit sicher haben, bevor die Verhandlung am Tisch beginnt.

Zu Beginn der Koalitionsbildung wird es für Sie relativ schwer sein, Bündnispartner zu gewinnen, denn die Erfolgsaussichten sind unsicher. Sie brauchen von daher ein gutes Beziehungsfundament, um Vertrauen aufzubauen, und müssen Ihren frühen Partnerinnen in der Regel trotzdem größere Zugeständnisse machen, um sie zu gewinnen. Überlegen Sie sich daher, welcher potenzielle Bündnispartner eine Strahlkraft hat, die weitere Akteure motiviert, sich einer Koalition anzuschließen, wenn sich dieser Partner dafür entschieden hat. Hat Ihre Koalition erst einmal eine gewisse Größe erreicht, sodass der Eindruck entsteht, dass Sie erfolgreich sein werden, dann werden sich Ihnen andere Akteure anschließen, ohne dafür viel zu fordern, einfach weil Menschen lieber Teil einer Gewinnerkoalition als überstimmte Minderheit sein wollen (sogenannter Bandwagon-Effect). Überlegen Sie gut, wie Sie zum richtigen Zeitpunkt diesen für Sie günstigen Eindruck vermitteln können.

Gleichzeitig geschieht erfolgreiche Koalitionsbildung besser im Verborgenen, weil offen erkennbare Initiativen zur Zusammenarbeit diejenigen, die sich davon nicht angesprochen fühlen, motivieren, sich mit anderen zu einer Abwehrkoalition gegen Sie zusammenzuschließen oder Ihre Versuche der Koalitionsbildung öffentlich moralisch zu diskreditieren, was Ihnen die Arbeit unnötig erschwert.

Erstellen Sie vor einer Mehrparteienverhandlung eine Koalitionsstrategie auf Grundlage der strategischen Analyse, die wir Ihnen bereits vorgestellt hatten. Legen Sie fest, welche anderen Verhandlungsparteien Sie in welcher Reihenfolge und auf welchem Weg kontaktieren wollen und welche konkreten Botschaften Sie ihnen kommunizieren wollen, um sie für die Zusammenarbeit zu gewinnen. Berücksichtigen Sie dabei auch, wer Sie als zusätzliche Autorität bei einzelnen Gesprächen unterstützen kann. Arbeiten Sie dann diesen strategischen Kommunikationsplan systematisch und diszipliniert ab.

Koalitionen zusammenhalten

Wenn Sie erfolgreich eine Koalition aufgebaut haben, betrachten Sie diese niemals als Selbstverständlichkeit. Sehen Sie es als eine strategische Aufgabe, aktiv für den Zusammenhalt der Koalition zu arbeiten, oder wie die Amerikaner sagen: „Praying to the converted is a daily business". Eine gewisse Stabilität ergibt sich, wenn Ihnen die Koalitionspartner ausdrücklich ihre Unterstützung zugesagt haben. Konsistenz und der Status quo bias stärken dann die „Koalitionsintegrität[25]". Das gilt allerdings nur, wenn Sie Ihren Koalitionspartnern keinen Anlass geben, einen Bruch der Koalition vor sich zu rechtfertigen. Achten Sie auf wertschätzende Kommunikation, auf ausreichende Information, auf Partizipation und auf die Orientierung an den gemeinsamen Zielen. Kommunizieren Sie optimistisch, wie sich die Koalition für die Bündnispartnerinnen auszahlen wird. Beantworten Sie so konkret wie möglich die Frage: „Was ist drin für mich?" Je stärker die Vertrauensbasis innerhalb der Koalition, desto schwieriger wird es für Außenstehende, sie zu spalten.

Koalitionen spalten

Am besten ist, dass Sie frühzeitig initiativ sind und gar nicht erst zulassen, dass sich gefährliche Koalitionen gegen Sie bilden. Wenn sich allerdings solche Koalitionen gebildet haben, haben Sie strategisch nur noch die Möglichkeit, Ihre Niederlage zu akzeptieren oder zu versuchen, diese Koalition zu spalten. Gemäß unserer integrierten Koalitionstheorie stehen Ihnen auch dafür wieder zwei Ebenen zur Verfügung.

- Sachebene: Sie nutzen Interessengegensätze, um einzelne Akteure aus einer Koalition herauszubrechen. Eine Möglichkeit besteht darin, dass Sie Ihre Konzessionen in der Verhandlung gezielt zugunsten eines Teils der Akteure anbieten, der dem Rest der Koalition aber nicht so wichtig ist. Indem Sie Einzelinteressen befriedigen, bieten Sie einzelnen Mitgliedern der Koalition ein sehr gutes Verhandlungsergebnis an, wenn sie auf Ihre Angebote eingehen. Dies bringt diese in Versuchung, die Absprachen mit den anderen zu ignorieren und das von Ihnen angebotene gute Ergebnis für sich zu sichern. Eine andere Möglichkeit ist, dass Sie einzelne Akteure aus einer Koalition herauskaufen, indem Sie Ihnen attraktive Angebote außerhalb der Verhandlung machen.

Solarkraftwerke gegen Fangquoten II – Kommen wir zurück auf unser Beispiel der Internationalen Konferenz zur Festlegung der Fangquoten. Wenn eine Stimme von einer anderen Delegation mit zwei Solarkraftwerken „gekauft" wurde, besteht die Möglichkeit, „drei Solarkraftwerke" zu bieten, um die Verhandlungspartei für sich zu gewinnen. Wenn Sie allerdings solch ein Mittel nutzen, sollten Sie bedenken, dass Ihr neuer Koalitionspartner zu erkennen gegeben hat, dass sein Wort nicht viel wert ist, wenn er ein besseres Angebot bekommt. Versuchen Sie zu vermeiden, dass Sie in eine teure „Auktion" um seine Stimme hereingezogen werden.

Dazu können Sie das strategische Mittel des „Schiffe verbrennen" nutzen. Dieses Mittel geht auf den spanischen Konquistador Hernán Cortés zurück, der 1519 mit 11

Schiffen und 500 Mann in Mexiko landete, um das Aztekenreich zu erobern. Nach der Ankunft befahl er, sofort die Schiffe zu verbrennen. Dadurch, dass er sich strategisch den Rückweg abschnitt, vermittelte er seinen Soldaten, dass sie nur noch die Option hatten, vorwärts siegreich zu sein. Wenn Sie einen neuen Koalitionspartner für sich gewinnen, können Sie seine „Schiffe verbrennen", indem Sie ihn ermuntern, sich öffentlich zu erklären und dabei auch deutlich gegen Ihren gemeinsamen Gegner zu positionieren. Dann wird ihm auch bei einem besseren Angebot der erneute Wechsel der Koalition wegen des Verlustes seiner Glaubwürdigkeit nur schwer möglich sein.

- Beziehungsebene: Eine Koalition beruht auf einem Beziehungsfundament von Vertrauen und Optimismus. Sie können eine Koalition daher auch dadurch spalten, dass Sie dieses Beziehungsfundament zerstören, indem Sie Konflikte und Misstrauen schüren, z. B. über Macht- und Führungsfragen innerhalb der Koalition oder Fairnessaspekte.[26]

Allianzen

Der Aufbau von ad-hoc-Koalitionen ist mühsam und zeitaufwendig. Haben Sie eine Koalition erfolgreich aufgebaut und waren mit ihr in einer Mehrparteienverhandlung erfolgreich, sollten Sie diesen Erfolg miteinander feiern und sich die Bedeutung der Koalition und den wichtigen Beitrag jedes einzelnen Koalitionspartners bewusst machen. Nach der Verhandlung ist vor der Verhandlung, das bedeutet: Nach der Koalition ist vor der Koalition. Wenn ein Akteur mit Ihnen in einer Verhandlung erfolgreich und vertrauensvoll zusammenarbeiten konnte, wird er mit großer Wahrscheinlichkeit bereit sein, mit Ihnen in zukünftigen Verhandlungen wieder gemeinsame Sache zu machen. Pflegen Sie diese wertvollen Kooperationspotenziale und transformieren Sie ad-hoc Koalitionspartner zu einem Beziehungsnetzwerk langfristiger strategischer Allianzen.

Multikulturelle Verhandlungen

Mit der Globalisierung sind multikulturelle Interaktionen alltäglich geworden. Wir behandeln das Thema in diesem Buch auf Grundlage unserer Erfahrungen mit Verhandlerinnen aus über 100 Ländern, mit denen wir unsere Verhandlungsmethoden diskutieren und verfeinern konnten. Das Thema ist zu umfangreich, um es in einem Abschnitt vollständig zu behandeln, weshalb wir dem interessierten Leser für noch tiefere Einblicke Spezialliteratur empfehlen.[27] Zu der Verhandlungsperformance verschiedener Kulturen ist viel geschrieben worden. Dabei zeichnet sich ab, dass ein Paar Verhandler aus Kultur X in der gleichen Ausgangslage grundsätzlich qualitativ vergleichbare Ergebnisse erzielt wie ein Paar Verhandler aus Kultur Y. Eine bestimmte

Verhandlungskultur ist nicht per se effizienter als andere Verhandlungskulturen. Einige wenige Studien[28] zeigen zwar, dass einige Kulturen eher in der Lage sind, am Verhandlungstisch Wertschöpfung zu betreiben als andere, aber „Wert" ist hier subjektiv und kulturell definiert. Wenn allerdings in einer Verhandlung die Verhandlerinnen aus unterschiedlichen Kulturen stammen, ist ihre Verhandlungsperformance durchschnittlich schlechter im Vergleich zu einem kulturell homogenen Verhandlungspaar.

Verhandlung und Kultur – echte Unterschiede und Klischees

Aktuelle Literatur zum Thema „Erfolgreich Verhandeln mit Kultur X in 10 Schritten" ist meist voll von Anekdoten über kulturelle Unterschiede: „Brasilianer sind so, und die Japaner sind so". Seltsamerweise präsentieren die Autoren aber praktisch nie Anekdoten, die auf ihre eigene Kultur zutreffen. Wir wollen in diesem Buch einen anderen Blickwinkel einnehmen.

Falsche Vorstellungen über kulturelle Unterschiede

Wir sind davon überzeugt, dass der Einfluss kultureller Unterschiede auf Verhandlungen aus mehreren Gründen überschätzt wird. Der erste Grund ist das Klischee. Diskussionen über multikulturelle Verhandlungen sind sehr oft mit Stereotypen über Verhandlungsverhalten basierend auf den Herkunftsländern der Verhandlerinnen behaftet. Klischees florieren, weil sie scheinbar so schön einfach erklären, was in Wirklichkeit sehr viel komplexer ist. Die Vereinfachung bietet eine bequeme Ausgangsbasis für die Erarbeitung einer Strategie. Diese Ausgangsbasis schafft jedoch eine trügerische Sicherheit, denn „den typischen Amerikaner" oder „den typischen Japaner" gibt es nicht. Es ist wichtig, diese kognitiven Verzerrungen zu vermeiden.

Der zweite Grund, aus dem kulturelle Unterschiede in Verhandlungen überschätzt werden, hat mit selbsterfüllenden Prophezeiungen zu tun (siehe Kapitel 5). Wenn ich zum Beispiel auf eine Verhandlerin aus einer Verhandlungskultur treffe, die als besonders wettbewerbsorientiert gilt, bin ich versucht, selbst so zu verhandeln, dass ich mich gegen egoistische Ausbeutung schütze, also selbst eher wettbewerbsorientiert und wenig kooperativ verhandle. Die andere Verhandlerin reagiert dann auf mein Verhalten wettbewerbsorientiert, obwohl sie selbst vielleicht gerne anders verhandeln würde, und erfüllt damit meine Prophezeiung und ich fühle mich bestätigt. Kognitive Verzerrungen in Bezug auf kulturelles Verhalten produzieren oft erst das Verhalten, das sie vorherzusagen glauben.

Der dritte Grund hat mit der Tendenz zu tun, dass die Globalisierung mit einer kulturellen Angleichung und sogar Homogenisierung einhergeht. Dies hat sich gerade im Bereich der Verhandlungen durch die weltweite Verbreitung amerikanischer Verhandlungsansätze und Trainingsmethoden deutlich gezeigt. Auf Grundlage eines gemeinsamen Verhandlungsvokabulars und gemeinsam geteilter Konzepte ist hier eine gewisse Nivellierung des Verhandlungsverhaltens festzustellen, die die kulturellen Unterschiede verwischt.

Schließlich ist noch wichtig zu beachten, dass die Kulturvariable sehr relativ ist, da wir alle zu mehreren Kulturkreisen gehören. Kulturelle Grenzen gehen über rein nationale Grenzen hinaus.

Multiple kulturelle Identitäten

Über die Nationalität hinaus hat die regionale Herkunft einen sehr bedeutenden Einfluss. Ein Bewohner der Nordseeinseln unterscheidet sich kulturell deutlich von einer gebürtigen Oberbayerin. Auch in den USA gibt es gewaltige Unterschiede zwischen der Ostküste, dem „Bible Belt“ und der Westküste. Wenn wir über die großen kulturellen Unterschiede in unserem eigenen Land nachdenken, merken wir schon, wie wenig hilfreich Bücher sein müssen, die im Ausland mit dem Titel „Wie die Deutschen verhandeln“ verkauft werden.

Außerdem ist es wichtig, den beruflichen kulturellen Hintergrund zu berücksichtigen. Aus den Prägungen unserer Ausbildung und unserer beruflichen Erfahrungen entwickeln wir eine ganz besondere Perspektive, ein Referenzsystem, Kriterien und bestimmte Verhaltensweisen, wie wir an Verhandlungen herangehen. Juristen werden aufgrund ihrer Kenntnisse über Konflikte und rechtliche Risiken zum Beispiel Garantieklauseln in einer Verhandlung ganz besondere Aufmerksamkeit schenken. Eine Verhandlung zwischen einem Ingenieur und einer Verkäuferin wird wahrscheinlich zwei sehr unterschiedliche Verhandlungsstrategien zeigen. Gibt es also größere kulturelle Unterschiede zwischen einem Anwalt aus Hamburg und einer Softwareingenieurin aus Oberbayern, oder zwischen einem Verkäufer aus Deutschland und einem aus den USA?

Wir bauen eine Straße zwischen Stadt A und Stadt B – Auf die Frage, was die beste Verbindung von Stadt A zu Stadt B ist, würde ein Mathematiker wahrscheinlich argumentieren, die kürzeste Verbindung wäre eine direkte Linie. Eine Ingenieurin würde nach einer Route suchen, die technisch machbar ist, aber eine beeindruckende Brücke benötigt, mit der sie ihre Kompetenz zeigen kann. Ein Controller würde nach einem anderen Weg suchen, der länger aber dafür deutlich kostengünstiger zu realisieren ist. Eine Anwältin würde den Streckenverlauf nach baurechtlichen Aspekten und Grundstücksbesitz planen. Eine solche Verhandlung wäre angesichts der vielen Akteure eine Mehrparteienverhandlung – aber ziemlich sicher auch sehr „multikulturell“, selbst wenn alle aus dem gleichen Land kommen.

Des Weiteren gibt es Organisationskulturen und Institutionen, die ihre eigenen Richtlinien für Verhandlungen entwickelt haben. Wenn zum Beispiel ein Pakistaner und ein Schwede beide zehn Jahre lang für den Internationalen Währungsfonds gearbeitet haben, haben sie ein Verhandlungsverhalten entwickelt, das auf der Organisationskultur des IWF beruht und ihr konkretes Verhalten in Verhandlungen viel stärker prägt als ihre nationale Kultur.

Zuletzt gilt es die grundsätzliche Einzigartigkeit jedes Menschen zu berücksichtigen. **Kein Mensch ist „typisch"**, sondern er zeigt eine einzigartige biografische Kombination von Verhaltensweisen in Verhandlungen, von denen einige auch sehr untypisch für sein Land, seine Region, seinen Beruf und seine Organisation sein werden. Vergessen wir nie: Jede Kultur zeigt sich in einer Glockenkurve der Wahrscheinlichkeitsverteilung. Das bedeutet, dass die Mehrheit der Menschen eine bestimmte Verhaltensausprägung zeigt. Wir verhandeln aber niemals mit „den Japanern", sondern immer nur mit einem konkreten Japaner – und der kann durchaus zu denjenigen gehören, die von der Mehrheit der Japaner für sein „eigenartiges Verhalten" kritisch beäugt werden. Umso wichtiger, dass wir uns immer unserer konkreten Verhandlungspartnerin zuwenden und sie und ihre Kommunikationsbedürfnisse mit Interesse erforschen – und nicht aufgrund von Stereotypen bereits glauben zu kennen.

Als Beispiel für diese Vielfalt der kulturellen Identitäten können wir den „Grad des Formalismus in Beziehungen" betrachten, eine der Dimensionen der Verhandlungskultur. Stellen wir uns eine Skala vor, die den Grad des Formalismus in Verhandlungen von 0 (sehr niedrige Formalität, also ein hohes Maß an Vertrautheit und Einfachheit) bis 100 (maximale Formalität, also ein hohes Maß an Distanz und ausgefeilten Ritualen) misst. Auch wenn wir wissen, dass einige Kulturen formaler sind als andere, bleibt es schwierig, dies zu messen, vor allem, weil es so viele Unterschiede gibt. Lassen Sie uns die folgenden Schätzungen verwenden: 20 – 50 für die Vereinigten Staaten, 40 – 70 für Frankreich und 60 – 90 für Japan. Wie wir sehen können, überschneiden sich diese Werte in der Regel. Wenn wir uns auch einig sind, dass die Amerikaner im Allgemeinen weniger formell sind als die Franzosen, können wir sicherlich einige Amerikaner finden, die viel formeller sind als der „durchschnittliche" Franzose. Außerdem wird der Vorstandsvorsitzende einer amerikanischen Versicherung wahrscheinlich formellere Kommunikation bevorzugen als ein französischer Start-up-Unternehmer im Bereich KI.

Wie deutet man kulturelle Unterschiede in Verhandlungen richtig?

Wir sehen, dass Klischees der Logik widersprechen. Nichtsdestotrotz ist es hilfreich, kulturelle Differenzen zu analysieren, insbesondere in Verhandlungen. So unterscheidet zum Beispiel der Anthropologe Clifford Geertz[29] zwischen einer „dünnen" und einer „dichten" Beschreibung. Die „dünne" ist eine physische Beschreibung eines bestimmten Verhaltens (z. B. eines Auges, das zwinkert), wie sie eine Kamera festhalten könnte. Die „dichte" Beschreibung fügt Bedeutung hinzu und interpretiert das Ver-

Expertentipp: Neugierde für den anderen entwickeln

von Alexander Schweitzer, Ministerpräsident von Rheinland-Pfalz

Wenn wir anderen Menschen begegnen, kommen wir in die Versuchung, uns von Stereotypen den Blick verstellen zu lassen. Wir glauben zu wissen, was den anderen bewegt, was sie antreibt. Juristinnen? Lehrer? Landwirte? Kennen wir doch, flüstert uns unsere innere Stimme ein. Ist menschlich, aber nicht hilfreich.

Alles ändert sich, wenn wir uns bewusst machen, dass wir tatsächlich gar nichts über den anderen wissen. Dass wir Menschen alle einzigartig sind – und uns gerade das ausmacht, was „nicht typisch" für uns ist. Und dass jede Begegnung mit anderen Menschen deshalb eine spannende – und einmalige(!) – Chance ist, Neues zu entdecken.

Wenn wir Neugierde auf den anderen Menschen entwickeln, entsteht eine menschliche Verbindung und ein offener Austausch ohne Scheuklappen und mit offenem Visier. Und je besser wir den Menschen auch jenseits seiner professionellen Rolle kennen und verstehen lernen, desto konstruktiver können wir auch dann Lösungen finden, wenn wir einmal ganz unterschiedliche Auffassungen haben.

halten (z. B. ein zwinkerndes Auge, das Komplizenschaft oder Einigkeit anzeigt). Daher ist es auch in Verhandlungen wichtig, zwischen kulturellen Elementen zu unterscheiden:

- die offensichtlich und beschreibbar sind („dünn"), wie z. B. die rechtlichen, wirtschaftlichen und politischen Systeme eines bestimmten Landes.
- die interpretiert werden müssen („dicht"), was deutlich schwieriger ist, wie z. B. Werte, kollektive Referenzen und Traditionen, die zwar formell nicht gültig sind, aber trotzdem das Verhandlungsumfeld durchdringen.

Es sind die letztgenannten Elemente, die immer wieder Schwierigkeiten in Verhandlungen bereiten. Um diese schwer fassbaren Aspekte zu klären, sind zwei Typologien ganz besonders hilfreich. Die erste, entwickelt von Hofstede[30], unterscheidet sechs zentrale kulturelle Variablen, sogenannte „Kulturdimensionen":

- **Machtdistanz:** Diese Dimension bezieht sich auf die Verteilung der Macht in einer Gesellschaft und Organisation und die Akzeptanz von ungleicher Machtverteilung. Macht kann ungleich verteilt sein und sich auf bestimmte Gruppen konzentrieren. Dort, wo die Machtdistanz stark ausgeprägt ist, ist Macht als absoluter gesellschaftlicher Faktor anerkannt, Legitimität wird als irrelevant gesehen. Für die Verhandlung bedeutet das, dass die Macht wichtiger ist als Rechtfertigungskriterien und unausgewogene Vereinbarungen generell als akzeptabel gelten. Ein Verhandlungsführer hat nur selten eigene Entscheidungsgewalt und muss seine Auftraggeberin und sein Mandat strikt respektieren. Bei niedriger Machtdistanz wird erwartet, dass Macht nicht schrankenlos, sondern legitim ausgeübt wird. Ausgewogene, faire Vereinbarungen werden erwartet. Hier haben oftmals Verhandlungsführerinnen deutlich größere eigene Spielräume, um Lösungen am Verhandlungstisch vorzuschlagen.

- **Individualismus – Kollektivismus:** Diese Dimension bezieht sich auf das Verhältnis von Einzelinteressen und Gruppeninteressen. In einigen Gesellschaften stehen das Individuum und seine Rechte im Mittelpunkt, in anderen Gesellschaften eher die Gemeinschaft. In individualistischen Gesellschaften gibt es wenige verbindliche soziale Regeln; Individuen organisieren sich ihre Beziehungen nach ihren eigenen Vorstellungen. Aus einer Verhandlungssicht ist dann eine direkte Konfrontation mehr oder weniger akzeptiert, die Prozesse sind eher informell und Beziehungen können schnell aufgebaut werden, wobei dabei die Langfristigkeit nicht immer das Ziel ist. In kollektivistischen Gesellschaften spielt sich das Leben des Einzelnen immer eingebunden in die Gemeinschaft ab, die durch verbindliche Normen und Kodizes geprägt ist. Das Individuum wird immer als Teil eines bestimmten Netzwerks verstanden, und ist unauflöslich mit Familie, Freunden, Vorfahren, Unternehmen, Dorf und Nation verbunden. Verhandlungsprozesse sind meist viel formaler, Beziehungen haben eine enorme Bedeutung und sind auf Langfristigkeit angelegt.
- **Unsicherheitsvermeidung:** Diese Dimension bezieht sich auf den Umgang mit unbekannten und unsicheren Situationen. In Gesellschaften mit einem hohen Bedürfnis nach Unsicherheitsvermeidung (wie z. B. Deutschland), werden Unsicherheiten und Risiken nicht so gut ausgehalten. Durch intensive Planung und Regeln wird versucht, Unsicheres beherrschbar zu machen. Recht und Ordnung stehen im Vordergrund, in Unternehmen besteht meist keine konstruktive Fehlerkultur, sondern individuelle Strategien zur Fehlervermeidung dominieren. Verhandler bevorzugen Beständigkeit, ein strukturiertes Vorgehen sowie die strikte Einhaltung von Regeln und Zusagen. Unterschiede werden eher als bedrohlich angesehen. Andere Gesellschaften können Unsicherheit und Risiken besser tolerieren, auf unsichere Anforderungen wird mit Flexibilität statt mit intensiver Planung reagiert, Regeln sollen auf das absolut Notwendigste beschränkt bleiben. Verhandlerinnen aus solchen Kulturen können gut mit regelmäßigen Veränderungen umgehen, Unterschiede werden wertgeschätzt und als Chancen betrachtet. Regeln dürfen auch mal infrage gestellt werden, wenn sie das effektive Vorgehen behindern.
- **Maskulinität – Femininität:** Hofstede bezeichnet solche Gesellschaften als „maskulin", in denen die Geschlechterrollen und geschlechtsspezifischen Verhaltenserwartungen noch deutlich getrennt sind und solche als „feminin", in denen die sozialen Grenzen zwischen den Geschlechtern eher aufgelöst wurden. In Europa sind Deutschland und Großbritannien eher maskulin geprägt, die skandinavischen Län-

der eher feminin. Männer in maskulinen Gesellschaften sollen „stark" sein, der Fokus ist auf das „Siegen" und die berufliche Karriere ausgerichtet, Hausarbeit wird noch stärker den Frauen zugeordnet. Konfrontation und Wettbewerbsorientierung gelten als etwas Positives und Geld und materielle Aspekte stehen im Vordergrund der Erfolgskriterien. Die Starken, Mächtigen und Schnellen sind privilegiert. In femininen Gesellschaften steht eher die Beziehungs- und Kooperationsorientierung im Vordergrund. Häusliche Arbeit wird als gemeinsame Pflicht beider Geschlechter gesehen, Frauen sollen und dürfen Karriere machen. Hier zeigt man mehr Sympathie für Benachteiligte in jeglicher Form.

- **Langzeitorientierung – Kurzzeitorientierung:** Diese Dimension beschreibt, ob die Gesellschaft auf langanhaltende Lösungen oder kurzfristigen Erfolg im Hier und jetzt ausgerichtet ist. Langzeitorientierte Kulturen wie Deutschland, China oder Japan sehen die Welt als im permanenten Wandel begriffen, sodass man sich für die Zukunft vorbereiten und seine Strategien langfristig anlegen muss. Es sollen langfristige Beziehungsnetzwerke aufgebaut werden, die Anpassungsfähigkeit der Person hat eine hohe Bedeutung, eine hohe Sparquote schafft die Grundlage für langfristige Investitionen. Kurzzeitorientierte Gesellschaften wie die USA hingegen sind eher auf die Gegenwart fokussiert. Die Welt ist gut so wie sie ist, man muss jetzt das Beste für sich daraus machen. Konsumverzicht für die Zukunft wird nicht so positiv gesehen, bei einer Person wird vor allem Stabilität (so bleiben wie man ist) geschätzt. Es gibt „heilige" soziale Regeln, was „gut" und was „böse" ist.
- **Genuss – Zurückhaltung:** Diese 2010 neu hinzugefügte Kulturdimension beschreibt den Umgang mit dem freien Ausleben individueller Bedürfnisse. Hier liegt Deutschland im Mittelfeld, die USA sind stark genussorientiert, während China sehr stark zurückhaltend ist. Genussorientierung bezieht sich sowohl auf konsumorientierte Freizeitgestaltung als auch z. B. offenes Ausleben von Sexualität. Die freie Entfaltung der Persönlichkeit durch freie Rede hat eine überragende Bedeutung. Genussorientierte Kulturen haben ein höheres Glücksempfinden und einen höheren Grad an Optimismus. Zurückhaltende Kulturen sind demgegenüber stärker auf Beschränkung und Selbstbeschränkung ausgerichtet. Die Mitglieder haben das Gefühl, das eigene Leben stärker unter Kontrolle zu haben, die Erhaltung von Recht und Ordnung hat eine hohe Priorität, die Grundstimmung ist deutlich stärker pessimistisch.

Eine weitere Variable wollen wir in unsere Analyse noch mit dazu nehmen: die Beziehung zur Zeit. Hier unterscheiden wir nach Hall monochrome und polychrome Kulturen.[31] In ersteren wird die Zeit als linear wahrgenommen, der Fokus liegt auf „eine Aufgabe nach der anderen". Der Fokus liegt vollkommen auf der Erledigung dieser einen Aufgabe, bevor der nächste Schritt in Angriff genommen wird. In polychromen Kulturen hingegen wird die Zeit als elastisch wahrgenommen. Menschen erledigen mehrere Aufgaben gleichzeitig, sind leichter durch äußere Einflüsse abzulenken und die Prioritäten werden öfter angepasst. Die Beziehungen stehen im Mittelpunkt und die Ordnungsfunktion der Zeit tritt eindeutig in den Hintergrund.[32]

Triff einen Freund – Auf dem Weg zu einem Termin trifft der Verhandler einen Freund. In einer monochromen Kultur ist dieser Moment unpassend, da der Verhandler nicht riskieren will, sich zu verspäten. Nach einem kurzen Gruß fragt der Verhandler seinen Freund, ob sie sich später verabreden sollen. In einer polychromen oder synchronen Kultur nimmt sich der Verhandler die Zeit, in Ruhe mit seinem Freund zu sprechen, ohne der Zeit dabei große Beachtung zu schenken. Er wird ein wenig später zum Termin erscheinen, wo er höchstwahrscheinlich seinen Verhandlungspartner mit anderen Aufgaben beschäftigt vorfinden wird. Keiner der beiden wird es unangenehm finden, den Termin etwas später als geplant zu beginnen. Hat der Verhandler allerdings den Termin mit einer Gesprächspartnerin aus einer monochromen Kultur vereinbart, wird diese auf die Verspätung nicht so entspannt reagieren.

Unser Ratgeber kombiniert in gewisser Weise diese beiden Zeitkonzepte, indem er einerseits auf einer klaren Abfolge von Aufgaben beruht, die in der optimalen Reihenfolge erledigt werden sollen und andererseits über die Prinzipien mehrere Handlungsfolgen gleichzeitig in die Aufmerksamkeit bringt. Wenn ein Verhandler beispielsweise damit beschäftigt ist, Wertschöpfung zu betreiben, entwickelt er in seiner Vorstellungskraft so viele Lösungsoptionen wie möglich, bevor er diese bewertet. Zusätzlich behält er immer im Hinterkopf, dass es wichtig ist, zuerst zuzuhören, bevor man selbst spricht. Die professionelle Verhandlerin ordnet ihre Verhandlungsabfolge, ohne sich nur auf eine einzige Aufgabe zu konzentrieren.

Die zweite Typologie, die wir Ihnen vorstellen wollen, beschreibt sechs „Bereiche der Rechtfertigung", um die Perspektive des anderen je nach beruflichem und sozialem Kontext zu verstehen.[33] Dieses bedeutende soziologische Konzept unterstreicht die Tatsache, dass jeder von uns von einem bestimmten Standpunkt aus spricht, der auf unser eigenes Referenzsystem gründet und auf bestimmten Gerechtigkeitsvorstellungen, Werten und Zielsetzungen beruht. Es ist wichtig, diese Kategorien in einer Verhandlung zu berücksichtigen.

- Bereich der Inspiration: Dies ist der intime Bereich des Individuums und seiner Vorstellungskraft. Es gibt nur wenige oder gar keine Konzepte: Alles ist im Fluss und beinhaltet Bewegung und Veränderung. Schlüsselwörter: Inspiration, Intuition, Fantasie.
- Häuslicher Bereich: Dies ist der Bereich der zwischenmenschlichen Beziehungen, der Stabilität und der Dauerhaftigkeit. Die Individuen sind durch ein spezifisches

hierarchisches System miteinander verbunden. Schlüsselwörter: Familie, Tradition, soziale Etikette.

- Bereich der Meinungen: Dies ist der Bereich der über die Medien verbreiteten Informationen. Die in den „Arenen der Öffentlichkeit“[34] präsenten Meinungen fördern die Mobilisierung der Menschen für bestimmte Anliegen oder Überzeugungen. Schlüsselwörter: Prominenz, Identifikation, Überzeugung.
- Staatsbürgerlicher Bereich: Dies ist der Bereich der Institutionen der Gesellschaft, in dem Normen bestimmen, was geschieht. Individuen existieren in diesem Bereich durch ihre Rechte und Pflichten. Es ist die Welt von Montesquieu. Schlüsselwörter: Repräsentation, Gemeinschaft.
- Wirtschaftlicher Bereich: Dies ist der Bereich des Wettbewerbs, in dem der Markt die Dinge regelt und für eine Balance sorgt. Größe wird durch wirtschaftliche Interessen bestimmt. Unsere Beziehungen sind vor allem Transaktionen. Es ist die Welt von Adam Smith. Schlüsselwörter: Wert, Reichtum, Preis.
- Industrieller Bereich: Dies ist der Bereich der wissenschaftlichen Methoden, der Produktion und der Technologie. Die persönliche Würde ist mit dem produktiven Potenzial verbunden. Schlüsselwörter: Effizienz, Fortschritt, Kontrolle.

Durch die Berücksichtigung dieser sechs Bereiche können wir den kulturellen Kontext unserer Verhandlungspartnerinnen besser verstehen. Wenn eine Verhandlerin für ihr Unternehmen spricht, wird sie Referenzen aus ihrem speziellen wirtschaftlichen oder industriellen Bereich verwenden. Ein Tourist, der mit einem Hotelangestellten verhandelt, wird sich eher auf den Bereich der Inspiration und der häuslichen Angelegenheiten beziehen.

Kommunikative Herausforderungen

Die größte Schwierigkeit bei multikulturellen Verhandlungen besteht in der Kommunikation. Wann immer eine kulturelle Barriere überschritten wird, geht die Klarheit und Selbstverständlichkeit verloren, mit der wir kommunizieren. Dies gilt insbesondere, wenn Fachjargon oder verschiedene Sprachen im Spiel sind. Kommunikation ist immer eine Kombination aus sprachlicher – durch die Stimme – als auch körpersprachlicher Information.

Sprachliche Hindernisse

Es gibt mehrere Situationen, in denen die Sprache ein großes Hindernis für Verhandlungen darstellt:

- Die Verhandler sprechen keine gemeinsame Sprache und müssen deshalb auf Dolmetscherinnen zurückgreifen.

- Die Verhandlerinnen beherrschen beide nicht die Muttersprache des Verhandlungspartners, aber beide sprechen eine dritte Sprache wie z. B. Englisch.
- Einer der Verhandler beherrscht die Sprache des anderen und ist bereit, in dessen Sprache zu verhandeln.
- Beide Verhandlerinnen sprechen die Sprache ihres Verhandlungspartners, auch wenn es nicht ihre Muttersprache ist, und einigen sich: in einer der beiden Sprachen zu verhandeln, jeder Verhandlerin zu erlauben, die eigene Sprache zu sprechen, oder eine Drittsprache wie Englisch zu verwenden.

In all diesen Situationen ist diejenige Verhandlerin im Vorteil, die die Verhandlungssprache am besten beherrscht, da sie in der Lage ist, Nuancen zu verwenden und ihre Meinung präzise auszudrücken. Dieser Vorteil bleibt jedoch relativ. Vor allem das Missverstehen eines Verhandlungspartners stellt beide Verhandlungspartner vor Probleme: Die Einigung wird schwieriger zu erzielen sein oder hinterher infrage gestellt werden, wenn einer der Verhandlungspartner die Arbeitssprache nicht beherrscht. Die Frage der Sprache muss so angegangen werden, dass das Risiko von Missverständnissen minimiert wird. Am besten versuchen Sie eine Sprachkonstellation zu vermeiden, in der ein Verhandler die Verhandlungssprache deutlich besser beherrscht. Ideal ist, sich auf eine gemeinsame Arbeitssprache zu einigen, aber Dolmetscherinnen zu nutzen, wenn nötig. In jedem Fall ist es ein Zeichen des Respektes und sehr hilfreich für den Aufbau einer vertrauensvollen Beziehung, wenn Sie in der Lage sind, ein paar Worte in der Muttersprache Ihrer Verhandlungspartnerin zu sprechen, zum Beispiel zur Begrüßung.

Putin vor dem Deutschen Bundestag – Am 25. September 2001 sprach der russische Präsident als erstes Staatsoberhaupt überhaupt vor dem Deutschen Bundestag. Nach der Begrüßung auf Russisch wechselte er überraschend in die deutsche Sprache und hielt dann fast seine gesamte halbstündige Rede auf Deutsch: „Heute erlaube ich mir so die Kühnheit, einen großen Teil meiner Ansprache in der Sprache von Goethe, Schiller und Kant zu halten – in der deutschen Sprache." Die Resonanz auf die Rede, in der er für freundschaftliche Beziehungen zwischen Russland und Deutschland plädierte, war überwältigend positiv und es begann eine Zeit enger Kooperation zwischen beiden Staaten, die durch seinen völkerrechtswidrigen Angriffskrieg gegen die Ukraine jäh beendet wurde.

Sitten und Bräuche

Kommunikation ist mehr als Worte; sie besteht auch aus der nonverbalen Ebene, die Körpersprache und Verhalten, wie Sitten und Gebräuche, umfasst. Dabei gibt es unterschiedliche Standards, wie die folgenden Beispiele zeigen.

EADS – Während der Verhandlungen zwischen den Deutschen und den Franzosen über die Gründung von EADS, dem europäischen Weltraumkonzern, erschienen die Deutschen immer pünktlich zu den Sitzungen und schalteten ihre Handys aus, während die Franzosen sich schnell den Ruf erwarben, „immer zu spät und immer am Handy" zu sein.

Unterschiede in Sitten und Gebräuchen sind nicht unbedingt unüberwindbare Hindernisse in Verhandlungen. Eine gründliche Vorbereitung kann helfen. Wenn sich beide Seiten gut auf die Gebräuche der Gegenseite vorbereiten, kann das zu auf den ersten Blick paradoxen Situationen führen.

Französisch-japanische Geschenke – Bei einem Besuch einiger hochrangiger Verhandler aus Japan nahm ein ehemaliger Dekan der ESSEC Business School am Austausch von Geschenken teil. Da er die japanischen Gepflogenheiten gut kannte, achtete er darauf, seine Geschenke nicht vor seinen Gästen zu öffnen. Die japanischen Gäste, die ebenfalls gut über die französischen Sitten informiert waren, zögerten jedoch nicht, ihre Geschenke sofort zu öffnen!

Sich um eine Anpassung an kulturelle Bräuche der Verhandlungspartner zu bemühen, ist ein Zeichen von Respekt und Professionalität, auch wenn es nicht immer sofort gelingt. Auch bei bester Absicht wird uns in der interkulturellen Begegnung immer wieder einmal ein Fauxpas passieren. Hier gilt es aufmerksam das Feedback wahrzunehmen, das eigene Verhalten flexibel anzupassen und sich lieber einmal zu viel für eigenes Fehlverhalten zu entschuldigen.

Bei Bräuchen gilt grundsätzlich die Regel „When in Rome, do as the Romans do" – allerdings mit großer Achtsamkeit. Fragen Sie sich: Was könnte ich tun, um mich in die Kultur meines Verhandlungspartners einzufügen, das er schätzen würde? Welches Verhalten kann ich beibehalten, weil es für meine Verhandlungspartnerin akzeptabel ist? Es gibt kein Patentrezept, sondern es braucht Diskretion, Fingerspitzengefühl und eine scharfe Beobachtungsgabe.

Strategien der Informationsgewinnung

Unsere Kellogg-Kollegin Jeanne Brett hat herausgearbeitet,[35] dass Verhandlerinnen abhängig von ihrer Kultur eine der zwei grundsätzlichen Strategien nutzen, um Informationen zu gewinnen, Lösungsoptionen herauszufinden und zu einer Vereinbarung zu kommen: Die Question & Answer Strategy (Q&A) und die Substantion and Offers Strategy (S&O).

Im Fokus der Q&A-Strategie steht die Generierung von eigenem Nutzen und Wertschöpfung zum beiderseitigen Nutzen. Informationen über die jeweiligen Beweggründe und Prioritäten werden über Fragen und Antworten sowie Begründungen für Akzeptanz oder Ablehnung von Vorschlägen ausgetauscht. Es werden daher weniger Angebots- bzw. Konzessionsrunden benötigt, bis eine Vereinbarung erreicht wird.

Im Fokus der S&O-Strategie steht hingegen die Optimierung des eigenen Nutzens und der Schutz der eigenen Informationen. Fragen werden eher ausweichend, nichtssagend und knapp beantwortet. Im Mittelpunkt dieser Verhandlungsstrategie steht ein Willenskampf, der aus vielen Angeboten und Konzessionen besteht, sowie taktischen Einflussversuchen und Drohungen, falls die Gegenseite nicht zu Konzessionen bereit ist. Informationen über die Beweggründe und Prioritäten der Gegenseite gewinnen Verhandlerinnen mit der S&O-Strategie durch eine Analyse der Angebots- und Konzessionsmuster der Parteien.

Beide Strategien sind überall auf der Welt verbreitet. In Staaten wie Deutschland, den USA, Israel und Schweden sind die Q&A-Strategien vorherrschend, während z. B. in China, Russland, Katar, Thailand, Japan oder Indien die S&O-Strategien überwiegen. Die besten Verhandlerinnen können mit beiden Strategien eine sehr gute Verhandlungsperformance erreichen, die Informationsgewinnung innerhalb der S&O-Strategie ist jedoch um ein Vielfaches schwieriger für in dieser Strategie ungeübte Verhandler. Deshalb wird mit der Q&A-Strategie durchschnittlich ein besseres Ergebnis mit deutlich höheren Wertschöpfungspotenzialen erreicht.

Grundsätzlich können Sie eine Q&A-Strategie überall auf der Welt anwenden. Da Sie dafür aber eine gewisse zwischenmenschliche Vertrauensbasis benötigen, ist es in manchen Regionen deutlich einfacher als in anderen, wo eher Tendenzen wie „Gesicht verlieren", indirekte Kommunikation und Misstrauen vorherrschen. Versuchen Sie alles, um Vertrauen aufzubauen und einen entsprechenden konstruktiven und kooperativen Ton zu Beginn der Verhandlung anzuschlagen.

Wenn Sie darauf angewiesen sind, mit einer S&O-Strategie zu verhandeln, weil Sie keine ausreichende Basis schaffen können, um im Q&A-Stil verhandeln zu können, achten Sie darauf, dass Sie alle Angebote gründlich notieren, um die Entwicklung der Konzessionen analysieren und Prioritäten erkennen zu können. Gerade in solchen Situationen empfiehlt sich unbedingt eine MESO-Angebotsstrategie, die wir Ihnen bereits in Kapitel 4 ausführlich vorgestellt hatten.

Methoden für Multikulturelle Verhandlungen

Wenn Sie eine Chinesin oder einen Franzosen treffen, treffen Sie eine Person. Eine multikulturelle Verhandlung ist zuallererst eine Verhandlung. Gemeinsamkeiten siegen über die Unterschiede. Von daher sind dieselben Prinzipien und Methoden wirksam, die wir bereits beschrieben haben. Wenn Sie diese Prinzipien beherrschen, können Sie als Verhandler auch die Komplexität eines multikulturellen Austauschs in den Griff bekommen.

Expertentipp: Fremde Kulturen wertschätzen

von Jörg Hensel, Vorsitzender des Europäischen Betriebsrats der Deutsche Bahn AG

Kultur ist das, was uns prägt, was uns Identität gibt. Kultur ist uns wichtig – auch wenn wir uns selbst oft gar nicht eingestehen wollen, wie wichtig.

Interessieren Sie sich deshalb für die Kultur der Verhandlungspartner, mit denen Sie zu tun haben. Sehen Sie die anderen nicht nur in ihrer Funktion, als Rädchen im Getriebe. Interessieren Sie sich für die Menschen.

Welche Feiertage gibt es? Welche besonderen Bräuche? Welches Essen bevorzugt der andere? Welche Hobbies? Wie ist die Landschaft, aus der er kommt? Interessieren Sie sich und respektieren Sie diese Kultur. Ihr Verhandlungspartner darf über Aspekte seiner Kultur schimpfen oder lästern – aber Sie sollten sich daran nie beteiligen.

Wertschätzen Sie aktiv den kulturellen Hintergrund Ihrer Verhandlungspartner – und Sie werden es viel einfacher haben, Lösungen für die Sachprobleme zu finden.

Vor allem vorbereiten und zuhören

Die zehn Trümpfe der Vorbereitung sind unabhängig vom Kontext der Verhandlung hilfreich. Antizipation und Vorbereitung ermöglichen uns, wichtige Informationen über den kulturellen Kontext unserer Gesprächspartner zu sammeln. Es hilft, wenn wir uns mit den wichtigsten Sitten und Bräuchen vertraut machen und eventuell ein paar Worte in der Sprache des Verhandlungspartners lernen, um von Beginn an eine Atmosphäre von Vertrautheit und guter Beziehung zu schaffen.

Im multikulturellen Kontext ist das Aktive Zuhören noch wichtiger als in anderen Verhandlungen. Wenn wir neugierig zuhören und dabei potenzielle Klischees ausblenden, können wir die Gefahr von Vorurteilen und kognitiven Verzerrungen reduzieren. Klar und verständlich sprechen hilft uns, trotz der bestehenden Kommunikationshürden unsere Botschaft richtig zu vermitteln und Missverständnisse zu vermeiden.

Wortwahl in Burundi – Einer der Autoren entschied, während eines Trainings für Konfliktmanagement den örtlichen Kirundi-Begriff „Bashingantahe", der „weiser Friedensstifter" bedeutet, anstelle des westlichen Begriffes „Mediator" zu verwenden. Dadurch ehrte er ein altes örtliches Konzept der „Bashingantahe", anstatt einfach ein westliches Konzept zu importieren.

Die „5R-Technik[36]" ist hilfreich, um sich vor vorschnellen Urteilen über andere Kulturen zu schützen:

- Recognize: Erkennen Sie die natürliche Neigung zu urteilen. Wir erlauben uns zu leicht Aussagen wie „Das ist eine typische Einstellung eines Deutschen/einer Konservativen/eines Lehrers". Wir stempeln Menschen ab, ohne gründlich nachzudenken, und wir handeln auf Autopilot, um die Komplexität um uns herum zu bewältigen. Das ist menschlich, aber im interkulturellen Kontext nicht hilfreich. Es ist daher wichtig, dass wir diese Tendenz erkennen und den Reflex entwickeln, zu uns innerlich zu sagen: „Oh, jetzt urteile ich schon wieder."

- Refrain: Widerstehen Sie diesem Reflex zu urteilen wo immer möglich und gestehen Sie dem Verhandlungspartner den Vorteil des Zweifels zu. („Vielleicht ist er ja ganz anders als typisch …")
- Retrace: Beziehen Sie die „fremde Haltung" auf Ihre eigene Identität und bekannte Erfahrungen in unserer Kultur. Wenn ich den anderen als „sehr anders als ich" bewerte, dann weil er unserer Meinung nach etwas zu wenig oder zu viel getan hat. Er ist zu formell, zu wettbewerbsorientiert, nicht höflich genug etc. Bevor wir den anderen dafür verurteilen, sollten wir uns bewusst machen, dass Menschen in unserer eigenen Kultur – manchmal vielleicht sogar wir – ebenfalls zu formell, zu wettbewerbsorientiert, zu unhöflich handeln. So werden aus „fremden kulturellen Unterschieden" jetzt „vertraute menschliche Unterschiede".
- Reclaim: Nehmen Sie diese Haltung wieder ein. Wenn ich mich erfolgreich an eine Situation erinnere, in der ich die gleiche Haltung wie die Verhandlungspartnerin eingenommen hatte, wird es mir klar: Ich verurteile am anderen das Verhalten, dass ich an mir selbst nicht mag, ohne dass ich mir diesen Zusammenhang bislang eingestanden hätte. Wenn ich akzeptiert habe, dass diese Haltung und Verhaltensweisen manchmal auch in mir stecken und dass die Verhandlungspartnerin deshalb gar nicht so anders ist als ich selbst bin, führt das zu einem deutlichen Fortschritt in den zwischenmenschlichen und multikulturellen Beziehungen.
- Resurface: Tauchen Sie wieder auf am Verhandlungstisch und etablieren Sie Ihre neue Einstellung. Wenn Sie die vorangegangenen Schritte gegangen sind, können Sie mit einer konstruktiveren Einstellung, vielleicht sogar mit einem inneren Lächeln, an den Verhandlungstisch zurückkehren, weil Sie wissen, dass der andere jenseits der Oberflächlichkeiten doch gar nicht so anders ist als Sie. Das macht es viel leichter, das Gespräch fortzusetzen und eine Verbindung zum anderen herzustellen.

Wenn notwendig, nehmen Sie eine Begleitung an den Verhandlungstisch mit

Um die Sprachschwierigkeiten zu bewältigen, kann es sinnvoll sein, einen Dolmetscher mit in die Verhandlungen zu bringen. Dies ist keine Erfolgsgarantie, kann aber unter Berücksichtigung mehrerer Faktoren zum Erfolg führen:

- Soll die Übersetzung simultan stattfinden (über Kopfhörer) oder nicht (die Dolmetscherin sitzt am Verhandlungstisch und übersetzt, nachdem eine Äußerung beendet wurde)? Die zweite Option verdoppelt die Verhandlungszeit, ermöglicht aber Nachfragen, wenn die Übersetzung nicht so klar verständlich war. Die Simultanübersetzung beschleunigt die Kommunikation, nimmt Ihnen damit aber auch die Möglichkeit, länger nachzudenken, bevor Sie reagieren.

- Wie viele Dolmetscher werden anwesend sein? Bringt jede Partei ihren eigenen Dolmetscher mit oder wird der Dolmetscher der Gastgeberin für die gesamte Verhandlung genutzt? Dies wirft Fragen der Unparteilichkeit und Vertraulichkeit des Dolmetschers auf. Deshalb lautet unsere Empfehlung für wichtige Verhandlungen: Bringen Sie zu Verhandlungen im Ausland wenn benötigt immer Ihren eigenen Dolmetscher mit. Erstens ist Ihr Dolmetscher für Sie eine absolut bedeutende Vertrauensperson und Sie wollen sicher sein, dass er nur in Ihrem Interesse tätig wird. Zweitens kann Sie Ihr Dolmetscher umso besser kommunikativ repräsentieren, je mehr er Sie, Ihre kulturellen Bereiche und Ihre Referenzsysteme kennt.
- Manchmal verfügt die Dolmetscherin nicht über das notwendige fachliche Niveau, insbesondere wenn die Verhandlungen sehr detailliert im technologischen Bereich oder komplex sind. Gerade in solchen Situationen ist es wichtig, dass Sie Ihrer Dolmetscherin den klaren Auftrag geben, bei eigener Unsicherheit diese Unsicherheit auch in ihrer Übersetzung transparent zu machen und nicht durch eigene Interpretation eine scheinbare Klarheit zu konstruieren. Mit unklaren Botschaften können Sie in einer Verhandlung gut umgehen, scheinbare Wahrheiten können Ihnen im unpassendsten Moment den Boden unter den Füßen wegziehen.

Die besten Dolmetscher agieren als kulturelle Vermittler. Sie haben das Vertrauen beider Seiten und gehen über eine einfache Übersetzung der Worte hinaus. Tatsächlich nutzen sie sogar Techniken des Aktiven Zuhörens, um sicherzustellen, dass die Verhandlungsparteien die Aussagen der Gegenseite jeweils richtig verstanden haben.

Je nach Situation besteht eine weitere Option darin, jemanden als Ihren Repräsentanten für die Verhandlung zu verpflichten, der den kulturellen Kontext und die Herausforderungen versteht.

* * *

Lassen Sie uns zum Schluss noch einmal reflektieren, dass manche Verhandlungen gleichzeitig auf mehreren Ebenen, mit mehreren Parteien und zwischen mehreren Kulturen stattfinden. Dies gilt insbesondere für die Diplomatie, aber zunehmend auch im geschäftlichen Bereich, wo man von „corporate diplomacy“ spricht. Projektmanagement ist zum Beispiel notwendigerweise immer multilateral und wird durch funktionsübergreifende Teams und eine zunehmende Globalisierung der Unternehmen immer multikultureller.

Transversale Projektteams – Verschiedene CEOs haben das Modell der transversalen Projektteams erfolgreich eingesetzt. Beispielsweise hat es Carlos Ghosn, der CEO von

Renault-Nissan, zur Priorität erklärt, interkulturelle und transversale Projektteams aufzustellen, als das französische Unternehmen Renault den japanischen Nissan-Konzern gekauft hatte. Diese Teams, die aus französischen und japanischen Ingenieuren, Marketingspezialistinnen und Managerinnen zusammengesetzt waren, überschritten alle kulturellen Grenzen.

Zusammenfassend lässt sich sagen, dass es in multikulturellen Kontexten am besten ist, eine „Touristeneinstellung" zu vermeiden. Es ist absolut unprofessionell, an den Verhandlungstisch zu kommen, ohne sich gründlich auf die Situation vorbereitet zu haben und ohne den kulturellen Kontext zu verstehen. Wer wie ein Pauschaltourist einfliegt und den anderen die eigene Lebensweise aufzwingen möchte, wird Widerstand provozieren. Stattdessen sollten Sie sich am Bild des erfahrenen Kulturreisenden orientieren, der ein großes Interesse hat, andere Orte und andere Lebensweisen zu entdecken, und der es sich zum Ziel gemacht hat, sich harmonisch in die neue Umwelt einzupassen. Diese Metapher eines toleranten, neugierigen und anpassungsfähigen Touristen beschreibt bestens die Haltung und Verhaltensweisen, die eine Verhandlerin braucht, die mit einer Vielzahl von unbekannten Parteien am und abseits des Verhandlungstisches konfrontiert ist.

Kapitel 8

Sichern Sie Ergebnisse, *bevor* Sie abschließen

Wie Sie sicherstellen, dass Ihre Bedürfnisse nach der Verhandlung befriedigt werden

Es ist eine Kunst, Verhandlungen zum Abschluss zu bringen, genauso wie es eine Kunst ist, sie richtig zu starten. Viele Verhandlungssitzungen geraten in eine Sackgasse, in der sich die Debatten in die Länge ziehen und zu nichts mehr führen. Irgendwann ist die zur Verfügung stehende Zeit aufgebraucht. Die einzige Entscheidung, die dann noch getroffen wird, ist, dass man an der Sache dranbleiben werde – aber jeder steht auf und geht, ohne eine klare Vorstellung von den erzielten Fortschritten, den festgefahrenen Punkten oder den Vereinbarungen zu haben, die in der Sitzung erreicht wurden. All dies verschiebt man auf die nächste Sitzung, falls es eine gibt. Diese Vorgehensweise ist für die Verhandlerinnen frustrierend, da sie am Nutzen der Verhandlungssitzung zweifeln.

Stattdessen sollte die Verhandlung auf eine Schlussphase hinführen, in der eine klare Entscheidung für oder gegen eine Vereinbarung fällt. Manchmal reicht eine einzige Sitzung, um diese Entscheidung treffen zu können; manchmal bedarf es einer Reihe von Treffen, bei denen die Parteien die im Laufe der Sitzungen erzielten Vorteile nutzen, um schließlich zu einer für sie möglichen Einigung zu gelangen. Aber wie kann man die Fortschritte aus einer Verhandlungssitzung sichern? Wie kommt man effizient zu einem Abschluss? Unser letztes Kapitel ist diesen entscheidenden Fragen gewidmet.

Verhandlungsergebnisse bewerten und sichern

In der letzten Phase einer Verhandlung stellen sich drei Fragen: Wann ist der richtige Zeitpunkt, um eine Vereinbarung in Betracht zu ziehen, sodass es weder zu früh noch zu spät ist? Wie wird der Entwurf einer Vereinbarung bewertet, bevor sie angenommen wird, oder anders ausgedrückt, wie kann die Qualität einer möglichen Vereinbarung gemessen werden? Und schließlich, wie sollte die Vereinbarung formalisiert werden, insbesondere wenn die Parteien das Bedürfnis haben, den Grad ihrer Verpflichtung zu beschränken?

Wann sollten Sie über eine Einigung nachdenken?

Den richtigen Zeitpunkt, um über die Zustimmung zu einer Vereinbarung nachzudenken, verdeutlicht die folgende Abbildung auf Grundlage der Begriffe und Konzepte des Verhandlungsablaufs, wie wir ihn in Kapitel 3 beschrieben haben. Der idealtypische Weg zu einer Verhandlung hat die Form eines Trichters.

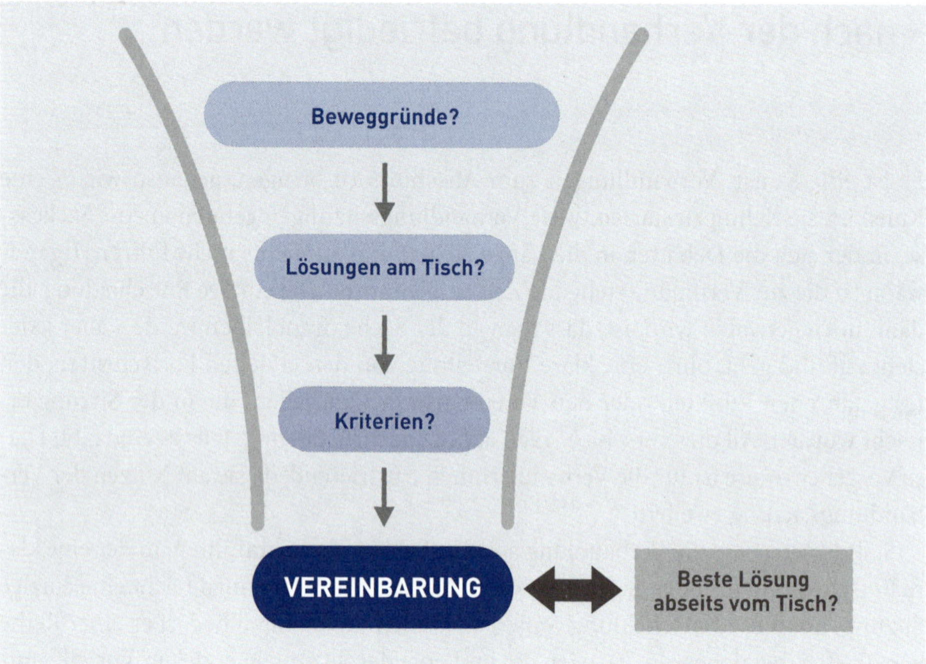

Abbildung 8.1

Der Verhandlungsablauf führt von der Erforschung der Beweggründe durch aktive Kommunikation über die Suche nach kreativen und wertschöpfenden Lösungsoptionen am Verhandlungstisch dazu, dass der geschaffene Wert zwischen den Verhandlungsparteien aufgeteilt werden muss, ggf. unter Berücksichtigung von Fairnesskriterien. Diese Kriterien helfen dabei, die Quantität möglicher Lösungsoptionen zu reduzieren und die qualitativ besten Optionen zu identifizieren, die für alle Beteiligten zustimmungsfähig sind. In diesem Moment wird es möglich, eine Vereinbarung zu schließen, sofern diese besser ist als die beste Alternative jeder Verhandlungspartei abseits vom Verhandlungstisch.

Expertentipp: Humor hilft!

von Michael Krebs, Kabarettist und Independent Liedermacher

Manchmal geraten Verhandlungen in die Sackgasse. Scheinbar geht nichts mehr voran, die Fronten sind festgefahren. Was tun?

Die ganz große Kanone und draufschießen bis die Verteidigung bricht, mag für Putin funktionieren – im Businessverhandeln ist es jedoch ziemlich verboten. Und nebenbei moralisch jetzt auch nicht wirklich zu empfehlen. Sanktionen gibt es nämlich schnell auch im normalen Leben.

Bierernst die Situation abarbeiten? Kann man machen. Kann klappen. Klappt aber eben oft auch nicht. Und macht auch nicht wirklich gute Laune.

Wenn Kampf und harte Arbeit nicht funktionieren, was dann? Versuchen Sie es doch mal mit Humor. Klappt auch nicht immer, aber immer öfter. Ein lustiger Spruch zur rechten Zeit kann Verkrampfungen lösen, im Lachen verbinden und neue Perspektiven aufzeigen.

Aber Beipackzettel: Erstens, bitte keine Ironie in solchen Situationen. Die wird gerne missverstanden und dann kann es sehr unangenehm werden. Zweitens, machen Sie sich in einer solchen Situation niemals über den anderen lustig, sondern viel besser über sich selbst. Das findet auch Ihr Verhandlungspartner viel lustiger. Denn Humor ist, wenn der andere lacht. Oder wenigstens schmunzelt.

Ach ja: Humor ist natürlich nicht erst erlaubt, wenn es schon (fast) zu spät ist ;-)

Diese Abfolge sagt jedoch nichts über den besten Zeitpunkt für eine Einigung aus. Dazu muss man in der Lage sein, zwischen zwei instinktiven Fallen zu navigieren, die in Kapitel 1 besprochen wurden. Die erste instinktive Falle ist die Negomanie, die darin besteht, dass man den Zeitpunkt der Entscheidung (für oder gegen eine Vereinbarung) immer wieder hinauszögert oder dazu neigt, bis ins Unendliche zu verhandeln. Viele Verhandler haben Angst, vorschnell zu entscheiden. Sie sehen jedes kleinste Detail als strategisch an und weigern sich, zu irgendetwas „Ja" zu sagen. Die Vereinbarungen von Zwischenergebnissen ermöglichen den Verhandlerinnen, die Verhandlungen konstruktiv in Richtung einer Einigung zu entwickeln und zunehmend mehr Commitment zu schaffen, ohne sich zu früh endgültig festlegen zu müssen.

Das andere Extrem ist die instinktive Falle der vorzeitigen Einigung, die darin besteht, die erstbeste mögliche Vereinbarung sofort zu akzeptieren. Es ist wichtig, sich davor zu hüten, zu schnell über die Ziellinie zu laufen. Eine Verhandlung ist kein Sprint. Das größte Risiko dabei liegt darin, die Beweggründe der Gegenseite (und manchmal sogar die eigenen) nicht genug erforscht zu haben und zu wenig Energie in die Entwicklung von kreativen Lösungen am Verhandlungstisch zu investieren. Wenn dann noch der Fokus hauptsächlich auf Verteilung gerichtet und die Beziehung in einem schlechten Zustand ist, werden Sie fast sicher in erheblichem Maße Geld auf dem

Tisch liegen lassen. Denken Sie in diesem Zusammenhang an La Fontaines Fabel „Der Hase und die Schildkröte".[1] Jemand, der ohne gute Vorbereitung einfach losrennt, keine klare Orientierung hat, sich nicht um eine gute Arbeitsbeziehung bemüht und der Gegenseite nicht richtig zuhört, wird sehr leicht von jemandem überholt, der sich die Zeit nimmt, das Wesentliche vor dem Offensichtlichen zu tun.

Die Frage, die Sie sich stellen sollten, ist folgende: Steht der mögliche zusätzliche Wert, der durch weiteres Verhandeln für Sie noch geschaffen werden könnte, in einem vernünftigen Verhältnis zu dem dafür nötigen zusätzlichen Aufwand? Bei sehr wichtigen Verhandlungen können Kleinigkeiten einen großen Unterschied machen und viele zusätzliche Transaktionskosten rechtfertigen. Da gilt es konsequent dranzubleiben und zu optimieren, weil der Return on Investment (ROI) für den Zusatzaufwand immer noch sehr attraktiv ist. In anderen kleineren Verhandlungen ist Kreativität und die Suche nach noch mehr Lösungsoptionen oft nur der Vorwand für eigene Entscheidungsschwäche, wenn der Moment für eine Lösung gekommen wäre.

Richelieu und Pater Joseph – Kardinal Richelieu war für seinen kreativen Ansatz bei Verhandlungen bekannt. Er hatte die Fähigkeit, sich so viele Optionen vorzustellen, die er gründlich durchdachte und bis ins Kleinste analysierte, dass er oft nicht mehr in der Lage war, eine Entscheidung zu treffen. Er sah den Wald vor lauter Bäumen nicht mehr. Laut Callières machte es sich Richelieu deshalb zur Angewohnheit, die Angelegenheiten mit seinem Beichtvater Pater Joseph zu besprechen, der eine einzigartige Entschlossenheit besaß, die beste Option herauszufinden und ins Handeln zu kommen.

Wir müssen uns dieser beiden widersprüchlichen Tendenzen bewusst sein: Die eine ist von der Kreativität und dem Streben nach Perfektion geprägt, führt aber manchmal dazu, dass die tatsächliche Umsetzung immer weiter herausgezögert wird; die andere ist von Entschlossenheit geprägt, wobei eine vorschnelle Entscheidung unbedingt vermieden werden sollte. Auch wenn wir wahrscheinlich beide dieser Tendenzen von Zeit zu Zeit in uns erkennen, haben wir in Verhandlungen dennoch unseren „Lieblingsdämon". Sich zu kennen, heißt ihn zu kennen – und das bedeutet, dass Sie achtsam die instinktiven Impulse deuten und ihnen widerstehen können. Denn in einer Verhandlung ist es wichtig, nicht vorschnell und ohne gute Gründe „Ja" zu sagen, gleichzeitig aber zum richtigen Zeitpunkt nach gründlicher Überlegung entschlossen „Ja" sagen zu können.

Warum Sie eine Vereinbarung akzeptieren sollten

Es ist sehr wichtig, dass Sie eine mögliche Vereinbarung gründlich prüfen, bevor Sie diese annehmen. Insbesondere, wenn in der Schlussphase noch einmal Änderungen vorgenommen wurden, sollten Sie niemals aus einer Abschlussstimmung heraus einfach annehmen, sondern das letzte Angebot anhand professioneller Kriterien sorgfältig bewerten. Nicht selten wurde aufgrund eines Kalkulationsfehlers in letzter Minute Wert verschenkt, den sich ein Verhandler vorher wochenlang hart erarbeitet hatte. Bei komplexeren Deals sollten Sie um eine kurze Auszeit bitten, um noch einmal „in Ruhe durch die Zahlen gehen zu können, ob alles passt". Wenn Ihre Verhandlungspartnerin Sie fragen sollte, warum das nötig ist, sagen Sie ihr ruhig, dass Sie in der Verhandlung „Grenzen überschritten" hätten, was Sie sich „so nicht vorgestellt hatten". Umso zufriedener wird Ihre Verhandlungspartnerin mit ihrem Ergebnis sein.

Wir wollen Ihnen eine Liste der wichtigen Kriterien vorstellen, auf deren Grundlage Sie rational entscheiden können, ob Sie „Ja" sagen sollen – und vor allem warum. Eine gute Vereinbarung kann mithilfe der zehn Trümpfe der Vorbereitung aus Kapitel 1 identifiziert werden:

1. Persönliche Beziehungen: Erhält (oder verbessert) die potenzielle Vereinbarung die Beziehung zwischen den Parteien? Idealerweise hat der gesamte Verhandlungsprozess einschließlich der Chance auf die Vertragsunterzeichnung dazu beigetragen, eine langfristige Beziehung aufzubauen und künftige Gespräche zu erleichtern.
2. Mandat: Erfüllt die potenzielle Vereinbarung die Anforderungen sowohl der Auftraggeberin als auch des Repräsentanten? Werden Interessenkonflikte vermieden?
3. Stakeholder – Landkarte des Einflusses: Berücksichtigt die potenzielle Vereinbarung soweit möglich die Interessen von Personen abseits des Verhandlungstisches, sofern diese von der konkreten Vereinbarung betroffen sind bzw. einen Einfluss auf die Implementierung der Vereinbarung haben?
4. Beweggründe: Berücksichtigt die potenzielle Vereinbarung die Beweggründe der Verhandlerin, sowohl explizit als auch implizit? Gelingt es ihr, sowohl meine als auch die Beweggründe der anderen Seite soweit möglich zu befriedigen?
5. Lösungen am Verhandlungstisch: Schaffen die Lösungsoptionen, die in die Vereinbarung integriert wurden, so viel Wertschöpfung wie möglich, und sind sie gleichzeitig auch realistisch? Besteht ausreichende Sicherheit, dass sie technisch machbar sind und ggf. von Experten validiert werden können?
6. Fairnesskriterien: Sind die angestrebten Lösungen mit klaren Rechtfertigungskriterien unterlegt, sodass die Verteilungsentscheidungen und Kompromisse legitimiert erscheinen? Je besser das Endergebnis in den Augen der Verhandlerinnen gerechtfertigt erscheint, desto leichter lässt es sich an die jeweiligen Auftraggeberinnen und die eigene Basis verkaufen. Die Legitimität des Abkommens erhöht die Chancen auf seine reibungslose Umsetzung durch die Parteien und auf konstruktive Arbeitsbeziehungen in der Zukunft.
7. Lösungen abseits vom Verhandlungstisch: Ist die potenzielle Vereinbarung für die Verhandlungsparteien besser (also wertvoller bzw. bedürfnisbefriedigender) als Ihre beste Handlungsoption abseits vom Verhandlungstisch? Je besser die Verein-

barung in der Verhandlung gegenüber der besten Handlungsoption abseits vom Tisch ist, desto größer ist der „Verhandlungsgewinn", den Sie durch die Verhandlung erzielt haben. Eine Vereinbarung, die schlechter ist als Ihre beste Option abseits vom Tisch, ist für Sie nicht akzeptabel!

8. Organisation: Enthält die Vereinbarung eine Beschreibung der verschiedenen konkreten Schritte zu ihrer Umsetzung? Enthält sie auch niederschwellige Verfahren, um die Gespräche wieder aufzunehmen, falls eine der Parteien Schwierigkeiten bekommen sollte, ihre Verpflichtungen einzuhalten?
9. Kommunikation: Sind die Rechte und Pflichten aller Beteiligten in der Vereinbarung hinreichend klar beschrieben? Eine detaillierte Beschreibung minimiert das Risiko von Missverständnissen. Wir empfehlen Ihnen sehr, eine Vereinbarung immer schriftlich festzuhalten, denn erst bei der gemeinsamen Arbeit an einer konkreten Formulierung fallen manche unterschiedlichen Vorstellungen der Parteien auf. Dies kann informell z. B. auf einem gemeinsam erstellten Flipchart erfolgen und bedarf längst nicht immer gedruckter Verträge. Wichtig ist nur die Schriftlichkeit an sich. Es wäre schade, wenn Sie eine lange schwierige Verhandlung erfolgreich zu einer Vereinbarung bringen und dann aufgrund von Missverständnissen durch Unklarheit während der Implementierung die Beziehungen belastet und Konfliktkosten produziert würden.

   Ein weiterer Aspekt der Vereinbarung im Bereich Kommunikation ist die „Sprachregelung" für die Vereinbarungen, die insbesondere bei Verhandlungen mit hohem öffentlichen Interesse von großer Wichtigkeit ist. Wer darf wann was sagen? Welche Aspekte sind Tabus, die nicht öffentlich angesprochen werden sollen, weil sie die Basis der Gegenseite aufwiegeln könnten? Welche Formulierungen für problematische Kompromisse werden die Parteien verwenden? Zu oft kommt es vor, dass eine mühsam erarbeitete Vereinbarung durch unbedachtes Siegesgeheul einer Seite in der Pressekonferenz gefährdet wird. Grundsätzlich gilt: Wer die schmerzhafteren Zugeständnisse in der Sache machen musste, ist umso mehr darauf angewiesen, öffentlich nicht als Verlierer dazustehen.
10. Logistik: Legt die Vereinbarung präzise alle Aspekte ihrer Formalisierung fest? Wer muss unterschreiben (hat die Repräsentantin Vollmacht oder muss jemand anderes die Vereinbarung unterschreiben)? Wann soll die Unterschrift geleistet werden (gibt es einen symbolträchtigen Zeitpunkt für die Inszenierung der Unterschrift)? Wer formuliert die Vereinbarung falls erforderlich in einen Rechtstext? Wo und wie soll die Unterschrift (sogenannte Paraphierung) stattfinden (an neutraler Stelle? An einem symbolträchtigen Ort? In Anwesenheit von neutralen Dritten, der Öffentlichkeit oder der Presse)? Ist noch eine Ratifizierung der Vereinbarung durch eine Auftraggeberin oder Gremien erforderlich, damit die unterzeichnete Vereinbarung endgültig wirksam wird?

Diese Checkliste hilft Ihnen dabei, die Qualität einer Vereinbarung in allen ihren Dimensionen zu beurteilen. In dieser entscheidenden Phase lässt sich die Qualität der Vereinbarung an ihrer Nachhaltigkeit ablesen. Erinnern Sie sich immer: Sie verhandeln nicht für den Vertrag, sondern für dessen erfolgreiche Umsetzung! Eine der wichtigsten Kompetenzen beim Verhandeln ist die Fähigkeit zu wissen, welche Vereinbarungen man nicht abschließt. Wie ein erfahrener Sales-Consultant einmal sagte: „Der beste Deal, den Sie machen können, ist der schlechte Deal, den Sie nicht abschließen!" In den Büchern der Unternehmen finden sich zu viele Verträge, die niemals hätten akzeptiert werden dürfen – und das war den handelnden Akteuren nach unserer Erfahrung auch zu diesem Zeitpunkt schon klar. Diese Erkenntnis bringt ein Zitat von Tony Blair auf den Punkt: „Gutes Leadership zeigt sich nicht durch die Fähigkeit, ein JA zu sagen, sondern ein NEIN." Wenn man das „Nein" in einer konstruktiven Weise vermittelt, kann dadurch sogar neuer Rückenwind für die Verhandlung geschaffen werden.

Unser Harvard-Kollege William Ury hat die Technik des konstruktiven Neins in seinem wunderbaren Buch „Die Kunst, Nein zu sagen"[2] perfektioniert. Dieses positive Nein hat die Form „Ja! Nein. Ja?". Sie sagen zuerst einmal Ja zu sich und Ihren legitimen Bedürfnissen und erläutern, welche Ihrer Bedürfnisse Ihnen ein „Ja" im Moment noch unmöglich machen. Dann sagen Sie sachlich Nein zu der Forderung, im Sinne eines „So geht es leider nicht". Und anschließend enden Sie mit einem „Ja?", im Sinne eines ausdrücklichen Angebotes, weiter zu verhandeln und nach einer anderen

Expertentipp: „Muss schon gehen" kann teuer werden

von Alexander von Massow, ehem. Head of Global Operations, Roche Diabetes Care GmbH

Verhandlungsteams neigen zu Optimismus. „Das muss schon gehen" ist oft die Haltung, wenn die Gegenseite Forderungen stellt, z. B. bei Produktionsthemen, Spezifikationen, Regulatory Compliance oder Lieferzeiten. Doch wenn die Umsetzbarkeit und der Aufwand nicht konkret geprüft wurden, kann das sehr teuer werden.

Eine „kleine Anpassung der Spezifikation"? Eine Umstellung der Produktion? Klingt erstmal nach wenig, kann aber einen sehr großen Aufwand verursachen. Diese unerwarteten Kosten drehen Projekte dann in den tiefroten Bereich. Viele Unternehmen haben solche Verträge in den Büchern, die niemals hätten unterschrieben werden dürfen.

Eine wichtige Aufgabe der Führungskraft, die das Verhandlungsteam beauftragt, ist daher der Realitätscheck. Innovative Lösungen sind gut. Aber wurden sie gründlich genug hinsichtlich Umsetzbarkeit und Kosten geprüft? Zusammen mit den Fachleuten für diese Themen im Unternehmen? Hier muss eine Führungskraft vor unbegründetem Optimismus bremsen – auch wenn das bedeutet, noch einmal eine Extrarunde in der Verhandlung drehen zu müssen.

Lösung zu suchen, die sowohl Ihre artikulierten Beweggründe als auch die der Gegenseite ausreichend gewährleistet.

Wenn der Entwurf der Vereinbarung den Check der zehn Trümpfe nicht vollständig besteht, ist die Option für die Verhandlungsführerin nicht binär: „Da die Vereinbarung nicht perfekt ist, müssen wir die Verhandlung abbrechen". Diese Einstellung übersieht, dass es sehr oft möglich ist, festgestellte Mängel am Entwurf in einer weiteren Verhandlungssitzung noch zu beseitigen. Selbst wenn das nicht gelingen sollte, ist eine Verhandlerin nicht auf eine „Alles oder nichts"-Entscheidung zurückgeworfen. Die eingegangenen Verpflichtungen können in ihrer Verbindlichkeit angepasst werden, indem Sie eine der folgenden Gestaltungsmöglichkeiten für Vereinbarungen nutzen.

Welche Art von Vereinbarung?

Um die Intensität der Verbindlichkeit an die eigenen Ziele anzupassen, sind verschiedene Arten von Vereinbarungen möglich, die sich jeweils im Grad der Verpflichtungen und Einschränkungen für die beteiligten Parteien unterscheiden. Im Folgenden werden die wichtigsten Arten von Vereinbarungen aufgeführt, von den Verbindlichsten, die sich auf den Inhalt konzentrieren, bis zu den Losesten, die sich auf den Prozess konzentrieren.

Bedingte Vereinbarungen[3] (contingent agreement)

Die Technik der „Bedingten Klausel" haben wir Ihnen bereits ausführlich in Kapitel 4 als Potenzial für Wertschöpfung erläutert. Sie ist oft auch sehr wichtig, um angesichts einer unsicheren Zukunft eine interessengerechte Vereinbarung für die Parteien zu formulieren. Oft scheint nämlich eine Einigung in greifbarer Nähe gerückt, aber es bleibt eine Lücke zwischen den Vorstellungen der Parteien, weil sie von sehr unterschiedlichen Zukunftserwartungen ausgehen. Ein Call Center-Anbieter, an den ein Unternehmen seine Service Hotline auslagern möchte, rechnet möglicherweise mit sehr hohen Anrufaufkommen, während das Unternehmen nur wenige Anrufe erwartet. Auf dieser Grundlage ist es schwer, eine Einigung auf einen angemessenen Festpreis zu finden. Doch anstatt sich darüber zu streiten, wessen Zukunftsprognosen realistischer sind, können die Parteien die Risiken und Zufallsvariablen einfach in die Vereinbarung aufnehmen, sodass für jedes mögliche zukünftige Szenario eine angemessene Lösung umgesetzt wird.

- Vorbedingungen: Die Vereinbarung enthält Anpassungsklauseln, die auf der Grundlage definierter Variablen gleitende Lösungen vorsehen.

Mengenabhängiger Preis – Ein Lieferant und seine Kundin vereinbaren, dass der Preis abhängig von der tatsächlich bestellten Menge angepasst wird. Sie legen das Prinzip der Skalierungsvorteile zugrunde: je größer die Menge, desto niedriger der Preis, und umgekehrt. Im Vertrag vereinbaren die Parteien eine Klausel, die der Lieferantin bei kleineren Mengen in jedem Fall ihre Kosten deckt, im Gegenzug verzichtet der Lieferant bei größeren Mengen auf einen Teil seiner Gewinnspanne.

Das deutsche Preisklauselgesetz und das – auch im B2B-Bereich strenge – deutsche AGB-Recht setzen dem Gestaltungsspielraum der Parteien gewisse juristische Grenzen, sie ermöglichen aber immer noch eine große Bandbreite von möglichen Optionen, sodass für jeden zu verhandelnden Interessenkonflikt eine juristische Lösung im Sinne einer „Bedingten Klausel" möglich bleibt.

- Änderungsklauseln: Das deutsche Recht und die meisten ausländischen Rechtsordnungen berücksichtigen bereits die Möglichkeit, dass unvorhersehbare, unvermeidliche, unkontrollierbare wesentliche Hindernisse (z. B. ein Erdbeben) dazu führen können, dass eine Partei ihre Verpflichtungen ohne eigenes Verschulden nicht erfüllen kann. Die Kriterien hierfür bestimmt das Gesetz allerdings selten, zumal in grenzüberschreitenden Sachverhalten das anwendbare Recht häufig Streitpunkt sein kann. Klauseln zu höherer Gewalt (force majeure), Störung der Geschäftsgrundlage und MAC Clauses (Material Adverse Changes) können hier Abhilfe schaffen.

Länderrisiken – Eine solche Klausel sieht zum Beispiel vor, dass eine Versicherungsprämie, die ein Unternehmen für die Absicherung seiner ins Ausland entsandten Mitarbeiterinnen zahlt, neu kalkuliert wird, wenn es während der Vertragslaufzeit zu einer plötzlichen Veränderung beim „Länderrisiko" kommt, das von einem unabhängigen Sachverständigen auf Grundlage des politischen, rechtlichen und wirtschaftlichen Klimas bestimmt wird. Wenn sich die Risikokategorie des Landes ändert (z. B. durch Terroranschläge), muss die Prämie neu festgelegt werden, ohne dass der ganze Vertrag neu verhandelt werden muss.

Trumps Zollkrieg – Anfang 2025 begann Donald Trump kurz nach dem Beginn seiner zweiten Amtszeit, verschiedene Länder kurzfristig mit extrem hohen zusätzlichen Zöllen zu belegen. Diese Zölle wurden teilweise kurzfristig wieder ausgesetzt oder die Einführung verschoben. Die wenigsten Verträge im internationalen geschäftlichen Verkehr enthielten Klauseln, die eine klare Lösung für diese Fälle vorsahen. Dadurch entstand eine große rechtliche Unsicherheit und die Notwendigkeit zur Neuverhandlung in einer für viele Unternehmen existenzbedrohenden Situation. Entsprechende präventive Vertragsgestaltungen können zwar nicht solche Ereignisse verhindern, aber dafür sorgen, dass faire Verfahren zur Vertragsanpassung bestehen, die wichtige Geschäftsbeziehungen auch in schwierigen Zeiten schützen.

- Aufschiebende Bedingung: Die Vereinbarung ist rechtsgültig geschlossen, tritt aber erst in Kraft, wenn ein bestimmtes Ereignis eingetreten ist.

  Kreditaufnahme: Beim Kauf einer Immobilie oder eines Unternehmens wird in der Regel ein Vertrag geschlossen, der alle Bedingungen und den Kaufpreis festlegt, aber eine Aussetzungsklausel enthalten kann. Dabei wird bestimmt, dass die Gültigkeit des Vertrages von der Genehmigung eines Kredites abhängt. Lehnt die Bank das Darlehen ab, ist die Käuferin von ihren Verpflichtungen gegenüber dem Verkäufer befreit.

- Kündigungsklausel: Die Vereinbarung ist rechtsgültig geschlossen, kann aber von einer Partei gekündigt werden, wenn ein bestimmtes Ereignis eintritt.

  Kündigung eines Mietvertrages - Eine Vermieterin vermietet ein Haus und besitzt auch ein unbebautes Nachbargrundstück, das einen unverbauten Blick für das vermietete Haus ermöglicht. Im Vertrag wird festgelegt, dass der Mieter ein Sonderkündigungsrecht hat (und ggf. eine Schadensersatzsumme erhält), wenn die Vermieterin das zweite Grundstück während der Laufzeit des Mietvertrages bebaut.

Die Beispiele zeigen, wie bedingte Vereinbarungen die Wahrscheinlichkeit erhöhen können, dass ein Vertrag trotz Veränderungen der Rahmenbedingungen für beide Parteien vorteilhaft bleibt. Sie verbessern die Solidität und Nachhaltigkeit des Vertrags. Erinnern wir uns an das Verhandlungsdilemma, bei dem das ausschließliche Denken in Null-Risiken zu hohen Wertschöpfungsverlusten führt; Aufgabe einer professionellen Verhandlerin ist es nicht, Risiken zu vermeiden – eine „Risikoallergie" ist ein teurer Fehler. Geschäftliches Verhandeln erfordert, wie wir in Kapitel 4 gesehen haben, die bewusste und kalkulierte Inkaufnahme von Risiken mit einem attraktiven Risiko-Ertragsverhältnis. Gerade bei unterschiedlichen Zukunftsprognosen und Unterschieden in der Risikobereitschaft können mit bedingten Klauseln attraktive wertschöpfende Lösungen für beide Verhandler gefunden werden. Dabei übernimmt diejenige Partei die Risiken, die sie leichter tragen kann oder geringer bepreist – und erhält dafür einen attraktiven Ausgleich z. B. durch Vorteile beim Preis. In den hier zitierten Beispielen tragen die Klauseln dazu bei, die Gewinne zu Beginn des Vertrags zu optimieren und gleichzeitig die Parteien vor den großen Risiken künftiger Veränderungen zu schützen.[4]

Gemeinsame Empfehlungen

Manchmal gelingt es innovativen Verhandlungsführerinnen in einer Verhandlung große Hindernisse zu überwinden und einen Entwurf für eine beiderseits zufriedenstellende Vereinbarung zu erarbeiten, die zwar kreativ und interessengerecht ist, aber

Expertentipp: Verträge ernst nehmen und systemisch betrachten

von Johannes Brand, LL.M., Fachanwalt für internationales Wirtschaftsrecht, Fachanwalt für Handels- und Gesellschaftsrecht

„Verträge sind nur die Formalisierung des Verhandlungsergebnisses. Das ‚Business' verhandelt, die Rechtsabteilung kümmert sich um die Förmlichkeiten." – Diese Denkweise ist das Gegenteil einer systemischen Betrachtungsweise. Verträge sind keine üble Notwendigkeit, sondern fester Bestandteil jeder Verhandlung. Ein Beispiel: Wenn ein deutscher Maschinenbauer eine teure Maschine per Angebot mit seinen Verkaufsbedingungen verkauft und der argentinische Käufer durch eine Bestellung mit seinen Verkaufsbedingungen annimmt, haben die Parteien rechtlich einen Vertrag geschlossen, aber sehr wahrscheinlich unterschiedliche Haftungs-, Gerichtsstands- und Rechtswahlklauseln. Von einem ausverhandelten Ergebnis kann hier keiner sprechen.

Hier wäre ein achtsam ausverhandelter Einzelvertrag die bessere Lösung. Auch die eben thematisierten Vereinbarungen (bedingte Vereinbarungen, Änderungsklauseln usw.) sind keine juristische Förmelei, sondern sollten als wichtiger Verhandlungsgegenstand betrachtet werden, deren Bewertung rechtliche Expertise wie Verhandlungsfähigkeiten bedarf. Solche Klauseln bewegen sich schließlich in einem rechtlichen Umfeld, das sich bei Durchsetzung in Deutschland, Argentinien oder vor einem Schiedsgericht unterscheiden kann. Alle diese Umstände einzubeziehen, die rechtliche Ebene nicht von der wirtschaftlichen oder der menschlichen zu trennen, bedeutet systemisches Denken und macht ein wirklich gutes Vertragsmanagement aus.

über die Grenzen ihrer ursprünglichen Mandate hinausgeht; sie sind sich nicht sicher, ob sie die Ratifizierung durch ihre Auftraggeber erreichen können. Anstatt die potenzielle Vereinbarung aufzugeben, vereinbaren die Verhandlungsführerinnen, beiden Auftraggebern eine gemeinsame Empfehlung zu unterbreiten, in der die Verhandlungsführerinnen für eine Erweiterung des Mandats und eine Genehmigung der Vereinbarung plädieren.

Einigung auf die Punkte, in denen Konsens und Dissens bestehen

Manchmal ergibt sich die Situation, dass die Verhandler eine Einigung über einige der Verhandlungsthemen erreichen können, während in anderen Punkten unüberwindbare Meinungsunterschiede verbleiben. In solchen Fällen ist es wichtig, nicht nur die Punkte hervorzuheben, in denen man sich einig ist, sondern ebenso die Punkte festzuhalten, in denen man sich nicht einig ist. Eine solche Feststellung sollte nicht als Scheitern der Verhandlung begriffen werden, sondern als vorläufiges Zwischenergebnis zu diesem Zeitpunkt. Eine solche Vereinbarung stellt einen wesentlichen Fortschritt gegenüber der ursprünglichen Ausgangslage dar, als der Konflikt vage, d. h. unscharf und global, bestand. Wenn dies im Interesse der Parteien ist, können die Dissenspunkte explizit ausgeklammert werden („let's agree to differ") und eine Vereinbarung nur über die einigungsfähigen Themen geschlossen werden. Hier erweist sich manchmal die Zeit als ein wichtiger Freund.

Verträge durch Dissens im Kalten Krieg – 1972 wurde zwischen der DDR und der BRD der Grundlagenvertrag unterzeichnet. In den Folgejahren wurde eine Reihe von Verträgen über Reise- und Transitangelegenheiten und vieles andere geschlossen. In einigen fundamentalen Punkten war eine Einigung nicht möglich, insbesondere in der zentralen Frage der völkerrechtlichen Anerkennung der DDR. Die Parteien umschifften diese Klippe, indem sie in den Vereinbarungen ausdrücklich feststellten, dass in diesem Punkt ein unüberwindlicher Dissens zwischen den beiden Staaten besteht – und dass sie nichtsdestotrotz konkrete Regelungen für alltägliche Probleme vereinbaren können. Die Grundlage war die Einigung darüber, dass eine Einigung über diese Fragen nicht möglich war. Jedenfalls zu diesem Zeitpunkt. Die Wende 1989 zeigte dann eindrücklich, dass manche scheinbar unüberwindbaren Verhandlungshürden doch bewältigt werden können, wenn sich mit der Zeit ein Fenster der Möglichkeiten öffnet.

Eine andere effektive Möglichkeit, um in einer solchen Situation konstruktiv voranzukommen, ist die Vereinbarung des Ein-Text-Verfahrens.[5] Bei diesem Verfahren wird ein neutraler Dritte (z. B. ein Mediator oder Moderator) hinzugezogen, dessen Aufgabe es ist, auf Grundlage einer sorgfältigen Analyse der Beweggründe und der Konsens- und Dissenspunkte einen Entwurf der Vereinbarung zu erstellen, der eine möglichst faire und ausgewogene Lösung für die Dissenspunkte für alle Parteien darstellt. Anschließend dürfen die Parteien Feedback zu dem Entwurf geben und Verbesserungen vorschlagen. Daraufhin überarbeitet der neutrale Dritte seinen Entwurf der Vereinbarung auf Grundlage des Feedbacks. Dieser Prozess geht über mehrere Runden, bis sich die Streitpunkte hinreichend aufgelöst haben oder der neutrale Dritte der Überzeugung ist, dass die Vereinbarung nicht mehr weiter verbessert werden kann und es deshalb an der Zeit für die Parteien ist, die Vereinbarung insgesamt zu bewerten und sich für ein finales „Ja" oder „Nein" zu entscheiden.

Historische Beispiele – In der internationalen Diplomatie werden häufig Vereinbarungen trotz anhaltender Meinungsverschiedenheiten ratifiziert. Die Friedensverträge zwischen Israel und Ägypten im Jahr 1979 und zwischen Israel und Jordanien im Jahr 1994 wurden unterzeichnet, indem in beiden Fällen explizit anerkannt wurde, dass die Verhandlungen über die Palästinafrage und die Zukunft Jerusalems noch ungelöst sind und in zukünftige Verhandlungen vertagt werden. Im multilateralen Kontext geht es nicht so sehr darum, welche Punkte in der Schwebe gehalten werden, sondern wem gegenüber. In den Unabhängigkeitsvereinbarungen von 1991 zwischen Jugoslawien, Slowenien und Kroatien wurde die Frage von Bosnien und dem Kosovo ausgeklammert, um eine Chance für eine zeitnahe Einigung zwischen den Parteien zu schaffen, die den Konflikt zwischen ihnen befriedet.

Können sich die Konfliktparteien zu einem Zeitpunkt nicht umfassend über alle Punkte einigen, ist es wichtig, wenigstens die Punkte aufzulösen, die durch solche Teilvereinbarungen lösbar sind. Immerhin verkleinert jede Teileinigung die verbleibenden Konfliktpunkte und sie schafft ein positives Erlebnis erfolgreicher gemeinsamer Problemlösung, auf das zukünftige Verhandlungen aufbauen können.

Einigung über den Prozess

Wenn der Konflikt sehr schwerwiegend ist und es eine inhaltliche Blockade gibt, ist es immer noch möglich, Vereinbarungen „zweiter Ordnung“ abzuschließen, um die schwierige Arbeit einer Lösungssuche konstruktiv fortzusetzen. Diese Art der Vereinbarung bezieht sich erstmal nur auf den weiteren Prozess, in dem sich die Parteien am Verhandlungstisch treffen.

Eine Konferenz über den Nahen Osten – Die Autoren wollten in Paris eine Konferenz zum Friedensprozess im Nahen Osten mit allen Konfliktparteien veranstalten. Bevor wir miteinander über das Programm sprechen konnten, mussten wir erst einmal entscheiden, wie wir überhaupt darüber sprechen wollen. Wer würde anwesend sein? Wie lange und in welcher Reihenfolge würde jede Person sprechen? Welche Themen sollten behandelt werden? Wo sollte das Treffen stattfinden? Verfahrensfragen beherrschten den Tag, bevor wir beginnen konnten, über die inhaltlichen Themen zu sprechen.

Diese verfahrenstechnischen Vorabvereinbarungen ermöglichen es den verschiedenen Parteien, Vertrauen in das Verfahren aufzubauen, weil sie es mitgestaltet haben, und sich dann sicher genug zu fühlen, um die Sachprobleme zu besprechen. Diese Partizipation bei der Prozessgestaltung ist unerlässlich, um zu vermeiden, dass die eine oder andere Partei die Verhandlung unter dem Vorwand verweigert, das Verfahren sei unfair. Es ist daher wichtig, dass der Prozess miteinander besprochen und im Konsens vereinbart wird, damit er nicht zur Geisel unkooperativer Absichten werden kann.

Vereinbarung, sich wiederzusehen

Sind keine Vereinbarungen in Sachfragen oder in der Prozessgestaltung möglich, können Sie sich vielleicht aber auf die Fortführung der Gespräche einigen und eine weitere Verhandlungssitzung anberaumen. Manchmal wurden bei den sachlichen Problemen kleine Fortschritte erzielt, aber es wird noch mehr Zeit benötigt, um sie wirklich lösen zu können. Oder die Beziehung wurde belastet und es braucht Abstand, damit man die Gespräche konstruktiv fortsetzen kann. Oder der Verhandlungsprozess muss besser definiert werden. Oder die Auftraggeberinnen oder Basis brauchen noch Zeit, um überzogene Erwartungen zu reduzieren und sich mit den Realitäten abfinden zu können. In allen diesen Situationen gibt es einen gemeinsamen Punkt: Die Verhandlungen sollten fortgeführt werden, es ist noch nicht die Zeit für einen endgültigen Abbruch der Verhandlungen gekommen. Es ist wichtig, sich auf einen konkreten Termin für die nächste Sitzung zu einigen und sich nicht davon entmutigen zu lassen, dass noch weitere Gespräche nötig sind, um eine einigungsfähige Vereinbarung zu erreichen.

Lösen Sie Konfrontation auf, indem Sie Essen teilen – Wenn Verhandlungen sehr wettbewerbsorientiert geführt werden, wenn die Parteien extrem auf die eigene Durchsetzung fokussiert sind, kann diese Konfrontation durch ein gemeinsames Essen konstruktiv aufgelöst werden, wie Studien[6] von Margaret Neale und Peter Belmi zeigen. Diese positive Wirkung zeigt sich aber nur, wenn das Essen geteilt wird (wie bei spanischen Tapas, äthiopischem Essen, asiatischem Essen, das in gemeinsamen Schüsseln serviert wird), nicht wenn die Verhandlerinnen Einzelteller serviert bekommen. Durch das Teilen des Essens wird die Gegensätzlichkeit aus dem Fokus genommen und Gemeinsamkeit betont. Der Anstieg des Glukosespiegels im Blut senkt Aggression und fördert die Selbstkontrolle – eine Einigung wird deutlich wahrscheinlicher.

Aber Achtung: Die Studien zeigen auch, dass das gemeinsame Essen für Verhandler, die bereits eine Win-Win-Orientierung haben, nicht zu empfehlen ist! In diesem Fall verschlechterte sich die Ergebnisqualität deutlich gegenüber den Verhandlern, die bei der Verhandlung nicht zusammen gegessen haben. Das Essen verstärkt hier übermäßig die Kooperation und die Beteiligten geben sich mit dem erstbesten Ergebnis zufrieden, anstatt für die bestmögliche Vereinbarung zu kämpfen.

Übrigens: Der Konsum von Alkohol bei einer Verhandlung verringert die Qualität der Vereinbarung und führt insbesondere in eskalierten Konfliktlagen dazu, dass die Wahrscheinlichkeit des Scheiterns erhöht wird.[7]

Formalisieren von Meinungsverschiedenheiten

Wenn alle Hoffnung auf eine sachliche Einigung verloren ist, ist es manchmal eine gute Idee, sich auf einen gemeinsamen Text zu einigen, der alle strittigen Punkte auflistet. Durch diese Formalisierung werden die Parteien intensiv auf die Risiken einer Nichteinigung gestoßen. Die Bestätigung des Scheiterns der Verhandlung zwingt die Parteien dazu, den Wert ihrer besten Lösungsoption abseits vom Verhandlungstisch zu kalkulieren und ernsthaft zu prüfen, ob sie vielleicht zu optimistisch kalkuliert hatten. So kann die Formalisierung des Dissenses (let's agree to differ) den Anstoß zu einer neuen Verhandlungsrunde geben, falls sich die Situation der beteiligten Parteien oder die Rahmenbedingungen aus irgendeinem Grund ändern. Von daher ist es wichtig, dass die festgeschriebenen Meinungsverschiedenheiten in der Formulierung ausdrücklich zeitbezogen aufgeschrieben werden: „Aufgrund der aktuellen Situation ist es heute nicht möglich …“ Dies ermöglicht einen gesichtswahrenden Rückweg zurück in die Verhandlung.

* * *

Mit Ausnahme des letzten Typs sind die dargestellten Arten von Vereinbarungen jeweils ein Akt der Verpflichtung der Parteien, mit abnehmender Intensität im Verlauf der Liste. Beginnt man am unteren Ende der Liste, so kann man sich vorstellen, wie mit der Zeit eine Reihe von Einigungen mit zunehmender Intensität der Verpflichtung getroffen werden, die im besten Falle am Ende zu einer vollständigen Gesamteinigung führen. Wenn Sie eine Vereinbarung getroffen haben, ist es wichtig, nicht einfach den Stift fallen zu lassen, sondern zum Abschluss gezielt kommunikative Botschaften an die beteiligten Menschen zu senden.

Die informelle Brücke in die Zukunft, oder wie Sie den „letzten Eindruck“ für sich nutzen

„Sei sehr vorsichtig und bewusst des ersten Eindrucks“ warnte schon Talleyrand. Wenn wir jemanden zum ersten Mal treffen, hat dieser erste Eindruck eine sehr mächtige Wirkung auf uns. Bewusst oder unbewusst bildet dieser erste Eindruck den Rahmen, auf den die weitere Beziehung aufbaut. Dies gilt auch für die letzten Eindrücke, die uns Erinnerungen an die Beziehung, die durch gemeinsame Anstrengung erzielten Fortschritte und die eingegangenen Verpflichtungen einprägen. Diese letzten Eindrücke bestimmen, was nach der Verhandlung geschieht, und sie können die erfolgreiche Umsetzung der Vereinbarung fördern oder behindern. Sehen Sie den letzten Eindruck Ihrer Verhandlungspartnerin als „Brücke in die Zukunft“ und tun Sie alles dafür, dass diese Brücke so stabil und attraktiv wie möglich gebaut wird.

Jede Verhandlungssitzung besteht wie ein guter Deutschaufsatz aus drei Teilen: der Einleitung, dem Hauptteil und dem Schluss. Der mittlere Teil ist bei weitem der umfangreichste und behandelt die Probleme sachbezogen mit den Methoden, die wir Ihnen in den vorangegangenen Kapiteln dargestellt haben. Aber eine Verhandlung besteht eben nicht nur aus dem Mittelteil, wo es zur Sache geht, sie ist eine Zeitachse, die vorher beginnt und nachher endet (**Abbildung 8.2**). Die Richtung, die die Verhandlung insgesamt einschlägt, hängt oft davon ab, wie gut die Verhandlerinnen Einleitung und Abschluss der Verhandlungssitzungen gestalten.

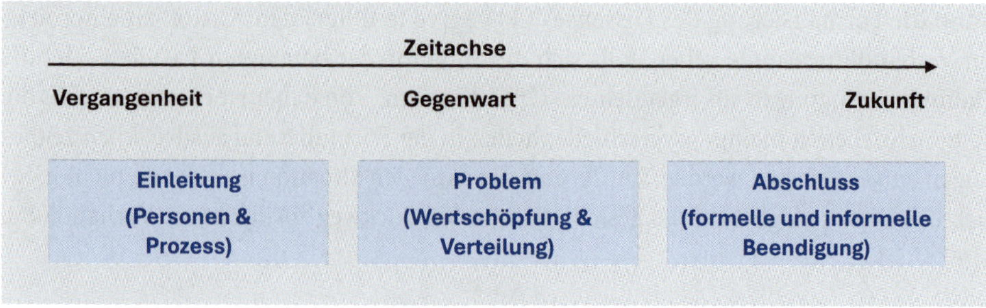

Abbildung 8.2

In Kapitel 3 haben wir Ihnen für den Beginn der Verhandlung eine doppelte Zielsetzung vorgeschlagen: eine Arbeitsbeziehung aufbauen und einen effektiven Verhandlungsprozess vereinbaren. Es ist wichtig, die Menschen und den Prozess miteinander zu verbinden. Das Gleiche gilt für den Abschluss. Das Verfahren zielt darauf ab, die Vereinbarung zu formalisieren, um von der Ebene der Ideen und Möglichkeiten zur realen Ebene der Verpflichtung und Bedürfnisbefriedigung überzuleiten. Die Beachtung der Beziehungsaspekte ist ebenfalls wichtig, damit die Verhandlungen zu einem guten Ende kommen.

Es ist ein gutes Zeichen, wenn der Abschluss einer Vereinbarung so viel Erleichterung und Zufriedenheit bringt, dass die Parteien ein Bedürfnis haben zu feiern. Manchmal jedoch enden Verhandlungen nicht so euphorisch, wenn Verteilungsfragen mit Spannungen behaftet waren und schmerzhafte Zugeständnisse erforderten, sodass eine oder beide Parteien die Verhandlung einfach nur noch hinter sich bringen wollen. In beiden Fällen ist es wichtig, einen Raum für den zwischenmenschlichen informellen Austausch zu schaffen. Dieses Ritual kann viele Formen annehmen: eine Feier mit Champagner, eine Unterschriftszeremonie, Fotos oder ein gemeinsames Essen. Die Vorlieben sind unterschiedlich, aber das Hauptziel ist das gleiche: Die Beziehung mit Blick auf die Zukunft zu stärken. Während der Verhandlung durchläuft die Beziehung regelmäßig verschiedene Stadien: mehrere Gespräche, möglicherweise schwierige Momente und Meinungsverschiedenheiten, vielleicht Enttäuschungen, und schließlich, als es kaum noch möglich schien,[8] dann die Vereinbarung. Es ist wichtig, diesen gemeinsamen Ritt miteinander Revue passieren zu lassen, schwierige Momente aufzuarbeiten, durch Entschuldigungen oder indem man gemeinsam darüber schmunzelt, und zu feiern – wenn möglich einen gemeinsamen Sieg über ein gemeinsames Problem.

Verhandlungsmeisterinnen machen sich in diesem Moment bewusst, dass es nicht ihre Feier ist, nicht ihre Leistung oder ihr Sieg, der im Mittelpunkt der Aufmerksamkeit stehen sollte. Das kommunikative Hauptziel besteht darin, dass ihr Verhandlungspartner sich als Sieger fühlt. Verzichten Sie selbst auf jedes Siegesgeheul und tun Sie alles dafür, dass die Gegenseite den Eindruck bekommt, hervorragend abgeschnitten zu haben. Gratulieren Sie dem anderen zu seiner Verhandlungskompetenz und seinem Ergebnis. Betonen Sie, dass Sie nicht damit gerechnet hätten, so viele Zugeständnisse machen zu müssen, dass er aber einfach ein sehr starker Verhandler ist. Zum Schluss ein wenig über das eigene Ergebnis zu jammern und die eigenen Konzessionen zu beklagen, gehört zum Handwerk. Denn wenn Sie das nicht tun, wird Ihre Verhandlungspartnerin ins Grübeln kommen, ob Sie Ihnen vielleicht doch zu viel vom Kuchen überlassen hat. Faustregel: Je besser Ihr Ergebnis ist, je mehr Sie vom Verhandlungskuchen für sich gewinnen konnten, desto mehr müssen Sie aktiv daran arbeiten, dass die Gegenseite sich als Gewinner fühlt.

Expertentipp: Den Verhandlungspartner nicht zum Verlierer machen

von Marcel Hürter, Präsident des Rechnungshofs Rheinland-Pfalz

In einer konfliktgeladenen Nachverhandlung konnte unser Team einmal dank gründlicher Vorbereitung unsere Interessen überraschend klar durchsetzen. Die Freude darüber war bei meinen Kollegen deutlich spürbar – und genau das war ein Problem.

Unser Vertragspartner fühlte sich plötzlich als Verlierer, was die Folgegespräche unnötig erschwerte. Mein Fazit: Auch den Abschluss einer Verhandlung sollte man so gestalten, dass beide Seiten ihr Gesicht wahren können.

Gerade wenn man mit dem Ergebnis sehr zufrieden ist, sollte man es nicht zeigen. Ein fairer Ton und ein gemeinsamer Blick auf den erreichten Kompromiss schaffen die Grundlage für eine konstruktive Zusammenarbeit in der Zukunft. Oder anders gesagt: Den Sieg dürfen wir gerne feiern, aber erst auf der nächsten Autobahnraststätte.

Zum Schluss

Personalisieren Sie Ihr Konzept, *bevor* Sie es anwenden

Wie Sie Ihre Verhandlungsfertigkeiten kontinuierlich verbessern können

Die letzten Worte eines Buches lassen uns mal mehr, mal weniger gesättigt zurück. Das gilt gleichermaßen für die Leserinnen wie auch die Autoren. Die Leserin hätte vielleicht zu bestimmten Themen gerne noch viel mehr gelesen, zu anderen weniger. Die Autoren hätten gerne das perfekte Buch geschrieben, das keine Fragen offenlässt. Aber das Wichtigste ist, dass ein Buch unser Leben verändert. Idealerweise gibt es ein Ich vor der Lektüre dieses Buches und ein Ich danach, mit einem Konzept für Ihren eigenen Verhandlungsansatz, mit dem Sie zukünftig Ihre Verhandlungen (noch besser) gestalten wollen. Sie haben hoffentlich viele nützliche Ideen und Werkzeuge für sich gefunden, mit denen Sie wertschöpfende Lösungen entwickeln, Emotionen steuern und komplexe Verhandlungssituationen bewältigen können. Kurzum, Sie fühlen sich jetzt hoffentlich noch besser gerüstet mit Prinzipien und Methoden für Ihre kommenden Verhandlungen, bei denen Sie das Wesentliche zur rechten Zeit tun werden.

Bevor Sie das Buch zuklappen, stellt sich eine letzte Frage: Was passiert, wenn Sie das Buch zurück ins Regal gestellt haben? Ratgeber zu lesen ist eine Sache, sie erfolgreich in die Praxis umzusetzen ist eine ganz andere. Sie kennen auch den Spruch von den „Wissensriesen und Umsetzungszwergen"? Etwas zu wissen ist noch nicht dasselbe, wie es souverän in Verhaltensveränderungen umsetzen zu können. Mit diesem Buch haben wir den Anspruch, Ihnen nicht nur eine Theorie zu präsentieren, sondern einen Verhandlungsansatz anzubieten, der diese Theorien erfolgreich in die Praxis umsetzt, der Ihnen praktische Antworten auf Ihre persönlichen Fragen in Ihrem Verhandlungsalltag liefert. Je mehr unser Verhandlungsansatz Sie ins Handeln bringt, desto mehr ist er wert.

Deshalb möchten wir Sie mit der Frage des Praxistransfers nicht alleine lassen, sondern Ihnen in diesem Schlusskapitel noch einige Hinweise geben, wie Sie Ihre praktischen Verhandlungsfertigkeiten systematisch in einem effektiven Verhandlungsperformance-Circle entwickeln können. Je mehr Sie als Verhandler Ihre eigenen Fertigkeiten optimieren, desto größer wird der Abstand zu denen, die diesen Weg noch nicht begonnen haben. Möglicherweise merken Sie sogar bereits eine Veränderung zwischen Ihrem Ich vor der Lektüre dieses Buches, als Sie vielleicht noch daran zweifelten, ob es wirklich eine wissenschaftlich fundierte „richtige Art zu verhandeln gibt" oder ob nicht Erfahrung alleine einen schon zur Verhandlungsmeisterin macht, zu Ihrem jetzigen Ich, das genau weiß, wie wichtig gutes Handwerk in Verhandlungen ist und wie sehr es sich auszahlt, die richtigen Dinge in richtiger Weise zur richtigen Zeit zu tun. Weil aber die Mehrheit der Verhandler, auf die Sie zukünftig treffen werden, diese Einsicht noch nicht hat, ist es wichtig, einen Moment darüber nachzudenken, wie sich diese Unterschiede und Asymmetrien in der Praxis auswirken und wie Sie konstruktiv mit ihnen umgehen können.

Die potenzielle Kluft zwischen Ihnen und anderen Verhandlerinnen

Wenn wir Asymmetrie in einer Verhandlung definieren als zwei Parteien, die über ungleiche oder unterschiedliche Mittel oder Ansätze verfügen, können wir eine Reihe von Ausgangssituationen unterscheiden.

Verschiedene Arten von Asymmetrie

Unterschiedliche Informationen: Asymmetrie ist ein Konzept, das in der Verhandlungsforschung intensiv untersucht wurde, insbesondere in Bezug auf Sachinformationen. Eine Partei verfügt über Informationen, die ihr einen strategischen Vorteil gegenüber der anderen verschaffen.

Autokauf – Ein potenzieller Käufer hat aus einer vertraulichen Quelle erfahren, dass die Verkäuferin eines Oldtimers dringend Bargeld benötigt, um ein anderes seltenes Modell kaufen zu können und daher notfalls 20.000 Euro akzeptieren würde, auch wenn der Wagen für 30.000 Euro zum Verkauf angeboten wird. Auf Grundlage dieses Informationsvorsprungs kann der Käufer jetzt die Verhandlung mit einem Angebot etwas unterhalb von 20.000 Euro für sich vorteilhaft ankern, um schließlich den Reservationspreis der Verkäuferin zu erreichen.

Es versteht sich von selbst, dass einseitige Informationen für denjenigen sehr vorteilhaft sind, der sie besitzt. Natürlich hat eine Verhandlerin, die den Reservationspreis der Gegenseite kennt, bei der Aneignung des Verhandlungswertes klare Vorteile. Daraus können wir zweierlei lernen: Erstens, Informationen sind Verhandlungsmacht, insbesondere wenn sie einem helfen, die beste Alternative des Verhandlungspartners abseits vom Verhandlungstisch zu identifizieren. Zweitens reicht es nicht aus, über gute zwischenmenschliche und verhandlungstechnische Fertigkeiten zu verfügen. Wir müssen uns auf jede Verhandlung sorgfältig vorbereiten und unseren Informationsstand verbessern. Vor allem zeigt das Beispiel aber noch einmal deutlich, wie wichtig es ist, Informationen strategisch überlegt und abgesichert offenzulegen, und dabei auch konsequent auf Gegenseitigkeit zu achten, damit die Gegenseite keinen einseitigen Informationsvorteil zu unseren Lasten erreichen kann.

Unterschiedliche Verhandlungskompetenz: Eine besondere Art der Informationsasymmetrie ist die unterschiedliche Kenntnis von Verhandlungstechniken. Ein Beispiel sind Gehaltsverhandlungen. Viele HR-Mitarbeiterinnen haben Schulungen zum sachbezogenen Verhandeln und dem effektiven Umgang mit dem Verhandlungsdilemma besucht, um Gehaltsverhandlungen erfolgreich führen zu können, indem sie einerseits die Beziehungen zu den Mitarbeitenden erhalten und gleichzeitig gute Ergebnisse für das Unternehmen erzielen. Manche Personalabteilungen geben diese Kenntnisse über professionelles Verhandeln nicht an die Mitarbeitenden weiter, um sich einen Vorteil für die Verhandlungen zu verschaffen.

Auf den ersten Blick begünstigt die Situation die besser trainierte Person, weil sie die vorliegenden Informationen zum eigenen Vorteil nutzen kann. Doch diesem Vorteil auf der Verteilungsebene stehen erhebliche Nachteile auf der Ebene der Wertschöpfung entgegen, denn ein effektives gemeinsames Problemlösungs-Verhandeln ist mit Verhandlungspartnerinnen, die noch im instinktiven Modus unterwegs sind, oft kaum möglich. Irrationales Verhalten und überzogene Erwartungshaltung können im ungünstigen Fall zu einer Eskalation der Verhandlung führen. Verhandlungsprofis wollen am liebsten mit anderen Verhandlungsprofis verhandeln, weil die effektive Gestaltung des Prozesses, insbesondere der Prozess des gegenseitigen Informationsaustausches und die Entwicklung wertschöpfender Optionen, die Nachteile entgangener Ausbeutungsgewinne bei weitem aufwiegt.

Zu bedenken ist zudem, dass Gehaltsverhandlungen maximal einmal jährlich stattfinden. An jedem anderen Tag im Jahr verhandeln die Mitarbeitenden nicht auf Kosten des Unternehmens, sondern zugunsten des Unternehmens. Schon deshalb ist es sehr kurzsichtig, den Mitarbeitenden insgesamt die Qualifizierung in professioneller Verhandlungsführung vorenthalten zu wollen. Denn eine Mitarbeiterin, die in einer Gehaltsverhandlung professionell hartnäckig ein gutes Ergebnis für sich herausholt, ist ein Grund der Freude für das Unternehmen. Diese Mitarbeiterin zeigt, dass sie über die Fähigkeiten verfügt, sämtliche Verhandlungen im Rest des Jahres zugunsten des Unternehmens mit einer überdurchschnittlichen Verhandlungsperformance zu gestalten, und damit ist sie jeden Cent ihres Gehalts wert. Das gilt auch, wenn sie normalerweise „nur" im Bereich der internen Verhandlungen z. B. zu Abstimmungen in Projekten verhandelt, da selbst dort sehr viel Geld verbrannt werden kann.[1]

Dass Sie in der Praxis Ihrer externen Verhandlungen auf Menschen treffen, die schlechter in Verhandlungsführung ausgebildet sind als Sie, ist unvermeidlich und irgendwie sogar das Ziel. Denn wenn Sie selbst sich professionell aufstellen und kontinuierlich an Ihrer Verhandlungsperformance arbeiten, wird die Wahrscheinlichkeit auf weniger qualifizierte Verhandlungspartnerinnen zu treffen naturgemäß immer größer. Um aus diesen Situationen das Beste herausholen zu können, möchten wir Ihnen noch zwei Ratschläge mitgeben. Der erste lautet „Sei schlau, stell dich dumm". Je besser Ihre Verhandlungsfertigkeiten ausgeprägt sind, desto mehr sollten Sie darauf achten, sich bewusst in Bescheidenheit zu üben. Wenn Sie Ihre Verhandlungspartnerin für einen wahren Verhandlungschampion hält, weckt das bei ihr nur Ängste und erschwert Ihnen unnötig das Verhandeln. Zweitens, gerade wenn Sie als Verhandlungsmeister im sachbezogenen Verhandeln regelmäßig auf technisch unterlegene Verhandlungspartner treffen, ist es wichtig, dass Sie sich die Techniken des „Verhandlungsjudos", die wir Ihnen in Kapitel 5 und Kapitel 6 vorgestellt haben, gut einprägen und einüben. Die Fähigkeit, die Denkprozesse Ihrer Verhandlungspartnerin systematisch durch geschickte Fragen zu lenken und die Verhandlung damit konstruktiv voranzubringen, ist die entscheidende Kompetenz, wenn Sie auch mit Amateuren in schwierigen Ausgangslagen ökonomisch vorteilhafte Lösungen erreichen wollen.

Unterschiedliche Verhandlungsansätze: Eine ähnliche Asymmetrie findet sich auch, wenn Sie auf Verhandlerinnen treffen, die in anderen Verhandlungsansätzen trainiert wurden, insbesondere solchen, die auf Manipulation und Eskalation setzen. In diesem Fall setzt jede Verhandlungspartei die Methoden ein, von denen sie sich den größten Erfolg verspricht. Das Problem liegt auf der Hand: Die Schnittstelle passt nicht, wenn beide Seiten ein unterschiedliches Spiel spielen. Damit ist klar, dass es ein sehr schwieriger Prozess wird, und wenn es gelingt, zu einer Vereinbarung zu kommen, steht zu befürchten, dass diese aufgrund von nicht realisierten Wertschöpfungsoptionen ökonomisch eher schlecht ausfallen wird. Aber es gibt keinen Grund zur Resignation, mit unserem Verhandlungsansatz bieten wir Ihnen alle Möglichkeiten, um selbst mit eskalativen und manipulativen Gesprächspartnerinnen noch konstruktiv verhandeln zu können. Die Ausgangslage ist allerdings für Sie die größte Herausforderung, da Sie erst einmal das Spiel ändern müssen, bevor Sie konstruktiv verhandeln können. Hier ist die robuste Kooperationsstrategie überlebenswichtig, die wir Ihnen zu Beginn von Kapitel 4 erläutert haben. Ihre „Provozierbarkeit" entscheidet, ob Sie eine hohe Verhandlungsperformance erreichen oder zur Beute werden. In diesen Situationen sind Ihre Fertigkeiten im „Verhandlungsjudo" sowie Ihre emotionale Selbstkontrolle die alles entscheidenden Erfolgsfaktoren.

Sie müssen in der Praxis nehmen, was Ihnen das Leben als Verhandlungspartnerin anbietet. Aber die beste Verhandlungsperformance erreichen Sie, wenn Sie auf eine Verhandlungspartnerin treffen, die denselben oder einen ähnlichen Verhandlungsansatz verfolgt wie Sie und auch an Beweggründen, wertschöpfenden Optionen, Rechtfertigungskriterien und respektvollen Beziehungen interessiert ist. Wann immer Sie darauf Einfluss haben, sollten Sie ihn in diesem Sinne ausüben.

Arbeitskonflikte aufgelöst – Einer der Autoren wurde vom Management eines großen deutschen Unternehmens angesprochen, um die belasteten Verhandlungsbeziehungen zwischen Management und Betriebsrat zu verbessern. Nach einer Analyse der Situation schlug der Berater ein gemeinsames Verhandlungstraining von Management und Betriebsrat vor. Nachdem zunächst auf beiden Seiten große Vorbehalte bestanden, wurde das Training schließlich doch durchgeführt. Die Ergebnisse übertrafen die Erwartungen deutlich. Dass beide Seiten nun über eine gemeinsame Methode verfügen, um mit ihren Interessenkonflikten konstruktiv umzugehen und auf Grundlage einer gemeinsamen Terminologie miteinander darüber zu sprechen, wie sie verhandeln wollen, verringerte vor allem die Missverständnisse. Zu wissen, was die Gegenseite tut, und zu verstehen, wie es zu einer gemeinsamen Problemlösung beiträgt, verhindert nicht die Interessengegensätze und Verteilungskonflikte, aber es ermöglicht, Streuverluste im Prozess zu vermeiden und die Beweggründe beider Seiten bestmöglich in gemeinsame Lösungen umzusetzen.

Dass es immer noch in vielen Unternehmen üblich ist, unterschiedliche Bereiche mit unterschiedlichen Verhandlungsansätzen zu trainieren, macht uns Autoren fassungslos. Wenn zum Beispiel der Einkauf in eskalativen Taktiken geschult wird, während der eigene Vertrieb nach dem sachbezogenen Verhandlungsansatz geschult wird, sind diese Ansätze nicht kompatibel. Sie widersprechen sich in zentralen Grundannahmen darüber, wie Menschen entscheiden und wie man gute Verhandlungslösungen erzielt. Wir sehen die Aufgabe des Topmanagements darin, nicht jeder Abteilungsleitung ihren eigenen Stil im Verhandeln zu genehmigen, sondern die Frage verbindlich zu entscheiden, wie Verhandlungsprozesse professionell im Interesse des Unternehmens gestaltet sein sollen. Eine solche Professionalisierung der Verhandlungsführung wird auch bei internen Verhandlungen Reibungsverluste vermeiden und insgesamt die Verhandlungsperformance des gesamten Unternehmens messbar steigern. Da die von uns vorgestellten Verhandlungsmethoden auf Grundlage des aktuellen Stands der Verhandlungsforschung und der Best Practices sowohl der Crisis Negotiators als auch der Topbusinessverhandler erstellt wurden, sind wir sehr zuversichtlich, dass sich bei einer systematischen Evaluation im Unternehmen diejenigen Verhandlungsansätze disqualifizieren werden, die auf Manipulation und Eskalation setzen.

Unterschiede in der Notwendigkeit, konstruktiv zu sein: Diese häufig anzutreffende und sehr frustrierende Asymmetrie tritt auf, wenn sich eine der Parteien für die Lösung eines Problems mehr verantwortlich fühlt als die andere. Nach dem berühmten Sprichwort „Der Kunde ist König" beißt sich ein Verkäufer, der auf Provisionsbasis bezahlt wird, auf die Lippen, wenn er von einem Kunden angegangen wird. Eine Personalleiterin, die den Auftrag hat, die Zustimmung des Betriebsrats zu einem Projekt zu erreichen, muss möglicherweise gegenüber einer Betriebsratsvorsitzenden, die mit harten Bandagen kämpft und eskaliert, trotzdem Ruhe bewahren, um die Beziehung nicht zu vergiften und die Verhandlungen erfolgreich abschließen zu können. Diese Asymmetrie hängt vor allem mit der Rolle und dem Status der Verhandler sowie der Qualität ihrer besten Alternative abseits vom Verhandlungstisch zusammen. In solchen Situationen ist es zunächst wichtig, mit den in Kapitel 6 vorgestellten Techniken für sich selbst zu sorgen und die eigene Selbstkontrolle zu erhalten. Verhandlungsprofis verfügen über die Kompetenz, solche Verhaltensweisen nicht an sich heranzulassen, sondern als „Selbstoffenbarungs-Botschaften"[2] des anderen zu hören. Gleichzeitig ist es für jede Verhandlerin wichtig, sich einmal in Ruhe unabhängig von einer konkreten Verhandlung Gedanken über die Grenzen der eigenen Toleranz zu machen. Dabei geht es darum zu definieren, was man sich in einer Verhandlung – Provision hin oder her – nicht gefallen lassen will. Wer diese Grenzen für sich ausgelotet und festgelegt hat und den Preis akzeptiert, der damit verbunden ist, kann solche Situationen in der Praxis viel souveräner und im Einklang mit den eigenen Zielen und Werten gestalten.

Unterschiedlicher Einfluss: Eine andere Art von Problemen entsteht aus einer Asymmetrie bei der Umsetzung von Mandaten.

Das unrealistische Mandat – Stellen wir uns beispielsweise eine Einkaufsleiterin vor, die ein unrealistisch niedriges Mandat von ihrem CEO für die anstehenden Verhandlungen mit einem Zulieferer erhalten hat. Es ist fast sicher, dass die Verhandlungen zum Stillstand kommen. Wenn der CEO sein Mandat nachbessert und persönlich weitere Zugeständnisse macht, riskiert die Einkaufsleiterin ihre Glaubwürdigkeit gegenüber dem Lieferanten zu verlieren, wenn plötzlich doch mehr geht. Die Asymmetrie liegt in der Zurechnung des Ergebnisses: Wenn die Verhandlung am Ende erfolgreich wird, erntet der CEO die Lorbeeren für den guten Vertrag. Wenn die Verhandlung scheitert, scheint die Einkaufsleiterin dafür verantwortlich zu sein.

Die Techniken, die wir Ihnen in Kapitel 7 vorgestellt haben, helfen Ihnen dabei, die Interessenkonflikte zu reduzieren, die sich aus dem Spannungsverhältnis zwischen Repräsentanten und Auftraggeber ergeben, aber sie können sie nicht vollständig auflösen. Es ist oft schwierig, sich Anweisungen der eigenen Chefin zu widersetzen, aber manchmal kann man mit Kreativität so handeln, dass es kein offener Ungehorsam ist. In den Erinnerungen eines Botschafters des französischen Königs wird berichtet, dass der König einmal sehr erbost war über das Verhalten eines anderen Landes und dem Botschafter befahl, verschiedene destruktive Handlungen zulasten dieses Landes umzusetzen. Der Botschafter entschied sich, dem König nicht ungehorsam zu sein, aber die Handlungen extrem langsam umzusetzen, damit der König noch genügend Zeit hat, zur Besinnung zu kommen, bevor der Schaden unwiderruflich angerichtet ist.

Eine Führungskraft sollte sich ihrer pädagogischen Verantwortung gegenüber ihren Mitarbeitenden immer bewusst sein. Wenn sie bei der Mandatierung selbst nicht sachbezogen und realistisch agiert, sondern die Verhandler mit unrealistischen Erwartungen unter Druck setzt, ist vorhersehbar, dass die Verhandler zu instinktiven Verhaltensweisen und einer konfrontativen Verhandlungsführung verleitet werden, mit allen nachteiligen ökonomischen Folgen für das Unternehmen. Es ist daher wichtig, dass die Auftraggeberin mit gutem Beispiel vorangeht und ihre Anweisungen an das Verhandlungsteam wohlüberlegt erteilt, mit Blick auf die kurz- und langfristigen Folgen. Wer die eigenen Verhandler immer mit unrealistischen Mandaten in die Verhandlung schickt, aber sich selbst im Fall der Eskalation involvieren lässt und weitere Zugeständnisse macht, die dem Verhandlungsteam nicht zur Verfügung standen, der erzieht seine Geschäftspartner dazu, dass es die guten Konditionen immer nur von der Chefin persönlich gibt. Das beschädigt die Reputation der eigenen Verhandler und raubt ihnen jede Motivation. Wenn Sie sich als Repräsentant in einer solchen Situation wiederfinden, machen Sie sich zwei Dinge bewusst: Erstens, Sie haben keine Chance, selbst einen guten Verhandlungsabschluss zu erzielen, wenn Ihre Verhandlungspartner wissen, dass sie bei einer Eskalation von Ihrer Chefin noch einen besseren Deal bekommen. Das liegt nicht an Ihnen oder Ihrer Verhandlungskompetenz. Zweitens, eine Lösung kann nur durch eine Verhaltensänderung Ihrer Chefin erreicht werden. Verhandeln Sie sachbezogen über Ihr Mandat, und weisen Sie dabei darauf hin, dass wenn eine solche Reputation erst einmal erworben wurde, dies fast immer zu einer zeitlichen Überforderung der Führungskraft führt, wenn diese sich auf einmal persönlich in alle wichtigen Verhandlungen einschalten muss, um Einigungen möglich zu machen. Es hatte gute Gründe, dass die Führungskraft nicht selbst verhandeln soll; manchmal muss man Führungskräfte an diese Gründe erinnern, wenn sie sie selbst aus den Augen verloren haben.

Beharrungskräfte des Status quo: Alle bisher beschriebenen Asymmetrien betreffen die Unterschiede zwischen Ihnen und einer anderen Person, durch die es Ihnen erschwert wird, Ihre neu erworbenen Verhandlungskompetenzen reibungslos umzusetzen. Es gibt jedoch einen noch hartnäckigeren Gegner für die erfolgreiche Umsetzung konstruktiver Verhandlungsmethoden: Sie selbst! Wir alle lesen Bücher oder besuchen Seminare, die uns helfen sollen, konstruktive Arbeitsmethoden zu entwickeln. Aber ein Buch oder ein Seminar wirken von allein nur eine kurze Dauer nach. Oft ist der Veränderungswille nicht stark genug, um tatsächlich eine erfolgreiche Veränderung zu bewirken. Sie können sich heute vornehmen, erst zuzuhören, bevor Sie selbst sprechen, aber das bedeutet noch lange nicht, dass Sie es morgen tun werden, wenn es darauf ankommt. Die Erfahrung zeigt, dass die guten Vorsätze allzu oft nicht umgesetzt werden. Wir verändern unser Verhalten nicht so einfach wie wir unsere Kleidung wechseln. Es ist wichtig, dass wir unsere bewusste Aufmerksamkeit auf eine kontinuierliche Weiterentwicklung unserer Verhandlungsfertigkeiten fokussieren und beharrlich dranbleiben, damit aus unseren Vorsätzen neue Gewohnheiten werden.

Asymmetrische Positionen konstruktiv bewältigen

Eine professionelle Verhandlerin muss auf diese Asymmetrien vorbereitet sein, um durch diese Problemsituationen souverän navigieren zu können. Denn tatsächlich sind diese Asymmetrien kein bedauerlicher Unfall, sondern integraler Bestandteil von Verhandlungen, denen man als Verhandlerin nicht entgehen kann. Die Erfahrung zeigt, dass sich jeder mal in diesen Situationen wiederfindet, und wer sie erfolgreich meistert, wird sich mit der Zeit einen Ruf als erfolgreicher Verhandler erwerben. Wir haben für Sie zur Unterstützung noch ein paar Ratschläge erfahrener Verhandlerinnen:

Seien Sie kein Besserwisser: In asymmetrischen Situationen besteht ein großes Risiko, dass wir eine „Ich weiß es besser"-Haltung entwickeln – und gegenüber der Verhandlungspartnerin zeigen. Wenn Sie dieses Buch gründlich studiert und die Werkzeuge eingeübt haben, ist es sehr wahrscheinlich, dass Sie es tatsächlich besser wissen. Aber es ist nicht hilfreich, dies dem anderen zu sagen. Wer eine solche arrogante Position einnimmt, wird die Verhandlung ziemlich sicher an die Wand fahren, weil die Verhandlungspartnerin schon aus Prinzip und Selbstbehauptung auf Abwehr gehen wird. Als Autoren dieses Buches kennen wir die Versuchung sehr genau zu glauben, den einen richtigen Weg zum Ziel in einer Verhandlungssituation zu kennen. Doch die Erfahrung zeigt, dass solange wir das glauben, unsere Vorschläge nichts Gutes bewirken werden. Anstatt der Verhandlungspartnerin die Welt erklären zu wollen, ist es wichtig, sich bewusst zu machen, dass unsere Vorschläge zum weiteren Vorgehen nur eine Möglichkeit unter vielen ist und wir sie genau so formulieren sollten. Dies ist ein gutes Beispiel für das Paradox der Macht: Je weniger Druck wir machen, desto größer die Chance, dass unsere Vorschläge akzeptiert werden.

Gehen Sie mit gutem Beispiel voran und zeigen Sie, wie es geht: Wir haben Ihnen eben geraten, unbedingt zu vermeiden, dem Verhandlungspartner zu sagen, wie er sich verhalten soll und möchten einen zweiten Ratschlag ergänzen: Zeigen Sie ihm, wie er sich verhalten soll, indem Sie mit gutem Beispiel vorangehen. Zeigen Sie die konstruktiven Verhaltensweisen, die Sie in diesem Ratgeber kennengelernt haben. Hören Sie aktiv zu und fragen Sie neugierig nach, sprechen Sie über Ihre Beweggründe, entwickeln Sie kreative Lösungsoptionen, laden Sie ihn ein, sich mit eigenen Vorschlägen zu beteiligen und rechtfertigen Sie Ihre Vorschläge mit Fairnessargumentationen. Menschen neigen dazu, in Interaktionen das Verhalten ihrer Gesprächspartnerin zu imitieren, solange die Beziehung positiv ist. Indem Sie konstruktives

Verhalten zeigen, erhöhen Sie enorm die Wahrscheinlichkeit, dass solche Verhaltensweisen mehr und mehr auch von den anderen Parteien in das Spiel integriert werden.

Haben Sie die Ruhe abzuwarten: Nichts ist schlimmer, als Öl ins Feuer zu gießen. Wenn Sie aktuell nicht weiterkommen, weil sich die Verhandlungspartnerin in destruktivem Verhalten oder Aggression verfangen hat, muss man manchmal geduldig warten, bis der Dampf aus dem Kessel ist und sich die Angriffsenergie verflüchtigt hat. Erst dann ist der richtige Zeitpunkt, um mit den Techniken der Emotionsregulation aus Kapitel 6 und des „Verhandlungsjudos" die Blockade oder den persönlichen Angriff in eine Selbstkundgabe-Botschaft „Sorge über wichtige Bedürfnisse" umzudeuten und diese Bedürfnisse sachbezogen in die Aufmerksamkeit der Verhandlungsparteien zu rücken. Fragen ungeduldige Kollegen oder Chefs in einem solchen Moment des Abwartens nach Ihrer Strategie, ist die berühmte Formulierung von Harvey Schlossberg, dem Pionier des polizeilichen Krisenverhandelns, die allerbeste Antwort: „We are engaged in dynamic inactivity." Ja, Sie sind nicht passiv, sondern Sie warten bewusst und gezielt und mit voller Kontrolle über den Prozess auf den richtigen Zeitpunkt, um Ihren nächsten konstruktiven Zug zu machen.

Akzeptieren Sie die Grenzen des Gegenseitigkeitsprinzips: Trotz aller Bemühungen ist die Asymmetrie manchmal nicht zu überwinden. In diesem Fall ist es wichtig zu akzeptieren, dass die andere Person wahrscheinlich nicht in der Lage ist, anders zu handeln. Wenn Sie sich dies bewusst machen, können Sie den anderen und seine Methoden besser akzeptieren, ohne Ihre eigenen aufzugeben. Diese Empfehlungen beruhen auf einem Grundgedanken: Als Verhandlungsführer muss ich den anderen in jeder Situation so akzeptieren, wie er ist, mit seinen Qualitäten und Schwächen. Das Ziel ist nicht, den anderen zu verändern. Es geht darum, die bestmögliche Lösung in der Verhandlung zu finden, die meine Interessen am besten befriedigt. Wenn auf dem Weg dorthin mein Verhandlungsgeschick, inspiriert von unserer Logik gemeinsamer Problemlösung, den anderen inspiriert, großartig. Wenn nicht, liegt es an mir, meine Methode anzupassen und geduldig die richtigen Züge zu machen, um aus der schwierigen Situation noch das Beste herauszuholen. Lasse ich mich in so einem Moment provozieren, an einem Verhandlungsboxkampf teilzunehmen, nur weil der andere das tut, schadet das letztlich auch meinen Interessen. In Verhandlungen gilt zwar niemals „Der Klügere gibt nach", denn das würde die falschen Anreize setzen; aber es gilt „Der Klügere bleibt ruhig und konstruktiv, auch wenn die Verhandlungspartnerin das in diesem Moment gerade nicht kann."

Wie sag ich's meinen Kollegen?

Eine Asymmetrie in Bezug auf das Wissen und möglicherweise das Beherrschen von effektiven Verhandlungsmethoden wird sich nicht nur im Verhältnis zu Ihren Verhandlungspartnerinnen ergeben, sondern ziemlich sicher auch gegenüber vielen Ihrer Kollegen. Diese Situation kann eine große Herausforderung sein, die Sie bewusst gestalten sollten, wenn Sie nicht Frust auf allen Seiten auslösen wollen.

Ziemlich sicher wissen Sie jetzt vieles über professionelle Verhandlungsführung besser als diejenigen Kollegen, die bisher noch nicht die Chance hatten, ein gutes Buch über Verhandlungsführung zu lesen oder ein gutes Verhandlungstraining zu besuchen. Aber genauso sicher werden Ihre Kollegen es nicht besonders schätzen, ungefragt von Ihnen über das richtige Verhandeln belehrt zu werden. Denn im Fall eines Kollegen kommt noch ein wichtiger Aspekt hinzu: dessen eigene Identität, der Status in der Organisation und der Gruppe sowie die eigene Rolle kann massiv bedroht sein, wenn er Ihre Überlegenheit anerkennt. Dies gilt umso mehr, wenn es sich um dienstältere Kollegen mit großer Erfahrung handelt, die noch in der Selbsttäuschung leben, man würde gutes Verhandeln alleine aus der Praxis heraus lernen können. Für Sie ist es inzwischen eine Selbstverständlichkeit, dass man das Handwerk nicht nur aus dem praktischen Tun heraus lernen kann und instinktive Verhaltensweisen und Reaktionen bestenfalls zu einer mittelmäßigen Verhandlungsperformance führen. Sie haben unsere Argumente gelesen, von den entsprechenden Studien gehört und sich in Ruhe und selbstbestimmt dazu eine Meinung bilden können.

Wenn Sie die Verhandlungsführung in Ihrem Bereich professionalisieren möchten, ist es genauso wie im Außenkontakt auch in der internen Kommunikation wichtig, dass Sie eine Haltung vermeiden, Ihren Kollegen die Welt erklären zu wollen und sie als Missionar zum „richtigen Verhandlungsglauben" zu bekehren. Machen Sie einzelne Vorschläge als Angebote, fragen Sie ausdrücklich nach anderen Ideen, haben Sie Geduld bei den Diskussionen und erklären Sie Ihre Ideen. Der beste Ansatzpunkt für die Professionalisierung ist eine verbesserte Vorbereitung. Intuitive Verhandlerinnen sind üblicherweise nicht so festgelegt, wie genau sie sich vorbereiten wollen. Wenn Sie einzelne wichtige Fragen, z. B. zu Beweggründen oder den Optionen abseits vom Verhandlungstisch, in die Vorbereitung einbringen, werden Sie selten auf Widerstand treffen. Dies gilt umso mehr, wenn Sie das ausdrücklich als „Versuch" bzw. „ausprobieren" bezeichnen. Unsere Erfahrung zeigt, dass Sie auf diese Weise konstruktive Bausteine in die Vorbereitung ergänzen können. Dadurch erfahren die Kolleginnen, wie nützlich es ist, sich diese Fragen zu stellen und es wird mehr und mehr zu einem selbstverständlichen Bestandteil der Vorbereitung. Gleiches gilt für die professionelle Nachbereitung einer Verhandlung. Mit jedem erfolgreich umgesetzten Impuls steigt Ihre eigene Reputation als „Fachexpertin für Verhandlungsführung" in Ihrem Team.

Schwieriger wird es, wenn es um das konkrete Verhalten in der Verhandlungssituation geht. Hier werden Sie an die Grenzen Ihrer Möglichkeiten stoßen. Sofern eine Kollegin keinerlei Verhandlungsausbildung besitzt, können Sie mit konstruktivem Feedback und einer guten Beziehung manche wertvollen Impulse setzen. Aber spätestens dann, wenn die Kollegin von einem anderen Verhandlungsansatz überzeugt ist, wenn sie z. B. psychologische Eskalation für den besten Weg zu einem guten Preis hält, stoßen Sie an die Grenzen Ihrer Möglichkeiten. Manchmal ist ein Kollege vielleicht offen für eine Diskussion über die beste Vorgehensweise, dann kann Ihnen dieses Buch hilfreich sein.

Wir haben bewusst in diesen Ratgeber für Verhandlungspraktiker viele Endnoten aufgenommen, in denen Sie Studien oder wissenschaftliche Literatur zitiert finden. Wir sind überzeugt, dass es beim Verhandeln nicht um Glauben gehen sollte, sondern um Wissen. Wir haben in Europa die Zeit der Glaubenskriege durch die Aufklärung überwunden. Das Prinzip Wissenschaft besagt, dass es nicht wichtig sein soll, wer etwas sagt, sondern welche Argumente und Beweise für oder gegen eine bestimmte Perspektive genannt werden. Wenden wir dieses Prinzip im Verhandlungsbereich an, lösen sich die großen Glaubenskriege der letzten Jahrzehnte in heiße Luft auf: Kriegt man den besten Preis mit Attacken und emotionaler Eskalation? Nein, natürlich nicht. Ist Win-Win-Verhandeln eine sozialromantische Illusion? Nein, es ist eine ökonomische Realität. Lohnt sich Kooperation? Ja, wenn sie mit einer robusten Strategie abgesichert wird, führt Kooperation aufgrund der Wertschöpfung zu den besten ökonomischen Lösungen. Kann Win-Win-Verhandeln den Verteilungskampf auflösen? Nein, egal wie groß der Kuchen ist, unseren angemessenen Teil vom Verhandlungskuchen müssen wir uns selbst sichern. Wer nicht mitverteilt, der wird verteilt. Zu allen diesen Fragen finden Sie harte Belege im Buch und in den Endnoten, um für eine solche Diskussion gewappnet zu sein. Als Autoren geben wir Ihnen noch einen Ratschlag, der allzu oft vergessen wird: Man darf dieses Buch an Menschen verleihen, die es brauchen könnten.

Als Führungskraft haben Sie in Bezug auf diese Asymmetrie einerseits mehr Möglichkeiten, andererseits aber auch zusätzliche Verantwortung. Sie können nicht mehr akzeptieren, dass Ihre Mitarbeiter in Verhandlungen mit dem Geld des Unternehmens Methoden einsetzen, die – wie Sie jetzt wissen – zu ökonomisch schlechten Ergebnissen führen. Es ist schwer verständlich, dass ein professionelles Verhandlungsmanagement, das diesen Namen verdient, bislang nur in einer kleinen Zahl von Unternehmen existiert. In zu vielen Unternehmen sind Verhandlungen noch eine managementfreie Zone. Es werden zwar Ziele vorgegeben, aber wie genau diese in der Verhandlung erreicht werden sollen, bleibt meistens den einzelnen Verhandlern überlassen. So findet sich in der gleichen Abteilung Tür an Tür ein Verhandlungsboxkämpfer, ein konfliktscheuer Großzügiger und ein sachbezogener Problemlöser – und alle dürfen ihre persönlichen Vorlieben mit dem Geld des Unternehmens ausleben, obwohl man genau sagen könnte, welcher Prozess zu den ökonomisch besten Ergebnissen führt. Wollen Sie das zukünftig in Ihrem Verantwortungsbereich noch zulassen?

Verhandeln ist nicht nur eine individuelle Kompetenz einzelner Personen. Es gibt auch eine organisationale Verhandlungskompetenz. Eine Organisation kann sich so aufstellen, dass nicht nur die Personen in ihr optimal verhandeln, sondern dass auch ihre Prozesse, Strukturen und Kultur auf Verhandlungsperformance ausgerichtet sind. Aber das ist das Thema des nächsten Buches. Für heute haben Sie genug damit zu tun, Ihr eigenes individuelles Verhandlungsverhalten zu optimieren, indem Sie den Verhandlungsperformance Circle leben.

Werden Sie zum Verhandlungsmeister durch den Verhandlungsperformance Circle

Drei Stufen des Lernens von Verhandlungsfertigkeiten[3]

Möglicherweise hatten Sie vorher noch nie ein Buch über Verhandlungsführung gelesen und auch noch nicht an einem Verhandlungstraining teilgenommen. Trotzdem haben Sie verhandelt, praktisch jeden einzelnen Tag Ihres Lebens. Dies ist die erste Stufe: Intuitives Verhandeln auf der Grundlage von instinktivem Verhalten. Viele Menschen leben ihr ganzes Leben auf dieser Stufe. Das kann man machen, aber die Verhandlungsperformance bleibt bestenfalls mittelmäßig. Je schwieriger die Verhandlung, desto stärker wirken sich die handwerklichen Defizite aus.

Sie haben jetzt die zweite Stufe erklommen: die theoretischen Grundlagen des Verhandelns, Werkzeuge und Methoden kennenzulernen. Sie haben kognitives Wissen darüber erworben, wie professionelles Verhandeln funktioniert. Mit diesem Ratgeber haben Sie eine Einführung in die Verhandlungsökonomie und die sozialpsychologischen Dynamiken von Verhandlungen erhalten, Konzepte, Werkzeuge und Empfehlungen bekommen, um Ihr Verhandlungsverhalten zu optimieren. Sie wissen, wie Sie Verhandlungsprozesse strukturieren können und wie Sie die psychologischen, ökonomischen, relationalen und sachlichen Dimensionen in einem sachbezogenen Verhandlungsprozess verbinden können. Wahrscheinlich werden Sie in Zukunft anders verhandeln – und das ist der entscheidende Schritt, denn nur wenn Sie Ihr Verhalten in Verhandlungen verändern, können Sie Ihre Verhandlungsperformance verbessern. Wir hoffen, dass Sie sich immer an das zentrale Prinzip unseres Verhandlungsansatzes erinnern werden: das Wesentliche vor dem Offensichtlichen zu tun.

Doch damit Sie Ihr Verhandlungsverhalten nachhaltig verändern, ist es für Sie entscheidend, dass Sie folgende Frage beantworten: *Was ist für mich das Wesentlichste, das ich aus diesem Buch mitnehme, und ab sofort anders tun möchte?* Niemand kann 20 Dinge gleichzeitig in seinem Leben ändern, und wer es versucht, wird am Ende wahrscheinlich feststellen, dass er gar nichts nachhaltig verändert hat. Je nachdem, wie viel Veränderung in den verschiedenen Bereichen Ihres Lebens gerade stattfindet und je nachdem, was Sie konkret verändern wollen, können Sie 1 bis maximal 3 Veränderungsziele für Ihr Verhalten gleichzeitig verfolgen. Nicht mehr. Wenn Sie diese Veränderungen erfolgreich umgesetzt haben, können Sie sich dann in einigen Wochen die nächsten Dinge vornehmen. Auch das Erlernen von Verhandlungskompetenzen erfolgt effektiv Zug um Zug.

Wir empfehlen Ihnen daher, dass Sie jetzt an das denken, was Sie im Laufe der Lektüre dieses Buches gelernt haben, und dann folgende Fragen für sich beantworten und aufschreiben, entweder auf einen Zettel, oder noch besser in ein Verhandlungslogbuch, das Sie heute beginnen, und in dem Sie zukünftig Ihre Lernschritte in Bezug auf professionelles Verhandeln kontinuierlich wie in einem Verhandlungstagebuch festhalten:

1. Was ist konkret die eine Sache, die ich aus der Beschäftigung mit diesem Buch für mein eigenes Verhandlungsverhalten mitnehme und ab sofort anders tun will als bisher, um meine Verhandlungsperformance zu steigern?
2. In welchen konkreten Situationen will ich dieses neue Verhalten anwenden?
3. Wie genau soll die neue Verhaltensweise aussehen, die ich zukünftig in diesen Situationen anwenden will?
4. Optional: Wen will ich als Lernbegleiterin in dieses Veränderungsziel einweihen, damit sie mich in der nächsten Zeit immer wieder wertschätzend an dieses Ziel erinnern kann?
5. Wann vereinbare ich einen Termin mit mir selbst, an dem ich reflektieren werde, inwieweit mir die Veränderung bereits gelungen ist? (Tragen Sie diesen Termin jetzt sofort in Ihren Kalender ein und behandeln ihn mit der gleichen Verbindlichkeit wie externe Termine.) Eine nachhaltige Veränderung erfordert einen Zeitraum von 4 bis 6 Wochen, bevor sich neue Gewohnheiten ein wenig gefestigt haben.
6. Wenn Sie glauben, dass Sie sich noch ein zweites Veränderungsziel gleichzeitig vornehmen können, durchlaufen Sie diesen Fragezyklus erneut. Wenn Sie in Ihrem Check-up-Meeting (Frage 5) feststellen, dass Sie alle Ihre Veränderungsziele erfolgreich umgesetzt haben, können Sie sich zukünftig versuchsweise ein zusätzliches Veränderungsziel vornehmen. Stellen Sie fest, dass Sie Ihr Ziel aus den Augen verloren haben, konzentrieren Sie sich für den nächsten Zeitraum auf nur noch ein einziges Ziel.

Haben Sie Schwierigkeiten, Ihre Veränderungsziele nachhaltig zu erreichen, können Sie die Wahrscheinlichkeit deutlich erhöhen, indem Sie die neurowissenschaftlich fundierten Methoden des Zürcher Ressourcen Modells (ZRM®)[4] nutzen und die Veränderungen gehirngerecht als Mottoziele mit positiven Affekten aufgeladen formulieren. Die Darstellung dieser extrem effektiven Methode würde den Rahmen dieses Buches sprengen und ist für die meisten Veränderungsziele beim Verhandlungslernen auch nicht unbedingt erforderlich.

Sie können die Wahrscheinlichkeit, dass Sie Ihre Veränderungsziele erfolgreich im Alltag umsetzen, ebenso erhöhen, wenn Sie sich immer wieder an dieses Ziel erinnern. Integrieren Sie dafür Auslösereize, sogenannte Trigger, in Ihren Alltag, die für Sie diese Bedeutung haben.

Der Klebepunkt – Einer der Autoren verfolgte vor vielen Jahren das Veränderungsziel „Wenn es schwierig wird in einer Verhandlung, will ich die Lösung erstmal im Aktiven Zuhören, nicht im Sprechen suchen". Um sich daran gerade in Verhandlungssituationen zu erinnern, klebte er einen roten Klebepunkt in seine Verhandlungsmappe. Für die Welt war das ein roter Klebepunkt, aber für ihn war dieser Punkt der Erinnerungsanker, der das Veränderungsziel immer wieder ins Bewusstsein rief, wenn es darauf ankam.

Solche Trigger können alle verschiedenen Sinneskanäle ansprechen. Ein bestimmtes Musikstück in Ihrer Playlist, das zu Ihrem Ziel passt. Das kalte Duschen morgens, das Sie „veränderungswach" macht. Seien Sie kreativ. Viel hilft viel, wenn es um die Veränderung tiefsitzender menschlicher Verhaltensweisen geht. Vielleicht wollen Sie sich jetzt (!) einen Serientermin in Ihren Handykalender programmieren, der Sie zwei- bis dreimal am Tag automatisch daran erinnert: „Erst Zuhören, bevor du selbst sprichst!"

Sie haben jetzt ein Netzwerk von Verhandlungswissen in Ihrem Gehirn angelegt, das Sie noch festigen und gegen das Vergessen schützen müssen. Dazu ist es wichtig, sich oft ein wenig mit diesen Themen zu beschäftigen, denn jedes Mal, wenn sie sich mit diesen Konzepten und Werkzeugen beschäftigen, stabilisieren Sie Ihr gesamtes Verhandlungswissen immer weiter.

Durch das Stabilisieren des Wissens und das bewusste Anwenden in der Praxis optimieren Sie für sich die zweite Stufe des Verhandlungslernens. Die Konzepte und Werkzeuge lesen sich gut auf dem Papier, sie aber in der Praxis souverän anzuwenden, daraus Fertigkeiten zu entwickeln ist nicht so einfach. Dazu müssen Sie sich bewusst auf die Anwendung konzentrieren und die Erfahrungen aus dem Praxistest immer wieder mit Ihrem theoretischen Wissen abgleichen und so Zug um Zug die Anwendung verfeinern. So erwerben Sie mit der Zeit die dritte Stufe des Verhandlungslernens: Informierte Praktiken (Informed Practices), die aus der Verbindung der besten evidenzbasierten theoretischen Konzepte und ihrer Praxiserprobung entstehen, und mit der Zeit zu dem sprichwörtlichen Fingerspitzengefühl bei der Anwendung führen. Wenn Sie kontinuierlich an diesem Prozess dranbleiben, bilden Sie schließlich Ihre neuen Verhaltensweisen zu unbewussten Kompetenzen aus, zu neuen Gewohnheiten für effektives Verhandeln. Sie programmieren sozusagen Ihren Autopiloten um: Vom „Überleben in der Savanne-Modus", den wir alle von Geburt aus mitbekommen haben, zu einem „Erfolgreich am Verhandlungstisch-Modus", der uns mit der gleichen

Expertentipp: Machen Sie Fehler lieber mit Spielgeld

von Prof. Dr. Michel Mann, Duale Hochschule Baden-Württemberg (DHBW) Heilbronn

Sie haben viele Techniken und Taktiken kennengelernt. Sie entwickeln schlagkräftige Strategien und gestalten optimale Rahmenbedingungen für erfolgreiche Verhandlungen. Sehr gut. Damit verfügen Sie über viele Voraussetzungen eines exzellenten Verhandlers.

Was jetzt noch fehlt ist Training. Jede Spitzenmannschaft trainiert vor wichtigen Spielen. Jeder Spitzenmusiker übt regelmäßig. Genau wie jeder professionelle Verhandler. Denn Wissen alleine reicht nicht. Erst durch Übung entsteht die Fähigkeit, am Verhandlungstisch souverän und flexibel zu agieren. Gleichzeitig ist es auch eine clevere Idee, teure Verhandlungsfehler im geschützten Rahmen eines Trainings zu machen, statt in richtigen Verhandlungen mit echtem Geld. Im Training entdecken Sie Ihre Schwächen und können diese korrigieren, noch bevor sie Ihr nächster Geschäftspartner ausnutzt.

Nur in einem Training erhalten Sie objektives Feedback zu Ihrer Verhandlungsleistung. Sie können Ihrem Verhandlungspartner „auf den Zettel schauen" und seine wahren Beweggründe und Optionen kennenlernen. Durch dieses Feedback lernen Sie, Ihre Verhandlungsleistung richtig einzuschätzen und Ihr Verhalten am Verhandlungstisch weiter zu verbessern.

Leichtigkeit und Selbstverständlichkeit eine hohe Performance ermöglicht, die große Meisterinnen in allen Bereichen auszeichnet.

Dazu darf Verhandlungsführung für Sie mehr werden als eine reine Technik der Konfliktregelung. Die Techniken werden Sie nur dann effektiv einsetzen können, wenn Sie die entsprechende Haltung für sich entwickeln, die professionelles Verhandeln erfordert. Wenn aktives Zuhören keine Technik mehr ist, sondern Teil Ihrer Identität und Ihres Selbstkonzepts im Umgang mit anderen Menschen und Sachproblemen geworden ist, werden Sie ohne große Mühe genau die authentische Wirkung erzielen, mit der Sie auch die schwierigsten Verhandlungssituationen bewältigen können. Sachbezogenes Verhandeln wird zu einer Lebensanschauung. Sich für andere Menschen zu interessieren und wertschöpfende Lösungen mit ihnen zu finden, die für alle akzeptabel sind, und gleichzeitig selbstbewusst auch für die eigenen Bedürfnisse einzustehen, wird Teil Ihrer persönlichen Kultur.

Leben Sie den Verhandlungsperformance Circle

Erinnern Sie sich noch an den Verhandlungsperformance Circle, mit dem wir im ersten Kapitel eingestiegen sind? Zum Schluss möchten wir Sie nochmals an dieses Modell erinnern, das nach unserem Verständnis der Inbegriff von professionellem Verhandeln ist. Machen Sie es sich zur Gewohnheit diese drei Schritte bei jeder Verhandlung zu durchlaufen – Verhandlungsmeister leben den Verhandlungsperformance Circle (Abb. 9.1):

Abbildung 9.1

Professionelle Vorbereitung – Sie haben es in diesem Buch schon oft von uns gehört, aber wir wollen es noch ein letztes Mal betonen: Vorbereitung ist der wichtigste Erfolgsfaktor für Ihre Verhandlungsperformance in der anstehenden Verhandlung. Investieren Sie den Aufwand, der angesichts der Bedeutung der Verhandlung für Sie angemessen ist und sich gut verzinst. In Kapitel 2 haben wir Ihnen detailliert erläutert, wie Sie die zehn Trümpfe der Vorbereitung für sich nutzen können, um bestens vorbereitet zu sein, wenn das Spiel am Verhandlungstisch beginnt.

Die Vorbereitung ist meist der Teil der Professionalisierung, den Sie am schnellsten und leichtesten umsetzen können – Sie müssen es nur wollen. Ihr Verhandlungsverhalten während der Verhandlung unter Stress und mit diversen Ablenkungen von allen Seiten können Sie nicht so einfach mit Ihrem bewussten Willen kontrollieren, Ihre Vorbereitung aber können Sie Zug um Zug im stillen Kämmerlein vornehmen und dabei wenn nötig auch mal kurz in diesem Buch nachschlagen, wenn Ihnen die entsprechenden Fragen nicht mehr einfallen. Wir empfehlen Ihnen, sich selbst Vorbereitungs-Templates mit den für Sie wichtigsten Frageformulierungen zu erstellen und im Zuge der Praxiserprobung immer weiter zu optimieren. Als Führungskraft können Sie das auch als Projekt zusammen mit ein paar Mitarbeiterinnen erstellen und Ihrem Team als neuen Prozess für die Vorbereitung vorstellen.

Wann immer Sie denken, keine Zeit für eine Verhandlungsvorbereitung zu haben, sollten Sie sich bewusst machen, dass es kaum eine andere Tätigkeit gibt, mit der Sie einen größeren Wertschöpfungsbeitrag für Ihr Unternehmen liefern als mit der professionellen Vorbereitung auf eine wichtige Verhandlung. Widerstehen Sie der Versuchung, wenn Sie sich eine gewisse Meisterschaft im Verhandeln erarbeitet haben, Ihre Vorbereitung für weniger wichtig zu halten. Auch Verhandlungsprofis können auf verlorenem Posten stehen, wenn Haltung und Vorbereitung nicht stimmen.

Niemand ist unschlagbar – Am 14. August 1994 warf die unterklassige Mannschaft aus dem 350 Einwohner großen Dorf Vestenbergsgreuth Rekordmeister FC Bayern München mit 1 : 0 aus dem DFB-Pokal. Die mit Nationalspielern gespickte Topmannschaft um Oliver Kahn, Thomas Helmer und Lothar Matthäus wurde das warnende Beispiel, dass niemand in dieser Welt unschlagbar ist. Jedes Spiel will erstmal gewonnen werden – und mit angezogener Handbremse geht das sehr oft schief.

Bewusste Durchführung – Steuern Sie die Verhandlung am Tisch aus dem Driver Seat heraus strategisch, indem Sie die Prinzipien des sachbezogenen Verhandelns umsetzen und das Wesentliche vor dem Offensichtlichen tun, auch wenn Ihnen Ihr Autopilot ein anderes instinktives Verhalten anbietet. Denken Sie immer an Ihre zentrale Aufgabe: Überzeugen Sie die Gegenseite, welchen großen Wert Ihre Angebote für sie haben. Erfolgreich verhandeln heißt: Wert verkaufen. Widerstand der Gegenseite bedeutet meist, dass der Wert Ihrer Leistungen noch nicht gut genug erkannt wurde.

Sorgen Sie für sich selbst, wie wir es in Kapitel 6 erläutert haben. Nur wenn Sie Ihren Stress kontrollieren und Ihre Emotionen konstruktiv regulieren, können Sie die Verhandlung auch in schwierigen Situationen weiterhin strategisch nach Ihrer Agenda steuern. Die Flugzeug-Metapher kann Sie daran erinnern, wenn es darauf ankommt.

Das Wesentliche zuerst – Erinnern Sie sich an die Sicherheitsansage im Flugzeug: „Im Falle eines Druckverlustes fallen automatisch Sauerstoffmasken aus der Kabinendecke. In diesem Fall ziehen Sie bitte eine der Masken zu sich heran und drücken Sie die Öffnung fest auf Mund und Nase. Danach helfen Sie bitte anderen Fluggästen." Die Selbstfürsorge sollte immer Priorität Nr. 1 sein, weil Sie nur dann in der Lage sind, anderen Menschen (oder dem Verhandlungsprozess) effektiv zu helfen!

Systematische Nachbereitung – In der Praxis wird oft schon bei der Vorbereitung von Verhandlungen geschlampt, aber die Nachbereitung fällt noch viel öfter komplett aus – und das ist ein großer Fehler. Die Vorbereitung ist Ihre Investition in Ihre Verhandlungsperformance in der nächsten Verhandlung. Die Nachbereitung hingegen ist Ihre Investition in Ihre Verhandlungsperformance für alle weiteren Verhandlungen in Ihrem Leben. Nur reflektierte Praxis macht Sie zur Verhandlungsmeisterin. Wenn Sie auf die systematische Reflexion verzichten, werden Sie immer wieder in die gleichen Fallgruben fallen, weil Sie Ihre Achillesferse nicht bearbeiten. Eine Nachbereitung braucht gar nicht viel Zeit, aber die wenigen Fragen einer systematischen Nachbereitung, die wir Ihnen in Kapitel 1 vorgestellt haben, sollten Sie nach jeder Verhandlung kurz für sich durchgehen und die wichtigsten Ergebnisse in Ihrem Verhandlungslogbuch aufschreiben. So werden Sie tatsächlich mit jeder einzelnen Verhandlung ein immer besserer Verhandler. Professionelles Verhandeln bedeutet nie fertig zu sein, nie zu denken, dass man es geschafft hat, sondern das Lebenslange Lernen für sich zu kultivieren.

Wie ich lernte „Ja" zu sagen – Einer der Autoren hatte vor vielen Jahren das Problem, dass er zu wenig überzeugend antwortete, wenn ihn potenzielle Kunden fragten: „Glauben Sie denn, dass dieses Verhandlungstraining auch für unsere Mitarbeiter das richtige ist?" Seine Antwort bestand immer aus fundierten Erklärungen zur Didaktik und den Lernzielen. In der Nachbereitung der Situationen wurde ihm mit der Zeit klar, dass die Kunden mit dieser Frage gar keine Argumente suchten, sondern nur prüfen wollten, ob er selbst von seinem Vorschlag vorbehaltslos überzeugt ist. Daraufhin entwickelte er für sich die Musterlösung, solche Fragen, die auch die Struktur einer geschlossenen Frage aufweisen, nur noch mit einem einfachen „Ja" zu beantworten. Die Wirkung war verblüffend. In ca. 2/3 der Fälle ist die Angelegenheit damit bereits geklärt. In den anderen Fällen fragt der Kunde nochmal spezifischer nach – und kriegt dann eine kurze präzise Antwort nur zu dieser spezifischen Fragestellung.

Üben Sie, so oft Sie können

Nutzen Sie jede Gelegenheit, um Ihre Verhandlungsfertigkeiten außerhalb von wichtigen Verhandlungen zu üben. Schauen Sie, wo Sie entsprechende Verhandlungssituationen im Alltag vorfinden. Wenn Sie zum Beispiel die Techniken des Verteilungsverhandelns einüben wollen, weil Ihnen die professionelle Hartnäckigkeit im „Kommunikationsschach" noch fehlt, die wir Ihnen in Kapitel 4 erläutert haben, gehen Sie am Wochenende auf einen Flohmarkt oder im Urlaub in den Basar und verhandeln dort einfach ein bis zwei Stunden an möglichst vielen verschiedenen Ständen über irgendwelche Dinge und kaufen gar nichts! Indem Sie nichts kaufen, sparen Sie nicht nur Geld, sondern Sie lernen auch, sich an den Reservationspreis Ihres Verhandlungspartners heranzutasten. Die Techniken des Mehrparteienverhandelns können Sie sehr gut trainieren, wenn Sie sich am Wochenende einmal mit ein paar Freunden treffen und ein Gesellschaftsspiel spielen, das auf Verhandlungsprozessen beruht. Wir können Ihnen hier „Diplomacy" oder „Machiavelli" empfehlen – oder das Spiel „Intrige", wenn Sie nicht so viel Zeit haben. Auch hier gilt, dass Sie sich nach dem Üben in einer solchen Alltagserfahrung die Zeit nehmen sollten, Ihre Erfahrungen in einer systematischen Nachbereitung zu reflektieren, um den maximalen Nutzen für sich herauszuholen. Für Ihre Performanceentwicklung macht es keinen großen Unterschied, ob Ihre reflektierte Praxis aus spielerischen, aus privaten oder aus beruflichen Verhandlungsprozessen stammen. Sie können aus der Verhandlung mit Ihrer Teenietochter wunderbar lernen, wie Sie mit störrischen Kunden konstruktiv umgehen können.

Außerdem ist es empfehlenswert, sich in Ihrer Organisation immer mal wieder mit Kolleginnen zu treffen, um gemeinsam Rollenspiele oder Verhandlungssimulationen[5] zu trainieren. Neben Simulationen fiktiver Fälle können Sie auch vergangene reale Verhandlungen in Rollenspielen nachstellen und damit bessere Lösungsoptionen ausprobieren oder anstehende Verhandlungen im Rahmen der Vorbereitung simulieren, um Ihre Strategien zu testen und sich optimal vorzubereiten (in der Fachwelt wird dies oft als „War Gaming" bezeichnet, wir mögen diese Metapher nicht, weil sie eine unnötig konfrontative Haltung transportiert, die in der Verhandlung selbst schädlich wäre.) Ebenso können Sie sehr davon profitieren, wenn Sie sich mit Freunden oder Kollegen aus verschiedenen Bereichen zu einer Sitzung der Kollegialen Beratung[6] treffen.

Schließlich dürfen wir Ihnen die harte Wahrheit nicht verschweigen, dass Sie ziemlich sicher nicht in die Bundesliga der Verhandlerinnen aufsteigen werden, ohne professionelle Verhandlungstrainings zu besuchen. Ja, diese Trainings kosten Geld und – für viele Fach- und Führungskräfte noch viel schlimmer – Zeit. Aber die Investition hat einen hervorragenden Return on Investment, wenn Sie ein gutes Training besuchen.[7] Sie haben dort die Gelegenheit, Ihre Verhandlungsperformance im geschützten Rahmen auszutesten und ein professionelles Feedback zu Ihren Stärken und Optimierungsbereichen zu bekommen. Professionelle Verhandlungsexpertinnen sind darin ausgebildet, Sie auch bei den Veränderungszielen kompetent zu unterstützen, die Ihnen alleine Schwierigkeiten bereiten, weil zum Beispiel innere Konflikte aufzulösen oder Einstellungen zu verändern sind. Die Autoren dieses Buches besuchen seit Jahrzehnten selbst immer wieder Verhandlungstrainings und wir werden das sicherlich bis ans Ende unseres Berufslebens beibehalten. Es ist wie bei professionellen Sportlern: Wer in der Bundesliga spielt, trainiert mehr – und nicht weniger – als Kreisligaspieler, gerade weil er schon viel besser ist und deshalb genau weiß, was er noch nicht kann aber gerne besser können würde. Wer sich für den „fertigen Verhandler" hält, hat die Vielfalt des Handwerks und die Komplexität der Aufgabe noch nicht genug verstanden.

Werben Sie für sachbezogenes Verhandeln

Wenn Sie Spaß daran gewonnen haben, Ihre Verhandlungen immer souveräner und erfolgreicher zu gestalten und Ihre Fertigkeiten zu verbessern, geben Sie diesen Spaß doch gerne an Ihre Kolleginnen, Freunde und Familie weiter. Freude an Verhandlungskompetenz ist eine der Dinge, die sich für alle vermehren, wenn man sie teilt. Wer die Welt der sachbezogenen Lösung von Konflikten einmal für sich entdeckt hat und Freude am „Verhandlungsschach“ gewonnen hat, der möchte diese Kultur von partnerschaftlicher Problemlösung und friedlicher Konfliktlösung sicher auch an seine Kinder, Studierenden, Kolleginnen oder Freunde weitergeben. So entsteht am Arbeitsplatz eine kooperative Atmosphäre zwischen Kollegen, die Partizipation, Kreativität, konstruktive Fehlerkultur und gemeinsame Problemlösung fördert. Wir sind zutiefst überzeugt, dass es auch für unsere Gesellschaft ein wertvoller Zukunftsimpuls ist, wenn immer mehr Menschen die Methode der Kooperation und gemeinsamen Problemlösung und friedlichen Bewältigung von Konflikten beherrschen. So wird es möglich, dass unterschiedliche Perspektiven nicht länger als Bedrohung gesehen werden und in Machtkämpfen ausgetragen werden müssen, sondern auf der Grundlage von gegenseitigem Respekt miteinander offen diskutiert und in Lösungen übersetzt werden können, die die verschiedenen Bedürfnisse soweit wie möglich integrieren und die überwiegende Mehrheit der Menschen zufriedenstellen. Konfrontation, Egoismus, mangelnde Empathie und Kampfrhetorik produzieren Leid – am Verhandlungstisch genauso wie im privaten und öffentlichen Bereich. Wir hoffen, dass

Expertentipp: Mit Verhandlungsmeistern erfolgreich verhandeln

von Laura Winheller, Tochter eines Verhandlungsexperten

Manchmal stehen wir vor Verhandlungen mit Verhandlungspartnern, die viel besser ausgebildet sind als wir selbst. Ich kann Sie trösten: Ihnen wird das wahrscheinlich seltener passieren als mir – und wenn Sie Ihre Verhandlungskompetenz trainieren, dann immer seltener. Was ist in solchen Situationen wichtig?

Keine Angst. Nützt ja nichts. Wenn Real Madrid der nächste Gegner ist, müssen Sie das Beste daraus machen. Wer mit Angst ins Spiel geht, der hat schon verloren. Wer glaubt, er habe keine Chance, der hat keine Chance.

Finden Sie Ihre Stärken. Wenn Sie schon schlechter trainiert sind, dann dürfen Sie auf keinen Fall auch noch schlechter vorbereitet sein. Freie Improvisation besser nicht gegen Real Madrid. Bereiten Sie sich gründlich vor, damit Sie unliebsame Überraschungen ausschließen. Verhandlungsprofis schlampen manchmal mit der Vorbereitung gegen schwächere Gegner, das ist Ihre Chance.

Machen Sie sich bewusst, dass Sie letztlich die gleiche Verhandlungsmacht haben. Keine Verhandlung endet zufriedenstellend ohne Ihr „Ja“. Seien Sie hartnäckig und verschenken Sie Ihr „Ja“ nicht zu früh.

Beziehung. Beziehung. Beziehung. Wenn Sie es mit einem Topverhandler zu tun haben, dann wollen Sie den nicht provozieren, Ihnen einmal zu zeigen, wo der Hammer hängt. Respektvolle Kommunikation ist sowieso das erste Gebot – hier umso mehr.

wir Ihnen mit diesem Ratgeber Mut, Strategien und einen prall gefüllten Werkzeugkoffer mitgeben konnten, um einen anderen Weg einzuschlagen und damit auch Ihre Ziele zukünftig noch besser zu erreichen als bislang. Wir wünschen Ihnen auf diesem Weg viel Spaß und Optimismus, denn damit wird es Ihnen noch viel leichter fallen. Möge Sie auf diesem Weg ein berühmtes Zitat von Anne Frank begleiten: „Wie herrlich es ist, dass niemand eine Minute zu warten braucht, um damit zu beginnen, die Welt langsam zu verändern!"

Anmerkungen

Einführung

1 Zum Coopetition-Konzept ausführlich Brandenburger/Nalebuff (2008).

2 So auch Thomas Gordon (2022).

3 Fisher/Ury/Bruce Patton (2018), das Buch erschien 1981 in den USA unter dem Originaltitel „Getting to Yes".

4 Herbst/Schwarz (2011), S. 147 ff.

Kapitel 1
Stellen Sie sich infrage, *bevor* Sie verhandeln

1 Den hohen Anteil von Fach- und Führungskräften ohne Verhandlungsausbildung zeigte auch wieder eine Umfrage des Teams von Markus Voeth und Uta Herbst: Voeth et al. (2022).

2 René Descartes (2019), S. 45.

3 Das interessenorientierte Verhandeln ist der breiten Öffentlichkeit durch das Buch „Das Harvard-Konzept" von Roger Fisher und William Ury bekannt geworden (Fisher/Ury/Patton 2018), sie greifen damit aber nur Ideen auf, die bereits 1940 von der Bostoner Sozialarbeiterin Mary Parker Follett publiziert worden waren (vgl. Parker Follett 1940, S. 36).

4 Zu den Beschränkungen eines idealistischen rein kooperativen Ansatzes vgl. Mnookin et al. (2000); Colson (2003), S. 50 ff.; Rosner/Winheller (2022), S. 93 ff.

5 Das Verhandlungsdilemma wurde erstmals bei Lax/Sebenius (1986), S. 29 ff. beschrieben.

6 Nach Fisher/Ury/Patton (2018), S. 76 f.

7 Fisher/Ury/Patton (2018), S. 73 f.

8 Aquaviva (1600), 2 (4).

9 Callières (2002), S. 86.

10 Der Text entstammt Guttenbergs wöchentlicher Kolumne auf LinkedIn und erscheint vollständig in seinem jüngsten Buch „3 Worte. Neue Notizen aus der Gegenwart", Herder Verlag (2025).

Kapitel 2
Bereiten Sie sich vor, *bevor* Sie das Spielfeld betreten

1 Zur Qualität von aus einer „aufgeladenen Experten-Intuition" getroffenen Entscheidungen siehe Kast (2013), S. 84 ff und Gigerenzer (2008).

2 Fisher/Ertel (1997).

3 Die Fallstudie wurde in Zusammenarbeit mit Julien Favre erstellt, dem die Autoren für die Mitwirkung ganz herzlich danken.

4 Am bekanntesten ist hier das „Harvard Konzept", vgl. Fisher/Ury/Patton (2018); siehe auch das Grundlagenwerk zur Verhandlungsökonomie von Lax/Sebenius (1986), S. 63 ff.

5 Callières (1717), S. 184.

6 Im „Harvard-Konzept" werden diese guten Gründe für die Rechtfertigung einer Lösung als „objektive Kriterien" bezeichnet. Dieser Begriff ist allerdings missverständlich und irreführend. Erstens ist Fairness keine objektive Sache, sondern in hohem Maße subjektiv geprägt vgl. Rosner/Winheller (2022), S. 106 ff m. w. N. Zweitens kommt es gar nicht auf die Objektivität an, sondern dass der Verhandlungspartner (und seine Auftraggeber) für sich die entsprechenden Kriterien als überzeugend akzeptieren.

7 Risse (2022), S. 390 ff.; Risse/Morawietz (2017).

8 Fisher/Ury/Patton (2018), S. 147 ff.

9 Zur technischen Anwendung des BATNA Konzept, zu der Kritik und den sie entkräftenden Studien vergleiche ausführlich Winheller (2024), S. 48 ff., und Winheller (2025a), S. 52 ff.

10 Umfangreiche Tipps für digitales Verhandeln finden Sie bei Thompson (2020), S. 141 ff.

11 Zu den Kriterien für die Auswahl des richtigen Verhandlungsortes und den verschiedenen Schritten der Vorbereitung

auf den örtlichen Rahmen ausführlich Wachs (2012), S. 166 ff.

12 Belmont (1999), S. 8 ff.

13 Zum Einfluss der Rahmenbedingungen auf den Verhandlungserfolg vgl. ausführlich Kolodej (2022).

Kapitel 3
Tun Sie das Wesentliche, *bevor* Sie das Offensichtliche tun

1 Die Formulierung „Ich gebe Ihnen meine Orangen" aktiviert bei Ihnen im unbewussten Teil des Gehirns Verlustangst, deshalb verhandeln Sie anschließend automatisch hartnäckiger – und erzielen bessere Preise, vgl. Trötschel et al. (2015), S. 417 ff.

2 Sinek (2020).

3 Weidner (2011).

4 Eine allgemeinverständliche Einführung in den aktuellen Stand der Entscheidungsforschung bietet Kast (2013).

5 Epiktet (1928), S. 526 ff.

6 Pecquet (1737).

7 Covey (2014), S. 277 ff.

8 Beaufort/Lempereur (2003), S. 291 ff.

9 Bazerman (1983), S. 211 ff.

10 Thompson (2020), S. XI f.

11 Thompson/Hrebec (1996) S. 396 ff.: Ein Lose-Lose-Ergebnis liegt dann vor, wenn die Parteien eine Übereinkunft treffen, die gemeinsame (kompatible) Interessen nicht befriedigt, sondern dort Ergebnisse erzielt, die beide Seiten nicht wollen.

12 Hans Koschnick in der ARD Tagesschau am 2.1.2003, zitiert nach Duve et al. (2011) S. 122.

13 Zartman/Berman (1982).

14 Wheeler (2013), S. 97.

Kapitel 4
Schaffen Sie gemeinsam Mehrwert, *bevor* Sie ihn verteilen

1 Fisher/Ury/Patton (2018).

2 Lax/Sebenius (1986).

3 Zum kooperativen Verhandeln als Gefangenendilemma und Folgerungen für die Kooperationsstrategie vgl. ausführlich Rosner/Winheller (2022), S. 209 ff.

4 Ausführlich zum Forschungsstand, aus dem sich eindeutig der Vorteil von Vertrauensvorschuss ergibt, Rosner/Winheller (2022), S. 221 ff. m. w. N. Die dort berichteten Ergebnisse wurden auch gerade erst wieder in einem großen Verhandlungsturnier bestätigt, das das MIT für AI Bots durchgeführt hatte, vgl. Vaccaro et al. (2025).

5 Zu verschiedenen Sicherungsmechanismen ausführlich Rosner/Winheller (2022), S. 217 ff.

6 Zu den Kulturstudien der Kooperationsforschung vgl. Axelrod (2000), S. 112 ff.

7 Eine ausführlichere Darstellung von Wertschöpfungsquellen und Techniken, um diese in Verhandlungen zu realisieren, bieten Rosner/Winheller (2022), S. 167 ff.

8 Detailliert werden „Bedingte Klauseln" erläutert bei Winheller (2022), S. 40 ff.

9 Ausführlich wird das Post-Settlement-Settlement-Konzept vorgestellt bei Paulick/Winheller (2023), S. 57 – 59; Bazerman et al. (1987), S. 283 ff.

10 Zu den systemischen Beschränkungen der juristischen Methode und den ADR-Verfahren vgl. ausführlich Rosner/Winheller (2022), S. 33 ff.

11 Jensen (2017).

12 Zur MESO Technik ausführlich Medvec (2021), S. 133 ff.; Hoffmann/Winheller (2023), S. 56 ff.

13 Medvec et al. (2005).

14 Lawrence Susskind (2014).

15 Eine ausführliche Darstellung zu den Techniken und Taktiken professionellen Verteilungsverhandelns bieten Rosner/Winheller (2019), S. 263 ff.

16 Vgl. Rosner/Winheller (2019), S. 275 ff.

17 Galinsky et al. (2002), S. 1131 ff.

18 Vgl. Thompson (2015), S. 66 ff.

19 Zum Anchoring vgl. ausführlich Winheller (2018a), S. 175 ff. m. w. N.

20 Englich et al. (2006), S. 188 ff.

21 Eine detaillierte Meta-Studie zu dem Forschungsstand in Bezug auf Vorteile und Risiken von ersten Angeboten in Verhandlungen bieten Lipp et al. (2023) S. 48 ff.

22 Defence Expenditure of NATO Countries (2012 – 2019), NATO Communique PR/CP(2019)069 vom 25.6.2019.

23 Shell (2006), S. 159.

24 Ausführlich Rosner/Winheller (2019), S. 277 ff.

25 Loschelder et al. (2014), S. 491 ff.

26 Ames/Mason (2015), S. 254 ff.

27 Kemmerling (2016), S. 26 ff.

28 Ausführlich zu den Framing-Techniken für eine Verhandlung Winheller (2018b), S. 82 – 110.

29 Susskind (2014), S. 115 ff.

30 Zur Ankerwirkung eines ersten Angebots und wirksamen Neutralisierungsstrategien vgl. Galinsky/Mussweiler (2001) S. 657 ff.

31 Zartman (1976).

32 Perelman (1984).

33 Deutsch (1976), S. 84.

34 Roger Fisher (1985), S. 65 ff.

Kapitel 5
Hören Sie zu, *bevor* Sie sprechen

1 Das hier dargestellte Sender-Empfänger-Modell der Kommunikation verdeutlicht das Verständnis typischer Kommunikationsprobleme. Es befördert aber auch eine linear-kausale Sicht auf Kommunikation (Ich tue das, weil Du vorher das getan hast). Die moderne Kommunikationstheorie hat jedoch die Bedeutung einer systemischen Perspektive gezeigt (wir beide beeinflussen uns ständig gegenseitig und keine Aktion ist zu verstehen ohne den Beitrag des anderen und die Umweltbedingungen), ausführlich Rosner/Winheller (2019), S. 32 ff., S. 74 ff.

2 Eine detaillierte Darstellung des Mimikresonanz®-Systems und der wissenschaftlichen Grundlagen zur Entschlüsselung der Bedeutung nonverbaler Kommunikation und Mikroexpressionen bietet Eilert (2023).

3 Zu kommunikativen Präferenzen vgl. Rosner/Winheller (2022), S. 364 ff.

4 Der Halo Effekt wurde 1907 erstmals von Frederic Wells beobachtet, der Begriff stammt von Edward Lee Thorndike, vgl. Schweizer (2005), S. 230 f.

5 Allred (1999).

6 Ross (1995), S. 26 ff.

7 Konferenz an der Harvard Universität mit Robert Mnookin und Lee Ross, Negotiation Research Seminar, 1993 – 1994.

8 Callières (2002).

9 Das Aktive Zuhören wurde beschrieben in Carl Rogers (1957).

10 Ein Beispiel für Aktives Zuhören bietet das Gespräch zwischen Recruiter und Bewerber in Kapitel 3.

11 Krishnan et al. (2014), S. 191 ff.

12 Diese Darstellung der FBI Techniken für Active Listening wurde erarbeitet mit Unterstützung unseres Freundes und Kollegen Gary Noesner, ehemaliger FBI-Chefverhandler und erster Direktor der Crisis Negotiation Unit des FBI, der den heute weltweit führenden FBI-Crisis-Negotiation-Ansatz und das Ausbildungskonzept für Krisenverhandler der FBI Academy federführend mit erarbeitet hat.

13 Jared Curhan (MIT) und sein Team untersuchten die Wirkung von „unangenehm langen Pausen“ in Verhandlungen und fanden dabei heraus, dass nach einer solchen unangenehm langen Pause der Verhandlungspartner sehr oft mit besonders kreativen wertschöpfenden Lösungsvorschlägen reagiert, vgl. Curhan et al. (2022), S. 78 ff.

14 Boileau (1991).

15 Rocard (1999), S. 52.

16 Bayram/Ta (2019), S. 23 ff.

17 Zu den Wirkprinzipien und Techniken einer professionellen Framing-Strategie in

Verhandlungen ausführlich Rosner/Winheller (2022), S. 261 ff.

18 Kahneman (2012), S. 347 ff.

19 Voss/Raz (2020), S. 184 ff.

20 Beispiel aus Bacow/Wheeler (1984).

21 Kundera (2014), S. 35.

22 Zu den drei Ebenen der Konfliktregelung, Machtstrategie, Rechtstrategie und Interessenstrategie, und den Vorteilen einer Interessenstrategie vgl. ausführlich Ury/Brett/Goldberg (1996), S. 21 ff.

23 Ausführlich mit den verschiedenen Arten von Täuschungen in Verhandlungen, ihren rechtlichen Risiken und moralischen Bewertungen im Auge von Verhandlungspraktikern, beschäftigt sich Stefanie Jung (2024) in ihrer Habilitationsschrift.

24 Thompson (2020).

25 Neale/Bazerman (1983), S. 378 ff.

Kapitel 6
Erkennen Sie Emotionen an, *bevor* Sie Probleme lösen

1 Girard (1982).

2 Glasl (2024).

3 Montada/Kals (2013), S. 177 ff.

4 Dieses Beispiel und viele andere Beispiel zu den Verhandlungsstrategien Helmut Kohls finden Sie bei Winheller/Kittl (2025b).

5 Phoenix-Dokumentation: Ulrich Wickert spricht mit Zeitzeugen: Helmut Kohl. (1999).

6 Doppler/Lauterburg (2008), S. 450.

7 Stone/Patton/Heen (2000) erläutern ausführlich die Techniken für die konstruktive Bewältigung schwieriger Gesprächssituationen.

8 Goleman (1997).

9 Fisher/Ury/Patton (2018), S. 45 ff.

10 Zu den Konzepten der Verhaltensökonomie vgl. ausführlich Thaler (2015) sowie Kahneman (2012) m. w. N.

11 Ury (2015).

12 Ausführlich zu den Triggern für emotionale Eskalation und Gegenstrategien Kohlrieser (2008).

13 Zur Balkontechnik ausführlich Ury (1998), S. 29 ff.

14 Ausführlich zum Emotional Labeling Kittl/Winheller (2023), S. 62 ff.

15 Nasher (2013).

16 Lieberman et al. (2007) S. 421 ff.

17 Lempereur (1996), S. 74 ff; Lempereur (1999).

18 Ury (1998).

19 Susskind/Field (1996), S. 37 ff.

20 Girard (1982).

Kapitel 7
Beschäftigen Sie sich vertieft mit der Methode, *bevor* Sie sich der Komplexität stellen

1 Ausführliche Informationen zum Management der Beziehung zwischen Repräsentanten und ihren Auftraggebern finden Sie bei Pratt/Zeckhauser (1985) und Mnookin/Susskind (1999).

2 Die Idee, dass Verhandlungen im Rechtsstaat „im Schatten des Rechts" stattfinden, weil die Rechtsordnung sowohl oft die Beste Alternative (Klage) definiert als auch das in einer Vereinbarung Zulässige, stammt von Mnookin/Kornhauser (1979), S. 950 ff.

3 Haft (2000), S. XIII.

4 Mnookin/Lempereur (2001) sowie Lempereur/Scodellaro (2003), S. 1380 ff.

5 Zu den Dynamiken in Gruppen und Möglichkeiten, Teams erfolgreich zu steuern, vgl. Stahl (2002) sowie Thompson (2019).

6 Stahl (2002), S. 49 ff.

7 Thompson (2022), S. 252 m. w. N.

8 Zu Strategien für die 3. Dimension vgl. Lax/Sebenius (2006).

9 Thompson (2022), S. 251 m. w. N.

10 Meister (2014).

11 Barisch (2011).

12 Zur Präferenzmessung ausführlich Herbst (2007).

13 Viele weitere Tipps für Teamverhandlungen bietet Weh (2020).

14 Zum Phänomen „Groupthink“ vgl. Janis (1972).

15 Ausführliche Informationen speziell zum Thema Mehrparteienverhandlungen bieten Crump/Susskind (2008) sowie Zartman (1994).

16 Wie Sie die Struktur einer Verhandlung optimal in Ihrem Interesse strategisch gestalten, erläutern Lax/Sebenius (2006), S. 53 ff.

17 Michel Rocard, Le Nouvel Observateur, 30. August 2001, S. 5 ff.

18 Zum Ein-Text-Verfahren ausführlich Fisher/Ury/Patton (2018), S. 168 ff.; Rosner/Winheller (2022), S. 320 ff.

19 Dass Geschäftsordnungsregelungen keine langweilige Bürokratie, sondern strategisch hochrelevante Erfolgsfaktoren sind, lesen Sie bei Kaufmann (1988).

20 Thompson (2022), S. 229. m. w. N.

21 So auch die Wertung der Meta-Analyse von Murnighan (1978), S. 1130 ff.

22 Zum Stand der spieltheoretischen Koalitionstheorie vgl. Raiffa et al. (2002), S. 430 ff.

23 Zur Geschichte und den zentralen Konzepten der Angewandten Gruppendynamik vgl. Rechtien (1999).

24 Detaillierte Hinweise zur Koalitionsbildung bieten Lewicki et al. (2024), S. 378 ff.

25 Zu den Faktoren der Koalitionsintegrität Bottom et al. (1996), S. 298 ff.

26 Die vielfältigen Möglichkeiten, Beziehungen gezielt zu beeinflussen, stellt Greene (2013) ausführlich dar; einen humorvollen Überblick über die wichtigsten Strategien für Intrigen bieten auch Goscinny/Uderzo (2008).

27 Für tiefere Einblicke in interkulturelle und multikulturelle Verhandlungen siehe Brett (2014); Meyer (2023); Hofstede et al. (2017); Faure/Rubin (1993); Foster (1995).

28 Brett et al. (1998), S. 55 ff.

29 Geertz (1973).

30 Hofstede et al. (2017).

31 Hall/Hall (1990), S. 13 ff.

32 Andere Autoren haben diesen Unterschied als „sequentielle Kulturen“ vs. „synchrone Kulturen“ beschrieben, vgl. Trompenaars/Hampden-Turner (1998), S. 123 ff.

33 Boltanski/Thévenot (1991), S. 159 ff.

34 Behrent/Mentner (2001).

35 Brett (2014), S. 51 ff.

36 Foster (1995).

Kapitel 8 Sichern Sie Ergebnisse, *bevor* Sie abschließen

1 La Fontaine (2021).

2 Ury (2023), S. 31 ff.

3 Detailliert werden „Bedingte Klauseln“ erläutert bei Winheller (2022), S. 40 ff.

4 Zum professionellen Umgang mit Risiken in Verhandlungen vgl. Ertel/Gordon (2007).

5 Zum Ein-Text-Verfahren ausführlich Fisher/Ury/Patton (2018), S. 168 ff.; Rosner/Winheller (2022), S. 320 ff.

6 Researchers: Does Breaking Bread Help Make a Negotiation Success, in: Insights by Stanford Business, https://www.gsb.stanford.edu/insights/researchers-does-breaking-bread-help-make-negotiation-success (abgerufen am 29.5.2025).

7 Zu den Auswirkungen von Alkoholpegeln auf Verhandlungen vgl. ausführlich Schweitzer/Kerr (2000), S. 47 ff., und Schweitzer/Gomberg (2001), S. 2095 ff.

8 Tatsächlich ist diese Phase des „Zweifels“ eine wichtige Durchgangsstation in den meisten schwierigen Verhandlungen, vgl. Rosner/Winheller (2022), S. 163 f.

Zum Schluss

1 Movius/Susskind (2009), S. 39 ff.

2 Zu den „Selbstoffenbarungs-Botschaf-

ten" als eine der vier Bedeutungsebenen in der Kommunikation vgl. Schulz von Thun (2023), S. 29 f.

3 Zum effektiven Prozess des Lernens von Verhandlungskompetenzen siehe Winheller/Paulick (2025c), S. 60 ff.

4 Eine umfassende Darstellung der ZRM Methoden finden Sie bei Storch et al. (2022), eine leicht lesbare humorvolle Einführung in die Konzepte bietet das legendäre „Würmlibuch", Storch (2016).

5 Verhandlungssimulationen finden Sie an vielen Stellen. Eine gute Auswahl hochwertiger Simulationen mit guter Anleitung für die Auswertung finden Sie bei Smolinski/Downs (2018).

6 Prinzipien und Vorgehensschritte einer Kollegialen Beratung werden z. B. sehr gut erläutert bei Franz/Kopp (2003).

7 Zu den Kriterien für ein gutes Verhandlungstraining vgl. Winheller/Paulick (2025d), S. 60 ff.; sowie Mann (2025), S. 115 ff.

Literaturverzeichnis

Adamson, Brent mit Matthew Dixon, Pat Spenner und Nick Toman (2015): The Challenger Customer. London: Penguin Random House UK.

Allred, Keith G. (1999): Anger and Retaliation. In: Robert J.Bies, Roy J. Lewicki und Morton Deutsch (Ed.), Research on Negotiation in Organizations (Vol. 7). Stamford: JAI Press, S. 27 - 58.

Ames, Daniel R. und Malia F. Mason (2015): Tandem anchoring: Informational and politeness effects of range offers in social exchange. In: Journal of Personality and Social Psychology 108, S. 254 - 274.

Acquaviva, Claudio (1600): Industriae ad curandos animae morbos. Florenz.

Aristoteles (2019): Rhetorik. Hrsg. Von Gernot Krapinger. Ditzingen: Reclam.

Axelrod, Robert (2000): Die Evolution der Kooperation. 5. Auflage. München: R. Oldenbourg Verlag.

Bacow, Lawrence und Michael Wheeler (1984): Environmental Dispute Resolution. New York: Plenum Press.

Barisch, Sina (2011): Optimierung von Verhandlungsteams. Wiesbaden: Gabler.

Bayram, A. Burcu und Vivian P. Ta-Johnson (2018): Diplomatic Chameleons: Language Style Matching and Agreement in International Diplomatic Negotiations. In: Negotiation and Conflict Management Research 12, S. 23 - 40.

Bazerman, Max (1983): Negotiator Judgment: A Critical Look at the Rationality Assumption. In: 27 American Behavioral Scientist, S. 618 - 634.

Bazerman, Max mit Lee E. Russ und Elaine Yakura (1987): Post-Settlement Settlements in Two-Party Negotiations: The Need for Renegotiation in Complex Environments. In: Negotiation Journal 3, S. 283 - 297.

Beaufort, Viviane de und Alain Lempereur (2003): Negotiating Mergers and Acquisitions in the European Union. In: Pervez N. Ghauri/Jean-Claude Usunier (Ed.) - Business Negotiations. Oxford: Pergamon, S. 291 - 324.

Behrent, Michael und Peter Mentner (2001): Campaigning: Werbung in den Arenen der Öffentlichkeit. Münster: Lit-Verlag, 2001.

Belmont, Charles (1999): Les Médiateurs du Pacifique. In: Modèles de médiateurs et médiateur-modèle. (Ed. Alain Pekar Lempereur) Paris-Cergy: ESSEC IRENÉ, S. 8 - 13.

Boileau, Nicolas (1991): L'art poétique. Paris: Larousse.

Boltanski, Luc und Laurent Thévenot (1991): De la justification - les économies de la grandeur. Paris: Gallimard.

Bottom, William P. mit Cheryl L. Eavey und Gary J. Miller (1996): Getting to the Core: Coalitional Integrity as a Constraint on the Power of Agenda Setters. In: The Journal of Conflict Resolution 40, S. 298 - 319.

Brandenburger, Adam und Barry J. Nalebuff (2008): Coopetition - kooperativ konkurrieren. 3. Auflage. Eschborn: Christian Rieck Verlag.

Brett, Jeanne M. mit Wendi Adair, Alain Lempereur, Tetsushi Okumura, Peter Shikhirev, Catherine Tinsley und Anne Lytle (1998): Culture and Joint Gains in Negotiation. Negotiation Journal 14, S. 61 - 86.

Brett, Jeanne M. (2014): Negotiating Globally. 3rd Edition. San Francisco: Jossey-Bass.

Callières, François de (1717): De la Science du monde. Paris: E. Ganeau.

Callières, François de (2002): De la Manière de négocier avec les souverains. Edited by Alain Lempereur. Geneva: Droz.

Colson, Aurélien (2003): Quelques limites à la négociation gagnant-gagnant, Personell 438, S. 50 - 53.

Covey, Stephen R. (2014): Die 7 Wege zur Effektivität. Übersetzt von Angela Roethe, Nikolas Bertheau, Ingrid Proß-Gill. Jubiläumsausgabe, Offenbach: GABAL.

Crump, Larry und Lawrence E. Susskind (Ed.) (2008): Multiparty Negotiations (4 Bände). Los Angeles: Sage.

Curhan, Jared R. mit Jennifer R. Overbeck, Yeri Cho, Teng Zhang und Yu Yang (2022): Silence is golden: Extended silence, deliberative mindset, and value creation in negotiation. In: Journal of Applied Psychology 107, S. 78 – 94.

Descartes, René (2019): Discours de la Méthode/Bericht über die Methode. 2. Auflage. Ditzingen: Reclam.

Deutsch, Morton (1976): Konfliktregelung. München/Basel: Ernst Reinhardt.

Doppler, Klaus und Christoph Lauterburg (2008): Change Management – Den Unternehmenswandel gestalten. 12. aktualisierte und erweiterte Auflage. Frankfurt a. M./New York: Campus.

Duve, Christian mit Horst Eidenmüller und Andreas Hacke (2011): Mediation in der Wirtschaft. 2. Auflage. Köln: Otto Schmidt.

Eilert, Dirk W. (2023): Körpersprache entschlüsseln & verstehen. 2. Auflage. Paderborn: Junferman.

Englich, Birte mit Thomas Mussweiler und Fritz Strack (2006): Playing Dice With Criminal Sentences: The Influence of Irrelevant Anchors on Experts' Judicial Decision Making. In: Personality and Social Psychology Bulletin 32, S. 188 – 200.

Epiktet (1928): The Encheiridion or Manual of Epictetus. Loeb Classical Library (1928, 1985), Vol II, S. 526 – 527.

Ertel, Danny mit Mark Gordon (2007): The Point of the Deal. Boston: Harvard Business School Press.

Faure, Guy Olivier und Jeffrey Rubin (Ed.) (1993): Culture and Negotiation. Newbury Park: Sage.

Fisher, Roger (1985): Beyond YES. In: Negotiation Journal 1, S. 67 – 70.

Fisher, Roger und Danny Ertel (1997): Arbeitsbuch Verhandeln. Frankfurt a. M.: Campus.

Fisher, Roger mit William Ury und Bruce Patton (2018): Das Harvard-Konzept. Erweitert und neu übersetzt von Jürgen Neubauer. München: Deutsche Verlags-Anstalt.

Foster, Dean Allen (1995): Bargaining across Borders. Nachdruck. New York: McGraw-Hill.

Franz, Hans-Werner und Ralf Kopp (Hg.) (2003): Kollegiale Fallberatung – State of the Art und organisationale Praxis. Bergisch Gladbach: EHP.

Galinsky, Adam D. und Thomas Mussweiler (2001): First offers as anchors – The role of perspective-taking and negotiator focus. In: Journal of Personality and Social Psychology 81 (4), S. 657 – 669.

Galinsky, Adam D. mit Thomas Mussweiler und Victoria Husted Medvec (2002): Disconnecting outcomes and evaluations: The role of negotiator focus. In: Journal of Personality and Social Psychology 83 (5), S. 1131 – 1140.

Geertz, Clifford (1973): The Interpretation of Culture: Selected Essays. New York: Basic Books.

Gigerenzer, Gerd (2008): Bauchentscheidungen. München: Wilhelm Goldmann.

Girard, René (1982): Le bouc émissaire. Paris: Grasset.

Glasl, Friedrich (2024): Konfliktmanagement. 13. Auflage. Stuttgart: Freies Geistesleben.

Goleman, Daniel (1997): EQ – Emotionale Intelligenz. 33. Edition. München: dtv.

Gordon, Thomas (2022): Familienkonferenz. Aktualisierte Neuausgabe, München: Heyne.

Goscinny, René und Albert Uderzo (2008): Streit um Asterix. Berlin: Egmont.

Greene, Robert (2013): Power – Die 48 Gesetze der Macht. Übersetzt von Hartmut

Schickert und Birgit Brandau. München: Carl Hanser.

Haft, Fritjof (2000): Verhandlung und Mediation. 2. Auflage. München: C.H.Beck.

Hall, Edward T. und Mildred R. Hall (1990): Understanding Cultural Differences. Yarmouth: Intercultural Press.

Herbst, Uta (2007): Präferenzmessung in industriellen Verhandlungen. Wiesbaden: Gabler.

Herbst, Uta und Sabine Schwarz (2011): How valid is negotiation research based on student sample groups? In: Negotiation Journal 27, S. 147 – 170.

Hoffmann, Dominik und Andreas Winheller (2023): „Welches Schweinderl hätten's denn gern?". In: Die Mediation IV/23, S. 56 – 58.

Hofstede, Geert mit Gert Jan Hofstede und Michael Minkov (2017): Lokales Denken, globales Handeln. 6. Auflage. München: beck im dtv.

Janis, Irving L. (1972): Victims of Groupthink. Boston: Houghton Mifflin.

Jensen, Keld (2017): Honest Negotiation. Melbourne: Motivational Press.

Jung, Stefanie (2024): Täuschungen in unternehmerischen Vertragsverhandlungen. Tübingen: Mohr Siebeck.

Kahneman, Daniel (2012): Schnelles Denken, Langsames Denken. Übersetzt von Thorsten Schmidt. München: Siedler.

Kast, Bas (2013): Wie der Bauch dem Kopf beim Denken hilft. 5. Auflage. Frankfurt a. M.: Fischer.

Kaufman, Johan (1988): Conference Diplomacy. 2nd edition. Dordrecht: Martinus Nijhoff.

Kemmerling, Birte (2016): The Impact of Concession Strategies on Negotiation Performance. Hamburg: Dr. Kovac.

Kittl, Denis und Andreas Winheller (2023): Emotionen kann man nicht wegargumentieren. In: Die Mediation I/23, S. 62 – 65.

Kohlrieser, George (2008): Gefangen am Runden Tisch. Übersetzt von Almuth Braun. Weinheim: Wiley.

Kolodej, Christa (2022): Priming – Stärkende Räume entstehen lassen. Wiesbaden: SpringerGabler.

Krishnan, Aparna mit Terri R. Kurtzberg und Charles E. Naquin (2014): The Curse of the Smartphone: Electronic Multitasking in Negotiations. In: Negotiation Journal 30 (2), S. 191 – 208.

Kundera, Milan (2014): Das Buch vom Lachen und Vergessen. Übersetzt von Susanna Roth. 4. Auflage. Frankfurt a. M.: Fischer.

La Fontaine, Jean de (2021): Sämtliche Fabeln. Aus dem Französischen von Ernst Dohm. Köln: Anaconda-Verlag.

Lax, David A. und James K. Sebenius (1986): The Manager as Negotiator – Bargaining for Cooperation and Competitive Gain. New York: The Free Press.

Lax, David A. und James K. Sebenius (2006): 3-D Negotiation. Boston: Harvard Business School Press.

Lempereur, Alain (1996): Conflits et humeurs variables: Opportunités pour le dialogue social. Du Conflict au Dialogue. Lyon: Missions Globales, S. 74 – 90.

Lempereur, Alain (1999): Modèles de médiateurs et médiateur-modèle. Conference Proceedings of December 14 and 18, 1998. Paris-Cergy: ESSEC IRENÉ.

Lempereur, Alain und Mathieu Scodellaro (2003): Conflit d'intérêt économique entre avocats et clients: La question des honoraires, in: Dalloz 5 (2003), S. 1380 – 1385.

Lewicki, Roy J. mit David M. Saunders und Bruce Barry (2024): Negotiation. 9th edition. New York: McGraw Hill.

Lieberman, Matthew D. mit Naomi I. Eisenberger, Molly J. Crockett, Sabrina M. Tom, Jennifer H. Pfeifer und Baldwin M. Way (2007): Putting Feelings into Words: Affect Labeling Disrupts Amygdala Activity in Response to Affective Stimuli, in: Psychological Science 18, S. 421 – 428.

Lipp, Wolfram E. mit Remigiusz Smolinski und Peter Kesting (2023): Toward a Process Model of First Offers and Anchoring in Negotiations. In: Negotiation and Conflict Management Research 16, S. 48 – 79.

Loschelder, David D. mit Johannes Stuppi und Roman Trötschel (2014): "€14,875?!": Precision Boosts the Anchoring Potency of First Offers. In: Social Psychology and Personality Science 5, S. 491 – 499.

Mann, Michel (2025): Navigating Through the Fog of Negotiation. Wiesbaden: SpringerGabler.

Medvec, Victoria Husted mit Geoffrey L. Leonardelli, Adam D. Galinsky und Aletha Claussen-Schulz (2005): Choice and Achievement at the Bargaining Table: The Distributive, Integrative and Interpersonal Advantages of Making Multiple Equivalent Simultaneous Offers. Empirical Paper für die 18th Annual Conference der International Association for Conflict Management. SSRN.732665.

Medvec, Victoria Husted (2021): Negotiate without fear. Hoboken: Wiley.

Meister, Christoph (2014): Verhandlungsneigung – Konstrukt, Einflussfaktoren und Relevanz. Hamburg: Verlag Dr. Kovac.

Meyer, Erin (2023): Die Culture Map. Weinheim: Wiley VCH.

Mnookin, Robert und Lewis Kornhauser (1979): Bargaining in the Shadow of the Law: The Case of Divorce. In: Yale Law Journal 88, S. 950 – 997.

Mnookin, Robert und Lawrence Susskind (Ed.) (1999): Negotiating on Behalf of Others. Thousand Oaks: Sage Publications.

Mnookin, Robert mit Scott Peppet und Andrew Tulumello (2000): Beyond Winning. Cambridge/London: Belknap Press.

Mnookin, Robert und Alain Lempereur (2001): Gestions des tensions dans la négociation. Working Paper. Paris Cergy: ESSEC IRENÉ und ESSEC Research Center.

Montada, Leo und Elisabeth Kals (2013): Mediation. 3. Auflage. Weinheim und Basel: Beltz.

Movius, Hallam und Lawrence E. Susskind (2009): Built to Win. Boston: Harvard Business Press.

Murnighan, J. Keith (1978): Models of Coalition Behavior: Game Theoretic, Social Psychological, and Political Perspectives. In: Psychological Bulletin 85 (5), S. 1130 – 1153.

Nasher, Jack (2013): Deal! Du gibst mir, was ich will. Frankfurt a. M.: Campus.

Neale, Margaret A. und Max Bazerman (1983): The Role of perspective-taking Ability in Negotiating under different forms of Arbitration. In: Industrial and Labor Relations Review 36 (3), S. 378 – 388.

Parker Follett, Mary (1940): Constructive Conflict. In: Metcalf/Urwick (Hg.): Dynamic Administration. New York: Harper & Brothers.

Paulick, Oliver und Andreas Winheller (2023): Lieber die Taube vom Dach – und den Spatz in der Hand. In: Die Mediation II/2023, S. 57 – 59.

Pecquet, Antoine (1737): Discours sur l'art de négocier. Paris: Nyon Fils, reedition, Paris-Cerhy: ESSEC IRENÉ (2003).

Perelman, Chaïm (1984): Le raisonnable et le déraissonable en droit: au-delà du positivism juridique. Paris: LGDJ.

Pratt, John und Richard Zeckhauser (Ed.) (1985): Principals and Agents: The Structure of Business. Boston: Harvard Business School.

Raiffa, Howard mit John Richardson und David Metcalfe (2002): Negotiation Analysis: The Science and Art of Collaborative Decision Making. Cambridge/London: Belknap Press.

Rechtien, Wolfgang (1999): Angewandte Gruppendynamik. 3. Auflage. Weinheim: Beltz PVU.

Risse, Jörg und Matthias Morawietz (2017): Prozessrisikoanalyse. München: C.H. Beck.

Risse, Jörg (2022): Wirtschaftsmediation. 2. Auflage. München: C.H. Beck.

Rocard, Michel (1999): Le médiateur en politique. In: Modèles de médiateurs et médiateur-modèle. (Ed. Alain Pekar Lempereur) Paris-Cergy: ESSEC IRENÉ.

Rodgers, Carl (1957): Active Listening. Chicago: University of Chicago Press.

Rosner, Siegfried und Andreas Winheller (2019): Gelingende Kommunikation. 5. Auflage. Augsburg: Rainer Hampp.

Rosner, Siegfried und Andreas Winheller (2022): Mediation und Verhandlungsführung. 2. Auflage. Baden-Baden: Nomos.

Ross, Lee (1995): Reactive Devaluation in Negotiation and Conflict Resolution. In: Arrow/Mnookin (Ed.): Barriers to Conflict Resolution. New York: Norton, S. 26–42.

Schulz von Thun, Friedemann (2023): Miteinander Reden 1. 61. Auflage. Reinbeck: Rowohlt.

Schweitzer, Maurice E. und Jeffrey L. Kerr (2000): Bargaining under the influence: The role of alcohol in negotiations. In: The Academy of Management Executive 14 (2), S. 47–57.

Schweitzer, Maurice E. und Leslie E. Gomberg (2001): The Impact of Alcohol on Negotiator Behavior: Experimental Evidence. In: Journal of Applied Social Psychology 31, S. 2095–2126.

Schweizer, Mark (2005): Kognitive Täuschungen vor Gericht. Zürich: Dissertation.

Shell, Richard (2006): Bargaining for Advantage. 2nd edition. New York: Penguin Books.

Sinek, Simon (2020): Das unendliche Spiel. 2. Auflage. München: Redline.

Smolinski, Remigiusz und James B. Downs (2018): The Negotiation Challenge. www.thenegotiationchallenge.org.

Stahl, Eberhard (2002): Dynamik in Gruppen. Weinheim: Beltz VPU.

Stone, Douglas mit Bruce Patton und Sheila Heen (2000): Offen gesagt! München: Goldmann.

Storch, Maja (2016): Machen Sie doch, was Sie wollen! 2. Auflage. Bern: Hogrefe.

Storch, Maja mit Frank Krause und Julia Weber (2022): Selbstmanagement – ressourcenorientiert. 7. Auflage. Bern: Hogrefe.

Susskind, Lawrence und Patrick Field (1996): Dealing with an Angry Public. New York: The Free Press.

Susskind, Lawrence (2014): Good for you, Great for me. New York: PublicAffairs.

Thaler, Richard (2015): Misbehaving. New York/ London: W.W. Norton & Company.

Thompson, Leigh L. und Dennis Hrebec (1996): Lose-Lose-Agreements in interdependent decision making. In: Psychological Bulletin 120 (3), S. 396–409.

Thompson, Leigh L. (2015): The Mind and Heart of the Negotiator. 6th Edition. Upper Saddle River: Pearson Education.

Thompson, Leigh (2019): Making the Team. 6th edition. Pearson: Upper Saddle River.

Thompson, Leigh L. (2020): Negotiating the Sweet Spot. New York: HarperCollins Leadership.

Thompson, Leigh L. (2021): The Mind and Heart of the Negotiator. Global Edition. 7th Edition. Upper Saddle River: Pearson Education.

Trötschel, Roman mit David D. Loschelder, Benjamin P. Höhne und Johann M. Mayer (2015): Procedural Frames in Negotiations. In: Journal of Personality and Social Psychology 108 (3). S. 417–435.

Trompenaars, Fons und Charles Hampden-Turner (1998): Riding the Waves of Culture. New York: McGraw-Hill.

Ury, William mit Jeanne M. Brett und Stephen Goldberg (1991): Konfliktmanagement. Frankfurt a. M.: Campus Verlag.

Ury, William (1998): Schwierige Verhandlungen. Übersetzt von Brigitte Stein. 3. Auflage. München und Frankfurt a. M.: Heyne und Campus Verlag.

Ury, William (2016): Wissen was ich will und erfolgreich verhandeln. Übersetzt von Jürgen Neubauer. München: DVA.

Ury, William (2023): Die Kunst, Nein zu sagen. Übersetzt von Nicole Hölsken. München: Penguin.

Vaccaro, Michelle mit Michael Caosun, Harang Ju, Sinan Aral und Jared R. Curhan (2025): Advancing AI Negotiations: New Theory and Evidence from a Large-Scale Autonomous Negotiations Competition. (March 09, 2025). SSRN: https://ssrn.com/abstract=5175035 (abgerufen am 13.7. 2025)

Voeth, Markus mit Uta Herbst, Yannick Urbitsch und Michael Oryl (2022): Wie verhandeln deutsche Manager nach der Pandemie? Negotiation Academy Potsdam: Working Paper No 4.

Voss, Chris und Tahl Raz (2020): Kompromisslos verhandeln. 4. Auflage. München: Redline.

Wachs, Friedhelm (2012): Faktor V. Weinheim: Wiley-VCH.

Weh, Florian (2020): Verhandlungsflow. Frankfurt a. M.: Campus.

Weidner, Jens (2011): Die Peperoni-Strategie. 2. Auflage. Frankfurt a. M.: Campus.

Wheeler, Michael (2013): The Art of Negotiation. New York: Simon & Schuster.

Winheller, Andreas (2018a): Framing in der Mediation (Teil 2). In: Zeitschrift für Konflikt-Management 5/2018, S. 175 – 181.

Winheller, Andreas (2018b): Framing – Der Schlüssel zum „Ja“. In: C. Wermke (Hg.) Exzellente Kommunikation im Wirtschaftsleben. Weil im Schönbuch: HDS, S. 82 – 110.

Winheller, Andreas (2022): Glück? – Nein, Handwerkskunst! In: Die Mediation III/2022, S. 40 – 42.

Winheller, Andreas (2024): Der Glaubenskrieg um die BATNA (Teil 1). In: Die Mediation IV/2024, S. 48 – 51.

Winheller, Andreas (2025a): Der Glaubenskrieg um die BATNA (Teil 2). In: Die Mediation I/2025, S. 52 – 56.

Winheller, Andreas und Denis Kittl (2025b): The Chancellor of Dual Unity: Helmut Kohl and the Path to German Reunification in a United Europe. In: Smolinski (Ed.) Negotiators who Changed the World. Cham: Springer (im Erscheinen).

Winheller, Andreas und Oliver Paulick (2025c): Vom Meister, der nicht vom Himmel fiel – Teil 1: Von Scheinriesen und Umsetzungszwergen. In: Die Mediation II/2025, S. 60 – 63.

Winheller, Andreas und Oliver Paulick (2025d): Vom Meister, der nicht vom Himmel fiel – Teil 2: Gutes Handwerk hat goldenen Boden oder wie Sie Verhandlungsmeister werden. In: Die Mediation III/2025, S. 60 – 63.

Zartman, William I. (1976): The 50 % Solution. New York: Anchor Books.

Zartman, William I. und Maureen R. Berman (1982): The Practical Negotiator. New Haven: Yale University Press.

Zartman, William I. (Ed.) (1994): International Multilateral Negotiation. San Francisco: Jossey-Bass.

Mehr zum Thema „professionell verhandeln"

ESSEC
IRENE
INSTITUTE FOR RESEARCH AND EDUCATION ON NEGOTIATION IN EUROPE

Das 1996 an der ESSEC gegründete Forschungs- und Bildungsinstitut für Verhandlungsführung in Europa mit Sitz in Paris ist ein Institut von Weltrang und europäischem Geist und hat drei Aufgaben. Die erste, akademische, Aufgabe besteht darin, durch das wissenschaftliche Programm *Negotium* in Europa eine angewandte Forschung im Bereich Verhandlung und Mediation zu entwickeln. Der zweite, pädagogische Auftrag zielt darauf ab, operative Konzepte in partizipativen Verhandlungstrainings zu verbreiten, in denen intensiv Fälle und Simulationen genutzt werden. Der dritte Auftrag, der auf humanistischem Handeln im Rahmen des Programms „Negotiators of the World" beruht, besteht darin, die besten Praktiken in den Bereichen Verhandlung und Konfliktlösung einer möglichst großen Zahl von Menschen weltweit nahezubringen, um unser Ziel eines friedlicheren Zusammenlebens zu stärken.
www.essec-irene.com

VERHANDLUNGS
PERFORMANCE
ACADEMY

Die 2013 gegründete Verhandlungsperformance Academy hat das Ziel, das effektivste Verhandlungstraining im deutschsprachigen Raum als offene Seminare für Fach- und Führungskräfte anzubieten. Dafür reist Gründer Andreas Winheller seit 25 Jahren um die Welt und sammelt an den führenden Instituten der Welt das beste Handwerkszeug für professionelles Verhandeln zusammen und integriert es zu einer einzigartigen Mischung. Verhandeln ist Handwerk, keine Religion – hier erlernen Sie die besten Werkzeuge der Welt.

Auf Grundlage der Original-Trainingsmethodik des Program on Negotiation in Harvard, die Andreas Winheller ins Deutsche übersetzen und in den deutschen Trainingsmarkt einführen durfte, sind die Seminare dafür optimiert, praktische Kompetenzen für alle Verhandlungen zu entwickeln. Integriert wird der FBI Crisis Negotiation Ansatz auf Grundlage einer exklusiven Kooperation mit FBI Verhandlungslegende Gary Noesner, sowie ergänzt durch Erkenntnisse aus der Spieltheorie, Neurowissenschaft, Framing-Forschung, Mimikresonanz®, NLP, angewandten Typologie u. v. m.
www.verhandlungsperformance.de/academy

Die Autoren

Alain Lempereur, S.J.D., ist Alan B. Slifka Professor of Coexistence and Conflict Resolution an der Brandeis University und Inhaber des Lehrstuhls für Leadership & Negotiation am European University Institute. Vorher war er Professor an der ESSEC und Gründungsdirektor von ESSEC IRENE. Er ist Mitglied des Executive Commitee des Program on Negotiation (PON) an der Harvard Law School und bietet dort das Harvard Mediation Intensive und andere Verhandlungstrainings für Führungskräfte an. Lempereur lehrt als Gastprofessor an vielen Hochschulen rund um die Welt.

Er graduierte an der University of Brussels, war Fulbright Stipendiat und erwarb seinen Doktor (S.J.D.) an der Harvard Law School.

Seit über 25 Jahren ist er als gefragter Verhandlungsexperte und Mediator weltweit in Krisen im Einsatz. In seiner jüngsten Arbeit unterstützt er humanitäre Verhandlungsführer weltweit im Rahmen der UN Global Executive Leadership Initiative. Über das Negotiation Strategies Institute moderiert er außerdem Dialogformate in der afrikanischen Region der Großen Seen und im Nahen Osten. Er konzipierte die Verhandlungsausbildung für die französische Verwaltungshochschule ENA (1997–2010) und für die Europäische Kommission (2004–2010).

Er setzt sich in über 150 Aufsätzen und Büchern für verantwortungsbewusstes Verhandeln ein.

Aurélien Colson, PhD, ist Professor an der ESSEC Business School (Paris, Singapur, Rabat) und seit 2009 Nachfolger von Alain Lempereur als Direktor von ESSEC IRENÉ, dem führenden Institut für Verhandlungsforschung in Europa.

Er promovierte in Politikwissenschaften an der Universität Paris-Sorbonne-Descartes, erwarb einen PhD in International Relations und einen Master in International Conflict Analysis an der University of Kent, einen MBA an der ESSEC und graduierte am Paris Institute of Political Sciences.

In den letzten 20 Jahren hat er in über 30 Ländern Projekte im Bereich Verhandlungsführung und Konfliktlösung für Unternehmen und die öffentliche Verwaltung durchgeführt, darunter die Koordination von Verhandlungsausbildungen für die Europäische Kommission, Ministerien und Unternehmen. Er war Berater des französischen Premierministers. In Burundi, DR Kongo, Mazedonien und Tadschikistan unterstützte er den Aufbau von Konfliktlösungskompetenz in Politik und Zivilgesellschaft.

Seine Forschungsarbeiten zum Thema Verhandlungsführung wurden in den renommiertesten Fachzeitschriften veröffentlicht und seine Bücher wurden in 16 Sprachen übersetzt.

Andreas Winheller, Dipl.-Jurist, M.A., M.M., MCN, ist seit 25 Jahren Managing Director von Verhandlungsperformance Consulting, einer führenden Beratungsfirma für Verhandlungstraining-, -coaching und -consulting im deutschsprachigen Raum. Neben seiner Arbeit als Trainer begleitete er als Ghost Negotiator Verhandlungsprozesse im Wert von vielen Milliarden Euro. Er war Lehrbeauftragter für Verhandlungswissenschaft an mehreren deutschen Universitäten.

Er ist Diplom-Jurist (Bonn, Mainz) mit Master-Abschlüssen in Personalentwicklung (Kaiserslautern), in Mediation (Hagen) und in kognitiver Neurowissenschaft (AON Köln). Nach seiner Ausbildung zum Verhandlungstrainer am Program on Negotiation der Harvard Law School 2001 übersetzte er mit exklusiven Verträgen die Original-Trainingsmethodik von Harvard PON und des DRRC der Kellogg School of Management ins Deutsche und führte sie in den deutschen Trainingsmarkt ein. Zusammen mit Gary Noesner, dem Entwickler des FBI Crisis Negotiation Framework, hat er die ökonomischen Verhandlungsansätze und die FBI Crisis Negotiations zu einem einzigartigen Verhandlungsansatz für professionelle Verhandler verbunden. In fünf Büchern und fast 100 Veröffentlichungen hat er zur Entwicklung einer wissenschaftlich fundierten Verhandlungslehre in Deutschland beigetragen.

In seine Verhandlungsberatung integriert er seine Ausbildungen als Mastertrainer für Mimikresonsanz®, hypnosystemischer Coach (Dr. Gunther Schmidt), NLP-Trainer (DVNLP), MasterCoach (ICI), MasterTrainer für das Team-Management-System (TMS) und den MBTI, PSI-Kompetenzberater TOP 240 (nach Prof. Julius Kuhl) in Gruppendynamik und Systemischen Strukturaufstellungen (SySt®).

Unter Mitarbeit von

Michele Pekar, MTS, ist Co-Gründerin und Executive Director von Co-Dev, Inc. France and USA, einem Beratungsunternehmen für Verhandlungskompetenz, Mediation und Führungskräfteentwicklung. Sie ist Associate Fellow der Saïd Business School, University of Oxford, Visiting Faculty an der KEDGE Business School und Lehrbeauftragte für Verhandlungsführung an der Mannheim Business School.

Sie hält einen Master in Theological Studies der Harvard University und einen B.A. in Politikwissenschaften der University of Wisconsin-Madison.

Sie arbeitete für den Wisconsin State Senate, das Harvard Development Office und als ESSEC MBA Director of International Development. Als Editorin prägte sie maßgeblich die englischsprachige Ausgabe dieses Buchprojektes „The First Move“, auf die die deutsche Version gründet.